Ulrich Quack

Island

IWANOWSKI´S REISEBUCHVERLAG

Im Internet:

www.iwanowski.de

Hier finden Sie aktuelle Infos zu allen Titeln, interessante Links – und vieles mehr!

Einfach anklicken!

Schreiben Sie uns, wenn sich etwas verändert hat. Wir sind bei der Aktualisierung unserer Bücher auf Ihre Mithilfe angewiesen.

info@iwanowski.de

Island

6., aktualisierte Auflage 2009

Salm-Reifferscheidt-Allee 37 • 41540 Dormagen
Telefon 0 21 33/26 03 11 • Fax 0 21 33/26 03 33
E-Mail: info@iwanowski.de
Internet: www.iwanowski.de

Titelbild: Historische Stätte Thingvellir, Island, Bildagentur Huber
Alle anderen Farb- und Schwarzweißabbildungen: Ulrich Quack und s. Abbildungsnachweis S.
Redaktionelles Copyright, Konzeption und dessen ständige Überarbeitung:
Michael Iwanowski
Layout: Ulrike Jans, Krummhörn
Karten und Reisekarte: Thomas Buri, Bielefeld
Titelgestaltung sowie Layout-Konzeption: Studio Schübel, München

Gesamtherstellung: B.O.S.S Druck und Medien, Goch
Printed in Germany

ISBN-13: 978-3-933041-78-4

Inhaltsverzeichnis

ÜBERBLICK

ÜBERBLICK

ÜBERBLICK

REISEROUTEN

8. DIE RINGSTRASSE (MIT ALTERNATIVSTRECKEN) 312

REISEROUTEN

REISEROUTEN

INTERESSANTES

Außerdem weiterführende Informationen zu folgenden Themen:

Verzeichnis der Karten und Grafiken:

Farbkarten:

Benutzerhinweis:
Da wir unsere Bücher regelmäßig aktualisieren, kann es im Reisepraktischen Teil (Gelbe Seiten) zu Verschiebungen kommen. Wir geben daher im Reiseteil Hinweise auf Reisepraktische Tipps nur in Form der ersten Seite des Gelben Teils (ⓘ s. S. 211). Dort finden Sie alle im Buch beschriebenen Städte, Orte, Parks und Regionen in alphabetischer Reihenfolge.

Legende

Stadt	Bahnhof
Dorf	Information
Höfe	Bibliothek
33 Entfernungen in km	Post
Berg	Internationaler Flughafen
Nationalpark	Museum
Sehenswürdigkeit	Fähre
Kirche	Camping
Hafen	Jugendherberge
Denkmal	
Golfplatz	
Krankenhaus	

Willkommen auf Island!

Island – allein schon der Landesname weckt Erwartungen an eine wilde, ungezähmte Natur und lässt Ausländer, selbst wenn sie noch nie dort gewesen sind, ins Schwärmen geraten. In den touristischen Prospekten genau wie im landläufigen Selbstverständnis gilt die Insel als ein ‚Land aus Feuer und Eis', dessen bekannteste ‚Markenzeichen' Geysire, Vulkane und Islandpferde sind, aber auch die Tiefdruckgebiete, die von hier aus nach Westeuropa wandern.

Urlaub in Island ist so beliebt wie nie zuvor. Seit den 1980ern wurde ein stetig wachsender Fremdenverkehr registriert. Wurden im Jahr 1995 schon rund 200.000 ausländische Touristen registriert, waren es 2000 bereits 300.000 und im Jahr 2008 gut 485.000 Besucher. Und Island macht süchtig: Die meisten der Touristen, die das Land besucht haben, kommen wieder, um mehr zu sehen.

Aber wie ist die zunehmende Beliebtheit von Island als Reiseziel zu erklären? In einer Zeit der wachsenden Umweltprobleme liegt der erste Grund auf der Hand: eine herrliche, weitestgehend unberührte Natur, fernab von den Industrien Europas oder Amerikas und unbelastet von einheimischen Emissionen. Die klare Luft mit ihrer guten Fernsicht und das saubere Wasser – allein das sind schon gute Argumente für einen Urlaub auf der Insel.

Daneben tritt die Entwicklung einer Infrastruktur, die auch den Touristen zugute kommt: beispielsweise die Fertigstellung der Ringstraße, die seit 1974 die Umrundung der Insel ermöglicht, oder die Installierung von Inland-Fluglinien genauso wie von Busverbindungen, Campingplätzen, Reitställen, pauschalen Abenteuer-Exkursionen und neuen Hotelunterkünften. Immer mehr Bauernhöfe schließen sich dem Trend an und bieten ein zusätzliches Übernachtungsangebot, das weniger von den herkömmlichen, durchgeplanten Touristenanlagen, als vielmehr vom Ursprünglichen und Unverfälschten geprägt ist.

Das Stichwort Island wird bei vielen ganz unterschiedliche Bildvorstellungen hervorrufen. Mit Sicherheit werden typische Landschaftsbilder dazu gehören wie riesige Gletscherflächen, tosende Wasserfälle, erstarrte Lavaströme, ausgedehnte Sandflächen, hoch aufragende Vulkane, tiefe Schluchten, die endlose, menschenleere Wüste des Inselinneren, vom Meer umspülte Inseln wie die Vestmannaeyar und natürlich das Phänomen der hellen Nächte im Sommer und des Nordlichts in der dunklen Jahreszeit.

Die kompakte Form der Insel mit rund 5.300 km Küstenlinie bei extrem dünner Besiedlung der meisten Landesteile ist für den Reisenden ideal: überall bieten sich Möglichkeiten zu Abstechern in unberührte Gegenden, stellt sich ein Gefühl von Weite und Einsamkeit fernab der Zivilisation ein. Die Qualität der Straßen ist in den letzten Jahren immer besser geworden, ständig werden neue asphaltierte Abschnitte fertiggestellt, sorgen aufwändige Brückenkonstruktionen für kürzere Wege. Das Straßennetz wird ergänzt durch mehrere Auto- und Personenfähren, die die Ortschaften an der Küste mit vorgelagerten Inseln verbinden oder Buchten überqueren. Aber man mache sich keine falschen Vorstellungen über die Entfernungen: wer in Island mit dem Auto, Wohnmobil oder Zweirad unterwegs ist, sollte vor allem eines mitbringen: Zeit!

Das Wetter ist übrigens weitaus besser als sein Ruf und als der Landesname es vermuten lässt. Sicher: mit Regen und sogar mit Schnee sollte man zu jeder Jahreszeit rechnen. Aber ein ozeanisch-gemäßigtes Klima bringt es trotz der nördlichen Lage mit sich, dass – vom Hochland abgesehen – die Insel zu jeder Jahreszeit zu bereisen ist. Es versteht sich von selbst, dass der Naturraum Island eine Fülle von ‚Outdoor'-Aktivitäten ermöglicht, die für jeden Sportinteressierten ein reiches Angebot darstellen, zumal der Breitensport in diesem Land überaus populär ist. Traditionell nimmt der Pferdesport im Lande eine wichtige Rolle ein, hinzu kommen vorzügliche Wander- und Wintersport-Bedingungen.

Die faszinierende Naturlandschaft bietet zudem den Rahmen für eine alte Kulturnation, deren historische Zeugnisse und Denkmäler aufzusuchen für viele ein Hauptreisegrund sein kann.

Dieses Reise-Handbuch wendet sich vor allem an den unabhängigen Individualreisenden, so dass im praktischen Teil Routen vorgestellt werden, die zu den wesentlichen Zielen des Landes führen. Ich wünsche Ihnen intensive Vorfreude bei Ihrer Reise-Vorbereitung und einen erlebnisreichen Island-Aufenthalt.

Nicht versäumen möchte ich, mich herzlich bei Lutz Berger für seine umfangreichen Recherchen für die vorliegende Ausgabe zu bedanken.

Wegberg, im März 2009

I. ALLGEMEINER ÜBERBLICK

Die knapp unterhalb des Polarkreises mitten im Nordatlantik gelegene Vulkaninsel, mit über 103.000 km² die zweitgrößte Europas (nach Großbritannien), ist zum Westen hin von Grönland knapp 300 km entfernt, von Nordamerika etwa 4.000 km. Die nächsten europäischen Nachbarn sind die Färöern (400 km), Schottland (800 km) und Norwegen (950 km).

Im geologischen Sinn ist Island ein sehr junges Land, das als vulkanische aktive Zone auf dem mittelatlantischen Gebirgszug aufliegt und dessen Genese längst noch nicht abgeschlossen ist. Kennzeichen dieses labilen Terrains auf der Nahtstelle zwischen Amerika und Europa sind aktive und schlummernde Vulkane aller Formen, Fumarolen, Geysire und häufige Erdbeben. Zusammen mit den Erosionskräften der Vergletscherung machen die offen zutage tretenden Erdkräfte die eigenartige Insel zu einem aufgeschlagenen Lehrbuch für alle geologisch interessierten Laien oder Fachleute.

Landschaftlich ist Island ein Land der Vielfalt und Kontraste, in dem Meer und Hochgebirge, Gletschereis und dampfende Vulkanzonen, Geröllwüsten und saftige Weiden eng benachbart sind. Im Osten, Norden und Nordwesten ist die Küstenlinie durch tiefe Fjorde gegliedert und allen Küsten sind eine Vielzahl kleinerer Inseln vorgelagert. Das menschenleere Innere wird durch mehrere hundert Meter dicke Plateaugletscher bedeckt, unterbrochen von Lavaflächen, Sand- und Ascheablagerungen sowie tätigen Vulkanen – als lebensfeindliche Wüste stellt es eine der letzten völlig unberührten Landschaften Europas dar.

Auch in klimatischer Hinsicht ist Island äußerst variantenreich. Grundsätzlich sind die Gegensätze zwischen dem Küstenbereich und dem Landesinneren größer als zwischen dem Norden und dem Süden des Landes. Dabei treten die z.T. beträchtlichen Temperaturunterschiede nicht nur zwischen den Jahreszeiten, sondern viel häufiger innerhalb eines Tages oder einer beliebigen Woche auf. Im Sommer wie im Winter ist es möglich, dass an der Küste an einem Tag 20 °C, am nächsten jedoch nur 3 °C herrschen. Demgegenüber steigt die Quecksilbersäule über den Eisflächen der Inlandgletscher sehr selten über den Gefrierpunkt. Charakteristisch für das Hochland sind auch die starken Stürme, die wegen des Wüstencharakters der Insel häufig als Sandstürme in Erscheinung treten. Die ständig wechselnde Himmelsszenerie, bei der Sonnenschein und blauer Himmel mit einer fantastischen Fernsicht schlagartig dichten Nebelbänken und Regen-, Graupel- oder Schneeschauern weichen müssen, gehört sicher zu den Faszinationen des Reiselandes.

Geschichtlich wurde die Insel seit der wikingischen Landnahme ab dem 9. Jahrhundert n.Chr. als skandinavisches Gemeinwesen geprägt, das sich 930 als freie Bauernrepublik konstituierte, um wenig später in blutigen Familienfehden und Bürgerkriegen zu versinken. Das am Boden liegende Land wurde zunächst durch die Norweger, dann durch die Dänen kolonisiert und konnte erst 1944 die volle staatliche Souveränität zurückgewinnen.

Kulturell bedeutsam ist Island vor allem durch seine mittelalterliche Literatur (Sagas, Edda, Skaldik), deren Werke einen festen Platz in der Weltliteratur einnehmen. Doch ist das Land bis in die Jetztzeit immer wieder durch eine Reihe großartiger Schriftsteller berühmt geworden, allen voran Halldór Laxness. Auf allen anderen Gebieten der Kultur hat das Land ebenfalls Enormes geleistet und kann bis heute mit international erfolgreichen Künstlern aufwarten.

Die Bevölkerung bildet mit etwas mehr als 316.000 Menschen eine der kleinsten Nationen Europas, die sich jedoch ihre sprachliche und kulturelle Identität bewahren konnte und stolz auf den jahrhundertelangen, erfolgreichen Überlebenskampf zurückblickt. Heute ist Island einerseits ein den historischen Wurzeln verhaftetes, andererseits sehr modernes Staatswesen mit einem der weltweit höchsten Pro-Kopf-Einkommen und Lebensstandards.

Island auf einen Blick

Das Wappen des modernen Island

Fläche:	103.106 km² (davon 10 % Gletscher, 10 % Flüsse und Seen, 20 % Lavafelder)
Einwohner:	316.000
Bevölkerung:	99 % Isländer
Staatssprache:	Isländisch
Hauptstadt:	Reykjavík (118.000 Ew.)
Religion:	Evangelisch-lutherische Staatskirche (81 %), 5 % andere protestantische Glaubensgemeinschaften, 2,5 % Katholiken, 5 % Nichtgläubige
Flagge:	Rotes Kreuz, mit weißem Streifen von blauem Feld abgegrenzt. Die Farben stehen für die Berge (Blau), die Gletscher (Weiß) und das vulkanische Feuer (Rot)
Wappen:	Die Landesfahne, umringt von Drache, Adler, Bulle und Riese
Nationalfeiertag:	17. Juni (Unabhängigkeitstag)
Staats- und Regierungsform:	Republik mit parlamentarischer Demokratie
Staatsoberhaupt:	Präsident Ólafur Ragnar Grímsson
Städte:	Reykjavík, Kópavogur (28.500 Ew.), Hafnarfjörður (25.000 Ew.), Akureyri (17.200 Ew.), Reykjanesbær (13.200 Ew.), Garðabær (9.900 Ew.)
Wirtschaft:	Fischerei, Fischverarbeitung, Fremdenverkehr, Aluminium, Landwirtschaft
Problematik:	Wirtschafts- und Finanzkrise fast bis zum Staatsbankrott im Jahre 2009, große Abhängigkeit vom Fischfang, politische Divergenzen wegen des Walfangs

2. HISTORISCHER ÜBERBLICK

Sicher wird für die überwiegende Mehrheit aller Island-Besucher das erhoffte Naturerlebnis den Grund ihres Kommens darstellen. Burgen, Schlösser, Kathedralen oder mittelalterliche Stadtmauern – so viel weiß man – kann das Land nicht bieten, kurz: man erwartet vom Reisegebiet keinen ‚Kulturstress'. Häufig vergisst der Tourist dabei, dass die grandiose Landschaft trotz des abweisenden Charakters jenen Raum bildet, in dem sich ein kleines Volk über Jahrhunderte gegen alle natürlichen und politischen Widrigkeiten behaupten konnte und überlebte. Dieses Volk hat seine eigene Geschichte, die um so eindrucksvoller wird, je mehr man von ihr weiß. Tatsächlich ist es schon ein kleines Wunder, dass es überhaupt noch Isländer gibt, dass sie nicht, wie ihre tragischen Nachbarn auf Grönland, ausgestorben sind. Die Spuren der Geschichte, die im Land der Sagas und des Aberglaubens natürlich immer auch mit vielen Geschichten verwoben sind, kann der interessierte Besucher allenthalben entdecken: in fotogenen, liebevoll restaurierten Torfhäusern und Museen, aber auch in der isländischen Sprache, in Orts- und Flurnamen oder im neuen isländischen Film, der nicht zufällig alte Sagastoffe zu neuem Leben erweckt. Die Isländer sind stolz auf ihre Geschichte und sie haben allen Grund, dies zu sein.

Geschichte und Geschichten

Im Folgenden soll den Fragen nachgegangen werden, wer Island zuerst entdeckte, wie die Landnahme durch die Wikinger und die Etablierung der mittelalterlichen Bauernrepublik vonstatten ging, warum Island seine Unabhängigkeit verlor und wie die dänische Kolonialzeit verlief. Den Schluss des Kapitels bildet eine kurze Bestandsaufnahme des modernen Staates, der 1944 ins Leben gerufen wurde.

Wer entdeckte Island?

Den Satz, dass Island ein junges Land sei, kann man genausogut auf die geologische wie auf die historische Entwicklung beziehen: innerhalb Europas ist die Insel derjenige Nationalstaat, der ganz zuletzt besiedelt wurde! Nach herkömmlicher Lehrmeinung fand die planmäßige Inbesitznahme des Landes durch größere Auswanderergruppen ab 874 n.Chr. statt, nachdem vorher bereits (irgendwann im 8. Jh. n.Chr.) Einsiedler der iro-keltischen Kirche sich für einige Zeit auf Island niedergelassen hatten. Ob es vor dem Intermezzo der Mönche und vor der Landnahme durch die Wikinger jedoch andere Entdecker gab, darüber gehen die Meinungen auseinander. Folgende Theorien werden derzeit in der Geschichtswissenschaft diskutiert:

① Island wurde zuerst vom **griechischen Seefahrer** *Pytheas von Massilia* gesichtet, der auf seiner berühmten Forschungsreise 345–325 v.Chr. bis an die Treibeisgrenze vorstieß. In seinen Aufzeichnungen kann man seine Reise von der griechischen Kolonie Marseille durch die Straße von Gibraltar und entlang der iberischen, dann der gallischen Küste bis zum Zinnland (= Cornwall) und Schottland recht genau nachvollziehen. Wenn er im weiteren Verlauf davon berichtet, dass er das sagenhafte Land der Hyperboräer gefunden habe, in dem die Sonne nicht untergehe und das umgebende Meer zu einer milchigen, festen Masse werde, wird die Zuordnung zu geographischen Fixpunkten schwieriger. Mit dem in der antiken Literatur genannten *Ultima Thule*, dem nördlichsten Land der Welt, kann bei *Pytheas* die Nordküste Islands gemeint sein, genauso aber Jan Mayen, die Bäreninsel oder Spitzbergen, die alle im Bereich des Treibeises gelegen sind...

② Island wurde zuerst von den **Römern** entdeckt. Dafür sprechen fünf Münzfunde, die man ab 1905 aus dem Boden holte. Sie stammen allesamt aus der Epoche der Kaiser *Aurelius* (270 n.Chr.), *Tacitus* (275–76), *Probus* (276–82) und *Diocletian* (284).

mögliche Entdecker

Die ersten drei fand man im Bereich der Ostfjorde innerhalb eines Radius von 25 km, die vierte in Südisland und die letzte 1992 auf den Westmänner-Inseln. Die bislang geäußerte Meinung, dass die Münzen mit den irischen Mönchen oder als Beuteschatz eines Wikingers auf die Insel gelangten, kann nicht unbedingt zufriedenstellen. Denn die Mönche legten mit Ausnahme von Kirchenglocken und Büchern keinen Wert auf weltliche Güter, und die Wikinger hatten sicher bessere Einkunftsmöglichkeiten als wertlose, 600 Jahre alte Kupfermünzen. Wahrscheinlicher ist, dass sie römischen Seefahrern gehörten, deren Boote während der Reise nach oder von England vom Kurs abgekommen sind.

③ Die ersten Entdecker und auch Siedler Islands waren christliche **Kelten aus Irland**, die in der Nachfolge der ersten Einsiedler eine Wüste suchten, um sich ohne schädliche Einflüsse ganz ihrem Glauben hingeben zu können. Diese ‚Wüste' fanden sie in der endlosen Weite des Nordatlantik, den die Mönche auf Lederbooten (= *curraghs)* ab dem 5./6. Jh. bereisten. Ihr berühmtester Seefahrer war der Heilige *Brendan* (6. Jh.), dem auch die Entdeckung Amerikas nachgesagt wird und der ebenfalls *Ultima Thule* erreicht haben will. In der blumigen Sprache seines Reiseberichtes ist von einem Vulkanausbruch die Rede, was durchaus für die Sichtung Islands sprechen würde, allerdings auch von hässlich behaarten Einwohnern Thules, die es auf der Insel wiederum nicht gegeben haben kann.

Gedenkstein für irische Siedler in Akranes

Alle drei genannten Theorien sind bislang nicht beweisbar, können aber durchaus richtig sein. Es versteht sich von selbst, dass die verschiedenen Ansätze nicht unbedingt miteinander konkurrieren müssen, sondern dass vor den Wikingern sowohl der Grieche *Pytheas* als auch die Römer und der Heilige *Brendan* die Vulkaninsel erreicht haben können.

Zweifellos steht aber fest, dass es spätestens seit dem 8. Jh. irische Mönche auf Island genauso wie auf den Färöern und Shetlands gegeben hat. Sie hinterließen zwar ebenfalls keine archäologisch nachweisbaren Spuren, werden aber in den Sagas (z.B. in der Íslendingabók) mehrfach genannt. Die geographischen Angaben, die im frühen

9. Jh. der Mönch *Dicuil* in seinem Buch *liber de mensura orbis* machte, belegen außerdem die Bekanntheit der Insel im iro-schottischen Raum. Dazu passt, dass es auf Island einige Orts- und Flurnamen mit dem Bestandteil *papar* (= ‚Pfaffen') gibt, die aus der ersten Zeit der Besiedlung stammen. Was aus den Mönchen wurde, als die Invasion der Wikinger einsetzte, ist unbekannt. In den Sagas heißt es, sie hätten die Insel fluchtartig verlassen, möglich ist jedoch auch, dass sie einem Gemetzel zum Opfer fielen, wie es für wikingische Übergriffe seit Lindisfarne (s.u.) typisch war.

iro-schottische Mönche

Die Frühzeit – Wikinger, Landnahme, Bürgerkrieg

Es gibt wohl kaum eine Zivilisation in Europa, die den Beginn ihrer eigenen Existenz so genau datieren und belegen kann wie die isländische. Der Grund dafür liegt darin, dass innerhalb eines relativen kurzen Zeitraums (874–930 n.Chr.) norwegische Wikinger in einem wahren Exodus die Insel planmäßig besiedelten, sich anschließend in einer freien Bauernrepublik organisierten und kurz darauf eine literarische Tradition begründeten, die geradezu minutiös von den Anfängen

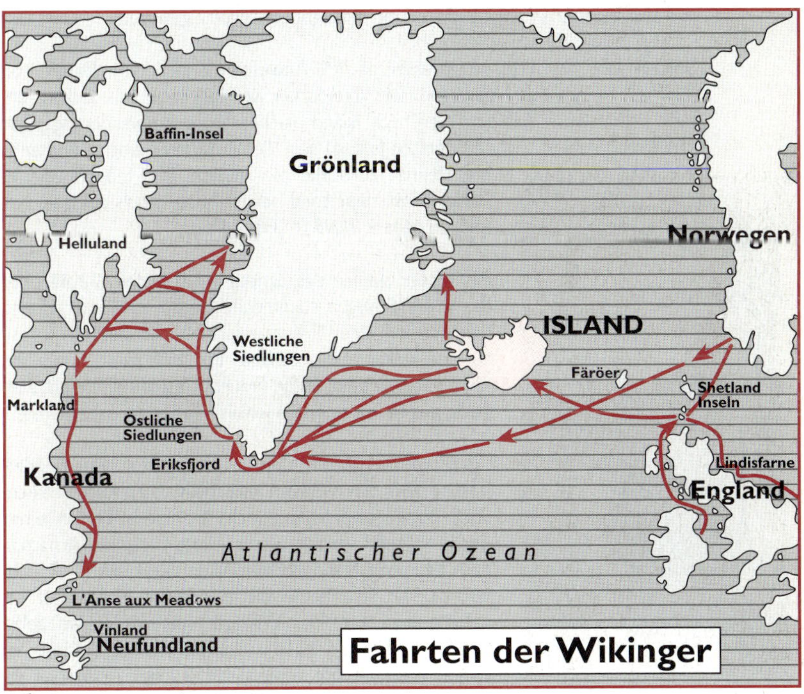

© graphic

ihres Gemeinwesens berichtete. Die Begriffe, die sich für diese Epochen eingebürgert haben, heißen *,Landnahme-Zeit'* und *,Saga-Zeit'*; beide zusammen stehen für eine 400jährige Ära, in der die Insel komprimiert Höhen und Tiefen durchlebte, um sich anschließend selbst zu eliminieren und nach einer Periode bürgerkriegsähnlicher Zustände für fast 700 Jahre in die Hände fremder Mächte zu gelangen. Gleichzeitig ist die isländische Nation das Produkt jener Epoche, die in der Geschichtsschreibung die **,Wikingerzeit'** genannt wird und die deshalb etwas näher beleuchtet werden muss. Immerhin geht schon auf die ersten wikingischen Seefahrer, die wohl unfreiwillig in die Weite des Nordatlantik verschlagen wurden, der Landesname zurück, und die Berichte, die diese Pioniere in ihrer Heimat ablieferten, machten die spätere Massenauswanderung dorthin erst möglich.

norwegische und schwedische Wikinger

Um 860 n.Chr., als Mitteleuropa bereits seit sieben Jahrzehnten unter wikingischen Überfällen zu leiden hatten, verschlug es ungefähr gleichzeitig, aber unabhängig voneinander den Norweger *Naddoður* und den Schweden *Garðar* auf die Vulkaninsel. Der Norweger gab dem unwirtlichen Land den Namen *Snæland* (= ,Schneeland') und zog es vor, so schnell wie möglich wieder zurückzukehren. Sein schwedischer Kollege fand heraus, dass es sich bei dem Land um eine große Insel handelte, die er in bestem wikingischen Selbstbewusstsein nach sich selbst benannte: *Garðarshólmur* (= ,Insel des Garðar'). Er überwinterte an der Nordküste und ließ seinen Gefolgsmann *Náttfari* auf seinen Wunsch hin dort zurück; beide sind also, wenn man so will, die ersten wikingischen Siedler gewesen.

Offiziell wird das nicht so gesehen, da ihre Anwesenheit nicht von Dauer war. Gleiches gilt für den Norweger *Flóki Vilgerðarson,* der 865 nicht aus Zufall, sondern sich bewusst auf den Weg nach Island machte. Seine Auswanderungspläne scheiterten bereits nach dem ersten Jahr, da sein Vieh im Winter einging und er in die Heimat zurückkehren musste. Ihm jedoch war es vorbehalten, dem Land seinen heute noch gültigen Namen zu geben: *Ísland* (= ,Eisland').

Standbild Ingólfur Arnarsons in Reykjavík

Als erster Siedler des Landes wird in den Annalen der aus Westnorwegen stammende *Ingólfur Arnarson* geführt, der sich auf einer Erkundungsfahrt 872 die Verhältnisse auf der Vulkaninsel anschaute und 874 dann, zusammen mit seinem Bruder *Leifur,* Frauen, Gesinde und Vieh, endgültig auswanderte, ohne jemals wieder zurückzukehren.

Der Sage nach ließ er den besten Platz für seine Niederlassung von den Göttern entscheiden: er folgte seinem über Bord geworfenen Hochsitz-Pfosten, der in einer Bucht an Land gespült wurde. Diese benannte Arnarson nach den aufsteigenden Dampfsäulen *Reykjavík* (= ,Rauchbucht'). Wo sich heute die isländische Hauptstadt erstreckt, errichtete der Wikinger seinen Hof, wo seine Familie noch lange leben sollte, bis sich deren Spur im Lauf der Geschichte verliert. Mit Ingólfur Arnarsons erfolgreicher Ankunft war der Startschuss gefallen für eine stürmische Einwanderungswelle, in der Zehntausende von Menschen die beschwerliche Reise über den Ozean wagten, um ein neues Leben zu beginnen.

Von der konkreten isländischen Geschichte zurück zum Allgemeinen. Denn da die Wikingerzeit für alle skandinavischen Länder größte Bedeutung hatte, sollte auf einige grundsätzliche Fragen ein wenig ausführlicher eingegangen werden:

- ***Was bedeutet das Wort ‚Wikinger'?***

Die Bedeutung des Begriffes Wikinger *wird unterschiedlich interpretiert. Am plausibelsten erscheint die Übersetzung, die sich vom altnordischen* vik *(= Bucht) ableitet – demnach waren Wikinger ‚Männer, die aus den Buchten kamen', womit die norwegischen Fjorde gemeint sein können. Andere Sprachhistoriker halten das Wort* vig *(= Schlacht) für den Namensgeber, wieder andere den Bezirk* viken *am Oslofjord. Das Wort kommt, wenn auch selten, auf einigen Runensteinen des 11. Jh. vor, häufiger aber in Heldenliedern und isländischen Schriften des Mittelalters. Daneben taucht in den zeitgenössischen Quellen die lateinische Bezeichnung* normanni *(= Normannen) auf. Es gibt aber große Unterschiede zwischen den Wikingern und ihren Nachfahren, die später von der Normandie aus England und große Teile Süditaliens eroberten. Als ‚Normannen' sollte man deshalb nur die bezeichnen, die altfranzösisch sprachen und sich zumindest kulturell bereits erheblich von den Wikingern entfernt hatten.*

‚Männer, die aus den Buchten kamen'

- ***Wer waren die Wikinger?***

Allgemein gesagt, kamen die Wikinger aus Skandinavien, d.h. aus Schweden, Dänemark und Norwegen. Jedoch kann man sie nicht als ein bestimmtes nordisches Volk ansehen, d.h. der Begriff meint keine Nation. Er ist vielmehr eine Zusammenfassung gleich oder ähnlich sprechender nordgermanischer Stämme mit einer gleichen oder ähnlichen Kultur und Religion. Zu Beginn der Wikingerzeit gab es die skandinavischen Königreiche in der heutigen Form noch nicht. Allerdings hatten sich im Norden ab dem 6. Jh. mehrere Stämme vereinigt bzw. gegenüber anderen durchgesetzt und erste Machtkonzentrationen (Mittelschweden, Oslofjord, Ostseeinsel Gotland) gebildet. Damit ging eine kulturelle Blüte einher, die sich in der Weiterentwicklung der Schiffsbau- und Waffenschmiedekunst genauso dokumentierte wie in einem äußerst hochstehenden nordgermanischen Kunsthandwerk. Von all dem konnten im späten 8. Jh. jene Stämme profitieren, die wir als Wikinger bezeichnen.

Noch in der Wikingerzeit wurden die skandinavischen Königreiche auf Kosten einer Vielzahl widerstrebender Kleinkönigtümer oder Gaue gegründet (s.u.). Ab dem 9.–11. Jh. ist es möglich, von ‚Norwegern', ‚Schweden' oder ‚Dänen' zu sprechen. Bis zum Jahre 1066, in dem die Epoche zu Ende geht, können die Nordleute trotz der nun klarer definierten völkischen Zugehörigkeit durchaus noch unter dem Begriff Wikinger *zusammengefasst werden.*

INFO Das Wikingerschiff

Bereits aus der Bronzezeit (ab 1500 v.Chr.) sind in Skandinavien eine Vielzahl von Felsritzungen überliefert, die das Schiff als magisch-religiöses Symbol zeigen und dessen große Bedeutung im Norden dokumentieren. Die wichtigsten Entwicklungsschritte hin zum vollausgebildeten Wikingerschiff wurden dann in den 400 Jahren vor der Epoche getan. Ablesbar ist dies an Darstellungen auf den berühmten gotländischen Bildsteinen genauso wie an verschiedenen Schiffsfunden: während der Typ des Nydam-Bootes, mit dem die Angeln und Sachsen nach Britannien übersetzten, noch ein robustes und reines Ruderboot gewesen war, hatten die nordischen Schiffe zu Beginn der Wikingerzeit ein ungleich eleganteres Aussehen und besaßen Segel.

Die lange Erfahrung im Bootsbau über viele Generationen hinweg spiegelt sich in der Konstruktion wieder, die im Klinkerbau errichtet wurde, d.h. die Planken der Bordwand überlappten einander, so dass sie leicht abgedichtet werden konnten. Die Reling war fast bis zur Wasserlinie herabgezogen und konnte bei widrigen Wetterverhältnissen durch die Rundschilde der Seekrieger erhöht werden. In den obersten Planken befanden sich die Löcher für die Riemen, denn in erster Linie wurden die Wikingerschiffe gerudert; d.h. das Segel hatte die Aufgabe, die Ruderer zu entlasten und ermöglichte bei günstiger Witterung Fahrten über das offene Meer. Der Klappmast konnte durch den Mastfisch umgelegt werden, einen herausnehmbaren Eichenblock auf dem Schiffsboden. Die Eleganz der Boote ergab sich u.a. durch die hoch hinaufgezogenen Vorder- und Hintersteven, die meist mit Spiralen oder Drachenköpfen verziert waren. Die maximale Länge des Kiels entsprach der natürlichen Länge des Bauholzes und ging wohl kaum über 30 m hinaus.

Das Gokstadschiff (Norwegen, 9. Jh.)

Ein gutes Dutzend von geborgenen Wikingerschiffen (vor allem in Norwegen und Dänemark) lassen zwei Grundtypen erkennen. Neben dem leichten Kriegs- oder Mannschaftsschiff mit geringem Tiefgang gab es das geräumige Handelsschiff, ‚Knorr' genannt. Mit diesem konnte neben größeren Frachtwaren auch Vieh transportiert werden, womit sich das ‚Knorr' für Händler und Emigranten anbot. Eine Reise von Norwegen nach Island, die in der Regel eine Woche dauerte, konnte bei idealem Wind in drei Tagen bewältigt werden. Entfernten sich die Wikinger von der Küste, benutzten sie verschiedene Hilfsmittel zur Navigation. Bei Nacht diente bisweilen der Polarstern als Leitstern, sie beobachteten die Sonne, die Meeresströmungen, die Vorkommen von Walpopulationen oder die Flugrichtung der Seevögel. Die Sagas berichten zudem von bestimmten weiteren Instrumenten wie dem sog. ‚Sonnenstein', durch den der Sonnenstand auch bei bedecktem Himmel ermittelt werden konnte.

Der Kompass war noch nicht erfunden, hätte den Wikingern angesichts der nördlichen Breiten, in denen sie segelten, aber auch nicht viel weiterhelfen können. Mit Sicherheit war das Leben an Bord der offenen Schiffe knochenhart. Als Proviant diente neben frisch gefangenem Fisch gepökeltes und geräuchertes Fleisch, Trockenfisch, lebende Schafe sowie Brot und Zwiebeln.

Die Wikingerschiffe gehören nicht nur zu den schönsten Wasserfahrzeugen, die jemals gebaut wurden, sondern waren mit Sicherheit die besten und schnellsten ihrer Zeit. Selbst mehr als 500 Jahre später konnte Kolumbus nicht annähernd so schnell segeln wie die Wikinger. Ohne ihre Schiffe, denen sie häufig Kosenamen gaben und denen viele skaldische Gedichte gewidmet waren, hätten die Wikinger niemals die kulturgeschichtliche Bedeutung erlangt, die ihnen als Händler, Staatengründer, Forscher und Künstler zukommt.

- ***Wann und wie begann die Wikingerzeit, wann endete sie?***

Die nach den Wikingern benannte Ära begann schlagartig im Jahr 793 durch den brutalen Überfall auf das nordenglische Kloster Lindisfarne auf der Insel Holy Island, nördlich des heutigen Newcastle.

Dort bemerkten die Mönche, die bis dahin abgeschieden und friedlich gelebt hatten, am Horizont die Segel einiger Schiffe, die sich mit ungeahnter Schnelligkeit näherten und direkt bis zum Uferrand fuhren. Heraus sprangen Männer, die auf das Kloster zustürmten, die Mönche erschlugen, die Kultgegenstände und das Vieh raubten und schließlich genauso schnell wieder verschwunden, wie sie gekommen waren.

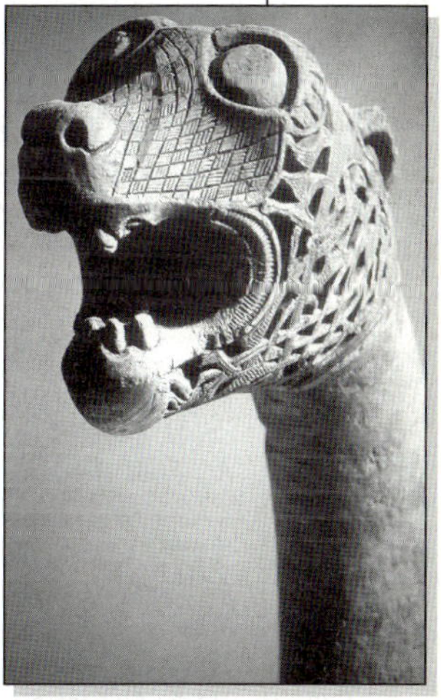

Drachenkopf vom Osebergschiff (Norwegen)

Der geschilderte Vorfall wurde bald im ganzen christlichen Abendland bekannt, galt er doch als Zeichen dafür, dass da im Norden eine ‚unbekannte, heidnische Rasse' zu einer Bedrohung für die zivilisierte Welt herangewachsen war.

Der Überfall auf Lindisfarne aber bildete nur den Auftakt für eine beispiellose Serie von Angriffen, die sich so oder ähnlich in den folgenden Jahren und in immer kürzeren Intervallen wiederholen sollten und denen die betroffenen Klöster, Städte und Völker nichts entgegenzusetzen hatten. Die Wikinger bedrohten nicht nur die Küsten der Nord- und Ostsee, später der Irischen See, Frankreichs, Spaniens und sogar des Mittelmeeres, sondern fuhren auch über Flüsse wie Rhein, Maas, Seine, Schelde und Loire weit ins Landesinnere hinein. Auf diese Weise wurden beispielsweise Derby, Nottingham, London, Lincoln und York im Jahre

835 heimgesucht, 840 Novgorod und Kiew, 843 Nantes, 844 Lissabon und Sevilla, 845 Hamburg, Aachen, Köln und Paris, 856 Tours, 860 Pisa, Luna und Konstantinopel, 862 schließlich Nektor in Marokko und das Gebiet der Camargue...

Die geographische Lage bestimmte wesentlich, in welche Richtung Schweden, Dänen und Norweger sich auf den Weg machten. Während die **dänischen** *Wikinger sich ostwärts den Küsten der südlichen Ostsee zuwandten und in Richtung Ärmelkanal agierten, zogen die Waräger, die* **schwedischen** *Nordmänner, über den Ostseeraum hinaus und erreichten mit ihren wendigen Schiffen Nowgorod und Kiew. Über das Schwarze Meer gelangten sie schließlich bis nach Byzanz. Die* **Norweger** *fuhren westwärts zu den Britischen Inseln und über den Nordatlantik. Sie waren es, die in der ersten Hälfte des 9. Jahrhunderts die Färöern entdeckten, die ebenso wie später Island durch die Expansion der Wikinger zu einem nordischen Land geworden sind.*

Angst und Schrecken

Wohin sie auch kamen, überall verbreiteten die Wikinger einen solchen Terror in den europäischen Ländern, dass sie geradezu als Vorboten des kommenden Weltunterganges gesehen wurden. Auf diese Weise machten sich die Skandinavier, die man vorher in Mittel- und Südeuropa so gut wie gar nicht kannte, innerhalb kürzester Zeit einen Schrecken erregenden und bluttriefenden Namen. Dieser prägt das Bild vom Wikinger bis auf den heutigen Tag, obwohl er nur eine (wenn auch spektakuläre) Seite ihrer Existenz beinhaltet. Der Wikinger als gewissenloser Seekrieger also, dessen ganzes Dasein sich nur um Kampf, Ruhm und Ehre dreht.

Genau diese Interpretation übernehmen übrigens viele isländische Fremdenführer, die den Touristen erklären, Islands erste Siedler seien keine Wikinger gewesen, da sie nicht als Krieger, sondern als Bauern auf die Insel kamen. Dabei wird vergessen, dass die Wikinger weitaus mehr waren als nur Piraten, und dass ihre ‚Brutalität' durchaus den Gepflogenheiten ihrer Zeit entsprach.

Insgesamt umfasst die Wikingerzeit gut 250 Jahre spannender Geschichte, in denen das Bild von Europa einem grundlegenden Wandel unterworfen wurde. Am Ende der Epoche waren die skandinavischen Länder zu Königreichen und z.T. zu europäischen Großmächten herangewachsen. Im Jahre ***1066*** *unterlag der Norweger Harald Hardråde (= ‚der Gestrenge'), der letzte große Wikinger-Seekönig, der im östlichen Mittelmeer Ruhm und Reichtum erworben hatte und nun England seinem Imperium einverleiben wollte, bei Stamford Bridge in Yorkshire dem Angelsachsen Harold, der selbst nur wenig später gegen William dem Eroberer bei Hastings sein Reich und Leben verlor.*

Ende der Wikingerfahrten

Mit diesem Datum ging das Zeitalter der Wikingerfahrten zu Ende und begann das skandinavische Mittelalter. Die Entwicklung zu großen staatlichen Einheiten mit zentralistisch-feudalen Systemen war abgeschlossen, die Königreiche Dänemark, Norwegen und Schweden sowie die Bauernrepublik Island gingen nun ihre eigenen Wege.

- **Welche Gründe gab es für die wikingische Expansion?**

Warum Ende des 8. Jahrhunderts die Wikinger zunächst ihre Raubzüge, dann ihre Handels- und Forschungsfahrten und schließlich ihre Staatengründungen über die Meere begannen, ist unter Historikern noch strittig. Unzweifelhaft ist ein Grund jedoch die ‚Vorarbeit', die in den Jahrhunderten zuvor durch die nordischen Stämme geleistet worden sind. Erst dadurch wurden die technischen Voraussetzung (Schiffe, Waffen, Nautik) geschaffen, ohne die die Nordleute gar nicht in der Lage gewesen wären, sich so schnell und nachhaltig auf die weltpolitische Landkarte zu katapultieren. Die früher häufig gehörte Auffassung, dass dann eine Übervölkerung des skandinavischen Raumes von ausschlaggebender Bedeutung gewesen sei, scheint nicht den Tatsachen zu entsprechen, da noch während und nach der Epoche viel neues Land in der Heimat unter Pflug genommen wurde – Landnot gab es offensichtlich nur an der rauen Westküste Norwegens. Außerdem ist bekannt, dass weniger die Besitzlosen, als vielmehr die Angehörigen einer Oberschicht ‚auf wiking' gingen. Sicher aber wird das nordgermanische Erbrecht eine Rolle gespielt haben. Denn das sog. Anerbenrecht sorgte dafür, dass der älteste Sohn zumeist den Hof übernahm, so dass den anderen Jungen nur das Meer als Alternative blieb.

Die zurückkehrenden Wikinger, die in der Heimat ihre erbeuteten Schätze präsentierten und Heldentaten zum Besten gaben, werden zudem manch anderen animiert haben, es ihnen gleichzutun. Denn zumindest in der Anfangsphase stießen die wikingischen Beutezüge auf keinen nennenswerten Widerstand: weder die Franken, noch die Angelsachsen oder die südlichen Völker, erst recht nicht die Mönche der iro-schottischen Klöster hatten auch nur annähernd so gute Schiffe, um die Angreifer zur See bekämpfen zu können. Die politische Schwäche z.B. des Frankenreichs nach Karl dem Großen ist somit ebenfalls für das explosionsartige Auftauchen der Seekrieger in Mitteleuropa verantwortlich. Auch handfeste materielle Interessen, vor allem die Aussicht auf lukrativen Handel, waren sicher für manchen Wikinger motivierend. Einen weiteren Grund stellen die politischen Verhältnisse in der nordischen Heimat dar: dadurch, dass sich die kleinen Stammesfürstentümer in der Wikingerzeit zu staatenähnlichen Gebilden zu entwickeln begannen, gab es jede Menge Unterlegene im Kampf um die Macht und Unzufriedene. Ein ehemaliger Kleinkönig wird wohl lieber auf Eroberungsfahrt gegangen sein, als sich einem heimischen Großkönig zu beugen und Steuern zu zahlen. Vor allem die Besiedlung Islands geht auf solch einen Vorfall zurück (s.u.). Schließlich dürften auch charakterliche Eigenschaften wie Abenteuerlust, Risikobereitschaft und Heldentum für die wikingische Expansion eine nicht zu unterschätzende Rolle gespielt haben.

mit den schnellsten Schiffen ihrer Zeit…

- **Entdeckten die Wikinger Amerika?**

Natürlich wurde Amerika nicht von den Wikingern ‚entdeckt', da auf dem Kontinent ja bereits seit Jahrtausenden Menschen lebten. Wer nach den **India-**

nern, die über die Bering-Straße aus Asien eingewandert waren, als nächster die Neue Welt erreichte, darüber wird spekuliert. In der Diskussion sind die alten **Ägypter** genauso wie die **Phönizier**, aber auch **Römer**, **Kelten** der iberischen Halbinsel und schließlich der schon genannte Heilige Brendan. So verlockend diese Theorien jeweils sein mögen, ihnen ist gemeinsam, dass sie – jedenfalls bislang! – nicht eindeutig bewiesen werden können. Anders verhält es sich mit den **Wikingern**.

noch weiter gen Westen

Schon um **982** war der aus Norwegen und Island verbannte Erik der Rote ein weiter Schritt in Richtung Westen gelungen. Er entdeckte **Grönland** (das er ‚grünes Land' taufte, um weitere auswanderungswillige Wikinger dorthin zu locken) und ließ sich dort nieder; die Grundmauern seines Hofes sind inzwischen von Archäologen freigelegt worden. In der sog. Westbucht und Ostbucht (beide an der Westküste gelegen) entstanden zahlreiche Höfe und zwei Siedlungen, die um das Jahr 1000 insgesamt etwa 6.000 Bewohner gehabt haben werden.

Schon 14 Jahre vorher war von dem Isländer Bjarni Herjolfsson ein bewaldetes Land westlich von Grönland gesichtet worden – wahrscheinlich **Südlabrador.** Später erfuhr der Sohn Eriks des Roten, Leif Eriksson (isl.: Leifur Eiríksson), von diesem Land und brach im Jahre **1001** mit 35 Mann auf, um es zu suchen – aus Abenteuerlust, wahrscheinlicher aber wegen des Holzmangels in Grönland. Sie segelten in Nordamerika an drei Landschaften vorbei, die sie helluland (= Steinland), markland (= Waldland) und vínland nannten. Der Name des entdeckten Vínland bedeutet wohl Wiesen- und Weideland, aber nicht – wie oft angenommen – Weinland. Bei L'Anse aux Meadows in **Neufundland** hat der norwegische Archäologe Helge Ingstad zweifelsfrei eine wikingische Siedlung nachweisen können.

Standbild Leif Erikssons (Reykjavík)

Damit kann als gesichert gelten, was Philologen nach dem Studium isländischer Sagas, besonders der Vínland-Saga und Grönland-Saga, längst schon geahnt hatten. In den mittelalterlichen Schriftstücken wurden nämlich die Forschungs- und Emigrationsfahrten in die Länder westlich von Island detailgetreu aufgezeichnet. Demnach kam bereits im Jahre 1008 die erste größere Gruppe von Siedlern, etwa 250 Männer und Frauen, ins amerikanische Vínland. Nach Streitereien und Meinungsverschiedenheiten kehrten einige aber bald wieder nach Grönland zurück, andere folgten wegen des akuten Frauenmangels und die letzte größere Gruppe ließ schließlich in Kanada ihr Leben – durch Kämpfe mit Indianern oder Totschlag in den eigenen Reihen. Obwohl um 1012 die Überlieferung der Vinland-Fahrten aufhört, können wir annehmen, dass noch lange Zeit Isländer und Grönländer Amerika aufsuchten – nicht um dort zu siedeln, sondern um *sich das lebenswichtige Bauholz zu holen. Noch* ***1347*** *ist von solch einer Fahrt die Rede.*

Kaum ein Jahrhundert später ist nicht nur Vínland, sondern auch Grönland vergessen. Nachdem einmal die Verbindung zu Europa abgerissen war und zusätzlich eine Klimaänderung die Lebensbedingungen drastisch verschlechtert hatte, wartete auf die Siedler das traurige Schicksal des Verhungerns, Erfrierens und des Todes durch Kämpfe mit Eskimos. Die aufgefundenen Leichen der letzten Grönländer, deren Ende um ***1500*** *eintrat, zeigten Anzeichen von Mangelkrankheiten, Zwergwuchs und Schwindsucht. Ohne Holz für den Bau von Schiffen war für sie eine Flucht ins benachbarte Island unmöglich geworden.*

Schon eine 1957 aufgefundene Landkarte zeigt verblüffend genau die Küsten Islands, Grönlands und Neufundlands und bezeichnet den kanadischen Osten als ‚Vinland'. Das als ‚Vinland-Karte' bekannte Pergament, lange Zeit als Paradebeispiel einer Fälschung in der Forschungsliteratur angeführt, scheint nach jüngeren wissenschaftlichen Untersuchungen doch echt zu sein. Demnach wurde sie eindeutig vor der ‚Entdeckung' Amerikas durch Kolumbus gezeichnet, wahrscheinlich im 13. Jh.: ein weiterer Beweis für die Amerikafahrten der Wikinger!

Isländische Landkarte von 1570. Die Bezeichnung ‚Skrælingeland' anstatt ‚Vinland' bedeutet: ‚Land der hässlichen Zwerge', womit die Indianer gemeint sind. Nordamerika, Grönland und die Arktis erscheinen als zusammenhängende Landmasse.

Es bleibt festzuhalten: Die ‚Entdeckung' Amerikas und Grönlands durch die Wikinger ist eine bewiesene Tatsache. Und dabei hatte es sich nicht um eine kurze Sichtung der Länder gehandelt, sondern um eine Reihe regelmäßiger Besuche über wenigstens drei Jahrhunderte hinweg. Es ist übrigens eine beliebte Spekulation, ob ***Kolumbus*** *nicht von diesen Pioniertaten wusste – immerhin war er 1477 mit einem englischen Schiff nach Nordisland gelangt und hätte dort von dem sicher noch lange lebendigen Wissen um die Existenz der westlichen Länder profitieren können.*

Dieser Tatsache wurde im Jahr 2000 durch die ***Tausendjahrfeier der Entdeckung Amerikas durch die Wikinger*** *gedacht. Dabei stach im Sommer des Jahres eine isländische Crew mit einem nachgebauten Wikingerschiff namens* Íslendingur *in See und erreichte nach einer dramatischen Atlantiküberquerung die ausgegrabene Wikingersiedlung im neufundländischen L'Anse aux Meadows, wo die Isländer von 16.000 Zuschauern begeistert empfangen wurden. Die Reise endete am 5. Oktober im Hafen von New York, wo die Mannschaft von Amerikas First Lady,* Hillary Clinton, *willkommen geheißen* *wurde. Der Kapitän des Schiffes, Eggertsen, war für diese Reise auch persönlich prädestiniert, da er seinen Stammbaum bis auf* Erik den Roten *zurückführen konnte.*

- ***Was waren andere Leistungen der Wikinger?***

Schon mehrfach klang an, dass die Wikinger mehr waren als bloße Raubmörder und Piraten. Die genannte Entdeckung und Besiedlung des nordatlantischen Raumes bis hin zur kanadischen Küste ist ein Beispiel, zu welchen weittragenden (und auch friedlichen) Leistungen die Skandinavier in der Lage waren. Zu diesen Leistungen gehört daneben die **Errichtung eines Handelsnetzes,** *wie es es vorher noch nie gegeben hatte und das später die Hanse beerben konnte. Vor allem im osteuropäischen Raum sind hier enorme Taten vollbracht worden: den schwedischen Warägern gelang es, sich das innerrussische Flusssystem untertan zu machen und so den Warenverkehr der Seidenstraße an die Wasserwege der Ost- und Nordsee anzuschließen. Noch vor der Jahrtausendwende hatte sich der Norden zum Hauptumschlagplatz entwikkelt und in skandinavischer Erde gefundene Bischofsstäbe aus Irland, eine Buddhafigur aus Indien, fränkisches Glas sowie Schmuck aus dem Mittelmeerraum belegen die Bandbreite dieses Handels. Für die mitteleuropäischen Länder, die ja zeitgleich unter den Wikingerüberfällen zu leiden hatten, ergab sich die paradoxe Situation, dass die Nordleute zu ihren bevorzugten Handelspartnern gehörten. Der Grund: es gab einerseits das päpstliche Verbot, mit den moslemischen Heiden Handel zu treiben, andererseits aber das starke Verlangen nach Luxusgütern aus dem arabischen Raum. Die Versorgung stellten nun die Wikinger sicher, denen – etwa in Konstantinopel und Bagdad, aber auch auf den skandinavischen Märkten – die Araber Sklaven, Felle und Bernstein im Tausch gegen Silber, Gewürze, Schmuck etc. förmlich aus der Hand rissen. In Skandinavien hat man rund 60.000 arabische Silbermünzen aus jener Zeit finden können. Die üppig sprudelnde Quelle der Handelsschiene Skandinavien-Russland-Arabien/Indien versiegte dann mit dem Einsetzen der Kreuzzüge.*

Händler,…

Neben ihrer Aktivität als Piraten, Entdecker und Händler waren die Wikinger erfolgreiche **Staatengründer.** *In ihrer eigenen Heimat schufen sie durch die Vereinigung vieler kleinerer Häuptlingstümer die skandinavischen Königreiche Norwegen, Dänemark und Schweden. Außerhalb der Heimat konnten die Norweger nordatlantische Inseln wie die Orkneys, Färöern, Hebriden und Shetlands sowie Island (und von dort aus Grönland und Vínland) besiedeln und für lange Zeit bzw. bis heute zu skandinavisch geprägten Gemeinwesen machen. Auch in Schottland, Irland und auf der Isle of Man waren Norweger kolonisatorisch tätig, allerdings in starker Konkurrenz zu den Dänen. Diesen gelang immerhin die zweimalige Eroberung des mächtigen England, wo sie das* Danelagen *(= ‚unter dänischem Gesetz stehend') genannte Gebiet zu einem lange funktionierenden Teil ihres Königreiches machten. Die englische Sprache und das englische Recht kennen zahllose Einflüsse aus dieser Zeit. Dänen und Norweger waren es auch, die vom westfränkischen König die Normandie zu Lehen erhielten und hier nicht nur den ersten Beamtenstaat*

… Staatengründer…

des Mittelalters errichteten, sondern kulturell durch die Entwicklung des normannischen Baustils und politisch durch die Eroberung Süditaliens und Englands Taten von immenser Bedeutung vollbrachten. Die schwedischen Waräger schließlich waren in Finnland und an der gesamten baltischen Küste als Kolonisatoren wirksam. Noch wichtiger war hier die skandinavische Installierung des Reiches von Novgorod (und Kiew), wo unter der Dynastie der Rurikiden die Keimzelle Russlands entstand. Obwohl in Russland die wikingische Herrscherschicht – wie in der Normandie – bald mit der unterworfenen Bevölkerung verschmolz, sind die genannten Staatengründungen bis auf den heutigen Tag lebendig und haben das Erscheinungsbild unserer Welt geprägt.

... und Künstler

Bedeutend war auch der Beitrag, den die Wikinger als **Künstler** *und* **Kulturträger** *leisteten. Man denke nur an den Schiffbau, die Goldschmiedekunst, die Steinmalerei, das Waffenhandwerk und die Schnitzkunst, die noch nach der Wikingerzeit z.B. an den norwegischen Stabkirchen weiterlebte. Auch darf nicht vergessen werden, dass die hochstehende Literatur, die Norwegen und vor allem Island hervorbrachte, inhaltlich auf die Wikingerzeit zurückgeht (vgl. S. 96ff.). Den Wikingern, lange als raubmordende und primitive Horden verschrieen, gelang es also, durch ihre zahlreichen Kontakte mit anderen europäischen Völkern und die Annahme des Christentums die nordischen Länder (einschließlich Islands) in die Nationengemeinschaft und Kultur des Abendlandes zu integrieren. Dies ist der bleibende Wert der Epoche.*

- ***Welcher Religion gehörten die Wikinger an?***

Die große allgemeine Bedeutung der Wikingerzeit ist auch daran ablesbar, dass zu Beginn der Ära in keinem der skandinavischen Länder größere christliche Gemeinden existierten, dass aber gegen deren Ende fast alle wikingischen Gebiete missioniert sind. Länger als in anderen Teilen der germanischen Welt hielt sich im Norden der Glaube an Odin, Thor und Freyr, ohne dass wir heute genau wissen, wie es um die Religiosität des Einzelnen bestellt war. Auf alle Fälle waren die Kriegs-, Wetter- und Fruchtbarkeitsgötter, deren Namen uns z.B. noch in den Wochentags-Bezeichnungen begegnen, populär. Und Missionare wie der Heilige Ansgar hatten es äußerst schwer, den Skandinaviern die Vorzüge des Christentums nahe zu bringen. Von großem Gewicht war dabei sicher die Jenseitsvorstellung der ‚neuen Lehre', die sich stark vom martialischen Walhall der Nordgermanen unterschied.

Statuette aus der Wikingerzeit (nordische Gottheit?)

Dorthin gelangten nämlich nur die im Kampf Gefallenen, um an Odins Tafel zu speisen und zu trinken; aber auch sie mussten schließlich zusammen mit den Göttern am Weltenende im Ragnarök untergehen.

Als die wikingische Expansion begann, kamen die Nordleute in den fremden Ländern naturgemäß mit dem Christentum in Kontakt. Und je nachdem, wie dieser Kontakt beschaffen war, ließen sich einige taufen. Schließlich bot die neue Religion schon im Diesseits handfeste Vorteile, etwa die besseren Handelschancen mit christlichen Partnern. Handelte es sich bei dem Täufling um einen Anführer, Fürsten oder gar König, war ein entscheidender Schritt für die Durchsetzung des Christentums getan. Aber selbst nach der Taufe trauten viele ihren alten Göttern immer noch genügend Macht zu, so dass sie als Amulett den Thorshammer und das Kreuz gleichzeitig trugen. Über viele Generationen hinweg müssen christliche und heidnische Gemeinden nebeneinander existiert haben.

Nebeneinander der Religionen

Ein gutes Beispiel dafür bietet Island: Als mit und nach Ingólfur Arnarson *skandinavische Siedler auf die Insel kamen, gab es zunächst kaum einen Christen darunter. Stattdessen wurden mit geweihter Erde oder hölzernen Tempelsäulen aus Norwegen heidnische Kultstätten eingerichtet, deren Besitz und Pflege einem sog. Goden (goði; = Häuptling und Tempelbesitzer) oblag. Da aber viele Nachfolger nicht direkt aus Norwegen, sondern auf dem Weg über die (schon christlichen) britischen Inseln einwanderten, stieg die Zahl der Christen kontinuierlich an, ohne dass es allerdings zu Religionskämpfen gekommen wäre. Als sich schließlich der neue Glaube auch in Norwegen stärker durchzusetzen begann und wegen der von dort ausgehenden Missionstätigkeit auch einige isländische Goden übertraten, musste eine historische Entscheidung gefällt werden. So übergab man im Jahr* ***1000*** *dem Althing, dem Inselparlament, die Frage der Religionszugehörigkeit zum Beschluss, woraufhin von der Mehrheit die Annahme des Christentums befürwortet wurde. Der geschlossene Übertritt eines ganzen Landes war also ein politischer Akt, in freier Entscheidung und ohne Zwang von außen durchgeführt. Charakteristisch ist, dass die junge christliche Kirche des Freistaates noch lange von heidnischen Strukturen durchsetzt blieb (etwa indem die Goden das Priesteramt übernahmen). So war es offiziell erlaubt, nach Einbruch der Dunkelheit und im privaten Kreis weiterhin den alten Ritus auszuüben, und auch das traditionell als Geburtenkontrolle übliche Aussetzen von Säuglingen erfuhr keine Bestrafung!*

Wie das Nebeneinander der Glaubensvorstellungen selbst im familiären Kreis offenbar problemlos möglich schien, zeigt das Beispiel des ersten Bewohners der Nachbarinsel Grönland: dort hielt Erik der Rote *seinen nordgermanischen Göttern die Treue, während seine Frau Christin war und um das Jahr 1000 sogar eine Kirche auf ihrem Hof* Brattahlið *bauen ließ…*

Nicht nur die Wikingerzeit, sondern auch Teile ihrer alten Mythologie sind übrigens auf Island – mehr noch als in Norwegen – bis heute im Bewusstsein der Menschen verankert. Die Namen der Wochentage, Orts- und Flurbezeichnungen (z.B. der Goðafoss), Firmenembleme und die Werbung nehmen immer wieder Bezug auf die heidnische Vergangenheit. Island ist zudem das einzige Land, in dem es immer noch Anhänger der alten nordgermanischen Religion gibt, die sogar staatlich anerkannt sind (vgl. S. 138).

Nach diesem Exkurs sollten wir uns wieder den Geschehnissen auf Island zuwenden, die von der politischen Großwetterlage in der Wikingerzeit freilich nicht zu trennen sind. Hier ist besonders **Norwegen** gemeint, das sich im 9. Jh. auf dem Weg zur staatlichen Einheit befand. Wie bereits erwähnt, erfolgte dort die erste ‚Reichssammlung' unter *Harald I.* (ca. 860–930), der den Beinamen ‚Schönhaar' *(hårfagre)* trug. Im Hafrsfjord, unmittelbar südlich der heutigen Ölmetropole Stavanger, hatte er 872 die Widerstand leistenden Kleinfürsten besiegt und sich zum alleinigen König von Norwegen aufgeschwungen. Für eine Menge bis dato freier Wikinger, die als Großbauern, Kleinkönige oder Gauhäuptlinge nahezu unumschränkte Macht genossen hatten, bedeutete dies eine enorme Umstellung ihres Lebens. Ab nun hatten sie dem mit eiserner Hand regierenden König Steuern zu zahlen, seiner Streitmacht Heerfolge zu leisten und auch in anderen Dingen auf die Zentralmacht Rücksicht zu nehmen.

norwegische Emigranten

Die Reihe der starken norwegischen Könige veranlasste daher von Beginn an all jene zur Auswanderung, die sich nicht unterordnen wollten. Obwohl *Ingólfur Arnarson,* der offizielle erste isländische Siedler, aus privaten Gründen Norwegen den Rücken kehrte, ist es kein Zufall, dass er dies genau in der Zeit der norwegischen ‚Reichssammlung' tat. Sein direkter Weg nach Island ist allerdings nicht repräsentativ: ein beträchtlicher Teil der auf die Insel strömenden Nordleute lebte zuvor zumindest zeitweise auf anderen atlantischen Inseln wie den Färöern, Orkneys, Shetlands und Hebriden. Sie wanderten aus, nachdem Harald Schönhaar einen Feldzug gegen Britannien geführt hatte und sie also auch dort ihrer Freiheit nicht mehr sicher sein konnten. In ihrem Gefolge befand sich zudem eine beträchtliche Anzahl keltischer Sklaven, so dass Island von Anfang an kein rein wikingisches Land war. Der keltische Einfluss, der sich z.B. in der Statur der Isländer, in ihrem Blutbild sowie in ihrer Haar- und Augenfarbe niedergeschlagen hat, ist nicht von der Hand zu weisen und soll nach Untersuchungen von Anthropologen bis zu einem Drittel der Gesamtbevölkerung ausgemacht haben.

Wikingischer Krieger mit Waffen – Steinkreuz von Middleton

Die Gesamtmenge der Immigranten war nach zögerlichem Beginn jedenfalls enorm: um **930**, als fast alles brauchbare Land vergeben war und der Strom der Zusiedler spürbar nachließ, lebten bereits etwa **30.000–40.000 Menschen** auf Island – eine Zahl, die um einiges höher lag als die Population in den katastrophalen Jahren der Neuzeit (vgl. S. 39). In der *landnámabók*, dem ‚Buch von der Landnahme', ist nachzulesen, woher die Siedler kamen, welche Vorfahren und Nachkommen sie hatten, welche Streitigkeiten sie ausfochten. Rund 400 Namen von Anführern aus der Landnahmezeit sind dort überliefert.

Warum die Isländer anfangs ohne staatliche Organisation auskamen und sich nicht in einem Königreich vereinten, liegt auf der Hand: ist es doch gerade eine starke Zentralgewalt gewesen, vor der man auf die Insel geflüchtet war! Trotzdem kann von Chancengleichheit der Pioniere oder gar von einer egalitären Gesellschaft nicht die Rede sein. Nach dem Grundsatz ‚wer zuerst kommt, mahlt zuerst' wurde das beste Land als erstes vergeben, wobei die noch in der Heimat erworbene Macht und gesellschaftliche Stellung allemal den Ausschlag gab. Fast ein Drittel der gesamten Insel-Nutzfläche geriet anfangs in die Hände von vier Großgrundbesitzern, darunter auch *Ingólfur Arnarson* mit seiner Sippe. Er z.B. besaß in der Reykjavíker Gegend soviel Land, wie es im 19. Jh. immerhin ausreichte, um 420 Höfen eine Wirtschaftsgrundlage zu geben.

Die drohende Gefahr, dass Island zu einer Oligarchie verkomme, in der die Nachfolger der ersten Siedler ihr Land kaufen oder pachten mussten, wurde jedoch bald schon durch die Anwendung eines alten norwegischen Rechtsgrundsatzes abgewehrt. Dieser besagte, dass unbebautes Land von jedem freien Bauern bestellt und zu dessen Eigentum werden könne. Da es jedoch verbindliche Regeln der Landvergabe ebensowenig gab wie irgendeine Instanz, die deren Einhaltung hätte kontrollieren können, war es im Regelfall wohl so, dass die mächtigeren Sippen mit einer entsprechenden Gefolgschaft die besten Areale bekamen, während die unbedeutenderen Bauern an die Randzone zum Ödland hin abgedrängt wurden.

Die historische Schlucht von Þingvellir

Bis 930 wurde Island durch eine steigende Zahl autarker Höfe geprägt, denen freie Bauern vorstanden. Viele davon hatten aus der Heimat das Amt des Tempelbesitzers *(= goði)* mitgebracht, das man auf der Insel zusehends weltlich umdeutete: die **Goden** wurden zu Häuptlingen, welche Anhänger um sich scharten und versuchten, ihren Einfluss weiter auszudehnen. Um ein für allemal verbindliche Regeln für das Zusammenleben der Bauern zu schaffen, richtet man im Jahre **930** in *Þingvellir* das **Althing** ein (S. 288), eine Art Inselparlament, in dem die Vertreter der lokalen Thinge Sitz und Stimme hatten.

Damit hatte sich Island als Freistaat oder Bauernrepublik selbst konstituiert, dessen oft beschworene ‚Demokratie' jedoch – wie im alten Griechenland die attische Demokratie – nichts mit unserer Vorstellung von ‚Volksherrschaft' zu tun hat: durch den Ausschluss von Frauen, Gesinde und unfreien Bauern war die überwiegende Mehrheit der Bevölkerung nicht repräsentiert. Das Althing, das bis auf eine kurze Periode selbst in der Kolonialzeit Bestand hatte, trägt den Ruf, das älteste funktionierende Parlament der Welt zu sein (wenn man auch auf den Färöern von dem dort eher eingesetzten Thing das gleiche behauptet; allerdings haben es die Färinger bis heute nicht zur staatlichen Unabhängigkeit gebracht). Auf ihm wurden das jeweils gültige Gesetz verlesen, Recht gesprochen und Fragen von allgemeinem Interesse behandelt – wie z.B. die Annahme des Christentums im Jahre 1000. Recht zu sprechen und Recht durchzusetzen sind jedoch zweierlei, an letzterem (also der Exekutive) mangelte es dem Freistaat. So konnte zwar ein Angeklagter verurteilt werden, ob er aber seine Strafe erhielt, das war allein Angelegenheit des Klägers. Dieses Defizit führte später zu einer langen Reihe von Sippenfehden und bürgerkriegsähnlichen Zuständen, in letzter Konsequenz dann zum Verlust der staatlichen Unabhängigkeit.

Thinge und Goden

Seit **965** war laut Beschluss des Althings der Freistaat in vier Bezirke eingeteilt, die jeweils 3 bzw. 4 lokale Thinge hatten. In jedem der insgesamt 13 isländischen Thinge gab es jeweils drei Tempel (also insgesamt 39), die wiederum jeweils dem Privatbesitz eines Goden angehörten. Jeder Isländer musste sich einem der Goden und dessen Gemeinde anschließen und später auch mit Abgaben unterstützen. Für die Frühzeit der isländischen Geschichte wurde damit die Institution des Godenamtes *(goðorð)* zum entscheidenden Faktor für alle wichtigen religiösen, kulturellen und politischen Angelegenheiten:

- **Religiöse** Folgen hatte es, wenn ein Gode zum Christentum übertrat und aus seinem Tempel eine Kirche machte, denn dies bedeutete i.d.R. den geschlossenen Übertritt der gesamten Gemeinde. Im Unterschied zur sonstigen römisch-katholischen Kirche waren gehörten also die Gotteshäuser zum Privatbesitz von Priestern, deren Legitimation noch in ihrer alten heidnischen Funktion begründet war und die geistliche und weltliche Macht miteinander verknüpften. Trotz aller Eigenständigkeit erkannten die isländischen Goden-Priester jedoch die Oberhoheit des Bremer Erzbischofs an, dem damals alle skandinavischen Gemeinden unterstanden. Er weihte im Jahre **1056** mit *Ísleifur Gíssurarson* auch den ersten isländischen Bischof, dessen heimatlicher Hof von Skálholt (vgl. S. 294ff.) sich damit zum mächtigen Bischofssitz wandelte. 1106 wurde in Hólar ein zweiter isländischer Bischofssitz eingerichtet (vgl. S. 386f.), beide zusammen sollten das geistig-kulturelle Leben der Insel über Jahrhunderte prägen. Durch die Einführung des ‚Zehnten', der im Mittelalter üblichen Kirchensteuer, wurde die Stellung der Goden weiter gestärkt, da die Hälfte der Abgaben ihnen gehörte (die andere Hälfte war für den Bischof und für die Armenfürsorge bestimmt).

- **Kulturelle** Akzente setzten die Goden vor allem nach der Annahme des Christentums, trotz aller Beibehaltung nordisch-germanischer Traditionen. Durch ihre Ländereien und ihren Anteil vom ‚Zehnten' konnten sie beträchtliche Reichtümer anhäufen, mit denen sie das rege kulturelle Leben finanzierten, das sich an ihren Höfen entfaltete. Glänzendstes Beispiel dafür war der Hof Oddi in Südwestisland, auf dem die wichtigsten Gelehrten, Dichter und Historiker des Freistaates zu Hause waren, darunter auch *Snorri Sturluson* (1178–1241), Islands überragende Gestalt des Mittelalters (vgl. S. 404). Überhaupt legt die isländische Literatur ein beredtes Zeugnis für die kulturellen Impulse ab, die die Insel durch die Finanzkraft der Goden erhielt. Sie war möglich geworden, nachdem sich mit der Christianisierung das lateinische Alphabet gegenüber der Runenschrift durchgesetzt hatte. Zunächst mit der Aufzeichnung von Gesetzen (ab 1117) und religiösen Texten, dann mit anspruchsvollen Gattungen wie Skaldik oder Sagas sowie der Niederschrift altgermanischer Götterlieder trat Island aus der Sphäre der Provinzialität hinaus und setzte sich selbst auf die Weltkarte der ewig gültigen Kunst. Dies war jedoch nicht allein ein Verdienst der Goden, sondern genauso eines der von der Kirche eingesetzten Klöster.

gelehrte Isländer

• **Politisch** waren die Goden als Häuptlinge und Anführer ihrer Gemeinde bedeutsam, indem sie deren Interessen auf den lokalen Thingen und dem Althing durchzusetzen wussten. Dadurch wurde das ohnehin schon vorhandene Konkurrenzverhältnis zwischen den einzelnen Goden verstärkt, unterstützt durch die Möglichkeit, das Godenamt auch käuflich zu erwerben. Diese verhängnisvolle Situation, die ehrgeizigen und machtbesessenen Familien entgegenkam, führte dazu, dass nach einer relativ friedlichen Periode sich im 12. und 13. Jh. einige wenige Sippen deutlich in den Vordergrund schoben. Aus dem anfänglichen Miteinander wurde ein Gegeneinander, gipfelnd in einem Zustand der Zerrissenheit, der schließlich das Schicksal des jungen Freistaates besiegeln sollte.

Geschlechterfehden

Damit sind wir also in der Endzeit der unabhängigen Bauernrepublik, eine Epoche, die durch ununterbrochene Kämpfe der mächtigen Geschlechter gekennzeichnet ist. Das mächtigste und bekannteste war das der *Sturlunger*, zu dem auch der schon erwähnte *Snorri Sturluson* gehörte. Es war führend in dem Bestreben, Machtpolitik zu betreiben. In der Konsequenz hieß dies Landraub, Familienfehden, Blutrache und die verzweifelten Versuche jeder Partei, Mitstreiter zu finden bzw. schwächere Bauern zum Waffendienst zu zwingen. Im Zeitalter der wechselnden Koalitionen konnte man sich noch nicht einmal darauf einigen, wer die beiden Bischofsämter von *Hólar* und *Skálholt* besetzen sollte.

Während die Goden soeben dabei waren, durch Ämterverkauf und Parteinahme ihre eigene Stellung zu untergraben und die Basis des Freistaates zu zerstören, konnten zwei miteinander verbündete Kräfte von den Turbulenzen auf Island profitieren: die Kirche und das norwegische Königreich. Das Erzbistum von *Nidaros* (= Trondheim in Norwegen), das 1152 Bremen in seinen skandinavischen Kompetenzen ablöste, war vor allem daran interessiert, die ungünstige Lage der römisch-katholischen Kirche gegenüber den selbstherrlichen Goden zu stärken. 1238 besetzte der Erzbischof von Nidaros die beiden vakanten isländischen Bischofssitze mit Norwegern, und schließlich mussten die Goden, die in ihre eigenen Machtkämpfe verstrickt waren, sogar ihre einzigartigen Privilegien abgeben: der Bischof entschied über die Vergabe der Priesterämter, der Zehnte fiel allein der Kirche zu (1253) und auch die Gotteshäuser gingen in deren Besitz über.

Mord und Totschlag

Gleichzeitig fand Norwegen in *Håkon IV. Håkonsson* (1217–1263) einen aktiven und machthungrigen Herrscher, der dort eine Phase der Bürgerkriege beendet hatte und seine begehrlichen Blicke nun auf das nordatlantische Inselreich warf. Da auf Island immer noch und immer heftiger gestritten wurde und einzelne Sippen immer häufiger den norwegischen König um Vermittlung oder Parteinahme anriefen, hatte er bereits einen Fuß auf der Insel. Als geschickter und skrupelloser Taktiker verstand er es, die einzelnen isländischen Mächtigen gegeneinander auszuspielen. Beispielsweise förderte er eine Zeitlang den auch politisch aktiven Dichter *Snorri Sturluson*, um ihn dann fallenzulassen und seinen Mörder *Gissur Þorvaldsson* zu protegieren. Schließlich konnte Norwegen durch offenen Druck widerspenstige Häuptlinge zum Einlenken bewegen, etwa indem für lebenswichtige Importe (Holz und Getreide) einfach eine Ausfuhrsperre verhängt wurde. Während das Königreich unter *Håkon Håkonsson* seine mittelalterliche Blütezeit erlebte und sich als europäische Großmacht etablierte, musste sich die Bauernrepublik der Übermacht beugen. Von **1262–64** unterwarf sich jeder der vier Bezirke der Insel, zuerst der Nord- und Westteil, dann der Süden und zum Schluss der Osten. Durch den ‚Alten Vertrag' *(gamli sáttmáli)* wurde die **Personalunion zwischen Norwegen und Island** besiegelt. Das starke norwegische Königshaus, 400 Jahre zuvor noch der Auswanderungsgrund vieler Siedler, hatte seine ehemaligen Landeskinder eingeholt. Schließlich wurde von der Hauptstadt Bergen aus die größte flächenmäßige Ausdehnung verwaltet, die Norwegen jemals erreichte: außer dem Königreich selbst gehörten nun Island und Grönland, die Färöern, Orkneys und Hebriden dazu. Der isländische Freistaat aber war eliminiert.

Das Mittelalter – nach dem Aufstieg der Fall

Ende der Bauernrepublik

In den ersten Jahren der norwegischen Herrschaft verändert sich in Island nichts grundlegend – weder im Guten noch im Schlechten. Der vom König eingesetzte Landesfürst und Mörder *Snorri Sturlusons, Gissur Þorvaldsson,* bemühte sich nach Kräften, im Machtpoker der verfeindeten Sippen mitzumischen. Da Norwegen an einem völligen Niedergang der Insel nun auch nicht gelegen war, wurde die Institution des Landesfürsten wieder aufgehoben und *Þorvaldsson* verabschiedete sich ins Kloster; damit konnte sich das Land allmählich beruhigen. Es waren andere als innerisländische Gründe, die dann schließlich nach dem Verlust der Unabhängigkeit den **Fall in die Bedeutungslosigkeit** einläuten sollten:

Karge Lebensgrundlage Fischerei

Seit der Landnahme fußte die isländische Zivilisation auf dem **Bauerntum**, das die ersten Siedler aus ihrer norwegischen Heimat mitgebracht hatten. Die Voraussetzungen dafür schienen günstig zu sein, obwohl sie es in Wirklichkeit nicht waren. Aufgrund der besonderen geographischen Lage hätten z.B. die Isländer mit den natürlichen Ressourcen weitaus sensibler umgehen müssen – was sie freilich nicht wissen konnten. Ein Beispiel dafür ist die ursprünglich durchaus vorhandene Bewaldung der Insel. Die Bäume, die für den Schiffs- und Wohnungsbau gefällt wurden, wuchsen längst nicht so schnell nach wie in Skandinavien, zudem wurden die jungen Triebe durch **Viehverbiss** vernichtet, **Erosion** setzte ein. **Abholzung** und Weidewirtschaft waren damit der Grund, dass erstens die nutzbare Fläche immer kleiner wurde und Island zweitens zunehmend auf **Importe** (vor allem von Holz) angewiesen war. Dazu trat ab etwa **1400** eine **klimatische Verschlechterung**, die übrigens bis zum 18. Jh. andauern sollte (‚Kleine Eiszeit') und durch verschneite Winter, Treibeis vor den Küsten, kalte Sommer und Missernten die traditionelle Lebensgrundlage des Landes empfindlich traf.

Hungersnöte gehörten bald schon zum unvermeidlichen Alltag in der Winterzeit, besonders schlimm **1374/75**. Zur sich ausbreitenden Armut gesellten sich

Epidemien wie die **Pocken**, die **1347** viele Todesopfer forderten (allein in Südisland etwa 1.000). Verschärft wurde die Situation durch **Vulkanausbrüche** und **Erdbeben**, die häufiger und schlimmer als in der Landnahmezeit auftraten und der Landwirtschaft großen Schaden zufügten. Allein die Hekla brach im 14. Jh. dreimal aus und brachte Tod und Vernichtung den in ihrer Nähe befindlichen Höfen. Von katastrophalem Ausmaß war auch die Eruption des *Öræfajökull* im Jahre 1362.

Der wirtschaftliche Niedergang konnte zu Beginn der norwegischen Herrschaft noch aufgefangen werden, indem sich mittellos gewordene Bauern und Kleinpächter von der Landwirtschaft ab und sich dem zuwandten, was heute noch das Standbein Islands ist: der **Fischerei**. Dabei kam dem Land zugute, dass durch den Städtebund der **Hanse** der Aufkauf und Vertrieb von Fisch (Trockenfisch), der damals in ganz Europa eine begehrte Fastenspeise war, forciert wurde.

Ab etwa 1280 stieg Bergen, in dem die Hanse ein Kontor besaß, zu einer der bedeutendsten Handelsstädte des Nordens auf. Und auch die Tatsache, dass die Hanse dem Königreich zunehmend Schwierigkeiten bereitete, indem sie das Handelsmonopol für viele Gemeinden entlang der norwegischen Küste erwarb, war für die Isländer nicht von Nachteil – denn so konnten sie ihren Fisch umso besser nach Bergen verkaufen.

die Pest

Mit dem zunehmenden Schiffsverkehr wurden aber nicht nur Personen, Fisch und andere Waren transportiert, sondern auch die Verbreitung von Seuchen gefördert. Über den Hafen von Bergen kam **1349** die **Pest** nach Norwegen und raffte dort einen großen Teil der Bevölkerung dahin. Ganze Landstriche wurden dermaßen entvölkert, dass die Wirtschaft kollabierte und das feudalistische System schließlich zusammenbrach. Dies bedeutete natürlich auch Auswirkungen für Island: Erstens wütete auch hier der Schwarze Tod und hielt reiche Beute, zweitens führte die norwegische Misere dazu, dass der Schiffsverkehr nicht mehr aufrecht erhalten werden konnte und die Insel isoliert und von Importen abgeschnitten war.

Als **1380** König *Håkon VI.* starb, war das vor über hundert Jahren zur Großmacht aufgestiegene norwegische Reich ausgeblutet. Da er keinen männlichen Erben hinterließ und seine unmündige Tochter in jungen Jahren Herzog *Erik Magnusson* von Schweden geheiratet hatte, wurde das Land von **Dänemark** übernommen. Beide waren dann auch Mitglieder der dänisch beeinflussten sog. *Kalmarer Union,* dem größten Flächenstaat Europas, in dem sich Schweden mit seiner Provinz Finnland sowie Dänemark mit Norwegen, Island, Grönland und den anderen nordatlantischen Inseln zusammenfanden. Norwegen musste bis 1905 als dänische, im 19. Jh. dann als schwedische Provinz warten, bis es wieder seine eigene Selbständigkeit gewann. Und in Island, das zusammen mit Norwegen an die dänische Krone fiel, dauerte der Zustand der Fremdherrschaft noch 39 Jahre länger an.

Das wirtschaftliche und soziale Leben auf der Insel war zu Beginn der dänischen Zeit katastrophal. Die Landwirtschaft lag darnieder, Getreide wurde nicht mehr angebaut und selbst Wolle, lange Zeit ein Exportartikel, konnte nicht mehr ausgeführt werden. Zur Hochseeschifffahrt fehlten geeignete Boote, so dass der Fischfang, die einzige Erwerbsquelle in diesen Jahren, mit offenen Ruderbooten ausgeführt werden musste. Schließlich grassierte, schlimmer noch als im 14. Jh., die **Pest** auf Island, die **1402–04** zwei Drittel der Bevölkerung (!) hinwegraffte. Das ganze Ausmaß der Misere beschreibt *Hálldor Laxness* in seiner Romantrilogie ‚Islandglocke‘:

‚Als die große Pest ins Land kam, waren 30 Jahre verstrichen, seit die letzte Pest gerast, und 50, seit die vorige gewütet. Die meisten im Lande, die mehr denn 30 Jahre zählten, hatten noch Spuren und Narben von der Pest zuvor, einige eine welke Hand oder einen siechen Fuß, andere ein vorstehendes Auge, wieder andere hatten Schäden im Gesicht oder am Kopf, abgesehen davon, dass die meisten Menschen von den landläufigen Krankheiten gezeichnet, welche da sind Verkrüpplungen, krumme und wacklige Gliedmaßen von englischer Siechheit, voll von Beulen und Wundstellen durch Aussätzigkeit, aufgedunsen von Bandwurm oder ausgemergelt von Lungenschwindsucht. Als Folge langwährenden Hungers waren die Menschen geringen Wuchses, so dass ein jeglicher, der das Glück hatte, richtig zu wachsen, Gegenstand von Volkssagas wurde (...). Auf dieses Volk stürzte sich die Pest aufs neue, und so grausam wie nie zuvor (...).‘

Mitunter wurden 30 Menschen zur selben Zeit bei einer kleinen Kirche begraben. In volkreichen Kirchspielen verblichen 200 Menschen und mehr; auch die Geistlichen starben zuhauf, und es konnten keine Gottesdienste mehr abgehalten werden. Viele Eheleute kamen ins selbe Grab, einige verloren sämtliche Kinder, und es geschah, dass von einer großen Geschwisterschar einzig ein Schwachsinniger am Leben blieb. Viele wurden von Berserkerwut befallen oder verloren den Verstand. Am meisten wurden solche ins Jenseits gerufen, die noch keine 50 Jahre erreichten, die jüngsten, gesündesten und kräftigsten, während die Alten und Gebrechlichen am Leben blieben...‘

Alltägliches Bild in den Jahrhunderten des Leidens (zeitgenöss. Darstellung)

Die dänische Krone schien von den Vorgängen auf ihrem nordatlantischen Vorposten nicht sonderlich berührt gewesen zu sein und tat nichts zu deren Besserung. Ihr war im Gegenteil daran gelegen, auch noch die letzten beiden Aktivposten, die den Isländern geblieben waren, aus machtpolitischen Gründen zu untergraben: die Fischerei und die wenigen Kirchengüter, die Gewinn abwarfen.

Seitdem sich Island von einer Agrar- zu einer Fischereination gewandelt hatte, fuhren verstärkt englische und deutsche Händler in den Norden, um dort den Stockfisch direkt einzukaufen. Die Kaufleute waren bei den Isländern beliebt, da sie gut zahlten (besser jedenfalls als die Dänen) und dringend benötigte Waren auf die Insel brachten. Einzelne günstig gelegene Hafenorte gelangten dadurch zu einem bescheiden Wohlstand. Diese Handelsbeziehung wurde von den Dänen ab **1490** durch eine Verordnung *(Þiningsdómur)* gekappt, indem man Ausländer durch Aufenthaltsverbote und Zölle abschreckte und arme Isländer zur Landwirtschaft zwang.

verordnete Reformation

50 Jahre danach intervenierte das inzwischen protestantisch gewordene Königreich auch in Glaubensdingen und verordnete die **Reformation**. Dies ging bei den traditionell katholischen Isländern nicht ohne erhebliche Druckmittel. Erst **1551** konnte die neue Konfession völlig durchgesetzt werden, nachdem man *Jón Arason,* den Bischof von Hólar und verbissensten Gegner der Reformation, zusammen mit zwei Söhnen und einigen Gefolgsleuten enthauptete. Vorher war es *Arason* noch gelungen, gegen die Dänen einen Feldzug nach Südisland durchzuführen und auf *Viðey,* einem Inselchen bei Reykjavík, das geplünderte Kloster wiederherzustellen sowie Verteidigungsanlagen zu dessen Schutz bauen zu lassen.

Das Mittelalter verabschiedete sich genauso blutig, wie es nach der Landnahmezeit mit Geschlechterfehden und Bürgerkriegen begonnen hatte.

Die Neuzeit – 300 Jahre des Leidens

Die lange Reihe der politischen und Naturkatastrophen, die das ausgehende Mittelalter geprägt hatte, brach nach der Reformation nicht etwa ab, sondern die Lage sollte sich in den nächsten 300 Jahren – selbst wenn das kaum möglich schien – sogar noch verschlechtern. Einer der Gründe war politischer bzw. wirtschaftlicher Natur: Dänemark wollte nach den Erfahrung des 15./16. Jh. den Islandhandel mit keiner anderen Macht mehr teilen, sondern völlig in eigener Regie durchführen; selbst um den Preis der völligen Verelendung der Isländer. Seit **1602** (und bis 1787) lag das alleinige **Handelsmonopol** bei dänischen Gesellschaften in Malmö, Helsingør und Kopenhagen. Dadurch wurde die Handelstätigkeit insgesamt stark eingeschränkt, andererseits blühte der Schwarzhandel, der freilich mit drakonischen Maßnahmen bestraft wurde.

dänische Herrschaft

Damit die Insulaner das Monopol nicht selbst unterlaufen konnten, verbot man ihnen **1621** gar die Seefahrt mit größeren Booten. Die dänischen Gesellschaften konnten die Fischpreise nach Belieben diktieren und für lächerliche Summen einkaufen, andererseits aber als Importware teure und minderwertige Produkte liefern. Und auf dem Land waren längst schon die größten Areale (etwa 50 % der Nutzfläche) an die Krone gefallen, die durch einen Landvogt vertreten wurde, der Rest an einige wenige Großgrundbesitzer. Die große Masse versank in bodenloser **Armut** – aus der Insel der freien Bauern war eine der Hungerleider, Besitzlosen und Schwindsüchtigen geworden. Auch hier gibt *Halldór Laxness*' ‚Islandglocke' eine packende und realistische Schilderung der isländischen Drangsal. Zu allem Übel kamen wieder einmal Klimaverschlechterungen, harte Winter und **Naturkatastrophen**: u.a. hatte 1618, 1619, 1625, 1636, 1660 und 1693 Vulkanausbrüche und/oder Erdbeben verheerende Folgen. Und, als wäre die Insel noch nicht genug gestraft, suchten zu Anfang des 17. Jh. verstärkt fremdländische Seeräuber die Südküste heim, um die Bevölkerung als Sklaven nach Nordafrika zu verschleppen. Am bekanntesten wurde der Überfall der ‚Türken' im Jahre **1627**, der die Westmännerinseln betraf (vgl. S. 469).

Es ist schon ein kleines Wunder, dass das Volk in diesen Zeiten nicht vom Erdboden verschwand, sondern überlebte und es sogar noch schaffte, seine Identität u.a. in seiner Sprache zu bewahren. Der lutherische Bischof *Guðbrandur Þorláksson* etwa, der 1584 die Bibel aus dem Lateinischen ins Isländische übersetzte, hat damit erheblich dazu beigetragen, dass in der dänischen Kolonialzeit das Volk nicht – wie die Norweger – seine Sprache verlor. Eine der größten Gestalten, die in den Jahren des Elends geboren wurden, war der Pfarrerssohn *Árni Magnússon* (1663–1730), dessen Name man später zu *Arnas Magnaeus* latinisierte; er war der erste Isländer, der in Kopenhagen zum Universitätslehrer aufstieg. Dort stiftete er die berühmte ‚Arnamagnäische Sammlung' der Universitätsbibliothek, in der mit die wertvollsten nordischen Handschriften enthalten waren. Auch nach ihm wurden andere Isländer nicht müde, trotz schwierigster Zeitumstände den bestmöglichen Profit für ihr Heimatland abzutrotzen. *Skúli Magnússon* (1711–94) etwa war der erste Einheimische, der das Amt des Schatzmeisters für Island bekleidete. Er setzte sich mit großer Energie für Fortschritt in Landwirtschaft, Handel, Industrie und Fischerei mit Deckbooten ein, und seine Manufakturen bildeten den ältesten Stadtkern von Reykjavík, was ihm den Beinamen ‚Vater von Reykjavík' einbrachte.

Skúli Magnússons Standbild in Reykjavík

Der erste isländische ‚Stiftsamtmann', der als höchster Vertreter des Königs fungierte, war *Ólafur Stephensen* (1731–1812), der sich vor allem um die Entwicklung der Landwirtschaft und der Volksbildung bemühte. Sein Sohn *Magnús Stephensen* (1762–1833) wurde als Präsident des Obersten Landesgerichts zu einem Vorkämpfer der Aufklärung, der sich nach Kräften für die Liberalisierung des Handels und eine humanere Gesetzgebung einsetzte. Gleichzeitig war er Vorsitzender eines Vereins, dessen Aufgabe in der Volksbildung lag, und ließ zu diesem Zweck die einzige Druckerei des Landes auf dem Inselchen *Viðey* installieren.

Dessen ungeachtet ging es mit der Insel durch eine Reihe von Naturkatastrophen, **Hungersnöten** und **Seuchen** weiter bergab und führte sie dem absoluten Tiefpunkt zu. Eine **Volkszählung** im Jahre **1703** (übrigens die erste statistische Erhebung dieser Art in der Welt) hatte ergeben, dass die Bevölkerung von 80.000 auf 35.000 Menschen abgesunken war. Jeder fünfte lebte unterhalb des

Island fast entvölkert

Existenzminimums, 44 % aller Höfe waren aufgegeben worden. Im weiteren Verlauf des Jahrhunderts sollte es keine Erholung geben, sondern erneut schlimme Vulkanausbrüche und **Erdbeben**, häufig verbunden mit **Gletscherläufen.** 1724 (Beginn der sog. ‚Mývatn-Feuer'), 1727, 1732, 1755 und 1783 bebte und zitterte die Erde, vernichtete Lava und Aschenregen Felder und Bauernhöfe. Naturgemäß zogen die jeweiligen Ernteausfälle Hungersnöte nach sich. Der Ausbruch der *Laki-Spalte* (1783/84), die wohl größte Naturkatastrophe auf der Insel, führte mit der Langzeitwirkung von Giftgasen dazu, dass die inzwischen wieder angestiegene Bevölkerung auf der Insel um knapp ein Viertel (von 48.884 auf 38.363) dezimiert wurde. Außerdem fielen 50 % der Rinder, 76 % der Pferde und 79 % der Schafe der Eruption zum Opfer. Eine nachfolgende **Pockenepidemie** brachte das Volk an den Rand der Auslöschung. Zu jener Zeit dachte man in Kopenhagen ernsthaft daran, Island aufzugeben und die Überlebenden zur Urbarmachung der Heide nach Jütland zu evakuieren.

Seuchen und Naturkatastrophen

Immerhin hatte die Laki-Katastrophe wenigstens zur Folge, dass sich die Blicke der Kolonialmacht auf ihre arme Provinz richteten. Denn inzwischen bemerkte man selbst im fernen Kopenhagen, dass es so mit dem nordatlantischen Vorposten nicht weitergehen konnte. Das wichtigste Ziel musste sein, die Insulaner mit Lebensmitteln zu versorgen und sie ihre eigenen Produkte verkaufen zu lassen, mit anderen Worten: sie aus der Hand skrupelloser Geschäftsleute und Monopolgesellschaften zu befreien.

Eine erste Lockerung der strengen Bestimmungen erfolgte wenige Monate nach dem Abflauen der vulkanischen Tätigkeit. Allerdings musste Island noch einige Dekaden warten, bis eine Besserung der sozialen Lage spürbar wurde. Denn mit den Napoleonischen Kriegen hatte Europa (und Dänemark) andere politische Prioritäten. Im Gegenteil: da England und Dänemark Kriegsgegner waren und Handelsblockaden den nun möglichen freieren Handel verhinderten, blieb es zunächst bei der gewohnt schlechten Lage. Ab Ende Januar war der Hunger eine alltägliche Erfahrung, wenn die Vorräte verbraucht waren. Dass man dann den ‚Gürtel enger schnallen' musste, hatte seine sprichwörtliche Wahrheit: den Menschen wurden im Winter Bandagen angelegt, damit sie den Hunger nicht so spürten...

Politisch und administrativ war ihnen durch die **Auflösung des Althing** im Jahre **1800** zudem ein schmerzhaftes Beschneiden ihrer nationalen Identität beigebracht worden. Indem die Dänen damals in einer Verwaltungsreform den Obersten Gerichtshof im 300-Seelen-Ort Reykjavík ansiedelten, leiteten sie andererseits aber den Aufschwung der Siedlung zur Hauptstadt unserer Tage ein.

Es waren andere, äußere Wirkkräfte, die zu Beginn des 19. Jh. eine wirtschaftliche Erholung einerseits und das Erwachen eines Nationalbewusstseins andererseits in die Wege leiteten. Nicht gemeint ist dabei die wenige Wochen andauernde ‚Herrschaft' des 30jährigen dänischen Abenteurers *Jørgensen*, der **1809** auf der Insel landete, um sich als ‚König von Island' einzusetzen. Während dieses Intermezzo eher als Kuriosum bewertet werden muss, hatten die Feldzüge eines anderen Abenteurers – nämlich Napoleon – schon größere Auswirkungen. Das dänische

Königreich war die verhängnisvolle Waffenbrüderschaft mit Frankreich eingegangen und stand am Ende der napoleonischen Ära also als Verlierer da. Die Folge war, dass es seine große Provinz Norwegen 1814 an die Siegermacht Schweden abtreten musste (nach einer sechsmonatigen Unabhängigkeit Norwegens). Island, Grönland und die Färöern verblieben zwar unter der Kopenhagener Administration, doch fand nun, gleichermaßen als Erbe der amerikanischen und französischen Revolution wie als Ausdruck der allgemein-europäischen Freiheitsbewegungen, der Ruf nach Selbständigkeit immer häufiger seinen Weg auch in den Nordatlantik. In *Jón Sigurðsson* (1811–79), ihrem bis heute verehrten Nationalhelden, besaßen die Isländer eine überragende Gestalt, die ihrer politischen Emanzipation Ausdruck verlieh und immer wieder die Forderung nach Loslösung von Dänemark stellte (obwohl er sich selbst häufiger an der Kopenhagener Universität als in seinem Heimatland aufhielt).

Freiheitskampf der Insulaner

Passend zur Stimmungslage verfasste der nationalromantische Poet *Bjarni Þorarensen* Gedichte, die die glorreiche Sagazeit zum Thema hatten und schrieb das noch heute populäre Nationallied *Eldgamla Ísafold*. Ein erster Erfolg war **1843** mit der **Wiedereinsetzung des Althings** erreicht, das allerdings noch keine gesetzgebende Gewalt bekam. Die soziale Situation verbesserte sich dadurch, dass **1854** der **Handel befreit** und damit völlig aus der dänischen Bevormundung gelöst wurde.

Jedoch kam der Wandel vielen Landeskindern nicht schnell genug voran: da sie weder auf die politische Unabhängigkeit noch auf ein besseres privates Leben noch länger warten wollten, wanderten zwischen 1855 und 1890 rund 12.000 Menschen aus, um ihre Wünsche in den USA und Kanada zu realisieren.

1874 schließlich, anlässlich der 1.000-Jahr-Feier der Besiedlung, empfing die Insel König *Christian IX.* als Gast, der ihr die lange ersehnte neue Verfassung mitbrachte. Darin wurde dem Althing wieder seine alte, legislative Funktion zugebilligt, daneben konnten die Isländer nun über ihre Finanzen und Rechtsprechung selbst bestimmen. Und immerhin wurde auch vor der Weltöffentlichkeit das Dasein des Landes nicht mehr verschwiegen, da der Regent ab jetzt offiziell den Titel ‚König von Dänemark und Island' führte.

Auf der Schwelle zum 20. Jh. hatte sich die Insel von den langen, entbehrungsreichen Jahren, in denen mehr als einmal die Existenz der gesamten Nation auf dem Spiel stand, wieder halbwegs erholt und konnte selbstbewusst in die Zukunft schauen.

Das 20. Jahrhundert: Der Weg zur Unabhängigkeit

In den letzten Jahren des 19. Jh. hatte es immer wieder Versuche isländischerseits gegeben, die **echte Selbstverwaltung** von Dänemark zu erhalten. Alle diese Versuche waren gescheitert, zweimal allein am Vetorecht des Königs, das in der neuen Verfassung verbrieft war. Anders sah es aus, nachdem im Königreich 1901 eine liberale Regierung ans Ruder gekommen war. Innerhalb dreier Jahre waren die Bedingungen geschaffen, nach denen **1904** Island als **autonomer Landesteil** Dänemarks installiert werden konnte. Ab nun hatte der Island-Minister seinen Amtssitz nicht mehr in Kopenhagen, sondern in Reykjavík – damals ein größeres Dorf von ca. 5.000 Einwohnern. Die Nation gestaltete ihren neuen Status, wie der Freistaat geendet hatte: mit Parteiengezänk. Folgenschwer war die Entscheidung des Althing im Jahre **1909**, die **Prohibition** durchzusetzen (die erst 1989 völlig beendet werden sollte).

Fischergemeinde am Anfang des 20. Jahrhunderts (zeitgenössische Darstellung)

Während einige Zeitgenossen diesen Schritt schon damals kritisierten, stieß die Gründung der **Universität** von Reykjavík im Jahre **1911** nur auf allgemeine Zustimmung. Am Ende des Ersten Weltkrieges, in dem die skandinavischen Königreiche ihre Neutralität erklärt hatten, stand im Zuge der Neuordnung Europas die Frage des staatlichen Status' der Insel erneut auf der Tagesordnung. Diesmal war es die dänische Regierung, die einen zunächst auf 25 Jahre befristeten Vertrag anregte, der die **staatliche Unabhängigkeit** vorsah. In einer Volksabstimmung wurde mit über 12.000 Ja-Stimmen der Vorschlag angenommen, nur 897 Stimmberechtigte waren dagegen. Die **1918** zur Realität gewordene Souveränität machte das Land zum erstenmal seit dem Mittelalter in allen Belangen unabhängig (einschließlich eigener Landesflagge) und die Verbindung zur alten Kolonialmacht bestand nur darin, dass der dänische König in **Personalunion gleichzeitig** auch der isländische war.

Besetzung durch die Briten

Das letzte Kappen der Stränge zu Dänemark resultierte aus der Geschichte des **Zweiten Weltkrieges.** Deutschland hatte 1940 Dänemark (und Norwegen) besetzt, womit die Verbindung abgerissen war. Im Gegenzug wurde die strategisch wichtige Insel – die ja nahe der Seerouten zwischen Europa und Nordamerika und den sowjetischen Häfen am Weißen Meer lag – am 10. Mai **1940** von **britischen Truppen** besetzt.

Der weltpolitischen Situation Rechnung tragend erklärte das Althing, dass *„nach Lage der Dinge Island berechtigt ist, die Union mit Dänemark aufzuheben, da es gezwungen war, all seine Angelegenheiten selbst in die Hand zu nehmen"*. Ein Jahr später wählte das Parlament für die Dauer des Krieges einen eigenen Landesverweser, fast gleichzeitig übernahmen die **USA** den Schutz der Insel von den Briten.

Einmarsch der Briten

Obwohl sich keine Kriegshandlungen auf Island, das über eigene Streitkräfte nicht verfügte, abspielten, war die Anwesenheit der alliierten Streitkräfte doch von allergrößter Bedeutung – sowohl in sozialer und politischer, als auch in infrastruktureller und kultureller Hinsicht. Niemals zuvor war das bis dahin rein bäuerliche Volk mit einer solchen Menge von Ausländern konfrontiert worden (die Soldaten machten zeitweilig bis zu einem Drittel der Bevölkerung aus!), niemals zuvor kam man so schnell in den Genuss bisher unbekannter Waren, niemals zuvor ist soviel gebaut worden (Straßen, Häuser, Flugplatz Keflavík usw.). Island war eins der wenigen Völker in Europa, das vom Krieg profitieren konnte: die Fischexporte stiegen sprunghaft an und die Bezahlung (in Dollar) machte Importe in bisher nicht gekanntem Umfang möglich; zum erstenmal zog ein Hauch von Wohlstand auf die Insel.

Da wegen der Kriegsereignisse mit dem besetzten Dänemark keine Verhandlungen über eine Fortsetzung des Unionsvertrages zu führen waren, nahm die Nation ihr Schicksal in die eigene Hand: in einer **1944** abgehaltenen **Volksabstimmung** sprachen sich 95 % der Landeskinder für die **Republik** auf demokratischer Grundlage aus und stimmten dafür, die Union mit Dänemark endgültig zu beenden, was sie faktisch bereits ja war. Die Ausrufung der **unabhängigen Republik Island** fand am **17. Juni 1944**, dem Geburtstag des Freiheitshelden *Jón Sigurðsson,* am historischen Platz in Þingvellir statt. Damit hatte das Land – 682 Jahre nach Auflösung des Freistaates – wieder in die Gemeinschaft der souveränen Staaten zurückgefunden.

die lange ersehnte Unabhängigkeit

Die Zeit des **modernen Island** beginnt mit dem Ende des Zweiten Weltkrieges. Sie war und ist gekennzeichnet durch einen tiefgreifenden Strukturwandel, in dem die Insel innerhalb kürzester Zeit den Sprung vom Armenhaus Europas zu einem Land mit einem der höchsten Lebensstandards in der Welt schaffte. Man kann vereinfachend sagen, dass ein ganzes Bauern- und Fischervolk, das zu 90 % auf dem Land lebte, in die Städte (bzw. in die Stadt Reykjavík) zog, sich in einen Kaufrausch stürzte und wenig später flächendeckend mit Fernsehern, Autos, Eigenheimen, Schwimmbädern, Einkaufszentren, Sonnenbänken, Videokameras, PCs und Handys ausgestattet war. Dies ging nicht ohne Brüche vonstatten, nicht ohne Irritationen und ohne einen gewissen Kulturschock, den das Land immer noch zu verarbeiten hat. Nicht nur durch seine lange Geschichte, sondern gerade auch durch diesen letzten Abschnitt ist die isländische Situation bis auf den heutigen Tag nicht mit der irgendeines anderen Landes in Europa zu vergleichen.

Außen- und Verteidigungspolitik

Nach dem Krieg begann der junge Staat konsequent, die Folgen der jahrhundertelangen Isolation abzuschütteln und eine aktive Rolle im Weltgeschehen zu spielen. Ein Mittel dazu war der Eintritt und die Mitarbeit in allen möglichen globalen Organisationen; u.a. wurde Island **1945** der **Weltbank** angeschlossen, **1946** in die **UNO** aufgenommen, **1947** Mitglied der Organisation für wirtschaftliche Zusammenarbeit (**OECD**), **1964** Mitglied der **UNESCO, 1968** Beitritt zum allgemeinen Zoll- und Handelsabkommen **GATT, 1970** Mitglied der **EFTA, 1975** (erneuert **1992)** Mitglied der **OSZE**, **1993** Mitglied des **Barentssee-Rates**, **1994** Mitglied der Europäischen Wirtschaftszone **(EEA)**, **1995** Mitglied der **WTO** und des **Ostsee-Rates** und **1996** Mitglied des **Arktischen Rates.**

im Konzert der Nationen

Verteidigungspolitisch sah sich die Insel einer völlig veränderten weltpolitischen Lage gegenüber: angesichts seiner strategischen Lage und dem Erstarren der Machtblöcke war die traditionelle Neutralität nicht länger aufrecht zu erhalten. Anders als etwa Schweden oder Finnland beschloss Island **1949**, der **NATO** beizutreten, ein Schritt, der nicht ohne heftige Kritik (u.a. von *Halldór Laxness)* begleitet wurde. Die Anwesenheit amerikanischer Truppen (die nach dem Krieg die Insel verlassen hatten, aber nach Abschluss eines bilateralen Verteidigungsabkommens im Jahre 1951 zurückgekommen waren), stellte fortan einen innenpolitischen Zankapfel dar.

Kritiker der Linken wiesen daraufhin, dass sich Island durch die Luftwaffen- und Radarbasis der *Iceland Defends Force* in genau jene Abhängigkeit brachte, die man in zähen Auseinandersetzungen mit Dänemark abschütteln konnte. Außerdem sei das Land im möglichen Szenario eines atomaren Konfliktes Kriegsschauplatz, trotz der sonst guten Beziehungen zu Ostblockländern. Andererseits haben die manchmal als ‚Besatzungsmacht' geschmähten USA viel an infrastruktureller Arbeit geleistet. Dazu zählen umfassende Straßenbauarbeiten genauso wie die tatkräftige Hilfe beim Vulkanausbruch auf Heimaey im Jahre 1973, ohne die die Eindämmung des Lavaflusses und die Evakuierung der Bevölkerung nicht hätte durchgeführt werden können. Und ohne den Militärflughafen von Keflavík, der erst 1987 durch einen zivilen Terminal ergänzt wurde, hätte Islands Rolle im interkontinentalen Flugverkehr nicht die Bedeutung erlangt, die sie heute hat.

Sicher gab es vereinzelt Konflikte zwischen Isländern und Amerikanern, auch wenn die Regierung während des Irak-Krieges 2003 vorbehaltlos hinter der Bush-Administration stand. Die stationierten Soldaten fielen aber im Alltagsleben der Hauptstadt nicht auf. Ihre Anzahl wurde durch das Anfang 1994 erneut ratifizierte Verteidigungsabkommen zwischen Island und den USA bzw. der NATO deutlich reduziert, ebenso die Anzahl der Kampfflugzeuge. Denn die vom Pentagon Ende 2003 offenbarten Rückzugspläne der US Navy ließen Regierungschef Oddson darüber spekulieren, ob es anstelle einer verminderten und wirtschaftlich nicht mehr interessanten Präsenz der ‚Schutzmacht' nicht besser sei, eine eigene isländische Landesverteidigung zu installieren. Angedacht wurde die Aufstellung einer rund 1.000 Mann starken Heeresmacht, die speziell zur Verteidigung des Flughafens und von Regierungsgebäuden ausgebildet sein solle. Am 19. März 2006 beschlossen die USA einseitig und für Island überraschend, ihre Streitkräfte abzuziehen. Am 30. September 2006 verließen die letzten auf Island stationierten US-Soldaten das Land.

Auf der Nahtstelle zwischen Europa und Amerika gelegen, hat sich das Land aufgrund seiner historischen Wurzeln schon immer eher nach Osten orientiert, insbesondere zu den skandinavischen ‚Bruderländern'. Seit **1950** ist es Mitglied des **Europarates** und **1952** war es an der Gründung des **Nordischen Rates** beteiligt, dem heute die Staaten Island, Norwegen, Schweden, Dänemark und Finnland sowie die autonomen Gebiete Grönland, die Färöern und die Åland-Inseln angehören. Traditionell gut sind die Beziehungen zu den ehemaligen Ländern des Ostblocks, aus denen Autos, Erdöl und Nahrungsmittel importiert wurden und denen man im Tauschgeschäft Fisch lieferte. Als Meilenstein bei der Überwindung der Machtblöcke gilt der sog. **‚Reykjavík-Gipfel'** im Jahre **1986**, bei dem *Ronald Reagan* und *Michail Gorbatschow* den Anfang vom Ende der West-Ost-Konfrontation einläuteten. Auch beim Zusammenbruch des alten sowjetischen Systems wurde von Island insofern eine Vorreiterrolle eingenommen, als es die neuen baltischen Staaten vor allen andern Ländern politisch anerkannte.

Weltpolitik in Reykjavík

Innen- und Wirtschaftspolitik

Die Finanz- und Wirtschaftskrise, die Frage eines möglichen EU-Beitritts, die Gentechnologie (S. 141) und der Umweltschutz – das waren und sind die wichtigsten Themen auf der Insel. Der EU-Beitritt steht immer mal wieder auf der politischen Tagesordnung, doch hat es anders als in den skandinavischen ‚Bruderländern' dazu kein Referendum gegeben. Zwar wurden 1972/73 Freihandelsverträge mit der Europäischen Gemeinschaft abgeschlossen, wurde Island 1994 Mitglied der Europäischen Wirtschaftszone (EEA) und trat im Jahre 2001 auch dem Schengener Abkommen bei, das den freien Grenzübergang innerhalb Europas garantiert. Nach wie vor ist der Hauptstreitpunkt die in der Union festgesetzten Fischereiquoten. Als EFTA-Mitglied kann Island derzeit über seine Fischbeständen selbst bestimmen. Skeptiker einer EU-Mitgliedschaft befürchten Einschränkungen in diesem für den Export immer noch wichtigsten Wirtschaftszweiges.

Doch anders als die Schweden und Finnen, die sich mehrheitlich für eine EU-Mitgliedschaft aussprachen, scheut man auf der Insel (ähnlich wie die Norweger) diesen letzten Schritt. Natürlich sieht man die Chancen des Binnenmarktes einschließlich der Möglichkeit, die derzeitigen hohen Zölle für Fischprodukte zu umgehen. Andererseits befürchtet man, als Ministaat mit knapp 320.000 Menschen im großen europäischen Einheitstopf unterzugehen. Und unter allen Umständen will man verhindern, dass auch andere Fischfangnationen die heimischen Gewässer nutzen können. Immerhin hatte die Insel, um ihre natürlichen Ressour-

Küstenwachschiffe im Reykjaviker Hafen

cen zu bewahren, einige Kämpfe zu bestehen, in denen sie eigene Interessen gegen internationalen Druck durchsetzen musste. Im Streit um die Ausweitung der Hoheitsgewässer geriet man besonders mit Großbritannien aneinander, als man **1952** die Grenze auf vier Seemeilen, **1958** auf 12 Seemeilen und **1972** auf 50 Seemeilen ausdehnte. Obwohl ohne eigene Streitmacht, konnte Island sich dabei gegen den übermächtigen ‚Gegner' (und NATO-Verbündeten) behaupten. In den **‚Kabeljau-Kriegen'** wurde sogar geschossen (die Küstenwache gegen britische Trawler), so dass man anschließend verkünden konnte, die Insel sei das einzige Land, das Großbritannien jemals zur See besiegte. Tatsächlich wurden die von Island erstrittenen größeren Grenzen der Hoheitsgewässer (zuletzt **1975/76** auf 200 Seemeilen) später auch von anderen Staaten übernommen.

politische Reibungspunkte

Die Ausweitung der Fischereigrenzen ist ein prägnantes, aber nicht das einzige Beispiel für das erwachte isländische Selbstbewusstsein. Ein neuer Konfliktstoff entstand in der internationalen Ablehnung isländischer und norwegischer Walfangpraxis, der zeitweilig zum Austritt Islands aus der Internationalen Walfangkommission (IWC) führte. Auch der vehemente Protest der Isländer gegen die Atommüllpolitik der Briten im Nordatlantik (Sellafield) war nicht gerade dazu angetan, das kleine Land bei seinem östlichen Nachbarn beliebt zu machen.

Abseits der großen wirtschaftlichen Themen wurde innenpolitisch besonders heftig über die Gleichberechtigung der Geschlechter diskutiert. Da nach Meinung von Frauenverbänden und Einzelpersonen die 1976 gesetzlich verankerte Gleichstellung keine rechten Fortschritte machen wollte, kam es 1985 zu einem eintägigen Generalstreik der Frauen. Diese bislang einzigartige Aktion fand weltweite Beachtung, wozu die Tatsache, dass sich selbst die Präsidentin am Streik beteiligte, sicherlich beitrug. In diesem Zusammenhang ist erwähnenswert, dass bei den Wahlen von 1983 zum ersten Mal in der Welt eine reine Frauenliste *(Samtök um Kvennalista)* antrat und auf Anhieb den Sprung ins Parlament schaffte.

Parlament

Die gesetzgebende Gewalt liegt beim *Althing,* das seit 1991 nur eine Kammer besitzt. Es hat derzeit 63 Abgeordnete, die in acht Wahlkreisen für jeweils 4 Jahre gewählt werden. Wahlberechtigt sind alle Landeskinder über 18 Jahre. Die Wahlbeteiligung lag in der Vergangenheit stets bei deutlich über 80 %.

Parteienlandschaft

Traditionell gab es auf Island ein Vier-Parteien-System, das aus der Zeit der Parteiengründungen (1916–29) stammte, dann aber durch Neugründungen nach dem Krieg und vor allem in den 1980–90er Jahren sowie durch Zusammenschlüsse aufgebrochen wurde.

breites Parteienspektrum

• Die 1929 gegründete **Unabhängigkeitspartei** *(Sjálfstæðisflokkur; SF)* ist die nach Mitgliederzahlen größte Partei des Landes und verfolgt eine liberal-konservative Politik. In den letzten Jahren war sie stets in der Regierung vertreten. Sie gilt als stramme Befürworterin der NATO, steht jedoch einem EU-Beitritt ablehnend gegenüber. Seit 1944 ist sie mit jeweils 27–40 % der Stimmen die die stärkste Kraft im Lande, war jedoch weder ständig in der Regierungsverantwortung noch jemals zu einer Alleinregierung fähig. Ihr bekanntester politischer Kopf ist der langjährige Ministerpräsident *Davíð Oddson*.

• Die **Fortschrittspartei** *(Framsóknarflokkur; FF)* wurde 1916 als Interessensvertretung der Bauern gegründet. Sie verfolgt einen liberalen bis linksliberalen Kurs. Ihre Stammwähler sind nach wie vor in erster Linie Kleinbauern und landwirtschaftliche Arbeiter. In den letzten Legislaturperioden war die *FF* der bevorzugte Koalitionspartner der Unabhängigkeitspartei.

• Die **Sozialdemokratischen Partei** *(Alþuflokkur; AF)* wurde ebenfalls 1916 gegründet. Von dieser sozialistische Arbeiterpartei spalteten sich im Lauf der Zeit mehrere Gruppierungen ab und die Rumpfpartei als solche schloss sich schließlich 1998 mit der Volksallianz, dem Volkserwachen und der Frauenliste zur **Vereinigten Linken** zusammen.

• Die **Volksallianz** *(Alþýðubandalag; AL)* war eine jener Gruppierungen, die die Sozialdemokratie verließen und sich als eigenständige Partei links von ihr ansiedelten. Sie entstand 1968 aus der bereits 1956 von der *AF* abgespaltenen kommunistischen Fraktion und anderen marxistischen Splittergruppen. Die später gemäßigte, ‚eurokommunistische' Partei, die sich stets gegen eine Mitgliedschaft in NATO und EG bzw. EU aussprach, erhielt teilweise mehr Stimmen als die Sozialdemokraten.
Ihr bekanntester politischer Kopf ist der Staatspräsident *Ólafur Ragnar Grímsson.* 1998 schloss sie sich mit anderen Gruppen zum größten Oppositionsblock der **Vereinigten Linken** zusammen.

• Ebenfalls aus der *AL* ging 1994 die linkspopulistische Partei **Volkserwachen** *(Þjóðvaki)* hervor. Mit großen Erwartungen zur Wahl 1995 angetreten, erhielt sie allerdings nur 7,2 % der Stimmen (4 Sitze). 1998 schloss sie sich mit anderen Gruppen zum größten Oppositionsblock der **Vereinigten Linken** zusammen.

• Die **Frauenliste** *(Samtök um Kvennalista; SUK)* wurde 1983 gegründet und schaffte aus dem Stand den Sprung ins Parlament. Ihr bestes Ergebnis erzielte die linksgerichtete Partei, die sich natürlich in erster Linie um eine Umsetzung der Gleichberechtigung kümmert, 1987 mit über 10 % der abgegebenen Stimmen.

1998 schloss sie sich mit anderen Gruppen zum größten Oppositionsblock der **Vereinigten Linken** zusammen.

- Das **Links-Grüne Bündnis** (Vinstrihreyfing-Grænt framboð; VG) hatte sich ebenfalls von der AL abgespalten und schaffte 1999 mit 9,1 % (6 Sitze) auf Anhieb den Sprung ins Parlament. Zulauf erhielt die Partei u.a. durch die Auseinandersetzungen um neue Standorte von Aluminiumhütten und Wasserkraftwerken sowie die Einführung einer Öko-Steuer. 2007 konnten die Grünen mit 14,3 % und 9 Sitzen im Parlament ihre Position im Vergleich zu 2003 (8,8 %, 5 Sitze) stark ausbauen.

- Eine weitere ungebundene Oppositionspartei stellen die **Liberalen** *(Frjálslyndiflokkur; FF)* dar, deren Wählerschaft hauptsächlich aus der Fischerei kommt. 1999 kamen sie mit 4,2 % erstmalig ins Althing, konnte 2003 ihren Stimmenanteil auf 7,4 % steigern und diesen auch 2007 halten (7,3%).

Regierungen

Ein Blick auf die Regierungen war bis zu den 1990ern wegen der häufigen Kabinettsumbildungen und Neuwahlen für den Außenstehenden verwirrend. Wirtschaftliche Turbulenzen, insbesondere die zeitweilig sehr hohen Inflationsraten, führten immer wieder zu einer Ablösung der jeweils regierenden Mitte-Rechts-, Mitte-Links- oder Großen Koalition. Nach den Wahlen von **1991** wurde dann eine Koalition aus Unabhängigkeitspartei und Sozialdemokratie gebildet, und als neuer Ministerpräsident betrat der schillernde *Davíð Oddsson* von der Unabhängigkeitspartei die Bühne. **1995** scheiterte diese Koalition wegen der hohen Verluste der Sozialdemokraten, die als einzige politische Kraft eine schnellstmögliche EU-Mitgliedschaft befürworteten. Die Regierung wurde nun von der Unabhängigkeitspartei und der Fortschrittspartei gestellt, und Ministerpräsident blieb *Davíð Oddsson*. Die Parlamentswahlen von **1999** bestätigten diese vor allem auch wirtschaftlich erfolgreiche Regierungskoalition. Bei den Wahlen vom **Mai 2003** konnte sich die Regierung *Oddson* allerdings nur noch knapp vor der Opposition der Vereinigten Linken behaupten.

Das Allthing in Reykjavík

Bei der Parlamentswahl von 2007 kam es nach 12 Jahren der gemeinsamen Regierung von Unabhängigkeitspartei und Fortschrittspartei zu einem Regierungswechsel. Sie brachte einen Sieg der Unabhängigkeitspartei, die 36,6% der Stimmen auf sich vereinigen konnte und mit der zweitstärksten Partei, der sozialdemokratischen Allianz, eine Große Koalition bildete. Diese Regierung unter Premierminister Geir Hilmar Haarde hatte das Pech, Ende 2008 mit der globalen Finanzkrise in die größten Turbulenzen der Nachkriegszeit zu schlittern, die schnell auch eine Regierungskrise hervorbrachten. Nach fast täglichen Protesten, bei denen es vereinzelt sogar zu gewaltsamen Auseinandersetzungen kam, musste Geir Haarde im Januar 2009 seinen Rücktritt, das Ende der Großen Koalition und Neuwahlen bekannt geben.

Der Staatspräsident

Während der Ministerpräsident mit seinem Kabinett für die Gestaltung der praktischen Politik verantwortlich ist, dient das höchste Amt des **Staatspräsidenten** hauptsächlich repräsentativen Zwecken (wenn es auch durch die notwendige Unterschrift zu Gesetzen Teil der Legislative ist – lehnt der Präsident ein Gesetz ab, kommt es zu einem Volksentscheid.). Seit der Unabhängigkeit wurde das Amt zunächst von drei Männern bekleidet, nämlich *Sveinn Björnsson* (1944–52), *Ásgeir Ásgeirsson* (1952–68) und *Kristján Eldjárn* (1968–80). Danach wurde die Präsidentschaft von *Vigdís Finnbogadóttir* ausgeübt, die durch ihre engagierte Amtsführung weit über die isländischen Landesgrenzen hinaus bekannt geworden ist – aber auch, weil sie weltweit die erste Frau war, die vom Volk in ein höchstes Staatsamt gewählt wurde. Die überaus beliebte *Finnbogadóttir,* die auf der Insel allgemein nur ‚Präsidentin Vigdís' genannt wurde, hatte wie die meisten Isländer mehrere Jobs (u.a. als Französisch-Lehrerin, Reiseleiterin, Fernseh-Moderatorin und Theaterdirektorin), bevor sie sich gegen drei männliche Kandidaten durchsetzen konnte und ihr Amt als Staatspräsidentin 1. August 1980 antrat. Dass sie dieses Amt zur vollsten Zufriedenheit der Landeskinder ausübte und tatsächlich zu einer Art ‚Landesmutter' wurde, kann daran abgelesen werden, dass sie viermal hintereinander zum Staatsoberhaupt gewählt wurde (1980/84/88/92). 1996 entschloss sich *Vigdís* dann, nicht noch einmal zu kandidieren.

höchstes Amt der Republik

Ihr Nachfolger wurde der renommierte Politiker *Ólafur Ragnar Grímsson* , der der linksgerichteten Volksallianz entstammt und sich mit 41,4 % der Stimmen eindrucksvoll gegen drei andere Kandidaten durchsetzen konnte. Der 1943 geborene *Grímsson* arbeitete als Dozent und Professor für Politikwissenschaften an der Universität Reykjavík, daneben nahm er parlamentarische Aufgaben wahr und saß im Vorstand verschiedener Körperschaften (z.B. dem Isländischen Rundfunk). Auf dem internationalen Parkett standen und stehen die Friedenssicherung und die Überwindung des Nord-Süd-Konfliktes im Zentrum seines Interesses. *Ólafur Ragnar Grímsson* wurde im Jahre 2004 zum dritten Mal in das höchste Amt der Republik gewählt und ist auf dem besten Wege, in die Fußstapfen der *‚Präsidentin Vigdís'* zu treten.

Zeittafel

8. Jh. n.Chr.	Im Südosten des Landes und auf den Westmänner-Inseln leben irische Mönche als Eremiten
ab 860	Vom Kurs abgekommene norwegische und schwedische Seefahrer sichten die isländische Küste; z.T. überwintern sie auf der Insel
874	Der Norweger *Ingólfur Arnarson* lässt sich als erster dauerhaft nieder. Es beginnt die Zeit der Landnahme (bis 930), in der norwegische Wikinger Island besiedeln.

930	Gründung des Althings
930–1030	Saga-Zeit
982	*Erik der Rote* entdeckt Grönland
um 1000	Annahme des Christentums; *Leif Eriksson* entdeckt Amerika
1056	Weihung des ersten isländischen Bischofs, *Isleifur Gíssurarson*
1117	Erste Aufzeichnung von Gesetzen, Beginn der isländischen Literatur
1178–1241	*Snorri Sturluson;* Islands größter Gelehrter des Mittelalters
1262–64	Verlust der Unabhängigkeit an Norwegen
1380	In Personalunion mit Norwegen wird Island dänischer Landesteil und Mitglied der dänisch beeinflussten Kalmarer Union
1402–04	Pest: zwei Drittel der Bevölkerung sterben
1540–51	Von Dänemark wird die Reformation verordnet und durchgesetzt
1584	Bibelübersetzung des Bischofs *Guðbrandur Þorláksson*
1602–1787	Dänische Gesellschaften errichten ein Handelsmonopol; die Isländer verelenden
1621	Neue Repressalien der Dänen: Verbot des Fischfangs mit größeren Booten
1663–1730	*Árni Magnússon;* isländischer Gelehrter, der sich von Kopenhagen aus um die Erforschung der Literatur bemüht
1800	Die Dänen lösen das Althing ihrer Kolonie auf
1843	Wiedereinsetzung des Althings
1854	Vollständige Freigabe des Handels
1874	Anlässlich der 1.000-Jahr-Feier der Besiedlung erhält die Insel von Kopenhagen eine neue Verfassung
1904	Island wird autonomer Landesteil Dänemarks
1918	Island wird Königreich in Personalunion mit Dänemark
1940	Britische Truppen besetzen am 10. Mai die Insel
1941	Die Amerikaner übernehmen Island
1944	In Þingvellir wird am 17. Juni die unabhängige Republik Island ausgerufen
1958	Ausdehnung der Fischereigrenzen auf 12 Seemeilen
1966	Einführung des Fernsehens
1972	Ausdehnung der Fischereigrenzen auf 50 Seemeilen; erfolgreicher ‚Kabeljau-Krieg' gegen Großbritannien.
1974	Vollendung der Ringstraße
1975/76	Ausdehnung der Fischereigrenzen auf 200 Seemeilen
1986	Mit dem ‚Reykjavík-Gipfel' läuten *Ronald Reagan* und *Michail Gorbatschow* den Anfang vom Ende der West-Ost-Konfrontation ein
1989	Freigabe des Bierausschanks
1994	Aufnahme in die Europäische Wirtschaftszone (EEA)
2000	In einem wahren Festjahr wird auf Island in unzähligen Veranstaltungen und kulturellen Events u.a. die Tausendjahrfeier der Entdeckung Amerikas, das Jubiläum *Tausend Jahre Christentum* sowie Reykjavíks Kür zur *European Cultural City* gefeiert
2001	Island und Norwegen treten dem Schengener Abkommen bei
2003	Aus den Parlamentswahlen geht die Unabhängigkeitspartei als knapper Sieger hervor. Ihr Spitzenkandidat *Davíð Oddsson* wird nach 1991, 1995 und 1999 erneut Ministerpräsident und ist damit der dienstälteste Regierungschef Europas.
2006	Am 30. September verlassen die letzten auf Island stationierten US-Soldaten das Land
2007	Die Unabhängigkeitspartei unter Premierminister Geir Hilmar Haarde gewinnt die Parlamentswahl. Nach 12 Jahren der gemeinsamen Regierung von Unabhängigkeitspartei und Fortschrittspartei kommt es zu einem Wechsel des Regierungsbündnisses.
2008-09	Die globale Finanzkrise trifft Island mehr als andere Länder und führt fast zum Staatsbankrott. Die drei größten Banken werden verstaatlicht, es kommt zu Protesten gegen die Große Koalition und im Januar 2009 schließlich zum Rücktritt der Regierung.

3. LANDSCHAFTLICHER ÜBERBLICK

Die Entstehung des Landes

Es war der deutsche Geologe *Alfred Wegener,* der die Grundlage zum heutigen Verständnis von der stetigen Veränderung unserer Erde entwickelte. In seiner 1912 veröffentlichten Theorie der Kontinentalverschiebung geht er davon aus, dass die Kontinente auseinanderdriften, während die Ozeanböden in Ruhe verharren. Folgende erdgeschichtliche Aspekte seiner inzwischen in vielen Punkten modifizierten Lehre sind dabei für den Raum des heutigen Nordatlantik wichtig:

- Noch in der Kreidezeit (bis vor ca. 125 Millionen Jahren) gab es diesen Ozean nicht. Nordamerika, Grönland und Europa bildeten einen Kontinent, verbunden von einem riesigen Gebirgszug, dessen Überreste sich in den Appalachen, in Neufundland, Ostgrönland, im schottischen Hochland und auf Spitzbergen nachweisen lassen.
- Dieser Kontinent bestand aus mehreren Platten, an deren Grenzen die Erdkruste weniger stark ausgebildet war. An einer solchen Stelle riss die Erdkruste (zwischen Eurasien und Nordamerika) auf, neues Material aus dem Erdinneren wurde zutage gefördert, das das ältere Gestein zu beiden Seiten gleichermaßen wegdrängte. Die ehemals einheitliche Landmasse begann als neue Kontinente auseinander zu driften.
- Die Senke über der Nahtstelle füllte sich mit Wasser, der Nordatlantik entstand. Dieser wurde in dem Maße größer, je weiter sich Europa und Nordamerika voneinander entfernten (demgegenüber schrumpft der Pazifik, wo sich eine Platte unter die andere schiebt; = Ausgleichsbewegung).

Island entsteht

- Die Produktion von neuem Gesteinsmaterial hörte dadurch aber natürlich nicht auf. Dem Ozeanboden entströmte und entströmt immer noch Lava (der größte Teil der weltweit geförderten Lava, nämlich rund 70 %, wird für menschliche Augen unsichtbar auf dem Grund der Weltmeere produziert). Das neue Material wurde zum sog. **Mittelatlantischen Rücken** aufgeworfen, der heute ungefähr in der Mitte zwischen der ostamerikanischen und westeuropäischen bzw. westafrikanischen Küstenlinie verläuft. Er ist 15.000 km lang, 500–2.000 km breit und erhebt sich bis zu 2.500 m über dem Meeresboden. Von der Mitte dieses Rückens driften nach wie vor die Kontinente nach außen, und zwar um ca. 1 cm pro Jahr zu jeder Seite.

Wie ist Island in diese Zusammenhänge einzuordnen? Die Insel ist, wie auch Jan Mayen oder die Azoren, eine der wenigen Spitzen des Mittelatlantischen Rückens, die die Meeresoberfläche durchbrochen haben. Bis es dazu kam, brauchte es jedoch seit Entstehung des Atlantik noch eine geraume Zeit. Erst als vor rund 60 Millionen Jahren ein Teil des Rückens über eine Magmakammer von außergewöhnlich hoher Temperatur und erhöhter Förderung *(hot spot)* geriet, wurde der unterseeische Sockel immer weiter und schneller aufgestockt. Vor ca. 20–16 Millionen Jahren erreichte die Lava zum erstenmal Meeresniveau: Island war geboren. Eine ungefähre Vorstellung dieser Geburt bekam man am 14. November 1963, als vor den Kameras der Weltöffentlichkeit zischend und brodelnd das Inselchen *Surtsey* bei den Westmännerinseln ans Tageslicht trat (S. 466ff.).

Basaltsäulen im Skaftafell-Nationalpark

In den folgenden Jahrmillionen vergrößerte sich die Insel, indem immer neues vulkanisches Material gefördert und zu Plateau- oder Flutbasalten aufgeschichtet wurde. Die Plateaubasalte reichen bis zu 10.000 m ins Erdinnere hinab und dokumentieren, wie sich eine Lavaschicht nach der anderen über das Land ergossen hat. Da die Driftbewegung nach wie vor von der Mitte ausgeht, müssen sich die ältesten Gesteine also am Rand der Insel befinden, wo sie im äußersten Westen und Osten 17 bzw. 13 Millionen Jahre aufweisen. Entsprechend der Driftbewegung ist die West-Ost-Ausdehnung Islands größer als die der nord-südlichen Richtung. Und noch etwas ist klar: die Insel wird stetig größer!

Die jüngsten Gesteine finden sich im Landesinnern, wo die Basalte nur 3–0,7 Millionen Jahre alt sind. Ein 40–60 km breiter Gürtel, der die Insel von Südwesten nach Nordosten durchzieht und dem etwa ein Drittel ihrer Oberfläche zuzuordnen sind, säumt als vulkanisch aktive Zone (s.u.) jene Nahtstelle, an der nach wie vor neues Land entsteht und das bereits entstandene zur Seite weggedrückt wird. Oft sind die Reißkräfte des Erdinnern mit bloßem Auge zu sehen: da gehen tiefe Risse durch hunderte Meter dicke Gletscher oder wird der 1.900 m hohe Vulkan *Kverkfjöll* in zwei Teile gespalten.

aktivste Vulkanregion

Überhaupt ist das Faszinierende an Island: hier kann man eben jene Entstehungsvorgänge unserer Welt beobachten, die sich sonst in 2–3.000 m Tiefe im Ozean abspielen. Und da aufgrund der nahen Nachbarschaft zu Gletschern einige vulkanologische Formen nur hier vorkommen, wird man nirgendwo sonst eine annähernd konzentrierte Vielzahl solcher Phänomene beobachten können. Die Insel, die aktivste Vulkanregion der Nacheiszeit, stellt somit für Geologen und Laien ein wahres Freilichtlaboratorium dar.

Entsprechend der jungen Entstehungsgeschichte Islands sind seine Gesteine von der Plattentektonik und ihrem Vulkanismus bestimmt. Wie bereits erwähnt sind die Basalte umso älter, je weiter sie von der zentralen Dehnungszone entfernt liegen. Der Anteil der dunklen **Basalte** am Aufbau der Insel ist mit ca. 80 % sehr hoch und verantwortlich für ihr oft düsteres Erscheinungsbild. Etwa 10 % der insularen Oberfläche werden von Basalten und Lava bedeckt, die jünger als 10.000 Jahre sind. Die Beschaffenheit der **Lava**, d.h. ihre dünn- oder zähflüssige bzw. gasarme oder -reiche Struktur, ist nicht nur für den Aufbau der verschiedenen Vulkanformen verantwortlich (s.u.), sondern zeigt sich auch in der Oberflächengestalt. Das gasarme, schnell und breitflächig ausgeströmte Material wird als

Fladenlava (isländ.: *helluhraun)* bezeichnet, wie man sie beispielsweise am historischen Þingvellir beobachten kann. Nun ist die Fließgeschwindigkeit nicht immer gleich; anders als Wasser kann ein Lavastrom aufgehalten werden und dabei an der Oberfläche erstarren. Die ansonsten glatte Oberfläche wird dabei von tiefen Rissen und Gräben durchzogen oder zu den außergewöhnlichen und bizarren Formationen aufgeworfen, an denen Island so reich ist.

Manchmal bricht glühende Lava durch die schon erkaltete Kruste und wälzt sich ineinander verdreht langsam vorwärts (Stricklava). Oder die erstarrte Oberfläche eines Lavastromes wird durch Verdampfung von Wasser aufgebrochen und zu sog. Schollendomen aufgewölbt. An anderen Stellen kann die Oberfläche erstarrt sein, während später das noch dünnflüssige darunterliegende Material abfloss: zurück blieben Gänge und Stollen, die sich z.B. an einer Stelle in Westisland *(hallmundarhraun)* als 23 km langes Tunnelsystem darstellen. Der bekannteste Lavatunnel ist *Surtshellir,* die Höhle des Feuerriesen *Surt,* die 1.300 m lang ist und unter Lampenlicht erkundet werden kann. Ganz anders die *Dimmuborgir* am Mývatn: hier brachte aufsteigender Wasserdampf in einem Lavasee das Material zur Erstarrung, das als riesiges Labyrinth von Säulen stehenblieb, nachdem die umgebende Lava abgeflossen war.

Formen der Lava

Im Gegensatz zur heißen, dünnflüssigen Fladenlava wälzt sich gasreiches und weniger heißes Material langsamer vorwärts und erstarrt zur sog. Blocklava (isländ.: *apalhraun)*: ein zerrissenes, von scharfkantigen Blöcken, Schollen und Scherben geprägtes Terrain, das für Wanderer äußerst unangenehm ist.

Je nach chemischer Konsistenz, Kontakt mit anderen Elementen und Art der Förderung unterscheiden sich die vulkanischen Auswurfsmassen in Form, Färbung und Zusammensetzung von der ‚normalen' Lava. Wo diese z.B. bei der Eruption weit hinausgeschleudert wird und dabei in Rotation gerät, können die bis über 1 m im Diameter messenden Fetzen als sog. Bomben niedergehen. Im Kontakt mit Eis und Wasser (z.B. bei einem Vulkanbausbruch unter einem Gletscher oder einem Lavafluss zum Meer) kann durch die extreme Abkühlung zersplittertes Glas entstehen. Vulkanisches Glas (Obsidian) kommt besonders am *Torfajökull* in Südisland vor. Daneben gibt es natürlich die gesamte Bandbreite an ausgeworfenen Lockerprodukten wie Bims, Bimsasche, Asche usw.

Verdankt Island seine Entstehung der enormen Produktion aus dem Erdinnern, so bedurfte es zum heutigen Erscheinungsbild der Insel weiterer, nicht weniger starker Kräfte. Hier sind in erster Linie die verschiedenen **Eiszeiten** gemeint, die vor 3,1 Millionen Jahren begannen und deren letzte erst vor 12.000 Jahren zu Ende ging. Einerseits haben die ungeheuren, kilometerdicken Eismassen Berge abgeschliffen, Täler ausgehobelt und Lavaflächen zersplittert, andererseits haben sie den auch in der Eiszeit tätigen Vulkanen zu merkwürdigen Formen verholfen, die erst nach dem Abschmelzen sichtbar wurden (s.u.). Neben den Gletschern haben Wind, Wasser, Frost und der heranbrandende Ozean immer wieder verändernd gewirkt. Ganz zum Schluss trug auch der Mensch durch Abholzung und Weidewirtschaft dazu bei, dass der Charakter des Landes ein anderer wurde.

eiszeitliche Erosion

INFO Ist Island ein skandinavisches Land?

Mehrfach wurde bisher im Text der Begriff ‚Skandinavien' verwandt, ohne dass näher auf die Frage eingegangen worden wäre, ob Island denn überhaupt dazugehört. Das Kapitel ‚Geographie und Geologie' ist insofern der richtige Platz für einen kurzen Exkurs, als das Wort ‚Skandinavien' ein Konstrukt der Geographen ist, der sich vom nordischen Gebirgszug der ‚Skanden' (in Anlehnung an die südamerikanischen Anden so genannt) ableitet. Der Grat dieses Hochgebirges verläuft in Nord-Süd-Richtung mitten durch Norwegen, seine Ausläufer weisen jedoch auch nach Schweden und – von den Eiszeiten abgehobelt – bis nach Finnland. Das vor allem aus uraltem Granit und Gneis bestehende Gebirge wurde rund 380 Millionen Jahre vor der Entstehung Islands aufgefaltet. Wie anders damals das Gesicht der Erde aussah, beweist die Tatsache, dass die am nächsten verwandten Steine in Schottland und den nordamerikanischen Appalachen zu finden sind. Nach der oben skizzierten Entstehungsgeschichte Islands kann die Insel also im **geologischen** Sinn nicht zu Skandinavien gezählt werden, genauso wenig wie Dänemark.

Andererseits gibt es neben der geologischen auch eine sprachhistorische und eine politische Definition:
- Für die **Sprachhistoriker** ist Skandinavien der Raum, in dem nordgermanisch gesprochen wird. Dazu zählen Dänemark, Schweden, Norwegen, Island und die Färöern, nicht jedoch Finnland, dessen finno-ugrische Sprache noch nicht einmal der indoeuropäischen angehört.
- Für **Historiker** und **Politiker** gelten die Länder als zu Skandinavien gehörig, die von den drei Königreichen Dänemark, Norwegen und Schweden bis auf den heutigen Tag direkt beeinflusst worden sind. Sie sind im Wesentlichen identisch mit dem Staatsgebiet der Länder, die im 1950 gegründeten Nordischen Rat zusammengefasst sind. Seine Mitglieder sind als souveräne Nationen Norwegen, Dänemark, Schweden, Finnland und Island, daneben als autonome Gebiete Grönland und die Färöern (zu Dänemark gehörig) sowie die Åland-Inseln (zu Finnland gehörig).

Die Feuerinsel – Vulkane, Geysire und Solfatare

Die vulkanisch aktive Zone

Aufgrund der geschilderten geologischen Zusammenhänge ist der Vulkanismus nicht gleichmäßig auf Island verteilt, sondern in einer vulkanisch aktiven Zone konzentriert. Sie geht von der Reykjanes-Halbinsel im Südwesten, die sich mit einem zu den Westmänner-Inseln reichenden Zweig vereint, durch das Hochland bis zum Mývatn-Gebiet im Norden. Innerhalb der vulkanisch aktiven Zone finden sich heiße Quellen, Solfataren- und Fumarolengebiete, ‚lebende' und ‚schlummernde' Vulkane aller Formen, und hier werden die meisten Erdbeben registriert. Immerhin ein Drittel des gesamten Landes kann der Zone zugerechnet werden.

© igraphic

Vulkane und Vulkanformen

Nach dem Abschmelzen der eiszeitlichen Gletscherdecke waren auf Island 200 Vulkane tätig, wovon etwa 50 in historischer Zeit und derzeit noch etwa 30 als aktiv anzusehen sind. Die Insel hat alle Erscheinungsformen vulkanischer Tätigkeit aufzuweisen, darunter auch solche, die woanders nicht beobachtet werden können. Die wichtigsten Vulkan- und Kraterformen sind:

Vielfalt der Krater und Vulkane

- **Tafelvulkane**: Tafel- oder Horstvulkane sind eine für Island charakteristische Form, wobei der Ausbruch unter einem eiszeitlichen Gletscher stattfand. Durch den Kontakt mit dem Eis erstarrte die aus der Erde quellende Lava rasch und schichtete unter dem Eis Bergformationen auf, deren Gestalt umgedrehten Blumentöpfen gleicht (vgl. S. 425f). Beispiele: *Herðubreið, Eiríksjökull*
- **Schildvulkane**: Schildvulkane sind vom Auswurf dünnflüssiger und gasarmer Lava gebildet worden, wobei die hohe Fließgeschwindigkeit für einen sehr großen Durchmesser einerseits und sehr flache Flanken (höchstens 10° Neigung) andererseits verantwortlich ist. Das hat zur Folge, dass sie nur unwesentlich über ihre Umgebung herausragen, manchmal sogar gar nicht als Vulkane erkannt werden. Beispiele: *Skaldbreiður, Trölladyngja.*
- **Schichtvulkane**: Bei der Entstehung von Schichtvulkanen (auch Zentral- oder Stratovulkane genannt) ist sehr viel zähflüssigere und gasreichere Lava sowie Asche beteiligt als bei den Schildvulkanen. Die Folge: die Grundfläche ist mehr

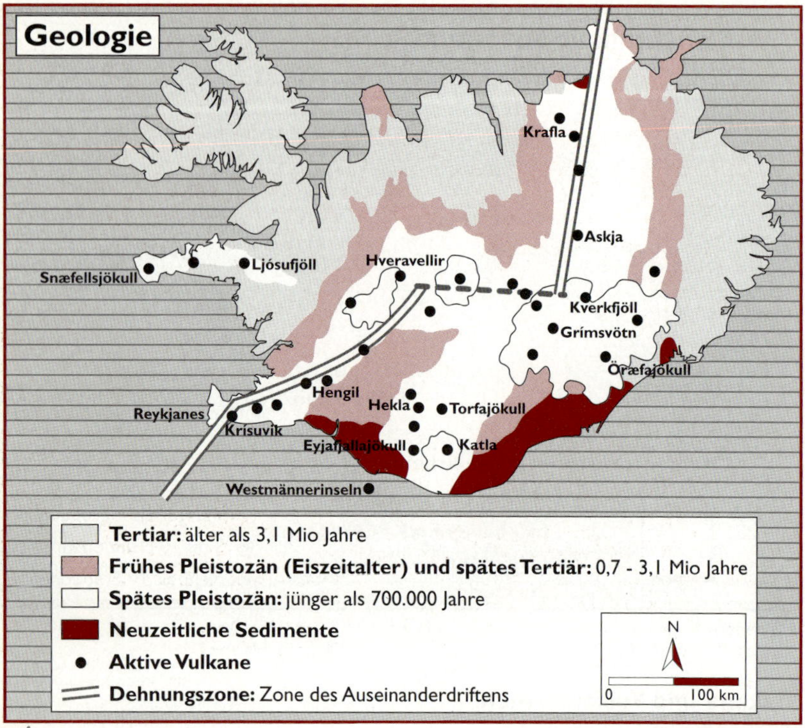

begrenzt, die Flanken gehen steiler und höher hinauf. Von der Kegelform der Schichtvulkane spricht man, wenn sie ähnlich wie der Fudjijama gleichmäßig konisch zulaufen und in einem Krater enden (Beispiele: *Öræfajökull, Snæfellsjökull).* Sind sie eher abgeflacht und besitzen statt eines Kraters mehrere, bzw. eine Spalte, spricht man von der **Rückenform** (Beispiel: *Hekla).*

- **Eruptionsspalten**: Die typischste Form vulkanischer Tätigkeit auf der Insel, wie auch Island insgesamt ja dem Spaltenvulkanismus seine Entstehung verdankt. Aneinandergereihte Magmakanäle werfen zeitgleich Lava und Aschen aus, über den Eruptionsspalten oder den wie an einer Schnur aufgereihten Kraterlinien stehen die charakteristischen Feuerwände. Beispiel: *Laki*
- **Pseudokrater**: Kein eigentlicher Vulkanismus: Lava fließt über Wasserflächen, Moore etc. hinweg, wobei das Wasser explosionsartig verdampft und die aufliegende Lava zu einem Krater aufwirft. Beispiel: *Mývatn*
- **Explosionskrater**: Die einmalige Explosion eines gasreichen Gemischs hinterlässt hierbei einen steilen Ringwall. Beispiel: *Hverfjall*
- **Calderas**: Nach einem Ausbruch stürzt die entleerte Magmakammer in sich zusammen. Beispiel: *Askja*

Die isländischen Vulkane

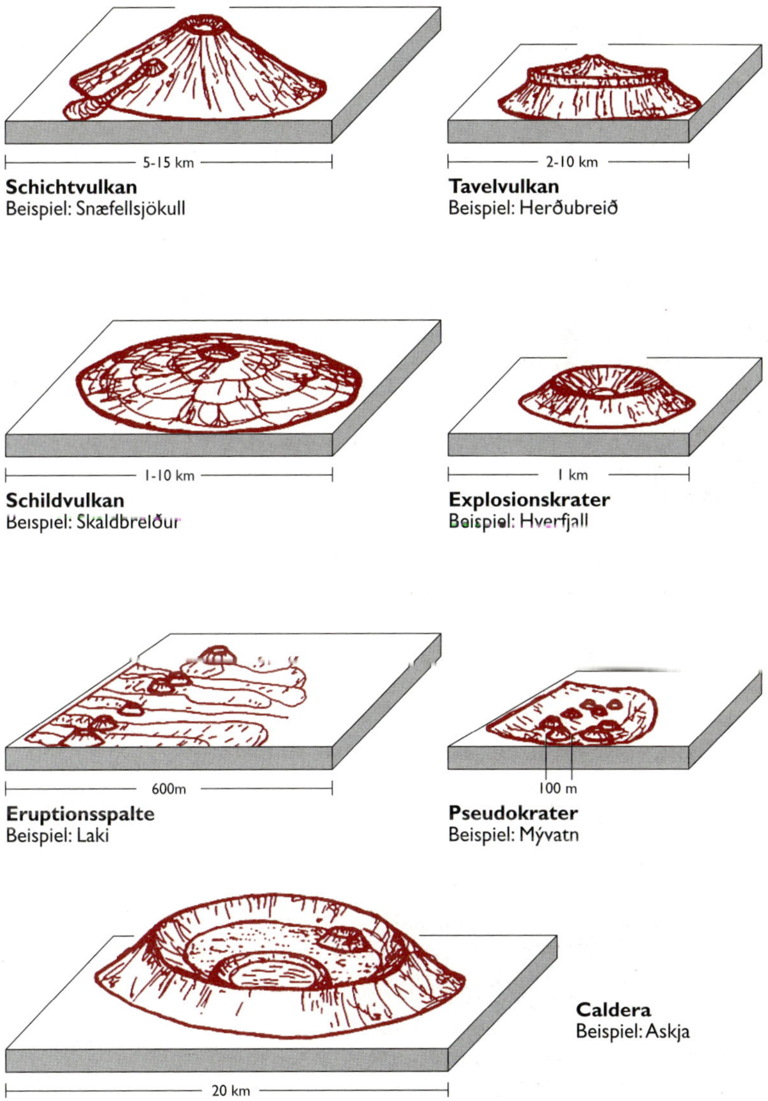

Vulkanausbrüche

Seit Beginn der Landnahme vor über 1.000 Jahren kam es zu rund 200 überlieferten Vulkanausbrüchen aus rund 40 Kratern, d.h. dass die Insel durchschnittlich alle 5 Jahre von Eruptionen betroffen ist. Ein knappes Zehntel der Insel, rund 10.000 km², sind von nacheiszeitlicher **Lava** bedeckt. In keinem anderen Vulkangebiet der Welt sind in den letzten Jahrtausenden auch nur annähernd so große Auswurfmengen zu Tage getreten. 1783 förderte allein die *Laki-Spalte* die bisher größte bekannte Menge Lava in historischer Zeit.

enorme Lava-produktion

Die *Hekla,* einer der aktivsten Vulkane der Welt, brach seit Beginn der historischen Überlieferung 20mal aus und galt deswegen im christlichen Mittalalter als Eingangspforte zur Hölle. Sie war insbesondere nach dem Zweiten Weltkrieg äußerst aktiv und brachte es auf insgesamt fünf schwere Eruptionen (1947–48, 1970, 1980, 1991 und 2000). Allein dem Ausbruch von 1970 fielen 7.500 Schafe zum Opfer. Und der Ausbruch vom Februar 2000 war als gigantisches Feuerwerk selbst in der 100 km entfernten Hauptstadt gut zu erkennen, was Tausende Reykjavíker zum Anlass nahmen, auf eigens geräumten Wegen näher zum Schauplatz zu fahren. Die 11 km hohe Feuer- und Rauchsäule sowie der rotglühende Lavafluss wurden auch in den internationalen Medien ausführlich gemeldet.

Einen hohen internationalen Aufmerksamkeitswert hatte ebenfalls der von Seismologen vorhergesagte Ausbruch des Vulkans *Barðarbunga* im Oktober/November 1996. Die unter dem Eis des *Vatnajökull* stattfindenden Eruptionen rissen eine 7 km lange Erdspalte auf und ließen eine gewaltige Dampf- und Aschewolke 5 km hochschießen – verfolgt von Fernsehzuschauern in aller Welt und Tausenden von ausländischen Touristen, die eigens zur Beobachtung des Schauspiels auf die Insel geflogen waren. Nach einem weiteren Ausbruch 1998 legte der Vulkan eine sechsjährige Ruhepause ein, bevor er sich im November 2004 durch eine 13 km hohe Asche- und Rauchsäule spektakulär in Szene setzte.

Für noch größeres Aufsehen hatte bereits 1963 ein unterseeischer Vulkanausbruch vor den Vestmanneyar gesorgt, der die Insel *Surtsey* entstehen ließ. Die bis 1967 andauernden Aktivitäten, die in allen Nachrichtensendungen auf dem Globus gezeigt wurden, spiegelten im Zeitraffer die Geburt von Island selbst wider. 1973 gab es erneut Anlass für die Internationale der Presse- und Fernsehleute, nach Island zu reisen: Ein katastrophaler Ausbruch auf den Westmännerinseln zwang zur Evakuierung der gesamten Bevölkerung von *Heimaey* und bedeckte den Ort mit einer meterdicken Ascheschicht.

Ausbruch von Heimaey 1973

Einer der gefürchtetsten Vulkane ist die **Katla** im Süden der Insel, die seit über tausend Jahren durchschnittlich alle 50 Jahre zum Leben erwacht und dann

Feuer und Lava ausspuckt, zuletzt in den Jahren 1918 und 1984. Dieser Zentralvulkan befindet sich unter dem Mýrdalsjökull und gilt unter Vulkanologen als überfällig.

Kommt es zu einem Vulkanausbruch unter einem Gletscher, können die gefürchteten **Gletscherläufe** (vgl. S. 63ff.) enorme Schäden anrichten. Bedrohlicher als die austretende Lava sind auch die Folgen des **Ascheregens.** Immer wieder mussten deswegen landwirtschaftlich nutzbare Gebiete zeitweise oder für immer aufgegeben werden. 1362 bedeckte nach dem Ausbruch des *Öræfajökull* im äußersten Süden des *Vatnajökull* eine bis zu 40 cm dicke Ascheschicht ein blühendes Weideland, das daraufhin über 250 Jahre hinweg für die Landwirtschaft verloren war.

Mindestens ebenso schlimm sind die Langzeitwirkungen von **Giftgasen** (Chlor-, Fluor- oder Schwefelverbindungen), die bei einer Eruption freigesetzt werden. Allein beim Ausbruch der *Laki-Spalte* 1783/84 wurden innerhalb weniger Wochen u.a. 20 Mio t Kohlendioxid, 13 Mio t Schwefeldioxid und 1 Mio t Chlorwasserstoff freigesetzt, was für das Land durch die Vernichtung der Viehbestände und Weideflächen sowie die Dezimierung der Bevölkerung um ein Viertel eine der größten historischen Katastrophen bedeutete (S. 40). Aber nicht nur die Insel war davon betroffen. Denn Winde trugen die Fluorverbindungen nach Osten, wo sie in ganz Europa Missernten und Hungersnöte verursachten.

Katastrophe größten Ausmaßes

Ob nun Lava ausströmt, es Asche regnet, Giftgas freigesetzt wird oder alle Katastrophen zusammen in Erscheinung treten – diejenigen, die sozusagen auf dem Pulverfass sitzen, sind an einer zuverlässigen Voraussage möglicher Eruptionen interessiert. Hier hat die Forschung wichtige Fortschritte erzielt, ohne jedoch immer mit den Prognosen richtig zu liegen. 1984 z.B. wurde für das Krafla-Gebiet im Nordosten mittags um 12.00 Uhr Entwarnung gegeben und nachmittags um 16 Uhr kam es zum Vulkanausbruch!

Die Gefährdeten reagieren auf Fragen nach ihrer Angst gelassen. Gerne weisen z.B. die Myvätniger darauf hin, dass statistisch für sie die Gefahr, bei einem Vulkanausbruch ums Leben zu kommen, weit geringer ist als für europäische Großstadtbürger, durch einen Verkehrsunfall zu sterben!

Erdbeben

Erdbeben sind zwangsläufige Begleiterscheinungen der tektonischen Vorgänge in solch einem labilen Gebiet, wie Island es darstellt. größere Katastrophen sind jedoch bislang nicht verursacht worden, weil die geringe Bevölkerung, die Siedlungsstruktur mit wenigen Ballungsgebieten und die Bauweise (früher Torfhäuser, heute Beton) das typische Zerstörungsbild eines starken Erdstoßes nicht zuließen. Strenge Vorschriften sorgen dafür, dass heutzutage jeder Neubau ‚erdbebensicher' entstehen muss. Das entbindet die Gesellschaft natürlich nicht von der Pflicht zur weiteren Vorsorge. In früheren Zeiten beobachtete man das Verhalten der Schafe, heute sind etliche Stationen mit sensiblen Seismographen ausgestattet, die alle Erdstöße registrieren. I.d.R besteht – selbst bei Stärken von über 6 nach der Richter-Skala – kein Grund zur Besorgnis, wenn sie nur kurz andauern. Im Mývatn-Gebiet würden jedoch Beben jeglicher Stärke, die länger als 1 Minute dauern, unweigerlich die sofortige Evakuierung der Bevölkerung nach sich ziehen.

Schriftlichen Aufzeichnungen zufolge waren in den letzten acht Jahrhunderten rund 50 Erdbeben stark genug, um Gebäude zum Einsturz zu bringen. Sie sollen die Stärke 5,5–7,5 auf der Richter-Skala erreicht haben.

ständige Gefährdung

Zuletzt wurde im Jahr **2000** der Südwesten am 17. Juni durch ein schweres Erdbeben mit einer Stärke von 6,6 heimgesucht, ein Wert, der zuletzt nur im Jahre 1912 erreicht wurde. Das Beben, das auch in der Hauptstadt Reykjavík gut zu spüren waren, verlief insofern glimpflich, als keine Personenschäden zu beklagen waren, weil sich die meisten Bewohner wegen der Veranstaltungen am Nationalfeiertag im Freien aufhielten. Doch mussten anschließend 15 Häuser als Totalschaden eingestuft werden und in Hella wurde eine Glasfabrik komplett zerstört. Vier Tage später bebte in der gleichen Region erneut die Erde. Experten gehen davon aus, dass die beiden Beben nur der Auftakt zu einer Reihe weiterer Erdstöße von gleicher oder sogar größerer Stärke waren, die in den nächsten Jahrzehnten den Südwesten in Mitleidenschaft ziehen werden.

Solfatare und Fumarolen

Als Solfatare (von ital.: ‚Schwefelgrube') bezeichnet man die nachvulkanischen Stellen, an denen 100–200 °C heißer Wasserdampf und Schwefelwasserstoff ausströmt. Der hohe Anteil an Schwefelverbindungen ist so aggressiv, dass Solfatare selten energiewirtschaftlich genutzt werden, da die entsprechenden Anlagen nur eine kurze Lebensdauer haben. Anders bei den Fumarolen (von lat.: *fumus* = ‚Rauch, Dampf'). Darunter versteht man das Ausströmen vulkanischer Gase und Dämpfe, die eine Temperatur von 200–800 °C aufweisen. Ihre chemische Zusammensetzung ändert sich mit der Temperatur; während unter 400 °C neben Wasserdampf Salmiak vorherrscht, sind darüber saurer Chlorwasserstoff, Schwefeldioxid und vor allem Wasserdampf bestimmend. Treten Fumarolen in einer mit Wasser und Schlamm bedeckten Vertiefung aus, kommt es zu den charakteristischen blubbernden Schlammtöpfen mit ihrer blaugrauen, breiigen Masse.

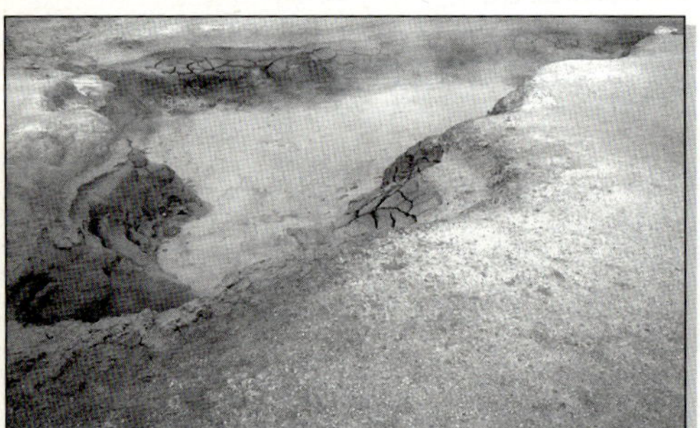

Solfatar in Nordisland

Die durch das ausströmende Gas freigesetzten Eisen- und Schwefelverbindungen verursachen die typische Färbung des umgebenden Bodenmaterials (weiß, gelb, braun, rötlich). Auf Island gibt es 25 Hochthermalgebiete, davon 14 mit besonders zahlreichen Fumarolen und

Solfataren. Diese liegen alle innerhalb der vulkanisch aktiven Zone und sind besonders auf der Reykjanes-Halbinsel und in der Mývatn-Region anzutreffen. Das mit 150 km² größte befindet sich jedoch im *Torfajökull*-Massiv bei Landmannalaugar.

Heiße Quellen und Geysire

geothermale Heizung

Verantwortlich für Solfatare, Fumarolen, heiße Quellen und Geysire ist die auf Island enorm zunehmende Erdwärme. Während diese in Mitteleuropa um 0,02 °C pro Meter Tiefe steigt, sind es auf der Vulkaninsel sage und schreibe 0,1 °C! Das in der Tiefe lagernde Grundwasser oder der durch Erdspalten bis in 2.000 m Tiefe gelangende Niederschlag wird durch die Bodentemperatur erhitzt und steigt dann als warme *(laug)* oder heiße *(hver)* Quelle wieder an die Oberfläche. An etwa 290 Stellen, die hauptsächlich außerhalb der vulkanisch aktiven Zone liegen, kommen insgesamt rund 600 größere und noch viel mehr kleinere solcher Quellen ans Tageslicht.

Der Geysir ‚Strokkur'

Am spektakulärsten sind sicherlich die freien Austritte im Gelände, die von Sinterterrassen und Bodenwällen umgeben sind. Aber auch in Seen, Flüssen und Grotten, ja selbst unter Gletschern tritt das warme Wasser aus, vermischt sich mit dem kalten und schafft z.T. auf natürliche Weise Pools mit angenehmen Badetemperaturen. Zum Beheizen der Häuser, für die Gewächshäuser, Schwimmbäder und zur Energiegewinnung ist dieses Reservoir schon längst nutzbar gemacht.

Besonders bekannt sind die kochend heißen Springquellen, die es auch in vielen anderen Regionen der Welt gibt (u.a. Neuseeland, Yellowstone/USA) und die ihren Namen alle vom isländischen Großen Geysir (isländ.: *geysa* = ‚wild strömen') haben. Geysire sind keine heißen Quellen und auch keine bloßen Heißwasserfontänen. In Wirklichkeit handelt es sich um eine Explosion von Dampf, der das über ihm liegende Wasser mit in die Höhe reißt (vgl. S. 292). Während der *Große Geysir* nur noch sporadisch ‚spuckt', meldet sich sein benachbarter Kollege *Strokkur* etwa alle 10 Minuten mit einer bis zu 20 m hohen Fontäne. Die etwa 30 anderen isländischen Geysire sind längst nicht so eindrucksvoll.

Die Eisinsel – Gletscher, Seen, Wasserfälle

Gletscher

Als sich im Jahre 865 der Norweger *Flóki Vilgerðarson* zum erstenmal als Siedler auf Island versuchte und aus klimatischen Gründen aufgeben musste, gab er der Insel ihren bis heute gültigen Namen: ‚Eisland'. Ganz so unrecht hatte er damit nicht, auch wenn der Name eine Lebensfeindlichkeit signalisiert, die zumindest an der Küste durch 1.000 Jahre Siedlungsgeschichte widerlegt worden ist. Immerhin sind mehr als 11 % der Inseloberfläche vom sog. ‚ewigen Eis' bedeckt, das entspricht einem Gebiet von rund 11.900 km²! Der Begriff ‚ewiges Eis' ist übrigens, wie z.B. auch in Norwegen, irreführend: erstens ist bei keinem Gletscher das Eis ‚ewig', sondern entsteht immer wieder neu, fließt ab und schmilzt schließlich. Zweitens hat es seit der letzten Eiszeit Wärmeperioden gegeben, die zu vermehrter Schmelze führten: während des nacheiszeitlichen Klimamaximums, vor etwa 3.000–2.500 Jahren, dürfte die Insel keine Gletscher aufgewiesen haben. Diese entstanden durch eine Abkühlung (in einem vor- und zurückweichenden Prozess) bis zur maximalen Ausdehnung Mitte des 19. Jh., nach einer Zeit der Stagnation sind sie in den letzten Jahrzehnten wieder auf dem Rückmarsch. Es bleibt abzuwarten, wie sich die derzeitige globale Klimaveränderung auf die isländische Vergletscherung auswirken wird.

Unmassen an Eis

Von den Dimensionen der isländischen Eismassen können sich Mitteleuropäer, die etwa die der Alpenländer als Maßstab nehmen, keine Vorstellungen machen. Sie erschließt sich einem nicht durch Statistiken, sondern beispielsweise durch einen Inlandsflug bei klarem Wetter. Wer trotzdem Zahlen haben möchte: Allein der *Vatnajökull* ist mit seinen 8.300 km² etwa achtmal größer als der größte Gletscher des europäischen Festlandes, der *Jostedalsbreen* in Norwegen. Und dieser wiederum übertrifft die größten Alpengletscher um das Dreifache. Der *Vatnajökull* würde die Insel Mallorca bequem unter sich verdecken und seine Dicke beträgt bis zu einem Kilometer. Würde man sein ganzes Eis abtragen und gleichmäßig über Island verteilen, wäre die Insel von einer durchgängigen, 4–5 m dicken Schicht belegt!

Islands größte Gletscher:

Vatnajökull	8.300 km²	*Mýrdalsjökull*	596 km²
Langjökull	953 km²	*Drangajökull*	160 km²
Hofsjökull	925 km²	*Eyafjallajökull*	78 km²

Nach Angaben der Isländischen Energiebehörde verliert der Vatnajökull bis zu einem Meter jährlich an Dicke. Bei einer Gesamtdicke von bis zu 1.000 Metern wäre er bei diesem Tempo bereits zum Ende des Jahrhunderts verschwunden. Bis auf eine Ausnahme betrifft dies alle isländischen Gletscher.

Obwohl die Vergletscherung in den letzten Jahrzehnten deutlich zurückgegangen ist, prägen immer noch die Massen von Inlandeis das Erscheinungsbild, das Klima, aber auch die Siedlungsgeschichte Islands bis auf den heutigen Tag. Sie sind Wasser- und Wetterscheiden, bilden zwischen Norden und Süden eine unüberwindliche Barriere für Kommunikation und Verkehr, prägen mit ihren unzähligen Wasserläufen und Gletscherzungen die Landschaft und besitzen im Zusammenspiel mit den unter ihnen ‚schlummernden' Vulkanen eine äußerst zerstörerische Kraft (s.u.). Kein Wunder, dass in Volksballaden und im Volksglauben die Gletscher mit übernatürlichen Wesen und Vorkommnissen in Verbindung gebracht werden – ein Motiv, das u.a. auch von *Halldór Laxness* aufgegriffen wurde.

Gletscherläufe

Landläufig gelten Feuer und Wasser als Gegensatzpaar. Auf Island kommt es jedoch aufgrund der vulkanischen Zonen häufiger zu einem direkten Aufeinandertreffen der beiden Elemente. Eine äußerst bedrohliche Situation entsteht dann, wenn ein Vulkan unter einem Gletscher ausbricht. Die Folge kann ein sog. Gletscherlauf (isländ.: *jökullhlaup)* sein. Dieses nur auf der Vulkaninsel zu beobachtende Naturphänomen war in seinen Auswirkungen schon häufig von verheerender Stärke, wobei die Abflussmenge 100.000 m³ pro Sekunde betragen kann. Als 1918 z.B. die *Katla* (= ‚alte Hexe') unter dem *Mýrdalsjökull* ausbrach, stürzten innerhalb kürzester Zeit Unmengen von aufgeschmolzenem Eis, Schlamm und Gestein zu Tal. Der sturmflutartige Abfluss erreichte in nur zwei Stunden die hundertfache Stärke des Rheins an seiner Mündung. Dabei wurden gigantische Eis- und Felsbrocken mitgerissen und kilometerweit transportiert, was eine Verschiebung der Küstenlinie um 4 km nach Süden zur Folge hatte. Der Reisende, der heutzutage dort die asphaltierte Ringstraße benutzt, fährt durch ein Gebiet, das noch um die Jahrhundertwende von 40 m tiefem Wasser bedeckt war.

Urgewalt eines Naturphänomens

Der letzte riesige Gletscherlauf ereignete sich bei dem erwähnten Ausbruch des *Barðarbunga* unter dem Eis des *Vatnajökul* im November 1996. Bei der Eruption wurde über den Lavakesseln eine bis zu 750 m dicke Eisschicht geschmolzen, daraufhin sammelten sich zunächst rund 2 Kubikkilometer Schmelzwasser in einem alten Kratersee. Am 5. November war es dann so weit: innerhalb weniger Stunden wuchs die Wassermenge des im Gletscher entspringenden Flusses *Skeiðará* von 70 auf 45.000 m³ an, und eine gewaltige Flutwelle, vermischt mit Schlamm, Eisstücken und tonnenschweren Felsbrocken, wälzte sich auf die Südküste zu. Alle eilends errichteten künstlichen Barrieren wurden dabei überspült und schließlich auch ein größeres Stück der Ringstraße fortgerissen. Der größte Felsbrocken, der rund 15 km bewegt wurde, wog etwa 1.000 Tonnen, und das knapp 500 m breite Flussbett weitete sich durch den Gletscherlauf auf über 2 km. Nach der Naturkatastrophe gingen die Isländer mit aller Kraft an die Aufräumungsarbeiten und konnten verhältnismäßig schnell die wichtige Verkehrsverbindung erneuern – bereits zur Sommersaison war die Ringstraße wieder befahrbar. Die Spuren der Verwüstung waren aber noch lange sichtbar, u.a. durch gigantische Eisbrocken, die zwei Jahre zum vollständigen Abschmelzen brauchten.

Lawinen

Seit Beginn entsprechender Aufzeichnungen im Jahre 1118 starben mehr als 600 Isländer durch Lawinen, vor allem im Bereich der Ost- und der Westfjorde. Das

Súðavík nach der Lawinenkatastrophe 1995

schlimmste Katastrophenjahr war dabei 1995, in dem Lawinenunglücke zwei Dörfer in den abgelegenen Westfjorden heimsuchten. Dabei wurde die Siedlung *Súðavík* durch zwei schlimme Lawinen geradezu ausradiert. Rund 700 Einwohner verloren ihr Heim und 14 Menschen – acht davon waren Kinder – mussten ihr Leben lassen. Drei Tage später wurde ein Farmer von den Schneemassen begraben und im Februar fiel ein norwegischer Ski-Tourist einer Lawine am *Bláfjöll* bei Reykjavík zum Opfer. Unmittelbar nach diesen Unglücken wurde eine Kommission eingesetzt mit dem Auftrag, die mögliche Gefährdung anderer Ortschaften zu ermitteln und Konzepte zu deren Schutz zu entwickeln. Als besonders gefährlich wurde die Situation der Ortschaft *Flateyri* eingestuft, wo Meteorologen im 20. Jahrhundert mehr als 30 Lawinen gezählt hatten. Auch hier war 1995 das bisher schlimmste Unglücksjahr. Eine Lawine von ca. 150.000 t Gewicht zerstörte 19 Häuser und begrub 45 Bewohner. In einer dramatischen Aktion, bei der mehr als 600 Helfer und Spezialistenteams mit dem anhaltenden Sturm, Stromausfall, völliger Dunkelheit und Schneeverwehungen zu kämpfen hatten, konnten 25 Menschen gerettet werden – ein 11jähriges Mädchen erst nach 9 Stunden im Schnee! Außer den 20 Toten waren bei dieser Tragödie Hunderte von begrabenen oder erfrorenen Tieren sowie ein Sachschaden in Höhe von mehreren Millionen € zu beklagen.

gefährliche Winter

Treibeis

Die kalte Meeresströmung, die vom Polargebiet kommend die nördliche und östliche Küste der Insel erreicht, bringt im Winter nicht nur Wassertemperaturen knapp über dem Gefrierpunkt, sondern auch Treibeis mit sich. Betroffen ist davon besonders die Halbinsel *Melrakkaslétta,* aber der Treibeis-Gürtel kann sich in strengen Wintern weit an der Ostküste nach Süden vorbewegen. Die Treib- und Packeisgrenze ist jeweils von den Temperaturverhältnissen der Polargebiete abhängig und stark schwankend. Die Zeiten ab dem frühen 17. Jh., in denen das Eis die gesamte Insel umklammerte, die Häfen blockierte und ab und zu einen Eisbären aufs Land brachte, sind seit Anfang des 20. Jh. vorbei.

Die Arktis ist nah!

Seen

Das Inselinnere ist von zahllosen und oft auch namenlosen Seen bedeckt, in denen sich das Schmelzwasser der Gletscher sammelt oder die von Flüssen in natürlichen Senken aufgestaut worden sind. Wo die Temperatur es zulässt, entfaltet sich eine reichhaltige Flora und Fauna, insbesondere der Bestand an Wasservögeln sowie an Forellen und Lachsen ist bemerkenswert. Nur wenige Seen sind durch warme Quellen so beschaffen, dass man in ihnen baden kann (z.B. im

Die **sechs größten Seen** des Landes:

Name	Lage	Größe	Maximaltiefe
Þórisvatn	südl. Hochland	82 km²	109 m
Þingvallavatn	Südwesten	82 km²	114 m
Lögurinn	Osten	53 km²	112 m
Mývatn	Norden	37 km²	4 m
Hvítárvatn	am Langjökull	30 km²	85 m
Langisjór	am Vatnajökull	26 km²	73 m

Laugarvatn-Gebiet). Von arktischem Charakter ist eines der kleineren, aber meistfotografierten Gewässer: im *Jökulsárlón* strömen zu jeder Jahreszeit Eisberge dem Meer zu. Die mit 220 m vermutlich größte Tiefe erreicht hingegen der *Öskjuvatn,* der allerdings mit 12 km^2 verhältnismäßig klein ist. Er entstand durch den Einbruch des Askja-Vulkans und bedeckt eine sog. *Caldera*. Eine weit häufigere Entstehungsursache der Binnenseen sind Lavaströme, die sich wie Staumauern Flüssen in den Weg gestellt haben.

Flüsse und Wasserfälle

Angesichts der Niederschläge und der Vergletscherung der Insel verwundert nicht die große Anzahl und das Volumen der isländischen Wasserläufe. Am längsten ist die *Þjórsá* mit 230 km und einem Einzugsgebiet von 7.500 km^2, sie entspringt dem *Hofsjökull* und führt durchschnittlich 400 m^3 Wasser pro Sekunde (!) mit sich. Gefolgt wird sie von der *Jökulsá á Fjöllum* mit 206 km (7.850 km^2) und dem *Skjálfandafljót* mit 185 km (3.950 km^2). Im Unterschied zu Mitteleuropa ist der Typus des Quellflusses am geringsten, der des Gletscherflusses am häufigsten vertreten.

Ein landschaftliches Kennzeichen der Insel sind ihre grandiosen **Wasserfälle**. Zwar erreichen in Europa die norwegischen eine größere Fallhöhe, aber nicht annähernd ein so großes Wasservolumen. Für ihr zahlreiches und spektakuläres Vorkommen gibt es **vier Gründe**:

① **Tektonisch bedingte Wasserfälle**

spektakuläre Wasserfälle

Durch tektonische Verschiebungen und/oder Hebungen entstehen Spalten und Absätze im Gelände, in die vorher schon vorhandene Wasserläufe hinunterstürzen. So hat z.B. die Hebung der Insel nach der letzten Eiszeit Kliffs und Steilküsten emporgehoben, wo sie nun in einiger Entfernung zum heutigen Ufer stehen. Die damals direkt ins Meer mündenden Wildwasser bekamen so eine Fallstufe. Die schönsten Beispiele dafür sind der *Skógafoss* und der *Seljalandsfoss,* in unmittelbarer Nähe zur Ringstraße an der Südküste gelegen. An anderer Stelle hat sich durch tektonische Verschiebung eine Spalte aufgetan, die die ursprünglichen Wasserläufe schneidet. So stürzen z.B. die *Ófærufossar* in spektakulären Kaskaden in die *Eldgjá* hinab, die um 1000 n.Chr. aufgerissen ist.

② **Durch Gesteinsunterschiede bedingte Wasserfälle**

Die meisten isländischen Flüsse sind nicht nur sehr voluminös, sondern führen auch extrem viel an Geröll und Steinen mit sich, mit denen sie ihr Bett ständig abschmirgeln und aushobeln. Dort, wo der Untergrund leicht abtragbar ist (z.B. Schotter), ist das Bett breit und flach ausgeformt. Bei Basalten jedoch ist der

Widerstand viel größer und es kommt zu erheblichen Niveauunterschieden, die vom Wildwasser in Kaskaden überbrückt werden. Sowohl der *Dettifoss* im Norden (der größte Wasserfall Europas) als auch der mächtige *Gullfoss* im Südwesten sind auf diese Weise entstanden.

③ Eiszeitlich bedingte Wasserfälle

Während der Eiszeit wirkten die Gletscherzungen wie riesige Hobel, die aus ehemaligen kleineren Schluchten tiefe Trogtäler und Fjorde schufen. In der eigentlichen Fließrichtung war die Gletscherzunge am dicksten und kräftigsten, so dass das Haupttal tiefer als die einmündenden Seitentäler ausgehobelt wurde. Dieser natürliche Absatz musste nach dem Abtauen der Gletscher von den Bächen und Flüssen im Fall genommen werden. Sehr gute Beispiele dafür sind der *Fjallfoss* im Nordwesten und der *Hengifoss* bei Egilsstaðir.

④ Vulkanisch bedingte Wasserfälle

Ein bei einem Vulkanausbruch freigesetzter Lavastrom nimmt wenig Rücksicht auf vorhandene Flussbetten, sondern schiebt sich in diese oder über sie hinweg. Dem Wasser bleibt nichts anderes übrig, als die Barriere zu überwinden und sich, falls diese steil ist, auf der anderen Seite in das alte Bett zurückzustürzen. Ein eindrucksvolles Beispiel an der Ringstraße gibt dafür der *Goðafoss* in Nordisland ab. Einige Lavaströme sind porös, das aufliegende Wasser (Regen, Schnee und Schmelzwasser) versickert und tritt an anderer Stelle als Quelle wieder aus. Sind solche Quellaustritte an einer steilen Lavaflanke, rauschen sie ohne Flusslauf direkt als Kaskaden aus dem Gestein. Am bekanntesten hierfür sind die *Hraunfossar* (= ‚Lavafälle') in Westisland.

Der Goðafoss aus der Vogelperspektive

Einzelne Landschaften

Die Küste

Die zweitgrößte Insel Europas besitzt etwa 5.000 km Küstenlinie (ohne Inseln), die im Gegensatz zum lebensfeindlichen Landesinnern den einzig nutzbaren Siedlungsraum darstellt. Die topographischen und klimatischen Bedingungen, die für die Niederlassungen der Menschen den Ausschlag geben, sind an der Küste jedoch nicht überall gleich. Je nach Himmelsrichtungen können dabei gut unterscheidbare Landschaften genannt werden:

Der Süden

Die Südküste ist durch das enge Nebeneinander von hohen Bergen und Ozean geprägt. Ihre Form ist vergleichsweise gerade und langgestreckt, wenn auch mit vorgelagerten Nehrungen aufgegliedert. Auf der Strecke von Selfoss nach Vík dominiert zunächst das mit 4.000 km² größte Acker- und Weidegebiet des Landes, das durch die Ablagerungen der Flüsse *Hvítá* und *Þjórsá* gebildet wurde. Abgelöst werden die fruchtbaren Küstenebenen von moosüberwachsenen Lavaströmen, während den Uferstreifen eine breite Sandfläche einnimmt, unterbrochen vom *Kap Dyrhólaey* mit seinem Brandungsloch und den Felsnadeln von Vík. Danach ragen die beiden großen Gletscher der Insel, der *Vatnajökull* und der *Mýrdalsjökull*, so nah an die Küste heran, dass ihre Zungen fast ins Meer kalben. Zwischen ihnen breiten sich auf über 100 km Länge die sog. *sandur* aus, ein schwarzes, vegetationsloses und wüstenhaftes Schwemmland, das aus abgelagerten Aschen und Sand besteht. Früher eine gefährliche und fast unüberbrückbare Barriere zwischen Süden und Norden, ist es erst seit 1974 möglich, diesen Küstenabschnitt auf der Ringstraße zu passieren.

Sandwüsten und Gletscher

Den südlichsten Landesteil markiert der Archipel der Westmännerinseln, von denen *Heimaey* als einzige Insel des Landes über eine beträchtliche Einwohnerzahl verfügt. Die Vestmannaeyar sind traditionell für Fischerei und Vogelfang von Bedeutung, hinzu kommt ihr Stellenwert als vulkanologisch interessante Region *(Surtsey)* und u.a. deswegen auch als bevorzugtes Touristenziel. Besucher erreichen *Heimaey* per Fähre oder mit dem Flugzeug.

Der Westen

Im Gegensatz zum eher geraden und kompakten Küstenverlauf des Südens ist der Westen durch tiefe Einschnitte und weit ins Meer vorragende Halbinseln geprägt.

Den Anfang macht im **Südwesten** die flache *Reykjanes*, die mit ihren Ortschaften, Häfen, dem Flughafen und Industrieanlagen sowie der angrenzenden Metropole Reykjavík das überragende Ballungszentrum des Landes darstellt. Auch nördlich davon, an den Flussmündungen in die Fjorde *Hvalfjörður* und vor allem *Borgarfjör-*

ður, befindet sich ein uraltes und bevorzugtes Siedlungsgebiet. Die genannten Meeresarme sind Teile der breiten Bucht *Faxaflói,* die die *Reykjanes*-Halbinsel von der *Snæfellsnes* trennt, die sich wie ein Finger in den Atlantik schiebt. Die an **Basaltklippen** und **Sandstränden** reiche Halbinsel wird an ihrem westlichen Ende vom perfekten Schichtvulkan *Snæfellsjökull* dominiert. Begrenzt ist die *Snæfellsnes* durch den ‚breiten Fjord' *Breiðafjörður,* in dem eine Menge kleiner und kleinster **Inselchen** verstreut liegen. Von diesen ist allein die historische *Flatey* bewohnt und durch regelmäßige Fähren an das Verkehrssystem des Landes angeschlossen.

Nördlich davon ragt der gesamte **Nordwesten** als mit 8.000 km² größte Halbinsel in den Nordatlantik. Diese älteste isländische Landschaft weist an den Buchten vereinzelt weiße, aus Muschelkalk bestehende **Strände** auf. Charakteristisch für das nur dünn besiedelte Gebiet sind seine viele Fjorde und Buchten – etwa 50 sollen es insgesamt sein. Diese *Vestfirðir* (= ‚**Westfjorde**') sind zwar weder so lang wie nie norwegischen Fjorde (maximal nur 12 km) noch so tief wie diese (maximal 500 m), aber durchaus von ähnlicher Faszination. Vor allem die spektakuläre, mehrere hundert Meter hohe **Steilküste** – besonders schön am *Látrabjarg* im Westen und *Hornstrandir* im Norden – wird mit ihrem Vogelleben und der kargen landschaftlichen Majestät keinen Besucher unberührt lassen.

tiefe Fjorde,...

Der Norden

Auch der Norden ist durch Halbinseln und Fjorde gegliedert, die jedoch eher breiten Buchten ähneln. An ihren Enden konnten sich wegen der Gunst des Klimas und fruchtbarer Böden schon früh Siedlungen und Landwirtschaft etablieren. Die Naturhäfen boten sich für den Seehandel an. Es ist kein Zufall, dass sich die größte Stadt des Landes außerhalb des Südwestens – Akureyri – gerade hier am Ende des *Eyjafjörður* entwickeln konnte. Westlich davon besitzt die 4.000 km² große **Halbinsel** *Tröllaskagi* mit 1.200–1.500 m hohen, steilwandigen Bergen ausgesprochen **alpinen Charakter**. Zur anderen Seite wird die Halbinsel vom breiten *Skagafjörður* begrenzt, dessen Hinterland genau wie beim *Eyjafjörður* schon früh besiedelt wurde und landwirtschaftlich gut nutzbar ist. Noch weiter westlich ragen die längere Halbinsel *Skagi* und die kleinere *Vatnsnes,* beide karg, aber mit maximal 900 m ü.d.M. nicht übermäßig hoch, in die Bucht *Húnaflói.*

...lange Halbinseln

Ganz im **Nordosten** stellt die unwirtliche, weitgehend flache und 1.000 km² große Halbinsel *Melrakkaslétta* einen der dünnstbesiedelten Landesteile dar. Nahe dem Polarkreis gelegen, ist sie von **Mooren** und **Tundra** bedeckt, über die Stürme und Schneeschauer hinwegbrausen. Zur natürlichen Ungunst trägt im Winter auch das Treibeis bei, das das Gebiet für mehrere Monate von der Seeseite her isoliert.

Als Außenposten der Küste vorgelagert ist die bewohnte **Insel** *Grímsey,* die am Polarkreis liegt und per Fähre und Kleinflugzeug erreicht werden kann.

Der Osten

Landschaft an den Ostfjorden

Vom geologischen Aufbau her ist die Ostküste der des Nordwestens vergleichbar. Auch hier reichen ertrunkene Trogtäler als *Austfirðir* (= ‚**Ostfjorde**') weit ins Landesinnere hinein, wobei der *Reyðarfjörður* immerhin 35 km lang ist. Im Gegensatz zum kargen und abgeflachten Nordwesten hat die Ostküste aber mehr norwegisches, z.T. alpenländisches Gepräge. Verantwortlich dafür sind die von Gletscherzungen umflossenen, steilen **Berggipfel**, die bis auf 1.300 m Höhe aufragen. Die Fjordenden bieten vorzügliche Naturhäfen, von denen einige Kleinstädte (u.a. Fährverkehr nach Europa) und Fischersiedlungen profitieren. Wegen des tief eingebuchteten Küstenverlaufs verlässt die Ringstraße im Osten das Ufer, das jedoch durch Nebenstrecken erschlossen ist.

Das Inland

Hinter der reich gegliederten Küste und eines mehr oder weniger breiten Streifens landwirtschaftlicher und siedlungsgeographischer Nutzung stellt sich das durchschnittlich 400–1.000 m ü.d.M. gelegene Inselinnere als menschenleeres und lebensfeindliches **Hochland** dar. Dort, wo die Vegetationsdecke weder durch Vulkanausbrüche noch durch Erosion oder Viehverbiss zerstört wurde, breiten sich Tundra- und Heideflächen aus. Nur selten geben Gebirgstäler einer höherwachsenden Vegetation Raum, so z.B. das idyllische und klimatisch bevorzugte *Þórsmörk* im *Krossá*-Tal, das sich zwischen dem *Eyjafjall-* und *Mýrdasjökull* ausbreitet.

lebensfeindliches Hochland

Charakteristischer für das Hochland sind jedoch die endlosen Schotter-, Lava- und Sandwüsten, die als Plateaus von Vulkanbergen und den riesigen Gletschern des Südens umrahmt werden. Ein typisches Beispiel der gleichermaßen eindrucksvollen wie unwirtlichen Ödflächen ist *Ódáðahraun,* die berühmte ‚Wüste der Missetäter', deren 4.500 km² großes Lavagebiet nur spärlich mit Moosen und Flechten bewachsen ist. Das zentrale Hochland, durch das die isländische Dehnungszone mitten hindurch geht, ist besonders häufig von vulkanischen Vorgängen betroffen und deshalb ständigen Veränderungen ausgesetzt. Die wenigen Pisten, die durch die Wüsten führen, sind nur für kurze Zeit im Sommer befahrbar. Die winterlichen Schneestürme werden in dieser Zeit manchmal von heftigen Sandstürmen abgelöst. Der Besuch des Hochlandes ist eine touristische Herausforderung, die sich wegen der klaren Luft, der weiten Fernsicht und der absoluten Einsamkeit jedoch unbedingt lohnt.

Die Berge

Die Hochplateaus des Landesinnern werden von Bergen überragt, von denen sich die höchsten aus den Eisflächen des *Vatnajökull* erheben. Dort, wo sie von den eiszeitlichen Gletschern nicht abgeschliffen worden sind, ragen sie als gezackte sog. *nunatakar* über die Schneewüste hinaus. Sehr eindrucksvoll sind jene Berge, die blockhaft und mit mehreren hundert Metern Höhe die umgebende Ebene dominieren – besonders schön beim Tafelvulkan *Herðubreið* zu sehen, der sog. ‚Königin der isländischen Berge'. Während sich die meisten der höchsten Gipfel in der vulkanisch aktiven Zone befinden, ragt der erdgeschichtlich ältere Kegel des Schichtvulkans *Snæfellsjökull* am Endpunkt der westlichen Halbinsel auf. Die **acht höchsten Berge** des Landes sind:

acht Vulkanberge

Name	*Art und Lage*	*Höhe ü.d.M.*
Hvannadalshnjukur	kegelförmiger Schichtvulkan im Süden des *Vatnajökull*	2.119 m
Bárðarbunga	Vulkanberg im Westen des *Vatnajökull*	2.000 m
Kverkfjöll	Zwillingsvulkan am Nordrand des *Vatnajökull*	1.920 m
Snæfell	rückenförmiger Schichtvulkan nordöstlich des *Vatnajökull*	1.833 m
Herðubreið	alleinstehender Tafelvulkan im nördlichen Hochland	1.682 m
Kerling	zentral gelegene, alpine Vulkanspitze	1.537 m
Hekla	rückenförmiger Schichtvulkan im Süden	1.491 m
Snæfellsjökull	kegelförmiger Schichtvulkan am Ende der westlichen Halbinsel	1.446 m

Isländische Tierwelt

Wegen der isolierten Lage, der jungen Entstehungsgeschichte und der klimatischen Bedingungen der Insel kann ihre Fauna nur artenarm sein. Schließlich war Island nur durch die Luft oder über das Wasser (z.B. auf Eisschollen) zu erreichen. Insbesondere bei den Landsäugetieren ist es vor der Ankunft der Menschen nur einer Art gelungen, die Entfernungen zu überwinden und heimisch zu werden, nämlich dem Polar- oder Eisfuchs. Zwar sind verschiedentlich auch Eisbären auf die Insel gelangt, doch sind diese nie für längere Zeit geblieben. Im Gegensatz zur Artenarmut steht der ausgesprochen große Bestand einzelner Arten, vor allem bei verschiedenen Vögeln, aber auch bei Meeressäugetieren (Seehunde) und Insekten (Mücken).

Landsäugetiere

Wie erwähnt, ist der **Polarfuchs** die einzige auf dem Land lebende Säugetierart, die vor der Ankunft des Menschen existierte. In prähistorischer Zeit auf Eisschollen angetrieben, fand und findet der Fuchs unter den verschiedenen Vogelarten reiche Beute, wobei er auch die Nester plündert. Lange Zeit hindurch haben die Bauern, bei denen das Tier zu Unrecht als Schafstöter galt, den Fuchs gnadenlos bejagt. Durch Aufklärung und gesetzliche Maßnahmen konnte die Ausrottung gerade noch verhindert werden. Der ‚reine' Polarfuchs kommt in zwei Spielarten vor, wobei der blaue Fuchs im Winter ein graublaues, im Sommer ein eher dunkelbraunes Fell trägt. Der braune Eisfuchs hat ein grau-braunes Sommerfell, manchmal mit weißem Bauch, im Winter jedoch einen völlig weißen Pelz. Hinzu kommen mehrere Varianten, die durch Kreuzungen mit verwilderten, den Pelztierfarmen entkommen **Zuchtfüchsen** entstanden.

mehrere Fuchsarten

In kleinerem Maßstab brachten die keltischen Einsiedler, dann vor allem aber die wikingischen Landnehmer – freiwillig oder unfreiwillig – weitere Säugetiere auf die Insel. In erstem Fall sind natürlich die **Haustiere** einschließlich des Hundes gemeint, im zweiten Fall **Nager** wie die langschwänzige Feldmaus und die Hausmaus. Ratten gibt es erst seit den letzten beiden Jahrhunderten (die Wanderratte wurde 1840 das erste Mal gesichtet, die Hausratte 1919). Durch die Zuchtfarmen für Pelztiere, von denen immer wieder einige in die Freiheit entweichen konnten, sind im 20. Jh. neue wildlebende Arten entstanden. Mehr noch als die schon genannten Füchse haben sich ausgebrochene amerikanische **Nerze** bis zur Landplage vermehrt und der isländischen Fauna großen Schaden zugefügt. Die Küken und Eier von Enten und anderen Vögeln (vor allem Papageientaucher und Eiderenten), aber auch Fische und Nagetiere fallen den gefräßigen Raubtieren zum Opfer, weshalb die Bauern sie jagen, wo immer sie auftauchen.

Auch die wilden **Rentiere**, von denen es gut 3.000 Stück auf der Insel gibt, sind zunächst als Nutztiere importiert worden. Die ab 1771 in vier Schiffsladungen aus Nordnorwegen kommenden Exemplare haben sich gut akklimatisiert und hätten wie in Lappland als Herdentiere gehalten werden können, wozu den isländischen Bauern aber die Lust und die Kenntnisse fehlten. Die Rene verwilderten und haben ihr Refugium im Osten des Landes, insbesondere im Gebiet des *Snæfell*-Vulkans. Damit der Bestand im ökologischen Gleichgewicht bleibt, dürfen jährlich etwa 600 Stück abgeschossen werden. An der Jagd beteiligen sich gerne Ausländer, u.a. schwedische Prominente wie König Karl Gustav.

norwegische Importe

Unter den nicht verwilderten Nutztieren sind drei Arten herauszuheben, weil sie für die Erschließung des Landes, seine Geschichte und seine Ökonomie von Bedeutung sind: das Pferd, das Schaf und der Hund. Vor allem das **Islandpferd** ist dabei als Synonym für die isländische Fauna schlechthin in aller Welt bekannt. Nachdem der Bestand zeitweilig bis auf 30.000 Exemplare abgesunken war, besitzt das Land heute wieder ca. 80.000 Pferde.

Das Islandpferd stammt von jenen Tieren ab, die die ersten norwegischen Siedler im 9.–10. Jh. aus ihrer Heimat mitbrachten. Tausend Jahre Anwesenheit auf der Insel mit ihren Vulkanausbrüchen, Stürmen, z.T. strengen Wintern und Kälte haben aus den ohnehin schon robusten Pferden eine noch genügsamere Rasse entstehen lassen, deren Markenzeichen Widerstandsfähigkeit, Vorwärtsdrang, Mut, Geschicklichkeit, Trittsicherheit, ein zuverlässiger Charakter und der „Fünf-Gang" (s.u.) sind. Um die Rasse zu schützen, wurde schon im Jahre 930 vom Althing ein

INFO Das Islandpferd

Das Islandpferd weist – wie alle Inselpferde – einen niedrigen und stämmigen Körperbau auf (durchschnittliches Stockmaß 1,35 m) und besitzt nahezu alle Pferdefarben und Farbvarianten. Die sehr fruchtbaren Tiere sind nicht vor dem 7. Jahr voll ausgewachsen und bis zu einem Alter von 20 Jahren und darüber hinaus voll einsatzfähig. Die Herdentiere (die nicht geritten werden) bleiben ganzjährig im Freien, wo sie sich ausschließlich von Gras ernähren. Die Reittiere hingegen kommen erst im Juni, wenn die Weiden kräftig genug sind, auf die Koppeln und haben von Oktober bis Dezember ‚Urlaub', in dieser Zeit nimmt man ihnen auch die Hufeisen ab. Anfang Dezember bekommen die Pferde ihren charakteristischen, dicken Zottelpelz und fressen sich Winterspeck an, die Reittiere kommen dann in die Ställe, wo sie als Zufutter übrigens gerne Hering (!) erhalten.

Pferdezüchter im Öxnadalur

Es wird streng darauf geachtet, dass keine Krankheiten die Reinheit der Rasse oder den Bestand gefährden können. So darf nicht nur kein Pferd, das jemals Island verlassen hat, wieder in die Heimat zurückkehren, sondern auch die Einfuhr von gebrauchtem Sattelzeug ist verboten; gebrauchte Reitkleidung und Stiefel müssen bei der Einfuhr desinfiziert sein. Ein ins Ausland verkauftes Pferd ist besonders gefährdet und muss neben der regelmäßigen Entwurmung Zusatz-Präparate einnehmen, die die gehaltvolle Nahrung der Heimatinsel ersetzen.

Ein ‚Isländer' ist ein sog. ‚Fünfgänger', d.h. ein Pferd, das zusätzlich zu Schritt, Trab und Galopp noch über die Gangarten ‚Tölt' und ‚Rennpass' (Skeið) verfügt. Gerade der natürliche, aber bei fast allen anderen europäischen Rassen nicht mehr existente Tölt (engl.: Amble) macht das Islandpferd – neben seinem gutwilligen Charakter – zu einem sehr attraktiven Reittier, auch und gerade für Anfänger.

Die fünf isländischen Gangarten, die man durch die Fuß- und Phasenfolge sowie das Tempo unterscheidet, sind folgende:

Schritt Langsamste Gangart, das Pferd schreitet im Viertakt mit der Fußfolge (nacheinander) hinten links, vorne links, hinten rechts, vorne rechts.

Trab Gesprungene Gangart im Zweitakt, bei der ein diagonales Beinpaar gleichzeitig den Fuß aufsetzt. Für Anfänger unangenehm und ermüdend.

Galopp Schnellste Gangart, mit der Fußfolge Hinterhuf, dann gleichzeitig diagonal ein Vorder- und der zweite Hinterhuf, dann der zweite Vorderhuf (= Dreitakt).

Tölt Die Fußfolge entspricht der des Schritt (also Viertakt), wird aber nicht geschritten, sondern gelaufen bis zum Galopptempo. Für den Reiter, der nicht durchgeschüttelt, sondern sanft gewogen wird, ist das außerordentlich bequem.

Rennpass Beim Rennpass wird vom Galopp in den schnellen Pass „umgelegt", bei dem das Pferd von einem gleichseitigen Beinpaar auf das andere springt (= Zweitakt).

Mit diesen Gangarten sind die zotteligen Inseltiere nicht nur wendig, sondern auch schnell: die Rekorde liegen z.Zt. bei 30,5 sek. für 300 m im Trab, 21,4 sek. für 250 m im Rennpass und 23,9 bzw. 55,6 sek. für 350 bzw. 800 m im Galopp.

Die Isländer selbst sind die größten Fans ihrer Pferde und etwa 30.000 Personen auf der Insel haben mehr oder weniger intensiv ständig mit ihnen zu tun. Diese besondere Beziehung, die über den Grad der normalen Verbundenheit zu Haustieren hinausgeht, hat ihren Grund in der Geschichte: seit der Landnahme war das Islandpferd die einzige Möglichkeit, die Kommunikation zwischen den einzelnen Regionen aufrecht zu erhalten. Es trug selbst schwere Lasten und Reiter, zottelte unaufhaltsam die längsten Wegstrecken, erklomm Bergpässe, ging oder schwamm durch reißende Flüsse und wärmte im Winter die kleinen Torfhöfe. Wenn man bedenkt, dass erst 1974 die Ringstraße vollendet wurde, ist vorstellbar, wie lange noch die Islandpferde unverzichtbar für den Personen- und Warentransport waren. Man kann zu Recht behaupten, dass die Isländer ohne ihre treuen Pferde wohl kaum die ‚Jahrhunderte des Leidens' hätten durchstehen können!

In der zweiten Hälfte des 20. Jh. war die Verbesserung der Infrastruktur (Straßen- und Flughafenbau) dann auch der Grund dafür, warum der Bestand zeitweilig stark absank, bevor der Fremdenverkehr und die internationale Pferdebegeisterung wiederum den Impuls für einen erneuten Anstieg der Population gab. Entgegen der ehemaligen alleinigen Funktion als Arbeitstier wird die Hälfte der Islandpferde heutzutage zu Sport- und Freizeitzwecken (also als Reitpferde) benutzt. Auch die Isländer selbst haben ihre Pferde wieder neu für sich entdeckt und erfüllen sich immer öfter den Wunsch nach einem eigenen Tier. Im Zeitalter der Verstädterung bringt das natürlich Probleme mit sich. Gelöst werden diese durch die sog. ‚Stalldörfer' am Stadtrand, in denen die Reitpferde den Winter über untergebracht werden. Allein im Reykjavíker Stalldorf Víðidalur befinden sich rund 1.000 Tiere.

Mit welcher Begeisterung und Hingabe die Landeskinder dem Reitsport frönen, kann man am besten auf dem Landsmót erleben, dem alle vier Jahre stattfindenden Großturnier (2004, 2008 usw., nähere Infos im Internet unter www.landsmot.is), bei dem die besten Reit- und Zuchtpferde vorgestellt werden. Über 3.000 Tiere und bis zu 15.000 Zuschauer aus dem In- und Ausland nehmen regelmäßig an diesem Ereignis teil. Daneben gibt es aber alljährlich kleinere, doch ebenfalls sehr eindrucksvolle Erlebnisse wie den lokalen Pferdeauftrieb im Frühjahr und, mehr noch, den Abtrieb im September. Bislang sind Touristen noch seltene Gäste, wenn Reitertrupps Hunderte von Pferden vom Hochland in die Korrals treiben, die dort aussortiert, verkauft oder getauscht werden. Bei diesem urisländischen Ereignis, das besonders im Skagafjörður im Norden – dem ‚Tal der Pferde' – eine lange Tradition hat, kommt schnell eine volksfestartige Stimmung auf und der Alkohol fließt reichlich.

Selbstverständlich gibt es Islandpferde nicht nur auf der Insel selbst: seit der organisierte Export um 1960 begann, sind viele Tiere ins Ausland verkauft worden, vor allem nach Deutschland, Skandinavien, in die USA und nach Kanada (zzt. jährlich ca. 2.000). Durch Verkauf und Zucht ist der Bestand an Islandpferden mittlerweile allein in Deutschland auf 30.000 und in anderen europäischen Ländern auf insgesamt 50.000 angestiegen. Trotzdem macht es immer noch am meisten Spaß, die Tiere in ihrer angestammten Heimat kennenzulernen und das Reiten zu einem Bestandteil des Urlaubes zu machen. Island auf dem Rücken der Pferde zu erobern, ist nicht nur ein außerordentliches Vergnügen – und sei es nur bei kurzen Ausritten entlang der Fahrtroute –, sondern aus historischen Gründen auch die adäquate Form, das Land zu bereisen.

Schrittfolge beim Tölten

Importverbot für Pferde erlassen (nachweislich ist seit 1100 n.Chr. kein Pferd mehr auf die Insel gebracht worden), so dass heute das Islandpferd neben dem arabischen Vollblut als das am reinsten gezüchtete gilt.

eine genügsame Rasse

Aber auch die **Schafe** sind landestypisch, blicken sie doch auf eine genauso lange Geschichte zurück und sind zudem weitaus zahlreicher vertreten. Ihre Ursprungsrasse ist das alte nordische Heideschaf, das wiederum das europäische Mufflon als Ahnvater hat. Durch die jahrhundertelange Anpassung an die isländische Natur haben sich die Schafe allerdings verändert und als eigenständige Rasse herausgebildet. Deren charakteristische Kennzeichen sind der gedrungene Körperbau, die gekrümmten Hörner auch bei weiblichen Tieren sowie das zottelige Fell. Islandschafe sind ausgezeichnete Kletterer, können aber nicht rückwärts gehen und sich deshalb leicht versteigen.

Die Geburt der Lämmer findet nach einer Tragzeit von 20–21 Wochen Anfang Mai auf dem Bauernhof statt, wo jeder Farmer den Jungtieren die Ohrmarkierung anbringt. Nach der Schur gegen Ende Mai treibt man die Herden im Juni auf die Berge und in die unbewohnten Seitentäler, wo sie den ganzen Sommer über – ohne Hirten – bleiben. Nicht dabei sind aus Gründen der Geburtenregelung die Schafsböcke, d.h. alle Tiere, die man frei auf den Hochweiden sieht, sind entweder Mutterschafe oder Lämmer. Nachdem sich die Herden in den unwegsamen Regionen bis zur Schneegrenze hin im Sommer an Kräutern, Sträuchern und jungen Trieben satt gefressen haben, werden sie um Mitte September wieder ‚eingesammelt'. Dieser herbstliche **Abtrieb** *(réttir)* ist das größte Ereignis im Zusammen-

Eine genügsame Rasse: Isländisches Schaf

hang mit der Schafszucht. Trupps von jeweils 30–40 Reitern machen sich dabei zusammen mit den Hunden auf den Weg, um die Schafsherden in den Hochweiden zu suchen und in die Täler zurückzubringen. Bei der bis zu zwei Wochen dauernden Aktion, bei der auch Fußgruppen und (seltener) Helikopter eingesetzt werden, treibt man die Schafe in die Korrals der lokalen Sammelpunkte, begleitet von großem Interesse bei Jung und Alt und volksfestartiger Stimmung. Diese einmalige, bodenständige Atmosphäre, in der noch die Lieder, Riten und Trinklust der Landnahmezeit lebendig sind, wird keiner vergessen, der einmal dabei gewesen ist (inzwischen kann die Teilnahme am Schafsabtrieb über Reiseveranstalter gebucht werden). In den Korrals findet die Auslese der Tiere nach ihren Besitzern und ihrer zukünftigen Bestimmung statt: die viermonatigen Lämmer und die zu alten Schafe führt man den Schlachthofen zu, der Rest kommt den Winter über in die Ställe.

Wegen dieses Kreislaufs kann man keinen korrekten Jahresbestand der Tiere angeben, er dürfte vor Geburt der Lämmer bei etwa 450.000 liegen. In den 1990ern zählte man auf den Sommerweiden etwa 1½ Millionen Tiere (einschließlich der Lämmer). Man kann sich vorstellen, welch schlimme Folgen eine solch große Anzahl der ohnehin labilen Natur zufügt. Eines der wichtigsten Themen auf Island ist daher seit geraumer Zeit die Frage, mit welchen Quoten pro Bauernhof die Schafzucht einzudämmen ist, zumal es in einigen Bereichen (Lammfleisch, Milch) eine deutliche Überproduktion gibt. Völlig verschwinden werden die robusten Tiere jedoch nicht so schnell. Mit rund 45 kg Lammfleisch, die jeder Isländer im Schnitt jährlich verspeist (das ist rund 50 mal mehr als der Durchschnittsdeutsche!), mit der beliebten Schafsmilchspeise *Skyr,* mit unzähligen Käse- und sonstigen Produkten und – nicht zu vergessen! – mit den widerstandsfähigen Strümpfen, Pullovern und Schals aus isländischer Schafswolle ist das Tier nicht nur Umweltsünder, sondern auch wichtiger Wirtschaftsfaktor. Die Hälfte aller Bauern könnte ohne die Schafszucht nicht existieren.

zu viele Schafe

Zusammen mit Schafen und Pferden brachten die norwegischen Siedler auch den **Hund** aus ihrer Heimat mit, der also wie diese zu einer uralten Rasse gehört. Vor allem als Hirtenhund bei Schafabtrieben ist er immer noch von Bedeutung. Nach Auffassung der Isländer sollte übrigens das Land sein alleiniges Revier sein, weshalb sie den treuesten Freund des Menschen bis Mitte der 80er Jahre aus ihrer einzigen Großstadt verbannten. Das ‚Reykjavíker Hundeverbot' wurde erst außer

Vollzug gesetzt, als bekannt wurde, dass der Finanzminister Albert Guðmundsson einen Hund hatte, von dem er sich auf keinen Fall trennen wollte. „Ich gehe eher ins Exil, als dass ich Lucy weggebe", erklärte er. Heute ist nur noch die Reykjaviker Flaniermeile, der Laugavegur, für Hunde verboten.

Hundeverbotsschild in Reykjavík

Meeressäuger

Im Gegensatz zu den wenigen Landsäugetieren haben Wal- und Robbenarten in großer Zahl schon seit erdenklichen Zeiten die Küstengewässer bevölkert. Nachdem ihr Bestand durch die rücksichtslose Bejagung vor allem im 17.–19. Jh. bis zur Ausrottung gefährdet wurde, haben sich zumindest die **Minkwale** in letzter Zeit erfreulich vermehrt. Um die Giganten des Meeres beobachten zu können, braucht man Glück und muss sich vom Land auf die See bequemen. Größte Chancen auf eine Begegnung hat man im Frühsommer und an der Südküste. Vor allem von Húsavík und Heimaey (Westmännerinseln) aus werden kommerzielle Bootstrips zur Walbeobachtung angeboten. Am ehesten wird man dabei **Minkwale, Tümmler, Buckelwale** und **Pottwale** zu Gesicht bekommen, vor allem aber **Schwertwale** (Orcas). Diese auch ‚Killer-' oder ‚Mörderwal' genannten Tiere mit ihrem charakteristischen, schwarz-weiß gefärbten Rücken tauchen vor allem im Bereich der Westmännerinseln aus den Fluten.

Klappmütze

Kegelrobbe

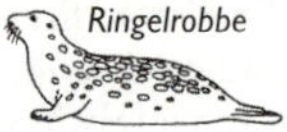

Ringelrobbe

Sattelrobbe

Seehund

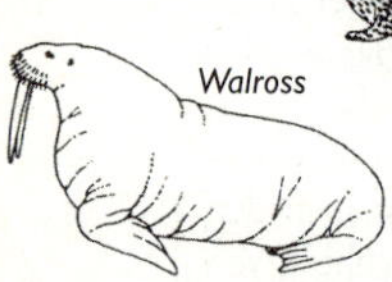

Walross

Im Gegensatz zu den Walen können **Robben** während eines normalen Islandurlaubes leicht von jedermann gesichtet werden. Immerhin lebt die Hälfte aller gemeinen Seehunde überhaupt an der isländischen Küste. Auch der graue Seehund ist häufig anzutreffen. Insgesamt haben sich Seehunde und Robben, die hier keine natürlichen Feinde kennen, stark vermehrt und fügen der Fischerei großen Schaden zu. Während der gemeine Seehund an allen Küsten zu Hause ist, kommen **Ringelrobbe, Sattelrobbe, Kegelrobbe** und **Klappmütze** vor allem in den nördlichen Gewässern und längst nicht so häufig vor.

Das atlantische **Walross** schließlich, das früher noch häufiger die Insel besuchte, ist schon seit längerem nicht mehr gesichtet worden, zuletzt 1983 auf der Halbinsel *Snæfellsnes*.

Fische

Aufgrund des Zusammentreffens der atlantischen Warmwasser- und der polaren Kaltwasserströmungen ist das Meer rings um Island reich an Fischen und Schalentieren, die hier ideale Bedingungen vorfinden. Ohnehin ist das maritime Leben im Nordatlantik – etwa verglichen mit dem Mittelmeer oder der Ostsee – sehr reichhaltig, worin auch der hohe Stellenwert der Fischerei für die insulare Ökonomie begründet liegt (vgl. S. 123ff.).

Die **häufigsten der rund 150 Fischarten** und Schalentiere in isländischen Küstengewässern sind:

Artenvielfalt unter Wasser

Deutscher Name	*Lateinischer Name*	*durchschnittl. Länge in cm*
Eishai	*somniosus microcephalus*	200–400 cm
Heringshai	*lamna cornubica*	200–300 cm
Heilbutt	*hippoglossus vulgaris*	150–200 cm
Leng	*molva molva*	100–150 cm
Glattrochen	*raia batis*	100–150 cm
Gefleckter Katfisch	*annarrhichas minor*	80–170 cm
Kabeljau (Dorsch)	*gadus callarias*	70–110 cm
Seelachs (Köhler)	*gadus virens*	70–100 cm
Atlantik-Lachs	*salmo salar*	65–100 cm
Katfisch	*annarrhichas lupus*	60–110 cm
Grönland-Heilbutt	*hippoglossus hippoglossoides*	70–80 cm
Schellfisch	*gadus aeglefinus*	60–70 cm
Sternrochen	*raia radiata*	40–70 cm
Meerforelle	*salmo trutta trutta*	45–65 cm
Flügelbutt	*zeugopterus megastoma*	40–50 cm
Seeforelle (Saibling)	*salmo laevis*	40–50 cm
Rotzunge	*pleuronectes cynoglossus*	35–50 cm
Seehase (Lump)	*cyclopterus lumpus*	30–50 cm
Rotbarsch	*sebastes marinus*	30–50 cm
Scholle	*pleuronectes platessa*	30–50 cm
Hering	*clupea harengus*	31–38 cm
Scharbe (Kliesche)	*pleuronectes limanda*	25–35 cm
Echte Rotzunge (Limande)	*pleuronectes microphalus*	20–40 cm
Wittling	*gadus merlangus*	20–30 cm
Murta	*salmo alpinus*	20–25 cm
Lodde (Kapelan)	*mallotus villosus*	16–18 cm
Schalentiere:		
Garnele	*pandalus borealis*	
Island-Muschel	*cyprina islandica*	
Kaiserhummer	*nephros norvegicus*	
Miesmuschel	*mytilus edulis*	

Die isländischen **Flüsse** zählen zu den besten Lachsflüssen der Welt. Aber auch einige der isländischen **Binnenseen** sind äußerst fischreich (Lach, Forelle, Aal, Stichling, Saibling), insbesondere der *Mývatn* und *Þingvallavatn*. In letzterem – und nur hier! – kommt die Fischart *Murta* vor, die bis zu 25 cm lang und 100 g schwer wird. Geangelte *Murtas* werden hauptsächlich in die USA exportiert, wo man sie als große Delikatesse schätzt.

Vögel

Die insgesamt knapp 230 auf der Insel registrierten Vogelarten sind im Vergleich zu anderen europäischen Ländern oder gar zu den weltweit etwa 9.000 Vogelarten nicht sehr viel. Doch sind einzelne Arten hier in z.T. einmalig dichten Beständen vertreten; außerdem ist das gleichzeitige Vorkommen von Vögeln unterschiedlicher Herkunft (europäisch, amerikanisch, arktisch, atlantisch) äußerst interessant. Etwa 70 Arten gehören zu den isländischen **Brutvögeln**; dazu kommen noch etwa 15 weitere, die nicht immer auf der Insel brüten, sondern nur unregelmäßig oder selten hierhin kommen und sich in der einheimischen Vogelwelt noch nicht fest etablieren konnten (z.B. *Kiebitz, Weißwangengans, Bergfink)*.

Es sind vor allem zwei Biotope, die aufgrund des Vogelreichtums für Laien und Ornithologen eine wahre Augenweide darstellen: einmal die flachen Binnenseen, allen voran der Mývatn, zum andern die Seevogel-Kolonien an den Steilküsten. Gerade die Vogelfelsen mit ihren tausenden und abertausenden von unterschiedlichen Seevögeln, die an der Steilklippe ihr jeweils eigenes Revier besitzen, bleiben für Besucher in unvergesslicher Erinnerung.

Paradies der Ornithologen

Die weltberühmten **Vogelfelsen** Islands mit ihrem enormen Bestand sind besonders in den Westfjorden und auf den Westmännerinseln anzutreffen. Auf Klippen, Vorsprüngen und in Höhlen siedelt eine bunte und laute Gesellschaft, wobei jede Vogelart ihre festgelegten Brutplätze einnimmt. Zuoberst trifft man auf den **Papageientaucher** (vgl. S. 472), der zur Familie der Alke zählt und mit einer geschätzten Population von 10 Millionen der häufigste unter den isländischen Seevögeln ist: nirgendwo sonst auf der Welt gibt es größere Papageientaucher-Bestände als hier. Seine Nester sind in Höhlen unter der oberen Grasnarbe versteckt, wo jeweils nur ein Ei ausgebrütet wird.

Auch der **Basstölpel**, der größte Seevogel der Nordhalbkugel, bevorzugt die obere Felspartie, brütet aber nur an ausgewählten Plätzen. Dazu gehören die Westmännerinseln, besonders jedoch der Felsklotz Eldey vor der Südküste, der die weltgrößte Basstölpelkolonie beherbergt. Die guten Segler stürzen sich aus beträchtlicher Höhe ins Wasser, wo sie bis zu 35 m tief tauchen können.

In der gleichen Region siedelt neben der **Mantelmöwe** auch der **Eissturmvogel**. Das entfernt mit den Albatrossen verwandte Tier erinnert an eine Möwe, ist aber durch seinen gelben Schnabel, die gedrungene Körperform und den Gleitflug von diesen zu unterscheiden. Lästige Konkurrenten wehrt es mit einer ausgespuckten, übelriechenden Flüssigkeit ab. Darunter, etwa in der Mitte der Klippe und wo es am steilsten ist, brüten die **Trottellummen** und **Dickschnabellummen**, die wie alle Alkvögel ein wenig an Pinguine erinnern. Das Ei der schwarz-weiß gefiederten Tiere ist an einer Seite breit, an der anderen spitz zulaufend, so dass es von den kleinen Felsvorsprüngen nicht fortrollen kann. Die ausgebrüteten Jungvögel müssen sich genau wie die kleinen Eissturmvögel todesmutig von den Klippenkanten stürzen. Den unteren Bereich des Vogelfelsens nehmen **Tordalke** und **Dreizehenmöwen** in Beschlag. Und am Fuß der Klippe hat die mit den Alken verwandte **Gryllteiste** in den Geröllfeldern ihre Nistmöglichkeiten.

Andere Seevögel, die z.T. auch in Millionenzahl zu finden sind, bevorzugen andere Standorte. Die **Krähenscharbe** und der größere **Kormoran** etwa recken auf vorgelagerten Schären oder am Fuß der Klippen ihre langen Hälse in die Luft.

Vogelberge und -kolonien

Die **Küstenseeschwalbe** brütet am Boden der flachen Uferzonen und verteidigt ihr Revier mit Scheinangriffen gegen alle Eindringlinge, auch gegen den Menschen. Doch während sie laut kreischend auf den ‚Gegner' zufliegt, dann aber abstoppt und flügelschlagend über ihm in der Luft steht, sind die Angriffe der dunkelbraun gefiederten und bussardgroßen **Arktischen Raubmöwe (Skua)** ernst gemeint und stellen vor allem für Wanderer entlang der Steilküste eine Gefahr dar. Skuas unternehmen Raubzüge gegen die Vogelkolonien, verfolgen einzelne Tiere und zwingen sie, ihre Nahrung durch Erbrechen abzugeben (ähnlich verfahren die **Schmarotzerraubmöwen**).

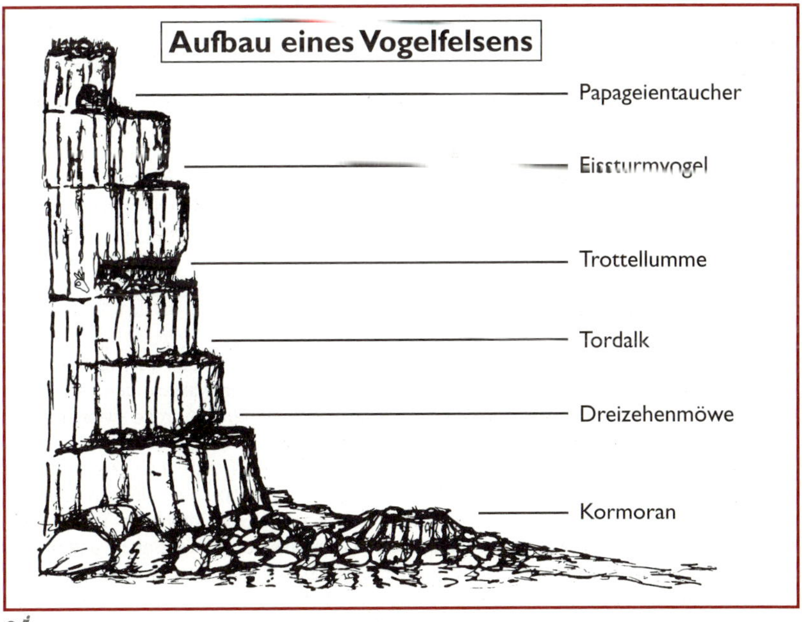

INFO Die Große Arktische Raubmöwe (Skua) greift an!

Meine erste unangenehme Bekanntschaft mit der Skua machte ich nicht in Island, sondern auf Fair Isle, einer kleinen Vogelinsel der Shetlands. Mit einer Freundin befand ich mich auf einer Wanderung zu Papageientauchern und kam dabei – ohne es zu wissen – durch ein Brutgebiet der Raubmöwen. Als uns das erste Tier aus der Luft angriff, glaubten wir noch an einen Zufall. Als aber ein zweiter, dann ein weiterer und schließlich Dutzende der großen Vögel von allen Seiten auf uns niederstürzten, fühlten wir uns in Hitchcocks Thriller versetzt und gerieten verständlicherweise in Panik. Nach einem Sprint fanden wir Zuflucht in einer kleinen Schutzhütte auf dem menschenleeren Inselflugfeld.

Der Versuch, mit zwei dort gefundenen Feuerwehrhelmen einen ‚Ausbruch' zu wagen, scheiterte an der Hartnäckigkeit der Tiere. Die Rettung: ein Nottelefon, mit dem wir bei der Polizei um Hilfe baten. Die Reaktion auf Seiten der Insulaner war nicht etwa höhnisches Gelächter, sondern mitfühlende Anteilnahme. Eine nette Dame holte uns mit dem sicheren Wagen ab und erzählte von ihren Erfahrungen mit den Skuas: seitdem die Insel unter Naturschutz (des schottischen National Trust) stehe, komme es in der Brutzeit immer wieder zu Verletzungen, insbesondere bei spielenden Kindern. Früher habe man die aggressivsten Tiere abgeschossen, heute sei das nicht mehr erlaubt. Durch sie erfuhren wir auch den Trick, wie man sich bei Vogelangriffen zu verhalten hat, und der mir später auf Island zugute kam: da die arktischen Raubmöwen den höchsten Punkt des ‚Gegners' angreifen, reicht ein hochgehaltener Schirm oder Spazierstock, der von den Tieren dann attackiert wird. Zu dieser Maßnahme rate ich allen, die zufällig in ein Brutgebiet geraten; am allerbesten ist es natürlich, die Vögel in ihrem Revier nicht zu stören!

An die Küste gebunden ist auch der stark vom Aussterben bedrohte **Seeadler** mit einer Flügelspannweite von 2–3½ m. Auf der *Snæfellsnes*-Halbinsel existieren noch ca. 30 Paare, deren Nester während der Brutzeit von Tierschützern bewacht werden. So versucht man zu verhindern, dass die Tiere aufgescheucht werden, das Nest verlassen und die Eier dann unterkühlt bzw. von anderen Seevögeln geräubert werden.

Nicht vom Aussterben bedroht, sondern in überreicher Zahl vertreten sind die **Eiderenten**, die auf Inseln, in Fjorden, flachen Küstengewässern und dem direkten Hinterland anzutreffen sind. Traditionell haben sie eine große wirtschaftliche Bedeutung für Island.

Außer der Küste mit ihren See- und langstelzigen Watvögeln gibt das **Landesinnere** mehrere, unterschiedliche Biotope für Vogelarten ab. Heide- und Waldgebiete sind Heimat u.a. von **Rotdrossel, Bekassine, Birkenzeisig** und **Zaunkönig**. In den Flachheiden und Lavaflächen trifft man auf das **Schneehuhn**, und den **Kolkraben**, der als Begleiter Odins seinen festen Platz in der altnordischen Mythologie einnimmt, sieht man krächzend im Hochland und über den Lavafeldern.

INFO Isländische Eiderdaunenproduktion

Während man früher die Nester der Eiderenten erbarmungslos plünderte, geht man heute sorgsamer mit den Tieren um; immerhin gehören Eiderdaunen zu den wertvollsten Handelsgütern des Landes. Kein Wunder also, dass Bauern bei der Frage nach ihren Tieren Eiderenten mit angeben (z.B.: „Wir haben 30 Pferde, 10 Rinder, 300 Schafe und 200 Eiderenten"). Diese Bauern verstehen es auch, durch bestimmte Methoden die eigentlich wilden Vögel an ihren Hof zu binden und sie zu schützen. Dabei entfernt man zunächst in den Brutgebieten der Eiderenten die Eier der dazwischenlebenden Raubmöwen, um das Gelege der Enten zu schützen. Die Raubmöwen verlassen dann i.d.R. die unmittelbare Umgebung, außerdem sind die Möweneier sehr schmackhaft und werden als Delikatesse verkauft.

Der sehr zutrauliche Charakter der Eiderenten ermöglicht es, gefahrlos zu den Nestern zu gelangen und die Daunen zu entfernen. Ein Entennest kann dreimal ‚geerntet' werden: zu Beginn, in der Mitte und am Ende der Brutzeit. Dabei werden zunächst nicht alle Daunen fortgenommen, sondern nur etwa ein Drittel, die Enten ‚produzieren' daraufhin neue, worauf sie ihre Eier legen. Erst wenn die Küken die Nester verlassen haben, kann der gesamte Rest der Daunen eingesammelt werden. Ein Kilo Eiderdaunen, die Ausbeute von ca. 60 Nestern, bringt auf dem Markt ca. 500 €. Auf Island gibt es rund 200.000 ‚bewirtschaftete' Eiderenten-Nester, und die Gesamtmenge gereinigter Eiderdaunen beträgt pro Jahr ca. 3.000 kg.

Ist das ‚Ernten' schon schwierig, so bereitet das Reinigen der Daunen noch mehr Mühe. Über Jahrhunderte hinweg war dies eine schwere Handarbeit; heute geschieht ein Teil der Reinigung maschinell. Dazu haben die Isländer eine Apparatur entwickelt, bei der die Daunen in Bottichen bei 100 °C sterilisiert werden, durch verschiedene Schüttelgänge wird der Schmutz herausgeschleudert. Je feuchter ein Sommer war, desto verdreckter sind die Nester. Die abschließende Kontrolle und Feinarbeit muss aber immer noch per Hand ausgeführt werden. Die Kundschaft kommt aus Deutschland, den USA, Japan und Taiwan, und eine echte Eiderdaunendecke kostet immerhin bis zu 5.000 €.

Auf der Suche nach Konzentrationsmöglichkeiten des Eiderdaunengeschäftes gehen einige Isländer findige Wege. Im deutschen Fernsehen wurde z.B. der ehemalige Walfänger Konrad Eggertsson vorgestellt, der auf seiner Farm im Nordwesten der Insel mit Eiderenten-Küken experimentiert. Da in der freien Natur nur 10 % der Küken die ersten Tage überleben (der Rest fällt Füchsen und Greifvögeln zum Opfer), sammelt er gefährdete Jungtiere ein und zieht sie als ‚Ersatzmutter' groß. Inzwischen folgen ihm hunderte von Eiderenten und erkennen seine Mutterrolle an. Nun hofft er, dass sie als erwachsene Tiere bei ihm nisten werden (wie die Graugänse von Konrad Lorenz), was ein einträgliches Geschäft werden könnte.

Seeadler

Der vielleicht berühmteste aller einheimischen Vögel, der **isländische Falke** oder **Gerfalke**, wurde früher von Reykjavík direkt zur Königsresidenz nach Kopenhagen gebracht. Nicht nur beim Landesherrn, sondern bei Potentaten in aller Welt war der für seine Schönheit und Schnelligkeit gerühmte Falke beliebt. Da sich dies bis heute nicht verändert hat und die Art inzwischen bedroht ist, steht der Gerfalke ganzjährig unter Naturschutz. Ohne Erlaubnis des Ministeriums ist es sogar verboten, sich seinen Nestern zu nähern. Trotzdem gelingt es immer wieder Schmugglern, die Eier oder Jungtiere zu stehlen und vor allem in arabische Länder zu exportieren, wo sie für die Jagd abgerichtet werden (da die edlen Tiere das dortige Klima nicht gewöhnt sind, überstehen sie meist nur eine Saison, d.h. dass die Nachfrage immer größer als das Angebot ist). Es gibt regelrechte Schmugglerringe, deren Mitglieder u.a. in Island, Irland, Schottland und Deutschland zu Hause sind. Die Strafen für solche Art von Vogelraub sind Höher als der mögliche Gewinn und betragen bis über € 5.000.

begehrte Tiere

Ein besonderes Biotop stellen die flachen **Binnenseen** und hier wiederum besonders der Mývatn (S. 357ff.) dar. Alle 15 Entenarten, die auf Island brüten, kommen hier vor, und zwar in einer Gesamtpopulation von 100.000–150.000 Stück, darunter die **Berg-, Stock-, Eis-, Trauer-, Schnatter-** und **Löffelente**; auch der scheue **Singschwan** kann beobachtet werden.

Außer den isländischen Brutvögeln gibt es eine ganze Reihe von Tieren, die sich nur sporadisch oder zufällig auf der Insel aufhalten. Dazu zählt man die sog. **Irrgäste**, von denen man jedes Jahr drei bis vier neue Arten ausmacht. Gemeint sind damit jene Vögel, die sich auf dem Weg zwischen Skandinavien und Südeuropa oder Afrika verirrt haben und von Wind und Wetter nach Island verschlagen werden; manchmal kommen solche Irrgäste aber auch 3.000 km über die offene See vom amerikanischen Kontinent angereist. Fast alljährlich verirren sich z.B. **Blässhuhn** und **Mönchsgrasmücke** in großer Zahl, seltener sieht man z.B. **Kappersänger, Seidenreiher** und **Kappenammer**.

Vögel, für die Island auf der Flugroute zu ihren arktischen Brutplätzen liegt und die die Insel daher regelmäßig passieren, nennt man **Durchzügler**. U.a. zählen die drei Gänsearten Ringelgans, Blässgans und Weißwangengans dazu, ebenso verschiedene Watvögel und Raubmöwen. Weder Irrgäste, noch Durchzügler sind diejenigen, die für eine bestimmte Saison die Insel bevölkern. Darunter fallen die ca. 10 Arten der **Wintergäste** (z.B. Fischreiher, Polarmöwe, Amsel, Wacholderdrossel, Eisente, Krabbentaucher), die im Herbst anreisen und Island im Frühjahr wieder verlassen. In der restlichen Jahreszeit werden sie von den **Sommergästen** vertreten, die z.T. aus sehr großer Entfernung herkommen. Die Heimat des großen Sturmtauchers etwa ist der Südatlantik oder aber die Falkland-Inseln, von noch weiter kommt der dunkle Sturmtaucher daher, nämlich aus Südamerika und Neuseeland.

Insekten

Aufgrund der hohen nördlichen Breite und des Klimas ist auf Island keine übermäßige Belästigung durch Insekten zu erwarten. Eine Ausnahme bilden die Mücken, die im Sommer über Mooren und flachen Seen zu Myriaden auftauchen können. Vor allem am *Mývatn* (= ‚Mückensee') kann dies zur Beeinträchtigung des Urlaubsvergnügens führen. Dort gibt es etliche Stechmücken, aber noch viel mehr der sog. Staubmücke, die zwar nicht sticht, aber dafür penetrant ‚anhänglich' ist.

Mücken-schwärme im Norden

In der Mückenzeit helfen sich die einheimischen Bauern oder die Ornithologen am See durch Moskitonetze über dem Kopf. Die Plage dauert aber erstens nur kurz und zweitens tauchen Mücken bei Regenwetter und Kälte nur vereinzelt auf, so dass die häufigen Wetterumschwünge dem Spuk bald ein Ende bereiten.

Isländische Pflanzenwelt

Besucher, die nach ihrer Ankunft am Flughafen Keflavík über die Lavafelder in Richtung Reykjavík fahren, müssen den Eindruck bekommen, Island besitze überhaupt keine Bäume. Tatsächlich ist der vorherrschend karge Eindruck des Landes auf die Abwesenheit höherwachsender Vegetation zurückzuführen, die ihrerseits drei Gründe hat:

① Starker Wind und Temperaturschwankungen sowie die salzhaltige Luft in küstennahen Gebieten behindern das Wachstum.
② Vulkanausbrüche mit ihren Begleiterscheinungen (Gletscherläufe, Giftgase usw.) richteten in der Flora regelmäßig enormen Schaden an.
③ Seit der Landnahmezeit trug der Mensch durch Abholzung und Weidewirtschaft (Viehverbiss) zur ökologischen Zerstörung bei.

Gerade der letzte Punkt ist Anlass zur Neubesinnung und führte zum ehrgeizigen Wiederaufforstungs-Programmen. Denn so viel ist sicher: früher war Island durchaus bewaldet, und zwar zu mindestens 25 %. Hauptsächlich gab es damals die kleinen Moorbirken, daneben aber auch z.B. Ebereschen. Dies weiß man durch die Tatsache, dass während und nach der Landnahmezeit viel Holzkohle zur Gewinnung von Eisen produziert wurde und dass die Häuser und Schiffe zunächst einheimische Hölzer als Baumaterial hatten. Immer noch erinnern viele Dorf- und Flurnamen mit dem Bestandteil *skóg* (= ‚Wald') an jene Zeit.

Isländischer Wald (Botan. Garten in Reykjavík)

Die **Wiederaufforstung** hat zum Ziel, einen Bewaldungsgrad zu erreichen, wie er zur Zeit der Landnahme vermutlich geherrscht hat. Bis dies erreicht ist, wird noch viel Zeit vergehen, denn man kann natürlich nicht in

50 Jahren nachholen, was man über 500 Jahre lang versäumt hat. Schon so sind die Erfolge beeindruckend, auch deshalb, weil sich breite Bevölkerungsschichten, Firmen und ausländische Botschaften an dem Projekt beteiligen. Was man sich unter einem isländischen ‚Wald' vorzustellen hat, können Touristen auf Kurzbesuch auch in Reykjavík feststellen, nämlich im Botanischen Garten und in den Aufforstungen der *Heiðmörk*.

Reisende mit mehr Zeit haben vielleicht Gelegenheit, sich die Wälder am Lögurinn-See im Nordosten, die in der Nähe von Akureyri und die westlich des *Langjökull* anzuschauen. Selbst im *Skaftafell*-Nationalpark, in unmittelbarer Nähe zum Gletschereis, kann man einen Birkenhain von beachtlicher Ausdehnung sehen. Der Bestand an einheimischen Bäumen wird ergänzt durch importierte Pflanzen wie die Sitkafichte und eine Pappelart aus Alaska, Fichten und Rottannen aus Norwegen oder die sibirische Lärche, die man nur in größerer Entfernung zum Meer anpflanzt, wo sie gegen die salzwasserhaltigen Stürme geschützt ist.

wenig Bäume…

Einschließlich der Baumarten umfasst die Flora des Landes etwa 440 höherwachsende Pflanzenarten, was im globalen Vergleich recht wenig ist. Die Hälfte davon hat an den Randzonen der Insel die letzte Eiszeit überlebt, die andere Hälfte ist später auf natürliche Weise oder mit menschlicher Hilfe nach Island gekommen. Durch all diese **Bäume, Sträucher** und **Blumen** wird der ansonsten monotone Charakter des Landes im arktischen Sommer aufgelockert, wenn viele Pflanzen in kürzester Zeit aufblühen. Dann sieht man in extremen Lagen den Gletscherhahnenfuß als Pionierpflanze und Grasnelken und Thymian beleben die Wüste als rote Tupfen. In den Zwergstrauchheiden, die sich im Gelände bis 400 m ü.d.M. hinaufziehen, erblühen Silberwurz und die Krautweide, der kleinste Baum der Erde. In den höheren Lagen wird das karge Pflanzenleben durch die Zwergstrauch-Tundra bestimmt, in der die anspruchslosen Heidearten und kriechenden Gehölze über lange Zeit frostverträglich sein und mit weniger als drei Monaten Vegetationsperiode auskommen müssen. Charakteristisch für die Tundra sind die zu gleichmäßigen, kleinen Hügeln aufgewölbten Frostböden *(Bültenwiesen)*.

Die Moore und feuchten Wiesen des Tieflandes sind u.a. Heimat für das Sumpfherzblatt und vor allem eine große Menge Wollgras. Und als Rarität entdecken Wanderer zwei aus Nordamerika stammende Besonderheiten: die nördliche Waldhyazinthe und das breitblättrige Weidenröschen. Auch **Pilze** finden sich reichhaltig, z.B. Birken-, Butter- und Fliegenpilze. Letztere tragen den isländischen Namen ‚Berserkerpilze', der daran erinnert, dass sie bei den Wikingern als Droge geschätzt wurden.

… viele Flechten

Am meisten verbreitet sind freilich die niedrig wachsenden Pflanzenarten, die bis in die höchsten und unwirtlichsten Regionen Frost, Wind und Schnee trotzen. Jeder Wanderer findet im Hochland oder an felsigen Stellen eine Vielzahl von **Flechten** vor, die hauptsächlich eine weiße oder gelbliche Färbung tragen. Im isländischen Volksmärchen vom ‚Goldenen Knopf' wird von einem alten Paar berichtet, das auf einer Zauberleiter in den Himmel steigen wollte, um der Muttergottes etwas von seinem Brei abzugeben. Auf halbem Wege verloren die beiden das Gleichgewicht, fielen herab und schlugen sich im Sturz die Köpfe auf:

‚... wo die Gehirnteile auf die Steine niederfielen, bekamen diese weiße Flecken, und wo die Breiklümpchen auf dieselben fielen, entstanden gelbe Flecken. Noch heutzutage kann man diese zwei Arten von Flecken auf den Steinen sehen.'

Tatsächlich können auf Island aber nicht zwei, sondern rund 450 Flechtenarten unterschieden werden. Wie die Flechten kommen auch **Moose** in reicher Zahl vor (ca. 500 verschiedene Arten) und bedecken als knietiefe Moospolster Lavaplatten oder siedeln sich an Bächen, Quellen und Wasserfällen an. Beide auf der Insel vorkommenden Sorten des sog. *‚Isländisch Moos'* jedoch sind in Wirklichkeit Flechtenarten. Davon trägt die eine, die bei uns als Grabschmuck verwendet wird, eine hellgrüne Färbung, während die andere, die an den Hochmooren wächst, in Farbgebung und Gestalt dem Seetang ähnelt. Sie wird als Exportartikel gesammelt, der u.a. in der Schweiz zu Hustensaft sowie Husten- und Kräuterbonbons verarbeitet wird. Diese Flechte wurde auf der Insel lange Zeit als Allheilmittel genutzt: unlängst fanden japanische Forscher heraus, das sie einen Wirkstoff enthält, der als Vorstufe zu Penicillin bezeichnet werden kann. Eine andere Pflanze wurde auf der Polarinsel Grímsey als Medizin entdeckt: *Löffelkraut* war wegen seines hohen Vitamin-C-Gehalts vorzüglich geeignet, den grassierenden Skorbut zu bekämpfen.

Lavagestein – von Moosen überwuchert

Insgesamt nimmt die isländische Vegetation (wie das gesamte Land) eine Zwischenstellung zwischen europäischem (90 %) und amerikanischem (10 %) Einflussbereich ein, der für Botaniker äußerst interessant ist. Aus den oben genannten Gründen ist diese isländische Pflanzenwelt jedoch mehr gefährdet als die der meisten anderen Länder. Dies wird auch allen Einheimischen und Touristen ins Stammbuch geschrieben, die glauben, die Insel sei ein einziger Vergnügungspark für Geländewagen. Nicht nur die vielen unter **Naturschutz** stehenden Pflanzen müssen geschützt werden, sondern die gesamte Vegetation, gerade weil sie so spärlich ist. Unter den rauen klimatischen Bedingungen dauert es hier weitaus länger als in Mitteleuropa, bis die jungen Triebe zu einigermaßen ansehnlicher Höhe und Stärke heranwachsen. Eine Kastanie im Botanischen Garten schaffte in 8 Jahren gerade mal 50 cm.

langsames Wachstum

Klima und Reisezeit

Klima

Das isländische Klima kann als ozeanisch mild bezeichnet werden, wobei ‚mild' in Relation zur hohen nördlichen Breite zu setzen ist. Ein entscheidender Faktor ist dabei die nordatlantische Warmwasserströmung, allgemein unter dem Namen ‚Golfstrom' bekannt. Diese Strömung, die aus der Karibik durch die Florida-Straße in nordöstliche Richtung geht, teilt sich vor Island: ein Zweig streift die Südküste und bewegt sich auf die Färöern und Norwegen zu, der andere Zweig geht an der West-, dann an der Nordküste entlang. Die Folge sind nur geringe Temperaturunterschiede zwischen Sommer und Winter, jedenfalls was die genannten Küsten anbetrifft.

milde Winter, kühle Sommer

Die Klimatabelle (s.u.) zeigt, dass beispielsweise in Akureyri oder Reykjavík das jeweilige statistische Mittel im wärmsten Monat Juli und im kältesten Monat Januar nur ca. 11 °C trennen – in Lappland oder Ostsibirien beträgt dieser Unterschied immerhin 40–60 °C! Die vergleichsweise milden Winter und kühlen Sommer sind auf dieser Breite nicht üblich. So besitzt die 0-Grad-Isotherme im Januar wegen des Golfstroms eine große Ausbuchtung nach Norden hin und umfasst neben Island auch die norwegische Küste; woanders ist es selbst in weit südlicheren Gebieten (New York, Mailand, Tokio) deutlich kälter. Die 10-Grad-Isotherme im Juli hingegen, die an der isländischen Südküste entlanggeht, reicht ansonsten nur selten unter den Polarkreis hinab (von Gebirgsregionen einmal abgesehen).

Die meisten Island-Besucher werden erfahren, wie relativ solche statistischen Aussagen sind. Denn die Temperaturunterschiede können durchaus höher sein, nicht nur zwischen Sommer und Winter, sondern viel häufiger innerhalb eines Tages oder einer beliebigen Woche. An der Küste ist es möglich, dass an einem Tag 18 °C, am nächsten nur 3 °C herrschen, und zwar im Sommer wie im Winter! Insgesamt hat die Nordküste, die im Sommer weniger Niederschläge und eine höhere Sonnenscheindauer aufweist, meist wärmere Tage und dafür kühlere Nächte als der Süden. Aber auch in Reykjavík kann die Quecksilbersäule durchaus auf 25 °C klettern. In Teigarhorn (Ostisland) wurden 1939 sogar schon einmal 30,5 °C im Schatten gemessen. Ein gutes Beispiel für die wenig aussagekräftigen Mittelwerte gab das Jahr 1992, als in Akureyri der Winter mehr oder weniger ausfiel und im Januar bei 18 °C die Primeln blühten. Fünf Monate später, am 24. Juni, gab es dann einen Kälteeinbruch mit 50 cm Neuschnee, bei -3 °C Kälte erfroren damals etliche Tiere. Diese starken, jahreszeitlich unabhängigen Temperaturschwankungen sind ein großes Hindernis für die höher wachsende Vegetation, insbesondere für Bäume mit einer Höhe von mehr als 10 m. Und am 10. Dezember 1995 wurden im Nordosten des Landes mehr als 16 °C gemessen, womit die Region an diesem Tag zu den wärmsten Gebieten in Europa gehörte.

Auch die letzten zehn Jahre gelten als ungewöhnlich in Bezug auf extreme Temperaturschwankungen. So spielten im Jahr 2003 die Temperaturen verrückt, als mitten im Dezember die Quecksilbersäule in Reykjavík kurzzeitig sogar auf über

20 °C stieg! Mit 25,7 °C wurde im Juli 2008 in Reykjavik der wärmste Tag seit Beginn der Wetteraufzeichnung im Jahr 1870 gemessen. Am gleichen Tag wurden in Þingvellir (etwa 40 km östlich vin Reykjavík) 29,7°C gemessen, die höchste jemals in ganz Island gemessene Temperatur!

Im Übrigen prophezeien Meteorologen für die nächsten hundert Jahre eine langsame Erwärmung Islands von 0,3 °C in jedem Jahrzehnt bzw. um 3 °C bis zum Jahre 2090.

Die Sonnenscheindauer ist, mehr als bei uns, von den winterlich-dunklen Nächten und der Helligkeit des Sommers bestimmt. In Stunden pro Tag gemessen, steht in der Statistik der Dezember mit einer halben Stunde am schlechtesten dar, am besten der Juni mit 6,8 Stunden. Dabei ist natürlich der oft wolkenbedeckte Himmel mitgerechnet. Einen völlig klaren Tag vorausgesetzt, könnte man in Reykjavík am 21. Dezember knapp 5 Stunden lang die Sonne sehen, am 21. Juni jedoch verschwände sie nur rund 3 Stunden unter dem Horizont. Auf der Insel Grímsey am Polarkreis hätte man zu diesen Zeiten eine 24-Stunden-Polarnacht bzw. 24 Stunden Sonne. Wenig Einfluss haben die schräg einfallenden Sonnenstrahlen, die jeden Fotografen so begeistern, auf die Temperatur: eine nennenswerte Wärmewirkung geht von der Mitternachtssonne (s.u.) jedenfalls nicht aus!

Oft wolkenverhangen: Szene bei Akranes

Bei der Verteilung der Niederschläge gibt es große Unterschiede zwischen den einzelnen Küstenregionen sowie zwischen Küste und Inland. Mit durchschnittlich unter 1.000 mm Niederschlag im Jahr kann das Land insgesamt als ‚feucht' bezeichnet werden, wobei diese Menge nicht gar so schlimm ist, wie es manche meinen: sie liegt zwar über dem Durchschnitt von 700–800 mm in Norddeutschland, ist aber nur ein statistischer Wert, bei dem die enormen Schnee- und Regenmassen an der Südflanke der Gletscher mitgezählt werden. Deshalb kommen z.B. Akureyri (474 mm) oder andere Orte im Norden auf deutlich bessere Werte. Wie die Klimatabelle zeigt (s.u.), fällt der meiste Niederschlag an der Süd-, Südwest- und besonders an der Südostküste. Der Grund dafür sind die häufiger aus süd- und westlicher Richtung wehenden Winde, die Meeresfeuchtigkeit und dicke Regenwolken gegen das Land schieben. Stellen sich ihnen dort hohe Berge in den Weg, sind hier die Steigungsregen besonders reichhaltig; sie betragen an der Südflanke des *Mýrdalsjökull* und *Vatnajökull* 4.000–8.000 mm (!), die in den Höhenlagen als Schnee niedergehen. Im Windschatten der Gipfel kann es dagegen ganzjährig ausgesprochen trocken sein.

hohe Niederschläge

Als Faustregel gilt: kommt der Wind von der Landseite, ist mit keinem oder wenig Niederschlag und sonnigem Wetter zu rechnen. Und wenn es im Süden regnet, ist es im Norden trocken – und umgekehrt. Die zweite Faustregel jedoch lautet, dass sich die Windrichtung schnell ändern kann… Deshalb bleibt die Insel von Dauerregen meist verschont. An der Westküste regnet es häufiger als an der

Ostküste, dafür gehen die Niederschläge (u.a. auch als Gewitter) dort aber stärker nieder. Natürlich gibt es Ausnahmen von der Regel, dass ein Regenguss nie lange dauert und fast jeder Tag auch sonnige Abschnitte bringt. So riss Ende der 90er Jahre z.B. in Reykjavík einmal im gesamten November die graue Wolkendekke nicht auf und der Monat war der meistverregnete seit über 40 Jahren.

Von den berüchtigten **Island-Tiefdruckgebieten**, die in Mitteleuropa regelmäßig für langanhaltenden Nieselregen und Kälte sorgen, ist die Insel weniger betroffen. Sie entstehen über den grönländisch-isländischen Gewässern durch das Zusammentreffen polarer Kalt- und atlantischer Warmluft und werden durch die Erdrotation in östliche Richtung abgedrängt; dabei ziehen sie meist an Island vorbei.

Im Gegensatz zur ungleichen Verteilung von Sonne und Niederschlag ist auf den stark bis heftig wehenden **Wind** fast immer Verlass. Manchmal steigert er sich zu orkanartigen Stürmen, deren Stärke über die klassische Höchstmarke 12 hinausgeht: auf der Insel wird bis 18 gemessen! Große Probleme bekommen dann z.B. Zweiradfahrer, die auf einer Hochlandfläche unterwegs sind, Fahrer von Autos mit viel Windwiderstand (Wohnmobile) oder Campingurlauber, die Mühe haben, ihre Zelte zusammenzuhalten. Die starken Stürme können einen im Winter die Orientierung verlieren lassen und mächtige Schneeverwehungen auftürmen.

häufiger Wetterwechsel

In den anderen Jahreszeiten kommen sie als Sandstürme daher, die aufgeforstete Gebiete niederlegen oder (ab Stärke 16) sogar den Autolack abblättern lassen. Nicht nur auf dem Wasser, sondern auch im Binnenland können die Orkane Todesopfer kosten. 1995 z.B., als die Ortschaft Flateyri soeben von einer verheerenden Lawine heimgesucht worden war, fegte ganz in der Nähe des Unglücksortes eine orkanartige Bö einen Bus von der Straße, wobei zwei Frauen ums Leben kamen und 30 andere Passagiere z.T. schwer verletzt wurden.

Natürlich sind das Extreme, mit denen man auf der Insel normalerweise nicht konfrontiert wird. Jeder aber wird die schnellen Wetterumschwünge kennen lernen, die auf ihre Art faszinierend sind und für die der stete Wind verantwortlich ist. Innerhalb eines Juni-Tages erlebte ich z.B. auf der Vatnsnes-Halbinsel im Norden einen nebligen und bitter kalten Morgen mit Temperaturen um den Gefrierpunkt, dann den Durchbruch der Sonne, der das Quecksilber um die Mittagszeit auf 15 °C steigen ließ, abgelöst von Graupelschauern und schwarzem Himmel, bis zum Abend dann noch zweimal abwechselnd einen strahlend blauen Himmel mit unglaublicher Fernsicht und dichte Bewölkung mit Regen, um Mitternacht schließlich stand die rote Sonne über dem wolkenlosen Horizont, kurz darauf aber setzte leichtes Schneetreiben ein. Kein Wunder, dass sich angesichts solcher Wetterumschwünge auf der Insel der Spruch eingebürgert hat: ‚Gefällt Ihnen das isländische Wetter nicht? Dann warten Sie bitte einen Moment!'

Die Wassertemperatur ist überall da, wo keine heißen Quellen im Spiel sind, sehr niedrig. Obwohl bei schönem Wetter die Muschelkalk- und Sandstrände im Westen dazu einladen mögen, ist das Baden im Meer zu keiner Jahreszeit möglich, gleiches gilt für die Seen und Flüsse. Andererseits sorgen Wassertemperaturen

Klimatabelle

Die Klimadaten einiger Küstenorte – in Klammern die Niederschläge in mm – zeigen einerseits die relativ gleiche Verteilung der durchschnittlichen Monatstemperaturen, andererseits die Ungleichheit der Niederschläge an der Nord- und Westküste im Gegensatz zur Südostküste (Heimaey auf den Westmännerinseln und Vík í Mýrdal):

	Jan.	Feb.	März	Apr	Mai	Juni	Juli	Aug.	Sept.	Okt.	Nov.	Dez.	Jahres--mittel
Akureyri	-1,5	-1,6	-0,3	1,7	6,3	9,3	10,9	10,3	7,8	3,6	1,3	0,5	4,0
	(45)	(42)	(42)	(32)	(15)	(22)	(35)	(39)	(46)	(57)	(45)	(54)	(474)
Heimaey	1,4	1,6	2,7	3,7	6,2	8,5	10,3	10,2	8,4	5,6	3,8	2,5	5,4
	(138)	(104)	(114)	(97)	(81)	(81)	(84)	(108)	(132)	(166)	(156)	(156)	(1.402)
Reykjavík	-0,4	-0,1	1,5	3,1	6,9	9,5	11,2	10,8	8,6	4,9	2,6	0,9	4,9
	(90)	(65)	(65)	(53)	(42)	(41)	(48)	(66)	(72)	(97)	(85)	(81)	(805)
Stykkishólmur	-0,8	-0,9	0,2	1,8	5,7	8,7	10,4	10,0	7,9	4,5	2,2	0,4	4,2
	(83)	(72)	(66)	(47)	(37)	(38)	(36)	(50)	(76)	(87)	(89)	(77)	(758)
Vík	1,2	1,2	2,6	3,9	6,9	9,3	11,3	11,0	9,0	5,6	2,7	2,3	5,6
	(182)	(159)	(164)	(171)	(143)	(167)	(169)	(188)	(237)	(238)	(212)	(226)	(2.256)

mit maximal 11 °C (August/Südküste) und minimal 1 °C (Januar/Nordostküste) für ideale Laich- und Wachstumsbedingungen jener Fische, die das Kapital der Insel darstellen.

Reisezeit

Die klimatisch günstigste Periode ist nicht unbedingt die ideale Reisezeit, die sich natürlich am Zweck des Aufenthaltes orientieren muss. Wintersportler und Theaterbesucher sollten die dunklen Monate wählen, Angler und Gourmets den Spätsommer und Frühherbst, die an Flora und Fauna Interessierten eher den Frühsommer. Wer auf das gesamte touristische Angebot angewiesen ist, muss jedoch notgedrungen in der Hochsaison einreisen: nur von Mitte Juni bis Ende August sind die Edda-Hotels geöffnet; wie sie müssen auch die meisten Jugendherbergen, Campingplätze und viele andere Unterkünfte nach dem kurzen isländischen Sommer schließen. Denn nach Ende der Schulferien drücken viele der saisonal eingestellten Arbeitskräfte wieder die Schulbank. Außerdem bieten Busgesellschaften und Reiseagenturen ihre Ausflugsprogramme nur im Sommer an, mit einem unterschiedlich langen ‚Vor-' und ‚Nachlauf'. Gleiches gilt für die Fährverbindung der *Smyril Line*. Wer das Inselinnere bereisen will, ist an die Öffnungszeiten der Hochlandpisten gebunden, die je nach Witterung von Anfang/Mitte Juli bis Ende September freigegeben sind.

kurze Saison

Die meisten Touristen kommen von Ende Juni bis Anfang August ins Land; vor allem im Juli führt das bei verschiedenen Jugendherbergen, Campingplätzen (besonders in Reykjavík) und in einigen Edda-Hotels zu Engpässen. Wer es sich frei einteilen kann, hat in den ersten Juni- und letzten Augustwochen also eine gute Alternative, bei der man vom gesamten Angebot profitiert, aber den Hauptstrom der Islandbesucher umgeht.

Die isländischen Fremdenverkehrsmanager versuchen seit geraumer Zeit, die Vor- und Nachsaison populärer zu machen und die aktuellen Statistiken beweisen, dass sie damit erfolgreich sind. Selbst Pauschalangebote im Winter haben Anklang gefunden und der Umstand, dass dann die Mietpreise für Geländewagen oder Pkw sowie die Übernachtungskosten deutlich unter dem Sommerniveau liegen, bringt auch immer mehr Individualreisende außerhalb der klassischen Reisezeit auf die Insel.

Mitternachtssonne und Polarlicht

Am Polarkreis, also auf 66,5° nördlicher Breite, dauert der Polartag 24 Stunden und fällt mit dem 21. Juni zusammen. Da außer der Insel Grímsey kein Gebiet Islands so weit nördlich liegt, kann man auf der Vulkaninsel die ‚echte Mitternachtssonne' also nicht erleben. Dafür wird man in der richtigen Jahreszeit und bei gutem Wetter durch das kurz hintereinander erfolgende Doppelschauspiel von Sonnenunter- und Sonnenaufgang entschädigt. Dunkel wird es in der Zwischenzeit nicht. Selbst im Süden des Landes hat man zu Anfang Juli um 2.00 Uhr morgens noch so viel Helligkeit, dass man bequem eine Zeitung lesen kann...

Mitternachtssonne bei Grímsey

Der Wechsel von Polartag und Polarnacht hat die gleiche Ursache wie die Jahreszeiten: Die Erdachse steht nicht senkrecht zur Ebene der Umlaufbahn, sondern sie ist geneigt. Diese Schrägstellung behält die Achse bei, wenn die Erde die Sonne innerhalb eines Jahres umläuft. Im nördlichen Sommer kann das Sonnenlicht die Nordhalbkugel beleuchten und ihr Wärme bringen, da aufgrund der Kugelgestalt der Erde die Sonne immer die ihr zugeneigte Erdseite erreicht. Das gesamte Nordpolargebiet ist im Sommer der Sonne zugewandt, während das Südpolargebiet kein Licht erhält, Beleuchtungsverhältnisse, die im Winter umgekehrt gelten. Nicht wenigen Menschen macht die Zeit der Dunkelheit zu schaffen, sei es, dass sie unter Depressionen oder Schlafstörungen leiden.

Lichtarmut und Lichtflut

Zu den Phänomenen, die schon immer die Phantasie der Menschen angeregt haben, gehört auch das **Nordlicht** oder besser das **Polarlicht**, da die Naturerscheinung ja nicht auf die nördliche Polarzone allein beschränkt ist. Als es Menschen noch nicht möglich war, das Phänomen wissenschaftlich zu erklären, unternahmen sie in Mythen und Märchen ihre eigenen Erklärungsversuche. In der altnordischen Vorstellungswelt sah man in den schimmernden Bögen des Polarlichts die blinkenden Schilde, auf denen die Seelen der im Kampf gefallenen Krieger nach Walhall gelangten.

Das Polarlicht hat etwas von einem elektrischen Feuerwerk am Himmel. Es erscheint in vielen Formen, die mal an flatternde Bänder, an kunstvoll gefaltete Vorhänge oder Strahlenbündel erinnern. Der ruhende Bogen, der sich oft über mehrere Stunden mit geringer Lichtintensität über das Himmelsgewölbe ausbreitet, kommt am häufigsten vor. Dabei ist die gelbgrüne Farbe dominant, während bei stärkeren Lichtausbrüchen rote Ränder oder völlig rote Bogen vorkommen. Durch Beobachtung und Messung der Polarlichtformen weiß man, dass die untere Grenze der Lichtphänomene in der Regel in etwa 100 km Höhe liegt. Das farbenprächtige Schauspiel eines Lichtausbruchs dauert oft zehn bis dreißig Minuten und kann sich in einer Nacht mehrfach wiederholen. Die wissenschaftliche Erklärung der eindrucksvollen Farbspiele klingt eher nüchtern: Die Sonne schickt elektrisch geladene atomare Teilchen Richtung Erde, die durch unser Magnetfeld zu den (elektrischen) Polen geleitet werden. Wenn die kleinen Materieteilchen in die Atmosphäre eintreten, treffen sie millionenfach mit den Atomen unserer Luft zusammen. Das Ergebnis solcher Kollisionen ist das Polarlicht. Da der magnetische Nordpol nicht mit dem geographischen identisch ist, sondern über Grönland liegt, bestehen ab Ende August, besonders aber im Winter überall auf Island gute Chancen, dieses Schauspiel zu erleben.

4. KULTURELLER ÜBERBLICK

Die isländische Sprache

Hinweis
Im Wörterbuch ab S. 481 finden Sie einige der gebräuchlichsten Vokabeln zu den Themen Geographie, Tourismus, Autofahren und Gesundheit sowie Essen und Trinken.

Historisches

Wenn man sich den Leidensweg der isländischen Geschichte anschaut, scheint es fast unmöglich, dass sich über all die Jahrhunderte der Fremdbestimmung die nationale Sprache überhaupt halten konnte. Die Norweger beispielsweise, die mehr als 100 Jahre weniger unter dänischer Herrschaft waren, haben in dieser Zeit ihre Sprache ‚verloren' und begnügten sich mit einem modifizierten Dänisch. Auf der Vulkaninsel mögen die geringe Bevölkerung und die Isolation des Landes dazu beigetragen haben, dass die Sprache auf dem Stand der Wikingerzeit verblieb. Tatsächlich aber haben die Isländer das gesprochene und geschriebene Wort immer auch als Zeichen der nationalen Identität begriffen: war man auch arm, unbedeutend und krank, so war man doch wenigstens noch Isländer, weil man Isländisch *sprach*.

altwestnordische Sprache

Diese Sprache ist ein Zweig des Altwestnordischen und natürlich mit dem Alt-Norwegischen eng verwandt. Sie hat sich von allen europäischen Sprachen im letzten Jahrtausend am wenigsten weiterentwickelt und isländische Schulkinder haben keinerlei Probleme, die mittelalterlichen Sagatexte zu lesen und zu verstehen.

Einen großen Anteil am Festhalten der Isländer an ihrer Sprache einerseits und andererseits am hohen Grad der Schriftkenntnis selbst in ärmster Zeit hat die Bibelübersetzung, die 1584 vom Bischof *Guðbrandur Þorláksson* geleistet wurde. Die in der Gutenberg-Druckerei vervielfältigte Schrift wurde jedem Pastor mitgegeben, die damit über die Insel zogen und den Vierzehnjährigen Lesen und Schreiben beibrachten. Es war (und ist) üblich, dass man mit 14 Jahren konfirmiert wurde, was man nur denen gestattete, die lesen und schreiben konnten. Und ohne Konfirmation hatte man später kein Stimmrecht – eine sehr einfache und wirksame Methode also zur Alphabetisierung eines ganzen Volkes!

Sprachpurismus

Konnte das kleine Volk aufgrund des spärlichen Kontaktes zur Außenwelt seine Sprache quasi konserviert erhalten, so waren die Gefährdungen für diese nie größer als heute. Denn jedes Wort, das etwa durch einen Anglizismus ersetzt wurde, ist unwiderruflich verloren. Bereits im 16. Jahrhundert behauptete Bischof

Guðbrandur Þorláksson, dass das Isländisch perfekt sei und keine Fremdwörter nötig habe. 1799 entstand der erste Verein, der Ausländisches in der Sprache austilgen wollte. Und in den 1990er Jahren meinte die damalige Staatspräsidentin *Vigdís Finnbogadóttir* in einem ‚Merian'-Artikel mit der bezeichnenden Überschrift ‚Unsere Lebenslinie ist die Sprache' zu diesem Problem: *‚Wir kommen nicht an der Tatsache vorbei, dass die isländische Sprache in einer Zeit, da Satellitenprogramme aus aller Herren Länder aus heiterem Himmel herab jedes Heim erreichen, vielen Gefahren ausgesetzt ist.'* Sie glaubte deshalb, dass es *‚wichtig ist, der Sprache neue Wörter für moderne Errungenschaften zu geben'*. Diese Arbeit hat seit geraumer Zeit eine Kommission der Reykjavíker Universität zur ‚Reinhaltung der isländischen Sprache' übernommen, die versucht, Fremdländisches auszumerzen und den entsprechenden Begriff durch eine Kombination bekannter isländischer Worte neu zu bilden. Das Fernsehen etwa wurde so zu *sjónvarp* (= ‚Werfen eines Bildes'), das Mikroskop ist schon lange als *smásjá* (= ‚Kleinschau') bekannt und Telefon als *simi* (= ‚Draht'). Für den Computer entwarf man den Begriff *tölva,* der die Bestandteile *völva* (= ‚Seherin') und *tala* (= ‚Zahl') vereint, während ein piepsendes Funktelefon den sinnigen Namen *fridthjófur* (= ‚Friedensstehler') bekam. Der Reisepass erscheint als *vegabréf* (= ‚Wegbrief') und das Reisebüro als *ferðaskriftstofa* (= ‚Fahrtenschreibstube'). Ob dem Sprachpurismus durch eine Generation, die an CD-Player und Weekend-Shopping gewöhnt ist, an seine Grenzen kommt, bleibt abzuwarten. Wir können also gespannt sein, ob sich beispielsweise *flatbaka* (= ‚Flachgebackenes') für die Pizza durchsetzen wird.

Vermeidung von Fremdwörtern

Namensgebung

Ebenso altertümlich wie die Sprache selbst ist die Namensgebung der Isländer, die sich noch am patriarchalischen System der Landnahmezeit orientiert. Der Vorname des Vaters ist gleichzeitig – mit Zufügung von *son* oder *dóttir* – der Nachname des Sohnes oder der Tochter. Heißt der Vater z.B. Páll, sein Sohn Jón und seine Tochter Ásta, so tragen diese den Nachnamen Jón Pállsson bzw. Ásta Pállsdóttir. Da dieser Nachname auch nicht – etwa durch Heirat – veränderbar ist, gibt es demzufolge keine Familiennamen, sondern in einer dreiköpfigen Familie können drei verschiedene Nachnamen vorkommen. Ausländer, die sich auf der Insel niederlassen wollen, müssen übrigens einen isländischen Nachnamen annehmen! Die Tatsache, dass über 80 % der Bevölkerung nach diesem System benannt sind, hat u.a. folgende Konsequenzen:

keine Familiennamen

- Normalerweise nennen sich die Isländer beim Vornamen.
- Die Telefonbücher sind nach Vornamen geordnet.

Selbst für den Fall, dass der Vater namentlich nicht bekannt ist (was hauptsächlich zur Zeit der amerikanischen Besatzung vorkam), fand man auf Island eine Lösung: Man benannte das Neugeborene einfach nach *Hermann* oder *Hans!* Denn *Hermann* ist nicht nur ein Vorname, sondern auch das isländische Wort für ‚Soldat', also kann *Herrmannsson* sowohl ‚Herrmanns Sohn' als auch ‚Soldatensohn' bedeuten! Und *Hans* hat außer der Namens- auch die Bedeutung ‚sein', so dass *Hansson* bzw. *Hansdóttir* sowohl ‚Hans Sohn/Tochter' als auch ‚sein/e Sohn/Tochter' meinen kann…

Wenig Verständnis für die isländische Namensgebung haben i.d.R. ausländische Behörden. Ich traf auf Island eine ausgewanderte Deutsche, die ihren isländischen Mann auch in Deutschland heiraten wollte. Eine Übernahme des fremden Systems kam dort aber überhaupt nicht in Frage, sie musste den Nachnamen ihres Gatten annehmen. Auf diese Weise machte sie der deutsche Standesbeamte zum Sohn ihres Schwiegervaters bzw. zum Bruder ihres Mannes!

Grammatik

Die Grammatik ist zu komplex und schwierig, als dass sie hier näher erläutert werden könnte. Wer einmal Althochdeutsch gelernt hat, besitzt jedoch eine ungefähre Vorstellung von den isländischen Sprachregeln.

Aussprache und Betonung

Sieht für Ausländer die Schriftsprache bisweilen schon ziemlich merkwürdig aus, so wird die Sache durch eine unerwartete Aussprache völlig kompliziert. Darunter zu leiden haben alle Touristen, die hartnäckig davon ausgehen, Keflavík müsse auch als ‚Keflavik', der Vatnajökull als ‚Vatnajökull' und Höfn als ‚Höfn' ausgesprochen werden (tatsächlich heißt es *Keplawiek, Wattnajöktl* und *Höpn*). Inzwischen haben sich jedoch viele (nicht alle!) Isländer an das Touristen-Kauderwelsch gewöhnt und können erahnen, was der Besucher meint, wenn er nach dem Weg fragt.

schwere Aussprache

Außer dem **Æ/æ** kennt das Isländische die auch in west- und südgermanischen Sprachen üblichen **Vokale** und **Umlaute**, die allerdings z.T. mit oder ohne Akzent geschrieben werden. Der Akzent bedeutet dabei eine andere Aussprache, nicht aber eine Betonung, die immer auf der ersten Silbe liegt (auch bei ausländischen Worten). In Kombination mit bestimmten Konsonanten verändert sich ebenfalls die Aussprache des jeweiligen Vokals.

Dazu einige Beispiele:

A/a wird normalerweise als *a* wie in ‚Vater' ausgesprochen, vor ng und nk jedoch als *au*, vor gi als *ai*
Á/á wird als *au* ausgesprochen; z.B. in já (= ja; *jau)* oder skál (= Prost; *skaul)*
E/e als offenes e oder *ä* wie in ‚nett'
É/é vor dem e wird hierbei ein i/j gesprochen; z.B. in ég (= ich; *úehk* bzw. *jehk)*
I/i meist als kurzes *i* wie bei ‚in'
Í/í als langes *i;* z.B. beim Vornamen Kristín (kristien)
O/o als offenes o wie in ‚noch'
Ó/ó als Doppellaut *ou;* z.B. in bók (= Buch; *bouk*)
U/u als langes *ö* wie in ‚Möhre'; z.B. in flug (= Flug; *flöhg);* vor ng und nk jedoch als *u*
Ú/ú als u; z.B. in brú (= Brücke; *bru)*
Ö/ö als offenes *ö* wie in ‚können'; vor ng und nk jedoch als *öi*
Æ/æ als *ai* wie in ‚Kaiser'; z.B. in snæ (= Schnee; *ßnai)*

Au/au wie *oi* in ‚Feuilleton'; z.B. in hraun (= Lava; *hroin)*
Y, y/Ý, ý als langes oder kurzes *i*; z.B. in nýa (= neu; *nija)*
Ey, Ei/ey, ei als Doppellaut *eú;* z.B. im Ortsnamen Heimaey *(heúmaeú)*

Unter den Konsonanten gibt es zwei, die in anderen Schriftsprachen nicht vorkommen und mehrere andere, die alleine oder in Konsonantenverbindungen anders ausgesprochen werden:
ð stimmhafter ‚Thorn'-Laut wie in engl. *that*
þ stimmloser ‚Thorn'-Laut wie in engl. *thing*
s immer stimmlos als *ss,* vor nj oder sj aber als *sch*
r wird immer wie im Bayerischen gerollt
v hat immer den Lautwert *w;* z.B. in vík (= Bucht, *wiek)*
z als *s,* wurde inzwischen als Buchstabe abgeschafft und durch s ersetzt
fl als *pl;* z.B. im Ortsnamen Keflavík *(Keplawiek)*
fn als *pn;* z.B. im Ortsnamen Höfn *(Höpn)*
hv als *kw;* z.B. im Ortsnamen Hvammstangi *(Kwammstangi)*
ll als *tl;* z.B. in fell (= Berg, *fetl)*

Fremdsprachenkenntnisse

Die Isländer sprechen i.d.R. gut Englisch, bei touristischen Leistungsträgern oft auch Deutsch. In der Schule sind Dänisch und Englisch Pflichtfächer, Deutsch und Französisch Wahlfächer. Sollten Sie jedoch den Wunsch haben, die Landessprache vor, während oder nach Ihrem Urlaub zu erlernen, können Sie das mit einer ganzen Reihe neuerer Buch/Kassetten-Produktionen tun, die z.B. in Reykjavíker Geschäften oder aber auch über den deutschen Buchhandel erhältlich sind. Darüber hinaus bieten mehrere Institutionen im Sommer oder ganzjährig Isländisch-Kurse für Ausländer an.

Isländisch lernen?

Hinweis
Das Erlernen der isländischen Sprache ist nur per Buch, also ohne die Kontrolle durch das Hören der korrekten Aussprache, fast unmöglich. Greifen Sie deshalb beim Kauf entsprechenden Materials nur auf solche Produkte zurück, in denen neben dem Sprachbuch auch eine CD enthalten ist.

Die isländische Literatur

Allgemeines

Wie keine andere Kunstgattung hat die Literatur den Namen ‚Island' für immer auf die Weltkarte der Kulturgeschichte gesetzt. Dies betrifft vor allem die mittelalterlichen Schriftstücke, die eine unschätzbar wertvolle Quelle zum Verständnis der germanischen Mythologie sowie dem Denken und Handeln in nordischer Vergangenheit darstellen. Nach Jahrhunderten der mündlichen Tradierung wurden diese Texte ab dem 12. Jh. schriftlich

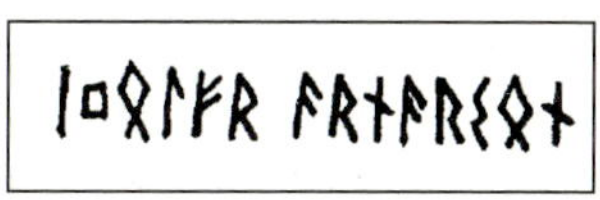
In Runenschrift: ‚Ingólfur Arnarson'

fixiert. Während die germanischen Runen als ‚heilige Zeichen' der Priesterkaste vorbehalten waren, entfaltete sich die isländische Literatur erst nach der Christianisierung und nach Einführung des lateinischen Alphabets. Wo dessen Schriftzeichen nicht ausreichten, wurden zusätzliche Buchstaben eingeführt, die immer noch in Gebrauch sind (ð, þ, æ usw.). Obwohl bis heute nur ein Bruchteil des mittelalterlichen Kulturschatzes erhalten werden konnte, kann trotzdem sein Bestand quantitativ und qualitativ als einzigartig bezeichnet werden – allein die in der ‚Sammlung Thule' übersetzten Werke füllen 24 Bände!

verwurzelt in der Literatur

Weniger von Weltgeltung, dafür aber für das geistige Leben in der Zeit der dänischen Abhängigkeit genauso wichtig wie für eine Normierung der Sprache war die Literatur der frühen Neuzeit und des Barock. Das moderne Island schaffte es schließlich, mit der überragenden Gestalt des *Halldór Laxness*' erneut einen Beitrag zur Weltliteratur zu leisten. Welch hohen Stellenwert das geschriebene Wort von Beginn an einnahm, zeigt sich daran, dass Island trotz bitterster Armut immer die geringste Analphabetenquote aufzuweisen hatte, dass nirgendwo sonst so viele als Beruf ‚Schriftsteller' angeben und dass heute in Relation zur Bevölkerung weltweit die meiste Literatur auf der Insel produziert und konsumiert wird.

Mittelalterliche Literatur

Die altisländische Literatur des Mittelalters dürfte zu Beginn aus Übersetzungen kirchlicher lateinischer Texte bestanden haben. Daneben trat die Notwendigkeit, Gesetze schriftlich zu fixieren; hier ist die älteste Aufzeichnung für 1117–18 belegt, wenn es auch frühere Sammlungen von Rechtstexten gegeben haben wird. Ebenfalls müssen einige wissenschaftliche Werke zur altisländischen Literatur gezählt werden; so schrieb z.B. ein Unbekannter vermutlich um 1150 den *Ersten Grammatischen Traktat,* eine sorgfältige Beschreibung der isländischen Orthographie und Phonetik. Dennoch verbindet man, wenn es um schriftstellerische Werke geht, Island vor allem mit den Sagas. Etwas weiter gefasst kann man insgesamt innerhalb der altisländischen Literatur folgende drei Gruppen an Prosa- oder Reimdichtung unterscheiden:

- die **Sagas** (Prosaliteratur)
- die **Edda** (Reim-Dichtung)
- die **Skaldik** (Reim-Dichtung)

Die Sagas

In ihrer inhaltlichen Bandbreite sind die isländischen *sagas* (= ‚Geschichten') einzigartig. Sie können – ganz historisch orientiert – über die Landnahme, die norwegischen Könige, die Geschlechterfehden oder die wikingische Besiedlung der Orkneys, der Färöern, Grönlands und Amerikas berichten. Gleichzeitig können sie über die Widergabe der Geschichte hinaus die dargestellten Personen in einen Zusammenhang mit (sagenhaften) Vorfahren bringen und sie wie ihre Nachkommen dadurch ideologisch erhöhen. Andere Sagas berichten über das Leben heiliger Männer und ihrer Wunder (Olav der Heilige), wieder andere über die mythischen Helden der Vorzeit oder enthalten nichts weiter als Fantastereien. Viele Autoren vergleichen unausgesprochen die (heldenhafte) Vergangenheit mit der (chaotischen) Gegenwart und appellieren damit an das Publikum, sich zu ändern. Oft wird auch ein Grundkonflikt geschildert, der auf Island durch das Zusammentreffen altgermanischer Ethik und christlichen Gedankengutes entstand. Fast immer trennt die Niederschrift der Sagas ein mehr oder weniger langer Zeitraum (oft zwei bis drei Jahrhunderte) von der dargestellten Handlung. Sie sind daher als historische Dokumente nur von bescheidenem Wert, wenn auch ein historischer Kern nie ganz zu leugnen ist. Auf die Frage, inwieweit diese Geschichten Neuschöpfungen der Verfasser oder bloße Wiedergaben mündlicher Tradition sind, gibt die Forschung keine klare Antwort.

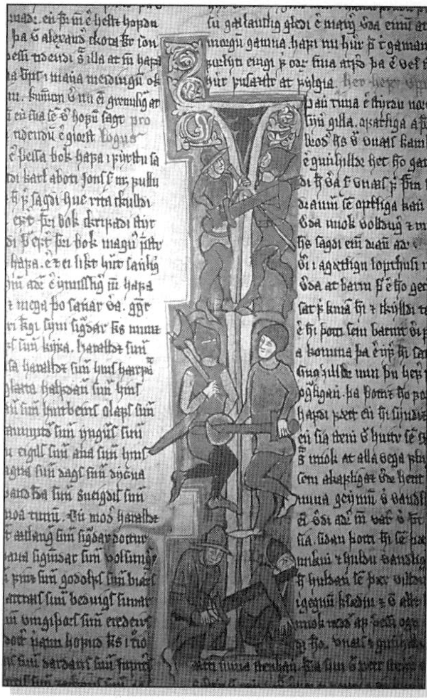

Szene aus dem Flateyarbók

Sicher jedoch ist, dass die Sagaschreiber den Inhalten eine individuelle Form gegeben haben und nicht etwa Auswendiggelerntes aufschrieben. Insofern müssen sie als literarische Werke von (meist anonymen) isländischen Dichtern gewürdigt werden, die die Werte ihrer Zeit einbrachten und nicht das Denken jener Epoche, über die sie berichten. Trotzdem ist es bei aller Individualität der Autoren berechtigt, von einem spezifischen Saga-Stil zu reden. Dazu gehört eine einfache, manchmal derbe oder lakonische Sprache, die auf Ausschmückungen weitgehend verzichtet. Die Handlung soll unmittelbar und direkt auf den Hörer einwirken, sich vor seinem geistigen Auge entfalten. Diese Unmittelbarkeit wird u.a. durch Dialoge erzielt, die die epische Handlung auflockern, sie kommentieren und selbst Teil der Handlung sind. Die Person des Erzählers bleibt im Hintergrund, mischt sich nicht ein und wertet das Geschehen nicht.

wikingische Themen

Abseits aller formaler oder inhaltlicher Bemerkungen muss auch die kunsthistorische Qualität der Pergamenthandschriften gewürdigt werden. Neben vielen schmucklosen Seiten tauchen immer wieder mit Kalligraphien und Illustrationen prächtig verzierte Exemplare auf, am berühmtesten wohl in der *Flateyarbók* (= ‚das Buch von Flatey').

Einer der frühesten erhaltenen Texte ist die *Íslendingabók*, die *Ari Þorgilsson inn fróði* (= ‚der Weise') zwischen 1122 und 1133 schrieb, ein kurzer Abriss der isländischen Geschichte von etwa 870 bis 1120. In knappen, aber präzisen Worten lässt sich *Ari* hierin über die Entdeckung Islands, die Expeditionen nach Grönland und Vinland, die Einsetzung des Althings oder die Einführung des Christentums aus. *Ari* war vermutlich auch der Verfasser der ersten *Landnámabók* (= ‚Buch von der Landnahme'), in der von den frühen isländischen Siedlern, ihren Familien und Vorfahren die Rede ist. Das Buch ist allerdings in wesentlich späteren und veränderten Fassungen (u.a. von *Sturla Þórðarson)* überliefert. Als in der zweiten Hälfte des 12. Jh. zum erstenmal die Biographie eines norwegischen Königs erschien, war die Gattung der **Königssagas** *(Konungasögur)* geboren, Berichte über Könige wie *Olav Tryggvason* oder *Olav Haraldsson* (= der Heilige). Den Höhepunkt dieser Gattung stellt die *heimskringla* des *Snorri Sturluson* dar (s.u.). Seit etwa 1200 begann man auch **Isländersagas** *(Íslendinga sögur)* zu schreiben, also Geschichten über Isländer des 10. und frühen 11. Jh., oft mit Nachrichten über deren Vor- und Nachfahren. Zu ihnen zählen die bekanntesten und auch interessantesten Geschichten. In der *Njáls saga,* der Geschichte vom *,weisen Njál'* und seiner Gattin *Bergþóra,* kämpfen dunkle Gestalten wie *Skarphéðinn* gegen lichte Helden wie *Gunnar von Hliðarendi,* und blutrünstige, rachsüchtige Frauen wie *Hildigunnur* beschwören Familienzwistigkeiten herauf, die mit dem Tod von *Njál* und seinen Söhnen enden.

Zuweilen romantischere Töne schlägt die Saga von den Leuten im Lachsflusstal (*Laxdæla saga)* an, obwohl auch hier zeittypisch intrigiert und gemordet wird. Andere Sagas widmen sich dem (ausweglosen) Schicksal von Geächteten, wie dem bärenstarken *Grettir* oder *Gísli Súrsson,* die durch den Ehrenkodex oder die Pflicht zur Blutrache unverschuldet in ihre Misslage geraten sind, sich heldenhaft stellen und schließlich untergehen. Die *Egils saga Skallagrímssonar,* die vielleicht von *Snorri Sturluson* selbst geschrieben wurde, beleuchtet das zwiespältige Wesen des berühmten Skalden (9. Jh.). Einerseits genialer Dichter, andererseits ein jähzorniger, trink- und streitsüchtiger Mann, wurde er vom Wikingerkönig *Erik Blutaxt* in York zum Tode verurteilt. Nur sein in der Nacht vor der Hinrichtung entstandenes skaldisches Loblied auf den König konnte ihn retten.

südgermanische Heldenepen

Eine weitere Untergruppe stellen die **Vorzeitsagas** *(fornaldarsögur)* dar, die u.a. südgermanische Heldenstoffe aus der Völkerwanderungszeit widergeben, aber auch frei erfundene Geschichten aus dem 13.–14. Jh. Je nach behandeltem Zeitraum und Thema kann man diese zusätzlich in ,Heldensagas', ,Wikingersagas' und ,Märchensagas' unterscheiden. Die Kämpfe zwischen Goten und Hunnen, Hildebrands Vater-Sohn-Konflikt, Tristans und Parzivals Geschichte oder der Untergang der Nibelungen sind ebenso den Vorzeitsagas zuzuordnen wie die Sage vom dänischen Heldenkönig *Hrólfr kraki.* Die Märchen- oder Abenteuersagas (der manchmal verwendete Begriff ,Lügensagas' ist zu abwertend) ergehen sich in phantastischen Stoffen, deren Handlungsort oft im Orient zu finden ist.

Einer der wenigen namentlich bekannten Saga-Autoren und zugleich einer der größten Gelehrten des (nicht nur isländischen) Mittelalters war *Snorri Sturluson* (1179–1241). Seine nach ihrem ersten Wort *heimskringla* (= ,Weltenkreis') benannte Sammlung von Sagas bildet den Höhepunkt der Gattung. Sie stellt im wesentlichen eine Monumentalgeschichte der norwegischen Könige dar, und zwar von den sagenhaften und mythischen Anfängen bis zum Jahr 1177. In diesem Glanzstück seiner Erzählkunst berichtet er von nicht weniger als 1.300 Einzelpersonen, von denen die wichtigsten mit ihren Genealogien und Taten in Episoden vorgestellt werden. Die *heimskringla* ist nicht nur eines der größten Geschichtsbücher der Welt, sondern durch ihre gestrafften Dialoge und dramaturgischen Steigerungen auch ein erzählerisches Werk der Weltliteratur. Außer seinen Königssagas schrieb *Snorri* ein Skalden-Lehrbuch, dem er den Namen Edda gab (zur Unterscheidung von der Lieder-Edda auch ‚Jüngere Edda', ‚Prosa-Edda' oder ‚Snorra-Edda' genannt). Für Sprach- und Religionswissenschaftler ist dieses Buch von enormer Bedeutung, denn erstens zeigt hier *Snorri* den zukünftigen Dichtern (Skalden), nach welchen formalen Gesichtspunkten ihre Kunst aufgebaut werden sollte, wodurch wir heute das komplizierte Regelwerk der Skaldik kennen. Zweitens gibt er als Beispiele *kenningar* (s.u.) aus dem Mythen- und Sagenkreis der vorchristlichen Zeit an, wobei er die zugrunde liegenden Geschichten ausführlich erzählt. Ein Großteil der Genealogie altnordischer Götter wurde uns auf diese Weise erschlossen.

Als Repräsentant des mächtigsten Häuptlingsgeschlechts der Zeit und zweimaliger Rechtssprecher des Althing spielte *Snorri Sturluson* daneben eine große politische Rolle. Sie war auch der Grund dafür, dass der bedeutende Gelehrte auf Veranlassung des norwegischen Königs ermordet wurde (vgl. S. 404), obwohl sein Preislied auf den König *(háttatal)* mit zum Besten gehört, was an skaldischen Strophen jemals gedichtet wurde.

Die Edda

Ursprünglich ist ‚Edda' der Name für *Snorris* Skaldenlehrbuch, der aber im 17. Jh. durch eine Reihe von Irrtümern auf eine damals wiedergefundene Liedersammlung übertragen wurde. Schließlich bezeichnete man mit ‚Edda' die gesamte isländische Dichtung, die in Stil und Thematik der Haupthandschrift verwandt ist und sich durch eine einfachere Sprache von der gekünstelten Skaldik (s.u.) unterscheidet. Der als ‚Haupthandschrift' anzusehende Text ist der sog. *Codex regius* (= Königsbuch) eines anonymen Verfassers, der um 1270 geschrieben wurde. Die direkte Vorlage stammt aus der Zeit um 1220–30, doch sind mit Sicherheit einige (alle?) Strophen noch älter: die meisten werden wohl im 10.–11. Jh. entstanden sein und in der Forschungsmeinung wird bisweilen auch das 9. Jh. genannt. Daher ist der germanisch-heidnische Charakter der Lieder zu erklären, denen kaum etwas von abendländisch-christlicher Gesinnung anhaftet; die Edda ist mit anderen Worten ein in christlicher Zeit aufgeschriebenes Dokument einer vorchristlichen Epoche, deren Spuren etwa in Deutschland längst schon vernichtet worden waren.

Isländische Weltkarte (15. Jh. ?) mit Darstellung Vinlands

Allgemein werden die Eddatexte in **Götter-** und in **Heldenlieder** unterschieden, obwohl es Strophen gibt, die in keine dieser Gruppen gehren. Dem Kreis der Heldenlieder sind jene Texte zuzurechnen, die dem germanischen Sagenkreis von

Dietrich von Bern, den Hunnenkämpfen mit den Ostgoten und die Nibelungensage mit *Sigurd (Siegfried), Gunnar (Gunther)* und *Atli (Etzel)* angehören. Die Götterlieder besingen den gesamten nordischen Pantheon: Die Göttergeschlechter der Asen und Wanen, die Götter *Odin, Thor, Frigg, Freya, Baldr, Loki* u.v.m. sowie Riesen und Zwerge – sie alle bevölkern einen Kosmos, der in seiner Vielschichtigkeit und in seinen Details durchaus mit dem der altgriechischen Mythologie zu vergleichen ist. Das berühmteste aller Götterlieder ist wohl die ‚Weissagung der Seherin', die *Völuspá*. In ihr wird die Entstehung der Welt, aber auch der Endkampf der Götter gegen die Riesen und schließlich der Weltuntergang *ragnarök* beschrieben.

nordische Götterlieder

Ganz diesseitig hingegen sind jene Passagen der *hávamál*, in denen die wikingische Welt mit ihren Anstaltsregeln und ihrem Alltagsleben geschildert wird. Dort erfahren wir u.a., wie schädlich der Einfluss von zu viel Met ist, dass man sich seine Freunde sorgfältig aussuchen soll oder dass man Fremden Gastfreundschaft zu gewähren hat.

Die Skaldik

Wie alt die Kunstform der Skaldik ist und woher sie stammt, kann nicht genau festgelegt werden. Sicher ist, dass der älteste namentlich bekannte Skalde (= Dichter) ein Norweger namens *Bragi inn gamli* war und in der zweiten Hälfte des 9. Jh. lebte. Auch sonst sind Skalden aus anderen Ländern (Dänemark oder die skandinavischen Besitzungen auf den britischen Inseln) bekannt, doch nahmen im Lauf der Zeit die Isländer eine Art dichterische Monopolstellung ein. Als solche wirkten bis zum 13. Jh. rund 100 von ihnen an den Königs- und Fürstenhäusern in Europa; und die Hofpoeten Skandinaviens waren fast alle Isländer! Insgesamt ist die Skaldik eine höfische Dichtung, die sich mit einer gekünstelten Sprache an ein eingeweihtes und abstraktionsfähiges Publikum wendet. Als Stilideal galt Originalität und jemand, der Anleihen von anderen Skalden benutzte, bekam außer Schimpf und Schande den Beinamen ‚Skaldenschänder' verpasst.

Originalität hieß auch, dass man versuchte, sich mit allerlei Neuschöpfungen aus den Niederungen der gemeinen Volkssprache emporzuheben oder diese zu verfremden. Dies erreichte man u.a. durch die Verwendung von *kenningar*, worunter man die Ersetzung eines Begriffes durch eine doppelte Umschreibungen versteht. In der deutschen Sprache wäre ein einfacher *kenning*, wenn man aus dem ‚Kamel' ein ‚Wüstenschiff' machte. Würde man nun ‚Wüste' durch ‚Sandmeer' und ‚Schiff' durch ‚Wogenreiter' ersetzen, hätte man einen zweifachen *kenning*. Es spricht für den Intellekt der isländischen Skalden und ihres Publikums, dass bis zu fünffache *kenningar* oder noch größere Wortungeheuer benutzt und verstanden wurden! Der Anlass für eine Dichtung war z.B. ein ruhmreicher Fürst, eine gewonnene Schlacht oder auch die Hochzeit des Königssohnes. Nun konnte die Form eines solchen Liedes, das i.d.R. mündlich vorgetragen wurde, nicht beliebig sein. Im Gegenteil: mit einer genau festgelegten Anzahl von Silben und Hebungen sowie der Verwendung aller drei Reimformen (Binnenreim, Stabreim, Endreim) gehrt die Skaldik zum Kompliziertesten, was jemals nach festen Regeln gedichtet wurde. Voller Stolz über ihre Leistung müssen sich die Skalden selbst als wahre Künstler

komplizierteste Dichtung

empfunden haben, die ihre individuelle Urheberschaft nicht zu verbergen brauchten. Im Gegensatz zu den meist anonymen Verfassern der Sagas oder der eddischen Dichtung kennen wir deshalb rund 400 von ihnen mit Namen, darunter einen der berühmtesten, nämlich *Egil Skallagrímsson* (900–983).

Literatur der Kolonialzeit

Mit dem politischen war auch der kulturelle Niedergang auf der Insel eingeläutet, und die Blütezeit lebte allein in der eifrig gelesenen und weitergegebenen Literatur des Mittelalters fort. Aus der Zeit, als Renaissance, Barock und Humanismus europäische Dichter beflügelten, stammt kein einziges international bedeutsames Werk aus einer isländischen Feder. Trotzdem ist die Epoche der ‚dunklen Jahrhunderte' auf der Insel nicht unfruchtbar geblieben. Noch in katholischer Zeit entstanden das wunderschöne, hundertstrophige Mariengedicht *Lilja* (= ‚die Lilie') des 1361 gestorbenen *Eysteinn Ásgrímsson.* Und auch der letzte katholische Bischof von Hólar, der später hingerichtete *Jón Árason,* schrieb religiöse Reime von hoher Qualität. Nach der Reformation war es der lutherische Bischof *Guðbrandur Þorláksson,* auf dessen Bibelübersetzung (1584, bei Gutenberg gedruckt) es hauptsächlich zurückzuführen ist, dass die isländische Sprache auf ihrem damaligen Stand konserviert und für die Zukunft zur Norm wurde. *Guðbrandurs* Bibel war jahrhundertelang das Lehrbuch der Isländer, weil ohne ihre Kenntnisse in Wort und Schrift eine Konfirmation nicht möglich war. Im Barock war es dem Pfarrer und Dichter *Hallgrímur Pétursson* (1614–74) vorbehalten, die nach einhelliger Ansicht der Isländer schönsten Verse in ihrer Sprache zu verfassen, nämlich die Passionspsalmen. Bis heute wurden und werden sie von allen Generationen gelesen, gesungen, auswendig gelernt und verehrt.

die Bibel als Lehrbuch

Innerhalb der Epoche muss an einen Mann erinnert werde, der selbst zwar weniger als Schriftsteller in den Vordergrund trat, dafür aber für die Erhaltung und Erforschung der alten Literatur Enormes leistete: *Árni Magnússon* (1663–1730; latinisiert zu *Arnas Magnaeus).* Als Sohn eines Pfarrers geboren, war er der erste Isländer, der in Kopenhagen zum Universitätslehrer aufsteigen konnte. Nachdem er 1702 zur Durchführung einer Volkszählung in seine Heimat zurückgekehrt war, verbrachte er den Rest seines Lebens damit, nach alten Pergamenten zu forschen und diese zu sammeln. Er, der als einer der ersten den unschätzbaren Wert der isländischen Literatur erkannte, besuchte unermüdlich die entlegensten Winkel des Landes, wo nicht selten die Armut die Bauern gezwungen hatte, Saga-Pergamente zu Schuhsohlen oder Westen zu verarbeiten. Nachdem er 55 Kisten voller Dokumente gesammelt hatte, brachte er diesen Schatz nach Kopenhagen und stiftete ihn als ‚Arnamagnäische Sammlung' der Universitätsbibliothek. Ein herber Rückschlag war 1728 ein Großbrand in der dänischen Hauptstadt, bei dem viele Werke ein Raub der Flammen wurden. Diesen Schock hat der Gelehrte nie verwinden können und starb wenig später.

Es ist kein Zufall, wenn *Halldór Laxness* in seiner Romantrilogie ‚Islandglocke' die Geschichte des *Árni Magnússon* in hellem Licht erscheinen lässt. Nach der Unabhängigkeit wurde die ‚Arnamagnäische Sammlung' zu einem Politikum, bei dem

Island die Herausgabe der Texte als nationales Heiligtum forderte. Schließlich konnten Tausende von fahnenschwenkenden Landeskindern 1971 die ersten beiden Bücher, die *Flateyarbók* und den *Codex regius* begrüßen, die unter militärischen Ehren in ihre Heimat gebracht wurden. Rund 1.500 weitere Manuskripte sind seitdem bis 1987 von der dänischen Regierung an die ehemalige Kolonie zurückgegeben worden, insgesamt etwa 400.000 Seiten. Aufbewahrt werden sie in jener Forschungsbibliothek, die 1972 den passenden Namen *Árni-Magnússon-Institut* (S. 273) erhielt.

Neue Literatur

Mit dem erwachenden Nationalbewusstsein im 19. Jh. tauchte eine Reihe isländischer Schriftsteller auf, die es verstanden, den Stolz ihrer Landsleute auf die Geschichte und die Sehnsucht nach politischer Unabhängigkeit in Worte zu fassen. Einer ihrer Führer war der Nationalromantiker *Jón Sigurðsson* (1811–79), der aber eher durch seine politisch-emanzipatorischen Reden als durch schriftstellerische Qualität Bedeutung hat. Von größerer Glaubwürdigkeit sind die Gedichte und Nationallieder seines Zeitgenossen *Bjarni Þorarensen (‚Eldgamla Ísafold‘)*. Der Lieblingspoet in der nationalromantischen Aufbruchsstimmung war jedoch der 1807 in Nordisland geborene *Jónas Hallgrímsson,* der in seinen Gedichten mit einer einfachen, aber eindrücklichen Sprache immer wieder die Liebe zum Heimatland beschwor.

Nach Erlangung der Autonomie trat eine neue Generation auf den Plan, die sich zwar auch an Stoffen der Vergangenheit orientierte, aber diese in neuer Sichtweise bzw. mit modernen Stilmitteln abhandelte und darüber hinaus nach neuen Themen suchte. Ihr Handicap war der enge Sprachraum ihrer Heimat, dem viele dadurch zu entkommen suchten, dass sie von vornherein in einer anderen Sprache schrieben. *Guðmundur Kamban* (1888–1945) etwa, ein begnadeter Dramatiker und Prosaist (‚Skálholt‘), schrieb seine Werke auf Dänisch. Dem Norweger *Hamsun* ähnelt er insofern, als ihn seine rückwärtsgewandte Zivilisationsfeindlichkeit für nationalsozialistisches Gedankengut empfänglich machte. Ebenfalls in dänischer Sprache verfasste *Gunnar Gunnarsson* (1889–1975) seine Romane, in denen er das einfache bäuerliche Leben beschwor.

neuere Erzähler

Sein größtes Lesepublikum fand *Gunnarsson* im Deutschland der Weimarer Republik und der Nazi-Zeit. Der sehr produktive, aber bisweilen schwülstig schreibende Romancier *Kristmann Guðmundsson* (1901–83) wählte Norwegisch als Medium seiner Werke, die von Liebe und Hass, Glück und Leid handeln. *Jón Sveinsson* schließlich, genannt *‚Nonni‘* (1857–1944), lebte und arbeitete über lange Zeit in Deutschland, in dessen Sprache seine autobiographischen Kinderbücher auch zuerst erschienen. Er ist der nach *Laxness* erfolgreichste isländische Schriftsteller des 20. Jh. (S. 372).

Die mit Abstand bedeutendste literarische Gestalt des Landes ist natürlich der 1902 geborene *Halldór Kiljan Laxness.*

INFO Halldór Laxness – Leben und Werk

Laxness, der seinen Nachnamen erst später annahm, kann auf ein bewegtes und manchmal sogar dramatisches, nie aber geradlinig verlaufendes Leben zurückblikken. 1902 wurde er als Halldór Gúðjonsson zwar in Reykjavík, aber doch in einem ärmlichen und bäuerlichen Umfeld geboren. Im Kindesalter erlebte er den Umzug seines Vaters Gúðjon auf den nahe der Hauptstadt gelegen Hof Laxness, wo die Bewirtschaftung die tatkräftige Mithilfe des kleinen Halldór erforderte. Obwohl ihm die landwirtschaftliche Arbeit überhaupt nicht lag, konnte er hier doch viele Eindrücke sammeln, die später in seine wichtigsten Werke eingehen sollten. Durch die Lebensumstände bedingt war sein Schulbesuch nur sporadisch (das Gymnasium sah ihn nur ein Jahr lang), doch galt seine Leidenschaft der Literatur und er las, wann immer es die Zeit erlaubte.

Schon als 17jähriger wurde ihm das Bäuerliche seiner Heimat zu eng und er unternahm mehrere Reisen nach Skandinavien und in andere Länder (z.B. 1921 nach Deutschland). Das Geschehen in Europa nach Ende des Ersten Weltkrieges faszinierte ihn, und wie viele seiner Zeitgenossen hoffte und erwartete er, dass etwas ‚Neues' aus den Ruinen entstehen werde. Zwischen seinen Reisen kam er aber immer wieder nach Island zurück, wo er durch Besuche in den ärmsten Regionen sein soziales Gewissen entwickelte und schärfte. Seinen bescheidenen Lebensunterhalt bestritt er u.a. durch eine literarisch nicht anspruchsvolle Gebrauchsproduktion. Zu einer persönlichen Krise kam es 1922 während eines Bornholm-Aufenthaltes. Der zwar lutherische erzogene, aber nicht gläubige Halldór wandte sich dabei auf der Suche nach dem Sinn des Lebens dem Katholizismus zu, konvertierte 1923 schließlich offiziell und versuchte in einem luxemburgischen Kloster ein Leben der Askese und Nachfolge Christi zu führen. Mit der streitbaren Schrift ‚Aus katholischer Sicht' wandte er sich 1925 energisch gegen die in Island von einigen Schriftstellern verbreitete antireligiöse Stimmung. Seine ‚katholische Zeit' dauerte jedoch nicht lange: auf dem Weg nach Rom, wo er das Studium der Theologie ergreifen wollte, kamen ihm Zweifel und er beschloss, nach Island zurückzukehren.

Halldór Laxness

Ein Jahr später (1927) brach er erneut auf; diesmal zog es ihn für drei Jahre in die USA. Im Kalifornien zur Zeit Präsident Roosevelts erlebte er die tiefe Wirtschaftskrise, sah Armut, Arbeitslosigkeit und Arbeitskämpfe. Diese Erfahrungen ließen ihn eine kompromisslose Stellung gegen das amerikanische System einnehmen und bewirkten andererseits die Hinwendung zum Sozialismus. Im gleichen Jahr erschien sein erster großer Roman ‚Der große Weber von Kaschmir' (Vefarinn mikli frá

Kásmir). Die Hauptgestalt des Romans, Steinn Elliði, vollzieht darin (wie Laxness selbst) den Ausbruch aus der isländischen Enge in die europäischen Metropolen, erlebt die Sinnkrise, einen Klosteraufenthalt und die Hinwendung zu Gott. Sein eigentliches Thema in der sog. ‚sozialistischen Zeit' (1927–55) war aber die Emanzipation des Menschen und die Gleichberechtigung von Mann und Frau. In seinem militanten Sozialismus schrieb er harte Pamphlete mit beißenden Gesellschaftskritiken sowie das kompromisslose ‚Buch des Volkes' (1929). Das anschließend publizierte, zweibändige Werk ‚Salka Valka' (1931–32) war ebenfalls engagiert, aber mit größerer literarischer Raffinesse verfasst. Es beschreibt den gescheiterten Versuch des Arnaldur Björnsson, die im Ausland kennengelernte Theorie des Marxismus in einem isländischen Fischerdorf zu verwirklichen und mit seinen persönlichen Bedürfnissen in Einklang zu bringen. Während der Roman für Aufsehen sorgte, galt seine Sorge dem aufkommenden Faschismus, gegen den er auf Kongressen (z.B. Amsterdam 1932) zu Felde zog.

Sein politisches Ideal verkörperte die Sowjetunion, die er mehrfach bereiste und in den schönsten Farben schilderte. Selbst die Teilnahme an Schauprozessen (wie 1938 gegen Bucharin) ließen bei ihm keine Zweifel an der Fortschrittlichkeit des stalinistischen Systems aufkommen. Seine Bücher in dieser Zeit sprachen zwar eine deutliche und realistische Sprache, verbreiteten jedoch keine platte Propaganda und wurden weltweit anerkannt. So z.B. sein zweibändiges Werk ‚Sein eigener Herr' (Sjálfstött folk; 1934–35), in dem das tragische Geschick des isländischen Kleinbauern Bjartur Jónsson ausgebreitet wird. In den Jahren des Zweiten Weltkrieges wandte er sich wieder mehr der Geschichte Islands zu, das Resultat war die 1943–46 entstandene Trilogie ‚Islandglocke' (Íslandsklukkan). In diesem Meisterwerk bot Laxness dem Leser ein opulentes Sittengemälde aus dem Island des 18. Jh., das von Kritikern mit dem ‚Simplicius Simplicissimus' oder auch der ‚Blechtrommel' verglichen wurde. Zentrale Gestalt ist der arme Zinsbauer Jón Hreggviðson, der in die Mühlen der Justiz gerät und sich in einem jahrelang dahinschleppenden Prozess verantworten muss. Weitere Hauptpersonen sind der Gelehrte Arnas Arnæus (= Árni Magnússon) und die schöne Bischofstochter Snæfríður. Mit seinem hohen Symbolgehalt verköperte das Werk dabei mit dem Bauern die bittere Lebensrealität und Armut des Landes, mit dem Gelehrten den Stolz auf die Vergangenheit, insbesondere auf die mittelalterliche Literatur, während die Jungfrau Snæfríður als Symbol für die Schönheit des Landes zu sehen ist.

Nach Ende des Krieges setzte sich Laxness mit aktuellen Themen auseinander. In seinem 1948 erschienenen Werk ‚Atomstation' (Atómstöðin) waren kalter Krieg und atomare Bedrohung der Hintergrund für eine Kritik an den Politikern seines Landes, die er bis zur Verunglimpfung des Staatspräsidenten steigerte. In diesem kontrovers diskutierten und von vielen abgelehnten Roman ist die Militärbasis Keflavík Ausdruck dafür, dass Island an die USA um des schnöden Mammons willen ‚verschachert' wurde. Seine satirische Kraft entfaltete Laxness auch in den nachfolgenden Werken ‚Gerpla' (1952) und ‚Die glücklichen Krieger', die in der Wikingerzeit um das Jahr 1000 spielten. Manche Formulierungen stammten dabei wortwörtlich aus alten Sagas und der Stil der mittelalterlichen Literatur wurde stellenweise exakt kopiert. Demgegenüber erschienen die wohlbekannte Figuren in einer grotesken Verzerrung, Olav der Heilige z.B. als feister, unmoralischer Schurke. Und von den hehren Tugenden der Wikinger blieb nicht viel mehr als Heimtücke übrig. Sein Kritikpunkt – der blinde Gehorsam zu ‚Führern' und Idealen, die nichts mit der Realität zu tun haben – kann auch als Abrechnung mit seiner eigenen Vergangenheit gewertet werden. Solche Themen mussten seine Landsleute schockieren und machten ihn zum enfant terrible der Literaturszene. Dies änderte sich schlagartig, als Halldór Laxness der Nobelpreis für Literatur verliehen wurde, durch den sich nun die ganze Insel im Glanz des Dichters sonnen konnte. In weiteren Romanen wie ‚Das Fischkonzert' (Brekkukotsannáll; 1957) bestätigte Laxness seinen Ruf als genialer Schriftsteller, während er sich nach Erlebnissen im Prager Frühling endgültig vom Kommunismus abkehrte. Es war der Humanismus, der nun sein Menschenbild prägte, und Werte wie Einfachheit, Selbstbescheidung, Einklang mit der Natur oder Selbstverantwortlichkeit traten in den Vordergrund. In seinen letzten großen Werken – z.B. ‚Zeit zu schreiben' (Skáldatimi; 1962), ‚Seelsorge am Gletscher' (Kristnihald undir jökli; 1968) berichtete er in heiter-melancholischer Weise, oft auch anekdotenhaft über sein eigenes Leben.

Halldór Laxness, der sich auch als Essayist und Historiker einen Namen machte, lebte die letzten Jahre in Sichtweite zum elterlichen Hof in der Nähe von Reykjavík. Er starb 95jährig am 9. Februar 1998 und wurde unter großer Anteilnahme der ganzen Nation sowie mit einem Staatsbegräbnis in seinem Geburtsort Mosefell bei Reykjavík beigesetzt.

Ähnlich wie die norwegischen Romanautoren nach *Knut Hamsun* standen auch die jungen isländischen Schriftsteller im Schatten des übermächtigen *Halldór Laxness*. Trotz unbestreitbarer Qualitäten und Erfolge im Heimatland hatten und haben sie es schwer, den begrenzten Sprachraum ihrer Heimat zu verlassen und auch international beachtet zu werden. Von Achtungserfolgen in den skandinavischen Ländern abgesehen, konnten lange Zeit nur wenige auf dem englisch- oder deutschsprachigen Markt Fuß fassen. Immerhin gelang es beispielsweise den in den 1920er Jahren geborenen Autoren *Ingriði Þorsteinsson* (‚Herbst über Island'), *Þor Vilhjálmsson* (‚Das Graumoos glüht') und *Sigurður Magnússon* (‚Unter frostigem Stern'), in deutscher Sprache publiziert zu werden. Sozialkritik, der Zerfall der bäuerlichen Gesellschaft, die Einsamkeit des modernen Menschen – dies sind einige ihrer Themen.

Aus der **Nachkriegsgeneration** ist der 1955 geborene *Einar Káráson* einer der bekanntesten Autoren, der mit Gedichten, Romanen, Erzählungen und Drehbüchern an die Öffentlichkeit trat. Sein 1983 erschienener Roman *Þar sem djöflaeyan rís*, 1993 unter dem Titel ‚Die Teufelsinsel' auf Deutsch ediert (Eichborn-Verlag), hat die Umbruchzeit der jüngeren Vergangenheit zum Thema, als die Barackensiedlung der Reykjavíker Habenichtse zum erstenmal bescheidenen Wohlstand erfährt und u.a. vom Handel mit amerikanischen Soldaten profitiert. Mit den Büchern ‚Die Goldinsel' (1997) und ‚Das Gelobte Land' (1999) weitete *Káráson* das Schicksal der Barackensiedlung zu einer Trilogie aus. Und auch in Romanen wie ‚Törichter Männer Rat' (1998) und ‚Die isländische Mafia' (2001) zeigte der Autor sein Geschick, die Entwicklung von Familien und Clans zu schildern. Ähnliches schuf auch *Einar Mar Guðmundsson,* der mit ‚Die Ritter der runden Treppe' (1999) und ‚Fußspuren am Himmel' (2001) bittersüße Familiengeschichten vom Anfang des 20. Jh. ausbreitet. Sein vielgelesenes Buch ‚Engel des Universums' (2000) kann hingegen als gelungene literarische Darstellung eines Geisteskranken gelten. Wie *Kárason* und *Guðmundsson* wendet sich die 1949 geborene *Kristín Marja Baldursdóttir* einem Thema der jüngeren isländischen Geschichte zu. In ihrem wunderbaren Roman *Mávahlátur* (2002 als ‚Möwengelächter' auf Deutsch erschienen) kehrt eine junge Frau aus Amerika in ihr isländisches Heimatdorf zurück und wirbelt dessen Gesellschaft völlig durcheinander.

moderne Stoffe

In die Jetztzeit führt *Hallgrimur Helgasons* Dreieckskomödie *101 Reykjavík,* deren Hauptperson ein gut dreißigjähriger Sozialhilfeempfänger ist, der bei seiner Mutter lebt, zu Alkohol- und Drogenexzessen neigt und am liebsten den Tag im Bett verbringt. Das Buch wurde in mehrere Sprachen übersetzt und gut verkauft, nachdem schon der gleichnamige Film ein internationaler Erfolg geworden war. Während sich *Helgason* von der Gemütslage im globalisierten Reykjavík inspirieren lässt, wendet sich *Jón Kalman Stefánsson* dem kleinen Landgemeinden zu. Dass der Alltag dort witzig, tragikomisch und skurril sein kann, bevölkert von wunderbar schrägen Typen, schildert er meisterhaft in der Erzählung ‚Der Sommer hinter dem Hügel' (2001) und deren Fortsetzung ‚Das Licht auf den Bergen' (2003). Auch die junge Autorin *Vilborg Davídsdóttir* findet ihre Themen auf dem Land – u.a. in ‚Das Feueropfer' (2003) und ‚Der Liebeszauber' (2004).

Krimiautor Arnaldur Indriðason

Auch in der ohnehin boomenden skandinavischen Krimi-Szene haben isländische Autoren inzwischen ein Wort mitzureden – selbst wenn für sie die geringe tatsächliche Kriminalität auf der Insel einen gewissen Standortnachteil darstellt. Im Ausland gut besprochen wurden in diesem Zusammenhang die ‚Island-Krimis' von *Stella Blómkvist* (u.a. *Die Bronzestatue, Der falsche Mörder, Der falsche Zeuge*), die in ihren Büchern gleichzeitig als Autorin, Erzählerin und Hauptperson agiert und mit ihrer schnodderigen Sprache das Lebensgefühl der jungen Generation trifft. Ein anderer, sensationell erfolgreicher und produktiver Krimiautor ist *Arnaldur Indriðason*, von dem bis 2008 allein acht Krimis in deutscher Übersetzung vorliegen. Viele davon reflektieren die aktuelle Lebenswirklichkeit, indem z.B. die vieldiskutierte Gentechnologie als Mordmotiv herhält. Auch *Jón Hallur Stefánsson, Þráinn Bertelsson, Viktor Arnar Ingólfsson* und *Yrsa Sigurðardóttir* sind mit spannenden Büchern auf dem deutschsprachigen Markt vertreten.

Architektur

Man sollte nicht unbedingt davon ausgehen, dass einen auf Island architektonische Sensationen erwarten. Um auch nur den europäischen Standard an Baudenkmälern zu erreichen, war das Land zu lange zu arm. So gibt es weder viele Beispiele altertümlicher, pittoresker Gebäude, noch stößt man auf die ganz großen Namen der neueren Architekturgeschichte, wie sie beispielsweise Finnland oder Dänemark aufzuweisen haben. Trotzdem lohnt es sich, die Insel auch unter der architektonischen Perspektive zu betrachten: man wird feststellen, dass die raren Kulturdenkmäler vergangener Zeiten viel vom harten Leben erzählen können und einen Besuch allemal lohnen. Genauso faszinierend ist es zu sehen, wie die Isländer heute Einflüsse aus allen Teilen der Welt aufnehmen, spielerisch damit umgehen und unbefangen einfach bauen, was ihnen gefällt.

wikingische Holzbaukunst

Die erste, von den norwegischen Siedlern mitgebrachte Bauweise orientierte sich ganz an dem Vorbild der Heimat. Man siedelte in Einzelhöfen in Hanglage mit direktem Wasserzugang und wohnte im damals für den gesamten Norden typischen **Langhaus**. Dieses war durchschnittlich 30 m lang, 6 m breit und besaß eine aufwändige, von zwei Säulenreihen getragene Dachkonstruktion. Man betrat das Langhaus durch den Eingang in der Schmalseite. Das Innere war durch die Säulenreihen wie eine dreischiffige Kirche in einen Hauptraum in der Mitte und kleinen Kammern zur Seite gegliedert. Geheizt und gekocht wurde durch das Lagerfeuer, das in der Mitte in den Erdboden eingelassen war. Zum Schlafen und Sitzen dienten podestartige Erhöhungen entlang der Längsseiten.

Im wikingischen Langhaus (Eiríksstaðir)

Diese altertümliche Architektur, die Touristen u.a. im rekonstruierten Wikingerhof *Stöng* (S. 317f) betrachten können, hatte einen großen Nachteil: ihr Baumaterial bestand ausschließlich aus Holz. Gleiches gilt für die Kirchen, die ab etwa 1000 die heidnischen Tempel abzulösen begannen. Ihr Aussehen ist heute nur noch aus alten Abbildungen bzw. aus erhaltenen Sakralbauten in Norwegen (z.B. Stabkirche *Urnes* im Fjordland) rekonstruierbar. Das Prinzip dieser sog. Stabkirchen bestand in gestaffelten, von stabilen Masten getragenen Dächern, die Seitenwände waren aus senkrechten Holzplanken gefertigt. Eine kleinere Stabkirche besaß im Mittelalter jeder Häuptling (Gode), während die Technik an den beiden Bischofssitzen des Landes zu großartigen Holzkathedralen gesteigert werden konnte. Die Stabkirche von *Skálholt* soll sogar die größte in Skandinavien gewesen sein und noch eine ihrer Nachfolgekirchen, die im 17. Jh. niederbrannte, hatte ungefähr die dreifache Größe des heutigen Kirchenbaus (S. 294f).

Unter völlig anderen Verhältnissen des Klimas und der Vegetation entstanden, zeigte sich jedoch schnell die Untauglichkeit dieser Profan- und Sakralarchitektur (wie übrigens auch auf Grönland, wo diese Bauweise noch weniger geeignet war).

Die Wälder waren bereits im 13. Jh. stark dezimiert, durch die Klimaverschlechterung ab 1300 wurde das Heizmaterial immer kostbarer, das Bauholz war knapp und auch das aus Sibirien angeschwemmte Treibholz ging zur Neige.

Die insulare Architektur musste zwangsläufig darauf reagieren und bildete zunächst einen Übergangstypus heraus, in dem die große Halle des Langhauses aufgegeben und stattdessen mehrere kleine Räume eingefügt wurden. Diese waren leichter zu heizen und benötigten weniger Holz für die aufwändige Dachkonstruktion.

Bald ging man dazu über, die Wände anstatt mit Holz aus Torfplaggen zu zimmern und das Dach mit Grassoden zu bedecken: die traditionelle **Torfbauweise** entstand. Torf war fast überall auf der Insel verfügbar und stellte außerdem eine bessere Wärmeisolation dar. Die ersten Torfgehöfte sind zur Mitte des 15. Jh. nachgewiesen, die Tradition als solche geht jedoch weiter zurück (wahrscheinlich bis ins 13. Jh.). Ein weiterer Vorteil dieser Architektur war ihre Beständigkeit bei Erdbeben, worauf der Isländer *Egill Ólafsson* in seinem Reisebericht von 1774/75 hinweist: *‚Für Island ist diese Bauart die allerdienlichste, sie hält die Kälte besser ab als Zimmer- und Mauerwerk und widersteht dem schlechten Wetter und dem Erdbeben besser als jenes. Man hat viele Beispiele, dass Häuser unbeschädigt geblieben, wenn das Erdbeben so stark gewesen, dass Menschen auf dem Felde davon umfallen'.*

Gehöft Laufás um die Jahrhundertwende

Im Gegensatz zum hölzernen Langhaus der Wikingerzeit hatte das Torfgehöft den Eingang auf der Längsseite. Dahinter erstreckte sich ein langer Gang, von dem zu beiden Seiten die einzelnen Räume abzweigten. Am äußersten Ende des Ganges, von der Kälte am weitesten entfernt und dort, wo am besten zu heizen war, lag die *baðstófa*, eine Art Sauna. In den kalten Jahrhunderten veränderte sich der Charakter der ‚Badestube' immer mehr: sie wurde stark vergrößert und wandelte sich zum hauptsächlichen Aufenthaltsort des Hofes, allein der Name erinnerte nun noch an die ehemalige Funktion.

dem Klima angepasst: Torfhöfe

Mit Aufkommen des ersten Wohlstandes konnten es sich im 19. Jh. (der Zeit, aus der die heute noch erhaltenen Torfhöfe stammen) die reicheren Bauern leisten, eine der Längsseiten mit Holz zu verschalen und zu einer repräsentativen Vorderfront aufzuputzen. Einen guten Eindruck davon erhält man beim Besuch einer der als Museum bewahrten Höfe: *Árbær, Keldur, Skógar, Burstabær, Grejadarstaður, Laufás* und – besonders eindrucksvoll – *Glaumbær*. Wie früher die Holzarchitektur wurde die Torfbauweise natürlich nicht nur für Bauernhöfe, sondern auch für Kirchen bzw. Kapellen genutzt, wie heute z.B. an der *Víðimýrikirja* zu sehen ist.

Vor dem 18. Jh. hatte es kaum **Gebäude aus Stein** auf der Insel gegeben: Die dänische Festung auf Heimaey (17. Jh.) ist da also eine ganz große Ausnahme. Die große Zurückhaltung in der Übernahme kontinentaler Bautechniken ist gut zu verstehen: Steinhäuser waren kalt, erdbebengefährdet und für die Allgemeinheit viel zu teuer. Daher waren es ausschließlich offizielle Gebäude, Repräsentationsbauten und Kirchen, die ab der Mitte des 18. Jh. von den Dänen aus Stein errichtet wurden, z.B. 1753 die Residenz des Landeshauptmannes auf dem Inselchen *Viðey*, im 18. Jh. die Kathedrale von *Hólar*, dann das heutige Regierungsgebäude in Reykjavík und der Amtssitz von *Bessastaðir*.

Ebenfalls auf dänischen bzw. norwegischen Einfluss ist das Aufkommen der **Holzblockhäuser** zurückzuführen, die ab dem 18. Jh. in den kleinen Handelsorten an der Küste entstanden und i.d.R. als Waren- und Vorratslager genutzt wurden. Die ältesten solcher Bauten sind noch in Ísafjörður und Eyrarbakki zu sehen. Mit dem ersten bescheidenen Wohlstand importierten die Isländer dann um 1900 wieder verstärkt Bauholz aus Norwegen und nutzten ihn immer dann, wenn sie ihren ‚Reichtum' Ausländern und Nachbarn zeigen wollten. Stilistische Vorbilder hatten sie in den Häusern norwegischer Herings- und Walfänger, die damals in verschiedenen Küstenorten siedelten. Auch für Kirchen verwendete man den kostbaren Baustoff (z.B. die Holzkirche von Þingvellir, 1899).

heute: Wellblech und Beton

Als sich herausstellte, dass das Klima den Holzhäusern doch zu sehr zusetzte und außerdem spätestens um 1925 die Holzimporte zu teuer wurden, kam jener Baustoff auf, der bis heute die meisten Stadthäuser und Bauernhöfe prägt: **Wellblech**. Mit dem Metall wurden Wände und Dächer wirkungsvoll gegen die Widrigkeiten des Wetters geschützt, weshalb man auch ältere Bauten nachträglich damit ausstattete. Im Laufe der Zeit bekam nahezu alles, was an Architektur auf der Insel anzutreffen ist, ein hübsches, in leuchtenden Farben bemaltes Wellblechkleid: Gehöfte, Eigenheime, Mietshäuser, Garagen, Ställe, Flugzeughallen, sogar Kirchen, Schulen und Rathäuser. Waren die ersten Wellblechverkleidung noch Nachahmungen des Holzhausstiles (und zwar so perfekte, dass man den Unterschied erst beim zweiten Blick mitbekommt), benutzt man heute das Material (zusammen mit Glas und Beton) äußerst phantasievoll, so dass man sagen kann, im Wellblech manifestiere sich ein neuer isländischer Baustil. Ob nun Jugendstilformen kopiert, später dann eine funktionale und langweilige Architektur gewählt wurde oder heutzutage postmodern bzw. futuristisch gebaut wird: das Wellblech passte sich allen Erfordernissen an. Und der provinzielle Charme, der von vielen Fischerdörfern und Städten im Lande ausgeht, entsteht häufig durch die üppige Verwendung greller und überraschender Farbkombinationen in Rot, Grün, Weiß, Violett, Blau oder Gelb. Um zu verstehen, was damit gemeint ist, schaue man nur einmal vom Turm der *Hallgrímskirkja* auf den bunten Flickenteppich der Wellblechdächer Reykjavíks.

Neben dem Wellblech ist es natürlich der **Beton**, der das Aussehen der meisten öffentlichen und privaten Gebäude bestimmt. Dieser Baustoff kam schon verhältnismäßig früh auf die Insel und das 1876–82 gebaute Pfarrhaus *(Garðahus)*, das man im Akranes-Museum (S. 403) sehen kann, gilt nicht nur als das erste Betonhaus in Island, sondern vielleicht sogar in allen skandinavischen Ländern.

Was mit dem Beton in den ersten Jahrzehnten der Unabhängigkeit angestellt wurde, ist selten eine Augenweide, weder in der Stadt, noch auf dem Lande. Viele Touristen, die sich gerade von den Bauerngehöften wegen der in Prospekten immer wieder abgebildeten Torfhäuser viel Pittoreskes versprochen hatten, sind angesichts der oft schlichten und funktionellen Betonbauten enttäuscht. Doch seitdem sich die isländische Wohnkultur in Formensprache und Luxus an den jeweils modernsten Trends anderer westlicher Industrienationen orientiert, ist auch hier ein Umdenken deutlich sichtbar.

Besonders für Furore gesorgt haben eine Reihe **öffentlicher Bauvorhaben**. Neben dem neuen Flughafen von Keflavík ist es natürlich besonders Reykjavík, wo der Architekturinteressierte diesbezüglich durchaus auf seine Kosten kommt – sei es beim Besuch des *Nordischen Hauses* (1968) des finnischen Architekten *Alvar Aalto,* beim schwarz glänzenden Klotz der *Nationalbank* und bei der genialen Umfunktionierung der Wassertanks auf dem *Öskuhlíð*-Hügel zu einer postmodernen Landmarke mit Drehrestaurant *(Perlan,* 1992), sei es beim Betrachten des wellblechverkleideten *Opernhauses,* das offensichtlich von dem in Berlin inspiriert wurde oder sei es beim Besuch des auf Stelzen im Stadtsee stehenden neuen *Rathauses* (1992).

Moderne Büro- und Wohnhäuser in Reykjavík

Auf dem **privaten Sektor** wurde und wird viel gebaut, wobei heutzutage nicht mehr die hässlich-nüchternen Reihenhäuser der 1960er Jahre den Standard darstellen, sondern großzügige und postmoderne Anlagen. Schon allein auf der Fahrt vom Flughafen Keflavík zur Hauptstadt passiert man mehrere Satellitensiedlungen, deren Architektur von dem Bestreben lebt, Licht und Sonne in die Häuser hineinzulassen und nach außen mit Erkern, überraschenden Konturen und pastellfarbenen Tönen keine Langeweile zu verbreiten. In Reykjavík selbst ist man dabei, durch hochragende Büro- und Wohnhäuser weltstädtisches Flair entstehen zu lassen, am besten sichtbar entlang der Uferstraße *Sætún,* wo die verglasten, mehrstöckigen Neubauten in merkwürdigem Kontrast zum dänischen Herrenhaus *Höfði* aus dem Jahre 1909 stehen. Ein Architekturerlebnis ganz eigener Art bietet das *Ásmundur Sveinsson Museum* mit seinen Kuppeln und Pyramiden, das der Bildhauer *Ásmundur Sveinsson* (S. 277) aus eigenen Mitteln und nach eigenen Plänen ab 1942 errichten ließ.

Auch und vor allem eingesetzt wird Beton bei den modernen **Kirchenbauten**, die in den vergangenen Jahrzehnten überall im Lande entstanden. Das bekannteste und markanteste Beispiel isländischer Sakralbaukunst ist dabei die *Hallgrímskirkja* (begonnen 1945; S. 268), die von einigen Kritikern als ‚scheußlich', von anderen als ‚Krönung moderner Insel-Architektur' bezeichnet wird. Bei der Gestaltung der Außenfassade wurde der Staatsarchitekt *Guðjón Samúelsson* von den

Basaltsäulen des Landes inspiriert, während der neugotische, schlichte und weiße Innenraum die karge Weite des Landes symbolisieren soll. *Guðjón Samúelsson* ist auch einer derjenigen, die versuchten, einen eigenen ‚Nationalstil' zu etablieren, der eine Verbindung schaffen sollte zwischen den Charakteristika der isländischen Landschaft und der Architektur (etwa indem man einheimische Materialien wie Basalt verwendete). Schon beim Bau der katholischen *Landakotkirkja* in Reykjavík (1929) ist dieses Bestreben sichtbar, genauso wie an seiner markanten Doppelturmfassade der *Hauptkirche* von Akureyri (1940). An Profangebäuden stammen u.a. das Nationaltheater und das Hauptgebäude der Reykjavíker Universität von *Samúelssons* Zeichentisch.

Wer weitere, z.T. recht eigenwillige Schöpfungen isländischer Sakralbaukunst aufsuchen möchte, hat dazu in der Hauptstadt reichhaltig Gelegenheit; hingewiesen sei hier nur auf die *Laugaráskirkja* mit ihrer Skisprungschanzen-Silhouette, die *Kópavogskirkja,* die an ein umgestürztes Sandförmchen erinnert und die zeltförmige *Breidholtskirkja.* Außerhalb Reykjavíks sind neuere Beispiele die 1993 eingeweihten und sehenswerten Kirchen von *Stykkishólmur* und *Blönduós* (lutherisch) sowie die von *Hafnarfjörður* (katholisch).

eigenwillige Kirchenbauten

Doch auch außerhalb der Vulkaninsel konnten junge Architekten überzeugende Projekte realisieren. Z.B. bei der isländischen Botschaft in Berlin, die zusammen mit denen der anderen skandinavischen Staaten 1999 eröffnet wurde. Innerhalb des weltweit einmaligen gemeinsamen Komplexes von fünf Botschaften grenzt sich die Architektur der isländischen Abteilung durch Blockhaftigkeit und mit ihren Grasdächern ab. Der Entwurf des Gebäudes, das sich sichtbar an der rauen Natur Islands orientiert, stammt von *Pálmar Kristmundsson.* Nicht nur die Möblierung und künstlerische Ausgestaltung (Leihgaben des Reykjavíker Museums *Kjarvalsstaðir),* sondern auch fast alle Baumaterialien stammen von der Vulkaninsel, so der Naturstein Liparit des Arbeitstraktes mit seinem prächtigen Farbenspiel und natürlich auch das von unten beleuchtete Lavagestein im Atrium. Ebenfalls für Furore sorgte der isländische Pavillon auf der EXPO 2000, entworfen vom Architekten *Ámi Páll Jóhansson.* Der in blauen Farben gehaltene Kubus, über dessen Wänden ein Wasserfilm lief, war eine der Top-Adressen der Weltausstellung von Hannover.

Bildende Kunst

Aus vielerlei Gründen ist aus der interessanten Landnahmezeit so gut wie gar nichts an Bildender Kunst erhalten. Selbst die im Reykjavíker Nationalmuseum ausgestellten Exponate können, so eindrucksvoll sie auch sein mögen, keinem Vergleich mit den Prunkstücken in den Nationalmuseen von Kopenhagen und Oslo, dem *Historiska Museet* von Stockholm oder den Wikingerschiffshallen von Oslo und Roskilde standhalten. Die ersten Zeugnisse eigenständiger künstlerischer Entfaltung sind als Kalligraphien und Illustrationen Beiwerk der mittelalterlichen Literaturproduktion. In der dänischen Kolonialzeit schließlich war das verarmte Land kaum in der Lage, anspruchsvolle Kulturleistungen auf die Beine zu stellen, die schönsten Stücke (z.B. die Altartafel von *Hólar)* sind Importstücke. Erst nach Einsetzen der Nationalromantik konnten sich Maler und Bildhauer so fest etablieren, dass auch das Ausland auf ihre Werke aufmerksam wurde. In der klassisch-modernen Kunst schließlich gelang es Isländern, Anschluss an die internationalen Standards zu finden, insbesondere *Jóhannes Sveinsson Kjarval* als Maler und *Ásmundur Sveinsson* als Bildhauer. Die heutige kulturelle Szene kann vor allem in Reykjavík mit seiner Vielzahl an Museen und Galerien als ausgesprochen lebhaft bezeichnet werden. Der international mit Abstand erfolgreichste Künstler isländischer Herkunft heißt *Ólafur Eliasson*; er lebt und arbeitet allerdings in Kopenhagen sowie in Berlin. Zu den bekanntesten seiner Licht- und Wasserobjekte gehören die vier riesigen künstlichen Wasserfälle, die er 2008 an der Südwestspitze von *Manhattan* installierte.

Bildhauerei

international bekannte Bildhauer

Von den wenigen Künstlern, die bereits im 18. Jh. international in Erscheinung traten, ist *Berthel Thorvaldsen* (1768–1844) der wichtigste. Er war der wohl berühmteste Bildhauer des Klassizismus, dessen Werke in vielen europäischen Großstädten bewundert werden können, vor allem aber in Kopenhagen (u.a. *Thorvaldsen Museet)*, wo seine Karriere begann, sowie in Rom, das über Jahrzehnte seinen Lebens- und Arbeitsmittelpunkt darstellte. Er ist von seiner Biographie und seinem künstlerischen Gesamtwerk allerdings viel eher Kosmopolit als Isländer. Ein Jahrhundert später markierte *Einar Jónsson* (1874–1954) den Beginn einer eigenständigen isländischen Bildhauerei. Dies zwar nicht in formaler Hinsicht, wo er an den naturalistischen Stil der Neoromantik anknüpfte, wohl aber in seinen Themen. Immer wieder wandte er sich der großen Landesgeschichte zu und schuf mit dem Standbild *Ingólfur Arnarsons* auf dem Arnarhóll in Reykjavík die vermutlich meistfotografierte Statue des Landes. Auch sind viele politisch oder kulturell bedeutsame Gestalten des modernen Island von ihm dargestellt worden. Seine schönsten Werke können in der *National Gallery of Einar Jónsson* in Reykjavík bewundert werden.

Ásmundur Sveinsson

Den wohl bekanntesten Namen isländischer Bildhauerkunst trägt jedoch *Ásmundur Sveinsson*. Er wurde 1893 in Dalasýsla (Westisland) geboren und zog 1915 nach Reykjavík um, wo er die Holzschnitzerei erlernte. 1919 begann sein Auslandsaufenthalt mit dem Besuch der Kopenhagener Zeichenschule, ab 1920 studierte er sechs Jahre an der Kunstakademie in Stockholm, insbesondere beim berühmten Bildhauer *Carl Milles*. Nach drei weiteren Studienjahren in Frankreich (Kunstakademie Paris) kehrte er in sein Heimatland zurück und baute 1933 sein Reykjavíker Haus nahe der *Hallgrímskirkja*, das heute die *Ásmundur Sveinsson Gallery* beherbergt. Ab 1942 begann er, die verschiedenen und bizarren Ateliers in Sigtún (ebenfalls Reykjavík) zu errichten, wo mit seine berühmtesten Werke entstanden. Nachdem er seine gesammelten Werke der Hauptstadt vermacht hatte, starb der kreative und fleißige Künstler im Dezember 1982. Seine figürlichen oder abstrakten Skulpturen zeichnen sich i.d.R. durch formale Strenge und Expressivität aus.

Malerei

Die isländische Malerei des 20. Jh. ist stark von den internationalen Kunstrichtungen wie Impressionismus, Kubismus und Expressionismus geprägt. Spezifisch isländisch wird sie erst durch ihre Motive, die die bekanntesten Künstler in der heimischen Natur, in der Geschichte und im Alltagsleben der Isländer gefunden haben. Die Vulkanberge *Hekla* und *Snæfellsjökull* oder die Westmännerinseln, Fjorde, das Meer und Basaltsäulen, das historische Þingvellir, Fischer, Bauern, aber auch Trolle – das sind immer wiederkehrende Motive. Kubistisch verfremdet hat sie *Ásgrímur Jónsson* (1876–1958) dargestellt, während *Jón Stefánsson* (1881–1962) den expressionistischen Stil bevorzugte.

Der Großmeister der modernen Malerei des Landes ist jedoch unzweifelhaft *Jóhannes Sveinsson Kjarval* (1885–1972). Zwar von Chagall beeinflusst, fand er doch zu seinem ganz eigenen künstlerischen Weg durch die unterschiedlichsten Stilrichtungen. Im Gegensatz zu seiner formalen Offenheit greift er wie *Jónsson* und *Stefánsson* in seiner Themenwahl immer wieder auf Landschaftsmotive seiner Heimat zurück. 1968 schenkte der Maler viele seiner Werke zusammen mit Briefen und anderen Erinnerungsstücken der Stadt Reykjavík. Ihm zu Ehren wurde daher auch das 1973 eröffnete Kunstmuseum im Herzen der Stadt ‚*Kjarvalsstaðir*' genannt. Dort findet man in einer eigenen Abteilung den größten Bestand seiner Werke (viele andere sind im *Ásmundur Sveinsson Sculpture Museum* ausgestellt).

Jóhannes Sveinsson Kjarval

Die *Kjarvalsstaðir* ist im Übrigen auch die beste Adresse für Kunstfreunde, die sich über den aktuellen Stand isländischer sowie bekannter internationaler Kunst informieren möchten.

Die Produkte der jungen Künstlergeneration, bei der übrigens Frauen auffallend stark vertreten sind, weisen von Pop und Op Art bis hin zur Konzeptkunst und zu Rauminstallationen die gleiche Bandbreite auf wie die ihrer europäischen und nordamerikanischen Kollegen. Allerdings fehlt ihnen die internationale Bühne, denn nur die wenigsten verfügen über so gute Kontakte, dass sie ihre Werke auch im Ausland zeigen können. Zu den Ausnahmen gehrt *Kristján Guðmundsson* mit seinen Collagen und Materialbildern, der u.a. Ausstellungen in renommierten deutschen Museen hatte.

moderne Malerei

Angesichts des zahlenmäßig kleinen Publikums erstaunt die Vielzahl an privaten Kunstsammlungen und Galerien, die in den letzten Jahren wie Pilze aus dem Boden gesprossen sind. In der Wintersaison, wenn auch vielen Museen mit Sonderausstellungen moderner Kunst aufwarten, findet der Kulturtourist in Reykjavík ein überaus reichhaltiges Angebot. Außer den Galeristen, die durchschnittlich vier bis fünfmal pro Woche Vernissagen abhalten, beteiligen sich auch Hotels, Kneipen und Cafés am Ausstellungsgeschäft.

Musik

Wie die literarische so geht auch die musikalische Tradition des Landes bis in die Landnahmezeit zurück; beide Kunstformen können außerdem nicht immer getrennt betrachtet werden. Denn zu den mündlich vorgetragenen Gedichten und skaldischen Strophen, die später als Literatur festgehalten wurden, gehörten immer auch Gesang und musikalische Begleitung. Auch in den Jahrhunderten des Leidens wurde selbst in den armseligsten Hütten die Geschichten der Vorzeit und altes Liedgut weitergegeben, u.a. religiöse Strophen oder auch gesungene Spottverse. Und auf den tagelangen Ritten durch das Hochland begleitete man den Takt der Islandpferde beispielsweise durch das Lied *'Ríðum, ríðum'*, genauso wie die Fischer ihren harten Arbeitsalltag durch Gesänge aufmunterten. Dieses Erbe lebt in der Volksmusik bis auf den heutigen Tag fort. Wer einmal auf dem Land bei einem lokalen Fest anlässlich des Schafs- oder Pferdeabtriebes dabeigewesen ist, hat erlebt, wie unter großer Beteiligung aller Anwesenden Stehgreifgedichte vorgetragen und Volkslieder gesungen werden.

Hinweis

Das auf mittelalterliche Musik spezialisierte Ensemble Sequentia *hat 1999 in einem Experiment die Götterlieder der isländischen Edda vertont. Nach langen Recherchen im Tonbandarchiv von Reykjavík, in dem vor allem hunderte der traditionellen* rímur-*Gesänge lagern, wurden 10 Stücke komponiert, die das Ensemble als 'Rekonstruktion' bezeichnet. Sie bestehen aus ein- oder zweistimmigen Gesängen (in Altisländisch), teilweise begleitet von originalgetreu nachgebauten mittelalterlichen Instrumenten. Die 'musikalische Edda', die auch bei Theateraufführungen u.a. in Köln, Kopenhagen, Luxemburg und Reykjavík gespielt wurde, liegt als CD samt ausführlichem Begleitheft vor* (Sequentia: Edda – Myths from medieval Iceland, BMG Classics, CD 05472-77381-2).

Auf dem Gebiet der ernsten Musik konnte die isolierte Insel zwischen Renaissance und Moderne natürlich keine so großen Namen hervorbringen wie die skandinavischen Länder oder gar Mittel- und Südeuropa. Erst im Zuge des nationalen Aufbruchs – inspiriert etwa vom Norweger *Edvard Grieg* oder dem Finnen *Jean Sibelius* – wandten sich einheimische Künstler dem Thema der isländischen Natur und Geschichte zu und setzten es in Musik um. Die wichtigste Gestalt dabei war sicherlich der Komponist *Jón Leifs* (1899–1968), der u.a. mit seinen drei Edda-Oratorien, der Island-Kantate und der Saga-Symphonie für neue Impulse sorgte. Daneben trat *Jón Leifs* auch als Dirigent, als Leiter des isländischen Komponistenverbandes und als Forscher der isländischen Volksmusik in Erscheinung.

isländische Komponisten

Heute ist, neben den unzähligen Laiengruppen, auch das 'professionelle' Musikleben sehr beachtlich. Es spielt sich hauptsächlich – wie könnte es anders sein – in Reykjavík ab, wo zwei Symphonieorchester, die Oper und mehrere Chöre (z.B. der 1982 gegründete Motettenchor der *Hallgrímskirkja*) beheimatet sind. In der Wintersaison (September–Mai) wartet die Hauptstadt mit nicht weniger als 30 Konzerten pro Monat auf. Mit etwas Glück kann man dann auch die derzeitige Lichtgestalt der Oper erleben, den Tenor *Kristján Jóhannsson*, der ansonsten auf den größten Opernbühnen der Welt zu Hause ist.

In der modernen Unterhaltungsmusik besitzt neben dem Einerlei der Schlagersternchen die freie Jazz-Musik einen großen Stellenwert (wie übrigens in allen skandinavischen Ländern). Sehr beachtlich ist daneben die Anzahl der Rock- und Popgruppen, die natürlich von den großen internationalen Stars inspiriert sind und ihre Texte auf Englisch und Isländisch darbieten. Jeder, der während seines Urlaubs auf Island das Radioprogramm mitverfolgt hat, wird von der Bandbreite des Repertoires überrascht sein und sich vielleicht aus der großen Auswahl an CDs und Kassetten einheimischer Gruppen etwas mit nach Hause nehmen.

die Stars von der Insel

Die lange Zeit hindurch überragende Gestalt der hiesigen Rockszene war (und ist) der Musiker *Ásbjörn Morthens*, genannt *Bubbi*, der in seinen mit rauchiger Stimme vorgetragenen Balladen (auf Isländisch) das Lebensgefühl der Stadtjugend auszudrücken wusste. Inzwischen hat der 1956 geborene Musiker mehr als 45 Platten auf den Markt gebracht, darunter mehr als 30 Solo-Alben, die alle möglichen Stilrichtungen zwischen Folk, Blues, Rock und Punk repräsentieren. Immer noch ist *Bubbi*, der sich selbst als Troubadour sieht, wegen der Form und Inhalte seiner Kunst sowohl eine musikalische als auch politische und moralische Instanz auf der Insel. In den aktuellen Charts treten jedoch junge und oft nur kurzlebige Gruppen in den Vordergrund, deren Karriere häufig in den Clubs der NATO-Basis Keflavík begann und die alle modischen Trends von Funk über House Music und Hip Hop bis Rap beherrschen. Interessant sind sie immer dann, wenn sie die ausländischen Stilrichtungen mit ihrer isländischen Sprache verknüpfen.

Björk Guðmundsdóttir (Plattencover)

Anders als diese fast nur Isländern bekannten Gruppen schafften nur wenige den Sprung von der Vulkaninsel in die internationalen Schlagzeilen. So die schon 1977 gegründete Big Band *Mezzoforte* mit ihrer eigenwilligen, Jazz, Rock und Funk verbindenden Musik, die immer noch ein internationales Publikum begeistern kann. Noch bekannter wurden die 1986 gegründeten *Sugarcubes*, eine exzentrische Poplegende, die besonders in der britischen Musikpresse überschwänglich gefeiert wurde.

Ihre Sängerin *Björk Guðmundsdóttir* berichtete später: ‚Es war lustig, weil die Sugarcubes nämlich nie richtig existierten. Es war nur so unglaublich aufregend, umsonst durch die Welt reisen zu können, Parties zu feiern und so zu tun, als seien wir eine richtige Rockband.' *Björk* selbst, die 1966 geboren wurde und in einer Hippie-Kommune aufwuchs, hat inzwischen erfolgreich eine Solokarriere gestartet und lebt wechselweise in London und auf Island. Ihr 1993 erschienenes Album ‚Debut' wurde mehr als 2½ Millionen mal verkauft und kam auch in Deutschland in die Charts. Inzwischen ist *Björk* längst schon keine Newcomerin mehr, sondern eine fest installierte Größe im internationalen Pop-Geschäft. In der Heimat wurde ihr vom Ministerpräsidenten *Davíð Oddson* unterstützter Kauf eines Inselchens im Breiðafjörður im Jahre 1999 diskutiert, aber nicht ernsthaft kritisiert. Umso mehr freute es ihre Landsleute, dass *Björks* Debüt als Filmschauspielerin so erfolgreich war. Im Streifen

Dancer in the Dark des dänischen Regisseurs *Lars von Trier* brillierte sie an der Seite von *Cathérine Deneuve* als die arme und erblindende Selma, die sich aus ihrer Notlage heraussingt, dann aber doch am Galgen endet. Das mit Musicalelementen angereicherte Melodram wurde 2000 in Cannes mit der Goldenen Palme ausgezeichnet. Auch die Musik zu diesem Film stammt von *Björk* und kam als CD mit *Selmas Songs* auf den Markt.

Ebenfalls international erfolgreich waren in den letzten Jahren die Gruppe *Sigur Rós*, die auf Alben wie *Ágætis byrjun* düster-schräge Musik präsentiert, die Electronic-Pop-Gruppe *Gus Gus* (z.B. *This is normal, Attention, T-World)* sowie die 1978 geborene *Emiliana Torrini*, die auf Anhieb mit ihrem Debütalbum *Love in the time of science* europaweit bekannt wurde. Wenn sie nicht gerade auf Tournee ist, wohnt die Tochter einer Isländerin und eines Italieners wechselweise in Reykjavík und in London.

Film

Angesichts der geringen Bevölkerung überrascht es vielleicht, von einer eigenen isländischen Filmproduktion zu hören. Die aber gibt es genauso wie die rege Theaterszene in Reykjavík. Diese Streifen sind u.a. deswegen interessant, weil sie die Geschichte, Literatur oder Gegenwart des Landes reflektieren und einem internationalen Publikum nahebringen können. Dazu gehören besonders Verfilmungen von Saga-Stoffen wie ‚Der weiße Wikinger', ‚Im Schatten des Raben', ‚Land und Söhne' und der ‚Der Geächtete', die von der Landnahme, der Christianisierung und den Familienfehden der Frühzeit erzählen. Regisseure wie *Hrafn Gunnlaugsson, Hilmar Oddsson, Ágúst Guðmundsson* oder *Friðrik Þór Friðriksson* sind für ihr Werk, zu dem freilich auch die Verfilmung moderner Themen gehören, mehrfach international ausgezeichnet worden.

einheimische Stoffe…

Gut geeignet für eine dramatische Umsetzung sind offensichtlich auch die Romane *Halldór Laxness*' Während die ‚Islandglocke' als Theaterstück bearbeitet wurde, konnte ‚Atomstation' von *Þórstein Jónsson* ebenso mit eindringlichen Bildern verfilmt werden wie ‚Am Gletscher' von *Guðny Halldórsdóttir*. Dass dabei die Regisseurin besonders sorgfältig mit der Vorlage umging, braucht nicht zu verwundern: schließlich ist sie eine Tochter des großen Romanciers.

Natürlich kann die heimische Filmindustrie quantitativ nicht mit den amerikanischen oder anderen europäischen Produktionen konkurrieren. Und man muss schon etwas Glück haben, um am Reiseziel einen aktuellen isländischen Streifen im Kino zu sehen. Im positiven Fall jedoch wird man von der Annahme eines solchen Films durch das Publikum überrascht sein – manchmal findet eine einheimische Produktion mehr als 100.000 Zuschauer (in der Relation müsste ein deutscher Film im Heimatland fast 30 Millionen in die Kinos locken!). Wegen des hohen künstlerischen Anspruchs sind isländische Filme meist auch im Ausland zu sehen, etwa in Programmkinos, auf Filmfestivals oder bei Themenabenden im Fernsehen (in den letzten Jahren mehrfach u.a. bei *Arte, ARD* und *ZDF)*.

Die beiden bekanntesten und international erfolgreichsten Regisseure des Landes sind die schon genannten *Ágúst Guðmundsson* und *Friðrik Þór Friðriksson*. Ersterer war verantwortlich für den ersten isländischen Spielfilm überhaupt, nämlich den 1980 gedrehten Streifen *Land og synir* (= ‚Land und Söhne'). Während dessen Thema noch die Landflucht während der 1930er Jahre war, wandte sich *Guðmundsson* mit der Verfilmung der Gisli-Saga ein Jahr später bereits der isländischen Frühzeit zu. 1984 schuf er dann mit *Gullsandur* (= ‚Goldsand') die erste Politsatire des Landes. Nach Ausflügen in die ausländische Fernsehproduktion (u.a. 1988 mit der sechsteiligen Weihnachtsserie *Nanni und Manni* für das ZDF) konnte *Guðmundsson* später an seine alten Erfolge anknüpfen, so z.B. mit dem preisgekrönten Streifen ‚Der Tanz' (1998) und der kongenialen Verfilmung von *Kristín Marja Baldursdóttirs* wunderbaren Roman *Mávahlátur* (= ‚Möwengelächter'; 2001).

Friðrik Þór Friðriksson ist der wohl produktivste und auch kommerziell erfolgreichste isländische Regisseur. Sein wunderbarer Film *Children of Nature (Börn náttúrunnar)* wurde 1992 sogar für den Oscar nominiert. Auch die Romanverfilmung ‚Teufelsinsel' (1999), bei der *Friðriksson* auch als Produzent mitwirkte, und vor allem das Road Movie *Cold Fever (Á köldum klaka;* 1996) überzeugte Cineasten in aller Welt. Zuletzt sorgte 2003 der Regisseur *Baltasar Kormákur* mit der Dreieckskomödie *‚101 Reykjavík'*, einer Verfilmung des gleichnamigen Buches von *Hallgrimur Helgason,* für einen Überraschungserfolg in den europäischen Programmkinos.

...erfolgreich verfilmt

Die meisten Filme des Landes werden durch öffentliche Gelder unterstützt und in Zusammenarbeit mit dem und für das **Fernsehen** gedreht. Seit seiner Einführung im Jahre 1966 hat sich auch das Fernsehprogramm, das seit einigen Jahren der Konkurrenz mehrerer Privatsender (Pay-TV) ausgesetzt ist, stark gewandelt. Hinsichtlich seiner inhaltlichen und technischen Qualität braucht es sich vor ausländischen Sendern nicht zu verstecken. Und immerhin sind rund 30 % des Programms isländische Eigenproduktionen!

5. GESELLSCHAFT UND WIRTSCHAFT

Bevölkerungsverteilung und Siedlungsstruktur

Die Gesamtzahl der isländischen Bevölkerung war im Lauf der Geschichte starken Schwankungen unterworfen. Der Exodus der Norweger dürfte noch in der **Landnahmezeit** mindestens **30.000** Menschen auf die Insel gebracht haben und am Ende des isländischen Freistaates wird ihre Zahl bei 70.000–80.000 gelegen haben. Naturkatastrophen, Verelendung und Seuchen waren in den darauffolgenden Jahrhunderten dafür verantwortlich, dass dieser Stand lange nicht mehr erreicht wurde. *Árni Magnússons* Volkszählung von **1703**, die erste fundierte in Europa, ergab **50.358** Landeskinder, 83 Jahre später, nach dem verheerenden Vulkanausbruch der Laki-Spalte, waren es sogar nur noch 38.360! Erst zu Anfang des 20. Jahrhunderts war der Stand des Mittelalters wieder erreicht, dann allerdings setzte ein enormer Sprung nach vorne ein, auch verursacht durch die weit höhere Lebenserwartung.

geringe Bevölkerungsdichte

Heute hat – nach einem Rückgang in den 1970/80er Jahren – die Geburtenrate wieder zugenommen, das Bevölkerungswachstum machte in den letzten Jahren stets rund 1 % aus. Anfang **2009** gab es knapp **320.000** Menschen auf der Insel, angesichts einer Bodenfläche von über 103.000 km² ist dies jedoch immer noch eine sehr geringe **Bevölkerungsdichte** (= 3 Ew/km²). Kein europäischer Staat hat eine auch nur annähernd vergleichbare Relation. Trotzdem wird dem Touristen die Menschenleere des Landes kaum auffallen, sofern er nicht durchs Hochland reist. Denn über 80 % der Insel sind siedlungsgeographisch nicht von Bedeutung; mit anderen Worten: dort, wo Menschen leben können, tun sie es i.d.R. auch.

Die folgende Statistik der **Bevölkerungsentwicklung** macht einerseits den enormen Aufschwung **in den letzten hundert Jahren** deutlich, andererseits den zunehmenden Grad der Verstädterung:

Jahr	Reykjavík	Großraum Reykjavík	Island
1915	14.160	17.580	89.059
1950	55.980	65.112	144.293
1960	72.407	89.493	177.292
1970	81.684	109.229	204.578
1980	83.766	121.698	229.187
1990	97.569	145.980	255.708
2000	112.000	175.000	290.000
2008	118.000	185.000	316.000

Die **Geburtenfreudigkeit** sowie die weltweit geringste **Kindersterblichkeit** auf der einen und das hohe Alter der Isländer auf der anderen Seite haben dazu geführt, dass es innerhalb der Gesamtbevölkerung einen sehr großen Anteil an Kindern und Jugendlichen und an alten Menschen gibt. Im Jahre 2007 waren

21,4 % der Bevölkerung noch nicht einmal 15 Jahre alt, womit die isländische **die ‚jüngste' Gesellschaft Europas** ist (zum Vergleich: an zweiter Stelle steht das ebenfalls sehr kinderreiche Irland mit 20,8 %, Deutschland liegt mit 13,9 % im unteren Drittel, noch mehr ‚überaltet' sind die Gesellschaften von Griechenland, Spanien und dem Schlusslicht Italien mit 13,8 %).

Die **Lebenserwartung** der Isländer gehört zu den höchsten der Welt, sie betrug 2007 bei Männern 78,3 und bei Frauen 82,6 Jahre. Dabei ist die Entwicklung innerhalb der letzten 150 Jahre das besonders Frappierende: 1850 betrug die durchschnittliche Lebenserwartung bei Männern noch 31,9 und bei Frauen 37,9 Jahre. In einem verhältnismäßig kurzen Zeitraum wurde auf der Insel also die zu erwartende Lebenszeit mehr als verdoppelt, oder anders ausgedrückt: im Vergleich zu früher hat heute jeder Isländer zwei Leben!

junge Gesellschaft mit hoher Lebenserwartung

99 % der Einwohner sind von Geburt Isländer. Obwohl es genug Platz auf der Insel gibt, zeigt sich das Land hinsichtlich der Integration von Ausländern äußerst zurückhaltend; dies betrifft auch die Anerkennung politischer Flüchtlinge. Wer als Ausländer die **isländische Staatsbürgerschaft** erlangen möchte, muss seit 10 Jahren im Land leben, ein Leumundszeugnis sowie den Nachweis beibringen, das man sich selbst ernähren kann. Über die Vergabe der Staatsbürgerschaft entscheidet schließlich das Parlament, im positiven Fall muss man dann noch einen isländischen Vornamen annehmen.

Die erste isländische Gesellschaft bestand weder aus Bürgern noch aus Händlern, sondern aus Bauern. Deswegen entsprach die **Siedlungsstruktur** der ihrer skandinavischen Urheimat, in der nicht Dörfer, sondern weit verstreut liegenden **Einzelhöfe** üblich waren. Wenn später auf Island überhaupt Siedlungen entstanden, dann deswegen, weil sie von ausländischen Händlern initiiert, von der Administration der Kolonialmacht benötigt oder durch die Umstellung auf Fischereiwirtschaft (die auf Häfen angewiesen war) notwendig wurden. **Dörfer** oder gar **Städte** haben jedoch bis ins 20. Jh. hinein als Lebensmittelpunkt der Isländer keine Rolle gespielt. Noch 1890 lebten fast 90 % der Bevölkerung auf dem Land, d.h. auf Einzelhöfen oder in Siedlungen mit weniger als 300 Einwohnern.

Einzelhof im Skagafjörður-Gebiet

Welch ungeheurem Strukturwandel die Insel unterworfen war, zeigt die Vergleichszahl vom Ende der 1990er Jahre: nur noch 9 % können als ‚Landbewohner' definiert werden – eine Zahl, die nur noch mit **Landflucht** erklärt werden kann. Verlassene Bauernhöfe und entsiedelte alte Kulturlandschaften im Nordwesten und Osten sind sichtbares Zeugnis dafür. Das jährliche Wachstum betrifft alle Regionen mit Ausnahme des Ostens und der

Westfjorde, wo die Bevölkerungsdichte nunmehr auf dem tiefsten Stand seit 1880 angelangt ist. Aber die Attraktivität der Hauptstadtregion ist nach wie vor signifikant.

Es ist klar, dass ‚Landflucht' nicht nur Konsequenzen für die Siedlungsstruktur hat und gleichbedeutend mit ‚Verstädterung' ist, sondern sowohl Ursachen für als auch Auswirkungen auf die Struktur des **Wirtschaftslebens** besitzt. Die Landwirtschaft und Fischerei binden immer weniger Arbeitskräfte, der Dienstleistungs- und industrielle Sektor immer mehr.

Selbst wenn es nicht mehr so wie früher genutzt wird, gehört außerhalb der Siedlungen fast das gesamte **Land** einschließlich der Berge, Täler und Flüsse heute noch den Bauern. So kann ein Gebiet von der Fläche des Herzogtums Luxemburg im Besitz einer einzigen Familie sein. Die bäuerlichen Eigentümer sind in ihren Nutzungsrechten kaum Beschränkungen unterworfen, nur der Verkauf des Landes an Ausländer ist nicht gestattet. Allein die Nationalparks gehören dem Staat.

Bauboom

In den **Städten** sind die Verhältnisse oft anders. In Akureyri ist ein Großteil des Grund und Bodens in kommunalem Besitz und wird nur verpachtet. Dadurch gibt es zwar keine Grundstücksspekulation, allerdings kann man nicht unbedingt da bauen, wo man gerne bauen möchte. Für das von der Stadt freigegebene Bauland, für das z.T. strenge Auflagen gelten, gibt es Bewerbungslisten.

Die Tatsache, dass Bauland oft nicht gekauft, sondern gepachtet wird, tut weder der Anziehungskraft der Städte noch dem Bauboom Abbruch. Allein in der Hauptstadt wurden zwischen 1990 und 2000 jährlich über 720 Wohnungen neugebaut und im statistischen Mittel teilen sich 2,5 Einwohner eine Wohnung. Die meisten Großstädter wohnen in Eigentumswohnungen (= 45,2 %); Mietwohnungen sind eher die Ausnahme.

Der hohe Prozentsatz an Eigentumswohnungen oder Eigenheimen ist übrigens u.a. auf das **‚Zwangssparen'** zurückzuführen: Jugendliche, die auf dem freien Arbeitsmarkt beschäftigt sind, können nur über 85 % ihres Lohnes verfügen. Die restlichen 15 % werden auf einem Sperrkonto angelegt und ihnen einschließlich Zinsen im Fall der Heirat oder im Alter von 27 Jahren ausbezahlt, was oft zum Kauf von Wohnungseigentum ausreicht oder als Grundstock zum Häuserbau dient.

Wirtschaftliche Lage und Arbeitswelt

Soziale Lage

Die soziale Lage des heutigen Wohlfahrtsstaates hat nichts mehr gemein mit der vergangener Zeiten, als die Isländer als unterernährte, von Seuchen und Naturkatastrophen Gebeutelte im Armenhaus Europas dahinvegetierten. Während heute die Kindersterblichkeit die geringste der Welt ist, war sie noch zur Mitte des

19. Jahrhunderts die höchste des Kontinents (ein Drittel der Neugeborenen starb während des ersten Jahres), Unterernährung und chronische Krankheiten gehörten zum Lebensalltag. In weniger als 150 Jahren haben sich die politischen, hygienischen, sozialen und wirtschaftlichen Verhältnisse also grundlegend gewandelt, und das Land zählt eindeutig zu den wohlhabenden Nationen. Gewandelt hat sich auch das Bild einer Nation von Fischern und Bauern. Zwar erwirtschaften die Beschäftigten des primären Sektors immer noch den Großteil der Exporte und gut die Hälfte der Exporteinnahmen, doch auf dem Arbeitsmarkt ging und geht ihr Anteil stetig zurück.

Wirtschaftliche Lage

Trotz der relativ hohen Abhängigkeit von den Erträgen aus der Fischerei konnte sich Island ein erstaunlich stabiles wirtschaftliches Niveau erhalten, das bis zur Finanzkrise 2008–09 in fast allen Eckdaten deutlich positivere Züge als der EU-Durchschnitt aufwies. Dazu gehörte eine stetige Steigerung des Bruttosozialproduktes ab 1994, ein durchschnittliches Wirtschaftswachsatum von 4,5 % und eine Arbeitslosenquote von zuletzt nur 1,5 %. Auch der Staatshaushalt war nahezu ausgeglichen und zeigte Ende 2007 sogar einen leichten Überschuss.

Vielarbeiter mit Ruhepause: Fischfabrik-Angestellter

Dann aber kam der jähe Absturz: Die globale Finanzkrise von 2008–09, die sich schnell auch zu einer Wirtschafts- und Regierungskrise auswuchs. Kein Land wurde von dieser Krise schlimmer betroffen als Island, das als Staat ins Wanken geriet und nur mit internationaler Hilfe vor einem Staatsbankrott gerettet werden konnte. Schon vorher hatte die Insel unter konjunktureller Überhitzung gelitten; 2008 schließlich lief deswegen die Inflation aus dem Ruder, das Handelsdefizit schwoll an, während die Landeswährung ebenso abstürzte wie die Aktienkurse.

Lange Zeit hatten die Isländer über ihre Verhältnisse gelebt, hatten vor allem Immobilien und andere teure Güter auf Pump gekauft. Schließlich stiegen die Privatschulden pro Kopf auf die doppelte Höhe des verfügbaren Einkommens. Als dann die Risikogeschäfte der größten isländischen Banken das Land an den Rand des Zusammenbruchs brachten, hatte das dramatische Folgen: Viele Isländer verloren ihre gesamten Ersparnisse, die Wirtschaftsleistung schrumpfte rapide. Die Arbeitslosigkeit, die **2004–07** nur 1,0–3,0 % betragen hatte (was **faktisch Vollbeschäftigung** bedeutet), stieg nun sprunghaft an. Seit Beginn der Krise gab es in Reykjavík fast täglich Proteste gegen die

Regierung, die teilweise tumultartig verliefen, erstmals wurde dabei von der Polizei auch Tränengas eingesetzt.

Arbeitszeit

hart und lange

Allgemein kann man sagen, dass die Beschäftigten in allen Bereichen hart und lange arbeiten. Zwar gilt offiziell die 40-Stunden-Woche, doch wird dies nicht nur durch Überstunden und Sonderschichten unterlaufen, sondern mehr noch durch die Tatsache, dass viele Landeskinder einen zweiten, manchmal sogar einen dritten Job besitzen. Nach einer Statistik der Gesundheitsbehörde arbeiteten die Beschäftigten zwischen 17 und 75 Jahren durchschnittlich 50 Stunden in der Woche! Damit haben sie sich den zweifelhaften Ruf erworben, die stärksten *workaholics* Europas zu sein.

Einkommen, Preise und Inflation

Sprunghaft stiegen die Löhne, nachdem man schrittweise die Fischereigrenzen erweitert hatte und die Anlandungen von Fisch traumhafte Quoten erfuhren. Mit sicheren Abnehmern für ihre Ware und vollen Auftragsbüchern, konnte es sich die Fischindustrie leisten, ihren Arbeitern und Angestellten jährlich respektable Lohnzuwächse zu genehmigen. Alle anderen Wirtschaftszweige, ob sie wollten oder nicht, standen unter Zugzwang und taten es dem Fischereisektor nach. Das Resultat war, dass die Isländer im Geld zu schwimmen schienen. Dieses wurde in einem **Kaufrausch** sondergleichen für teure Importwaren ausgegeben, wobei die Nationalökonomie aber schlichtweg überfordert war: die Preise begannen erst langsam, dann immer schneller zu steigen. 1981 hatte die Zentralbank zwar zwei Nullen der Währung gestrichen (aus hundert Kronen wurde eine), aber es dauerte nicht lange, bis die **Inflation** wieder zu astronomisch anmutenden Beträgen führte und 1983–84 eine Rate von 130–180 % erzielte.

Einkaufszentrum Kringlan

Viele Isländer sahen das eher von der praktischen Seite, spornte eine solche Rate doch geradezu dazu an, Schulden zu machen (die sich nach wenigen Jahren von selbst halbiert hatten). Erst in den 1990ern gelang es, die hohe Inflation einzudämmen. Im Vorfeld und im Zuge der Finanzkrise zog die Geldentwertung dann aber wieder kräftig an und erreichte Mitte 2008 sowie Anfang 2009 fast 13 %. Schon vorher hatte die isländische Krone im Zeitraum zwischen Juni 2007 und Juni 2008 etwa die Hälfte ihres Wertes gegenüber dem Euro verloren, auf dem Höhepunkt der Finanzkrise schließlich 70 %!

Was die **Löhne** anbetrifft, zählt Island nach OECD-Statistiken zu den 10 Ländern mit den höchsten Pro-Kopf-Einkommen der Welt. Würde man aber darauf achten, was das einzelne Landeskind für sein Geld tatsächlich bekommt, wäre Island mit Sicherheit nicht unter den ‚Top Ten' angesiedelt. Es ist nämlich berechtigt, von Island als von einem der teuersten Länder der Welt zu sprechen (was jeder Tourist an seiner Reisekasse spüren wird), was natürlich negative Auswirkungen auf die **reale Kaufkraft** hat. Nach einer Untersuchung Ende der 1990er Jahre war ein repräsentativer Warenkorb von Alltagsgütern und Dienstleistungen auf der Insel um sage und schreibe 80 % teurer als im Durchschnitt der EU-Länder! Auch hier hat natürlich die jüngste Entwicklung gegengesteuert.

hohe Löhne, teures Land

Fischerei

Historische Grundlagen

Es hat lange gedauert und Hungersnöte und Verelendung gebraucht, bis sich das traditionelle Agrarland dem Fischfang zuwandte. Dabei lag die lukrative Einnahmequelle direkt vor der Haustür, denn die Fischbestände im Nordatlantik zählen zu den reichsten der Welt. Durch die größere wirtschaftliche Eigenverantwortung seit Anfang des 20. Jh., durch technische Fortschritte auf dem Gebiet der Seefahrt, Fanggeräte und Beobachtungsmöglichkeiten von Fischschwärmen sowie durch eine Spezialisierung auf die schwierigen nordatlantischen Gewässer schaffte es das kleine Land jedoch in relativ kurzer Zeit, zu einer der wichtigsten Seefahrtsnationen der Welt aufzusteigen.

Traditioneller Exportartikel: Stockfisch

Wesentlich beflügelt hat diese Entwicklung der Zweite Weltkrieg, als das Land das einzige in Nordeuropa war, das mehr oder weniger unbehelligt auf Fischfang gehen konnte und das gleichzeitig einen enormen Absatzmarkt fand. Mit einem Mal war die traditionell hohe Arbeitslosigkeit verschwunden und durch den Export von tiefgekühltem Fisch nach Großbritannien und in die USA war die Staatskasse des jungen Staates von Beginn an reich gefüllt. Die erzielten Gewinne wurden anschließend in die Modernisierung und Aufstockung der Flotte gesteckt, so dass man auch nach Ende des Krieges konkurrenzfähig war und sich zudem einen hohen Grad der Spezialisierung erworben hatte.

Dass die Fischereiindustrie der Lebensnerv des Landes ist, zeigen die sog. Kabeljau-Kriege mit Großbritannien, die besonders 1959 und 1975 eskalierten (S. 46). Die schrittweise von 4 auf 200 Seemeilen vergrößerte ökonomische Zone wurde 1976 allgemein anerkannt. Aber auch 1994–96 gab es noch außerordentlich heftige Spannungen sowohl mit Mitgliedstaaten der EU als auch mit Grönland, Russland und vor allem Norwegen. Der von der europäischen Öffentlichkeit kaum wahrgenommene isländisch-norwegische Kampf um Hering und Kabeljau nahm dabei durchaus dramatische Formen an, u.a. schoss die norwegische Küstenwache auf isländische Trawler in der selbstproklamierten 200-Seemeilen-Zone um Spitzbergen. Ein isländischer Trawler wurde nach Tromsø (Nordnorwegen) gebracht und dort festgesetzt, der Kapitän verhaftet. Ein Grund für das kriegerische Gebaren lag u.a. in der Wanderung der Heringsschwärme, die sich aus den stark überfischten norwegischen Gewässern immer mehr in die sog. ‚Schlupflöcher' der internationalen Gewässer zurückziehen. Die Grenzziehung der Schlupflöcher ist ebenso umstritten wie die Vereinbarungen über die Fangquoten in diesen Gewässern.

Stellenwert und Risiken der Fischindustrie

Zwar ging die Zahl der Beschäftigten in der Fischerei in den letzten Jahren stetig zurück. Doch waren 2007 von allen Erwerbstätigen immer noch rund 10 % in der Fischerei und Fischverarbeitung beschäftigt. Und außerdem haben Fisch und Fischereiprodukte einen Anteil von 42% am Export (in den 1970ern waren dies noch 90 %). Das Wohl und Wehe des Staates hängt nun einmal vom Fisch ab; als z.B. 1987–88 traumhafte Fangergebnisse erzielt wurden, bedeutete dies damals eine achtprozentige Steigerung des Bruttosozialproduktes – ein im Vergleich der europäischen Nationalökonomien einmaliger Wert! Das ist der Grund, warum eine ganze Nation gebannt auf die Bildschirme schaut, wenn in den Nachrichten ausführlichst über Fangquotenregelungen, tatsächlich erzielte oder zu erwartende Fänge, Standort von Fischschwärmen, Wetter- und Temperaturdaten auf hoher See, Kapazitäten der fischverarbeitenden Betriebe sowie deren Lohn- und Preispolitik berichtet wird.

Die (notgedrungene) Verknüpfung der insularen Wirtschaft mit der Fischerei bringt Vor- und Nachteile. Die Vorteile liegen auf der Hand, wenn die Fangergebnisse stimmen und der Weltmarktpreis nicht in den Keller rutscht. In den 1950–60er Jahren stand beispielsweise der Hering in vorher nicht gekannter Dichte vor der Küste, nachdem seine Bestände nach dem Zweiten Weltkrieg stark zurückgegangen waren. Die Hafenorte erlebten einen legendären Boom, und in einem wahren Arbeitsfieber wurde Tag und Nacht gesalzen. Sogar zu Fischmehl wurde der Hering damals verarbeitet (die Stellung als ‚Industriefisch' nimmt heute die kleinere, schmalere und ebenfalls sehr fetthaltige Lodde ein).

Abhängigkeit vom Fisch

Immer noch spricht man über diese ‚12 Heringsjahre' mit ihren fantastischen Verdienstmöglichkeiten. Als dann der Hering von einem Jahr zum anderen aber praktisch überhaupt nicht mehr vor Island auftauchte, folgte auf die Goldrauschstimmung der Katzenjammer. Die modernen Beobachtungs- und Fangmethoden hatten die Bestände so weit dezimiert, dass 1971–74 ein absolutes Heringsfangverbot erlassen werden musste. Der wegen der Unvorhersehbarkeit der Fangergebnisse und wegen der stark schwankenden Weltmarktpreise riskante Sektor zieht auch der Planbarkeit der staatlichen Wirtschaftsentwicklung enge Grenzen. Konkurse von Fischereigesellschaften, Lohnstreiks, saisonale Arbeitslosigkeit oder Arbeitskräftemangel – das sind typische Begleiterscheinungen des Geschäftes.

Durch Investitionen, Beteiligungen und Aufkäufe ausländischer Fischereibetriebe – insbesondere auf dem (ost)deutschen Markt – hat es das Land jedoch geschickt verstanden, seine Aktivitäten über einen größeren Raum zu verteilen und damit von lokalen Ungünsten unabhängiger zu werden.

Fänge und Export

ökonomisches Standbein

Unter den angelandeten Fangmengen dominieren Lodde (Kapelan) und Kabeljau (Dorsch), wobei isländische Trawler in den vergangenen Jahren stets ein Drittel des gesamten Nordatlantik-Kabeljaus aus dem Wasser holten. Während dieser verarbeitet, roh, gesalzen oder als Stockfisch in den Export geht, wird die Lodde hauptsächlich als sog. Industriefisch zu Fischmehl und Öl verarbeitet. Auch der Hering ist bedeutend, der gesalzen oder tiefgefroren ausgeführt wird. In rund 100 Gefrierhäusern entlang der Küste hält man den Fisch frisch, wenn er nicht direkt von den Trawlern zu den Absatzmärkten gebracht wird. Hoch ist auch die Anzahl der Fisch verarbeitenden Betriebe. Hier werden mit modernster Technik die Tiere sortiert, halbiert, geköpft und filetiert sowie gründlichst untersucht. Diese meist von Frauen verrichtete Arbeit, bei der die Fischfilets auf stark beleuchteten Arbeitsplatten ‚durchsichtig' gemacht werden, dient dem Aufspüren des Fischwurms, der durch Seehund-Exkremente in die Fischmägen gelangt. Die Fischfabriken, in denen filetiert, tiefgefroren und verpackt wird, gehören oft zu Kooperativen, die von selbständigen Fischern beliefert werden oder selbst mehrere Trawler besitzen. Sie stehen übrigens in direkter Konkurrenz zur fischverarbeitenden Industrie Mitteleuropas, weswegen die Europäer eher am Import von Rohfisch interessiert sind, der dann bei ihnen weiterverarbeitet wird. Demgegenüber ist der amerikanische Markt für bereits verarbeitete Produkte (besonders Fischfilets) nach wie vor ausschlaggebend.

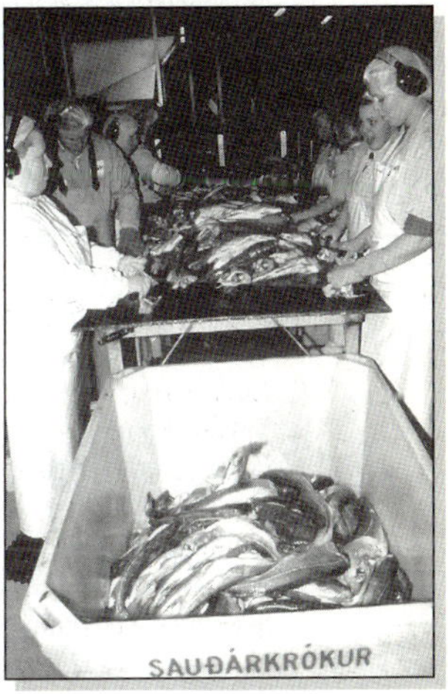

Fischfabrik in Sauðárkrókur

Beim Export haben die EU-Länder (u.a. Deutschland mit 12 %) den ehemaligen Hauptabnehmer USA hinter sich gelassen, wobei außer Kabeljau nach Großbritannien vor allem Schellfisch und nach Deutschland vor allem Rotbarsch geliefert wird. Insgesamt gehen die isländischen Fischexporte (in welcher Form auch immer) in die gesamte Welt, wobei bestimmte Länder bestimmte Vorlieben haben. Bei Frankreich ist es z.B. Seelachs, bei Spanien und Griechenland gesalzene Fische, Portugal und Nigeria wünschen Stockfisch, arabische Länder Scholle und Seehase, Japan Meeresfrüchte usw.

Die Fangergebnisse der isländischen Trawler blieben in den letzten 15 Jahren in etwa auf dem Niveau der Vorjahre (ca. 1,6–2,1 Mio. t), was angesichts weltweit sinkender Erträge und steigender Marktpreise als Erfolg gelten kann. In den Jahren 2006, 2007 und 2008 war jedoch ein Rückgang der Fangmenge auf unter 1,4 Mio. t zu beobachten.

Aquakultur

Seit vielen Jahren schon steht der Begriff Aquakultur für einen boomenden Wirtschaftszweig. Gemeint ist damit Farmfisch aus Netzkäfigen, vor allem die Aufzucht von Lachs, aber auch von Meerforellen, Austern und Miesmuscheln. Stammten im Jahr 2000 noch etwa 3.600 t Fisch aus Aquakuturen, waren es 2004 schon 8.800 t. Damit kann Island zwar nicht mit den Aquakultur-Erträgen des führenden Norwegen oder denen von Schottland und Kanada mithalten, doch sind die Erfolge auch hier unübersehbar. Außerdem werden auch Regenbogenforellen, Aale und Saibling auf rentable Weise in geschlossenen Systemen produziert. Schließlich bieten die zahlreichen Fjorde und die der Küste vorgelagerten Inseln mit ihren günstigen Wassertemperaturen ideale Voraussetzungen für die Aquakultur.

Walfang

umstrittene Tradition

Der Walfang hat in Island Tradition. Als der norwegische Reeder *Svend Foyn* in der zweiten Hälfte des 19. Jh. eine Harpune entwickelte, die mit einer Kanone in die Walkörper geschossen wurde, und er spezielle Dampfschiffe für den Walfang bauen ließ, begann auch auf der Vulkaninsel die Jagd auf die Giganten der Meere in großem Stil. Ohnehin waren die alten Fangtechniken ungeeignet, wenn die wendigen, bis zu 29 m langen und 20 t schweren Finnwale erlegt werden sollten. Nach der großen Zeit des Walfangs nahmen die Fangergebnisse ständig ab und mündeten 1915–35 in einem Stopp der Jagd. Seit 1948 fing man dann erneut rund 450 Tiere jährlich (zumeist Finn- und Pottwale) und selbst zu Beginn der 1980er Jahre kam man auf eine Fangmenge von etwa 200 Exemplaren. 1984 tauchten jedoch plötzlich solch große Mengen an Walschulen vor der Küste auf, dass die seit Jahrzehnten besten Ergebnisse erzielt wurden und die Kapazitäten zur Verarbeitung gar nicht mehr ausreichten.

Auch nach dem Walfangstopp, der nach einem Beschluss der Internationalen Walfangkommission *(IWC)* 1986 in Kraft trat, durften von isländischen Fischern Zwerg- und andere Wale im Nordatlantik nach einer festgelegten Quote zu ‚wissenschaftlichen Zwecken' erlegt werden. Die größte Station liegt dabei am Ende des *Hvalfjörður,* im Innern der Bucht *Faxaflói* nördlich von Reykjavík. Seit dem Auslaufen des von der *IWC* verfügten Walfangstopps 1990 muss jedes Jahr neu über den kommerziellen Walfang abgestimmt werden. Dabei erweisen sich Norwegen, Japan und Island als Hardliner, die die Bestände des Zwergwals in Antarktis und Nordatlantik, die sich hinreichend erholt hätten, jagen wollen.

Der Zwergwal, auch Minkwal genannt, gehört zu den kleinsten Exemplaren innerhalb der Familie der Großwale, er wird bis ca. 10 m lang, bis zu 9 t schwer und lebt in den kälteren Gewässern der Weltmeere als Einzelgänger oder in Kleingruppen von 2–3 Tieren. Bei der 1991 in Reykjavík tagenden *IWC*-Konferenz kam es zum Eklat, als Norwegen und Island ihr Veto gegen die Erneuerung des Fangverbotes einlegten und sich damit laut Satzung nicht mehr an die Beschlüsse gebunden sahen. Ein Jahr später trat Island sogar ganz aus dem Verband aus, was laute Proteste insbesondere in den USA und Deutschland zur Folge hatte. Zwar trat

INFO

Auf Konfrontationskurs: Island und die Tierschützer

Das Unverständnis, das der World Wildlife Fund (WWF) und Greenpeace für Islands Walpolitik zeigen, ist ein besonders deutliches, wenn auch nicht das einzige Beispiel für erhebliche Meinungsdifferenzen zwischen Tierschutzorganisationen und dem kleinen Land. Tatsächlich besitzt gerade Greenpeace bei der Bevölkerung einen denkbar schlechten Ruf. Der Organisation wird vorgeworfen, mit Stimmungsmache und bewusster Täuschung der Weltöffentlichkeit die eigene Profilierung voranzutreiben. Greenpeace, das auf diese Weise zu einem kapitalkräftigen Konzern geworden sei, suche sich bewusst Tierarten aus, die einen hohen Grad der Emotionalisierung böten (Robben, Wale), ohne darauf zu achten, wie ein übertriebener Schutz das ökologische Gleichgewicht im Atlantik stören könne.

Nicht vergessen hat man im Land die Kampagne gegen den Fang der Papageientaucher auf den Westmännerinseln. Diese habe nicht nur eine uralte Kulturtechnik angeprangert, sondern bewusst verschwiegen, dass die Papageientaucher-Population seit Jahrzehnten auf dem gleichen Niveau gehalten würde und angesichts von Millionen brütender Paare von Ausrottung nicht die Rede sein könne. Auch die Anstrengungen gegen das Robbenschlachten hat man in Island, obwohl die Insel davon weniger betroffen war als Grönland, äußerst kritisch betrachtet. Denn auch in den Netzen isländischer Trawler finden sich seit dem Boykott von Robbenprodukten immer häufiger hungernde oder verhungerte Tiere und immer weniger Fisch. Im Fisch wiederum ist der Wurmbefall signifikant größer geworden, der durch die Robbenexkremente in seinen Magen gelangt. Die Robbe sei, so heißt es, ein von den Industrienationen geschützter ‚Räuber der Meere', ohne dass die betroffenen Fischer etwas dagegen unternehmen könnten.

Vielen Touristen ist die Problematik fremd und sie bereisen ohne böse Ahnung mit Greenpeace-Aufklebern auf Rucksack oder Auto das Land. Unvermittelt sehen sich diese dann der Situation gegenüber, in nicht endenwollende und hitzige Diskussionen hineingezogen zu werden. In diesen haben sie regelmäßig einen schweren Stand, denn die Argumente, die z.B. für den Walfang sprechen, kennt inzwischen jedes isländische Kind auswendig.

die Insel im Jahre 2002 der *IWC* wieder bei und ließ dabei verlautbaren, dass man den kommerziellen Walfang nicht vor 2006 wieder aufnehme. Doch schon 2003 meldete Reykjavík den Abschuss von 38 Minkwalen. Die Isländer berufen sich dabei auf die offiziellen Schätzungen des Wissenschaftsausschusses der *IWC* über den Bestand der Wale im Nordostatlantik. Nach ihrer Meinung ist nicht die Frage des Überlebens der heimischen Küstenbevölkerung für den Standpunkt in dieser Angelegenheit maßgebend. Sondern die Erkenntnis, dass es darauf ankommt, mit den gesamten Ressourcen auf eine ganzheitliche Weise hauszuhalten. Schließlich habe man, als einheimische Wissenschaftler eine Ausrottung der Walpopulationen befürchteten, bereits 1915–35 auf den Walfang total verzichtet, und zwar freiwillig, ohne internationalen Druck und lange vor dem Aufkommen modischer Tierliebe.

internationaler Protest

Allerdings blieben 2003 von 35 t Fleisch, für die 36 der bedrohten Zwergwale getötet worden waren, 23 t ohne Abnehmer. Neben dem zunehmenden Boykott von Walfleisch spielten auch die Island-Touristen eine große Rolle: Die Befürchtung von Kritikern, dass die Wiederaufnahme des kommerziellen Walfangs sich negativ auf den Tourismus allgemein und besonders auf die touristische Nutzung der Walbestände (zzt. ca. 90.000 Teilnehmer jährlich an Whale-Watching-Exkursionen) auswirken würde, bestätigte sich, als viele Urlauber ihre Reise nach Island stornierten, nachdem Island angekündigt hatte, 2006 und 2007 insgesamt 30 Zwerg- und neun Finnwale zu jagen.

Viele internationale Organisationen (u.a. Greenpeace, Campaign Whale, Project Blue Sea) und Regierungen haben die Isländer aufgefordert, definitiv den Walfang einzustellen, egal ob zu ‚wissenschaftlichen' Zwecken oder aus kommerziellen Gründen.

Land- und Forstwirtschaft

Obwohl die ersten Siedler als Bauern gekommen waren und noch für lange Zeit die Landwirtschaft dominierte, ist Island von der Natur her alles andere als ein ideales Agrarland. Riesige Flächen mit Gebirgen, Wüsten, Wildnis und Mooren eignen sich nicht zur Besiedlung. Als eines der unwirtlichsten und gebirgigsten Länder Europas bietet es seinen Bewohnern nur eine geringe landwirtschaftliche Nutzfläche (ca. 22 %), die außerdem noch zu mehr als 99 % aus kargen Wiesen und Weiden besteht. Auch wenn die verschiedenen Landesteile sich hinsichtlich Klima und Topographie voneinander unterscheiden, so gilt doch grundsätzlich, dass die Winter zu lang und die Sommer zu kurz sind. Dennoch konnten Menschen über Jahrhunderte am Rande Europas siedeln und sich vom Lande ernähren. Die wichtigsten Landbauregionen sind die südliche Küstenebene zwischen den Flüssen *Hvítá* und *Þjórsá* sowie im Norden die Talungen von *Akureyri, Varmahlíð* und *Sauðarkrókur.*

Oft jedoch begrenzen die klimatischen Verhältnisse die Nutzbarkeit der Kulturflächen. Kartoffeln, Kohl und Gemüse ist das einzige, was in nennenswertem Umfang wächst und wo der Eigenbedarf mehr oder weniger gedeckt werden kann.

große Höfe

Im internationalen Vergleich stehen die rund **4.500** landwirtschaftlichen **Betriebe** mit einer Durchschnittsgröße von 500 ha ausgesprochen gut da, doch kann sich die Qualität der Böden längst nicht mit kontinentaleuropäischen Verhältnissen messen. Gegenwärtig sind etwa 3,5 % der erwerbstätigen Bevölkerung direkt in der Landwirtschaft beschäftigt (1940 waren es noch mehr als 30 %). Einen ständig wachsenden Erwerbszweig stellen die **Treibhauskulturen** (mehr als 25 ha) dar, die erst die moderne Nutzung der geothermalen Energie möglich machte. Treibhäuser, in denen Tomaten, Bananen, Gurken, Weintrauben, Paprika sowie andere Früchte und Blumen herangezogen werden, sieht man heutzutage über das ganze Land verstreut. Das Zentrum dieser Kulturen ist das östlich von Reykjavík an der Ringstraße gelegene *Hveragerði.* Zwar ist bei den meisten Produkten eine Deckung des Eigenbedarfs noch nicht erreicht, doch je mehr Glashäuser entstehen – auch in privaten Gärten –, desto geringer wird die Notwendigkeit, Gemüse, Obst und Südfrüchte zu importieren. Inzwischen haben sich die Isländer ein einmaliges Know-How in diesem Wirtschaftszweig erworben und wissen, welche Bedingungen in Architektur, Material, Düngung, Beleuchtung, Belüftung und Säuberung ideal sind.

Pferde und Schafe

Das Standbein der insularen Landwirtschaft ist jedoch die **Viehzucht**, die das Land durch ihre Fleischerzeugung sowie Milch- und Eierproduktion unabhängig macht. Allgegenwärtig sind **Schafe**, deren Zahl wegen Überproduktion allerdings durch Quotierung ständig gesenkt werden muss. Die Quote, die heute ein Bauer hat, richtet sich nicht nach der Größe seines Landbesitzes, sondern danach, wie viele Schafe er bei Einführung der Quotierung hatte. Die Höchstgrenze lag 1994 bei 416 Mutterschafen pro Hof. Obwohl die Isländer selbst prozentual mehr Lammfleisch verspeisen als andere Europäer, trägt die Ausfuhr von tiefgefrorenem Lamm- und Hammelfleisch, Natur- und verarbeitete Wolle sowie Schafsfellen erheblich zum Gesamtexport bei. Daneben deckt die Erzeugung von Rind-, Schweine-, Pferdefleisch und Geflügel ebenso die Binnennachfrage wie die Milchproduktion. Beträchtliche Mengen an Käse und H-Milch sowie an Rindfleisch konnten ausgeführt werden. Ein weiterer wichtiger Sektor ist die **Pferdezucht**, die nicht nur durch die gestiegene Nachfrage an Islandpferden im Ausland, sondern auch aus touristischen Gründen (Reiturlaub) weiter an Bedeutung gewinnen wird. Für alle Tiere und tierischen Produkte besteht übrigens ein strenges Einfuhrverbot.

Pferdezucht: Erwerbszweig mit Zuwachsraten

Wegen der Viehbestände spielt die **Heuwirtschaft** eine große Rolle, denn nicht immer lässt das Klima eine Nutzung der Winterweiden zu. Auffällig sind auf den Weiden die weißen Plastikballen (Wachsfolie), die man auch von anderen skandinavischen Ländern her kennt. In diesen wird Heu, nachdem es nur angetrocknet und aufgerollt wurde, luftdicht abgeschlossen, wodurch es sich frischer hält und von den Tieren gerne gefressen wird. Nach Öffnen der Ballen muss das Heu allerdings innerhalb von 2–3 Tagen verbraucht werden. Diese Ballen, die ein Gewicht von 500 kg haben, bieten nicht nur Vorteile, denn die Entsorgung des Plastiks wird immer mehr zum Umweltproblem. Außerdem ist eine Schwachstelle der Methode, dass man bisweilen Kleintiere (z.B. Mäuse) mit einrollt, diese dann vergären und die Qualität verschlechtern.

Da viele isländische Betriebe eine Familie nicht ernähren können, sind Nebeneinnahmen unabdingbar. Häufig betreibt man eine **Nischenproduktion**, indem man zusätzlich Pferde züchtet, traditionelle bäuerliche Kunst- und Gebrauchsartikel herstellt oder Ferien auf dem Bauernhof anbietet. Lange Zeit bot auch die **Pelz-**

tierzucht (Füchse, Nerze, Angora-Hasen) ein beachtliches Zubrot. Nachdem jedoch die Weltmarktpreise wegen der gesunkenen Nachfrage ins Bodenlose fielen, sind von ca. 250 Zuchtbetrieben noch vor wenigen Jahren nurmehr etwa 70 übrig geblieben. Die Felle gehen hauptsächlich zu Auktionen nach Kopenhagen, in kleineren Mengen auch nach Finnland und in die USA.

Obwohl inzwischen größere Gebiete – mehr als 125.000 ha – wieder aufgeforstet worden sind, spielt die **Forstwirtschaft** keine Rolle. Erst einmal dauert es erheblich länger als in Mitteleuropa, bis aus den Setzlingen verwertbare Bäume geworden sind. (Es gibt einen lokalen Scherz, der das Wachstum gut beschreibt: Nach 100 Jahren kann man sich, sollte man sich im isländischen Wald verirren, die Orientierung ganz leicht wieder finden, in dem man einfach aufsteht.) Zweitens steht nicht ein möglicher volkswirtschaftlicher Nutzen hinter dem Aufforstungsprogramm, sondern eine langsame Zurücknahme der klimatischen und ökologischen Schäden (Erosion), die durch den Kahlschlag seit der Landnahmezeit entstanden sind. Auch in Zukunft ist die Insel auf den Import von Holz angewiesen.

Industrie und Energiegewinnung

Fischerei und Landwirtschaft, die Hauptstützen der isländischen Ökonomie, sorgen für eine breite Palette weiterverarbeitender Betriebe. Während **Fischfang** und **Handelsflotte** Arbeitsplätze in der fischverarbeitenden Industrie, im Schiffs- und Maschinenbau sowie in der Verpackungsindustrie sichern, ist die **Landwirtschaft** für etliche Firmen und Zulieferbetriebe in der Fleischverarbeitung und Schokoladeherstellung, für Käsereien, Molkereien, Brauereien, Gerbereien und in der Textilherstellung Lebensgrundlage.

Außerhalb dieser Bereiche scheiterte die Entwicklung einer nennenswerten **Industrie** lange Zeit an den fehlenden **Rohstoffen** – von der großen Zementfabrik in Akranes, dem Kieselgurwerk am Mývatn und einer Düngemittelfabrik einmal abgesehen. Auf der anderen Seite besitzt das Land ungeheure Möglichkeiten der Energiegewinnung (s.u.). Dies könnte der Schlüssel sein, um die Abhängigkeit vom fischverarbeitenden und landwirtschaftlichen Sektor zu verringern. Ein gutes Beispiel dafür ist das 1979 errichtete **Ferro-Silizium-**Schmelzwerk *Grundartangi,* das nordwestlich der Hauptstadt am *Hvalfjörður* liegt. Die hier erwirtschaftete Jahreskapazität von rund 70.000 t Ferrosilizium wird ausnahmslos an Stahl produzierende Länder exportiert.

zukunftsträchtige Industrie und…

Noch bedeutender ist die **Aluminiumindustrie** des Landes, die bereits 1969 in Straumsvík, 15 km südlich der Hauptstadt, mit der großen *Ísal*-Aluminiumhütte einen Standort erhielt. Obwohl der Rohstoff Bauxit bzw. Tonerde aus Australien importiert werden muss, lohnt sich für die Betreiberfirma *Alusuisse* das Unternehmen, da der äußerst energieintensive Vorgang der Aluminiumschmelze durch das eigens dafür errichtete Wasserkraftwerk *Búrfell* profitabel ist. Deshalb wurde auch, nachdem ökologische Bedenken (Fluor-Anfall) durch neue Filteranlagen weitgehend zerstreut worden sind, ein zweites Aluminiumwerk eingerichtet.

Beide zusammen bringen es auf eine Jahreskapazität von derzeit rund 230.000 t Rohaluminium. Für die Nationalökonomie sind dabei sowohl die Deviseneinnahmen aus der Ausfuhr (immerhin ca. 15 % der Exporterlöse des gesamten Landes!) von Interesse, ebenso wie die entstandenen Arbeitsplätze und die Investitionen in die Infrastruktur (u.a. Straßen, Hafenanlagen). Außerdem stellt die Aluminiumproduktion einen Zukunftsmarkt dar, insbesondere für Folien und in der Flugzeug- und Automobilindustrie. Deshalb soll nach dem Willen der Regierung zu den bisherigen Aluminiumhütten eine weitere riesige hinzukommen, die mit Abstand größte Europas, mit einem geplanten Ausstoß von 240.000–420.000 t. Deren Standort am Fuße des *Eyabakkajökull* freilich ist nicht unumstritten. So kämpften Naturschützer gegen den Bau der Industrieanlage ebenso wie gegen das gigantische Staudamm-Projekt, das den notwendigen Strom liefern soll (s.u.) – und vom Widerstand profitierten die Grünen, die der Protest 1999 und 2003 ins Parlament trug.

So gering das Angebot an Rohstoffen auf der Insel ist, so bedeutend sind die Vorkommen nutzbarer **Energiequellen**: Erdwärme, Wasser, Wind, Heißwasser und Dampf sind überreich vorhanden, fossile Brennstoffe fehlen jedoch auf Island. Und da bislang weder die Trawler der Fischereiflotte, noch die Jets der *Icelandair* oder die Armada an Personenwagen und Nutzfahrzeugen mit heißem Wasser, Dampf oder Strom in Bewegung gesetzt werden können, ist das Land noch von der **Öleinfuhr** abhängig. Norwegen, Russland und Großbritannien sind die wichtigsten Lieferanten; und der Anteil des Erdöls am inländischen Energiebedarf beträgt etwa ein knappes Drittel. Dass selbst das geändert werden soll, kündigte das Allthing bereits 1998 an, das zukünftig den gesamten Energiebedarf des Landes mit einheimischen Ressourcen gedeckt sehen möchte. Der Zeitplan sieht vor, bis zum Jahre 2030 den Erdölbedarf komplett durch den **Energieträger Wasserstoff** zu ersetzen. Bereits jetzt dient Wasserstoff einer Kunstdüngerfabrik als Rohstoff für die Ammoniakherstellung. Und die ersten Reykjavíker Stadtbusse, deren Brennstoffzellen mit Wasserstoff gespeist werden, sind bereits in Betrieb.

… zukunftsträchtige Energie

Eine Schlüsselposition bei der Entwicklung der neuen Technik nimmt die Firma *Islandic New Energy* in Reykjavík ein, an der sich internationale Großkonzerne wie *Shell, Daimler-Chrysler* und *Norsk Hydro* ebenso wie der isländische Staat beteiligen – wodurch das Experiment Island auch große Bedeutung für die globale Energiepolitik gewinnt. Die heimische Wärmeenergie wird dabei zur Herstellung sauberen Treibstoffes für **Brennstoffzellen** genutzt und man ist zuversichtlich, dass das derzeit größte Problem, nämlich die Versalzung von Motoren und Leitungen durch das mineralienreiche Wasser, bald gelöst sein wird. Da Wasserstoff, der in Autos oder Schiffsmotoren verheizt wird, keine Emissionen von Stickoxid, Kohlenwasserstoff, Rußpartikel oder Kohlendioxid freisetzt, sondern eben nur Wasserstoff, gehört diesem Treibstoff zweifellos die Zukunft.

Ökonomisch ist für Island dabei nicht nur interessant, dass die Kosten für Erdölimporte auf Null gesenkt werden können, sondern dass man auch als Wasserstoff-Lieferant im großen Stil infrage käme. Denn das Potential an regenerierbarer Energie ist nur zu 13 % ausgeschöpft – bei voller Nutzung, so die Experten, ständen 50 Terrawatt (50 Billionen Watt) zur Verfügung, was der doppelten Men-

Wasserkraftwerk Vatnsfell

ge der Energieproduktion Deutschlands entspricht.

Wasser als Rohstoff und Energiequelle ist auch in anderer Hinsicht von überaus großer Bedeutung. Zum einen ganz banal als Exportartikel: Reines, unbelastetes, mineralienreiches isländisches **Trinkwasser** wird in steigendem Umfang in die USA und nach Europa ausgeführt, wo es von der jeweiligen Getränkeindustrie genutzt wird. Zum andern aber ist **Wasserkraft** die wichtigste einheimische Ressource zur Energiegewinnung. Von den 34 größeren Wasserkraftwerken stehen die wichtigsten im Süden des Landes, wo allein das von *Búrfell*, das die Aluminiumschmelze von Straumsvík beliefert, mit 215.000 kWh mehr leistet als alle Wärmekraftwerke zusammen.

Das ist fast nichts im Vergleich zu jenem gigantischen Wasserkraftwerk am Fuße des Eyabakkajökull, das Kárahnjúkavirkjun, das 2007 ans Netz angeschlossen wurde und eine Leistung von 690 Megawatt-Stunden hat. Dazu wuürde ein 200 m hoher Staudamm gebaut, der die Karahnjukar-Schlucht absperrt und einen 70 m tiefen See über dem Hochtal Fljótsdalur entstehen ließ – ein Areal von 46 km² unberührter Natur, dessen Bedeutung der World Wide Fund for Nature mit dem Yellowstone NP in den USA vergleicht. Der einzige Zweck des Karahnjukar-Projektes ist es, die Energie für die größte Aluminiumschmelze Europas zu liefern. Ergänzt werden diese großen Stromlieferanten durch hunderte kleinerer Wasserkraftwerke in den abgelegenen Landesteilen. Obwohl die einzelnen Projekte gewaltige Ausmaße haben, schätzen Experten, dass nur rund 15 % der wirtschaftlich nutzbaren Wasserkraft in Island auch tatsächlich genutzt wird.

Wirtschaftsinteressen kontra Naturschutz

Gegenüber der Wasserkraft steht die Ausnutzung der **geothermalen Energie** in der Gesamtleistung zurück, ist aber für viele Bereiche des modernen Staates von grundlegender Bedeutung. Die dem Erdinneren entspringenden Energieträger Heißwasser und Dampf sorgen für angenehme Temperaturen in den Frei- und Hallenbädern, für warme Wohnungen, für Wachstum in den Treibhäusern und in Reykjavík und Akureyri z.T. für eisfreie Straßen. Wie die Wasserkraft erhält man diese Energie zum Nulltarif (von den Investitionskosten einmal abgesehen) und spart jährlich umgerechnet mindestens 750.000 t Erdöl, die zur Erfüllung obiger Aufgaben notwendig wären. Der Gebrauch des warmen Wassers etwa zur Körper- oder Kleiderwäsche ist bereits seit der Landnahmezeit üblich, aber erst das 20. Jh. brachte die technischen Voraussetzungen zu einer landesweiten und umfassenden Nutzung. Aus Dutzenden von Bohrlöchern, die bis in 3.000 m Tiefe hinabreichen, wird das Heißwasser an die Erdoberfläche geholt und z.T. über Pipelines in Tanks bzw. direkt zum Endverbraucher gebracht. Bei einem Ausstoß von mehr als 2.000 l/sec können heute die meisten Haushalte, Betriebe und Behörden ausreichend versorgt werden. Erfolgreich waren auch die Bemühungen, Heißwasser in elektrische Energie umzuwandeln, z.B. beim geothermalen Kraftwerk von *Nesjavellir.* Dass auch heißer Dampf energiewirtschaftlich (zur Elektrizitätsgewinnung) genutzt werden kann, haben einige kleinere und das Großkraftwerk an der *Krafla* in Nordisland hinreichend bewiesen. Die ungeheuren Reserven sind aber noch weniger genutzt als die der Wasserkraft.

Billige Energie: heiße Springquelle

Zum isländischen Wirtschaftwunder und den glänzenden Zukunftsaussichten haben in erheblichem Maße auch energiepolitische Entwicklungen und Pläne beigetragen. Die private Nutzung der Erdwärme schreitet voran und machte insbesondere auf dem Land in den letzten Jahren etliche Haushalte und Höfe von der öffentlichen Energieversorgung unabhängig. So haben mittlerweile rund 200 Bauernhöfe durch Bohrungen die unterirdischen heißen Quellen angezapft und sich zu hoch modernen sog. *Electrical Farms* entwickelt. Häuser, Ställe und Treibhäuser werden mit Erdwärme geheizt, Generatoren sorgen für elektrischen Strom. In Zukunft soll mit der Energie zum Nulltarif vermehrt auch Treibstoff gewonnen werden, indem man den Dung der Kühe erhitzt und die Abgase mit Kompressoren verflüssigt.

Energielieferant für Europa?

Bei allen Vorteilen, die Island durch die Nutzung seiner Ressourcen erhält (einschließlich der ökologischen Vorteile durch den Fortfall schädlicher Emissionen), bleibt das Dilemma, dass die Insel zwar über die Möglichkeiten verfügt, ein Vielfaches der heute erzeugten Elektrizität zu produzieren, doch im Lande selbst keinen Abnehmer dafür hätte. Und noch sind die technischen Mittel beschränkt, Energie in fester Form (etwa mit Batterien) zu exportieren. Die Pläne für ein großes unterseeisches Kabel nach Schottland liegen jedoch auf dem Tisch und mehrere multinationale Konzerne haben bereits starkes Interesse an dem Projekt signalisiert. Sollte es nach Wirklichkeit werden, könnte Island als Energielieferant für Europa einen ähnlichen Boom erleben wie Norwegen mit seiner Ölindustrie.

Tourismus

Ganz gewiss gehört Island nicht zu den klassischen Zielen des Fremdenverkehrs und eine Reise auf die Vulkaninsel war noch in den 1950er–60er Jahren mit großen Strapazen verbunden. Die Errichtung einer modernen Infrastruktur, die es im Sommer möglich macht, beinahe jeden Ort per Flugzeug oder Bus zu erreichen, war dann gleichzeitig Voraussetzung und Folge eines wachsenden ausländischen Interesses an Island. Dieses nahm in dem Maße zu, in dem Natur, saubere Umwelt, Outdoor-Aktivitäten und Abenteuerreisen einen immer höheren Stellenwert bekamen. Aus bescheidenen Anfängen entwickelte sich so eine boomende

Industrie, die inzwischen noch vor der Aluminiumproduktion die zweitwichtigste Quelle an Fremdwährungserlösen darstellt. Bereisten 1970 erst 50.000 Touristen die Insel, wurde bereits 1986 erstmalig die Grenze von 100.000 Gästen überschritten, 1991 waren es dann schon gut 200.000 und **2007** gut **480.000** Gäste. In der Besucherstatistik führen die Briten vor Nordamerikanern und Deutschen. Stark zugenommen hat auch der Kreuzfahrt-Tourismus, der zuletzt bei 50–95 Anläufen pro Jahr stets 10.000–15.000 Passagiere auf die Insel brachte, wobei der Löwenanteil auf die Häfen von Reykjavík und Akureyri entfällt.

Reiseziel für Individualisten

Der ‚durchschnittliche Tourist' ist Individualist, der das Land auf eigene Faust bereisen will, in erster Linie an Landschaftseindrücken interessiert ist und nur wenig Ansprüche an Komfort stellt. Stark zugenommen hat daneben die Zahl derer, die sich einer geführten Gruppenreise anschließen, was sicher auch auf die günstigeren Preise bei Pauschalarrangements zurückzuführen ist. Darunter nimmt die Sparte der ‚Spezialreisen' (z.B. geologische bzw. ornithologische Expeditionen oder Gruppenreisen für Extremsportarten) eine beachtliche Stellung ein.

Volkswirtschaftlich sind die Einkünfte durch den Fremdenverkehr (immerhin gut 13 % des Bruttoinlandsproduktes) insofern relativ, als ihnen in ungefähr gleicher Höhe die Ausgaben der Isländer bei ihren eigenen Urlaubsreisen entgegenstehen. So verlassen etwa 50 % der gesamten Bevölkerung jährlich für kürzere oder längere Dauer ihre Insel (bevorzugt nach Südwesteuropa, Florida und Großbritannien). Es darf dabei aber nicht vergessen werden, dass der ausländische Besucher auf Island über seine bloßen Ausgaben für den Urlaub hinaus für die Existenzgrundlage breiter Schichten eine Rolle spielt. Bei einem Besucherstrom, der inzwischen die Größe der eigenen Bevölkerung ausmacht und damit in der Relation fast so stark wie in Spanien ist, liegt dies auf der Hand. Der Bauer, der Ferienbetten vermietet oder Reiturlaub anbietet, der Kramladen- und Tankstellenbesitzer, der Lebensmittel, Postkarten usw. verkauft, oder die Busfirma und Fluggesellschaft, deren Kapazitäten durch die einheimische Nachfrage nicht ausgelastet wären – sie alle wollen und können auch in Zukunft auf den ausländischen Gast nicht verzichten.

Transport- und Verkehrswesen

Mit einem Anteil von 7,0 % aller Erwerbstätigen ist das Transportwesen ein eminent wichtiger Wirtschaftsfaktor, zu dem außerdem noch ein Großteil der 10,6 % in Handwerk und Industrie und der 10,3 % im Bauwesen Beschäftigten hinzugezählt werden müssen. Denn jedem, der übers Land fährt, fallen die enormen Anstrengungen auf, die man zur Verbesserung der Infrastruktur unternimmt.

Eine Vielzahl von Lastern, Bulldozern, Dampfwalzen und Kränen ist ununterbrochen im Einsatz, um bessere Bedingungen für den **Straßenverkehr** zu schaffen. So entstehen von Jahr zu Jahr neue Brücken, werden Pässe befestigt und Trassen gelegt. 1974 konnte durch die Überbrückung der gefährlichen Sandur-Flächen im Süden die **Ringstraße** und damit das Herzstück des isländischen Straßensystems vollendet werden. Angesichts der schwierigen Landestopographie, einem harten

Klima und einer geringen Bevölkerung mit einem ebenfalls begrenzten Steueraufkommen können kontinentaleuropäische Straßenverhältnisse natürlich nicht erwartet werden. Trotzdem ist der hohe Standard der Straßen um die Ballungszentren oder auf Strecken wie Keflavík-Reykjavík und Reykjavík-Skaftafell erstaunlich. Genauso sind die Anstrengungen bewundernswert, die man im Winter zur Freihaltung der ‚Hauptstraßen' – zu diesen zählen 8.000 km – unternimmt. Nach starken Schneefällen schwärmt eine Armada von Räumfahrzeugen aus und macht die Verkehrswege zwischen den größeren Orten in einer Region mindestens einmal täglich frei. Bei längeren Überlandstrecken (z.B. Akureyri–Reykjavík) ist mindestens zwei- bis dreimal in der Woche eine freie Strecke garantiert, wer zwischendurch im Schnee stecken bleiben sollte, findet an neuralgischen Punkten Unterschlupf in Schutzhütten.

Straßenbau

Auch im Winter befahrbar: die Ringstraße

Diese Bemühungen und das große Straßennetz insgesamt sind umso erstaunlicher, als bis ins 20. Jh. hinein das Islandpferd das wichtigste Transportmittel und unbefestigte Saumpfade die Verkehrsverbindungen darstellten. Man darf nicht vergessen, dass der erste halbwegs als ‚Straße' erkennbarer Pfad nicht vor 1880 Reykjavík mit dem Umland verband! Das ist der Maßstab, vor dem die heute knapp 13.000 Straßenkilometer (ohne Pisten) gesehen werden müssen. Zugute kommen sie einer automobilen Gesellschaft mit einem enorm hohen Motorisierungsgrad genauso wie den Touristen. Auch die **Pisten** durchs Hochland sind verbessert worden, aber nur wenige Teilstücke können mit normalen PKWs befahren werden. Für diese nur in den Sommermonaten geöffneten Strecken benötigt man geländegängige Wagen, die auch viele Furten zu überwinden haben. Wer ein solches Gefährt nicht dabei oder gemietet hat, kann in der Saison das Hochland mit geländegängigen, hochgelegten Spezialbussen innerhalb einer Reisegesellschaft oder aber auch im Linienverkehr kennen lernen.

Im **Luftverkehr** zeigt sich noch am deutlichsten der enorme Aufschwung, den das Land seit seiner Unabhängigkeit genommen hat. Die gesamte Insel ist flächendeckend mit 99 Flughäfen besetzt, wovon die meisten freilich nur aus einer kurzen, geschotterten Start- und Landebahn für Kleinflugzeuge bestehen. Die nationale Fluggesellschaft Icelandair, die 1973 aus einem Zusammenschluss der 1937 gegründeten Flugfelag Íslands und der 1944 gegründeten Loftleiðir entstanden ist, hat sich mit jährlich ca. 1,6 Mio. Passagieren einen festen Platz in der internationalen Luftfahrt erkämpft. Ihre Basis ist der 1952 begonnene Transatlantik-Verkehr. Heute bedient Icelandair 24 internationale Destinationen auf vier Kontinenten.

mobile Gesellschaft

Seit 2003 gibt es mit Iceland Express auch in Island eine Low-Cost-Airline, die die isländische Hauptstadt Reykjavik mit 13 Flughäfen in Deutschland, Frankreich,

Skandinavien, den Niederlanden, der Schweiz und Spanien verbindet. Im Inlandflugverkehr spielt die Icelandair-Tochter Air-Iceland mit 8 Destinationen und ca. 430.000 Passagieren die wichtigste Rolle.

Die **Schifffahrt** ist allein schon wegen der Fischerei, dem Standbein der isländischen Wirtschaft, von Bedeutung. Die erst im 20. Jh. entwickelte Flotte von **Fischereifahrzeugen** hat eine Gesamttonnage von rund 170.000 BRT und umfasst mehr als 1.600 Boote. Außer für die direkt in der Fischerei und Fischindustrie Beschäftigten stellen die Trawler einen zusätzlichen Wirtschaftsfaktor dar, indem sie einer Vielzahl von Erwerbstätigen in Werften, Bunkerstationen, Schiffsschlossereien und anderen Handwerksbetrieben Arbeit geben. Viele Betriebe sind inzwischen in der Lage, auch dem internationalen Schiffsverkehr Kapazitäten zur Verfügung zu stellen, wobei insbesondere die Russen Reparaturarbeiten zur Modernisierung ihrer Trawler-Flotte durchführen lassen.

Fischtrawler im Hafen von Reykjavík

Für den Personen- und Warentransport spielen die **innerisländischen Fährverbindungen** längst nicht mehr die Rolle, die sie vor der Installierung des Straßennetzes gehabt haben. Doch sind einige Fährstrecken immer noch stark frequentiert. Hinzu kommt eine Anzahl von Personenbooten, die dem Fremdenverkehr für Sightseeing- und Angelausflüge zur Verfügung stehen. Der Frachtverkehr wird von den beiden Großreedereien *Samskip* und *Eimskip* dominiert, deren Schiffe regelmäßig skandinavische, britische und deutsche Häfen anlaufen, häufig auch amerikanische und solche der Mittelmeerländer. Durch die Bereitstellung von Pkw-Stellplätzen und einigen Kabinen ist besonders *Eimskip* auch von touristischer Bedeutung.

Der Fährverkehr zwischen Europa und Island wird jedoch nicht von einer isländischen, sondern einer färingischen Reederei betrieben *(Smyril Line)*.

Bildungswesen

Trotz seiner leidvollen Geschichte besaß Island immer einen äußerst hohen Alphabetisierungsgrad und eine große Anzahl von Schriftstellern. Das moderne Bildungssystem konnte also auf guten Voraussetzungen aufbauen. Seit 1907 gibt es die Schulpflicht, die heutzutage für 6–15-Jährige gilt. Wegen der Landesstruktur und geringen Bevölkerungsdichte ist die Vielzahl von Internatsschulen nicht verwunderlich (diese werden während der dreimonatigen Schulferien im Sommer zu Touristenhotels umfunktioniert). Die Unterkunft und der Schulbesuch sind kostenfrei, allerdings muss die Verpflegung anteilmäßig bezahlt werden. Nach der verbindlichen 10-jährige Ausbildung kann man für 4 Jahre ein Gymnasium besuchen und im günstigsten Fall das Abitur also mit 20 Jahren ablegen. Zzt. gibt es 26 Gymnasien, den meisten davon sind Wohnheime für externe Schüler angeschlossen. Ebenfalls ist eine 2–4-jährige berufsbezogene Weiterbildung möglich. Insgesamt nehmen 85 % aller Schüler nach der Grundausbildung das Angebot zur Weiterbildung wahr. Der Stand der Allgemeinbildung kann als hoch bezeichnet werden. An Fremdsprachen kann man die Kenntnis von Englisch und Dänisch (Pflichtfächer), z.T. auch Deutsch und Französisch (Wahlfächer) voraussetzen.

gute Allgemeinbildung

Eine Besonderheit des isländischen Schulsystems ist die ‚Kinderarbeit' während der dreimonatigen Ferien von Juni bis August. Da die Eltern für solch eine lange Zeit ohnehin in der Beaufsichtigung überfordert sind, bieten die Kommunen für jüngere Kinder bis zu 12 Jahren Arbeitsplätze. Das geschieht auf freiwilliger Basis, aber ca. 80 % der Schulkinder in dem Alter nehmen daran teil; allein die Stadt Reykjavík schafft auf diese Weise jährlich etwa 2.000 Kindern und Jugendlichen Arbeit, u.a. bei der Pflege der städtischen Anlagen.

Auch im Winter arbeiten viele Schüler zusätzlich zu ihrem Studium. Während die Kleinsten für ihre Tätigkeit ein Taschengeld erhalten, bekommen die über 14-Jährigen ihre Arbeit bei der Stadt (maximal 4 Stunden täglich) nach Tarif bezahlt. Im Alter von 15–16 Jahren dürfen sie 6–8 Stunden in einer höheren Lohnklasse arbeiten. Viele Jugendliche suchen sich in den Ferien auch andere Jobs, z.B. in der Fischindustrie, in der Landwirtschaft, in Büros, Krankenhäusern, Kindergärten etc. Durch diese Praxis haben isländische Jugendliche beim Schulabgang sehr viel konkretere Vorstellungen als bei uns, in welcher Branche sie arbeiten möchten.

An Hochschulen gibt es neben der 1911 gegründeten Reykjavíker Universität noch vier weitere Hochschulen. Zwar sind die meisten Fakultäten vertreten, nicht aber die Gesamtbreite aller Ausbildungsangebote. Für spezifische Berufszweige (z.B. Architektur, Tiermedizin) ist nach wie vor ein Auslandsstudium notwendig, das von den Studenten außer in den skandinavischen Ländern (besonders Dänemark) vorzugsweise in den USA oder in Deutschland wahrgenommen wird.

Religion

Allgemein sind die Isländer ein religiöses Volk, jedenfalls bezeichnen sich 97 % der Bevölkerung selbst als gläubig. Diese Zahl hat aber nicht mit der Teilnahme an Gottesdiensten zu tun, die eher als gering anzusehen ist. Auch bedeutet sie nicht, dass Phänomene nicht vorkämen, die man bei uns als ‚Aberglaube' abtun würde; im Gegenteil: der Prozentsatz derjenigen, die an die Existenz von Gespenstern und Elfen glauben, ist äußerst hoch (s.u.). Die durch die Dänen eingeführte Reformation hat die lutherische Staatskirche entstehen lassen, der 80 % der Bevölkerung (per Geburt) angehören. Es herrscht jedoch absolute Religionsfreiheit, auch für Anhänger der alten germanischen Kulte! Nur auf Island gibt es noch Hohepriester, die Brautpaare mit dem Thorshammer weihen oder zu Odin und

lutherische Staatskirche

Freya beten. Die Schar ihrer Anhänger, so sehr sie auch publizistisch in den Vordergrund geriet, ist allerdings verschwindend gering. Etwa 5 % der Gläubigen gehören anderen protestantischen Bekenntnissen an und nur 2,5 % dem Katholizismus. Die etwa 2.500 Katholiken leben auf der ganzen Insel verstreut, haben aber außer in Reykjavík (Bischofssitz) nur noch in Hafnarfjörður eine verhältnismäßig starke Gemeinde. Dort wurde 1993 auch die zweite katholische Kirche nach der Reformation eingeweiht.

Ein Hohepriester der altgermanischen Religion

Gesellschaft

Man kennt sich...

Es liegt auf der Hand, dass ein Volk mit nur 316.000 Menschen übersichtlich organisiert sein muss und es dem Individuum nicht gestattet, in der Anonymität zu verschwinden. Zwar ist nicht, wie oft publiziert wird, jeder mit jedem verwandt, doch haben Isländer viel bessere Möglichkeiten, einen Unbekannten einzuordnen, wenn er die Frage nach seinem Wohnort und seinen Eltern beantwortet hat. Die Überschaubarkeit ihres Gemeinwesens ist sicher auch ein Grund für das ungemein starke Zusammengehörigkeitsgefühl auf der Insel und für den Stolz, dieser Gemeinschaft anzugehören. Unübersehbar sind die vielen Landesflaggen und die Hinweise auf die lange Landesgeschichte.

Im Umgang mit Ausländern fühlen sich die Isländer als absolut gleichberechtigt und haben keinerlei Minderwertigkeitskomplexe weitaus größeren Nationen gegenüber. Im Gegenteil, manchmal spürt man im Lande ein genauso großes Misstrauen dem (oder den) Fremden gegenüber wie die Überzeugung, das nur Isländisches von wirklich wahrem Wert sein kann. Im positiven Sinn sind eine große Hilfsbereitschaft und eine geringe Verbrechensrate Kennzeichen dieser kleinen Gesellschaft, die gelernt hat, dass man nur miteinander in der Geschichte bestehen kann. Sicher gibt es inzwischen auch hier Drogenmissbrauch, Diebstahl und Wirtschaftskriminalität, doch sind die entsprechenden Daten weder relativ noch gar absolut mit denen in Mitteleuropa zu vergleichen. Hauptaufgabe der isländischen Polizisten, die übrigens nicht bewaffnet sind, bleibt es, Verkehrssünder

Island traditionell: beim Pferdeabtrieb

auszumachen oder den Streit von Betrunkenen zu schlichten. Und immer noch schließt nicht jedermann seine Wohnungen oder das Auto ab – selbst in Städten wie Reykjavík und Akureyri.

Die sozialen und Standesunterschiede, die früher sehr groß waren, sind heute einer fast schon egalitären Gesellschaft gewichen. Sicher gibt es auch in Island Großverdiener und arme Schlucker, doch im Großen und Ganzen sind die Landeskinder allesamt Angehörige einer großen Mittelschicht. Wie auch in anderen skandinavischen Ländern ist das Duzen allgemein. Man redet sich mit dem Vornamen an, egal ob nun der Nachbar mit dem Nachbarn spricht, der Patient mit dem Arzt, der Wähler mit dem Abgeordneten oder der Journalist mit dem Präsidenten. Auch werden Titel, obwohl es solche gibt, i.d.R. nicht genannt.

leben und leben lassen

Die isländische Mentalität kann durch das Motto ‚Leben und leben lassen' charakterisiert werden und lässt dem Einzelnen viel Raum, seine Persönlichkeit zu entfalten. Allgemein gilt der Isländer als reserviert, verschlossen und grüblerisch, doch gehen solche Klischees an der Wirklichkeit vorbei. Seine Stimmungslage kann wohl, wie das Wetter, schnell umschlagen, und sicher gibt es Landeskinder, die sehr zurückhaltend sind und solche, die exaltiert oder aufbrausend wirken mögen. Die Isländer, die ich kenne, waren i.d.R. witzig, gesprächsbereit und freundlich. So gut wie nie traf ich jedoch auf zwei Menschentypen: weder den Stammtischbruder mit schenkelklopfender Fröhlichkeit, noch dem servilen, sich selbst verleugnenden Lakaien.

Mit der Selbstsicherheit des gleichberechtigten Partners begegnet man ausländischen Gästen, gleich welche Stellung diese zu Hause einnehmen mögen. Am mangelnden Verständnis der Insulaner für Extrawürste, Polizeieskorten, gesperrte Straßen und Leibwächter verzweifelte schon mancher hohe Staatsgast. Als der schwedische König *Carl Gustav* während seines privaten Besuches in Akureyri war, äußerte er den Wunsch, zu schwimmen, worauf man ihm entgegnete, dass er das gerne tun könne, das Freibad sei bis 21.00 Uhr geöffnet…

Der Reiz des Neuen

auf der Höhe der Zeit

Die andere Seite des insgesamt höflichen, bodenständigen und genügsamen Charakters ist eine geradezu naive Faszination über alle möglichen modischen Tendenzen, die hier oft schneller aufgegriffen werden als in anderen Ländern. Beispielsweise wurde nach dem Aufkommen der ersten Kreditkarten in Amerika die Idee begeistert aufgenommen, während man sich sonst in Europa abwartend und zögerlich verhielt. In Windeseile hatte das ‚Plastikgeld' das Land überschwemmt und eine enorme Akzeptanz erreicht. Auch sind die jungen *Reykjavíkingur* stets nach dem letzten Schrei gekleidet, eine Beobachtung, die nicht etwa einen kleinen, avantgardistischen Zirkel betrifft, sondern durchaus breitere Schichten. Das gleiche gilt auch für den Musikgeschmack, wobei nicht nur die jeweils aktuellen ausländischen Idole angehimmelt, sondern sehr schnell auch von einheimischen Bands kopiert werden. Ganz besonders trifft das auf den Bereich der Technik und Telekommunikation zu. Kaum ein Bauernhof, der heute nicht über einen PC

Island postmodern: Perlan

verfügt, kaum ein Haushalt, der nicht mit Elektrogeräten übersättigt ist, kaum eine Kleinstadt, in der es kein Sonnenstudio gibt. Der globale Vergleich sieht – natürlich in Relation zur Bevölkerung – Island auf dem ersten oder wenigstens einem der ersten Plätze, wenn es um den Bestand an CD-Playern, Handys, Internetzugang, Videorekordern, Fernsehern und TV-Parabolantennen für Satellitenempfang geht. Im Jahre 2008 verfügten 88 % aller isländischen Haushalte über einen Internetanschluss (in Deutschland: 75 %) – das ist Weltspitze!

Es fehlt nicht an Versuchen, diese Kaufwut der jeweils modernsten Produkte, die oft an das Gehabe eines Neureichen erinnert, volkspsychologisch zu deuten. Von der langen Zeit der Armut, die einen Nachholbedarf produziert habe, ist da die Rede, von der übermächtigen Natur, die man durch Technik quasi ‚überlisten' wolle, oder von der Vorbildfunktion des nahen Amerika. Der europäische Besucher kann bei der Vorbereitung seiner Reise und während des Aufenthaltes vom gut ausgebauten System der Telekommunikation nur profitieren. Und auch der manchmal bizarre Gegensatz von traditioneller Lebensweise und junger High-Tech-Gesellschaft gehört schließlich zum Erlebniswert der Insel!

Familie und Stellung der Frau

kinderfreundliche Gesellschaft

Ein Land, in dem die Genealogie eine wichtige Rolle spielt, muss naturgemäß der Familie besondere Aufmerksamkeit widmen. Tatsächlich ist der **familiäre Zusammenhalt** groß und eine Entfremdung der Generationen kaum feststellbar (Reykjavík als moderne Großstadt einmal ausgenommen). Die Isländer sind, wenn man das überhaupt so pauschal sagen kann, kinderlieb und tun viel dafür, dass auch die gesetzlichen und sozialen Rahmenbedingungen stimmen. Kindergärten, Kinderhorte, Ganztags- bzw. Internatsschulen usw. sind flächendeckend vorhanden, als Abenteuerspielplatz dient die ganze Insel. **Geheiratet** wird auf der Insel im Allgemeinen früher als etwa in Deutschland. Der Grund dafür liegt weniger in einem gesellschaftlichen Druck oder in religiösen Motiven, sondern eher pragmatisch in der Tatsache, dass bei der Hochzeit durch die Auszahlung des „zwangsgesparten" Lohnes (vgl. S. 120) eine meist hübsche Summe zur Verfügung steht. Die Kehrseite ist eine sehr hohe **Scheidungsrate** und eine dementsprechend große Anzahl alleinerziehender Mütter. Diesen begegnet man im Land übrigens durchweg eher mit Anerkennung für ihre Leistung als mit Intoleranz und bürokratischen Hürden.

Traditionell ist es um die **Stellung der Frau** in den nordischen Ländern vergleichsweise gut bestellt. Damit ist nicht nur die Tatsache gemeint, dass auf kommunaler und Landesebene bei der Vergabe des Wahlrechts für Frauen Finnland, Island und Norwegen die europäischen Vorreiter waren. Sondern schon viel früher kannte die Wikingerzeit macht- und selbstbewusste Damen, die auf häuslichem und z.T. auch wirtschaftlichem Sektor das Sagen hatten, als Königinnen fungierten und in Familienfehden oder Expeditionsfahrten nach Amerika durchaus schon mal zur Streitaxt greifen konnten. In einer weniger kriegerischen Umwelt war Anfang 1994 von den vier wichtigsten Ämtern Islands nur das des Ministerpräsidenten von einem Mann besetzt: mit der Staatspräsidentin, der höchsten Richterin und der Parlamentspräsidentin hatten die Frauen ein enormes politisches Gewicht. Trotzdem täuschen dies und schlagzeilenträchtige Ereignisse wie die Generalstreiks der Frauen (1975 und 1985) oder der parlamentarische Erfolg der Frauenliste über den tatsächlichen Stand der Emanzipation hinweg. Die Löhne liegen immer noch unter denen ihrer männlichen Kollegen, in den Spitzenpositionen der Wirtschaft sind sie ebenso unterrepräsentiert wie unter den Abgeordneten des Althing. Der Maßstab hierbei ist – zumindest aus Frauenperspektive – nicht der allgemein europäische Durchschnitt (hier stehen sie mit über 30 % der Parlamentsabgeordneten gegenüber ihren europäischen Kolleginnen ausgesprochen gut da), sondern natürlich das angestrebte Ziel von 50 % aller Mandate in Politik, Wirtschaft und Kultur.

isländische Frauenpower

Genlabor Island

Kaum ein Thema beschäftigte seit 1996 die isländische Öffentlichkeit stärker als der Aufbau einer allumfassenden genetisch-medizinischen Datenbank. Deren Initiator war der aus den USA zurückgekehrte Harvard-Professor *Kári Stefánsson,* ein Mediziner und Unternehmer, der mit seiner 1996 gegründeten Firma *Decode Genetics* medizinische Daten aller Art sammelt und diese zur Verwertung bei der Entwicklung neuer Produkte an Pharmakonzerne verkaufte. Sein Projekt mit Namen ‚Gesundheits-Datenbank' wurde über Monate hinweg heftig debattiert, bevor im Dezember 1998 das Parlament mit klarer Mehrheit grünes Licht für die Sammlung und Verwertung von genetischen Daten der gesamten Bevölkerung gab. Das Gesetz erlaubte eine private, umfassende Datenbank mit Angaben aus Krankenakten und Familien-Stammbäumen bis hin zu Genprofilen aus Blut- und Gewebsproben. Sofort danach aber zwangen heftige Proteste im In- und Ausland zu mehreren Nachbesserungen, da die fragwürdige Anonymisierung der Daten und die unklaren Zugriffsrechte einen ‚glasernen Bürger' mit möglichen Nachteilen (z.B. bei der Krankenversicherung oder durch gesellschaftliche Stigmatisierung) hervorgebracht hätten. Inzwischen sind von den 750.000 Menschen, die jemals auf Island lebten, bereits über 600.000 in der Datenbank erfasst. Jeder Isländer wird automatisch deren Teil – es sei denn, er verbietet es ausdrücklich durch ein Schreiben an den Obersten Amtsarzt der Republik. Von dieser Möglichkeit haben inzwischen mehr als 20.000 Gebrauch gemacht. Auch mehrere Ärzte weigern sich aus ethischen Gründen, Krankenakten zur Verfügung zu stellen. Die Firma selbst praktiziert größtmögliche Transparenz und stellte den bis zum Skalden *Egill Skallagrímsson* (10. Jh.) zurückreichenden Stammbaum ihres Gründers unter *www.decode.is* ins Internet.

riesige Datenbank

Die isolierte Lage im Atlantik ist für Genforscher und die Pharmaindustrie deshalb geradezu eine Goldgrube, weil sich die Bevölkerung seit der ersten Besied-

INFO Die Isländer und ihre übernatürlichen Nachbarn

Die Nachfahren der Wikinger, die jahrhundertelang im Schatten leben und sich gegen eine übermächtige Natur zur Wehr setzen mussten, haben längst noch nicht alle Traditionen über Bord geworfen. Dazu gehört auch die Bereitschaft, sich die Umwelt aus mehr als nur den sichtbaren Dingen zu erklären. Weit verbreitet, inzwischen oft vermischt mit einem Hauch von Selbstironie, ist der Glaube an Gespenster, Wiedergänger, Trolle und vor allem **Elfen**. Laut Umfragen ist kein anderes Volk in Europa so von der Existenz der übernatürlichen Wesen überzeugt wie die Isländer: z.B. glauben 53 %, dass es Elfen gibt oder dass es sie geben könnte, 5 % sind in ihrem Leben schon einmal einem Elf begegnet. Und 41 % hatten nach eigenen Aussagen schon einmal Kontakt mit Verstorbenen. Elfen – nach der Legende Kinder Evas, die diese bei einem Besuch Gottes versteckte, da sie nicht gewaschen waren – sind männliche und weibliche Wesen von bezaubernder Anmut, die meist in Steinen oder Hügeln leben. Im Kontakt mit den Irdischen erweisen sie sich oft als hilfreich und freigiebig, aber auch als verführerisch, zärtlich und sexuell aktiv. Uneheliche Kinder z.B. sind früher gerne mit einem Elfenbesuch in Verbindung gebracht worden. Aber auch die negative Macht der Elfen darf nicht unterschätzt werden, wie die nordische Ballade vom Elfenkönig beweist (die Herder falsch als ‚Erlkönig' übersetzte, was von Goethe dann prompt übernommen wurde). Und den Schmerz eines Elfenschusses (deutsch: ‚Hexenschuss') haben viele schon am eigenen Leib erfahren müssen.

Der ‚Riese vom Snæfellsjökull'

Wie verbreitet Elfen auf der Insel sind, macht schon die Vielzahl von Straßen- und Flurnamen mit dem Bestandteil alf (= Elfe) deutlich. Und da sie nun schon einmal da sind, muss natürlich auch Rücksicht auf ihre Wohnstätten genommen werden. Bekannt sind die Fälle, in denen eine geplante Autostraße mit einer weiten Schleife versehen wurde, da die ursprüngliche Trasse mitten durch einen Elfenhügel ging. Oder Brücken, die aus dem gleichen Grund an anderer Stelle errichtet werden mussten und Grundstücke, die nicht bebaut werden können. Elfen sind so präsent, dass z.B. in Grundarfjörður ein großer Stein bei der Nummerierung der Häuser mitgezählt wird oder in Hafnarfjörður ein eigener Stadtplan über ihre Wohnstätten existiert.

Weitere Wesen wie z.B. die riesenhaften **Trolle** trifft man in versteinerter Form in vielen Regionen und Inseln an. Am Fuß des Snæfellsjökull erinnert eine Skulptur an jene Gestalt, die ähnlich unserem Rübezahl auf dem Gletscher haust. Und nach dem volkskundlichen Atlas ‚Væ hartal' muss man z.B. islandweit mit nicht weniger als 500 Ghulen (= Leichen fressende Dämonen) rechnen..

Der Verbindung eines Riesen mit einer Hexe entstammten übrigens jene dreizehn Söhne, die nach einer alten Sage im Land umherstreiften und in der Vorweihnachtszeit Kindern alle möglichen Dinge wegnahmen. Die Geschichte wurde mit der Zeit allerdings in ihr Gegenteil verkehrt: heute beschenken die Dreizehn als unterschiedliche **Weihnachtsmänner** die Kleinen jeden Tag zwischen dem 12. und 24. Dezember…

Ganz anders beschaffen sind die **Schutzgeister** der Insel, die auf dem offiziellen Wappen zu sehen sind: Nach der entsprechenden Episode in Snorri Sturlusons ‚Heimskringla' wurde ein vom Dänenkönig Harald ausgesandter Kundschafter aus dem 10. Jh. vertrieben: ein Riese aus dem Süden, ein Drache aus dem Osten, ein riesiger Adler aus dem Norden und ein Bulle aus dem Westen verfolgten den Dänen und beschützten die Insel.

lung im 10. Jh. homogener als jede andere europäische Nation erhalten hat. D.h., dass es hier recht einfach ist, die Rolle bestimmter Gene bei Erbkrankheiten aller Art zu ermitteln. Dies umso mehr, als die Wikinger-Nachfahren seit vielen Jahrhunderten selbst Daten gesammelt haben (immerhin wurde hier 1703 die erste neuzeitliche Volkszählung überhaupt durchgeführt) und Stammbäume oft bis zu den ersten Siedlern zurückreichen. Daher lassen sich auch Krankheitsgeschichten über viele Generationen hinweg genau verfolgen. Auf diese Weise hofft *Decode Genetics*, möglichen Krankheitsgenen für Multiple Sklerose, Parkinson, Schizophrenie, Alkoholismus, Depression, Alzheimer etc. auf die Spur zu kommen. Die Firma, die bereits jetzt 300 Arbeitsplätze sichert, hat durch die gesetzlich verfügte Datensammlung natürlich eine einmalige Monopolstellung, die sie durch einen 200-Mio-Dollar-Vertrag mit dem Pharma-Riesen *Hoffmann-La Roche* teilt. Als Gegenleistung bietet der Schweizer Konzern den Isländern übrigens lebenslang kostenlose Medikamente, falls solche auf der Basis von *Kári Stefánssons* Forschungen entwickelt werden sollten.

gläserne Bürger

Island sportlich

Dass Island eine sportliche Nation ist, kann man mit Fug und Recht behaupten. Allein Reykjavík zählt rund 50 Sportvereine und selbst das Städtchen Heimaey auf den Westmännerinseln besitzt drei konkurrierende Fußballmannschaften. Trotz der geringen Bevölkerungszahl konnte die Insel daher auch bei vielen Wettkämpfen international bestehen. Dies betrifft auch (Denk-)Sportarten wie **Schach**. Schach ist in Island so beliebt wie sonst wohl nur noch in Russland. Prozentual zur Bevölkerung hat kein Land mehr Großmeister aufzuweisen und in den meisten Schulen gibt es Schachclubs, die schon die Kleinsten im königlichen Spiel trainieren. In den letzten 25 Jahren war das nationale Schach-Team immer eines der stärksten in Europa. Schachgeschichte schrieb die Weltmeisterschaft 1972 in Reykjavík, bei der die gesamte Weltöffentlichkeit das Duell zwischen dem Amerikaner *Bobby Fischer* (dem vielleicht genialsten Schachspieler aller Zeiten) und dem russischen Titelträger *Boris Spasskij* intensiv beobachtete. *Fischer* nahm übrigens 2005 die isländische Staatsbürgerschaft an. Er starb im Januar 2008 und wurde bei der Kirche von Laugardælir beerdigt

Die größte Beliebtheit als Denksport muss sich das Schachspiel mit dem **Bridge** teilen. Immerhin gewann die isländische Nationalmannschaft 1992 in Japan schon einmal den Weltmeistertitel!

Die neben dem Reiten wohl populärste Sportart ist der **Fußball**. Um das Spiel auch im Winter zu ermöglichen, wurde z.B. das größte Stadion in Reykjavík *(Laugardalur)* mit Kunstrasen bedeckt und mittels Erdwärme schneefrei gehalten. Die Erste Liga des Isländischen Fußballverbandes *(KSÍ)* besteht aus 10 Mannschaften. In die internationalen Schlagzeilen gerieten aber fast nur die sog. ‚Legionäre' wie in den 1980/90er Jahren der geniale Mittelfeld-Regisseur *Asgeir Sigurvinsson* (VfB Stuttgart, Bayern München). Fast alle Mitglieder der aktuellen Nationalmannschaft haben ihren Arbeitgeber in der englischen, schottischen oder Bundesliga. Natürlich kann man von einem solch kleinen Land keine fußballerischen Wunderdinge erwarten, doch verkünden die Berichterstatter immer wieder Aufsehen erregende Erfolge auch auf internationalem Parkett. In der Qualifikationsrunde zur Europameisterschaft 2000 z.B. hielt Island lange Zeit gut mit und stand mit Frankreich auf dem dritten Platz. Erst durch ein mühsam erkämpftes 3:2 gegen den ‚Fußballzwerg' gelang behielt der Weltmeister Frankreich die Oberhand. Auch in der Qualifikation für die Europameisterschaft 2003 überraschte das isländische Team und war lange Zeit Tabellenführer, scheiterte dann jedoch knapp an Deutschland und Schottland.

klein, aber oho!

Während isländische Fußballvereine jedoch in Europapokalspielen meist schon in der ersten Runde ausscheiden, konnte das Land beim **Handball** beachtliche Leistungen erzielen. Für die Handball-Weltmeisterschaft 2007 in Deutschland hat sich Island qualifizieren können und belegte am Ende den 8. Platz. Bei den Olympischen Spielen 2008 in Peking schlug Island im zweiten Gruppenspiel Deutschland und errang mit dem Einzug in das Finale den größten Erfolg in der Sportgeschichte des Landes. Im Finale unterlagen sie zwar Frankreich, was die Freude jedoch nicht trüben konnte und den isländischen Präsidenten dazu veranlasste, wenige Minuten nach dem Schlusspfiff einen Feiertag zu verkünden, so dass alle Isländer arbeitsfrei bekamen. Doch auch im Handball spielen die Besten fast alle in ausländischen Ligen.

Daneben stoßen **Basketball**, **Schwimmen** und **Tischtennis** auf großes Interesse. Und **Laufen** bzw. **Jogging** hat sich zu einer Massenbewegung entwickelt, die beispielsweise beim Reykjavík-Marathon Tausende von Aktiven auf die Beine bringt. Zum ‚Athlet des Jahres' wurde in der Vergangenheit *Jón Arnar Magnússon* gewählt, der 1995–99 zu den zehn besten Zehnkämpfern Europas zählte. Interessant sind auch einige sportliche ‚Nischenplätze' wie Snooker, Judo und besonders **Aerobic**, wo in den 1990er Jahren *Magnús Scheving* Ton angebend war. Auch im **Gewichtheben** hat sich die Insel als ‚Land der starken Männer' seit langem einen Namen gemacht, das es bei verschiedenen Weltmeisterschaften bis in die Medaillenränge schaffte.

Vor dem historischen Torfgehoft **Glaumbær**, heute ein vielbesuchter Museumshof, gehen Kinder der Gartenarbeit nach. Das Verrichten leichter Arbeiten in den Ferien gehört zum isländischen Erziehungssystem.

Das Mäander eines Flusses, Einzelgehöfte inmitten fruchtbaren Bauernlandes und im Hintergrund schneebedeckte Berge: Ein typisch **westisländisches Bild**!

Im Süden des Landes erhebt sich hinter einem breiten Streifen guten Weidelandes die ehemalige Steilküste 40–60 m hoch. Hier findet man auch einige der eindrucksvollsten **Wasserfälle** des Landes.

Die 30 km lange und an einen Canyon erinnernde Vulkanspalte der **Eldgjá** ist teilweise durch eine schwierige, aber auch von Bussen bewältigte Piste erschlossen.

Vor der Ortschaft **Arnarstapi** auf der Halbinsel Snæfellsnes ragen einige Lava- und Basaltformationen malerisch in die Bucht Faxaflói, wo sie unzähligen Dreizehenmöwen und anderen Seevögeln als Nistplätze dienen.

Die Klippen der 14 km langen und bis über 440 m hohen Steilküste des **Látrabjarg** sind die Heimat zahlreicher Seevögelarten. Am bekanntesten und fast schon zu einem Wappentier geworden ist dabei der Papageientaucher, dessen Population auf rund 10 Millionen geschätzt wird.

Nicht nur in **Húsey** in Nord-Island, sondern auch in den meisten vorgelagerten Inseln gehören Robben zum alltäglichen Anblick.

Dass Island ein „Land der Pferde" ist, wird besonders im **Skagafjörður-Gebiet** deutlich. Alljährlich im Frühling werden die Nachfahren der norwegischen Fjord-Pferde zu ihren Weiden in den Bergen getrieben, wo sie den ganzen Sommer verbringen.

Reykjavik, die nördlichste Hauptstadt der Welt, wurde als Siedlung bereits von *Ingólfur Arnarson* im Jahre 874 gegründet. Heute leben in der herrlich gelegenen Kapitale rund die Hälfte aller Landeskinder.

Nur ein Kirchlein und wenige Gebäude markieren heute die wichtigste und geschichtsträchtigste Stätte des Landes: **Thingvellir**. Hier wurde im Jahr 930 n.Chr. das Althing eingesetzt, das älteste Parlament Europas.

Der 1.446 m hohe Vulkan **Snæfellsjökull** dominiert mit seiner Eiskappe die nach ihm benannte langgestreckte Halbinsel im Westen und ist bei guten Wetterverhältnissen selbst noch in Reykjavik zu sehen.

Als im Jahre 1963 in einer Abfolge von Eruptionen das Eiland **Surtsey** vor den Westmännerinseln dampfend und rauchend aus dem Ozean auftauchte, konnten Fernsehzuschauer erstmalig die Geburt einer Insel live mitverfolgen.

Ein kleines Lotsenboot zieht seinen Weg durch den vorzüglichen Naturhafen von **Heimaey**, Hauptort der gleichnamigen Insel und des Archipels der Westmännerinseln.

Der gut bestückte Fang eines Kutters im Hafen von **Höfn** ist nur ein Zeichen dafür, dass nach wie vor die Fischerei das Standbein der insularen Wirtschaft darstellt.

Unter den vielen Wasserfällen des Landes zählt der 60 m hohe und 25 m breite **Skógrafoss** nicht nur zu den eindrucksvollsten, sondern ist über die östliche Ringstraße auch gut zu erreichen.

Für Pferdeliebhaber ist die Vulkaninsel ein wahres Eldorado. Und nichts ist schöner, als das Reiseziel im Rahmen eines Reiturlaubes – wie hier bei **Varmahlið** – auf dem Rücken der kleinen, zähen und zuverlässigen Island-Pferde kennen zu lernen.

Längst schon hat sich die Ergiebigkeit isländischer Gewässer auch unter ausländischen Petrijüngern herumgesprochen. Einige Wildwasser, wie hier die **Laxá** im Südwesten, gehören zu den besten Lachsflüssen der Welt.

Im Osten der Insel, unmittelbar an der Ringstraße gelegen, wartet der Gletschersee **Jökulsárlón** zu jeder Jahreszeit mit treibenden Eisbergen auf und macht damit deutlich, wie berechtigt der Landesname ist.

Zu Recht zählt der **Gullfoss**, der in zwei Kaskaden gut 30 m in die Schlucht des Hvítá-Canyons fällt, zu den schönsten Wasserfällen Europas. Wie Thingvellir und das Geysirgebiet ist er das Ziel eines als „Golden Circle" bekannten Ausfluges, der sich bequem an einem Tag von Reykjavik aus bewerkstelligen lässt.

Streng und abweisend ist die Landschaft im **Jökulsárgljúfur-Nationalpark**, wo das Wasser des Gletscherflusses sich nicht nur im Dettifoss, dem größten europäischen Wasserfall, in die Tiefe stürzt, sondern in Jahrtausenden auch einen beeindruckenden Canyon in das Gestein gegraben hat.

Die riesige Caldera des zentral gelegenen vulkanischen **Askja-Massivs** ist ein beliebtes Ziel von Hochland-Expeditionen. Der Kratersee Viti ist zwar nicht das größte Gewässer dieser Region, lockt Besucher aber wegen seines ca. 23°C warmen Wassers an.

Eine der größten Touristenattraktionen in Süd-west-Island ist das geothermale Gebiet des Haukadalur. Während dort der große Geysir, Namenspatron aller Geysire, sich nur noch selten regt, spuckt der benachbarte **Strokkur** etwa alle zehn Minuten 15–30 m hohe Wassersäulen aus.

Als eines der schönsten Beispiele für die altertümliche Sakralarchitektur des Landes gilt die 1843 gebaute Holzkapelle von **Viðimýri**, die vor der Kälte mit kräftigen Torfplaggen an den Seitenwänden und auf dem Dach mit Grassoden geschützt ist.

Im Gegensatz zu seiner früheren Bedeutung als Bischofssitz ist **Hólar** heute nur ein kleiner Flecken, in dem neben der Kathedrale einige traditionelle Wirtschaftsgebäude zu sehen sind.

Nicht nur wie hier in **Sauðárkrókur** (West-Island) sieht man die typischen Holzgestelle für den Stockfisch, jenem traditionellen, luftgetrockneten Exportartikel des Landes, den schon die Wikinger als Proviant bei ihren Seefahrten mitnahmen.

Ein Zentrum der isländischen Pferdezucht ist die Halbinsel **Skagi** mit ihrer Vielzahl an Gestüten. Besonders turbulent geht es hier beim alljährlichen Laufskálarétt zu, dem im September stattfindenden Pferdeabtrieb.

Lange Zeit war Islands Hauptstadt **Reykjavik** nur ein bescheidenes Provinznest, das sich aber seit der Unabhängigkeit rasant zu einer modernen Metropole gewandelt hat. Ihr Wahrzeichen ist das Rathaus am Ufer des Stadtsees Tjörnin.

6. ISLAND ALS REISELAND

Benutzerhinweis
*Die Gelben Seiten werden regelmäßig aktualisiert, so dass sie auf dem neuesten Stand sind. In den **Allgemeinen Reisetipps (ab S. 161)** finden Sie – alphabetisch geordnet – reisepraktische Hinweise für die Vorbereitung Ihrer Reise und Ihres Aufenthaltes in Island. Die **Regionalen Reisetipps (ab S. 211)** geben Auskunft über Unterkunftsmöglichkeiten etc. in den – ebenfalls alphabetisch geordneten – Städten/ Regionen.*

Allgemeine Reisetipps von A–Z

A

➪ Aktivitäten

Dass in einem ohnehin sportbegeisterten Land, das außerdem mit solchen natürlichen Highlights gesegnet ist wie Island, Outdoor-Aktivitäten zu den beliebtesten Freizeitbeschäftigungen gehören, versteht sich genauso von selbst wie die Tatsache, dass ausländische Gäste daran teilnehmen können. Ob Baden, Reiten, Wandern, Radfahren oder Angeln – fast überall gibt es Gelegenheit, diesen Sportarten nachzugehen. Auf drei Outdoor-Aktivitäten sei an dieser Stelle besonders hingewiesen, die erst in jüngerer Zeit einen Spitzenplatz in der touristischen Beliebtheit erlangt haben:

• **Wal- und Delfinbeobachtung:** Seit ewigen Zeiten bevölkern Delfine, Tümmler, Zwerg-, Schwert- und Blauwale, saisonal auch Buckelwale, die isländischen Gewässer. Früher mit der Harpune gejagt, sind sie heute auf andere Weise interessant, da das ‚Whale Watching' Touristen aus allen Teilen der Welt hierhin lockt. Rund 89.000 Gäste verzeichneten die Whalewatching-Boote in der Saison 2007. Kein Wunder, denn zumindest in Europa (mit Ausnahme vielleicht des nordnorwegischen Andesnes) gibt es nirgendwo bessere Beobachtungsmöglichkeiten der riesigen Meeressäuger! Spezialisiert auf diese Art des Fremdenverkehrs ist der Ort Húsavík im Norden (nach Eigenwerbung ‚Islands Hauptstadt der Wale') mit seiner idealen Bucht Skjálfandi, doch auch in Dalvík, Olafsvik auf der Halbinsel Snæfellsnes, in Keflavík unweit des Internationalen Flughafens und bei Grindavík im Südwesten sind die Erfolgsaussichten einer Walsichtung mit über 90 % äußerst hoch.

Raftingtour auf der Jökulsá

• **Rafting:** Die reißendsten Gletscherflüsse Europas stellen eine Herausforderung für alle Freunde der Wildwasserabfahrten dar. Inzwischen bietet eine Reihe von Veranstaltern Schlauchboot- und Kajaktouren auf Gewässern an, deren Schwierigkeitsgrad von I bis 4+ reicht. Auf Island kann man sicher sein, dass das zur Verfügung gestellte Equipment modern, die Rafting-Begleiter erfahren und die Sicherheitsinstruktionen umfassend sind. Die beliebtesten Wildwasser, auf denen Raftingtouren sowohl für Anfänger oder Familien als auch für Fortgeschrittene durchgeführt werden, sind im Süden die *Hvítá* und in Nordisland die *Jökulsá.*

• **Gletscherexkursionen:** Aufgrund ihrer Einmaligkeit sind auch Exkursionen in die Wunderwelt isländischer Gletscher populär, die mit Schneemobilen oder Motorschlitten durchgeführt werden. Seitdem im Winter 1988 eine Gruppe unternehmungslustiger Abenteurer eine West-Ost-Durchquerung ihrer Insel auf umgerüsteten 4x4-Jeeps geschafft hat, entstand in der *off-road snow safari* eine neue und nur hier erlebbare Form des Wintersports. Der wichtigste Ausgangspunkt solcher Extremtouren ist Höfn, wo die Safaris zur unendlichen Eiskuppe des Vatnajökull starten. Doch auch der Langjökull und der Snæfellsjökull können auf diese Art erobert werden.

Hinweis
Eine Auswahl-Liste an Reiseveranstaltern finden Sie unter dem Stichwort ‚REISE-AGENTUREN'

⇨ Alkohol

Wie andere skandinavische Länder hat auch Island eine lange puritanische Tradition, die sich auch im Verhältnis zum Alkohol bemerkbar macht. Erst seit 1989 (!) ist der Bierausschank überhaupt im Lande erlaubt. Der Verkauf und der Konsum von Alkoholika ist streng reglementiert. Bis 18 Uhr z.B. bekommen Sie in Restaurants, sofern diese überhaupt die Schankrechte besitzen, alkoholische Getränke nur in Verbindung mit einer Mahlzeit. Höherprozentiges als Leichtbier, das mit seinen 2,25 % vol. Alkohol in Supermärkten verkauft wird, darf nur in den 47 **Vínbúð**-Verkaufsstellen im Land verkauft werden (geöffnet Mo–Fr 11–19 Uhr, in kleineren Orten oft nur eine Stunde am Tag). Alkohol ist nicht nur schwer zu bekommen, sondern vor allem auch fast unbezahlbar; die Preise erreichen oft das Drei- bis Vielfache des deutschen Niveaus. Erstaunlicherweise findet man trotzdem – vor allem an Wochenenden – einen hohen Grad der Alkoholisierung, selbst bei sehr jungen Isländern. Durch Seehandel und Fischerei kommen übrigens einige tausend Liter an Whisky, Cognac und Wodka illegal ins Land, auch brennen viele Isländer ihren *brennivín,* ein aus fermentierter Kartoffel-Pulpe hergestellter und mit einem Kümmel-Aroma versehen Schnaps, selbst.

⇨ Ärzte

siehe unter ‚GESUNDHEIT'

⇨ Angeln

Liebhaber des Angelsports haben in Island ein wahres Eldorado, insbesondere für den Lachsfang. Die zwei größten, mit der Rute geangelten Lachse wurden 1912 und 1940 gefangen und brachten jeweils eindrucksvolle 40 Pfund auf die Waage. Noch schwerer war der größte ins Netz gegangene Lachs: der 1957 angelandete, legendäre *Grímsey-Lachs* wog stolze 49 Pfund! Die vielen Gewässerbezeichnungen wie *laxá* (= ‚Lachsfluss') oder *laxvatn* (= ‚Lachssee') weisen schon auf den hohen Bestand des ‚Königs der Fische' hin; in rund 60 Flüssen darf jährlich Lachs gefischt werden.

Die zwei- bis dreimonatige Fangsaison ist je nach Fluss unterschiedlich und liegt zwischen Ende Mai und Mitte September. Die besten Reviere befinden sich im Südwesten in der Reykjavíker Gegend, aber auch die *Hvítá*, der Nordwesten, der Norden und der Nordosten (zwischen *Mývatn* und *Húsavík*) ist ertragreich. Billig ist das Angeln aber nicht. Im Gegenteil: seitdem kapitalkräftige, ausländische Kunden – vom englischen Kronprinzen und schwedischen König bis hin zu amerikanischen Topmanagern und internationalen Filmstars – das Angelrevier Island zu ihrem Geheimtipp erkoren haben, sind die Lizenzgebühren ins Astronomische gestiegen. Inzwischen werden für Abschnitte der besten Lachsflüsse Mieten bis zu € 1.000 pro Tag bezahlt (einschl. Unterkunft und Begleitung)! Da alle Gewässer im Privatbesitz sind, ist Wildangeln nicht erlaubt; die Kontrollen sind streng und die Strafen sehr hoch. Wem es nicht um den Sport, sondern um das Produkt geht, der sollte sich im Geschäft geräucherten Lachs besorgen; mit ISK 1.300–1.800 ist er weitaus billiger als ein Angelschein!

Außer Lachs bieten die isländische Flüsse u.a. auch Lachsforelle (Meeresforelle), Saibling, Meeressaibling und Aal. Gegenüber dem Lachsfang ist das Angeln der Meeresforelle verhältnismäßig preisgünstig. Hier liegt die Fangsaison vom 1. April bis zum 20. September mit Ausnahme jener Zeit, in der die Forellen im Meer sind; das beste Revier ist der Südosten.

Neben den Flüssen sind natürlich auch die Seen sehr fischreich. Im *Þingvallavatn* etwa kommen u.a. Saibling, Forelle und Murta vor. Auch der *Mývatn* ist ergiebig (besonders Forellen). In den Seen ist das Angeln vom 1. Februar bis zum 26. September erlaubt, eine Lizenz ist erforderlich. Lachsfanglizenzen müssen rechtzeitig vorbestellt werden, Forellengewässer können jedoch auch kurzfristig gebucht werden. Mit der „Veidikortid – Angelkarte", die online unter *www.veidikortid.is* oder direkt in Island an den N1 Tankstellen für ISK 5.000 zu kaufen ist kann man so oft und so viel man möchte an 31 Seen in Island angeln. Zum Angeln in Fjorden, Buchten und auf offener See benötigt man keine Lizenz.

Hinweis

Um die Fischbestände vor Krankheiten zu schützen, müssen eingeführte, gebrauchte ***Angelausrüstungen desinfiziert*** *sein (Bescheinigung). Weitere Informationen erteilen:*

- *Nationaler Anglerverband* **Landssamband veiðifélaga**, *Baendahollini, Hagatorgi, 107 Reykjavík, Tel.: 553-1510, Fax: 568-4363;* www.angling.is
- *Informationen zur Angelkarte gibt es unter:* www.veidikortid.is.
- **Angelclub Laxá**, *Lax-á House, Vatnsendablettur 181, 110 Reykjavík, Tel.: 557-6100, Fax: 557-6108,* www.lax-a.is
- **Chief Veterinary Office**, *Sölvhólsgata 7, IS-150 Reykjavík, Tel.: 545-1750, Fax: 552-1160,* www.cvo.is

⇨ Auskunft

Außer bei Reiseveranstaltern (s.S. 191f.), dem Fremdenverkehrsamt (s.S. 183) und auf Island bei den Touristenbüros der einzelnen Orte gibt es vielfältige Möglichkeiten, sich im Lande über das touristische Angebot zu informieren. Kostenlos ist der jährlich aktualisierte, etwa 200 Seiten starke Inselführer *Rund um Island*, der in Hotels und bei Informationsstellen (auch im Ausland) ausliegt. Wer schon vorab und kontinuierlich Auskunft über das Reiseziel erhalten möchte, kann im Internet unter der Adresse *www.icenews.is* täglich aktualisierte Nachrichten und Hintergrundberichte zu politischen, kulturellen, wirtschaftlichen und touristischen Themen abfragen. Ausführliche Informationen rund um Island gibt es außerdem unter *www.eldey.de*.

Vor Ort profitiert man von dem ausgezeichneten System von Hinweisschildern und lokalen Auskunftsbüros. Zu einer Art Informationsbörse haben sich die größeren Tankstellen entlang der Ringstraße entwickelt, wo man am ‚schwarzen Brett' anhand von

Broschüren, Laufzetteln etc. alles Wichtige über Unterkunfts-, Sport-, Freizeit- und Restaurantangebote der Region erfährt.

Der neueste Clou in der Besucherbetreuung sind kostenlose Auskunftsautomaten (Englisch, Deutsch, Französisch, Norwegisch), auf denen man per Bildschirm, Tastatur und Telefonhörer nicht nur Informationen z.B. über die Wetterlage, Sehenswürdigkeiten, Unterkünfte etc. abfragen, sondern touristische Leistungen auch gleich buchen kann. Da die *Iceland Info*-Apparate mit einem Drucker gekoppelt sind, kann man die gewünschte Information in seiner Heimatsprache schwarz auf weiß mitnehmen. *Iceland Info* gibt es u.a. am BSÍ-Busterminal, auf dem Campingplatz und im Hotel Loftleiðir in Reykjavík; im Kiosk des Geysir-Gebietes, im Service Centre des Skaftafell-Nationalparks, in Seyðisfjörður am Fährterminal, am Mývatn im Hotel Reynihlíð, in Akureyri in der Cafeteria des Hotels KEA und in Borgarnes im Hyman Information Centre.

Zzt. gibt es auf Island 30 Touristen-Informationsbüros, die meist in Zusammenarbeit mit der Kommunalverwaltung betrieben werden oder an denen das Reykjavíker Fremdenverkehrsamt direkt beteiligt ist.

⇨ Auto fahren

Der Landesnatur entsprechend kann das Fahren auf den rustikalen isländischen Straßen oder gar den Hochlandpisten nicht mit mitteleuropäischen Verhältnissen verglichen werden. Deshalb darf man überall (von einigen Abschnitten auf der Ringstraße abgesehen) die geplante Fahrleistung nicht zu großzügig ansetzen. Die **Verkehrsregeln** und **Verkehrszeichen** entsprechen dem internationalen Standard aller Länder mit Rechtsverkehr. Schwer verständlich sind allerdings die isländischen Beschriftungen. Zur besonderen Vorsicht mahnt das Schild *blind hæd* (= Sichtbehinderung), das auf schmalen Straßen vor vielen unübersichtlichen Bergkuppen angebracht ist. Einige Jugendliche machen sich nämlich einen Spaß daraus, auf diese Kuppen zuzurasen, ohne zu wissen, ob sich Gegenverkehr nähert.

Die zulässige **Höchstgeschwindigkeit** beträgt (sofern nicht anders angegeben) in Ortschaften 50 km/h, auf unbefestigten Landstraßen 80 km/h, auf Landstraßen mit Asphaltdecke 90 km/h. Es herrscht **Gurtpflicht** auf allen Plätzen, beim Einfahren in den **Kreisverkehr** muss Vorfahrt gewährt werden. Besonders streng geht man bei Polizeikontrollen mit **alkoholisierten Fahrern** um: die Überschreitung der Höchstgrenze von 0,5 Promille wird mit hohen Geldstrafen und evtl. dem Verlust des Führerscheines geahndet. Es ist Vorschrift, zu jeder Tageszeit mit **Abblendlicht** zu fahren.

In den Städten und größeren Ortschaften sind die **Straßenverhältnisse** i.d.R. gut. Zur Eindämmung der Raserei finden sich hier übrigens viele künstliche Bodenschwellen. Auf dem Land sind die Straßen zwar vom Staat gelegt, führen i.d.R. aber über Grund und Boden der Bauern. Hier droht außer durch **Witterung** und **Steinschlag** die größte **Gefahr** durch **Tiere**, die in den seltensten Fällen eingezäunt sind. Beim Anfahren eines Schafes oder Pferdes hat der Autofahrer immer und grundsätzlich Schuld; In letzter Zeit betrug die Strafe für die Tötung eines Mutterschafes über 10.000 ISK! Obacht ist besonders Mitte Juni geboten, wenn sich die jungen Lämmer wegen der Wärme gerne auf die Straße legen. Viele **Brücken** sind nur einspurig befahrbar.

Hinweis
***Auskünfte** über die Befahrbarkeit von Straßen und Pässen sind erhältlich beim Reykjavíker Straßenamt unter **Tel.** 522-1000 bzw. unter www.vegagerdin.is. Im Wörterbuch (S. 481ff.) finden Sie einige isländische Vokabeln zum Thema ‚Straßenverkehr'.*

⇨ Automobilclub

Der mit dem *ADAC* kooperierende isländische Automobilclub ist der *F.Í.B. (Félag Íslenskra Bifreiðaeigenda)*. Sein Hauptbüro befindet sich in Reykjavík, Borgartún 33, Tel.: 414-9999, Fax: 414-9998, *www.fib.is;* geöffnet Mo–Fr 8.15–16.30 Uhr. In Notfällen ist der F.I.B. rund um die Uhr unter (00354-) 5112112 zu erreichen.

⇨ Autoverleih

Für den Großteil der Island-Urlauber gehört ein Mietwagen trotz der enorm hohen Preise zum bevorzugten Reisemittel. Die touristische Infrastruktur des Landes hat durch eine Vielzahl von Verleihfirmen darauf reagiert, so dass der Individualtourist ohne Vorab-Arrangement einem regelrechten Dschungel an Tarifen und Modellen gegenübersteht. Vor allem in der Nebensaison können die Kosten durch Preisvergleiche (die natürlich Zeit erfordern) gehörig gesenkt werden. Wer sicher gehen will, sollte jedoch schon zusammen mit der Flugbuchung eins der zahlreichen Fly-&-Drive-Angebote annehmen. Mit dem normalen Pkw sind die Ringstraße, Halbinseln wie Snæfellsnes, Reykjanes und der Nordwesten sowie etliche Querverbindungen und geschotterte Stichstraßen zu befahren. Auf diese Weise lernt man ein gutes Stück des Landes kennen, vor allem, wenn man seinen Horizont auf geplanten oder spontanen Wanderungen, kürzeren Ausritten usw. erweitert.

Für das Hochland mit seinen sandigen Pisten und Flussfurten (z.B. die Kjölur- und Sprengisandur-Route) benötigt man immer noch einen Allradwagen, abseits der wichtigeren Pisten einen Geländewagen. Zum Übernachten führt man hier zweckmäßigerweise Zelt und Schlafsack mit sich. Geländegängige Wohnmobile sind zwar nicht ganz so mobil wie die Jeeps, bieten aber den Vorteil, dass man sich auch abseits der normaltauglichen Routen bewegen kann und dass die Suche nach einem Quartier oder geeigneten Zeltplatz wegfällt.

Wer in Island einen Wagen mieten möchte, muss mindestens 20 Jahre alt sein (je nach Firma bei Wohnmobilen oder Jeeps auch bis zu 25 Jahre) und natürlich einen gültigen nationalen Führerschein besitzen.

Ein Mietwagen ist selbst bei günstigsten Konditionen (Nebensaison, kleinste Kategorie) eine **kostspielige Angelegenheit**: nirgendwo sonst in Europa muss man dafür tiefer in die Tasche greifen. Wer über genügend Zeit verfügt und längere Zeit in Island bleiben möchte (ab 2 Wochen), sollte deshalb die **Fährpassage** oder die Fahrt mit dem Frachtschiff in Erwägung ziehen (vgl. auch unter ‚FÄHREN').

Bei den **Mietwagenpreisen** der deutschen Reiseveranstalter gibt es keine gravierenden Unterschiede. Sie sind i.d.R. billiger als einheimische Anbieter, da sich bei der Buchung mehrerer touristischer Leistungen (z.B. Fly & Drive) relativ günstige Sonderkonditionen ergeben. Andererseits kann man in der Nebensaison bei isländischen Firmen schon einmal um den Preis feilschen oder wenigstens nach einer *special offer* fragen. Achten Sie beim Preisvergleich in den Katalogen darauf, ob die isländische Mehrwertsteuer (24,5 %!) enthalten ist und welche Versicherungskonditionen (CDW) und freie Kilometerzahlen angeboten werden.

Durch den Wechselkurs sind die Mietwagenpreise etwas gesunken, mitunter findet man aber auch bei Buchungen aus dem Ausland Sonderkonditionen. Ein Preisbeispiel für die **Hochsaison** (17.06.–12.08.) bei 7–13 Tagen Mietdauer (Preise pro Tag):

Toyota Yaris, inkl. unbegr. km, CDW exkl. MwSt. ISK 15.700
Toyota Station (Kombi), inkl. unbegr. km, CDW exkl. MwSt. ISK 22.300
Mitsubishi Pajero 4x4, inkl. unbegr. km, CDW exkl. MwSt. ISK 50.000

Je nach Anbieter ist die Übernahme/Abgabe des Wagens am Flughafen Keflavík frei oder kostet einen Zuschlag, gleiches gilt auch für einen evtl. zweiten Fahrer und Einwegfahrten zwischen Reykjavík und Akureyri, während die Bereitstellung von Gepäck- und Skiträgern oder Kindersitzen immer einen Zuschlag kostet. Die Geländewagen sind jedoch meist mit Gepäckträgern und Ersatzbenzinkanistern ausgestattet, außerdem können Schaufeln, Abschleppseile etc. geliefert werden.

Für Touren durch das Hochland ist ein 4x4-Antrieb unabdingbar

Alle Mietwagen haben i.d.R. eine normale **Haftpflicht- und Kaskoversicherung**. Der Kunde ist dabei für alle Schäden am Mietwagen verantwortlich und haftet bis zur Höhe des Mietwagenwertes. Deshalb ist eine Zusatzversicherung (CDW) sinnvoll, die die Haftung im Schadensfall auf ca. € 300 (ISK 25.000) reduziert. Diese deckt jedoch keine Unterbodenschäden, Glasschäden, Schäden, die durch Flussdurchquerungen verursacht werden und Sandsturmschäden ab, für die der Fahrzeugmieter unbegrenzt haftet. Glasschäden können für ca. € 6/Tag durch eine weitere Zusatzversicherung *(gravel protection)* versichert werden.

Das **Angebot an Wagentypen** umfasst eine breite Palette europäischer, amerikanischer und fernöstlicher Produkte. Manchmal findet man Sonderangebote (auch bei deutschen Veranstaltern), bei denen die Autos schon etwas älter sind.

Im Lande gibt es nur wenige Spezialanbieter für **Campmobile.** Gebräuchliche Typen sind z.B. der *Mitsubishi L 200 oder der Dodge RAM*. Das sind hochlandtaugliche und robuste 4x4-Pickup-Fahrzeuge mit aufliegendem ‚Wohnbereich', ausgestattet mit Waschbecken, Kühlschrank, Heizung, Bettzeug, Kochgeschirr etc. Anbieter sind u.a. *J&S Car-Rental*, Bolafotur 9, 260 Reykjanesbaer, Tel.: + 354 564 6000, Fax + 354 564 6001 oder *Húsbílar ehf* (CAMPER ICELAND), Grófin 14C, 230 Reykjanesbær, Tel.: +354 567 0807, Fax: +354 567 1807.

Adressen isländischer Mietwagenfirmen (Auswahl):

- *Budget/Bónus Car Rental*, Eyjaslóð 1,101 Reykjavík, (+354) 898-2026, *budgetwww.budget.is*
- *National Car Rental/Bílaleiga*, Akureyrar, Skeifan 9, 108 Reykjavik, (+354) 568 6915, *www.holdur.is*
- *Hertz Car Rental*, Flugvallarvegur101, Reykjavík, (+354) 505-0600, *www.hertz.is*
- *Dalfoss Car Rental*, Sóleyjargata 31, 101 Reykjavík, (+354) 561-3553, *www.dalfoss.is*
- *Odinn Car Rental*, Óðinsgata 9, 101 Reykjavík, (+354) 861-5160, *www.odinncar.com*
- *ALP Car Rental*, Dugguvogur 10, 104 Reykjavík, (+354) 562-6060, *www.alp.is*
- *ABílar Car Rental*, Hrísateigur 17, 105 Reykjavík, (+354) 564-3300, *www.abilar.is*
- *Aka Car Rental*, Vagnhöfði 25, 110 Reykjavík, (+354) 567-4455, *www.simnet.is*
- *B & L Car rental*, Grjótháls 1, 110 Reykjavík, (+354) 575-1200, *www.bl.is*
- *Berg Car Rental*, Tangarhöfði 8, 110 Reykjavík, (+354) 577-6050, *www.bergcar.is*
- *Ingvar Helgason ehf.*, Sævarhöfði 2, 110 Reykjavík, (+354) 525-8000, *www.ih.is*
- *Átak Car Rental*, Smiðjuvegur 1,200 Kópavogur, (+354) 554-6040, *www.atak.is*
- *Geysir Car Rental*, Holtsgata 56, 260 Reykjanesbær, (+354) 893-4455, *www.geysir.is*
- *SS Car-Rental Iðjustígur 1a*, ,260 Reykjanesbær, Tel.: 421-4220; *www.arctic.is*

B

⇨ Behinderte

Für Körperbehinderte ist Island eine relativ einfach zu bereisende Destination, sowohl was die Unterkunft als auch den Transport anbelangt. Alle Fluglinien im Reiseverkehr von und nach Island sind auf Behinderte eingerichtet, ebenfalls die Küstenfähren und Inlandbusse. In Reykjavík und Akureyri haben manche Hotels eigens eingerichtete Behindertenzimmer, auch sonst ist man in zahlreichen Unterkünften und Restaurants auf diese Zielgruppe eingerichtet. Ebenfalls sind größere Supermärkte im Regelfall für Rollstuhlfahrer zugänglich.

Die Hauptstadt gibt die Broschüre *Accessible Reykjavík* heraus, die in Touristenämtern ausliegt. Es empfiehlt sich jedoch für Behinderte, sich vor Reiseantritt mit dem Fremdenverkehrsamt in Verbindung zu setzen. Eine weitere lohnende Adresse ist der isländische Spezialist für Behindertenreisen *Ferðafélagar*, Reynigrund 65, 200 Kópavogur, Tel.: 564-4091, Fax: 564-4092.

⇨ Benzin/Tankstellen

Tankstellen sind i.d.R. Mo–Sa 7.30–23.30 Uhr, So 10–23.30 geöffnet (in der Nachsaison oft verkürzte Öffnungszeiten). Bei Anlagen mit dem Hinweisschild *Sjálfsafgreiðsla* (= ‚Selbstbedienung') kann man nach Schalterschluss an Geldautomaten tanken, akzeptiert werden Geldscheine im Wert von 100, 500, 1.000, und 5.000 ISK. Bei manchen Stationen kann man am Automaten selbst per Kreditkarte tanken, die Bezahlung mit Kreditkarte während der Öffnungszeiten ist ansonsten überhaupt kein Problem.

Auf dem Land sind Tankstellen Kommunikationszentren, in denen man touristische Hinweise bekommen, Lebensmittel, Souvenirs und andere Waren kaufen sowie Erfrischungen und Imbisse einnehmen kann. Die **Benzinpreise** lagen Ende August 2008 bei durchschnittlich ISK 150 für bleifreies Normalbenzin *(Bensín blýlaust;* 95 Oktan), ISK 158 für Super (98 Oktan) und ISK 174 für Diesel *(Dísel)*. Beim Selbsttanken oder Nutzung des Automaten gewähren die meisten Tankstellen Rabatte (ISK 2/l bzw. ISK 5/l).

⇨ Botschaften/Diplomatische Vertretungen

Auf Island:
- Botschaft der Bundesrepublik Deutschland, Laufásvegur 31, IS-101 Reykjavík, Tel.: 530-1100, Fax: 530-1101.
- Österreichisches Generalkonsulat, Austurstræti 17, IS-101 Reykjavík, Tel.: 552-4016, Fax: 562-5016.
- Schweizer Honorarkonsulat, Laugavegur 13, IS-101 Reykjavík, Tel.: 551-7172, Fax: 551-7179.

In Deutschland: Botschaft der Republik Island, Rauchstraße 1, D-10787 Berlin, Tel.: 030-50504000, Fax: 030-50504300; *www.botschaft-island.de*. Daneben unterhält das Land in Bremerhaven, Cuxhaven, Düsseldorf, Frankfurt/M., Hamburg, Köln, München, Rostock und Stuttgart Honorarkonsulate.

In Österreich: Generalkonsulat der Republik Island, A-1010 Wien, Naglergasse 2–5, Tel.: 01-5332498, Fax: 01-53324449866. Daneben unterhält das Land ein Honorarkonsulat in Salzburg.

In der Schweiz: Honorarkonsulat der Republik Island, Bahnhofstr. 44, CH-8023 Zürich, Tel.: 01-2111338, Fax: 01-2118068. Daneben unterhält das Land Honorarkonsulate in Genf und Bern.

⇨ Busse

Das Verkehrsnetz der Busse ist angesichts der Entfernungen und der geringen Bevölkerung ausgezeichnet, sowohl im innerstädtischen Verkehr (Reykjavík und Akureyri) als auch im Überlandverkehr.

Neben einer Anzahl von regionalen Firmen, die das Busnetz abseits der Ringstraße bedienen und Sightseeing-Ausflüge auf touristisch interessanten Strecken anbieten, ist die wichtigste Gesellschaft *Reykjavik Excursions*, ein Zusammenschluss mehrerer Firmen, deren Linienbusse die Ringstraße und verschiedene Nebenstrecken befahren. In den beiden an Busbahnhöfen und Touristeninformationen ausliegenden Brochüren „Iceland on your own" und „Day Tours in Iceland" finden sich die Busfahrpläne mit Ausnahme des Westen, der von Trex bedient wird. Reservierungen sind nicht erforderlich, Tickets können an der Busstation oder direkt beim Fahrer erworben werden. Kinder unter 4 Jahren fahren umsonst, Preisermäßigung gibt es für Kinder von 4–11 Jahren. Touristen, die ihren Islandurlaub hauptsächlich mit dem Bus bestreiten möchten, sollten auf **Buspässe** zurückgreifen:

- **Highlights Pass:** Dies ist der umfassendste Busspass für unlimitierte Busfahrten zu vielen Sehenwürdigkeiten rund um Island incl. Hochland, erhältlich für 7–15 Tage (18.6.–31.8. ISK 28.000–48.500).
- **Schöner Süden Rundreise Pass** (Beautifull South – Circle Passport): Für ISK 12.900 kann man mit diesem Pass in eine Fahrtrichtung den Süden Islands incl. Landmannalaugar, Eldgjá und Skaftafell bereisen (15.6.–31.8.).
- **Schöner Süden Pass** (Beautifull South Passport): Dieser Pass bietet die gleichen Strecken wie der Schöner Süden Rundreise Pass, jedoch erlaubt er einen beliebigen Richtungswechsel innerhalb des gewählten Zeitraums zwischen 3 und 11 Tagen (15.6.–31.8. ISK 13.500–35.000).
- **Hochland Rundreise Pass** (Highlands Circle Passport): Vom 1.7.–29.8. ermöglicht dieser Pass für ISK 25.100 eine Hochland-Rundfahrt über Kjölur und Sprengisandur im oder gegen den Uhrzeigersinn.

Für **West-Island** sind folgende Buspässe erhältlich:

- **Rundreise Pass** (Full-Circle Passport): Dieser Pass ist gültig vom 1.6.–31.8. (ISK 25.900) für eine Rundreise um Island auf der Ringstrasse Nummer 1 mit beliebig vielen Stopps.
- **Rundreise Pass inkl. Westfjorde** (Full-Circle Passport Including the West Fjords): Für ISK 38.900 bietet dieser Pass die gleiche Leistung wie der Rundreisepass, schließt aber die Westfjorde mit ein.
- **Snaefellsness Halbinsel & National Park** (The Snaefellsnes Peninsula & National Park Passport): Wer die Halbinsel Snaefellsness besuchen möchte, wählt für ISK 12.600 diesen Pass.
- **West-Island & Westfjorde Pass** (The West Iceland & the West Fjords Passport): Vom 1.6.–31.8 und für ISK 19.200 können mit diesem Pass, der auch die Fährfahrt von Stykkisholmur nach Brjánslaekur einschließt, die Westfjorde besucht werden.

i ***Information***

Buspässe und nähere Informationen sind über die Spezialreiseveranstalter auch im Ausland erhältlich oder direkt bei Reykjavik Excursions *(BSI Bus Terminal, IS-101 Reykjavík, Tel.: (354) 580-5400,* www.re.is, *und Trex Hesthals 10, 110 - Reykjavík, Tel.: (354) 587-6000,* www.trex.is.

Der **Zubringerbus zum Flughafen** Keflavík *(Flybus)* kostet ISK 1.500 für Erwachsene und bietet eine kostenlose Abholung an den meisten Hotels in Reykjavík jeweils 2½ Stunden vor einem internationalen Abflug. In umgekehrter Richtung fährt der Flybus von Keflavík ca. 30 min. nach jeder Ankunft zum BSI Terminal, verschiedenen Hotels sowie zur Jugendherberge und zum Campingplatz in Reykjavik. Die Fahrtzeit beträgt ca. 45 Minuten, Infos unter *www.re.is*.

Hinweis
Im Wörterbuch (S. 481ff.) finden Sie einige isländische Vokabeln zum Thema ‚Busse'.

C

⇨ Camping

Der unabhängige Reisende wird z.B. im Hochland in Ermangelung anderer Unterkunftsmöglichkeiten zwangsläufig auf Zelte zurückgreifen; freies Campen ist außerhalb kultivierten Bodens und mit Ausnahme einiger Nationalparks erlaubt. In der Nähe von Wohnstätten sollte man die Besitzer um Erlaubnis fragen. Daneben gibt es in den größeren Orten einige offizielle Campingplätze *(tjaldstæði)*, deren Ausstattung unterschiedlich, i.d.R. aber einfach ist, insbesondere bei den kommunal geführten. **Kochgelegenheiten fehlen** fast immer, deshalb muss ein eigener Kocher mitgebracht werden; die gängigen Gaskartuschen können relativ problemlos nachgekauft werden. Die Stellplätze kosten je nach Ausstattung € 5,50–7,70, an vielen Stellen ist eine Adresse angegeben oder ein Kästchen angebracht, wo man den Betrag zu entrichten hat. Oft ist die Benutzung des einfachen ‚Plumpsklos' und des installierten Wasserhahns auch kostenlos.

Egal wo man campiert, die Reinhaltung der Natur ist oberstes Gebot! Insgesamt stehen rund 125 (63) Zeltplätze zur Verfügung, einschließlich der in den Nationalparks. Sie werden je nach Lage von Juni bis Ende August oder Mitte September bewirtschaftet. Vorher oder nachher können viele davon jedoch auch benutzt werden. Längst nicht alle Campingplätze sind auch für Wohnmobile geeignet. Wer mit dem Bus reist, wird feststellen, dass die Linienbusse außerfahrplanmäßig während der Hochsaison auch an den meisten Campingplätzen halten.

Es ist klar, dass auch im Sommer das isländische Klima mit Schneeschauern und starken Stürmen hohe Anforderung an die Qualität der Ausrüstung stellt. Wer keine Lust hat, das Equipment mit auf die Reise zu nehmen, kann von manchen deutschen Spezial-Reiseveranstaltern in Verbindung mit einem Leihwagen auch Campingausrüstung (bestehend aus Zelt, Schlafsack, Gaskocher, Töpfe und Pfannen, Isomatte) anmieten.

E

⇨ Einkaufen

Wer seinen Island-Aufenthalt auch zu einem Shopping-Bummel nutzen möchte, sei an die trendigen Boutiquen, Läden und Souvenirshops von Reykjavík verwiesen. Billig ist solch ein Vergnügen freilich nicht. Als Mitbringsel beliebt sind Schafsfelle oder Wollstrickwaren (Pullover, Jacken, Mützen, Fäustlinge etc.) sowie Kunsthandwerk aus Keramik, Glas und Silber. Anglerzubehör und das reichhaltige Sortiment von vorzüglichen Fischereiprodukten ist nicht ganz so extrem teuer, sondern ‚nur teuer'. Ein wenig preisgünstiger wird es, wenn man in einem Geschäft mit dem Tax-Free-Logo einkauft. Denn dann wird einem bei der Ausreise die Mehrwertsteuer in Höhe von bis zu 15 % des Einkaufspreises erstattet. Voraussetzung: die auf der Quittung enthaltene Summe beträgt mindestens ISK 4.000, die Ware ist noch original verpackt (außer Wollwaren) und der Kauf erfolgte innerhalb der letzten 3 Monate. Eine andere preiswerte Einkaufsmöglichkeit bieten die Duty-Free-Shops des Flughafens Keflavík, die u.a. die Gesamtbreite isländischer Souvenirs bereit halten.

⇨ Einreise

Nach Beitritt zum Schengener Abkommen im März 2001 ist für alle Staatsbürger aus der EU und der Schweiz nur noch ein Reisepass oder Personalausweis mit noch mindestens 3 Monaten Gültigkeit ausreichend. Bei einer Aufenthaltsdauer von mehr als 3 Monaten wird ein Visum verlangt. Angehörige der skandinavischen Staaten sind von der Passpflicht befreit. Weitere Infos gibt das Amt für Einwanderung (Auðbrekka 6, 200 Kópavogur, Tel.: 892-1090, E-Mail: *utl@rls.is)*.

Bei der Einfuhr ausländischer Währung (Bargeld, Reiseschecks etc.) bestehen keine Einschränkungen. Bei der Ausreise darf die Menge der ausgeführten ausländischen Währung die der Einfuhr nicht überschreiten.

⇨ Entfernungen

Die Angaben der nachfolgenden Entfernungstabelle entsprechen den Entfernungen auf der Ringstraße (Nationalstraße 1), mögliche Abkürzungen auf Straßen, die nur periodisch offen oder nur für Geländefahrzeuge erlaubt sind, wurden nicht berücksichtigt, ebensowenig Abkürzungen durch Tunnelbauten. Die Benutzung des Hvalfjörðurr-Tunnels verkürzt viele Strecken im Westen der Insel um rund 50 km.

⇨ Essen & Trinken

Über Jahrhunderte hinweg war Island ein armes Land, dessen Bewohner unter Hunger zu leiden hatten. Meist gingen in den harten Wintermonaten der konservierte Fisch und Lammfleisch zur Neige, und im Januar/Februar wurden die letzten Vorräte gegessen. Ein Bestreben der Bauern und Fischer war es, durch verschiedene Methoden Lebensmittel länger haltbar zu machen, wobei man auf das teure Salz wegen des dänischen Monopols nur begrenzt zurückgreifen konnte. Für die **traditionellen Landesgerichte** *(þorramatur)* bedeutet dies eine eingeschränkte Auswahl, eine z.T. merkwürdige Konservierung und eine bäuerliche, um nicht zu sagen: primitive Esskultur. Dazu einige Beispiele:

- **Stockfisch** *(harðfiskur)*

Schon die Wikinger schätzten Stockfisch, den die Isländer ‚Hartfisch' nennen, als Proviant und Handelsware. Traditionell wird dabei der Kabeljau, z.T. aber auch Schell- und Katfisch, geköpft, ausgenommen und zum Trocknen an der Luft paarweise über die typischen Holzgestelle gehängt. Nach 6–10 Wochen ist der Fisch knochenhart, der Wassergehalt um 80 % verringert. Der Nährwert von 1 kg Stockfisch entspricht etwa dem von 5 kg Frischfisch, denn Proteine, Kalzium, Eisen und wichtige B-Vitamine bleiben erhalten. Diesen Trockenfisch gibt es in Packungen und gefriergetrocknet zu kaufen. Wenn man ihn nicht mit Wasser vermengt, kann man ihn auch direkt verzehren, z.B. mit Brot und Butter.

Entfernungen in km	*Akureyri*	*Borgarnes*	*Egilsstaðir*	*Höfn*	*Ísafjörður*	*Reykjavík*	*Selfoss*	*Vík í Mýrdal*
Akranes	353	38	626	562	443	**109**	152	281
Akureyri	-	315	273	518	570	**432**	475	604
Blönduós	145	170	419	663	424	**286**	330	459
Borgarnes	315	-	589	570	406	**116**	160	289
Dalvík	44	339	317	562	593	**455**	499	628
Djúpivogur	471	665	144	103	987	**563**	505	376
Egilsstaðir	273	589	-	244	843	**704**	646	517
Eskifjörður	322	637	48	289	891	**748**	691	561
Grímsstaðir	139	455	134	378	709	**571**	615	651
Gullfoss	543	227	693	457	632	**125**	71	176
Höfn	518	570	244	-	975	**468**	410	281
Húsavík	91	407	228	473	661	**523**	566	695
Ísafjörður	570	405	843	975	-	**522**	565	694
Keflavík	473	157	746	509	563	**48**	98	228
Kirkjubæjarklaustur	684	369	437	201	774	**266**	209	80
Ólafsfjörður	61	341	334	579	595	**457**	500	630
Ólavsvík	418	121	691	691	466	**238**	281	410
Reykjahlíð	99	415	174	418	669	**531**	575	691
Reykjavík	**432**	**116**	**704**	**468**	**522**	**-**	**57**	**187**
Sauðárkrókur	119	246	393	637	500	**362**	406	535
Selfoss	475	160	646	410	565	**57**	-	129
Skaftafell	645	438	372	136	843	**335**	278	149
Stykkishólmur	364	99	637	668	411	**215**	258	388
Þingvellir	422	107	695	455	512	**50**	45	174
Þorlákshöfn	469	154	674	438	559	**51**	28	157
Varmahlíð	94	221	368	612	475	**337**	381	510

- **Fermentierter Haifisch** *(hákarl)*

Kulinarisches Abenteuer: fermentierter Haifisch

Fermentierter (d.h. in den Verwesungszustand übergegangener) Haifisch gehört zu jenen kulinarischen Erfahrungen, auf die die meisten Besucher gut verzichten können. Traditionell werden dabei Haie mit in Rum getränkten Ködern geangelt, anschließend in lange Streifen geschnitten, in Säcken verpackt und im nassen Sand vergraben. Wie lange die Tierkadaver dort bleiben, ist das Geheimrezept eines jeden Fischers – die Angaben schwanken von 4 Wochen bis zu 3 Monaten. Das in dieser Zeit vergorene Fleisch kommt anschließend für mehrere Wochen an die frische Luft, wo es zu einer außen braunen, innen weißen Farbe ‚reift'. Die Isländer schneiden die Streifen in kleine Würfel, die in Einmachgläsern verwahrt werden. Bei besonderen Anlässen serviert man sie dann ahnungslosen Besuchern. Während diese bereits vom fürchterlichen Gestank abgeschreckt werden, scheint es den Einheimischen – selbst Kindern – zu schmecken. Der zum *hákarl* gereichte eiskalte Schnaps *(brennivín)* ist zwingend notwendig, um die salzigen Haifischstückchen hinunter zu bekommen.

- **Gesengte Lammköpfe**

Auch dieses Gericht ist, zumindest optisch, stark gewöhnungsbedürftig. Die abgetrennten, gesengten und halbierten Schafsköpfe werden dabei gesäubert, 1 bis 2 Stunden in Salzwasser gekocht und anschließend im Ofen gebräunt. Gegessen werden sie kalt oder warm, oft zusammen mit Kartoffel- oder Kohlrübenpüree. Das als Reiseproviant beliebte Gericht ist auch in Dosen oder als Lammkopfsülze zu kaufen.

- **Schafswürste** (*slátur*)

Während der Schlachtzeit der Schafe (September–Oktober) werden Schafswürste hergestellt, die man 3 Stunden kocht und zusammen mit Kartoffelpüree isst. Schafswürste gibt es in zwei Varianten: die Blutwurst *(blóðmör)* besteht aus in Magenhaut eingenähtem Schafsblut, vermischt mit Mehl, Nierenfett und Gewürzen. Anstelle des Schafsblutes wird bei der Leberwurst *(lifrarpylsa)* gehackte Lammleber genommen.

Eine Chance, die genannten Gerichte wenigstens einmal zu probieren, bekommt man heutzutage in den wenigsten Restaurants geboten, durchaus aber in Privathaushalten (Ferien auf dem Bauernhof) oder im Supermarkt. Beim traditionellen *þorrablót*-Fest im Januar/Februar werden ausschließlich solche isländischen Speisen gereicht. Dazu gehören u.a. auch Widderhoden, gekochter Pumpernickel *(seytt rúgbrauð)*, Fladenbrot bzw. Roggenpfannkuchen *(flatkökur/flatbrauð)* und sog. Sauerspeisen, das sind verschiedene gekochte Fleischsorten, die man 3–4 Monate in Milchsäure eingelegt hat.

Wer vom Klang der traditionellen isländischen Küche nicht unbedingt angesprochen wurde, sollte bedenken, dass sich das Land weiterentwickelt hat. Flächendeckend findet man Pizza-Läden und Imbissgaststätten (auf dem Land meist in Tankstellen), wo man Ihnen Sandwiches *(samlokur)* oder Hamburger und Hot Dogs aus der Mikrowelle serviert. Und Reykjavík (z.T. auch Akureyri) besitzt ein Angebot an Restaurants, das nahezu alle europäischen Küchen sowie u.a. orientalische, mongolische, chinesische, thailändische und mexikanische Gaststätten umfasst. Nachdem die gastronomische Szene der Hauptstadt ihr Mauerblümchen-Dasein abgestreift hat, konnte sich Reykjavík sogar zu einem Geheimtipp für weitgereiste Gourmets entwickeln, der mit Europas frischestem Fisch, bestem Lamm und sauberstem Seafood aufwartet. Junge, originelle Küchenmeister haben es mit Phantasie und Innovation geschafft, kulinarische Adressen einzuführen, die keinen internationalen Vergleich zu scheuen brauchen. Erfreulicherweise gibt es den Trend zur *nouvelle cuisine islandaise* inzwischen auch in einigen kleineren Gemeinden des Landes. Die beste Reisezeit für Gourmets ist von August bis Anfang Oktober: während der Jagdsaison für Rentiere und Wildgänse sowie der Fangzeit für den Wildwasserlachs.

Der Schwerpunkt isländischer **Fleischgerichte** ist natürlich Lamm in allen Variationen. Dessen wohlschmeckender Charakter rührt u.a. daher, dass die Schafe den ganzen Sommer über frei im Hochland mit seinem frischen Gras, Kräutern und Wildpflanzen weiden. Auch anderes Fleisch (Rind, Ren und Jungpferde) ist garantiert unbelastet von Emissionen oder Wachstumshormonen, die auf der Insel verboten sind. Ebensowenig ist die Einfuhr von Fleisch gestattet, so dass Sie stets isländische Ware bekommen.

Mit zum Besten, was die nationale Küche zu bieten hat, sind fangfrische **Seefische** und **Meeresfrüchte** wie Krabben, Hummer, Garnelen, Langusten sowie Kamm- und Miesmuscheln. Unter den Fischgerichten überwiegen Dorsch, Schellfisch, Hering, Heilbutt, Steinbeißer und Forelle. Rotbarsch wird eher exportiert, da die Isländer von Fisch ohne weißem Fleisch lieber die Hände lassen. Auch einige Meeressäugetiere tragen zur Bereicherung der Speisekarte bei, auf der man vereinzelt Robbenflossen und Walsteaks findet.

Beim **Geflügel** überwiegen quantitativ Zuchtvögel wie Hühner, Enten und Puten. Ausdrücklich hingewiesen sei aber auf die Vielzahl von Wildvögeln. Wenn Sie Wildgänse und -enten, Alke, Schneehühner oder Papageientaucher auf der Speisekarte entdecken, können Sie mit einem exquisiten und ungewöhnlichen Essvergnügen rechnen. Papageientaucher, deren Geschmack etwa in der Mitte zwischen Fisch und Geflügel angesiedelt ist, werden gebraten, geräuchert und gekocht angeboten, vor allem auf den Westmännerinseln. Auch die **Eier** der Papageientaucher werden verspeist, ebenso Alkeneier und natürlich Gänse-, Enten- und Hühnereier.

Mit etwa 80 Käsesorten – meist isländische Abwandlungen international bekannter Sorten wie z.B. Edamer, Brie, Blauschimmelkäse, Hüttenkäse usw. –, unzähligen Milch-, Quark- und Joghurtvariationen, Desserts und Eiscremes sind auch die **Milchprodukte** reichhaltig vertreten, die zudem preislich recht günstig liegen. Äußerst wohlschmeckend ist dabei *Skyr*, eine quarkähnliche Speise, die mit Milch oder Schlagsahne und zusätzlich braunem Zucker oder Beeren bzw. Früchten gegessen wird. Den sehr fettarmen *Skyr* bekommt man in Restaurants und Cafeterias als Dessert oder im Supermarkt als Fertigprodukt.

Anders als Käse und Milch sind **Obst** und **Gemüse** viel teurer als bei uns. Frei wachsen u.a. Rhabarber, Blumenkohl, Weißkohl, Möhren und Kartoffeln sowie verschiedene Beeren (Blau-, Krähen- und Stachelbeeren), ihnen gemeinsam ist ein frischer, kräftiger Geschmack. Das gleiche gilt auch für Tomaten, Bananen, Gurken, Weintrauben, Paprika usw., die einen Teil der Produktpalette aus den geothermal beheizten Gewächshäusern ausmachen. Das einheimische Angebot wird durch Importe von Südfrüchten und Gemüse erweitert, nicht aber verbilligt.

Getränke

Wer gerne **Mineralwasser** trinkt, bekommt dieses auf der Vulkaninsel zum Nulltarif: trotz eines manchmal leicht schwefeligen Geruchs kann das Wasser bedenkenlos aus jedem Wasserhahn und aus den meisten Bächen, Flüssen und Seen getrunken werden; es ist sauber und wegen des Mineralienanteils äußerst gesund. Nicht umsonst hat der Export isländischen Wassers (vor allem in die USA und in arabische Länder) sprunghaft zugenommen. Auch alle herkömmlichen **Milch**produkte sowie einige speziell isländische bekommt man in großer Auswahl und zu relativ billigen Preisen. H- oder anders haltbar gemachte Milch wird mit dem Buchstaben ‚G' gekennzeichnet. Wer hingegen auf die bekannte Palette internationaler **Softdrinks** Wert legt, braucht darauf selbst im kleinsten Dorf in den entlegenen Westfjorden nicht zu verzichten. Die Statistiker haben ausgerechnet, dass die Isländer hinsichtlich des Coca-Cola-Konsums Weltmeister sind. Unter den nicht-alkoholischen Getränken ist jedoch – wie überhaupt in Skandinavien – **Kaffee** am populärsten, der zu allen Gelegenheiten angeboten wird. Im Durchschnitt konsumieren 80 % der Bevölkerung täglich 7 Tassen (Männer) bzw. 6 Tassen (Frauen) Kaffee – Weltrekord! In Restaurants, Cafés und Cafeterias gilt der Kaffee-Preis normalerweise nicht nur für eine Tasse, sondern es wird nachgeschenkt (oder man bedient sich selbst aus der Thermoskanne).

Auf den Frühstücksbuffets der meisten Hotels fehlt selten ein kleines Fläschchen mit einer stark riechenden, undefinierbaren Flüssigkeit. Dies ist kein Softdrink und kein Gewürz, sondern im weitesten Sinn die Allround-Medizin des Landes: **Lebertran**. Früher stand vor jeder Fischerkate und jedem Bauernhof eine Tonne davon. Jeder Bewohner und Besucher nahm daraus eine Kelle zu sich, bevor er das Haus betrat. Die Widerstandskraft der Isländer selbst in widrigsten Zeiten bringt man mit Lebertran in Verbindung; in der medizinischen Forschung vertreten einige sogar die Meinung, die auffällig niedrige Krebsrate der Eskimos sei auf die tägliche Einnahme von Lebertran zurückzuführen. Damit ist natürlich nichts über den Geschmack des Gebräus ausgesagt, das heute übrigens nicht aus Wal-, sondern aus Dorschleber hergestellt wird. Die meisten Touristen belassen es – Gesundheit hin oder her – bei einem einmaligen Versuch!

Dem Genuss alkoholischer Getränke sind durch die Nachfolgen der langen Prohibition zumindest preisliche Grenzen gesetzt. **Bier**, das einen Alkoholgehalt von 2,25 % übersteigt, darf nur in den staatlichen *ÁTVR*-Geschäften abgegeben werden, ebenso wie **Wein**, Likör und Spirituosen. Immerhin bekommt man in Restaurants und Kneipen, die eine Schanklizenz besitzen, seit 1989 alles, was das Herz begehrt – allerdings nur am Abend. Wer zum Fisch einen guten Weißwein bestellt, muss mit 2.000 ISK und mehr rechnen. Auch Bier (*bjór*) ist im Vergleich zu Whiskey oder Wodka unverhältnismäßig teuer. Dabei ist das einheimische Bier wie *Viking* und *Egils*, das z.T. in ausländischer Lizenz gebraut wird, durchaus schmackhaft. Wichtig zu wissen: mit *pilsner* ist ein alkoholarmes Bier gemeint! Bei den ‚scharfen Sachen' dominieren in den Kneipen schottischer Whisky, schwedischer Wodka und Cognac. Angesichts der Preise ist der hohe Konsum dieser

Luxuswaren oft kaum zu glauben. Aus dem Land selbst kommt der **Wodka** *Icy* sowie *Brennivín*, der trotz seines Namens aber kein Brandwein, sondern ein Kümmelschnaps (Aquavit) ist. Eingedenk jener vergangener Zeiten, als nicht die Pest, sondern Alkoholismus als ‚Schwarzer Tod' bezeichnet wurde, gibt es **Brennivín** auch in der *Black Death*-Variante. Als Mitbringsel erwirbt man die genannten Marken am besten im Duty Free Shop des Flughafens Keflavík. Weder dort noch in Pubs zu bekommen sind die vielfältigen Produkte der **Schwarzbrennerei**. Kein Jahr vergeht, in dem die Polizei nicht ein großes Kellerlabor aushebt. Und als Tourist, der häufiger in Bauernhöfen oder bei Privatleuten Unterkunft findet, werden auch Sie oft Gelegenheit haben, die Resultate dieses illegalen Vergnügens kennen zu lernen. Es bleibt jedem selbst überlassen, ob er dies tun will. Wichtig ist, dass der Schwarzbrenner eine moderne Anlage hat und das Destillat mehrfach (mindestens zweimal) ultrahocherhitzt.

Hinweis
Im Wörterbuch (S. 481ff.) finden Sie einige isländische Vokabeln zum Thema ‚Trinken & Essen'.

F

⇨ Fähren

Transatlantikfähren

Obwohl die überwiegende Mehrheit aller Besucher mit dem Flugzeug nach Island kommt, ist auch die An-/Abreise von Europa aus per Fähre möglich – allerdings nicht so oft und nicht so einfach, wie man es von der Insellage her erwarten könnte (etwa im Vergleich zu Irland). Die aus historischen und wirtschaftlichen Gründen wichtigste Schiffsverbindung Kopenhagen-Reykjavík ist längst schon eingestellt worden; die Fährlinie Bremerhaven-Reykjavík, die 1983 eingerichtet wurde, existierte nur eine Saison. Der derzeit einfachste und am häufigsten genutzte Seeweg für Autotouristen vom Kontinent ist die Route der *Smyril Line*, die auf den Färöern beheimatet ist. Sie bedient mit der *MS Norröna* (= ‚Nordmeer') die Strecke Hanstholm (Dänemark, im Nordwesten Jütlands) – Tórshavn (Färöern) – Seyðisfjörður (Ostisland). Bei der Überfahrt ab Hanstholm ergibt sich ein zweitägiger Zwischenaufenthalt auf den Färöern (die Fahrzeuge werden dabei ausgeschifft), den die Fähre zur Passage nach Bergen (Westnorwegen), Lerwick (Shetland-Inseln) und zurück nutzt. Die Rückfahrt erfolgt von Island direkt über Tórshavn

		Ortszeit	
Destination	***Wochentag***	***an Uhr***	***ab Uhr***
Hanstholm/Dänemark	samstags	—	22.30
Tórshavn/Färöern	montags	09.00	12.00
Bergen/Norwegen	dienstags	10.00	13.00
Tórshavn/Färöern	mittwochs	19.00	21.30
Seyðisfjörður/Island	donnerstags	12.00	16.00
Tórshavn/Färöern	freitags	08.30	11.00
Hanstholm/Dänemark	samstags	18.00	—

(2½ Stunden Aufenthalt) nach Hanstholm. Den für 2009 (13.6.–28.8.) gültigen Fahrplan der *MS Norröna* finden Sie auf der vorigen Seite.

Das im Frühjahr 2003 in Dienst gestellte, 161 m lange und 30 m breite Fährschiff erfüllt alle Sicherheitsbedingungen, hat eine ausschließlich färingische Besatzung und ist speziell für die Bedingungen im Nordatlantik gebaut. Mit seiner Kapazität von bis zu 800 Autos und 1.482 Passagieren ist es deutlich größer als die Vorgängerin – und auch deutlich komfortabler. So haben jetzt alle Kabinen Bad/WC und Fernseher, die Außenkabinen zusätzlich Kühlschrank und Fenster. Daneben gibt es auch Luxuskabinen und eine Suite, die ein Höchstmaß an Komfort aufweist. Auch sonst ist die *MS Norröna* mit allen modernen Einrichtungen ausgestattet und eher ein schwimmendes Hotel als ein Fährschiff alten Stils.

Doch auch auf diesem Schiff gleicht die Atmosphäre am Ende der Reise oft der einer ‚verschworenen Gemeinschaft'. Und außerdem ist der Seeweg nach Island die klassische Anreise in der Nachfolge der Wikinger. Er ist geeignet, schon viel vom Charakter der Isländer zu begreifen, noch bevor man seinen Fuß auf die Vulkaninsel gesetzt hat. Ein weiterer Vorteil ergibt sich für motorisierte Touristen aus der Kostenrechnung Überfahrt plus Pkw- oder Motorradtarif im Vergleich zu den hohen Mietpreisen auf der Insel. Und je länger man als Auto- oder Motorradtourist auf der Insel bleiben möchte, desto mehr lohnt sich die Überfahrt mit der Fähre!

Dem steht der Nachteil des Zeitverlustes gegenüber (der für manche aber auch als Vorteil erscheint, weil er die Möglichkeit zum Kennenlernen anderer nordatlantischer Regionen bietet). Durch den dreitägigen Aufenthalt auf den Färöern muss man für die Hinfahrt mit 6 Tagen (ab Bergen/Norwegen 3 Tage), für die Rückfahrt mit 3 Tagen kalkulieren. Für die, die ab Hanstholm starten, kommen außerdem zusätzliche Übernachtungskosten auf den Färöern hinzu, für die Norwegen-Fahrer erstens zusätzliche Fährkosten (Dänemark-Norwegen oder Dänemark-Schweden) und zweitens eine mindestens 3tägige Anreise. Wer es außerdem komfortabel haben möchte, muss für die Kabinenübernachtung auf dem Schiff tief in die Tasche greifen. Auch die Verpflegungskosten auf der Fähre sind nicht gerade billig. Ein weiterer Nachteil ist für seeanfällige Naturen die bisweilen sehr stürmische Überfahrt.

Information

Weitere Informationen in **Deutschland**: *Smyril Line Deutschland, Sell Speicher Wall 55, 24103 Kiel, 0431-200886, unter* www.smyrilline.de *oder bei den Spezialreisebüros. In der* **isländischen** *Hauptstadt erreicht man die Reederei unter folgender Adresse: Smyril Line Ísland, Stangarhyl 1, 110 Reykjavík, Tel.: 570-8600, Fax: 552-9450,* www.smyril-line.is, *oder bei Austfar ehf, Fjarðargötu 3, 710 Seyðisfjörður, Tel.: 472-1111, Fax: 472-1105. Auf den* **Färöern** *ist die Smyril Line in Tórshavn unter Tel: 298-345900 zu erreichen, in* **Dänemark:** *Smyril Line Danmark, Kai Lindbergs Gade 200, 7730 Hanstholm, Tel.: 96 550 360, Fax. 96 550 361,* www.smyril-line.dk *und in* **Norwegen** *unter Tel. 0047-55596520.*

Tipp

Die offizielle Preisliste basiert auf der Dänenkrone (1 DKK = 0,1344 €), die ebenfalls Bordwährung ist. Wegen des ungünstigen Umtauschkurses an Bord sollten Sie ausreichend Dänenkronen mitnehmen.

!!! Achtung
Selbstfahrer mit eigenem Wagen müssen im Besitz der Zulassung, einer grünen Versicherungskarte und des nationalen Führerscheins sein. Die Fahrzeuge können nach Ankunft in Island auf ihre Verkehrssicherheit hin inspiziert werden.

Frachtschiffe

Außer der *Smyril*-Fähre befördern auch die Frachtschiffe der isländischen Reedereien *Eimskip* und *Samskip* Pkw und Personen.
Eimskip: Zwischen April und Oktober verlässt allwöchentlich eines der beiden Containerschiffe *Dettifoss* und *Goðafoss* den Rotterdamer Hafen und legt nach mehreren Zwischenstationen sieben Tage später im Reykjavíker Hafenbecken *Sundahöfn* an. Der für das Jahr 2009 gültige Wochenplan ist wie folgt: Abfahrt in *Rotterdam* am Dienstagabend, dann über *Fredrikstad*/Norwegen, *Göteborg*/Schweden, *Århus*/Dänemark und *Tórshavn*/Färöern nach *Reykjavík*.

Der **Preis** für die Verschiffung eines Pkw ist unabhängig vom Einschiffungsort und liegt bei ca. € 350 für die einfache Fahrt einschl. Hafengebühren und Frachtpapiere (bei Wagenlänge über 6 m Zuschlag). Das Angebot ist für alle interessant, die aus Zeitersparnis oder aus Angst vor Seegang lieber nach Island fliegen, aber auf ihren eigenen Wagen bzw. ihr eigenes Motorrad nicht verzichten möchten. Allerdings ist es auch möglich, den Wagen auf dem Frachtschiff zu begleiten. Die modernen Containerschiffe verfügen über einige wenige Doppelkabinen, außerdem über Sauna, Fitness- und Speiseraum.

Hinweis
Informationen erteilen die Spezial-Reiseveranstalter, die Reederei Eimskip *(Posthusstræti 2, 101 Reykjavík, Tel.: 525-7000, Fax: 525-7009;* www.eimskip.com) *bzw. die Agentur* Iceland Travel, *Lágmúli 4, P.O.Box 8650, 128 Reykjavík, Tel.: 569-9300, Fax: 588-0202. Die deutsche* Eimskip-*Agentur ist das Unternehmen* Island-Tours, *Raboisen 5, D-20095 Hamburg, Tel.: 1805-309794, Fax: 040-30979430,* www.islandtours.de.

Inlandfähren

Im Inlandverkehr sind zzt. folgende Küstenfähren in Betrieb:

- Im **Westen**: Zum Inselchen **Viðey** starten vom Reykjavíker Containerhafen ganzjährig 2x tägl. Personenfähren, an Wochenenden im Sommerhalbjahr 8x tägl. Auskunft und Reservierungen unter Tel. 892-0099 oder 581-1010.
- Im **Nordwesten**:
  - Das ganze Jahr über verkehrt 2x tägl. die Personen- und Autofähre *Baldur* zwischen **Stykkishólmur** und **Brjánslækur** mit Halt auf dem Inselchen **Flatey**. Auskunft und Reservierungen im Fährbüro Stykkishólmur unter Tel. 438-1450 und unter *www.saeferdir.is*.
  - Von **Ísafjörður und Bolungarvik** aus verkehren in der Sommersaison fahrplanmäßig Personenfähren *von vier verschiedenen Gesellschaften* zu unterschiedlichen Destinationen im Hornstrandir Nationalpark. Auskunft bei West-Tours, Ísafjörður, Tel.: 456-5111, www.vesturferdir.is.

- Im **Norden**:
  - Zwischen **Dalvík** und **Grímsey** (mit Busanbindung Akureyri–Dalvík–Akureyri) verkehrt ganzjährig und fahrplanmäßig die Personenfähre *Sæfari*. Auskunft und Reservierungen beim Touristenbüro Akureyri unter Tel. 462-7733.
  - Von **Árskógssandur** zur Insel **Hrísey** verkehrt von Mai bis September die Personenfähre *Sævar* bis zu 8x tägl. Auskunft und Reservierungen unter Tel. 695-5544 oder beim Touristenbüro Akureyri (s.o.)
- Im **Süden**: Die **Westmänner-Inseln** (Heimaey) werden ganzjährig mindestens 1x tägl. von **Þorlákshöfn** mit der Personen- und Autofähre *Herjólfur* angelaufen. Vom BSÍ-Terminal in Reykjavík gibt es Zubringerbusse von/nach Þorlákshöfn. Auskunft und Reservierungen auf Heimaey unter Tel. 481-2800 und in Þorlákshöfn unter Tel. 483-3413.

⇨ Fahrrad fahren

Angesichts der immer noch zum großen Teil ungepflasterten Straßen, ihren Schlaglöchern, Sandpisten und bisweilen notwendigen Flussdurchquerungen erstaunt die Vielzahl der Zweirad-Touristen, die man selbst in den abgelegensten Winkeln sieht. Island ist kein Land für Fahrradfahrer, und paradoxerweise ist wahrscheinlich gerade das der Grund für die wachsende Beliebtheit der Destination unter Drahtesel-Enthusiasten. Denn wenn man mit seinem Mountainbike eine Herausforderung in Europa sucht: Hier ist man genau richtig.

Auf den Boom wurde auf der Insel insofern reagiert, als die Möglichkeiten zum Transport von Fahrrädern (per Schiff, Flugzeug und Bus) verbessert wurden und auch nicht zu

Mühselige Angelegenheit: Fahrradtouren im Hochland

sehr den Geldbeutel strapazieren. Auch kann man sich neuerdings in Reykjavík und Akureyri ‚normale' und Mountainbikes mieten oder in einer Gruppe an pauschal arrangierten Fahrrad-Wandertouren teilnehmen. Wer mit seinem eigenen Rad eine individuelle Route abfahren möchte, sollte sich genauestens über die Wetter-, Verkehrs- und Straßenverhältnisse informieren. Bei keinem anderen Verkehrsmittel ist die Zahl derjenigen größer, die erst während der Reise die Unbrauchbarkeit ihres Gefährtes und den zu hohen Anspruch an sich selbst bemerkten. Nichts ist ärgerlicher, als Reisespaß in Reisestress ausarten zu lassen und erschöpft, gefrustet und entnervt den Heimflug antreten zu müssen.

Bei Reiseveranstaltern in Deutschland und in Island kann man inzwischen mehrtägige Fahrradtouren mit Expeditionscharakter buchen, auch bieten eine ständig wachsende Zahl von Hotels, Pensionen und Schlafsackunterkünften Mietfahrräder an. Weitere Auskünfte über Mietmöglichkeiten von Fahrrädern geben die lokalen Touristenbüros.

Für **Motorradfahrer** gilt im Prinzip das gleiche wie für Pkw-Touristen: Das Reisen ist auf der Ringstraße und ähnlichen Wegen gut möglich, fürs Hochland benötigt man eine geländegängige Maschine. Der Nachteil der Motorradfahrer im Gelände ist, dass sie sich im schlimmsten Fall nicht wie die Jeep-Konvois mit Seilwinden oder wie die Mountainbiker durch Schieben oder Schultern des Gefährts behelfen können.

⇨ Feiertage

An folgenden festen und beweglichen Feiertagen sind Post, Banken, Behörden und die meisten Geschäfte geschlossen: 1. Januar: Neujahr; Gründonnerstag; Karfreitag; Ostermontag; 3. Donnerstag im April: Erster Sommertag *(sumardagurinn fýrsti)*; 1. Mai: Tag der Arbeit; Himmelfahrt; Pfingstmontag; 17. Juni: Nationalfeiertag; 1. Montag im August: Bankfeiertag *(verslunnarmannahelgi)*; 24.–26. Dezember: Weihnachten (Heiligabend ab Mittag); 31. Dezember: Silvester (ab Mittag).

⇨ Fernsehen

Bis Ende 1995 gab es im Lande nur zwei Fernsehkanäle, nämlich das staatliche *Ríkissjónvarpið* und den privaten pay-TV-Sender *Stöd 2*, die von ca. 17 Uhr bis ca. Mitternacht senden. Heutzutage haben die Isländer die Wahl zwischen neun Programmen. Unter den hinzugekommenen Sendern sind zwei *(Sýn* und *Stöd 3*) kommerzielle Pay-TV-Sender, während der dritte *(Omega)* ein christlich-religiöses Programm anbietet. Besucher profitieren davon, dass alle ausländischen Sendungen nicht synchronisiert ausgestrahlt werden (u.a. auch deutsche Krimis). Die Pay-TV-Programme sind mit einem Decoder ausgestattet.

Wer privat unterkommt, hat in einem Land, in dem Parabolantennen zum Statussymbol geworden sind, oft Gelegenheit, über die insularen Grenzen hinauszuschauen. Auch in den First-Class-Hotels ist der Empfang von Satellitenprogrammen üblich (u.a. *CNN)*. Selbst, wenn man von der Sprache nichts versteht, kann es interessant sein, sich zumindest einmal isländische Nachrichten anzuschauen. Sie werden feststellen, welchen Stellenwert der Wetterbericht und die eingeholten bzw. zu erwartenden Fischfänge einnehmen.

⇨ Flüge/Fluggesellschaften/Flughafen

Der wichtigste Carrier für eine Reise nach Island ist die nationale Fluggesellschaft *Icelandair*, mit zahlreichen internationalen Zielen auf dem europäischen und amerikanischem Festland. Wichtigste Strecken sind hierbei die Verbingungen nach Frankfurt am Main, London, Kopenhagen, Halifax, Nuuk, Boston, New York und Toronto. Weitere Linienfluggesellschaften, welche am internationalen Flughafen von Reykjavík vertreten sind, sind Lufthansa (samstags von Hamburg), SAS Scandinavian Airlines (Kopenhagen), Austrian Airlines (Wien), Edelweiss Air, Air Iceland (Grönland und Färöer), Iceland Express, Air Berlin, Germanwings (Köln) und British Airways (London).

Bei *Icelandair* zahlt man in der Hochsaison für ein Return-Ticktet ab Frankfurt ca. € 500, wenn man frühzeitig bucht. Mit Icland Express oder Germanwings kann man mit etwas Glück schon mal ein Ticket um die € 200 ergattern, in der Nebensaison sogar noch günstiger. Die Adresse der *Icelandair* ist in **Deutschland:** Rossmarkt 10, D-60311 Frankfurt/M., Tel.: 069-299978, Fax: 069-283872. Und auf **Island:** Laugavegur 7, IS-101 Reykjavík, Tel.: 505-0300, Fax; 505-0350. Flugpläne, Routen, Tarife, Sonderangebote etc. findet man im Internet unter *www.icelandair.de.* Weitere Infos unter *www.germanwings.de, www.icelandexpress.com* und *www.airberlin.com.*

Der **Flughafen** *Leifur Eiríksson* in Keflavík ist das wichtigste Einfallstor für ausländische Touristen nach Island, hier landen und starten alle Maschinen im internationalen Flugverkehr mit Ausnahme der Färöern und Grönland. Das moderne und architektonisch anspruchsvolle Gebäude wurde in den letzten Jahren mehrfach erweitert und ist mit allen international üblichen Einrichtungen (u.a. Touristeninfo, Mietwagen-Stationen, Cafeteria, Duty-Free Shop) ausgestattet. Im Ankunftsbereich kann man Geld wechseln (24-Stunden-Service) oder am Bankautomaten ziehen und bevor man durch den Zoll geht, hat man Gelegenheit zum zollfreien Einkauf. Informationen über startende oder landende Flüge können unter Tel. 505-0500 abgefragt werden. Weitere Infos unter *www.keflavikairport.com.*

Nach jeder Ankunft einer Passagiermaschine startet am Flughafen der **Zubringerbus** nach Reykjavík, der den Innenstadt-Terminal BSI nach ca. 45 Minuten erreicht (ca. ISK 1.500). In umgekehrter Richtung startet der *Flybus* am BSI in Reykjavík jeweils 2½ Stunden vor einem internationalen Abflug. Es ist möglich, sich vor den größeren Hotels und Gästehäusern abholen zu lassen (rechtzeitig an der Rezeption oder unter Tel. 652-1011 reservieren, weitere Infos unter *www.re.is).*

(siehe auch ‚INLANDFLÜGE')

⇨ Fremdenverkehrsamt

Das Isländische Fremdenverkehrsamt *(Ferðamálaráð Íslands)* hat seinen Hauptsitz natürlich im Heimatland: Lækjargata 3, IS-101 Reykjavík, Tel.: +354-535-5500, Fax: 535-5501; *www.icetourist.is.* Das Büro in Deutschland (zuständig auch für Österreich und die Schweiz): City Center, Frankfurterstr. 181, D-63263 Neu-Isenburg, Tel.: 06102-254484, Fax: 06102-254570; *www.icetourist.de* und *www.skandinavien.de/island.html.*

G

⇨ Geld/Geldwechsel/Zahlungsmittel

Die isländische **Währung** ist die Krone (*króna*, pl.: *krónur*), die zwar nominell aus 100 Öre *(aurar)* besteht, was für den täglichen Zahlungsverkehr jedoch keine Bedeutung mehr hat. Im Umlauf sind daher nur Münzen zu 1, 5, 10, 50 und 100 *krónur*. Banknoten gibt es im Wert von 500, 1.000, 2.000 und 5.000 *krónur*. Die international übliche Abkürzung der isländischen Krone ist ISK.

Banken findet man auf der Insel in jedem Ort. Die Öffnungszeiten sind im Allgemeinen Mo–Fr 9.15–16 Uhr. An einigen Stellen in Reykjavík (z.B. *Hótel Loftleiðir, Kringlan*, Touristeninformation) und an den Flughäfen Keflavík und Akureyri sind Wechselstellen z.T. auch länger sowie auch Sa–So geöffnet. Die besseren Hotels bieten ihren Gästen einen Geldumtausch-Service.

Der **Geldwechsel** etwa von Euro in ISK ist in Island günstiger als im Heimatland; er kann sofort nach Ankunft im Flughafen Keflavík erfolgen. Verwahren Sie die Umtauschbelege, da Sie sie für einen evtl. Rückumtausch benötigen! Wegen des rapiden Wertverlustes der Krone infolge der Finanzkrise, alleine in 2008 fast 70 %, ist es derzeit wenig sinvoll, Umtauschkurse zu nennen – am besten erkundigt man sich aktuell bei seiner Bank oder im Internet z.B unter www.oanda.de. In vielen Bank-Automaten kann man mit der EC-Karte Bargeld abheben. **Geldanweisungen** können in allen Filialen der *Landsbanki Íslands* in Bargeld eingelöst werden.

Kreditkarten sind weit verbreitet und mit der *Visa*-Karte zahlen Kinder inzwischen selbst ihren Hamburger. Neben *Visa*, der ‚inoffiziellen Währung' der Insel, hat man auch mit *Mastercard, American Express* und *Diners Club* keine Akzeptanz-Probleme. Bargeld bekommt man an Banken, Sparkassen und Bankautomaten allerdings nur mit *Visa* oder *Mastercard*, Karteninhaber von *Diners Club* können sich an das Reykjaviker Postgiroamt *(Póstgíróstofan*, Ármúli 6) wenden. Bei Problemen, Verlust oder Diebstahl kontaktiere man die jeweilige Hauptniederlassung in Reykjavík:

Visa: Álfabakki 16, Tel.: 525-2000 (24-Stunden-Nottelefon: 525-2200)
Mastercard: Ármúli 28–30, Tel.: 550-1500 (24-Stunden-Nottelefon: 533-1400)
American Express: Lágmúli 4, Tel.: 569-9300 (24-Stunden-Nottelefon: 533-1400)
Diners Club: Engjateigur 9, Tel.: 588-0050 (24-Stunden-Nottelefon: 0045-3672-3672)

☞ ***Hinweis***
Im Wörterbuch (S. 481ff.) finden Sie einige isländische Vokabeln zum Thema ‚Banken/Geld'.

⇨ Gesundheit

Das Gesundheitssystem Islands ist vorbildlich strukturiert. Landesweit gibt es etwa 50 Krankenhäuser und Gesundheitszentren *(heilsugæslustöðin)*, in jeder größeren Ortschaft finden sich ausreichend Ärzte und Zahnärzte; viele von ihnen sprechen etwas deutsch, alle englisch. Die beste Adresse im Fall einer akuten Erkrankung oder einem

Unfall ist die rund um die Uhr besetzte Unfallstation *(slysadeildð)* des Städtischen Krankenhauses von Reykjavík *(Sjúkrahús Reykjavíkur;* Tel.: 525-1700). Das Ärztezentrum von Kópavogur *(Læknavaktin,* Smáratorg 1, Tel.: 1770) hat Mo–Fr 17–23.30 Uhr sowie am Wochenende und an Feiertagen 9–23 Uhr geöffnet. Abseits der Ortschaften kann es allerdings einige Zeit dauern, bis im Notfall ein Krankenwagen bzw. Helikopter eintrifft, insbesondere bei Hochland- und Wandertouren.

Die Kosten für ärztliche Dienste werden Touristen aus EU-Ländern, die das E-111-Formular vorweisen (bekommt man von der Krankenversicherung), erstattet, aber meist nur in Höhe der im Heimatland geltenden Sätze. Da die isländischen Behandlungskosten extrem hoch sind (Ausländer werden als Privatpatienten behandelt), gibt es eine nicht unerhebliche Kostendifferenz zum Nachteil des Kranken – eine zusätzliche Auslandskrankenversicherung ist daher ratsam. Medikamente erhält man ausschließlich in einer Apotheke und meist gegen Rezept – z.T. auch für Medikamente, die im Ausland frei verkäuflich sind! Sollten Sie auf bestimmte Medikamente angewiesen sein, ist die Mitnahme in ausreichender Menge ratsam. Weitere Auskünfte erteilt die Staatliche Krankenversicherung *(Tryggingastofnun ríksins),* Laugavegur 114, 150 Reykjavík, Tel.: 560-4400, Fax: 560-4451.

Apotheken gibt es in jeder größeren Ortschaft, sie sind normalerweise Mo–Fr 9–18 Uhr geöffnet. In Reykjavík und Akureyri haben Notapotheken tägl. bis 22 Uhr geöffnet und jeweils eine rund um die Uhr.

Hinweis
Im Wörterbuch (S. 481ff.) finden Sie einige isländische Vokabeln zum Thema ‚Gesundheit'.

⇨ Golf

Golfen nimmt auf Island einen ständig steigenden Stellenwert ein und ist mit mehr als 50 Plätzen zu einem wirklichen Volkssport geworden. Alle größeren Courses des Landes stehen auch ausländischen Gästen offen, die green fees sind dabei sehr moderat. Freunde des Sports haben auf der Vulkaninsel die einzigartige Möglichkeit zum ‚Mitternachtsgolfen' – am bekanntesten ist dabei das internationale *Arctic Open* auf dem 36-Loch-Platz des Golfclubs Akureyri. Das Ende Juni stattfindende Turnier beginnt kurz vor Mitternacht und geht bis in die frühen Morgenstunden.

H

⇨ Hotels

siehe unter Stichwort ‚UNTERKUNFT'

I

⇨ Inlandflüge

Für die Isländer nimmt das Flugzeug eine immer wichtigere Rolle ein, allerdings reisen sie nicht zum Vergnügen, sondern versuchen dadurch Zeit zu sparen. Der Tourist sollte sich überlegen, ob er auf viele Naturschönheiten verzichten möchte, indem er einfach über sie hinwegfliegt. Andererseits bietet die Vogelperspektive – gutes Wetter vorausgesetzt – eine ganz andere und ebenfalls reizvolle Sichtweise: die Dimensionen der Gletscher, die Weitläufigkeit der Hochland-Wüsten und die abrupte Grenze von Siedlungszonen und unberührter Natur sind aus einigen hundert Metern Höhendistanz einfach besser erkennbar.

Das Inlandflugnetz ist sehr gut ausgebaut und wird von den Gesellschaften *Flugfélag Íslands (Air Iceland)* und *Íslandsflug* – beides Töchter der *Icelandair* – häufig bedient. Sie operieren vom Stadtflughafen Reykjavík aus. *Flugfélag Íslands* bedient von dort die Stekken nach Akureyri, Egilsstaðir, Ísafjörður, Vopnafjörður, Grímsey, Þórshöfn zu den Vestmannaeyar (Heimaey) und nach Grönland (Kulusuk, Narsarsuaq). Ab Akureyri gibt es außerdem Verbindungen nach Grímsey, Þórshöfn, Vopnaförður und Ísafjörður. *Íslandsflug* operiert von Reykjavík auf den Strecken nach Bíldudalur, Gjögur und Sauðárkrókur.

Die dritte Inlandsfluggesellschaft, *Mýflug* hat ihren Sitz am Myvatn und bietet Rundflüge im Mývatn-Gebiet an.

Preisbeispiele für einzelne Inlandflugstrecken ab/bis Reykjavik: Akureyri/Ísafjörður: € 86 (Nebensaison)/€ 105 (Hochsaison); Egilsstadir: € 100/€ 121; Höfn: € 125; Westmänner-Inseln: € 85.

Bei allen Inlandflügen werden folgende **Kinderermäßigungen** gewährt: bis 2 Jahre 90 %, 2 11 Jahre 50 %. Bei Inlandflügen der *Air Iceland* muss man spätestens 30 Minuten vor Abflug am Schalter sein. Die Höchstgrenze für Gepäck beträgt 15 kg. Bei allen Inlandflügen wird eine zusätzliche **Airport-Tax** von zzt. ca. € 3 erhoben.

Die Adressen der Inland-Fluggesellschaften:

- *Air Iceland (Flugfélag Íslands)*, Flughafen Reykjavík, 101 Reykjavík, Tel.: 570-3030, Fax: 570-3001; *www.flugfelag.is.* und *www.airiceland.is*. Außer am Flughafen gibt es in Reykjavík Ticketbüros u.a. im Einkaufszentrum Kringlan und bei verschiedenen *Icelandair*-Niederlassungen. Das *Air Iceland*-Büro in Akureyri befindet sich am dortigen Flughafen (Tel.: 460-7000).
- *Íslandsflug*, Flughafen Reykjavík, IS-101 Reykjavík, Tel.: 570-8030/570-8090, Fax: 570-8091/8031, *www.islandsflug.is.*
- *Mýflug*, Mýflug hf. Reykjahlíðarflugvelli, 660, Mývatnssveit, Tel: 464-4400, Fax: 464-4401, *www.myflug.is*

⇨ Internet

Die Chancen, per Internet mit isländischen Bürgern zu kommunizieren, sind ausgesprochen gut: nach Statistiken aus den Jahren 2000–04 waren Isländer zusammen mit Finnen bei der Relation Einwohner/Internetzugang Weltmeister. Natürlich sind daher auch alle touristisch relevanten Anbieter (Reiseveranstalter, Hotels und andere Unterkünfte, Fluggesellschaften, Autoverleiher, Fähren, Fremdenverkehrsämter etc.), alle Institutionen, Gemeinden, Medien und Verbände mit einer Website vertreten.

Wer sich zu Hause über Wirtschaft, Politik, Kultur und Tourismus des Landes informieren möchte, findet unter den Adressen *www.island-aktuell.de* und *www.icenews.is* täglich aktualisierte Nachrichten. Ist man besonders an der isländischen Wirtschaft oder einzelne Firmen interessiert, kann man das *Trade Council of Iceland (TCI)* unter *www.icetrade.is* anwählen, während die Deutsch-Isländische Wirtschaftsvereinigung *(DIWV)* die Adresse *www.diwv.de* hat.

Auskünfte politischer, wirtschaftlicher und kultureller Art erhält man am besten über die Adresse der Botschaft in Berlin *(www.botschaft-island.de)*, über die man viele Links u.a. zur Regierung, zum Parlament *(www.allthingi.is)*, zu Medien, Institutionen und dem Amt für Statistik *(www.statice.is)* erhält. Ebenfalls breit gefächert, jedoch eher an touristischen Interessen orientiert, ist der ‚Island-Informationsdienst' *www.geysir.com;* ähnlich geartet das englischsprachige Angebot unter *www.islandia.is.*

Eine verlässliche Adresse stellt natürlich auch *www.skandinavien.de/island* bzw. *www.icetourist.is* dar, über die man die Datenbank des Fremdenverkehrsamtes in Frankfurt bzw. Reykjavík nutzen kann. Oder *www.visitreykjavik.is* bzw. *www.reykjavik.is*, die Homepage der Hauptstadt, mit ebenfalls vielen touristischen Hinweisen. Inzwischen tummeln sich auch richtige Internet-Reiseführer auf dem Markt, beispielsweise unter der Adresse *www.islandreise.de* (deutsch) *www.iceland.org* (englisch). Wer vor Ort im Netz surfen oder E-Mails abfragen möchte, kann das in einem der vielen **Internetcafés** tun, die sich in größeren Ortschaften inzwischen etabliert haben. Auch die Bibliotheken verfügen häufig über einen öffentlich zugänglichen Internetanschluss.

Hinweis
Im Wörterbuch (S. 481ff.) finden Sie einige isländische Vokabeln zum Thema ‚Internet'.

J

⇨ Jugendherbergen

siehe unter Stichwort ‚UNTERKUNFT'

K

⇨ Kartenmaterial

Über Fremdenverkehrsamt, Reiseveranstaltern, Touristenbüros sowie Flug- oder Busgesellschaften sind Karten unterschiedlicher Art zu bekommen, die zumindest eine Groborientierung erleichtern. Dies betrifft insbesondere Städte wie Reykjavík, Akureyri oder Akranes, wo das kostenlose Material vollkommen ausreicht. Auch für Nationalparks oder einzelne Regionen gibt es bei Informationsstellen gute Karten.

Für die Vorausplanung einer Reise, vor allem aber für Hochlandfahrten sind detailliertere Karten notwendig. Insgesamt bietet das Geodätische Institut 500 diverse Karten an. Eine gute Orientierung bietet die *Ferðakort* (Touring Map) des Verlages *Landmælingar Íslands* im Maßstab 1:500.000 mit Kilometerangaben, Kennzeichnung der Straßenoberfläche, Ortsindex und ausführlicher Legende.

Daneben gibt es die Blätter der *Aðalkort* im Maßstab 1:250.000, in der alle fahrbaren Straßen und Pisten sowie Furten eingetragen sind, oder noch detailgenauere Karten im Maßstab zwischen 1:10.000 und 1:100.000 *(Íslands Sérkort)*, die Hochlandfahrern und Wanderern eine gute Hilfe darstellen – erhältlich u.a. für die Regionen Þórsmörk/Landmannalaugur, Vestmannaeyar, Hekla, Skaftafell, Mývatn und Hornstrandir. Die Karten sind überall in Island erhältlich (Buchläden, Touristeninformationen, Tankstellen).

⇨ Kreuzfahrten

Mit 40–50 Anläufen im Jahr hat Island einen festen Platz im nordatlantischen Kreuzfahrt-Tourismus eingenommen. Außer den Landgängen in den einzelnen Destinationen ist es ein besonderes Erlebnis, möglichst nah an die arktische Pack- und Treibeisgrenze heran- oder in sie heineinzufahren. Am ehesten geht das auf den Schiffen der neueren Generation, die in der höchsten Eisklasse (1A) gebaut sind. Beispiele für solche relativ kleinen, aber komfortabel bis luxuriös ausgestatten Kreuzfahrtschiffe sind die *MS Hanseatic*, die *MS Bremen* oder die *MS Columbus Caravelle*.

Wer vorhat, den Nordatlantik auf einer Kreuzfahrt kennen zu lernen, sollte sich in Reisebüros und bei den Veranstaltern nicht nur über den Preis, die Ausstattung und die Leistungen informieren, sondern natürlich auch über die Route, den Termin (Mitternachtssonne!) und die inhaltlichen Schwerpunkte. Ein Blick in die Programme wird schnell offenlegen, dass man nicht erwarten kann, auf einer solchen Reise Island eingehend kennen zu lernen. I.d.R. werden nur zwei bis drei Häfen angelaufen, vor allem natürlich Reykjavík und Akureyri. Allerdings verzeichneten in den letzten Jahren auch Heimaey (Westmännerinseln), Stykkishólmur und Ísafjörður ein steigendes Interesse bei Kreuzfahrtveranstaltern. Neben der Route ist auch wichtig, wieviel Zeit in den einzelnen Häfen bleibt und ob Flüge die langen Passagen ab/bis Deutschland ersetzen.

Auf den angebotenen Landausflügen (die meistens zusätzlich bezahlt werden müssen) können wegen der zeitlichen Einschränkung nur die nächsten Ziele besucht werden. Normalerweise sind das in **Reykjavík** der *Golden Circle*, wahlweise eine *Stadtrundfahrt*, in **Akureyri** eine Tour zum *Mývatn-Gebiet*, in **Stykkishólmur** eine Rundfahrt um den *Snæfellsjökull*, in **Ísafjörður** eine Rundfahrt zu den *Westfjorden* und in **Heimaey** eine *Inselrundfahrt*.

Welche unterschiedlichen Akzente auf einer Nordmeer-Kreuzfahrt gesetzt werden können und welchen Stellenwert die Destination Island dabei einnimmt, verdeutlichen folgende Beispiele:

Beispiel 1:
Themenschwerpunkt ist die ‚Wikingerroute' von den nordbritischen Siedlungsgebieten nach **Island**, wobei der Vulkaninsel der größte Platz eingeräumt wird. Eine solche Kreuzfahrt taucht leider nur hin und wieder in den Programmen auf. Diese 15tägige Kreuzfahrt wurde unter dem Titel ‚Inseln im Nordatlantik' mit der *MS Columbus Caravelle* durchgeführt: Hinflug nach Edinburgh – Kirkwall/Orkneys – Lerwick/Shetlands – Tórshavn/Färöer – Island: Höfn – Seyðisfjörður – Grímsey – Akureyri – Westfjorde – Þórlakshöfn – Vestmannaeyar – Reykjavík (Rückflug).

Beispiel 2:
Die Landschaften und der Lebensraum des **Nordatlantik** sind das Reiseziel von Kreuzfahrten, die außer Island auch die ‚südlichen' Archipele der Shetlands und Färöern, die norwegischen Außenposten Jan Mayen, Spitzbergen und Bäreninsel sowie das arktische Gebiet zwischen Grönland und Spitzbergen an der **Eisgrenze** entlang erkunden. Folgenden Reiseverlauf nahm die *MS Bremen* unter dem Titel ‚Erlebnis Nordatlantik' in 18 Tagen: Hamburg – Fair Isle/Shetlands – Tórshavn/Färöer – Heimaey/Vestmannaeyar – Stykkishólmur – Akureyri – Ostgrönland/Treibeis – Jan Mayen – Spitzbergen (3 Tage) – Bäreninsel – Kirkenes – Nordkap – Tromsø (Rückflug)

Beispiel 3:
Auf einer Kreuzfahrt mit dem **Schwerpunkt Grönland** wird gerne ein Zwischenstopp auf Island eingelegt. Dabei lässt sich gut der historische Bezug zwischen beiden Inseln nachvollziehen, allerdings ist (auch entfernungsbedingt) Island nie mehr als ein Anhängsel. Diese 17tägige Kreuzfahrt wurde mit der *MS Hanseatic* unter dem Titel ‚Faszination Ewiges Eis' durchgeführt: Flug nach Longyearbyen/Spitzbergen (2 Tage) – Jan Mayen – Akureyri – Grönland: Prins-Christian-Sund – Julianehåb – Frederikshåb – Godthåb – Holsteinsborg – Umanak – Godhavn – Jakobshavn – Egedesminde – Søndre Strømfjord (Rückflug)

N

⇨ Nationalparks

Zzt. gibt es drei isländische Nationalparks. Der älteste, nämlich **Þingvellir,** ist mit nur 5.000 ha gleichzeitig auch der kleinste Nationalpark. Er liegt im Südwesten des Landes und hat eine aus historischen wie landschaftlichen Gründen besondere Bedeutung. Es gibt einen Campingplatz und ein Hotel direkt im Park, außerdem viele andere Unterkünfte in der Nähe. Das Servicezentrum ist ganzjährig geöffnet.

Im Jahre 2001 wurde ein 167 km² großes Gebiet rund um den Vulkan **Snæfellsjökull** auf der westlichen Halbinsel zum vierten isländischen Nationalpark deklariert. Das Areal liegt an der Westseite des gletscherbedeckten Vulkans und wird schon seit längerem Bergwanderern, Schneescooter-Fahrern und Skienthusiasten touristisch genutzt.

Im Juni 2008 wurde der Vatnajökull-Nationalpark gegründet, der nicht nur aus dem 8.300 km² großen Gletscher des Vatnajökull besteht, sondern auch zwei schon existierende Nationalparks, den **Jökulsárgljúfur und den Skaftafell** Park, in sich vereint. Mit 12.000 km² umfasst er 12 % der Landesfläche und ist der größte Nationalpark Europas. Das Kerngebiet des ehemaligen **Jökulsárgljúfur** Parks, ist die gewaltigste Erosionsschlucht des Landes mit u.a. dem größten Wasserfall Europas. Es gibt nur wenige Übernachtungsmöglichkeiten im Nationalpark selbst (2 einfache Campingplätze), allerdings mehrere Gästehäuser in der Umgebung und Hotels in Grímsstaðir und Reykjahlíð.

Skaftafell liegt im Südosten Islands am Rande des Gletschers Vatnajökull. Die Gletscherzungen, das relativ milde Klima, die üppige Vegetation im Tal und die Lage an der Ringstraße machen den Park zu einem sehr populären Ausflugsziel im Sommer. Mehrere Campingplätze, Hütten, Gästehäuser und das Hótel Skaftafell bieten unterschiedliche Übernachtungsmöglichkeiten.

⇨ Notruf

Landesweit ist der Notruf für Krankenwagen, Polizei und Feuerwehr **112**. Die Reykjavíker Polizei ist außerdem unter der Notrufnummer 551-1166 rund um die Uhr erreichbar.

O

⇨ Öffnungszeiten

Die *Behörden* und *Ämter* haben i.d.R. 9–17 Uhr, von Juni–August vielfach auch 8–16 Uhr geöffnet. *Geschäfte* und *Supermärkte* sind meistens Mo–Fr 9–18 und Sa 10–14/17 Uhr geöffnet, da es aber keine offiziellen Öffnungszeiten gibt, werden diese von Geschäft zu Geschäft variabel gehandhabt. In größeren Orten gibt es Supermärkte, die tägl. bis 23 Uhr geöffnet sind. Die *Banken* haben ihre normalen Schalterstunden Mo–Fr 9.15–16, die *Post* 8.30–16.30 Uhr. Größere *Tankstellen*, in denen man u.a. auch Lebensmittel einkaufen kann, sind nicht selten bis 23/23.30 Uhr geöffnet.

P

⇨ Post/Briefmarken

Jeder Ort verfügt über eine Postdienststelle mit Postbankdiensten, die normalerweise Mo–Fr 8.30–16.30 Uhr geöffnet ist. Dort bekommen Sie außer Briefmarken auch Telefonkarten, können aber nicht unbedingt auch telefonieren (Post und Telecom sind getrennte Unternehmen). Dagegen hilft man Ihnen bei der Versendung von Telegrammen und Telefax.

Die **Portokosten** betrugen 2008 für Postkarten und Briefe bis 20 g innerhalb Islands ISK 70, nach Europa (Luftpost) ISK 90. Luftpostbriefe oder Postkarten in außereuropäische Länder bis 20 g ISK 120.

Die isländischen Briefmarken sind graphisch aufwändig gestaltet und spiegeln Geschichte, Landschaft, Kultur, Flora und Fauna des Landes wider, so dass sie nicht nur für Philatelisten interessante Sammlerobjekte sind. Bei besonderem Interesse kann man sich über die Internet-Adresse des Fremdenverkehrsamtes *(www.skandinavien.de)* zur offiziellen deutschsprachigen Website der isländischen Post durchklicken, wo man eine ausführliche Übersicht der einzelnen Jahrgänge, Wissenswertes der Geschichte und Bestellmöglichkeiten findet.

Hinweis
Im Wörterbuch (S. 481ff.) finden Sie einige isländische Vokabeln zum Thema ‚Post'.

⇨ Preisermäßigungen

Vor allem für Kinder halten fast alle touristischen Leistungsträger Preisnachlässe bereit, deren Altersbestimmungen aber unterschiedlich sind und jeweils vor Buchung erfragt werden sollten. So zahlen z.B. bei den **Linienbussen** der *BSÍ* Kinder von 4–7 Jahren 50 % und von 8–11 Jahren 75 % des Normaltarifes. Auf der **Fähre** der *Smyril Line* fahren Kinder unter 3 Jahren kostenlos mit, Kinder von 3–7 Jahren zahlen 10 % (jeweils ohne eigene Liege) und Kinder von 8–15 Jahren 50 %. Schüler und Studenten bis 26 Jahre (Ausweis) erhalten 25 % Ermäßigung bei Übernachtung auf dem Liegenplatz oder in der 4-Bett-Standardkabine, Senioren über 65 Jahren erhalten in der Nebensaison 25 % Preisnachlass. Bei **Übernachtungen** auf Bauernhöfen schlafen Kinder bis 6 Jahre kostenlos im Zimmer der Eltern, Kinder von 6–11 Jahren zahlen 50 %, in Jugendherbergen sind Kinder unter 5 Jahren frei, 50 % Nachlass gibt es für Kinder bis 12 Jahre.

Erhebliche Preisermäßigungen auf den Normaltarif werden bei allen Leistungen (Unterkunft, Transport, Ausflüge etc.) in der **Nebensaison** gewährt, bei Flügen und Mietwagen macht dies z.T. mehr als 25 % aus. Durch die Kooperation verschiedener Leistungsträger kann auch die Buchung eines bestimmten Angebotes (z.B. Buspässe) zu Preisreduktionen bei anderen Einrichtungen (z.B. Fähren, Schlafsackunterkünfte) führen. Preisnachlässe gibt es nicht nur für Kinder, sondern oft auch für Jugendliche und **Studenten.** Wer einen entsprechenden Nachweis hat, sollte z.B. bei allen Eintritten nach Ermäßigungen fragen (in Reykjavík z.B. bei der Volcano Show und dem Museumsdorf Árbær).

R

⇨ Reiseagenturen

Eine Vielzahl von Reiseagenturen **in Island** hofft, dass nicht alle Urlauber bereits ein Arrangement mit ausländischen Reiseveranstaltern getroffen haben und bieten ihre Dienste in der Vermittlung von Unterkünften, Vorausbuchung von Fähren, beim Mieten von Fahrzeugen, bei der Organisation von Extremsportarten oder Abenteuerexpeditionen usw. an. Hierzu eine kleine Auswahl seriöser Unternehmen (ohne Anspruch auf Vollständigkeit oder Abwertung anderer Organisationen):

- *Ævintýraferðir (Actvity Tours) & Hestasport*, P.O.Box 75, 560 Varmahlið, Tel.: 453-8383, Fax: 453-8384, *www.rafting.is* (Familienrafting auf der Blandá, einfache und schwere Raftingtouren von 3 Stunden bis zu drei Tagen und von Grad 1 bis 4+ auf dem Jökulsá).
- *Guðmundur Jónasson Travel*, Borgartún 34, 105 Reykjavík, Tel.: 511-1515, Fax: 511-1511, *www.gjtravel.is*; Organisation aller Inlandreisen für individuelle Touristen und Gruppen, größte Busfirma des Landes, u.a. Hochlandtouren.
- *Icelandic Adventure*, Tangarhöfði 7, IS-112 Reykjavík, Tel.: 577-5500 oder 892-5500, Fax: 577-5511, *www.icemail.is;* landesweite Rafting-Touren u.v.m.
- *Iceland Excursions Allrahanda,* Hofdatun 12, 105 Reykjavik, Tel.: 540-1313, Fax: 540-1310, *www.allrahanda.is;* Organisation von Touren mit Super-Jeeps und Schneescootern, Vermittlung von Unterkünften, Hochlanddurchquerungen, Sightseeing-Fahrten.
- *Iceland Travel,* Skútuvogur 13A, 104 Reykjavík, Tel.: 585-4300, Fax: 585-4391; *www.icelandtravel.is.* Breites Spektrum an Ausflügen aller Art (auch nach Grönland), Vermittlung von Mietwagen, Generalagentur für die *Eimskip*-Frachtschiff-Touristik.
- *Jeppaferðir,* Birkimel 5, 560 Varmahlíð, Tel.: 453-8219; *www.simnet.is/jeppaferdir.* Superjeep-Exkursionen ins Hochland von Skagafjörður, Reit-, Boot- und Wandertouren.
- *Jöklajeppar (Glacier Tours),* Hafnarbraut 15, 780 Hornafjörður bei Höfn, Tel.: 478-1000, Fax: 471-2167; *www.glaciertours.is.* Von Mai bis September Busfahrten zum 840 m hoch gelegenen Restaurant Jöklasel auf dem Vatnajökull, Schneescooter-Fahrten, tägl. Abfahrten ab Höfn, Reykjavík, Skaftafell NP und Kirkjubæjarklaustur.
- *North Sailing,* Hafnarstett 11, 640 Húsavík, Tel.: 464-7272; *www.northsailing.is* (Wal- und Vogelbeobachtung an Deck eines traditionellen isländischen Eichenschiffes).
- *Viking Boat Tours,* Suðurgerði 4, 900 Vestmannaeyar, Tel.: 354-4884884, *www.boattours.is* (Bootsrundfahrten um Heimaey, Wal- und Vogelbeobachtung, Hochseeangeln)

Die Zahl der Reiseveranstalter **im deutschsprachigen Raum**, die Island im Programm führen, ist fast schon unüberschaubar (eine Liste kann man über das Fremdenverkehrsamt bekommen). Besonders empfehlenswert sind dabei solche Organisationen, die sich auf das Reiseziel Island bzw. Skandinavien spezialisiert haben oder seriöse Studienreise-Gesellschaften, deren Reiseleiter ein hohes Maß an Kompetenz garantieren. Dazu einige Adressen (ohne den Anspruch auf Vollständigkeit):

- *Contrast Travel*, Schönhorster Weg 1, 24582 Bissee, Tel. 04322-58 45 69, E-Mail: *info@contrastravel.com, www.contrastravel.com*
- *Island Agentur Fjallagras*, Klaus Münch, Krimlingsweg 2, 35606 Solms-Oberbiel, Tel. 06441-95 11 72, E-Mail: *island@email.de, www.island-umrundung.de*
- *Island Erlebnisreisen*, Heinrich-Schacht-Straße 58, 22880 Wedel, Tel.: 04103-90 00 770, E-Mail: *info@islanderlebnis.de, www.islanderlebnis.de*
- *idr Island Direkt Reisen*, Lindenallee 17, 23683 Scharbeutz, Tel.: 04503-89 89 98, E-Mail: *info@islanddirekt.com, www.islanddirekt.com*
- *Island Pro Travel*, Witts Allee 30, 22587 Hamburg, Tel.: 040-28 66 870, E-Mail: *memo@islandprotravel.de, www.islandprotravel.de*

- *Island-Reisen Rita Duppler*, Kurfürstendamm 125a, 10711 Berlin, Tel.: 030-82 31 435, Fax: 030-8231405, *www.island-reisen.de*
- *Katla Travel*, Brückleinstr. 20, 80538 München, Tel.: 089-24 21 120, E-Mail: *info@katla-travel.is*, *www.katla-travel.is*
- *Natur-Pur-Reisen*, Rieselfeldallee 12, 79111 Freiburg, Tel.: 0761-80 80 06, E-Mail: *info@natur-pur-reisen.de*, *www.natur-pur-reisen.de*
- *Nordwind Reisen*, Maximilianstr. 17, 87700 Memmingen, Tel.: 08331-87 073, E-Mail: *info@NordwindReisen.com*, *www.nordwind-reisen.de*
- *Saga-Reisen*, Wettingerstr. 23, CH-5400 Baden, Tel.: 056-20 36 688, E-Mail: *info@kontiki.ch*, *www.kontiki.ch*
- *Set Geo-Aktiv Reisen*, Ingrid Herrmann, Anton-Grandauer-Str. 6, 85604 Zorneding, Tel: 08106-21 29 900, E-Mail: *info@set-geo-aktiv.de* *www.set-reisen.com*, *www.set-geo-aktiv.de*

⇨ Reisezeit

Die klimatisch günstigste Zeit ist der Sommer, vor allem der Juli. Die Vor- und Nachsaison sowie der Winter bieten jedoch Preisvorteile. Ansonsten richtet sich die Reisezeit nach dem Zweck Ihres Besuches:

Reisezweck/touristisches Interesse	ideale Reisezeit
Gletscherwanderungen/-expeditionen	umfangreiches Angebot von Juni-September; auf den Vatnajökull fahren Spezialveranstalter mit Schneemobilen zu allen Jahreszeiten
Angeln	Lachsangeln je nach Fluss ca. 2 Monate zwischen Anfang Juni bis Anfang September, bester Monat: Juli/August; Forellenangeln Februar-September, in Flüssen April-Juni, bester Monat April
Hochland-Durchquerung	je nach Öffnungszeit der Pisten Juli-September
Island-Rundfahrt	auf der Ringstraße ganzjährig; im Winter muss jedoch mit Behinderungen gerechnet werden
Jagd (Rentiere, Gänse)	Herbst
Kunst & Kultur	ganzjährig; Theater- und Opernbesuche im Winter (September-Mai), dann aber eingeschränkte Öffnungszeiten der Museen; zum Hafnarfjörður Art Festival im Juni
Mitternachtssonne	auf Grímsey am 21. Juni, die hellsten Nächte von Anfang Juli bis Mitte Juli
Mountain-Biking	Juli-September
Polarlicht	ab Ende August, am häufigsten im Winter
Reiten	Frühjahr bis Herbst; zum Pferdeabtrieb Ende September
Reykjavík-Kurzurlaub	ganzjährig
Schafsabtrieb und réttir-Fest	regional unterschiedliche Termine gegen Ende September
Wandern	Frühjahr bis Herbst; in Verbindung mit Zeltunterkunft nur im Sommer
Wintersport	am besten in den Weihnachts- und Osterferien; am Vatnajökull und Kerlingarfjöll auch im Sommer möglich.

⇨ Reiten

Island ist ein wahres Eldorado für Pferdeliebhaber, in dem man mit Ausnahme der Wintersaison hervorragend Reiturlaub verbringen kann. Die entsprechenden Angebote reichen von einstündigen Ausritten in Gehöften entlang der Fahrtroute bis zu Pauschalferien, die völlig auf das Reiten abgestimmt sind. Wenn man die nötige Zeit mitbringt, kann man Island auf perfekte Weise kennen lernen, indem man die Insel auf der Ringstraße umrundet und dann das Hochland auf dem Pferderücken erobert. Island-Durchquerungen, z.B. auf der Kjölur-Route, dauern mindestens 8 Tage und können bereits ab Deutschland gebucht werden.

Alle Reittouren sind auf Island kein elitäres, sondern ein eher bodenständiges Vergnügen. Obwohl vor mehrtägigen Exkursionen immer genügend Zeit bleibt, das Reittier kennen zu lernen und Erfahrungen aufzufrischen, sollten strapaziöse Hochlanddurchquerungen oder die Teilnahme beim Pferdeabtrieb von Anfängern und ungeübten Reitern nicht in Angriff genommen werden. Das Reitgebiet geht meist durch wegloses Gelände, über Bergpässe, durch Wüsten, an Sandstränden vorbei und durch Flüsse. Große Komfortansprüche dürfen nicht gestellt werden, die Übernachtungsorte sind meist einfache Gästehäuser und Pensionen, z.T. auch Zelte. Bei längeren Touren werden immer Pferde zum Wechseln mitgenommen, sowie Packpferde, die manchmal frei mitlaufen, oft aber auch als Handpferde geführt werden müssen; die Teilnehmer müssen bereit sein, ein Handpferd zu führen und beim Treiben zu helfen. Auch sonst wird Mithilfe bei anfallenden Arbeiten erwartet.

Das Essen besteht zumeist aus deftiger Hausmanns-Kost. Bei mehrtägigen Exkursionen sind Ruhetage für die Pferde eingeplant, die je nach Veranstalter und Route dann zu Ausflügen per Jeep genutzt werden. Häufig übernehmen auch Geländewagen den Gepäcktransport von Standort zu Standort. Bei vielen (aber nicht allen!) Anbietern sind Regenkleidung, Reithelme und -stiefel im Preis inbegriffen, häufig wird auch die Abholung vom nächsten Flughafen und/oder Busstation (gegen Aufpreis) organisiert. Mitbringen sollte man warme Kleidung, Haus- oder Turnschuhe, aber auch Badezeug. Ebenfalls schadet es nie, wenn man auch eine kleine Alkohol-Reserve dabei hat, damit man zum traditionellen *hestaskál* (= ‚Pferdeprost') gerüstet ist.

Reitferien auf Island sind über eine ganze Reihe von Spezialreisebüros schon zu Hause buchbar, z.B. bei:

- *Pferd & Reiter – Internationale Reiterreisen*, Rader Weg 30a, D-22889 Tangstedt, Tel.: 040-607669-0, *www.pferdreiter.de*
- *Das Urlaubspferd – Reiterreisen*, Wiesenstr. 25, D-64331 Weiterstedt, Tel.: 06151-895638, Fax: 06151-893891, *www.urlaubspferd.de*
- *Katla Travel*, Brückleinstr. 20, D-80538 München, Tel.: 089-2421120, Fax: 089-24211220, *www.katla-travel.is*.

Hinsichtlich der **Preise** gibt es nur graduelle Unterschiede zwischen den einzelnen Gestüten. Repräsentativ sind folgende Angaben von *Íshestar (www.ishestar.is)* aus der Saison 2008 (inkl. Transfers, Unterkunft, Verpflegung, ohne Flüge ab/bis Deutschland):

- Reittour zur Blauen Lagune, 5–6 Stunden, € 93
- Golden Circle Tour, 8 Tage, € 1.520
- Hochlandtour Landmannalaugar, 9 Tage, € 1.512

Aus der Vielzahl der Anbieter für Reitferien hier eine **kleine Auswahl** von ausschließlich isländischen Gestüten, die allesamt deutsch- oder englischsprachige Mitarbeiter haben und mit denen ich sehr gute Erfahrungen sammeln konnte:

- *Arinbjörn Jóhannsson*, Brekkulækur, 531 Hvammstangi, Tel.: 451-2938, Fax: 451-2998; *www.geysir.com/Brekkulaekur*. Seit 1979 bietet Arinbjörn Erlebnistouren an, die von seinem Hof (7 Gästezimmer) am Miðfjörður, im Nordwesten des Landes, ausgehen. Er besitzt 40 eigene Pferde, im Sommer sind meist über 40 weitere Tiere von Nachbarn auf seinem Hof. Ein 12tägiger ‚Drei-Regionen-Ritt', bei dem 250 km im Sattel zurückzulegen sind, ein 14tägiger Rundritt durch den Nordwesten und Westen (einschl. Snæfellsnes), bei dem in 8 Reittagen 300 km im Sattel anfallen und eine 10tägige Frühsommer-Tour (200 km im Sattel) sind u.a. im Angebot; die Gruppengröße beträgt maximal 14 Personen. Weiter bietet Arinbjörn auch Hochland-Wandertouren (12 Tage) und eine 14tägige Mountainbike-Safari an.
- *Hestasport, Magnœs Sigmundsson*,P.O.Box 75, 560 Varmahlíð, Tel.: 453-8383, Fax: 453-8384; *www. riding.is*. Unter dem Motto ‚Touren für kleine Gruppen von großer Qualität' hat sich das seit 1974 operierende, sympathische Unternehmen auf längere Hochlandtouren spezialisiert; z.B. Mývatn-Treck von Akureyri durchs Hochland zum Mývatn (9 Tage), Kjölur-Route Reykjavík-Skagafjörður und umgekehrt (8 Tage). Daneben kann man am Pferde- und Schafsabtrieb teilnehmen, eine Islandpferd-Vorführung besuchen oder Pferde auch stunden- und tageweise Pferde mieten.
- *Íshestar (Icelandic Riding Tours)*, Sörlaskeið 26, 220 Hafnarfjörður, Tel.: 555-7000, Fax: 555-7001, *www.ishestar.is*. Eins der größten Unternehmen mit 14 Standardtouren in allen Gegenden des Landes, besonders attraktiv ist die 8tägige Golden Circle Tour. 2000 wurde in Hafnarfjörður das neue Reitzentrum von *Íshestar* eröffnet, das Platz für 60 Pferde hat und u.a. über eine Halle, Umkleideräume, Laden für Zubehör und Souvenirs sowie ein Restaurant verfügt. Das ganzjährig geöffnete Zentrum ermöglicht auch spontane Buchung von Tagestouren.
- *Polar Horses*, Grýtubakki, 601 Akureyri, Tel.: 463-3179, Fax: 463-3144; *www.nett.is/polar*. Startpunkt der Touren dieses 1985 gegründeten Unternehmens ist der Grytubakki-Bauernhof nahe dem Fischerdorf Grenivik, ½ Fahrstunde von Akureyri entfernt. Im Angebot finden sich 6 Standard-Touren von 7–8 Tagen Dauer, u.a. zum Góðafoss-Mývatn-Gebiet, zu den Höhepunkten des Südens oder zu den Ostfjorden. Je nach Tour beträgt die maximale Anzahl an Reitgästen zwischen 8 und 18.
- *Hekluhestar, Austvadsholti*, 851 Hella, Tel.: 487-6598, Fax: 487-6602; E-Mail: *hekluhestar@islandia.is, www.hekluhestar.is*. An der Südküste, zwischen Selfoss und Vík, befindet sich der Standort des kleinen Unternehmens, das zum nahen Vulkan Hekla und nach Landmannalaugar einen 6- und einen 8tägigen Reitausflug anbietet (insgesamt 5 Termine). Zum Gestüt gehört auch das Gasthaus Austvadsholt, das im traditionellen Torfdach-Stil errichtet wurde und bis zu 18 Personen aufnimmt.
- *Eldhestar (Volcano Horses)*, Vellir, Ölfus, P.O.Box 90, 810 Hveragerði, Tel.: 480-4800, Fax: 480-4801; *www.eldhestar.is*. Seit 1986 bietet das *Eldhestar*-Team von

seinem Standort im Südwesten aus ein vielfältiges Reiterprogramm an, das inzwischen fast alle Landesteile umfasst. Außerdem gibt Kajak- und Kutschentouren, Reitausflüge zum Thema Wikinger und ein Reitercamp für Jugendliche im Alter von 12–17 Jahren.

!!! Achtung
Eine Unfall- und Krankenversicherung ist bei keinem Reitveranstalter eingeschlossen; sie sollte – trotz der Trittsicherheit der Tiere – unbedingt vor der Reise abgeschlossen werden. Es gibt ein **Einfuhrverbot für gebrauchte Reitausrüstung** *(Sättel, Zaumzeug); gebrauchte Reitkleidung und andere Gegenstände, die mit Pferden in Berührung gekommen sind, müssen desinfiziert worden sein (Bescheinigung); die Desinfektion kann auch bei Ankunft in Keflavík bzw. Seyðisfjörður arrangiert werden. Weitere Infos beim* Chief Veterinary Office, *Sölvhólsgata 7, IS-150 Reykjavík, Tel.: 545-1750, Fax: 552-1160,* www.cvo.is.

i Information
Bei besonderem Interesse wende man sich an: Islandpferde Reiter- und Züchterverband (IPZV e.V.), *Justus-von-Liebig-Str. 5, D-31162 Bad Salzdetfurth, Tel.: 05063-271566, Fax: 05063-271567;* www.ipzv.de.

⇨ Restaurants

Wer in Island essen gehen möchte, muss – wie bei so vielen Dienstleistungen – über das enorme Kleingeld verfügen. Selbst die sog. *Fastfood*-Ketten wie *McDonald's* sind i.d.R. mindestens doppelt so teuer wie in Deutschland. Wer detektivisch veranlagt ist, schafft es jedoch vielleicht, ein *hot dog* für 150 ISK zu ergattern. In besseren Restaurants oder gar den Spitzenlokalen könnte die Reisekasse schon nach zweimaligem Besuch erschöpft sein. Übrigens gehen die Isländer selbst zwar ebenfalls gerne aus, können sich das aber längst nicht jede Woche leisten. Um überhaupt Ausländer in ihre Gaststätten zu locken, haben daher einige Mitglieder des isländischen *Veitingahús*-Verbandes ein preislich moderates und ganzjähriges **Touristenmenü** *(sumarréttir)* im Angebot (i.d.R. ein Vorgericht oder Suppe, Fisch- oder Fleischgericht und Kaffee).

Für ein Mittagessen muss man bei Touristenmenüs mit ISK 1.200, für ein Abendessen mit ISK 2.500 rechnen. Kinder essen umsonst (bis 5 Jahre) oder zahlen die Hälfte (6–12 Jahre).

⇨ Rundfunk/Nachrichten in Englisch

Außer dem staatlichen Sender *Ríkisútvarpið* gibt es angesichts der geringen Einwohnerzahl eine erstaunliche Vielzahl anderer öffentlich-rechtlicher und privater Radiostationen. Nachrichten in englischer Sprache werden Mo–Fr um 8, 9, 12 und 17 Uhr von *BBC World Service* auf FM 106,8 gesendet. Der staatliche isländische Rundfunk sendet tägl. 7.30 Uhr Nachrichten mit Wetterbericht auf Englisch, diese können rund um die Uhr auch unter Tel. 515-3690 abgehört werden.

S

⇨ Schwimmen

Nirgendwo sonst in Nordeuropa gibt es bessere Bedingungen für einen ‚Badeurlaub' – und zwar ganzjährig! Denn nahezu jede Stadt und jedes Dorf verfügt über Frei- und/ oder Hallenbäder, die geothermal, d.h. mit heißem, natürlichem Quellwasser beheizt sind – die Wassertemperatur beträgt dabei durchschnittlich komfortable 29 °C. Kein Wunder, dass Schwimmen auf der Insel zu einem beliebten Volkssport geworden ist. In den Frei- und Hallenbädern, aber auch bei vielen Privathäusern gibt es ebenfalls Saunen und sog. ‚heiße Pötte', in denen die Wassertemperatur 36–44 °C beträgt. In der freien Natur findet man an vielen Stellen Badeplätze mit natürlich erwärmtem Wasser – am bekanntesten ist dabei wohl *Landmannalaugar*.

⇨ Strom

Die Stromspannung beträgt wie bei uns 220 V, 50 Hz Wechselstrom. Auch die Stecker-/ Steckdosennorm entspricht der mitteleuropäischen.

T

⇨ Telekommunikation

Das isländische Telefonsystem ist auf dem modernsten Stand und es bereitet kaum Schwierigkeiten, per Satellit vom Ausland nach Island oder umgekehrt den gewünschten Partner anzuwählen und zu erreichen. Isländische Anschlüsse haben eine siebenstellige Nummer und es gibt keine Vorwahl (auch nicht bei Autotelefonen).

Orts-, Fern- und **internationale Gespräche** können von jeder **Telefonzelle** aus durchgeführt werden. Neben **Münzautomaten** (viele 50- und 100-Kronen-Stücke besorgen!) gibt es **Telefonkarten**, die in Postämtern und verschiedenen Geschäften für ISK 500 und 1.000 besorgt werden können. Exzessive Telefonierer können viel Geld sparen, wenn sie das zeitabhängige Rabattsystem beherzigen; als Faustregel gilt, dass es von 23–6 Uhr und an Wochenenden am billigsten ist.

Es gibt zwei GSM-Betreiber in Island: *Síminn* und *Og Vodafone*. Zusammen decken sie den größten Teil der Insel einschließlich aller Gemeinden über 200 Einwohner ab. Die beiden Gesellschaften verkaufen vorausbezahlte GSM-Telefonkarten und bieten GSM/GPRSService an. Telefonkarten sind an allen Tankstellen erhältlich. Miettelefone gibt es bei *Síminn*, Ármúli 27, Reykjavík. *Síminn* unterhält ein Netz für NMT Mobiltelefone (Nordic Mobile Telephone), das fast ganz Island einschließlich des Hochlandes deckt.NMT-Mobiltelefone eignen sich insbesondere für den ländlichen Raum.

Einen isländischen Gesprächspartner im **Telefonbuch** zu finden, ist wegen der Namensgebung (vgl. S. 93f.) nicht ganz einfach, da dieses nach Vornamen geordnet ist. **Informationen** über Telefonnummern und Adressen erhalten Sie unter der Nummer 114, die

Telefonauskunft für das Ausland unter Tel. 115, die für das Inland unter Tel. 118. Um **nach Island** zu telefonieren, wählt man in Deutschland, Österreich und der Schweiz **00354**, dann die siebenstellige Teilnehmernummer.

Von Island aus wählt man nach **Deutschland 0049**, nach **Österreich 0043** und in die **Schweiz 0041**, dann die Vorwahl (ohne die 0), dann die Teilnehmernummer.

Müssen Sie ein **Telegramm** oder **Fax** verschicken, hilft Ihnen jedes Postamt weiter. Über ein Faxgerät verfügt fast jeder isländische Haushalt.

Hinweis
Im Wörterbuch (S. 481ff.) finden Sie einige isländische Vokabeln zum Thema ‚Telekommunikation'.

⇨ Theater

Obwohl es bereits seit 1897 ein isländisches Schauspielhaus mit einem festen Ensemble gibt, haben Theater, Oper und Ballett auf der Insel insgesamt keine große Tradition. Erst in der Zeit der Unabhängigkeit bemühte man sich verstärkt und erfolgreich um neue Impulse, die fast ausschließlich von Reykjavík ausgehen. Hier wurde 1950 mit einer Bühnenfassung von *Halldór Laxness*' ‚Islandglocke' das Nationaltheater eingeweiht, das inzwischen auf eine lange Reihe vielbeachteter Produktionen zurückblicken kann. Konkurrenz bekam es 1990 durch das moderne Reykjavíker Stadttheater mit seinen zwei Bühnen, auf denen neben den Stücken einheimischer Autoren auch internationale Dramen, Opern, Operetten und Musicals gespielt werden. Die Saison dauert von September bis Mai und bietet 5–10 Theater- und Operninszenierungen.

Neben den zwei großen Adressen hat sich, wiederum vor allem in der Hauptstadt, ein recht buntes szenisches Leben entwickelt, das u.a. das 1987 eröffnete Theater *Hugleikor*, das seine Bühne allein für isländische Stücke reserviert hält, sowie Kabarett- und Kleinkunstbühnen umfasst. Seit 1994 gibt es auch das sog. Kaffeetheater *(Kaffileikhúsið)*, in dem freie Gruppen ihr Programm in gemütlicher Atmosphäre (leichte Mahlzeiten und Getränke) darbieten. Die Aktivitäten erreichen auch das Land, wo in den Kulturzentren der kleinen Gemeinden regelmäßig Schauspielgruppen aus Reykjavík gastieren. Kleinere Laienensembles komplettieren das Bild einer insgesamt recht beachtlichen Theaterszene.

⇨ Trampen

Trampen ist wegen des spärlichen Autoverkehrs in Island nicht sehr verbreitet und in Städten unüblich. Touristen können ihr Glück mit halbwegs guter Aussicht auf Erfolg auf der Ringstraße versuchen. In abgelegenen Gebieten ist Trampen zwecklos: Die wenigen Autos, die hier fahren, gehören meist anderen Fremden und sind mit Campingausrüstung etc. vollgepackt.

⇨ Trinkgeld

Trinkgeldgeben war lange Zeit in Island absolut unüblich und Empfänger konnten schon einmal beleidigt reagieren. Mit zunehmendem Fremdenverkehr wurde die ‚Akzeptanz' eines Trinkgeldes auch in Hotels und Bars größer. Heute ist es Usus, bei Sightseeing- oder Pauschalreisen dem Reiseleiter, Fahrer und evtl. dem Koch ein Trinkgeld in Höhe von ca. 2 €/Tag zu geben. Nach wie vor aber sind alle Bedienungsgelder und Steuern im Endpreis enthalten und geben die Isländer selbst i.d.R. kein Trinkgeld.

⇨ Trinkwasser

Das Wasser, das aus isländischen Wasserhähnen kommt, ist hochwertiges Mineralwasser. Gewöhnungsbedürftig ist der leichte Schwefelgeruch und -geschmack.

U

⇨ Unterkunft

Hotels und Pensionen

Das Hotelangebot des Landes umfasst eine breite Spanne von Häusern, die in der Hauptstadt erstklassig sein können, auf dem Lande eher rustikal oder zweckmäßig, aber immer sauber. Wie alles auf Island haben natürlich auch sie ihren hohen **Preis**, der sich nach dem gebotenen Service und der Ausstattung richtet; durchschnittlich muss man bei einem Einzelzimmer mit Dusche/Bad und Frühstück mit € 50–170 rechnen, für ein entsprechendes Doppelzimmer mit € 70–250.

Die Klassifizierung eines Hotels über den Preis ist auf Island allerdings kaum möglich, da viele Herbergen – vor allem die außerhalb der Hauptstadt – eine sehr breite Spanne an Zimmern unterschiedlichen Komforts und unterschiedlicher Preise anbieten. So haben z.B. die meisten *Edda-Hotels* auch Matratzenlager für den preisbewussten Reisenden, ansonsten gute Standardzimmer mit fl. Wasser, aber ohne Du/WC, daneben aber auch komfortable Einheiten mit allen Annehmlichkeiten. Einige Reisebüros und Fluggesellschaften bieten übrigens spezielle Übernachtungstarife an, die nur im Ausland gebucht werden können. Kinder erhalten fast überall Rabatt.

In den Regionalen Reisetipps finden Sie unter den jeweiligen Orten eine Auswahl an guten oder soliden Herbergen. Ein Klassifizierungssystem gab es vor dem Jahr 2000 nicht, neuerdings ist ein solches aber im Aufbau. Die Vergabe der Gruppen und Sternchen wird vom Isländischen Tourismus-Rat aufgrund von mehr als 100 Einzelheiten vorgenommen; eine Teilnahme ist für die Beherbergungsbetriebe allerdings freiwillig. Ob eine Unterkunft teilgenommen hat, wird durch das blau-rote Symbol in Eingangsnähe deutlich gemacht, das die aktuelle Klassifikation angibt.

Bei dieser bedeutet:

- * Alle Zimmer sind mit Waschbecken ausgestattet; mindestens ein Bad für jeweils 10 Zimmer, Frühstück erhältlich, Ankunft zu jeder Tages- und Nachtzeit möglich.
- ** zusätzlich: eine Bar oder andere Einrichtung zum Konsum leichter Erfrischungen, Frühstücksraum und/oder Speisesaal, einige Zimmer verfügen über ein Bad.

*** zusätzlich: alle Zimmer mit eigenem Bad, ferner Telefon, Fernsehen, Radio und Musikanlage. Kreditkarten-Zahlung möglich. Aufzug, falls die Gästezimmer mehr als drei Etagen höher liegen als die Rezeption.

**** alle Zimmer verfügen über einen Ruhesessel, TV-Fernbedienung, Satellitenempfang sowie Kino- oder Videokanal. Minibar bzw. 24-Stunden-Roomservice; à-la-carte-Restaurant, Frühstück im Zimmer möglich, Reinigung/Wäscherei, Aufzug, wenn die Gästezimmer zwei oder mehr Etagen über der Rezeption liegen.

***** Luxuriöse Einrichtung, Safe in jedem Zimmer, Aufzug bei mehrstöckigen Herbergen, Zimmerservice für Mahlzeiten bis 23 Uhr, Schwimmbad oder Fitness-Raum, Shop für Geschenke und Souvenirs, Gepäckträger-Service zum Zimmer.

Weitere Informationen erteilen Reiseveranstalter oder das Fremdenverkehrsamt. Hilfreich ist auch die 100 Seiten starke Broschüre *Áning* (isländ., engl., deutsch), die mit Text- und Bildmaterial über 320 Hotels und Gästehäuser, rund 110 Campingplätze sowie 60 Schwimmbäder vorstellt, leider aber keine Preisangaben macht. Die Broschüre wird von Fremdenverkehrsämtern kostenlos ausgeteilt, kann aber auch beim Verlag *(Áning,* Breiðvangi 3, 220 Hafnarfjörður, Tel.: 555-2405, Fax: 555-2419) bestellt oder im Internet unter *www.gisting.is* heruntergeladen werden.

Auf einige Hotel-Zusammenschlüsse sei im Folgenden etwas näher eingegangen:

- **Icelandair- und Edda-Hotels**:

Schon seit den 1980er Jahren versucht die *Icelandair* erfolgreich, sich von einer bloßen isländischen Fluggesellschaft zu einem Allround-Anbieter touristischer Leistungen zu wandeln. Kooperationsabkommen mit renommierten Autovermietern, Reiseveranstaltern und anderen Transportunternehmen spielten dabei ebenso eine Rolle wie der Aufbau eines eigenen Netzes von Unterkünften. Im oberen Preissegment gelang dies durch die Etablierung von derzeit sechs ***Icelandair-Hotels***, deren durchgängiges Kennzeichen ein Höchstmaß an Komfort ist, wenn auch die beliebige internationale Architektur nicht immer einladend wirkt. Für ein Standard-DZ mit Frühstück muss man in der Hochsaison mit ca. € 160–180 rechnen. Folgende *Icelandair-Hotels* stehen komfortbewussten Touristen und Geschäftsreisenden zur Verfügung:

Stadt	*Name*	*Tel./Fax-Nr.*	*Zimmer*	*E-Mail*
Keflavík	*Flughótel*	421-5222/421-5223	42	*flughotel@icehotel.is*
Reykjavík	*Loftleiðir*	444-4500/444-4501	240	*icehotel@icehotel.is*
Egilsstaðir	*Hérað*	471-1500/471-1501	36	*herad@icehotel.is*
Fluðir	*Hótel Fluðir*	486-6630/486-6530	32	*fludir@icehotel.is*
Kirkjubæjar-klaustur	*Hotel Klaustur*	487-4900/487-4614	36	*klaustur@icehotel.is*
Borganes	*Hamrar*	433-6600/433-6601	30	*hamrar@icehotel.is*

Von der Fluggesellschaft wurden 1997 auch die zzt. 13 ***Edda-Hotels*** übernommen, die schon seit langem während der Sommersaison (Mitte Juni bis Ende der 3. Augustwoche) die Bettenkapazität des Landes erhöhen. Bei den Hotels handelt es sich um über das ganze Land verteilte Schulinternate, die während der dreimonatigen isländischen Schulferien touristisch genutzt werden. Die Standardzimmer der Hotels sind zweckmäßig eingerichtet und bieten meist zwei getrennte Betten und ein Waschbecken; Dusche/WC befinden sich auf dem Flur, neuere Anlagen bieten auch Zimmer mit Du/WC an, den meisten ist ein naturgeheiztes Schwimmbad angeschlossenen. In fast allen Herbergen findet man auch Schlafsackunterkünfte.

Da die Hotels ‚strategisch' günstig an oder in der Nähe der Ringstraße sowie im Nordwesten verteilt sind, lässt sich eine große Island-Rundreise durchaus auf der Basis der Übernachtung in *Edda-Hotels* konzipieren. Man findet sie an und bei folgenden Orten (im Uhrzeigersinn; ein * bedeutet, dass das Haus auch bzw. nur Zimmer mit Du/ WC anbietet):

Region	***Standort***	***Name***	***Zimmer***	***Schlafsackplätze***
Süden	Laugarvatn	*Edda ML**	103	50
Süden	Laugarvatn	*Edda ÍKÍ**	28	-
Süden	Skogar	*Edda Skogar*	30	20
Süden	Vik í Mýrdal	*Edda Vik*	21	
Westen	Sælingsdal	*Edda Laugum**	55	60
Westen	Isafjördur	*Edda Isafjördur*	34	10
Norden	Laugarbakki	*Edda Laugarbakka*	28	30
Norden	Akureyri	*Edda Akureyri**	150	-
Norden	Stórutjarnir	*Edda Stórutjörnum**	44	20
Osten	Eiðar	*Edda Eiðum*	46	50
Osten	Egilsstaðir	*Edda ME Egilsstöðum*	52	-
Osten	Neskaupstaður	*Edda Neskaupstaður**	29	-
Osten	Hornafjörður	*Edda Nesjaskóla*	31	40

i ***Information***
Weitere Informationen beim Fremdenverkehrsamt, den Reiseveranstaltern oder direkt bei den Edda Hotels, *Við Hliðafort, 101 Reykjavík, Tel.: 444-4000,* www.hoteledda.is.

- **SAS-Radisson-Hotels:**

Auch die andere skandinavische Fluggesellschaft, die Island anfliegt, besitzt in Zusammenarbeit mit der Hotelkette *Radisson* zwei Häuser der First-Class-Kategorie in der Hauptstadt, nämlich das *Radisson 1919 Hotel* und das *Radisson SAS Saga Hotel.* Weitere Informationen unter: *www.radissonsas.com.*

- **Fosshótels:**

Ein loser Zusammenschluss von derzeit 12 selbstständigen und ganzjährig geöffneten Hotels firmiert seit 1996 unter dem Namen *Fosshótel.* Sie sind von der Ausstattung unterschiedlich, insgesamt aber als komfortabel und behaglich zu bezeichnen. Die Häuser befinden sich in Borgarfjörður, Hallormsstaður, Hlíð, Hornafjörður, Laugar, Nesbúð, Reykjavík (3x), Reyðarfjörður und Sauðárkrókur.

i ***Information***
Weitere Informationen oder Buchungen über: Fosshótel, *Borgatún33, 105 Reykjavík, Tel.: 562-4000, Fax: 562-4001,* www.fosshotel.is.

- **Key-Hotels:**

Eine weitere Kette von derzeit 4 Häusern wird unter dem Namen *Key-Hotels* (isländ.: *Lykil Hótel)* auch in den Katalogen deutscher Reiseveranstalter vermarktet. Die einzelnen Herbergen sind von Ausstattung und Komfort her sehr unterschiedlich. So gehören zu den *Key-Hotels* in Reykjavík das Touristenhotel *Cabin* mit zwar modernen, aber winzigen Zimmern, während die *Key-Hotels Örk* in Hveragerði und *Norðurland* in Akureyri der Kategorie gehobene Mittelklasse/First Class zuzurechnen sind.

Information
Weitere Informationen oder Buchungen über: Lykil Hótel, *Breiðumörk 1, 810 Hveragerði, Tel.: 483-4700, Fax: 483-4775,* www.keyhotel.is.

Privatunterkünfte

Pensionen und Privatunterkünfte gibt es in fast allen Ortschaften des Landes, sie werden i.d.R. von den lokalen Touristenbüros vermittelt (Privatunterkünfte in Reykjavík haben auch deutsche Veranstalter im Programm). Der Vorteil gegenüber Hotels liegt in der familiären Atmosphäre, die in vielen solcher Häusern herrscht. Der Preis für die Übernachtung ist ganz vom Standard der jeweiligen Herberge abhängig, die Bandbreite reicht hier von einem modernen Reykjavíker Appartement mit Küche, Du/WC und TV bis zu einem spartanisch eingerichteten Zimmer auf dem Land.

Bauernhöfe

Der Reisesektor ‚Ferien auf dem Bauernhof' boomt und immer mehr Bauern schließen sich dem Trend an und stellen auf ihrer Farm Zimmer mit oder ohne sanitäre Einrichtungen, Schlafsackunterkünfte oder Zeltstellplätze unterschiedlichen Standards zur Verfügung. Wer als Tourist Bauernhöfe für seine Unterkünfte wählt, kommt trotz möglicher Verständigungsschwierigkeiten mit der isländischen Bevölkerung und Mentalität natürlich am besten in Kontakt. Außerdem kann man bei einem etwas längeren Aufenthalt an den Aktivitäten der Farm teilnehmen, beispielsweise beim Schafs- oder Pferdeabtrieb, aber auch von den Angellizenzen profitieren oder die ‚hauseigenen' Pferde für Ausritte nutzen. Rund **150 Höfe** haben sich unter dem Dachverband *Landssamband Ferðabænda (Icelandic Farm Holidays/IFH)* zusammengefunden und einheitliche Richtlinien für Preise und Ausstattung gefunden.

Die Unterkünfte im Haupt- oder in Nebengebäuden bzw. Hütten lassen sich wie folgt klassifizieren:

Kategorie I:	Einfache, zweckmäßig eingerichtete Zimmer, Du/WC im Haus.
Kategorie II:	Bessere Ausstattung mit Waschbecken im Zimmer, Du/WC im Haus
Kategorie III:	Recht komfortable Zimmer mit Bad oder Dusche und WC

Tipp
Das Büchlein Icelandic Farm Holidays *mit detaillierten Beschreibungen jedes einzelnen Bauernhofes ist ein unverzichtbarer Ratgeber für alle, die hauptsächlich in Farmen nächtigen wollen. Sie erhalten ihn beim Fremdenverkehrsamt oder direkt bei* Icelandic Farm Holidays – IFH-Tours, *Síðumúli 13, 108 Reykjavík, Tel.: 570-2700, Fax: 570-2799,* www.farmholidays.is. *Der Verband bietet auch Paket-Arrangements oder Rundreisen mit Leihwagen und vorgebuchten Übernachtungen auf Höfen an.*

Zur ungefähren Vorstellung von den Kosten einer über Reiseveranstalter fest reservierten Unterkunft auf dem Bauernhof dient folgende Liste aus der Saison Juni–August 2008:

	Kategorie I	*Kategorie II*	*Kategorie III*
Einzelzimmer mit Frühstück	€ 81	€ 83	€ 108
Doppelzimmer mit Frühstück	€ 114	€ 128	€ 166

Schlafsackunterkunft (ohne Frühstück): € 36; Frühstück: € 12

Einige Reiseveranstalter bieten **Übernachtungsgutscheine** (Mindestabnahme jeweils 5 Gutscheine) für ausgewählte Bauernhöfe an. Beispielsweise kostete ein ‚*Open Farm*'-*Gutschein*, mit dem man Anspruch auf eine Übernachtung mit Frühstück in der Kategorie I oder II hat, in der Hochsaison (Juni–August) € 69 p.P. im Einzel- und € 50 p.P. im Doppelzimmer. Ein Schlafsack-Gutschein (Schlafgelegenheit im Bett oder auf einer Matratze, ohne Frühstück) kostete € 25.

Ferienhäuser

Wie alle Skandinavier haben die Isländer nicht nur den Hang zum Eigenheim, sondern auch den zum Wochenend- oder Ferienhaus, das sich in naturschöner Lage befinden sollte. Viele davon werden inzwischen dem Fremdenverkehr zur Verfügung gestellt und wochenweise vermietet. Ferienhäuser bzw. -hütten findet man konzentriert in kleinen ‚Dörfern' mit zentralen Serviceeinrichtungen (z.B. in Laugarvatn, Hella, Selfoss) oder als einzelstehende Gebäude; sie sind i.d.R. gut mit Küche, mehreren Schlafräumen, WC und Dusche, manchmal auch mit ‚heißem Pott' oder sogar Pool ausgestattet. Obwohl viele von ihnen nahe zur Ringstraße platziert sind und deshalb per Bus erreicht werden können, ist ein eigener oder Mietwagen für Ausflüge in die Umgebung oder für Fahrten zu den i.d.R. entfernter liegenden Einkaufsmöglichkeiten empfehlenswert.

Inzwischen können Ferienhäuser nicht nur vor Ort durch die Touristenbüros, sondern auch über Spezialreiseveranstalter im Voraus gebucht werden. Die Preise liegen je nach Saison, Ausstattung und Bettenzahl bei € 300–800 pro Woche.

Zwei Beispiele:
- Modernes Ferienhaus bei Arnastapi/Snæfellsnes, Baujahr 1992, 45 m², 2 Schlafräume (max. 5 Personen), Wohnzimmer, Heizung, Strom, voll eingerichtete Küche, Du/WC, Radio, TV € 333 (Saison C: 01.01.–03.05.) bis € 550 (Saison A: 14.06.–30.08.)
- Modernes Ferienhaus in Grímsnes (15 km von Selfoss entfernt), 64 m², 3 Schlafräume (max. 8 Personen), Wohnzimmer, Heizung, Strom, voll eingerichtete Küche, Du/WC, Radio, TV, heißer Topf, € 383 (Saison C) bis € 680 (A).

Berg- und Nothütten

Von anderem Charakter sind die Hütten, die der Touristenverband bzw. seine lokalen Unterverbände oder die Lebensrettungsgesellschaft an natürlich bevorzugten oder besonders kritischen Orten überall im Lande unterhalten. Im ersten Fall handelt es sich um Freizeiteinrichtungen für Mitglieder des Verbandes, die gegen ein Entgelt aber auch anderen Gästen zur Verfügung stehen. An einigen der herrlichsten Plätze im Hochland hat man so Gelegenheit, zusammen mit isländischen Gästen die Natur zu erleben und

‚Hüttengemeinsamkeit' zu pflegen. Wenn die Hütten nicht bewirtschaftet sind (das ist nur bei den größeren der Fall), sollte der angeschlagene Übernachtungspreis natürlich unbedingt bezahlt werden – entweder in die bereitgestellte Sammelbüchse oder beim nächstgelegenen Regionalbüro des Touristenverbandes.

Nicht jede Hütte verfügt über Küche und Gasanschluss und meistens wird nur ein Aufenthaltsraum beheizt, so dass es im Schlafraum recht kalt werden kann. Das Mitbringen eigener Lebensmittel und von Hüttenschuhen oder Ähnlichem sind ebenso Selbstverständlichkeit wie das Hinterlassen der Hütte im sauberen Zustand. Die Hütten sollten beim *Ferðafélag Íslands* (s.u.) im Voraus gebucht werden, da die Mitglieder des Wandervereines Vorrang genießen. Manche der Hütten sind auch abgeschlossen, dann gibt es den Schlüssel entweder beim Wanderverein direkt, oder bei *BSÍ Travel*.

Hinweis

Ein Hüttenverzeichnis und nähere Informationen bekommt man beim Ferðafélag Íslands (Touring Club of Iceland), *Mörkin 6, 108 Reykjavík, Tel.: 568-2533, Fax: 568-2535;* www.fi.is; *dort nimmt man auch Voranmeldungen entgegen.*

- **Ausgewählte Berg- und Wanderhütten:**
- **Álftavatn:** 56 Plätze in 2 Hütten des *Ferðafelag Íslands* (Stockbetten), Juli–Aug. geöffnet, sowie Hütte am See; Gaskocher vorhanden; gute Zeltmöglichkeit, für Autotouristen über die nahe Hochlandpiste F 210 zu erreichen.
- **Flimmförðurháls:** Zwei Hütten *(Flimmförðuskáli,* 25 Plätze und *Baldvinsskali,* 15 Plätze) des Vereins *Útivist,* im Juli geöffnet.
- **Hrafntinnusker:** Reizvoll gelegene Hütte des *Ferðafelag Íslands* mit 42 Plätzen in 2 Matratzenlagern, Juli–Aug. geöffnet, Zelten schwierig, aber möglich, nur zu Fuß erreichbar; kein fließend Wasser (Bach und Schneefelder in der Nähe), immer starke Windböen.
- **Hveravellir:** eine ältere und eine neue Hütte des *Ferðafelag Íslands* mit insgesamt 60 Plätzen (Stockbetten), direkt neben dem Solfatarengebiet gelegen, je nach Öffnung der Kjölur Route Juli–Aug. geöffnet, eigener ‚heißer Topf', Zelten gut möglich (aber keine Versorgungsmöglichkeiten), Bushaltestelle unmittelbar an den Hütten.
- **Hvítárnes:** schön am See gelegene Hütte des *Ferðafelag Íslands* mit 30 Plätzen, Juli bis August (abhängig von der Öffnung der Kjölur Route) geöffnet, Bushaltestelle 8 km entfernt.
- **Landmannalaugar:** schöne und komfortable Hütte des *Ferðafelag Íslands* mit mehreren Zimmern und 80 Betten, Zelten möglich, Bushaltestelle, Juli–Sept. geöffnet.
- **Þórsmörk:** große Hütte des *Ferðafelag Íslands* mit 80 Plätzen in Langidalur, Mai–Sept. geöffnet, Zelten möglich, im Sommer Busanschluss. Eine andere Hütte mit 80 Plätzen unterhält der Verein *Útivist,* in Basar, Mitte Mai–Mitte Sept. geöffnet. Eine große und ausgesprochen komfortable Hütte mit mehreren Zimmern (Matratzen/Betten; insgesamt 110 Plätze) unterhält der Verein *Austurleið* in Husadalur, auch hier ist Zelten möglich, außerdem Küche, Duschen, Sauna und Kiosk; Busanschluss.
- **Þjófadalir:** kleine, absolut einsam gelegene und primitive (kein fließendes Wasser) Hütte des *Ferðafelag Íslands* mit nur 12 Plätzen, Zelten gut möglich, Juli–Aug. geöffnet.
- **Þverbrekknamúli:** in einem Seitental des Fúlakvísl gelegene, kleine Hütte des *Ferðafelag Íslands* mit nur 20 Plätzen, nur zu Fuß zu erreichen, je nach Öffnung der Kjölur Route Juli–Aug. geöffnet.

Die zweite Sorte der Hütten stellen jene **Notquartiere** dar, die *ausschließlich* für Menschen gedacht sind, die wegen extrem schlechter Wetterverhältnisse oder anderer unvorhergesehener Fälle einen Unterschlupf benötigen. Man erkennt sie an ihrer orangen Farbe und an der exponierten Lage auf Bergpässen oder an einsamen Küstenabschnitten. Eingerichtet sind sie mit Telefon, Sprechfunk, einer Essensration und Brennmaterial. Sollten Sie aus irgendeinem Grunde hier nächtigen müssen, ist es selbstverständliche Pflicht, aufgebrauchte Vorräte später wieder aufzufüllen und die Hütte in ordnungsgemäßem Zustand zu verlassen.

Wie die Schutzhütten dienen auch die primitiven Unterkünfte im Gebirge nicht touristischen Zwecken: Sie sind ein Notquartier für die Zeit des Schafabtriebes und befinden sich im Privatbesitz der Bauern.

Jugendherbergen

Die ca. 25 isländischen Jugend- und Familienherbergen sind über das ganze Land verteilt; ihr durchgängiges Kennzeichen sind eine gemütliche Atmosphäre, keine Altersbeschränkung, flexibel gehandhabte Öffnungszeiten und recht kleine Einheiten (oft mit 2–4-Bett-Familienzimmern). Die meisten sind nur in den Sommermonaten, einige wenige auch ganzjährig geöffnet. Alle Herbergen haben voll eingerichtete Küchen und bieten oft ein breites Spektrum an Aktivitäten (der Jugendherbergsverband ist gleichzeitig ein Reiseunternehmen von beachtlicher Größe). Für die Übernachtung kann man den eigenen Schlafsack oder Bettzeug mitbringen, letzteres kann auch geliehen werden.

Die **Preise** für das Jahr 2009: Übernachtung ISK 2.100, für Nicht-Mitglieder ISK 2.600. Frühstück ISK 1.000. Bettzeug ISK 800, EZ-DZ-Zuschlag: ISK 1.600. Kinder bis 5 Jahre sind frei, Kinder im Alter von 5–12 zahlen 50 %.

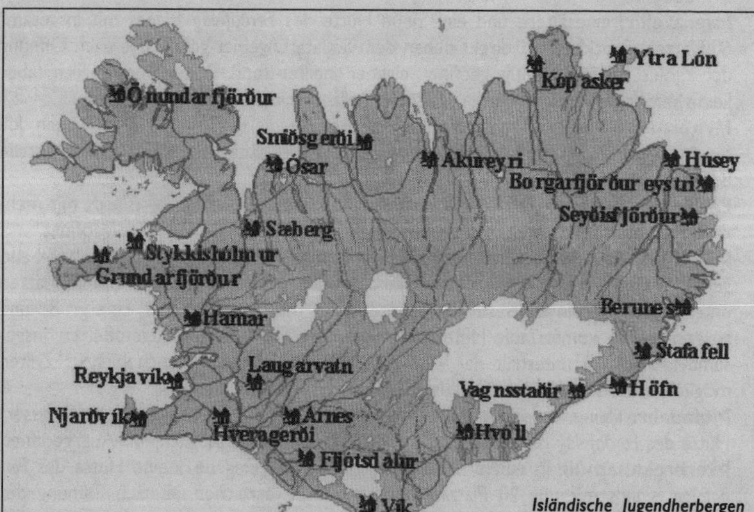

Isländische Jugendherbergen

Hinweis
Informationen und die komplette Broschüre Hostelling in Iceland *sind erhältlich beim Isländischen Jugendherbergsverband* (Bandalag Íslendskra Farfugla/BÍF), *Sundlaugavegur 34, IS-105 Reykjavík, Tel.: 553-8110, Fax: 588-9201,* www.hostel.is. *Reservierungswünsche können an den Verband oder direkt an die einzelnen Häuser gerichtet werden. Der Verband bietet auch Pauschalreisen mit Übernachtungen in Jugendherbergen an.*

Hinweis
Im Wörterbuch (S. 481ff.) finden Sie einige isländische Vokabeln zum Thema ‚Straßenverkehr'.

V

⇨ Vereine

In Deutschland haben sich folgende **deutsch-isländische Vereinigungen** dem Kulturaustausch verschrieben:

- Deutsch-Isländische Gesellschaft Bremerhaven/Bremen e.V., Postfach 290102, 27531 **Bremerhaven**, Tel.: 0471-9732102
- Deutsch-Isländische Gesellschaft, c/o Rheinisch-Westfälische Auslandsgesellschaft, Postfach 103334, 44033 **Dortmund**, Tel.: 0231-83800-0
- Gesellschaft der Islandfreunde, Helsinkiring 27a, 17493 **Greifswald**., Tel.: 03834-841295
- Gesellschaft der Freunde Islands, Raboisen 5, 20095 **Hamburg**, Tel.: 040-336696
- Deutsch-Isländische Gesellschaft e.V., Apostelnstr. 7, 50667 **Köln**, Tel.: 0221-2725370
- Deutsch-Isländisches Kulturforum e.V., Friedrich-Ebert-Str. 52, 70191 **Stuttgart**, Tel.: 0711-2569518
- Österreichisch-Isländische Gesellschaft, Josefplatz 6/19, A-1070 **Wien**, Österreich
- Islandverein/Association Islande, Kreuzackerweg 19, CH- 4103 **Bottingen**, Schweiz

Die wichtigste **deutschsprachige Kulturinstitution** auf Island war über Jahrzehnte hinweg das Goethe Institut Reykjavík, das allerdings im März 1998 geschlossen wurde. Engagierten Isländern und Deutschen ist es zu verdanken, dass das Institut als Walther von Goethe Foundation Reykjavík weitergeführt wird: Informationen unter: *www.geysir.com/goethe-foundation*.

⇨ Verhalten im Alltag

Der **Umgang mit den Isländern** erfordert vom Touristen keine kulturell bedingte Umstellung. Das heutige Gemeinwesen ist ein modernes, dem alle Phänomene westlicher Wohlstandgesellschaften bekannt sind. Die Unterschiede im Denken und Handeln sind auf Island zwischen Gästen und Gastgebern also nur graduell. Auf folgende Punkte des Alltagsverhaltens sollte jedoch hingewiesen werden:

Die Uhren gehen zwar nicht anders, aber vielleicht etwas langsamer als bei uns. Zeit ist auf der Insel ein relativer Begriff; aus Erfahrung weiß man, dass z.B. das Wetter oder unvorhergesehene Ereignisse Pünktlichkeit nicht immer möglich machen. Daher hat sich bei vielen Isländern eingebürgert, dass sie regelmäßig zu Verabredungen mit Verspätung eintreffen. Kleinere Verzögerungen sind auch im Personenverkehr (Bus, Flugzeug) nie auszuschließen, die Zuverlässigkeit besteht darin, dass angekündigte Verkehrsverbindungen tatsächlich stattfinden, nur nicht unbedingt zum ausgeschriebenen Zeitpunkt. Unverständnis wird solchen Gästen entgegengebracht, die ihre Ungeduld zur Schau stellen und ihre Alltagshektik nicht zu Hause lassen konnten.

Isländer sind sehr häuslich. Sie interessieren sich für alles, was mit Wohnungsbau und -einrichtung zu tun hat und legen zu Hause Wert auf eine gemütliche Atmosphäre. Allgemein ist es üblich, bei Betreten einer Privatwohnung die Schuhe auszuziehen. Das sollten auch Gäste berücksichtigen, vor allem, wenn sie gerade vom Reiten, Wandern oder anderen Outdoor-Aktivitäten kommen.

Wie alle Skandinavier sind die Isländer ein höfliches Volk. Das Bedanken (*þakk* = ‚danke') gehört zur Selbstverständlichkeit, insbesondere wenn man privat eingeladen wurde. Nach einem schönen Abend oder gemütlichen Beisammensein bedankt man sich beim nächsten Treffen für's letztemal (*þakka þér fyrir siðast!*) – diese Sitte sollten auch Besucher pflegen. Zur Höflichkeit gehört ebenfalls eine gewisse Zurückhaltung, wie sie aber auch für Mitteleuropa gelten sollte. Verpönt ist es z.B., wenn man sich am reichhaltigen Frühstücksbuffet gleich für das Mittagessen eindeckt oder wenn man sich stundenlang die Tasse Kaffee nachschenkt bzw. nachschenken lässt.

Der oft gerühmte Bildungsstand der Isländer drückt sich nicht immer in perfekten Fremdsprachenkenntnissen aus. Außerhalb der Hotels und der großstädtischen Gemeinden trifft man unter der (vor allem älteren) Bevölkerung nicht immer auf solche, die des Englischen mächtig sind. Wer z.B. Ferien auf dem Bauernhof macht oder dort nur übernachtet, muss wissen, mit wem er es zu tun hat: nicht mit einem ausgebildeten Reisefachmann, sondern mit einem einfachen Landwirt.

Viele Isländer sind trinkfreudig, aber nicht unbedingt trinkfest. An Wochenenden und bei lokalen Festen ist die große Anzahl betrunkener Menschen jeder Altersklasse unübersehbar. Auf dem Land und in der Stadt kann es dann schon einmal vorkommen, dass man von Betrunkenen belästigt wird. Andererseits gehört das Anbieten von Alkoholika zur Gastfreundschaft. Bedenken Sie dabei stets, wie teuer die angebotenen Getränke sind. Sollten Sie selbst einen kleinen Vorrat dabei haben, ist es angebracht, die Runde daran teilhaben zu lassen.

⇨ Verkehrsregeln

siehe unter ‚AUTO FAHREN'

W

⇨ Wandern

Obwohl ein Großteil der Isländer selbst als ziemlich gehfaul gelten kann, ist das Wandern eine zum Land passende Art des Reisens. Selbst wer mit dem bequemen Wagen oder Bus unterwegs ist, sollte jede Möglichkeit nutzen, sich zumindest zeitweilig den Naturschönheiten zu Fuß zu nähern. Ob Vogelfelsen oder Kraterrand, Wasserfall oder Gletscherhöhle – wer Island kennen lernen möchte, muss zu Wanderungen bereit sein. Im Reisekapitel finden Sie an den entsprechenden Stellen Hinweise auf lohnende Touren.

Da das gebirgige und nicht von vielen Straßen/Pisten erschlossene Land für einen Wanderurlaub prädestiniert ist, besteht ein Großteil der Angebote hiesiger und isländischer Reiseveranstalter aus organisierten Wandertouren. Wer die Insel auf eigene Faust per pedes erkunden möchte, benötigt unbedingt eine gewissenhafte Vorbereitung, gute Kleidung (Pullover, Mütze, Stiefel, atmungsaktive Allwetterkleidung/Goretex, Handschuhe, Sonnenbrille), das richtige Kartenmaterial, eine optimale Ausrüstung und gute Kondition. Und man muss wissen, dass es außer Zelten nur ein stark eingeschränktes Übernachtungsangebot gibt, und dass Beeinträchtigungen durch Wind und Wetter jederzeit möglich sind.

Wanderer im Skaftafell-Nationalpark

Auch für Nicht-Wanderer besteht überall Gelegenheit, auf kürzeren oder längeren Pfaden die Gegend kennen zu lernen. Merke: Die schönsten Stellen des Landes erreicht man ohnehin nur zu Fuß!

Verlässliche Adressen vor Ort, die Wandertouren auch für Ausländer organisieren, sind u.a.:

- *Ferðafélag Íslands* (= ‚Isländischer Wanderverein'), Mörkin 6, 108 Reykjavík, Tel.: 568-2533, Fax: 568-2535; *www.fi.is*.
- *Fjallabak*, ‚The Icelandic Trekking & Adventure Company', P.O.Box 1622, 121 Reykjavík, Tel.: 511-3070, Fax: 511-3071; *www.fjallabak.is*.

⇨ Wetter/-vorhersage

Dass das isländische Wetter wechselhaft ist, dürfte allgemein bekannt sein. Entscheidend ist, dass man sich darauf einstellt und mit seiner Garderobe auf alle Eventualitäten gefasst ist. Innerhalb weniger Stunden kann sich die Wetterlage total ändern und auch von Ort zu Ort kann es große Unterschiede geben. Oft erlebt man innerhalb eines normal bemessenen Urlaubs die gesamte Bandbreite von Regen und Sonne, Windstille und stürmischem Wind, Schnee- und Sandstürmen, eisigem Frost und moderaten Temperaturen. Für die Planung von Touren ist natürlich die aktuelle Wettervorhersage hilfreich, die man in englischer Sprache jederzeit unter Tel. 902-0600-44 abfragen kann.

„Sonne und Wonne, Wind und Regen = das isländische Wetter. Seid bereit!'

⇨ Wintersport

Wenn der Schnee die alpenländischen Pisten im Januar noch nicht erreicht hat und schon im April wieder verschwunden ist, wenn Warteschlangen vor den Liften oder überfüllte Parkplätze und Ferienorte auf die Stimmung drükken, wenn sich Berichte über die ökologische Gefährdung der Alpen durch den Wintersport häufen – dann erinnert man sich vielleicht daran, dass auf Island 11 % der Landesfläche ständig von Schnee und Eis bedeckt sind und 75 % des Landes eine Durchschnittstemperatur von 2 °C oder weniger aufweisen. Ideale Wintersport-Bedingungen also ohne zu erwartende Menschenmassen – wie aber sieht es mit der entsprechenden Infrastruktur aus?

Nun, die Isländer haben den Wintersport für sich entdeckt und üben ihn mit Freuden aus, ohne bislang die kommerzielle Vermarktung voran zu treiben oder gar zu übertreiben. Mit anderen Worten: es gibt eine Infrastruktur, die aber vor allem für den ‚Hausgebrauch' errichtet wurde. In den letzten Jahren wurden verstärkt Skilifte gebaut und Pisten abgesteckt, besonders in der Nähe der Hauptstadt und bei Akureyri. Aber auch in abgelegeneren Gebieten nahm der Ausbau des Wintersport-Angebotes in der jüngsten Vergangenheit eine stürmische Entwicklung. Gemeint ist besonders der *Vatnajökull,* dessen Eis- und Schneekappe im Sommer von Schnee-Scootern und -mobilen befahren wird, die auch Skifahrer befördern. Diesen steht daneben eine 1,5 km-lange Liftstrecke zur Verfügung. Auch die Ortschaften an der Ostküste und im Nordwesten – hier vor allem Ísafjörður – profitierten ungemein von der erwachten Liebe der Isländer zum ‚weißen Sport'. Das sympathisch unprofessionelle Erscheinungsbild bringt es mit sich, dass Touristen bisweilen Lifte auch außerhalb der offiziellen Zeiten geöffnet werden, so dass der Besucher einen Abhang in vollkommener Einsamkeit genießen kann. Gleiches erlebt derjenige, der sich mit einem Leichtflugzeug von Ísafjörður aus zu den unberührten Schneefeldern des Nordwestens bringen und im Tal anschließend mit dem Wagen wieder abholen lässt.

Fazit: Wer eine Wintersport-Destination sucht, in der das bodenständige Vergnügen mit einem Hauch von Abenteuer an erster Stelle steht und internationales Après-Ski praktisch nicht vorhanden ist, wem selbst der Tourismus in Norwegen, Schweden und Finnland schon zu viel ist (von den Alpenländern einmal ganz zu schweigen) und wer außerdem keine Angst hat, bei Freunden und Bekannten als Exot zu gelten, der ist auf Island richtig. Und zwar im Winter wie im Sommer!

Sommerskigebiete

- *Vatnajökull*: Der größte europäische Gletscher bietet winterliches Sportvergnügen hauptsächlich im Sommer, wenn von April bis Mitte Oktober zwei Lifte operieren. Dreh- und Angelpunkt aller Aktivitäten ist Höfn, von wo aus Sie auch an Gletscherexkursionen der unterschiedlichsten Art teilnehmen können.
- *Kerlingarfjöll*: Der Gletscher im Inselinnern, an der Kjölur-Route gelegen, stellt das zweite Sommerskigebiet des Landes dar. In der *Ásgard*-Hütte (Übernachtungen mit und ohne Vollpension) gibt es eine Skischule, in der immer häufiger auch ausländische Gäste anzutreffen sind. Ihnen stehen zwei Lifte zur Verfügung, außerdem gibt es Wochenendkurse sowie Ski- und Ausrüstungsverleih. Das Skizentrum wird von Ende Juni bis Ende August bewirtschaftet.

Winterskigebiete

- *Reykjavík* und Umgebung:
  Bláfjöll, die ‚blauen Berge', nur 30 Busminuten von Reykjavík entfernt, stellen das größte Skizentrum des Landes dar. Das östlich der Hauptstadt gelegene Gebiet bietet 15 Lifte, Langlauf-Loipen und Hänge von 270 Höhenmeter für Abfahrtslauf von mittleren und einfachen Schwierigkeitsgraden. Beliebt ist dort auch Rodeln und Schneescooter-Fahren. Die alte und beliebte Skisporthütte wurde übrigens von einer Lawine vernichtet und 1992 im modernen Stil wieder aufgebaut. Das zweitgrößte Skizentrum in unmittelbarer Nähe der Hauptstadt heißt *Skálafell* und besitzt u.a. 5 Lifte.
- *Akureyri* und Umgebung:
  Nach Reykjavík besitzt die Hauptstadt des Nordens die beliebtesten Pisten und eine Reihe von Liften unterschiedlicher Art. Noch im Stadtgebiet wird der alpine Skisport innerhalb von 500 Höhenmetern ausgeübt, mit hohem bis mittleren Schwierigkeitsgraden auf dem höhergelegenen Terrain; weiter unten wird das Gelände einfacher. 30 km nördlich von Akureyri gelegen, bietet der kleine Ort *Dalvík* zwei Poma-Lifte und 310 Höhenmeter von mittlerem Schwierigkeitsgrad. In etwas weiterer Entfernung zu Akureyri besitzen *Ólafsfjörður, Siglufjörður* und *Húsavík* jeweils einen oder zwei Lifte.
- Der Westen:
  Erst vor kurzem wurde der die Halbinsel Snæfellsnes dominierende Snæfellsjökull für den Wintersport erschlossen. Alle Aktivitäten bündeln sich hier in *Arnarstapi*, wo außer Skiliften auch Schneemobilfahrten angeboten werden. In den Westfjorden verfügt die Kleinstadt *Ísafjörður* über ein Skiterrain mit 3 Liften und 450 Höhenmetern, darunter ein 45 %-Steilhang. Beliebt sind hier Flüge mit Leichtflugzeugen zu unberührten Schneefeldern. Ebenfalls in den Westfjorden liegt *Bolungarvík* mit einem Skilift.
- Der Osten:
  Lokale Zentren des Skisports sind im Osten *Neskaupstaður* und *Seyðisfjörður*, beide mit jeweils mehreren Liften.

Z

⇨ Zeit

Island hat ganzjährig die Westeuropäische Zeit *(Greenwich Mean Time, GMT)*, die im Winter eine Stunde hinter der MEZ liegt. Während unserer Sommerzeit beträgt die Zeitdifferenz zwei Stunden. Also: 12 Uhr in Island entsprechen im Winter 13 Uhr und im Sommer 14 Uhr in Mitteleuropa.

⇨ Zeitungen

Unter den vielen isländischen Tageszeitungen besitzt das Morgenblatt *(morgunblaðið,* gegründet 1913) die größte überregionale Bedeutung. Wegen der Sprachschwierigkeiten werden Besucher natürlich eher die internationale Presse bevorzugen. Britische, amerikanische und dänische Tageszeitungen sind ganzjährig auch in kleineren Städten zu bekommen, deutsche Zeitungen und Magazine ganzjährig in Akureyri und Reykjavík, in der Hochsaison auch an vielen anderen Orten.

⇨ Zoll

Nicht eingeführt werden dürfen Waffen, Drogen etc. sowie Lebensmittel wie frisches oder geräuchertes Fleisch, Gemüse, Eier, Milch und Käse (am Fährhafen Seyðisfjörður werden Stichproben gemacht!).

Zoll- und steuerfrei dürfen nach Island folgende Waren eingeführt werden:
- alle Personen: maximal 3 kg konservierte Lebensmittel im Wert von maximal € 150.
- Personen über 18 Jahren: 1 l Spirituosen bis 47 % Vol., 1 l Wein bis 21 % Vol., ersatzweise 6 l importiertes oder 8 l isländisches Bier anstelle Spirituosen oder Wein
- Personen über 15 Jahren: 200 Zigaretten, ersatzweise 250 g andere Tabakwaren;

Regionale Reisetipps von A–Z

In diesem Buch wurde auf eine an den Preisen orientierte Klassifizierung der Unterkünfte verzichtet. Damit wurde den spezifisch isländischen Verhältnissen der Unterkünfte Rechnung getragen, die z.B. pro Hotel eine enorme Tarifpalette möglich macht – abhängig von den Saisonzeiten, Wochentagen und Zimmerkategorien. So kann eine Übernachtung im Edda-Hotel p.P./Nacht € 15 (Matratzenlager) oder € 68 (EZ ohne Du/WC) oder € 105 (EZ mit Du/WC) kosten. Und für eine Übernachtung im luxuriösen Hótel Borg fallen in der Nebensaison im Standardeinzelzimmer € 125 an, in der Hochsaison im besseren Einzelzimmer aber € 206. Beachten Sie dazu bitte auch die Allgemeinen Reisetipps von A–Z (Stichwort ‚Unterkunft') und die ‚Grünen Seiten'.

Akranes (S. 399ff.)

Information

Akranes District Information Office, *Kirkjubraut 10, Tel.: 433-1085, Fax: 433-1001,* www.visitakranes.is *und* www.west.is; *im Sommer geöffnet Mo–Sa 6.30–19 Uhr, So 10–18 Uhr, geführte Touren, Angellizenzen, Fahrradverleih.*

Hotels

• Hótel Glymur, *Hvalfjörður, 301 Akranes, Tel.: 430-3100, Fax: 430-3101,* www.hotelglymur.is; *schöne, rote Holzhausanlage am Nordrand des Hvalfjörðurs mit fantastischem Blick, 22 komplett eingerichtete Zimmer, 2 großzügige Suiten, Restaurant, Bar, heiße Pötte. Seit 2008 werden auch 6 luxuriöse Ferienhäuser für bis zu 6 Personen vermietet, u.a. mit voll ausgestatteter Küche, ganzjährig geöffnet.*

• Hótel Heimar, Norræna Skólasetrið, *Hvalfjarðarströnd, 301 Akranes, Tel.: 433-8966, Fax: 433-8977; ganzjährig geöffnetes Schulzentrum mit 88 Betten und Schlafsackplätzen, Restaurant, Möglichkeit zu Reitausflügen, Angeln, außerhalb gelegen.*

Gästehäuser/B&B/Bauernhöfe

Bjarteyjarsandur, *Hvalfjordur, Tel.: 433-8851/855-1751,* www.bjartey.is; *an der Landstraße 70 am nordöstlichen Ufer des Hvalfjörður und inmitten herrlicher Natur gelegener, voll bewirtschafteter Bauernhof mit Ferienhäusern für 6 Personen und privatem Zeltplatz,* **geführte Wanderungen** *zu den Naturschönheiten der Region. In der Stadt selbst gibt es u.a. Guesthouse* B&B, *Háholt 11, Tel.: 431-1408/861-1598 (ganzjährig geöffnet) und das Gästehaus* Móar *(Juni–Sept.) Tel.: 431-1389, Fax: 431-1387.*

Camping

Kalmansvík, Garðar Camping Ground, Tel.: 431-5100, www.visitakranes.is; *einziger Campingplatz in Akranes, geöffnet Mitte Mai bis Mitte Sept., einfacher Standard.*

Restaurant

Langisandur, *Garðarbraut 2, Tel.: 431-3191; tägl. 10–22, an Wochenenden (mit Live-Musik) z.T. bis 3 Uhr geöffnet, Pub mit guter Speisekarte.*

Reiten

Mehrere Gehöfte in unmittelbarer Nähe der Stadt bieten Reitausflüge an, z.B. Riding Tours Tunga, *Svinadal, 301 Akranes, Tel.: 433-8956, Fax: 433- 8756*

Golf

Akranes verfügt über den 18-Loch-Platz Garðar, *der vom Club* Leynir *verwaltet wird (Tel.: 431-2711, Fax: 431-3711,* www.golf.is/gl).

Mietwagen

Brautin, *Dalbraut 16, 300 Akranes, Tel.: 431-2157,* www.braut.is

Akureyri (S. 366ff.)

Information

Tourist Information Centre, *Hafnarstræti 82 (am Busterminal), Tel.: 462-7733, Fax: 461-1817,* www.visitakureyri.is, www.eyjafjodur.is; *geöffnet tägl. 7.30–19, So 8.30–17 Uhr. Über aktuelle Veranstaltungen informiert die Gratis-Broschüre* What's on in Akureyri.

Hotels

• Hótel Kea, *Hafnarstræti 87–89, Tel.: 460-2000, Fax: 460-2060,* www.keahotels.is; *sehr zentrales Hotel der gehobenen Mittelklasse und beste Adresse am Ort, 73 Zimmer mit allen Annehmlichkeiten, Bar, gutes Restaurant und Cafeteria.*

• Hotel Akureyri, *Hafnarstræti 67, Tel.: 462-5600, Fax: 462-5601,* www.hotelakureyri.is; *gemütliches, kleines Hotel in einem renovierten Holzhaus, familiäre Atmosphäre, 19 Zimmer mit allen Annehmlichkeiten, Frühstücksraum.*

• Hótel Norðurland, *Geislagata 7, Tel.: 462-2600, 462-7962,* www.keahotels.is; *architektonisch einfallsloses Mittelklassehotel mit 24 Doppel- und 10 Einzelzimmern, Restaurant, Bar.*

• Hótel Harpa, *Hafnarstræti 83–85, Tel.: 460-2000, Fax: 460-2060,* www.keahotels.is; *neben dem Hótel Kea gelegenes Mittelklasse-Hotel mit 23 gut eingerichteten Zimmern, Bar, Frühstücksraum.*

• Hótel Edda, *Eyrarlandsvegur 28, 600 Akureyri, Tel.: 444-4900,* www.hoteledda.is; *zentral gelegenes, modernes und großes Sommerhotel (18.6.–31.8. geöffnet) mit Schlafsackplätzen, Speisesaal und Schwimmbad. Das Hotel wurde 2003/04 erweitert und hat nun 72 Zimmer mit Handwaschbecken im alten Trakt sowie 132 Komfort-Zimmer im Neubau, 27 m² groß und mit Bad, TV, Telefon und Parkettboden ausgestattet.*

• Hótel Íbúðir, *Geislagata 10, 600 Akureyri, Tel.: 892-9838, Fax: 462-2300,* www.hotelibudir.is; *geschmackvoll eingerichtete und hochwertige Appartements mit Bad, Küche und Schlaf-/Wohnraum, zentral gelegen, ideal für einen längeren Aufenthalt in der Stadt, wenn auch nicht billig. Das ‚Hotel' bietet auch sehr qualitätvolle und komplett eingerichtete Einzel- und Doppelzimmer in einem herrschaftlichen Gästehaus Villa auf der Brekkugata 4 an.*

B&B-Unterkünfte, Gästehäuser

• Akureyri Guesthouse, *Brekkugata 4, Tel.: 661-9050,* www.akureyriguesthouse.is; *zentral gelegene Unterkunft in einem unspektakulären Haus, Einzel- und Doppelzimmer mit TV, Du/WC, Frühstücksmöglichkeit.*

• Akur-Inn Guesthouse, *Brekkugata 27a, 600 Akureyri, Tel.: 461-2500, Fax: 461-2502,* www.akurinn.is; *schöne und zentrumsnahe B&B-Unterkunft in einem Gebäude von 1930, 7 Zimmer für bis zu 4 Personen, keine eigene Küche.*

• Brekkusel, *Byggðvegur 97, 600 Akureyri, Tel.: 461-2660,* www.brekkusel.is; *Gästehaus mit 2- und 3-Bett-Zimmern, einige mit Du/WC, Schlafsackplätze, Gemeinschaftsküche, 2008 renoviert.*

• Glerá, *Hlíðarfjallsvegur, 603 Akureyri, Tel.: 699-7131,* www.glera2.is; *ca. 4 km außerhalb der Innenstadt an der Straße zum Skizentrum Hlíðarfjall gelegen, ganzjährig geöffnet, beste Wandermöglichkeiten, Pferdeverleih, Gemeinschaftsküche, 2 Apartments mit Platz für bis zu 8 bzw. 6 Personen in jeweils mehreren Zimmern, TV, WLAN.*

• Guesthouse Akureyri, *Hafnarstræti 104, 600 Akureyri, Tel.: 462-5600, Fax: 461-5601,* www.hotelakureyri.is; *vom Hotel Akureyri (s.o.) gemanagtes und zentral gelegenes Gästehaus mit 19 modern ausgestatteten Zimmern für 1–4 Personen, mit und ohne eigenem Bad, familienfreundlich.*

• **Gula Villan**, *Brekkugata 8, 600 Akureyri, Tel.: 896-8464,* www.gulavillan.is; *zentral gelegene Unterkunft mit gemütlichen Zimmern für 1-4 Personen, Gemeinschaftsküche. Ein weiteres Haus befindet sich auf der Þingvallastræti 14.*

• **Sólgarðar**, *Brekkugata 6, 600 Akureyri, Tel.: 461-1133, Fax: 461-1133, E-Mail:* solgarda@simnet.is; *ganzjährig geöffnete B&B-Unterkunft mit 4 Zimmern für 1–4 Personen, Schlafsackplätze, gut ausgestattete Gemeinschaftsküche, Rabatt bei längerem Aufenthalt.*

• **Sulur**, *Þórunnarstræti 93, 600 Akureyri, Tel.: 461-1160, Fax: 461-3077, E-Mail:* sulur@islandia.is; *Unterkunft in zwei Gebäuden: einmal in einem ganzjährig geöffneten Gästehaus auf der Þórunnarstræti mit 8 Zimmern und Gemeinschaftsküche, zum andern auf dem Klettastígur 6 in dreei großzügigen, modernen Apartments für jeweils bis zu 10 Personen, mit Bad und Küche, nur im Sommer geöffnet.*

• **Engimýri Guesthouse**, *Öxnadalur, Tel.: 462-6838,* www.engimyri.is. *Im Öxnadalur, ca. 35 km südlich von Akureyri, betreibt der ausgewanderte Däne Harald Jespersen direkt an der Ringstraße ein Gästehaus mit 7 Doppelzimmern, z.T. mit eigener Du/WC, einem guten Restaurant und heißem Pott. Tolle Wander- und Angelmöglichkeiten.*

Jugendherberge

• **Youth Hostel Akureyri**, *Stórholt 1, 603 Akureyri, Tel.: 462-3657, Fax: 461-2549,* www.akureyrihostel.com; *fast ganzjährig geöffnete Jugend- und Familienherberge (10.1.–15.12.), 1 km nördlich vom Zentrum gelegen, 18 Zimmer für 1–6 Personen, Schlafsackplätze, Vermietung von 2 neuen Ferienhäuschen direkt neben der Herberge (max. 7 Personen, ISK 14.000/Tag oder ISK 45.500/Woche), gut ausgestattete Gemeinschaftsküche, TV-Raum, Fahrradverleih.*

Campingplatz

• **Þórunnarstræti**, *Akureyri, Tel.: 462-3379,* www.hamrar.is; *am Schwimmbad gelegener komfortabler Platz mit Cafeteria, Shop, sanitären Anlagen, Waschmaschinen, Caravan-Stellplätzen, geöffnet 10.6.–1.9. Am ersten August-Wochenende wegen Jugend-Party überfüllt und laut.*

• **Húsabrekka**, *Svalbarðseyri, Tel.: 461-2264, Fax: 461-2267; etwas außerhalb gelegener, guter Campingplatz mit sanitären Einrichtungen, Laden, Wohnmobil-Stellplätze.*

Restaurants, Cafés, Diskotheken

• **Bautinn**, *Hafnarstræti 92, Tel.: 462-1818,* www.bautinn.is; *zentral gelegenes, helles und freundliches Restaurant mit leichten Mahlzeiten, Salatbuffets und Fischgerichten, im gleichen Gebäude (Osteingang) das ebenfalls empfehlenswerte italienische Restaurant* **La Vita e Bella** *mit hervorragenden Fischgerichten.*

• **Strikið**, *Skipagata 14, 5. Stock, Tel.: 462-7100,* www.strikid.is; *hochgelegenes, gutes Restaurant mit Aussichtsterrasse, italienische (Pasta & Pizza) sowie isländische Küche (Fisch & Seafood).*

• **Friðrik V.**, *Kaupvangsstræti 6, 600 Akureyri, Tel.: 461-5775,* www.fridrikv.is; *in einem sehr schönen Gebäude befindliche Brasserie mit moderner Küche, die sich auf Buffets, fangfrischen Fisch, Seafood und vegetarische Gerichte spezialisiert hat.*

• **Greifinn**, *Glerárgata 20, Tel.: 460-1600,* www.greifinn.is; *in Zentrumsnähe (am Fußballstadion) gelegenes Restaurant mit Fisch-, Lamm- und Rindfleischgerichten, aber auch Pizza, Pasta und Hamburgern, angenehme Atmosphäre, geöffnet 11–0.30, Fr–Sa bis 1.30 Uhr.*

• **Karólína Cafe Restaurant**, *Kaupvangsstræti 23, 600 Akureyri, Tel.: 461-2755,* www.karolina.is; *seit der Eröffnung 1993 eine Institution und als Künstlertreff bekannt, wartet das Karólína* *mit einem hübsch eingerichteten Café (geöffnet Mo–Do 11.30–1, Fr–Sa 11.30–3, So 14–1 Uhr) auf, im Obergeschoss Zugang zum guten und künstlerisch dekorierten Restaurant (moderne, leichte Küche Di–Sa ab 18 Uhr) und einem Raum für Wechselausstellungen und Konzerte.*

- **Café Amour**, *Ráðhústorg 9, Tel.: 461-3130; nettes Kaffee am zentralen Platz, am Wochenende lebhaftes Pub-Treiben bis spät in die Nacht, oft auch Live Musik.*
- **Sjallinn**, *Geislagata 14, Tel.: 462-2770,* www.sjallinn.is; *sehr gutes Restaurant mit Bar, an Wochenenden Live Music und Diskothek (die größte der Stadt).*
- **Amts-Café**, *Brekkugata 17, Tel.: 461-7797; helles, modernes Café in der neuen Stadtbücherei, Mo-Fr 10–17 Uhr geöffnet, es gibt Salate, Brote und Snacks, von 12–14 Uhr auch warme Gerichte.*

Flüge

Der Flughafen Akureyri (Akureyrarflugvolur) *liegt zentrumsnah; Fluginformationen dort oder unter Tel.: 460-7000. Er wird von* Air Iceland *bis zu 10x tägl. von Reykjavík angeflogen.* Iceland Express *bedient 2x wöchentlich die Strecke Kopenhagen-Akureyri. Ansonsten ist der Airport wichtig für Charterflüge und Rundflüge, z.B. über den Mývatn oder nach Grímsey.*

Busse

Der Busbahnhof (Umferðarmiðstöðin BSN) *liegt zentral an der Altstadt, Hafnarstræti 82, neben der Touristeninformation, Tel.: 462-44442. Ganzjährig gibt es mindestens eine tägl. Abfahrt nach Reykjavík und Mývatn. Mai–August mehrere Abfahrten wöchentlich nach Egilsstaðir, Húsavík und zu anderen Zielen. Fahrten nach Reykjavík durchs Hochland (Kjölur-Route) Juli–August Mi und Sa. Fahrplan- und Tarif Auskünfte unter Tel. 5500700 oder* www.sba.is *sowie Tel. 461-1106 oder* www.trex.is.

Taxis

Taxen sind normalerweise am Flughafen, Busbahnhof und dem Hótel KEA *zu finden. Einen 24-Stunden-Service bietet* B.S.O., *Strandgata, Tel.: 461-1010.*

Fähren

Informationen und Tickets für Fährfahrten nach Hrísey und Grímsey bei **Nonni Travel**. *Zur Personenfähre Sæfari, die von Dalvík aus zur Insel Grímsey startet, gibt es einen Zubringerbus. Infos beim Fremdenverkehrsamt oder unter Tel.: 466-3544; 695-5544.*

Mietwagen

- **Icelandair/Hertz**, *Airport, Tel.: 461-1005, Fax: 4622010.*
- **Avis**, *Airport, Tel.: 461-2428, Fax: 461-4900,* www.avis.com.
- **Bilaleigan ALP**, *Frostagatu 1a, Tel.: 462-3400,* www.alp.is.
- **National Car Rental**, *Tryggvabraut 12, Tel.: 461-6000, Fax: 462-6476,* www.nationalcar.is.

Fahrräder

Fahrräder verleihen u.a. die Jugendherberge, das **Edda-Hotel**, **Akureyri Travel** *und* **Rent-a-bike**, *Skipagata 4, Tel.: 461-2248.*

Notfälle

Die **Polizei-Hauptwache** *befindet sich auf der Þórunnarstræti 108, Tel.: 461-2233,* **Feuerwehr** *und* **Ambulanz** *(Hafnarstræti 99) Tel.: 460-4600,* **Notarzt** *(nachts und an Wochenenden) Tel.: 985-23221.*

Post

Das Hauptpostamt befindet sich auf der Fußgängerzone Hafnarstræti 102, Tel.: 463-0600.

Reiseagenturen

- **Nonni Travel**, *Brekkugata 5, Tel.: 461-1841, Fax: 461-1843,* www.nonnitravel.is; *breites Angebot an Paketangeboten aller Art (Spezialist für Reisen nach Nordost-Grönland), Tickets für Fährfahrten nach Hrísey und Grímsey, Vermittlung von Farmaufenthalt, Wandertouren, Pferderitten etc., geöffnet Mo–Fr 9–17 Uhr.*
- **Akureyri Travel Service**, *Brekkugata 5, Tel.: 461-1687, Fax: 461-1867*

Aktivitäten

Außer den im Reisekapitel beschriebenen Stadtrundgängen, Wanderungen und Ausflügen in die Umgebung können vom Flughafen aus **Rundflüge** *unternommen werden, z.B. über das Mývatn-Gebiet oder nach Grímsey (mit Landung und Aufenthalt).*

Badegästen steht der **Swimmingpool** *mit Hot Pots (Þingvallastræti 21, Tel.: 461-4455) im Sommer Mo–Fr 7–21, Sa 8–18, So 8–16 Uhr zur Verfügung. Dort gibt es auch* **Sauna**, **Solarium** *und* **Minigolf**, *ebenfalls können* **Tennisplätze** *und -ausrüstung am Swimmingpool gemietet werden. Für die Wintersaison gibt es ein Hallenbad.*

Golfer *haben im* Jaðarsvöllur *(Tel.: 462-2974), unmittelbar an der südlichen Stadtgrenze gelegen, den berühmten, weltweit nördlichsten 18-Loch-Platz der Welt, alljährlich Schauplatz des* Arctic-Open-*Mitternachtstournirs. In den hellen Sommernächten ist Golfen 24 Stunden am Tag möglich – Gäste sind willkommen.*

Ab Oktober gibt es rund um das Ski-Resort Hlíðarfjall, *ca. 7 km westlich der Stadt, alle* **Wintersportmöglichkeiten** *(mehrmals tägl. Buszubringer ab Akureyri-Zentrum).*

Vom Resort aus lassen sich auch fantastische **Wanderungen** *durch das unbewohnte* Glerá-*Tal unternehmen, weiter Bergwanderungen in Richtung* Þelamörk *mit einer leichten Besteigung des 780 m hohen* Litlihnjúkur, *einem Abstieg in die* Krossastaðaá-*Schlucht u.v.m. (Informationen im Touristenbüro).*

Blaue Lagune (*Bláa Lónið*)/Grindavík (S. 302f.)

Information

Spärliche Informationen zu Grindavík im Internet unter www.grindavik.is. *Über die Blaue Lagune informiert:* **Blue Lagoon Ltd.**, *P.O.Box 22, 240 Grindavík, Tel.: 420-8800, Fax: 420-8801,* www.bluelagoon.is.

Schwimmen

Blaue Lagune, *im Sommer 8–21, im Winter 10–20 Uhr geöffnet; Eintritt ISK 2.800. Cafeteria, Andenkenladen, Wellness-Shop. Badesachen und Handtücher können geliehen werden. Der Anlage ist ein modernes, großes Restaurant (Tel.: 420-8806) angegliedert. Die*

Blue-Lagoon-Wellness-Produkte können unter www.bluelagoon.is. *im Online-Shop erworben werden.*

Hotels

• Clinic-**Hótel Bláa Lónið**, *Svartsengi, 240 Grindavík, Tel.: 426-8650, Fax: 426-8651; ganzjährig geöffnetes Holzhaus-Hotel mit 23 modernen Zimmern, Restaurant, Whirlpool, Dampfbad und Konferenzräume, Fahrradverleih, Sportmöglichkeiten, direkt neben der Blauen Lagune gelegen, interessant für diejenigen, die die Blaue Lagune für einen Kuraufenthalt nutzen möchten.*

• **Northern Light Inn**, *240 Grindavík, Tel.: 426-8650, Fax: 426-8651,* www.nli.is; *vernünftige Unterkunft, 32 Zimmer mit Du/WC/TV, Restaurant, Frühstücksraum.*

• **Gästehaus Fiskanes**, *240 Grindavík, Hafnargata 15, Tel.: 897-6388, 1.4.–1.9. geöffnet*

Camping

Freies Zelten ist auf der einfachen Anlage am Austurvegur möglich, Tel.: 426-7111, geöffnet 1.5.–15.9.

Restaurant

• **Sjómannastofan Vör**, *Hafnargata 9, Tel.: 426-8570; rustikale ‚Seemanns-Stube' mit Fisch- und Grillgerichten.*

• **Hafurbjörninn**, *Hafnargata 6, Tel.: 426-9999; Treffpunkt der Ortsansässigen mit Bar, Restaurant und Pub.*

Blönduós (S. 389)

Information

Eine Touristeninformation gibt es am Campingplatz am Fluss Blandá, Tel.: 452-4520.

Hotels

• **Hótel Blönduós**, *Aðalgata 6, Tel.: 452-4205, Fax: 452-4208; nahe am Meer gelegenes, ganzjährig geöffnetes Haus aus den 1960ern, inzwischen ein wenig betagt, aber die 18 Zimmer sind groß und komfortabel, Restaurant (Touristenmenüs), Schlafsackunterkünfte.*

• ***Gistiheimili Glaðheima***, *Blöndubyggð, 540 Blönduós, Tel.: 452-4205 Fax: 452-4208*

Camping

Ein schöner Campingplatz (Tel.: 452-4520; geöffnet 1.6.–31.8.; Cafeteria, Touristeninformation) befindet sich zentrumsnah am Ufer der Blandá, unweit von Ringstraße, Kirche, Schwimmbad und Brücke.

Borgarnes (S. 396f.)

Information

Borgarnes Information Center, *Sólbakki 2, Tel.: 437-2214, Fax: 437-2314,* www.westiceland.is *und* www.west.is; *modernes Haus direkt an der Borgarnes-Brücke, Tankstelle,*

Busstation, Restaurant, Bank, Supermarkt, im Sommer tägl. 8–23.30 Uhr geöffnet, im Winter Mo-Do 9-16, Fr 12-20, Sa 10-15 Uhr.

Hotels

• **Hótel Borgarnes**, *Egilsgata 16, 310 Borgarnes, Tel.: 437-1119, Fax: 437-1443,* www.hotelborgarnes.com; *ganzjährig geöffnetes, modernes Hotel mit 75 Zimmern, Bar, Restaurant (Touristenmenüs).*

• *Ebenfalls recht zentral, nämlich an der Brücke gelegen, bietet das* **Motel Venus** *(Tel.: 437-2345, Fax: 437-2344, E-Mail:* motel@centrum.is*) einfache, aber gute Zimmer an, unmittelbar daneben gibt es Zeltmöglichkeiten.*

• *Etwas weiter weg (ca. 50 km) gibt es auf dem Weg nach Stykkishólmur:* **Hótel Eldborg**, *Laugagerðisskóli, 311 Borgarnes, Tel.: 435-6602, Fax: 435-6602,* www.hoteleldborg.is; *kleines, einfaches und sympathisches Sommerhotel (Juni–Aug.) rund 50 km von Borgarnes entfernt auf dem Weg nach und Flussufer der Haffjarðará gelegen, 18 Zimmer, Restaurant, Campmöglichkeit.*

• **Fosshótel Bifröst**, *Norðurárdalur, 311 Borgarnes, Tel.: 435-0101, Fax: 562-4001,* www.fosshotel.is; *modernes Sommerhotel am Hreðavatn, das sonst den Studenten der Wirtschaftsuniversität Bifröst zur Verfügung steht, Zimmer mit und ohne Du/WC, Restaurant.*

Hinweis:
Weitere Unterkünfte in der Nähe findet man u.a. in Reykholt (s. dort)

B&B-Unterkünfte

• **The Old English Lodge**, *311 Borgarnes, Litla Brekka Borgarhreppur, Tel.: 437-1725, Fax: 437-1734,* www.enskuhusin.is; *schöne, historische Fischerlodge (1884 von und für englische Lachsangler gebaut, das älteste Haus dieser Art auf Island), am Fluss Langá 6 km westlich der Stadt gelegen, gemütliche Einrichtung, 10 Doppelzimmer z.T. mit Du/WC, Schlafsackunterkünfte, Gemeinschaftsküche, Restaurant (Vollpension möglich).*

• *Ebenfalls außerhalb befindet sich das empfehlenswerte Gästehaus* **Varmaland** *(1.6.–31.8. geöffnet, Tel.: 430-1516, Fax: 430-1501) mit Zeltplatz. In Hvanneyri gibt es die B&B-Unterkunft* **Bareksstadir** *(Tel.: 437-0021), westlich der Stadt das Gästehaus* **Hrafnkelsstaðir** *(Tel.: 437-1849) und weiter weg an der S-54 die ganzjährig geöffnete B&B-Unterkunft* **Grímsstaðir** *(Tel.: 437-1270, E-Mail:* gudnihar@isl.is*) mit angeschlossenem Campingplatz..*

Jugendherberge

Youth Hostel Hamar, *Golfskálinn, 310 Borgarnes, Tel.: 437-1663, Fax: 437-2063; 4 km vor der Stadt nahe der Ringstraße gelegene Herberge, die gleichzeitig Gästehaus des Golfclubs ist, ehemaliger Bauernhof mit 7 Zimmern (18 Betten), voll ausgestatteter Gemeinschaftsküche, gemütlicher Atmosphäre, ganzjährig geöffnet,*

Camping

In und um Borgarnes gibt es mehrere Campmöglichkeiten, auch an vielen Hotels. Am zentralsten ist ein recht moderner Platz hinter der Touristen-Information am Brúartorg (Tel.: 437-2108); 7 km nördlich befindet sich der Platz **Ölvaldsstaðir** *(Tel.: 437-1701).*

Reiten
Eine Vielzahl an Gehöften bietet Reittouren durch die naturschöne Umgebung an, Infos dazu bei Fremdenverkehrsamt oder den Höfen (Auswahl):
- Oddsstaðir *(Tel.: 435-1413)*
- Indriðastaðir *(Tel.: 898-9366)*
- Brennistaðir *(Tel.: 435-1193)*
- Ölvaldsstaðir *(Tel.: 437-1686)*
- Snorrastaðir *(Tel.: 435-6627,* www.travelnet.is/snorrastadir).

Golf
Der Golfclub von Borgarnes (Tel.: 437-1663/437-2063, www.gbborgarnes.net) *empfängt auf der Anlage* Hamar *auch gerne ausländische Gäste. Ein ehemaliges Ackerland wurde in den letzten Jahren in einen anspruchsvollen und modernen 18-Loch-Platz umgewandelt, die Gebäude des Bauernhofes wurden zu einem Club- und Gästehaus renoviert.*

Mietwagen
- Hasso-Borgarnes, *Olis, Brúartorg 310 Borgarnes, Tel.: 898-6123.*
- Eurorent, *Berugata 4, 310 Borgarnes, Tel.: 437-1259,* www.eurorent.is.

Breiðdalsvík/Fáskrúðsfjörður/Reyðarfjörður (S. 338ff.)

Hotels
- Hótel Bláfell, *Sólvellir 14, 760 Breiðdalsvík, Tel.: 475-6770, Fax: 475-6668,* www.blafell.is; *komfortable, ganzjährig geöffnete Pension im modernen Holzhaus, 22 gut ausgestattete Zimmer und Schlafsackplätze, Zeltmöglichkeit, Restaurant (Touristenmenüs), Bar.*
- Hótel Bjarg, *Skólavegur 49, 750 Fáskrúðsfjörður, Tel.: 475-1466, Fax: 475-1476; 6 einfache Mehrbettzimmer, Restaurant, Bar, Touristeninformation, Zeltmöglichkeit, ganzjährig geöffnet.*
- Gistiheimilið Tærgesen, *Buðargata 4, 730 Reyðarfjörður, Tel.: 474-1447, 892-2207; ganzjährig geöffnetes Gästehaus in schönem Haus, 24 Betten, Restaurant, Wandermöglichkeiten.*
- Fosshotel Reyðarfjörður, *Búðareyri 6, 730 Reyðarfjörður, Tel.: 474-4600, Fax: 562-4001,* www.fosshotel.is; *1999 eröffnetes Mittelklasse-Hotel mit 20 gut ausgestatteten Zimmern, Restaurant, Bar, ganzjährig geöffnet.*

Camping
In Breiðdalsvík kann man auf einem einfachen Platz am Hótel Bláfell *zelten, in Fáskrúðsfjörður gibt es ebenso einen komfortablen Platz (*Búðir, *Tel.: 475-1298) wie in Reyðarfjörður.*

Restaurant
In Breiðdalsvík ist das Café Margret *(Tel.: 475-6625) eine gute Adresse, um in einem sehr hübschen Ambiente z.B. einen leckeren Kuchen oder Schnitzelgerichte zu speisen. bekommen. Für Übernachtungsgäste stellt das deutsche Besitzerpaar auch 3 Doppel- und 1 Einzelzimmer zur Verfügung.*

Búðardalur (S. 460)

Information

Tourist Information, *Vesturbraut 12 c, Tel.: 434-1410, www.vesturland.is; im Sommer Mo–Sa 10–18, So ab 12 Uhr geöffnet, Ausstellungen von Kunsthandwerk*

Hotels

• **Hótel Edda**, *Laugar í Sælingsdal, 371 Búðardalur, Tel.: 434-1605/434-1265, Fax: 434-1469, www.hoteledda.is; schön gelegenes Sommerhotel (31.5.–7.9.), 45 Zimmer mit oder ohne Du/WC, 60 Schlafsackplätze, Zeltplatz, Restaurant, Sporthalle, Freibad, gute Angelmöglichkeiten.*

B&B-Unterkünfte

• **B&B Thurranes**, *Saurbaer, 371 Búðardalur, Tel.: 847-8660/ 434-1556, Fax: 434-1535, www.centum.is/thurranes; ganzjährig geöffnetes Haus mit 3 Zimmern und einigen Schlafsackplätzen, auch komplett mietbar.*

• **Guesthouse Bjarg**, *Dalbraut 2, 370 Búðardalur, Tel.: 434-1644, Fax: 434-1644, www.aknet.is/bjarg, kleines, rot gestrichenes Gästehaus mit einfachen Einzel- und Doppelzimmern, ganzjährig geöffnet.*

Camping

Der zentralste Campingplatz ist der auf der Vesturbraut (370 Búðardalur, Tel.: 434-1132, Fax: 434-1212).

Dalvík (S. 382f.)

Hotels

• **Sæluhúsið**, *Stórhólsvegi 6, 620 Dalvík, Tel.: 466-3088, Fax: 466-1661; freundliche, ganzjährig geöffnete Pension mit einfacheren Zimmern und Einheiten mit Kochnischen, Schlafsackplätze, gutes Restaurant, breites Sportangebot.*

• **Brekkusel Ski Lodge**, *Tel.: 466-1010; im Hinterland gelegene, ganzjährig geöffnete Anlage mit einfachen Zimmern und Schlafsackplätzen, Cafeteria, perfekte Ski- und Wandermöglichkeiten.*

Camping

Ein guter Campingplatz (Tel.: 466-3233) mit Cafeteria, Laden und Schwimmbad befindet sich nahe der Schule; geöffnet 1.6.–31.8.

Ausflüge

Von Mitte Mai bis Mitte Juni veranstaltet **Sjóferðir** *(Tel.: 456-3879, www.sjoferdir.is) tägl. Bootstouren zur Walbeobachtung und Hochseeangeln, Start 9.30 Uhr, in der Hochsaison auch 18 Uhr.*

Fähre

In Dalvík startet von Montag bis Donnerstag die Personenfähre **Sæfari** *(Tel.: 458-8970, www.landflutningar.is) zur Insel Grímsey, und zwar um 9 bzw. 13.15 Uhr. Passend zu* *diesen Verbindungen gibt es einen Zubringerbus von/nach Akureyri. Nach einem etwa dreistündigen Aufenthalt auf Grímsey geht es zurück nach Dalvík.*

Djúpivogur (S. 335f.)

Hotel

Hótel Framtíð, *Vogalandi 4, Tel.: 478-8887; ganzjährig geöffnete, kleine Pension mit 24 gemütlichen Doppelzimmern und Schlafsackplätzen, gutes Restaurant (Touristenmenüs), Bar, Sauna, Touristeninformation, Fahrradverleih, angeschlossener einfacher Zeltplatz..*

Jugendherberge

Berunes, *765 Djúpivogur, Berufjörður, Tel.: 478-8988, Fax: 478-8902,* www.simnet.is/berunes; *Herberge in schöner Umgebung, 300 m neben der Ringstraße gelegen und in einem alten Bauernhof eingerichtet, geöffnet 1.5.–1.10.; 34 Betten in Doppel-, Dreier- und Mehrbettzimmern, 3 kleine Apartments mit Bad und Gemeinschaftsküche, Restaurant (Touristenmenüs), Zeltplatz, ideale Wandermöglichkeiten.*

Ausflüge

Im Sommer veranstaltet Papeyarferðir *(Tel.: 478-8183) tägl. vierstündige Bootstouren nach Papey, ebenfalls sind Hochseeangel-Touren im Programm..*

Egilsstaðir (S. 336f.)

Information

- Egilsstaðir Tourist Information Center, *Kaupvangur 6 (am Campingplatz), Tel.: 471-2320, Fax: 471-1863,* www.east.is; *Infos, Fahrradverleih, Angellizenzen.*
- Ferðamiðstöð Austurlands, *Skógarlönd 3, Tel.: 471-2000; Reisebüro mit Informationsstelle.*

Hotels

- Hótel Hérað, *Miðvangi 5, 700 Egilsstaðir, Tel.: 471-1500, Fax: 471-1501,* www.icelandairhotels.is; *das Hotel, das zur Kette der* Icelandair-Hotels *gehört, ist die beste Adresse in Ostisland und verfügt über Restaurant, Bar und 60 Zimmer der gehobenen Mittelklasse.*
- Hótel Valaskjálf, *Skógarlönd, 700 Egilsstaðir, Tel.: 471-1000, Fax: 471-1001,* www.travelnet.is/valaskjalf; *ganzjährig geöffnetes Mittelklasse-Hotel mit 22 Zimmern, Restaurant, Bar, an Wochenenden Tanz.*
- Hótel Edda, *Tjarnarbraut, 700 Egilsstaðir, Tel.: 444-4880,* www.hoteledda.is; *gepflegtes Sommerhotel nahe dem Seeufer (Anfang Juni bis Mitte August geöffnet), 52 Zimmer mit Dusche, 50 Schlafsackplätze, Restaurant, großes Schwimmbad, Bar.*
- Hótel Edda, *705 Eiðar, Tel.: 444-4870,* www.hoteledda.is; *13 km von Egilsstaðir entferntes Sommerhotel (17.6.–31.8. geöffnet), 46 einfachere Zimmer, 50 Schlafsackplätze, Restaurant (Touristenmenüs), Bar, Schwimmbad in der Nähe, Reitmöglichkeiten.*
- Fosshótel Hallormsstaður, *707 Hallormsstaður, Tel.: 471-1705, Fax: 471-2197,* www.fosshotel.is; *im Wald und am Lögurinn-See gelegenes Sommerhotel, 20 Zimmer und 30 Schlafsackplätze, Restaurant (Touristenmenüs), Bootsverleih, Fahrradverleih.*

• Skipalækur, *Fellabær, Tel.: 471-1324, Fax: 471-2413; einfache Zimmer im Bauernhaus, Schlafsackplätze in Hütten am See für bis zu 76 Personen, Campingplatz, jenseits der Brücke am See gelegen.*

Jugendherberge

Youth Hostel Ásbyrgi, *Bakkagerði, 720 Borgarfjöður eystri, Tel.: 472-9962, Fax: 472-9961; das Hostel (1.5.–15.9. geöffnet) liegt im Dorf Bakkagerði und ist von hohen Bergen umgeben. Die Herberge, die Autotouristen von Egilsstaðir aus in rund 70 km über die Straße 94 erreichen, bietet 17 Betten in 4 Zimmern, eine Gemeinschaftsküche und einen Aufenthaltsraum. Nahebei gibt es eine Bäckerei, eine Restaurant und eine Tankstelle.*

Camping

Tjaldstæðið Egilsstaðir, *Tel.: 471-2320; komfortabler Platz nahe der Tankstelle, Caravan-Stellplätze.*

Restaurant

Das Restaurant/Café Nielsen, *Tjarnarbraut 1 (Tel.: 471-2626), untergebracht in einem hübschen Haus von 1944, bietet eine gemütliche Einrichtung und wirklich gutes Essen.*

Eskifjörður/Neskaupstaður (S. 340f.)

Information

Eine Touristeninformation gibt es im Hótel Egilsbuð *(Organisation von Ausflügen, Bootstouren, Angellizenzen), Infos im Internet unter* www.east.is.

Hotels

• Hótel Askja, *Hólsvegi 4, 740 Eskifjöður, Tel.: 476-1261; kleine, ganzjährig geöffnete Pension mit 7 Zimmern, Restaurant (Fischspezialitäten) und Bar.*

• Hótel Egilsbúð, *Egilsbraut 1, 740 Neskaupstaður, Tel.: 477-1321, Fax: 477-1322; modernes Haus am Hafen mit komfortablen Zimmern, Restaurant (Touristenmenüs) und Bar, gleichzeitig Touristeninformation (Organisation von Ausflügen, Bootstouren, Angellizenzen).*

• Hótel Edda, *Nesgata 40, 740 Neskaupstaður, Tel.: 444-4000, E-Mail:* edda@hoteledda.is; *komfortables Sommerhotel mit 29 Zimmern (mit Dusche), 30 Schlafsackplätze, Restaurant mit Schankrechten (Touristenmenüs), sportliche Umgebung (Schwimmbad, Wanderwege, Sportanlage, Golfplatz).*

Camping

Sowohl in Eskifjöður als auch in Neskaupstaður gibt es einen komfortablen Campingplatz, jeweils nahe von Tankstelle und Bushaltestelle gelegen.

Flatey (S. 462f.)

Information

Für Flatey ist das Touristenbüro in Stykkishólmur zuständig. Einige Infos hält auch das Internet unter www.west.is *bereit.*

Unterkunft/Restaurant

Veitingastofan Vogur, *Tel.: 438-1413/438-1620, Fax: 438-1093, kleine Gaststätte mit Frühstück und Imbissen, B&B- und Schlafsackunterkunft, nur im Sommer geöffnet. Ganzjährig geöffnet ist die B&B-Unterkunft* **Krakuvör** *(Grænigarður), Tel.: 438-1451/853-0000, Fax: 438-1451. Ihr ist ein Campingplatz mit sanitären Einrichtungen angeschlossen.*

Fähre

Der ganzjährige Fährverkehr über den Breiðafjörður *wird von der* **Baldur GmbH** *aufrecht erhalten. Die heutige Fähre, die siebente seit Inbetriebnahme der Verbindung im Jahre 1926, wurde 1990 in Dienst gestellt und ist absolut hochseetauglich. Das Schiff kann 200 Fahrgäste und 20 Pkw* (roll on/roll off) *befördern, ist mit offenen und geschlossenen Passagierdecks sowie im Unterdeck mit einer großen Cafeteria, Etagenbetten und einer Kinderspielecke ausgestattet. Die* **Anlegehäfen** *der* Baldur *sind* Stykkishólmur *auf Snæfellsnes, wo sie nach dem Sommerfahrplan (1.6.–31.8.) tägl. um 9 und 15.30 Uhr startet, und* Brjánslækur *an den Westfjorden (tägl. 12.15 und 18.45 Uhr). Außerhalb der Saison gibt es nur eine Abfahrt täglich. Die Überfahrt nach Flatey (nur im Sommer) dauert 1.40 Stunde und kostet 2009 ca. ISK 2.120 p.P. Infos und Buchung:* M.S. Baldur, *340 Stykkishólmur, Smiðjustígur 3, IS-340 Stykkishólmur, Tel.: 433-2254, Fax: 438-1050;* www.seatours.is.

Bootsausflüge

Von Flatey aus bringt **Tryggvi Gunnarsson** *(Tel.: 853-0000) Inselliebhaber mit einem kleinen Motorboot zu den Nachbareilanden mit ihrem reichen Vogelleben. Die rund einstündigen Bootstrips sind auf die An- und Abfahrtzeiten der* Baldur *abgestimmt und es bleibt noch Zeit für die Besichtigung von Flatey.*

Flúðir (S. 297)

Information

Flúðir Tourist Centre, *am Campingplatz, Tel.: 486-6756; 486-6766; Vermittlung von Sommerhäuschen und anderen Unterkünften, Fahrradverleih, Angellizenzen.*

Hotels

• **Icelandairhotel Flúðir**, *Vesturún 1, 845 Flúðir, Tel.: 486-6630, Fax: 486-6530,* www.icelandairhotels.com; *schöne Unterkunft der Drei-Sterne-Kategorie, ganzjährig geöffnet, modern und mit viel Holz eingerichtet, 32 Doppelzimmer mit Bad, gutes Restaurant mit Panoramafenstern; Thermalbad, Pferdegestüt, markierte Wanderwege und 18-Loch-Golfplatz in der Nähe.*

• **Hótel Brattholt**, *við Gullfoss, Straße 35, 801 Selfoss, Tel.: 486-8991, Fax: 486-8941,* www.travbelnet.is/brattholt; *bewirtschafteter Bauernhof nahe dem Wasserfall Gullfoss mit einem modernen, im Jahre 2000 eröffneten Gästehaus, ganzjährig geöffnet, 16 Doppelzim-*

mer mit Bad, Restaurant, Zeltplatz, Pferdeverleih und geführte Reittouren, markierte Wanderwege (z.B. zum Wasserfall), gut geeignet als Rastplatz vor oder nach der Hochlanddurchquerung auf der Kjölur-Route.

Camping
Camping Flúðir, *Tel.: 486-6630; komfortabler Platz mit Hütten, Cafeteria, Laden, Schwimmbad, Schlafsackunterkünften.*

Hinweis:
Zu Unterkünften in der Umgebung siehe auch unter Laugarvatn/Geysir und Selfoss.

Grindavík (S. 304)

siehe unter ‚Blaue Lagune'

Grímsey (S. 377ff.)

Unterkunft
- Guesthouse Básar, *Tel.: 467-3103; am Flughafen gelegenes Gästehaus (gemachte Betten und Schlafsackplätze), Cafeteria.*
- Múli community centre, *Sandvík, Tel.: 467-3138; Matratzenlager auf dem Fußboden des Gemeindezentrums, Cafeteria.*

Fährverbindung
Grímsey ist per Fähre ab Dalvík und ab Akureyri erreichbar. Von Dalvík aus fährt das Boot Sæfari *(Tel.: 462-7733, www.samskip.is) Mo und Do 10.45 Uhr zur Insel, nach 3 Stunden Aufenthalt ist die Rückfahrt um 17.30 Uhr – passend zu dieser Verbindung gibt es einen Zubringerbus von/nach Akureyri.*

Flugverbindung
Regelmäßige Flüge (im Sommer tägl.) ab/bis Akureyri, Flugzeit etwa 20 Minuten. Ebenfalls werden ab/bis Akureyri Nachtflüge zur Mitternachtssonne angeboten (Aufenthalt gut 1 Stunde), außerdem Rundflüge nach Grímsey mit Landung und mehr als einstündigem Aufenthalt ab Akureyri und Mývatn.

Hafnarfjörður (S. 300ff.)

Information
Hafnarfjörður Information Office, *220 Hafnarfjörður, Vesturgata 8, Tel.: 5665-0661, Fax: 565-2914;* www.hafnarfj.is; *Juni–Aug. geöffnet Mo–Fr 8.30–18, Sa 8.30–14, So 10–14 Uhr, sonst Mo–Fr 10–16 Uhr*

Hotel
Viking Hótel, *220 Hafnarfjörður, Strandgata 52, Tel: 565-1213,* www.fjorukrain.is; *neueres Hotel im norwegischen Stabkirchen-Stil errichtet, 42 gut ausgestattete Zimmer mit*

Du/WC/TV, im Untergeschoss ein Restaurant und das westnordische Kulturzentrum, viele Dekorationen aus Grönland, Island und den Färöern.

Gästehäuser/B&B-Unterkünfte

• Helguhús, *Lækjarkinn 8, 220 Hafnarfjörður, Tel.: 555-2842, Fax: 565-4700,* www.helguhus.is; *angenehmes Gästehaus in älterer Villa, ruhig, aber zentrumsnah gelegen, Doppel- und Dreibettzimmer, Frühstück.*

• Guesthouse Berg, *220 Hafnarfjörður, Bæjarhrauni 2, Tel: 565-2220, Fax: 565-4520, E-Mail:* lobby@gestberg.is; *architektonisch wenig ansprechende Unterkunft mit 22 geräumigen Zimmern für 1–3 Personen sowie Schlafsackplätzen, Gemeinschaftsküche, Cafeteria, ganzjährig geöffnet.*

• Gistiheimilið, *220 Hafnarfjörður, Lækjarkinn 2, Tel.: 565-5132, Fax: 565-5132, E-Mail:* olgunn@simnet.is; *B&B-Unterkunft mit vier Zimmern, Bad auf dem Flur, Gemeinschaftsküche.*

Jugendherberge

Hraunbyrgi Hostel, *220 Hafnarfjörður, Hjallabraut 51, Tel.: 565-0900, Fax: 555-1211,* www.hraunbuar.is/hostel; *dem Pfadfinderverband gehörende und architektonisch auffällige Herberge (geöffnet 15.5.–15.9.) in Zentrumsnähe, 36 Betten in 9 Zimmern, 50 Schlafsackplätze, Gemeinschaftsküche, TV-Raum, im Sommer Cafeteria, in der Nähe Freibad mit heißen Pötten, Tennisplatz und Supermarkt*

Camping

Víðistaðatún, *neben der Jugendherberge (s.o.) gelegener, guter Zeltplatz, gleiche Service-Nummern, geöffnet 1.6.–31.8.*

Restaurants

• A. Hansen, *Vesturgata 4, Tel.: 565-1130,* www.ahansen.is; *bestes Restaurant Hafnarfjörður's und für seine vorzügliche Küche (Fisch & Seafood; legendäres ‚Elfen-Menü') weithin bekannt, untergebracht in einem der ältesten Holzhäuser der Stadt, tägl. ab 12 Uhr geöffnet, im Obergeschoss Bar und Bankett-Saal.*

• Fjaran, *Strandgata 55, Tel.: 565-1213, Fax: 565-1891,* www.fjorukrain.is; *gemütliches Restaurant mit vorzüglichen Fisch-, Seafood-, Rentier- und Lammgerichten, abends oft Live-Musik, Do–Sa 12–15 und tägl. 18–23 Uhr geöffnet. Der benachbarte ‚Wikingergarten'*

• Fjörugarðurinn *(gleiche Service-Nr.) ist bekannt und beliebt wegen seiner rustikalen Atmosphäre: Kellner im Wikinger-Outfit bedienen, gegrillt wird über offenem Feuer, an Wochenenden bis 3 Uhr früh geöffnet.*

• Kaffi Aroma, *Fjarðargata 13–15 (Fjörður Shopping Centre), Tel.: 555-3750; Restaurant mit einem schönen Blick auf den Hafen, Mo–Do 11–23, Fr–Sa bis 1, So ab 13 Uhr geöffnet.*

• Kænan, *Óseyrarbraut 2, Tel./Fax: 565-1550, Restaurant und Cafeteria am Yachthafen mit gutbürgerlichen, leichteren und Grill-Gerichten, So–Fr 7–18, Sa 9–16 Uhr geöffnet.*

• Vort daglegt brauð *(= Unser täglich Brot), Strandgata 49, Tel.: 555-4046, freundliche, nostalgische Bäckerei, Mo–Fr 8–18, Sa–So 9–16 Uhr geöffnet.*

Busse

Die Linien 140, 141, 150 der Reykjavíker Strætó-Busse verbinden Hafnarfjörður alle 20–30 Minuten mit Reykjavík und den Nachbargemeinden Garðabær, Bessastaðahreppur, Kópavogur und Mosfellsbær. Fahrplanmäßige Verbindungen zum Flughafen Keflavík bieten die Busse der Firma S.B.K., Hafnargata 12, Tel.: 421-5551, 421-5550, www.sbk.is.

Mietwagen

• **Atlas/Greiði**, *Dalshraun 9, Tel.: 565-3800, Fax: 565-3801*

• **Hasso-Ísland**, *Álfaskeið 115, Tel.: 565-5500 und 555-3330, Fax: 555-3340*, www.hasso.is

Golf

Hafnarfjörður verfügt über den sehr guten 18-Loch-Golfplatz **Keili**, *Hvaleyri, Tel.: 565-3360.*

Ausflüge

Mountain Taxi *(Álfholt 10, 220 Hafnarfjörður, Tel./Fax: 565-5695;* www.mountain-taxi.com) *bietet verschiedene Tagestouren mit Super-Jeeps an. Ebenfalls ein besonderes Erlebnis ist ein Törn mit dem renovierten Kutter* **Húni II** *(Tel.: 565-0661), der zu Kurzkreuzfahrten (mit isländischen Shantys), zum Hochseeangeln oder zur Walbeobachtung vom Hafen in Hafnarfjörður ausläuft, letzteres tägl. außer So 14 Uhr (Mai–Sept.).*

Heimaey (S. 471ff.)

siehe unter „Westmänner-Inseln"

Hella (S. 320)

Information

Umboðsskriftstofan, *Suðurlandsvegur 1, Tel.: 487-5165, Fax: 487-5365*, www.sudurland.net; *Infos und Broschüren über Wanderungen und andere Freizeitaktivitäten.*

Hotel

Hótel Rangá, *Suðurlandsvegur, 851 Hella, Tel.: 487-5700, Fax: 487-5701*, www.icehotel.is; *zu den* Icelandair-Hotels *gehörendes, modernes First-Class-Hotel im Berghüttenstil, ganzjährig geöffnet, mit 21 gut ausgestatteten Zimmern, Feinschmecker-Restaurant, Bar und Whirlpools, Organisation von Reitausflügen, Golf und Lachsangeln.*

Gästehäuser

• **Gistihúsið Mosfell**, *Þrúðvangur 6, Tel.: 487-5828, Fax: 487-5004; ganzjährig geöffnete Herberge mit 140 Betten in 44 Zimmern, Gemeinschaftsküche, Restaurant, Bar, Zeltstellplätze und Campinghütten am Flussufer.*

• **Gistihúsið Leirubakka**, *Landsveit, 851 Hella, Tel./Fax: 487-6591; großzügige, neuere Herberge nahe der Hekla, ganzjährig geöffnet, Pferdeverleih und geführte Reittouren, heiße Pötte, Sauna.*

• **Hekluhestar**, *Austvadsholt, 851 Hella, Tel.: 487-6598, Fax: 487-6602; außerhalb von Hella am Gehöft Austvadsholt gelegene Schlafsack-Unterkunft, in einem Nebengebäude mit eigener Küche untergebracht, auf Wunsch Mittag-oder Abendessen mit der Familie.*

Camping

Außer dem Zeltplatz am Gästehaus **Mosfell** *(s.o.) gibt es den komfortablen Platz* **Hellirinn** *an der Ringstraße (Ægissíða, Tel.: 487-5104, Fax: 487-5171); er gehört zu einem ganzjährig geöffneten Gästehaus mit Schlafsackunterkunft und gemachten Betten.*

Höfn (S. 334)

Information

Tourist Information Centre, *Hafnarbraut 25, Tel.: 478-1500;* www.east.is; *am Campingplatz neben der Busstation gelegen, im Sommer tägl. 8–14 und 16–23 Uhr geöffnet; Fahrradverleih, Angellizenzen, Buchung von Gletschertouren und anderen Aktivitäten.*

Hotels

• **Hótel Höfn**, *780 Höfn, Tel.: 478-1240, Fax: 478-1996; ganzjährig geöffnetes Mittelklasse-Hotel, 40 komfortable Zimmer, Sauna, gutes Restaurant (Touristenmenüs), Bar, an Wochenenden Tanz.*

• **Fosshotel Vatnajökull**, *781 Höfn, Nesjar, Tel.: 478-2555, Fax: 478-2444,* www.fosshotel.is; *bequeme, ganzjährig geöffnete Anlage 8 km außerhalb des Zentrums, 26 Zimmer mit Du/WC, Restaurant.*

• **Hótel Edda Nesjaskóli**, *781 Höfn, Tel.: 478-1470, Fax: 478-1496, E-Mail:* edda@hoteledda.is; *Sommerhotel (11.6.–24.8. geöffnet) mit 31 Zweibett-Zimmern, 40 Schlafsackplätze, Restaurant (Touristenmenüs).*

B&B-Unterkünfte

Entlang der Ringstraße nach Skaftafell bieten mehrere Gästefarmen Betten oder Schlafsackplätze sowie Pferdeverleih an, u.a. in Hrollaugsstaðir, Smyrlabjörg, Flatey, Brúnnhóll *und* Hólabrekka. *Am ungewöhnlichsten ist wohl die 840 m hoch gelegene, moderne Schlafsackunterkunft* **Jöklasel** *auf dem Skálafells-Gletscher (für bis zu 20 Personen, Cafeteria, Infos bei* Jöklajeppar, *Tel.: 478-1000). Man erreicht sie, wenn man am kleinen Wasserkraftwerk* Smyrlabjörg *von der Ringstraße abzweigt. Ab dort sind es noch 16 km auf rauher Piste bis zur Herberge (steil, aber auch für normale Pkw zu schaffen).*

Jugendherbergen

• **Nýibær**, *Hafnarbraut 8, 780 Höfn, Tel.: 478-1736; 864-2159, Fax: 478-1965, E-Mail:* nyibaer@simnet.is; *zentral in der Ortschaft und nahe dem Schwimmbad gelegene Herberge, 1.3.–31.12. geöffnet, 33 Betten in Doppel- und Mehrbett-Zimmern, Gemeinschaftsküche.*

• **Youth Hostel Lón**, *Stafafell, 781 Höfn, Tel.: 478-1717, Fax: 478-1785,* www.eldhorn.is/stafafell; *schöne Herberge in einem rekonstruierten Haus aus dem 19. Jh., gut 30 km nördlich von Höfn an der Ringstraße gelegen (tägl. Busverbindung nach Höfn und Egilsstaðir), 1.4.–1.10. geöffnet, 56 Betten in Zwei-, Drei- und Vier-Bett-Zimmern, Gemeinschaftsküche, zwei moderne Hütten für bis zu 8 Personen, Zeltgelände mit guten Sanitäranlagen. Ideal für Reit- und Jeep-Touren sowie für Wanderungen, eine Wanderkarte ist am Hostel erhältlich.*

Camping

Höfn Tjaldstæði, *Hafnarbraut, Tel.: 478-1606; am Ortseingang an der Busstation und Touristeninformation gelegen, moderne Einrichtungen, Geldwechsel, Caravan-Stellplätze. Weiter nördlich Zeltmöglichkeit an der Jugendherberge* Lón *(s.o.).*

Busse

Außer den Linienbus-Verbindungen nach Reykjavík und Egilsstaðir verkehren vom 15.6.–9.9. tägl. Sonderbusse auf der Route Höfn–Vatnajökull–Jökulsárlon.

Flüge

Vom ca. 8 km außerhalb gelegenen Flughafen (Tel.: 479-1250) gibt es tägl. Linienflüge nach Reykjavík und Egilsstaðir; daneben werden Rundflüge über den Vatnajökull angeboten.

Ausflüge

Höfn bietet eine ungewöhnliche Bandbreite an Aktivitäten an, über die das Fremdenverkehrsamt detailliert informiert. Bootstouren auf dem Gletschersee, Gletscherfahrten mit Superjeeps oder Schneemobilern, 4x4-Touren, Wanderungen, Angeltrips – all das und noch viel mehr ist möglich! In der Hochsaison gibt es Zubringerbusse ab/bis Höfn, die auf die Abfahrtszeiten der Boote auf dem Gletschersee abgestimmt sind. Von der Jöklasel *oder auch ab Höfn führt die Firma* Jöklajeppar (Glacier Tours; *Hafnarbraut 15, Tel.: 478-1000, Fax: 471-2167) unterschiedliche Exkursionen in das Gletschergebiet durch, mit Schneekatzen, Super-Jeeps, Ski oder auf geführten Wanderungen.*

Hofsós (S. 358f.)

Unterkunft

Höfðaborg, *Túngata 4, Tel.: 453-7367; ganzjährig geöffnete, einfache Schlafsackunterkunft, Zeltmöglichkeiten, Cafeteria.*

Restaurant

Gegenüber dem Packhaus bietet das gemütliche Gasthaus Sólvík *u.a. traditionelles Fladenbrot, Kaffee und Kuchen (Tel.: 453-7930; Mai–Sept. tägl. 10–22 Uhr geöffnet).*

Hrísey (S. 376f.)

Unterkunft

Guesthouse Brekka, *630 Hrísey, Tel.: 466-1751, Fax: 466-3051; ganzjährig geöffnetes Gästehaus mit gemachten Betten und Schlafsackunterkunft, Cafeteria. Im Dorf bestehen Campingmöglichkeiten.*

Fährverbindung

- *Ab* **Árskógssandur** *(30 Minuten Busfahrt ab Akureyri) verkehrt im Sommer die Fähre ‚Sævar' in 15 Minuten nach Hrísey. Abfahrten alle 2 Stunden zwischen 9 und 23.30 Uhr, Vorausbuchung erforderlich unter Tel.: 466-3544,* www.eyfar.is; *Preis ca. ISK 600.*
- *Ab* **Akureyri** *fährt an zwei Tagen in der Woche (Mo, Do) eine Fähre auf der Route Akureyri-Hrísey-Grímsey, Aufenthalt auf Hrísey ca. 3 Stunden. Infos über den Fährplan, Preise und weitere Verbindungen sowie Vorausbuchung (erforderlich!) bei* Nonni Travel *in Akureyri (s.o.).*

Bootsausflüge

Das Unternehmen Hríseyingur *(630 Hrísey, Tel.: 822-7168,* www.skel.is) *nimmt auf dem Boot* Sævar *max. 70 Passagiere mit auf Whale-Watching-Touren, zum ‚Midnight-Sailing' oder Hochseeangeln.*

Húsafell/Fljótstunga (S. 433)

Information/Unterkunft

• **Húsafell Tourist Service** *(Ferðaþjónustan* Husafelli), *311 Borgarnes, Tel.: 435-1550, Fax: 435 1551,* www.husafell.is; *Ferienzentrum rund um einen alten Bauernhof von 1908; Unterkunft im Bauernhof (5 Doppelzimmer), in 10 kleinen Campinghütten für jeweils 2 Personen (Schlafsackunterkunft) oder auf dem komfortablen Campingplatz (geöffnet 1.6.–10.10.), im Sommer Restaurant im Bauernhof. Tankstelle, Cafeteria, Poolanlage mit heißen Pötten, 9-Loch-Golfplatz, Minigolf, Sa abends volksfestartige Stimmung am Lagerfeuer, Pferdeverleih, Exkursionen und Abenteuertouren, ganzjährig geöffnet.*

• **Fljótstunga Tourist Service**, *Hvitársíða, 320 Reykholt, Tel.: 435-1198, Fax: 435-1498,* www.fljotstunga.is; *10 km von Húsafell und 2 km von der Lavahöhle* Víðgelmir *entfernter bewirtschafteter Ferienbauernhof mit B&B-Unterkunft (3 Doppelzimmer), Schlafsackunterkunft in 4 kleinen Campinghütten, Fahrradverleih, Reittouren, Angeln (Forellen, Lachs), Führungen durch die Lavahöhlen, ganzjährig geöffnet.*

Húsavík (S. 352f.)

Information

Hvalamiðstöðin, *Hafnarstétt, Tel.: 464-2520,* www.north-sailing.is; *im Sommer tägl. geöffnet Mo–Fr 10–18 Uhr; im Walmuseum untergebrachte Touristenformation, Organisation von Touren (Askja, Dettifoss etc.), Minikreuzfahrten, Hochseeangeln, Whale Watching usw.*

Unterkunft

• **Fosshótel Húsavík**, *Ketilsbraut 22, Tel.: 464-1220, Fax: 464-2161,* www.fosshotel.is; *ganzjährig geöffnete, moderne Anlage nahe des Hafens, 44 bequeme Zimmer, Bar, Restaurant (Touristenmenüs), an Wochenenden Tanz.*

• **Gistiheimilið Árból**, *Ásgarðsvegur 2, 640 Husavik, Tel: 464-2220, Fax: 464-1463,* www.arbol1.is; *Bed & Breakfast in einem historischen Holzhaus an der Westseite des Stadtparks, renovierte Zimmer für 1–4 Gäste, umfangreiches isländisches Frühstück, freundliche Gastgeber.*

• **Kaldbakur**, *640 Husavik, Tel.: 464-1504, Fax: 464-1503; kleine Kolonie von 14 kleinen Blockhäusern, 1½ km vom Stadtzentrum entfernt, alle mit Du/WC, Küche, TV, großer Terrasse.*

Camping

Heðinsbraut, *Tel.: 464-2299; guter Platz im Norden der Stadt (am Fußballplatz), Cafeteria, Caravan-Stellplätze.*

Restaurant

Gamli Baukur, *Við Höfnina, Tel.: 464-2292,* www.gamlibaukur.is; *direkt am Hafen gelegenes Café/Restaurant in zwei schönen, restaurierten Holzhäusern, Außenservierung, u.a. Seafood-Spezialitäten.*

Busse
Ganzjährig fahrplanmäßige Busverbindungen mit BSH *(Tel.: 464-2200) nach Akureyri und Mývatn.*

Flüge
Vom kleinen Flughafen gibt es regelmäßig Linienflüge nach Reykjavík (Tel.: 464-1080).

Aktivitäten
Húsavík ist das Zentrum des Whale-Watching in Europa, und immer mehr Anbieter entsprechender Touren lassen sich hier nieder. Marktführer sind

- North Sailing, *Gamli baukur, P.O.Box 122, 640 Húsavík, Tel.: 464-2350, Fax: 464-2351;* www.north-sailing.is *(Wal- und Vogelbeobachtung an Deck eines traditionellen isländischen Eichenschiffes) und*
- Sjóiferðir-Arnar, *Litlagerði 8, Tel.: 464-1748,* www.nett.is/whale.
- *Ansonsten werden in Húsavík Touren mit Super-Jeep oder Schneemobil angeboten, Tagesausflüge zum Dettifoss und nach Ásbyrgi, Ski- und Wandertouren usw. Im Ort selbst stehen Aktiven ein Golfplatz, ein Freibad, und im Winter ein Skilift zur Verfügung.*

Húsey (S. 346f.)

Unterkunft
Youth Hostel Húsey, *Hróarstunga, 701 Egilsstaðir, Tel.: 471-3010, Fax: 471-3009, im Internet informieren die deutschsprachigen Seiten* www.husey.de *und* www.island-husey.de; *absolut einsam gelegene Herberge in einem ehemaligen Farmhaus (Jan.-Nov. geöffnet), 3 Doppel- und 2 Mehrbettzimmer, Gästeküche, Waschmaschine. Durch die Popularität des Herbergsvaters* Örn Þorleifsson *ist der Bauernhof immer gut besucht, man sollte also vorher, z.B. von Egilsstaðir oder Mývatn aus, anrufen. Bei Bedarf kann man von der Bushaltestelle in Brúarás oder dem Flughafen in Egilsstaðir abgeholt werden. Da die Jugendherberge auf Selbstverpflegungs-Basis operiert, sollten man sich mit Lebensmittel eindecken (letzte Einkaufsmöglichkeit Egilsstaðir bzw. Mývatn); bei längerem Aufenthalt kann man Waren oder Mahlzeiten bei Örn bestellen. Umfangreiche Aktivitäten sind möglich, u.a. Reiten, Beobachten von Seehunden, Angeln, Wandern (drei markierte Pfade am Hostel).*

Hvammstangi (S. 398)

siehe unter Vatnsnes-Halbinsel

Hveragerði (S. 313ff.)

Information
Ferðaþjónusta Suðurlands, *Listaskálinn, Breiðumörk 2, Tel.: 483-4601, Fax: 483-4604,* www.south.is; *effektives Fremdenverkehrsamt mit informativem Material, Vermittlung von Sightseeing-Touren und Unterkünften, Mo–Fr 9–17, Sa–So 12–16 Uhr geöffnet.*

Hotels

• **Hótel Örk**, *Breiðumörk 1, Tel.: 483-4700, Fax: 483-4775,* www.hotel-ork.is; *modernes und weithin bekanntes Kurhotel an der Ringstraße, 85 großzügige Zimmer, Kongresszentrum, Restaurant, Außen-Swimmingpool, Golfplatz, Tennis, Sauna, Fitnessräume, Organisation von Ausflügen.*

• **Hótel Hlíð**, *Krókur, 801 Selfoss-Ölfus, Tel.: 483-5444, Fax: 562-4001,* www.hotel-hlid.is; *neueres gutes Hotel, 6 km außerhalb an der Straße 38 von Hveragerði nach Þorlákshöfn gelegen, 21 komfortable Zimmer mit Du/WC, Radio, Internetzugang, Restaurant und Bar, Wanderwege u.a. zur Lavahöhle Raufarhólshellir.*

Gästehäuser

• **Gistihúsið Sólbakki**, *Hveramörk 17, Tel.: 483-4212; B&B-Unterkunft, auch Vermittlung von Wochenendhäusern in der Umgebung.*

• **Ljósbrá**, *Hveramörk 14, 810 Hveragerdi, Tel.: 483-4588, Fax: 483-4088,* www.hotelljosbra.is; *nur im Sommer geöffnetes, gemütliches Gästehaus mit 14 Betten, Schlafsackplätze.*

• **Frost og funi**, *Hverhamar, 810 Hveragerði, Tel.: 483-4959, Fax: 493-4959,* www.frostogfuni,is; *zwei moderne, exquisit ausgestattete Gästehäuser (Hveragerði und Ölfus; einige hundert Meter voneinander entfernt) mit jeweils 6 komfortablen Doppelzimmern, alle mit Du/WC/TV und mit eigenem Bad, Fernseher und mit moderner isländischer Kunst dekoriert, in jedem Gästehaus gibt es ein Frühstücks-Restaurant, außerdem Pool und Heißen Pott.*

• **Frumskógar Guesthouse**, *Frumskógum 3, 810 Hveragerði, Tel.: 896-2780, zentrumsnah und ruhig gelegene Unterkunft in vier Doppel- und einem Einzelzimmer.*

Jugendherberge

Youth Hostel Ból, *Hveramörk 14, 810 Hveragerði, Tel.: 483 4198; 483 4588, Fax: 483-4088, E-Mail:* smaris@mi.is; *zentral in Hverageði (800 m von der Ringstraße und 300 m von der Bushaltestelle entfernt) gelegene, ganzjährig geöffnete Herberge, 32 Betten in 12 Einzel-, Doppel- und Mehrbettzimmern, Gemeinschaftsküche, Cafeteria (Abendessen),*

Camping

Ein Zeltgelände befindet sich unweit des Freibades **Laugarskarð**, *Tel.: 483-4000.*

Restaurant

• **Eden**, *Austurmörk 21, Tel.: 483-4900; unterschiedliche Gastronomie im riesigen ‚Wintergarten-Haus', obligatorischer Stopp jeder Reisegruppe, daher oft überfüllt.*

• **Hverabakarí**, *Breiðamörk 10, Tel.: 483-4879; angenehmes Café mit Bäckerei.*

Aktivitäten

Bei einem Aufenthalt lohnt ein Besuch des 50-m-Freibades und des natürlichen Dampfbades. Außerdem gibt es einen Golfplatz und Anbieter für Reitausflüge (2–9 Stunden). Von der Jugendherberge führen drei markierte Wanderwege in die nahen Täler Reykjadalur, Grænidalur und Gufudalur; entlang der Pfade gibt es einige natürliche Warmwasser-Pools mit Bademöglichkeit.

Hvolsvöllur (S. 320f.)

Information
Sagacenter Hlíðarendi, *Hlíðarvegur, Tel.: 487-8781, Fax: 487-8782;* www.njala.is; *post-moderner Glasbau direkt an der Ringstraße, außer Touristeninformation ein wirkliches Service Centre u.a. mit tägl. geöffnetem Restaurant, Mini-Supermarkt, Busstation (auch für Hochlandstrecken), Tankstelle, historische Ausstellung (Wikingerzeit, mit Eintritt), tägl. 9–19 Uhr.*

Hotel
Hótel Hvolsvöllur, *Hlíðarvegur 7, Tel.: 487-8050, Fax: 487-8058,* www.njala.is; *ganzjährig geöffnetes, modernes Quartier mit 29 Zimmern und Schlafsackplätzen, gutes Restaurant (Touristenmenüs), Bar.*

Jugendherberge
Fljótsdalur, *Fljótshlíð, 861 Hvolsvöllur, Tel.: 487-8498; 487-8497; fantastisch gelegene Herberge mit Blick auf die Gletscher, untergebracht in einem traditionellen Hof mit Torfwänden. Das 15.4.–15.10. geöffnete Hostel bietet eine Gemeinschaftsküche, zwei Schlafsäle mit 15 Betten und hat einen mehr als einfachen Standard. Gäste sollten ihr Essen selbst mitbringen (der nächste Laden ist 30 km entfernt!). Man erreicht die Herberge über die Straße S-261 ab Hvolsvöllur. Wer Einsamkeit, absoluten Naturgenuss und beste Wandermöglichkeiten sucht, aber keine Komfortansprüche hat, ist hier richtig.*

Camping
Sælabúið, *Austurvegur, Tel.: 487-8781; komfortabler Platz mit Laden und Tankstelle.*

Ísafjörður (S. 452f.)

siehe unter „Westfjorde"

Keflavík/Njarðvík (S. 305ff.)

Information
- Reykjanes Tourist Board, *Hafnargata 12, 230 Keflavík, Tel.: 421-5551, Fax: 421-4308,* www.reykjanes.is.
- Tourist Information Centre, *International Airport Keflavík– Leifsstöð, Tel.: 425-0330, 421-6760, Fax: 421-6199 (geöffnet jeweils bei Flugankunft).*

Hotels
- Flúg Hótel, *Hafnargata 57, 230 Keflavík, Tel.: 421-5222, Fax: 421-5223,* www.icelandairhotels.com; *nächstgelegenes Hotel zum Flughafen (5 Minuten), 39 Standard-, 18 De-luxe-Zimmer und 3 Suiten mit allem Komfort, erstklassiges Restaurant mit Bar, Café, Fitness-Center, Jacuzzi, Sauna, Konferenzräume, Autovermietung, Bank, Reisebüro, beheizte Tiefgarage, auf Wunsch Transfer vom/zum Flughäfen.*

• **Hótel Keflavík**, *Vatnsnesvegur 12–14, 230 Keflavík, Tel.: 420-7000, Fax: 420-7002,* www.hotelkeflavik.is; *First-Class-Hotel im internationalen Stil mit 66 Zimmern und 9 Suiten, Restaurant, Bar, freier Transfer vom/zum Flughafen.*

• **Motel Alex**, *Aðalgata 60, Keflavík, Tel.: 421-2800,* www.alex.is; *2002 eröffnete Motel-Unterkunft nahe zum Flughafen, freier Transfer, saubere und komfortable Zimmer, Organisation von Ausflügen zur Blauen Lagune.*

• **B&B Guesthouse**, *Hringbraut 92, 230 Keflavík, Tel.: 421-8989; im Zentrum von Keflavík gelegenes Gästehaus mit 7 Doppelzimmern, Du/WC auf dem Flur, Frühstücksbuffet, Gemeinschaftsküche, kostenlose Abholung vom Keflavík Airport.*

Jugendherberge

Youth Hostel Najarðvík, *Fitjabraut 6A, 240 Njarðvík, Tel.: 421-8889, Fax: 421-8887,* hahysi@strik.is; *ganzjährig geöffnetes, sog.* ‚Hostel by the airport', *49 Betten in 14 Zimmern, Frühstücksraum, Waschmaschine, TV-Zimmer, Fahrradverleih, 45 km von Reykjavík und 10 km vom Airport entfernt, im Sommer tägl. 5 Busverbindungen nach Reykjavík und zur Blauen Lagune.*

Camping

In Njarðvík, 4 km vom Flughafen entfernt, befindet sich ein guter Campingplatz mit allen modernen Einrichtungen und Caravan-Stellplätzen (Straße 41, Tel.: 421-1460). Auch in Keflavík und Garður gibt es Zeltmöglichkeiten.

Flughafen

Leif Eiríksson Flughafen (Flugstöð Leifs Eiríkssonar), *235 Keflavík International Airport, Tel: 425-0680, Fax: 425-0690,* www.airport.is; *Busverbindung nach Reykjavík mit dem Flýbus (abgestimmt auf die Flug-Ankunftzeiten), Taxen, Parkplatz, Cafeteria, Geldwechsel, Stände der Autovermieter, Touristeninformation. Der* Icemart Íslenskur Markaður *im Internationalen Flughafen ist für viele die letzte Möglichkeit, sich mit Souvenirs und zollfreien Mitbringseln auszustatten. Die verschiedenen, großzügig angelegten Geschäfte enthalten neben internationalen Waren das gesamte Angebot des Landes, u.a. Islandpullover, Lebensmittel (u.a. Fisch), Bildbände und* Brennivín. *Es ist übrigens möglich, bereits bei Ankunft in Keflavík in einem Supermarkt z.B. Bier, Zigaretten oder Schnaps einzukaufen. Die Preise liegen zwar höher als z.B. in Luxemburg, Köln oder Hamburg, sind aber deutlich unter dem landesüblichen Niveau.*

Ausflüge

Im Hafen von Keflavík startet die MS Moby Dick *zu regelmäßigen Sichtungsfahrten für Delfine und Wale, die Trefferquote ist sehr hoch. Infos beim Fremdenverkehrsamt oder beim* **Dolphin & Whale Spotting**, *Tel.: 421-7777,* www.dolphin.is.

Kirkjubæjarklaustur (S. 327)

Information
Upplýsingaþjónustan Kirjubæjarklaustri, *Klausturvegur 10, Tel.: 487-4620, geöffnet 1.6.–31.8. tägl. 9–17 Uhr geöffnet, Vermittlung von Unterkünften, Pferdeverleih, Angellizenzen, Buchungsmöglichkeit für vielfältige Freizeitangebote in der Region.*

Hotel
Icelandairhotel Klaustur, *Klausturvegur 6, 880 Kirkjubæjarklaustur, Tel.: 487-4900, Fax: 487-4614,* www.icelandairhotels.com; *schön gelegener, moderner Bau der Drei-Sterne-Kategorie, 57 Zimmer und Suiten der gehobenen Mittelklasse, gutem Restaurant und Bar.*

Gästehaus
Hunkubakkar, *Straße 206, Tel.: 487-4681; bewirtschafteter Hof 8 km westlich des Ortes, ganzjährig geöffnet, 28 Betten in Gästezimmern, Sommerhaus und Schlafsackplätze, Pferdeverleih, geführte Wanderungen, Ausflüge mit Geländewagen.*

Camping
Kirkjubær II, *Tel.: 487-4612; recht zentral gelegener und guter Platz mit Laden und Caravan-Stellplätzen.*

Laugar (S. 364)

Hotel
Fosshótel Laugar, *650 Laugar, Tel.: 464-6300, Fax: 562-4001,* www.fosshotel.is; *Sommerhotel mit 72 Zimmern in vier Gebäuden, Schlafsackplätze, angeschlossener Campingplatz, Restaurant, Bar, Pferdeverleih, 40 km von Húsavík und 30 km vom Mývatn entfernt.*

Laugarvatn/Geysir (S. 291f.)

Information
An der großen Geysir-Cafeteria (Geysirstofa) *mit Tankstelle und Bushaltestelle unmittelbar vor dem Eingang gibt es einen* Iceland Info-*Apparat. Außer Informationen (Ausstellungen über Geologie, Flora & Fauna etc.) und Erfrischungen erhält man hier auch Souvenirs; daneben werden Schlafsackunterkünfte vermittelt.*

Hotels
• Hótel Edda Íkí Laugarvatn, *840 Laugarvatn, Tel.: 444-4820, Fax: 444-4000,* www.hoteledda.is; *direkt am See gelegenes Hotel mit 28 Zimmern, Restaurant, Swimmingpool, heiße Pötte, Golf, Vermietung von Pferden.*
• Hótel Edda Menntaskólinn (ML), *840 Laugarvatn, Tel.: 444-4810, Fax: 444-4001,* www.hoteledda.is; *Hotel mit 99 Zimmern und damit deutlich größer als die Ortskonkurrenz, zusätzlich Schlafsackunterkünfte, gutes Restaurant (Touristenmenüs), Pool, heiße Pötte, Mitte Juni bis Mitte Aug. geöffnet.*

• **Hótel Geysir**, *Haukadalur, 801 Selfoss, Tel.: 486-8915, Fax: 486-8715,* www.geysircenter.com; *Mittelklassehotel mit 20 Zimmern, 2 Suiten und angeschlossenem Campingplatz, Restaurant, Bar, Schwimmbad, Souvenirladen, direkt am Geysir-Gebiet gelegen, im Januar geschlossen.*

Jugendherberge

Youth Hostel Dalsel, *840 Laugarvatn, Tel: 486-1215, Fax: 486-1215, E-Mail:* laugarvatn@hostel.is; *ganzjährig geöffnete Herberge im Ortszentrum mit 142 Betten in 44 Zimmern, gut ausgestatteter Gemeinschaftsküche, Café/Bar und TV-Zimmer. Direkt außerhalb des Hostels steht ein heißer Pott zur Verfügung.*

Camping

Laugarvatn Camping Centre, *Tel.: 486-1155; von Anfang Juni bis Ende August geöffneter komfortabler Platz mit Caravan-Stellplätze, guten Sanitäranlagen, Shop und Cafeteria. In Geysir steht ein einfacheres, dem Hótel Geysir (s.o.) angeschlossenes Zeltgelände zur Verfügung.*

Mývatn (S. 357ff.)

Information

• **Mývatn Tourist Information Center**, *Reykjahlíð, Hraunvegur 8, 660 Mývatn, Tel.. 464-4390, Fax: 464-4392, im Sommer tägl. 9–22 Uhr geöffnet, Ausstellungen über Geologie, Vulkanologie, Flora & Fauna. Eine zweite Touristeninformation mit Fahrradverleih, Buchungsmöglichkeit aller Ausflüge usw. gibt es an der Rezeption des* Hotels Reynihlíð.

• **Hlíð Travel Service** *(am Campingplatz Hraunbrún, Tel.: 464-4103, Fax: 464-4305), Fahrrad-, Boot- und Autoverleih sowie Vermittlung von Unterkünften.*

Hotels

• **Hótel Reynihlíð**, *660 Mývatn, Tel.: 464-4170, Fax: 464-4371,* www.myvatnhotel.is; *das gute, ganzjährig geöffnete Vier-Sterne-Haus ist das führende Hotel in der Region, hat 41 gut ausgestattete Zimmer, Auto- und Fahrradverleih, Touristeninformation. Das Restaurant* Myllan *wird von vielen Reisegruppen aufgesucht.*

• **Hótel Reykjahlíð**, *660 Mývatn, Tel.: 464-4142, Fax: 464-4336,* www.reykjahlid.is; *ganzjährig geöffnetes Hotel mit nur 9 schönen, unlängst renovierten Zimmern, gutes Restaurant mit u.a. geräucherter Myvatn-Forelle und Lamm, Organisation von Ausflügen u.a. mit Geländewagen.*

• **Hótel Gígur**, *Skútustöðum, 660 Mývatn, Tel.: 464-4455, Fax: 464-4279,* www.keahotels.is; *am südlichen Ufer des Mývatn gelegenes Mittelklasse-Hotel der* Kea-Kette *mit 37 guten Zimmern (mit Du/WC), Speisesaal mit herrlichem Seeblick, Bar.*

Gästehäuser

Eine ganze Reihe von Gästefarmen bieten in der Saison oder ganzjährig Unterkunft. Empfehlenswert sind u.a.

• **Guesthouse Birkihraun** *(Birkihraun 11, 660 Mývatn, Tel.: 464-4285, Fax: 464-4380),*
• **Guesthouse Helluhraun** *(Helluhraun 7, 660 Mývatn, Tel.: 464-4220, Fax: 464-4321),*
• **Guesthouse Skútustaðir** *(660 Mývatn, Tel.: 464-4212, Fax: 464-4322),*
• **Skjólbrekka** *(660 Mývatn, Tel.: 464-4164),*

- Eldá *(660 Mývatn, Tel.: 464-4220, Fax: 464-4321),*
- Hraunbrun *(660 Mývatn, Tel.. 464-4103, Fax: 464-4305) und*
- Vogar *(660 Mývatn, Tel.: 464-4399, Fax: 464-4341).*

Camping

Es gibt eine Reihe einfacher Campingplätze, z.T. von Gästehäusern oder Bauernhöfen. Außerhalb ausgewiesener Plätze ist Campieren streng verboten. Die drei besten und wichtigsten Plätze sind:

- Hlíð, *Reykjahlíð, Tel.: 464-4103; sehr großer und von vielen Reiseveranstaltern frequentierter Campingplatz nahe dem Flughafen, Laden, Caravan-Stellplätze, Cafeteria, Auto- und Fahrradverleih, Vermietung von Campinghütten unterschiedlichen Standards.*
- Eldá, *Reykjahlíð, Tel.: 464-4220; direkt am See gelegene, komfortable Anlage mit Laden, Cafeteria sowie Auto-, Kajak- und Fahrradverleih.*
- Vogar, *Mývatnssveit, Tel.: 464-4399; 3 km südlich von Reykjahlíð gelegener komfortabler Platz, Schlafsackunterkünfte, Cafeteria, Laden.*

Busse

Ein regulärer Liniendienst besteht vom Mývatn (u.a. ab Hotel Reynihlíð) nach Akureyri, Reykjavík, Húsavík und Egilsstaðir, Infos unter www.trex.is.

Flüge

Wer das Gebiet und die weitere Umgebung bis hin zu Askja, Kverkfjöll, Jökulsá-Canyon und Grímsey aus der Vogelperspektive kennen lernen möchte, sollte an einem der vielen Rundflüge von Mýflug *(Tel.: 464-4400,* www.myflug.is*) teilnehmen. Bei mindestens 2 Personen Abflüge ganzjährig ab dem Reykjahlíð-Landeplatz, wenige Minuten zu Fuß vom* Hótel Reynihlíð *entfernt. Ein 20minütiger Rundflug über den See und die Krafla kostet ca. € 55 p.P., eine 2stündige große Runde (‚Arctic Circle') bis hinauf nach Grímsey ca. € 165 pro Person.*

Ólafsfjörður (S. 383)

Hotel

Hótel Ólafsfjörður, *Bylgjubyggð 2, Tel.: 466-2400; ganzjährig geöffnetes Mittelklassehotel mit 11 Zimmern, Restaurant.*

Camping

Ein guter Zeltplatz befindet sich neben dem Swimmingpool und Fitness-Center von Ólafsfjöður (Sundlaugarveg, Tel.: 466-2363; Mo–Fr 7–20, Sa–So 9–17 geöffnet).

Reykholt (S. 403ff.)

Information

Snorrastofa, Heimskringla, *320 Reykholt, Tel.: 433-8000, Fax: 892-1490,* www.snorrastofa.is; *Informationsstelle und Ausstellung zu Reykholt, Snorri Sturluson und zur mittelalterlichen Literatur, im Sommer tägl. 10–18, sonst Mo–Fr 10–17 Uhr geöffnet.*

Hotel
Fosshótel Reykholt, *320 Reykholt, Tel.: 435-1260, Fax: 435-1206,* www.fosshotel.is; *modernes, ganzjährig geöffnetes Mittelklasse-Hotel mit 67 Zimmern, Restaurant, Bar, Angebote für Reitausflüge und Angeln, genau gegenüber der neuen Kirche gelegen.*

Camping
Björk, *Kleppjarnsreykir, 320 Reykholt, Tel.: 435-1182.*

Reiten
Mehrere Ställe und Gehöfte rund um Reykholt bieten geführte Reittouren an oder verleihen Pferde, u.a.: Hestafl, *Breidabolsstadur, Tel.: 435-1236;* Sigmundarstaðir, *Tel.: 435-1383,* Hvitarsida, *Tel.: 435-1550,* Sturlu Reykir II, *Halsasveit, Tel.: 435-1141.*

Reykir (S. 395)

Jugendherberge
Sæberg, *Reykir, Hrútafjörður, 500 Staður, Tel.: 451-0015, Fax: 451-0034, E-Mail:* saeberg@hostel.is; *ruhig und am Meer gelegene Herberge in einem ehemaligen Bauernhof, 1 km von der Ringstraße entfernt in Hrútafjörður gelegen, geöffnet Januar bis November, 32 Betten in 9 Zimmern, Gemeinschaftsküche, heißer Pott, Freibad in der Nähe. Am Hostel gibt es außerdem Möglichkeiten zum Zelten und Unterkunft in zwei Campinghütten mit Küche und Bad für bis zu 5 Personen.*

Reykjavík (S. 261ff.)

Information
- Tourist Information Centre, *Aðalstræti 2, Tel.: 590-1550, Fax: 590-1501,* www.visitreykjavik.is; *Juni-Mitte Sept. tägl. 8.30–19, sonst Mo–Fr 9–18, Sa 9-16, So 9-14 Uhr geöffnet.*
- City Hall Information Desk, *Tjarnargata 11, geöffnet Mo–Fr 8-19, Sa-So 12–18 Uhr. Über aktuelle Veranstaltungen informiert die Gratis-Broschüre* What's on in Reykjavik.

Hotels

- Hótel Borg, *Pósthússtræti 11, P.O.Box 200, 101 Reykjavík, Tel.: 551-1440, Fax: 551-1420,* www.hotelborg.is. *Der 1930 eingeweihte und 2007 im Art-Déco-Stil grundlegend renovierte Klassiker besitzt den Charme eines wahren Grand Hotel und hat schon viele berühmte Gäste beherbergt. Direkt neben dem Parlament und der Kathedrale gelegen, bietet* Hótel Borg *56 Zimmer und 7 Suiten, alle unterschiedlich und ge-*

schmackvoll eingerichtet. Das Gourmet-Restaurant Silfur zählt zu den besten Islands und der Ballsaal für 300 Personen wird gerne bei offiziellen Anlässen genutzt. Gemessen an anderen in- und ausländischen Hotels ist der Luxus (Doppelzimmer ab € 239) noch bezahlbar.

- **Hótel Holt**, *Bergstaðastræti 37, 101 Reykjavík, Tel.: 552-5700, Fax: 562-3025,* www.holt.is; *das zentral gelegene Haus ist von außen eher nüchtern und unscheinbar, entfaltet aber im Innern eine intime und elegante Atmosphäre. Die Luxusherberge der Kette Relais & Chateaux hat 28 Zimmer mit allen modernen Annehmlichkeiten und 12 Suiten, alle Gäste profitieren von der historischen Bibliothek, der größten privaten Kunstsammlung des Landes, einer stimmungsvollen Bar mit einem exquisiten Angebot an Malt-Whiskys sowie einem von Islands besten Restaurants.*
- **Radisson SAS Hótel Saga**, *Hagatorg, 107 Reykjavík, Tel.: 525-9900, Fax: 525-9909,* www.hotelsaga.is; *großes First-Class-Hotel im internationalen Stil, nahe Universität/Flughafen gelegen, große Konferenzräume, 209 Zimmer mit allen Annehmlichkeiten, 2 renommierte Gourmet-Restaurants, Sauna, Whirlpool, Fitnessraum, wird von Reisegruppen, Geschäftsleuten und Staatsbesuchern bevorzugt. Ein weiteres, intimeres Radisson-SAS-Hotel befindet sich auf der Posthusstraeti 2.*
- **Hilton Reykjavik Nordica**, *Suðurlandsbraut 2, Tel.: 444-5000, Fax: 444-5001,* www.hilton.com; *großes, repräsentatives Haus der First-Class-Kategorie, 284 Zimmer, darunter Business-Suiten und die Präsidenten-Suite, Konferenzsäle, Ballsaal, Fitness-Center, Bar.*
- **101 Hótel Reykjavík**, *Hverfisgata 10, 101 Reykjavík, Tel.: 580-0101, Fax: 580-0100,* www.101hotel.is; *im Jahre 2003 eröffnetes, schickes Designer-Hotel mit avantgardistischer Architektur und Dekoration, 38 Zimmer inkl. 5 Suiten, ausgestattet mit allen Annehmlichkeiten (u.a. CD-Player, CD-Auswahl, Internet-Anschluss), kleiner Fitnessraum, Jacuzzi, beeindruckende Bar.*
- **Grand Hótel Reykjavik**, *Sigtún 38, 105 Reykjavík, Tel.: 514-8000, Fax: 514-8030,* www.grand.is; *First-Class-Hotel mit älterem Trakt und einem 2007 gebauten Hotelturm, mit insgesamt 314 Zimmern nun das größte Hotel des Landes, nahe am Schwimmbad gelegen mit Shuttle-Bus zur City, gutes Restaurant ‚Brasserie Grand' mit innovativer, leichter Küche.*
- **Hótel Esjá**, *Suðurlandsbraut 2, 108 Reykjavík, Tel.: 505-0950, Fax: 505-0955,* www.icehotel.is; *gutes, gepflegtes und großes Stadthotel im internationalen Stil, nahe dem Freibad und 30 Gehminuten von der Altstadt entfernt gelegen, 284 Zimmer mit allen Annehmlichkeiten, Konferenzräume (die größten des Landes), gutes Restaurant (gerühmt für das Fischbuffet und die Lammgerichte), wird von Reisegruppen und Geschäftsleuten bevorzugt, 2002 renoviert, gehört zur* Icelandair-*Hotelkette.*
- **Icelandair Hótel Loftleiðir**, *við Öskuhlið, Reykjavíkurflugvöllur, 101 Reykjavík, Tel.: 444-4500, Fax: 444-4501,* www.icelandairhotels.com; *großes, internationales Hotel mit 220 Zimmern der gehobenen Mittelklasse, am Flughafen und Perlan gelegen, viele touristische Einrichtungen, Schwimmbad, Sauna, Konferenzräume, gutes Restaurant, Bar, gehört zur* Icelandair-*Hotelkette.*
- **Hótel Leifur Eiríksson**, *Skólavörðustígur, Tel.: 562-0800, Fax: 562-0804,* www.hotelleifur.is; *kleines, solides First Class Hotel direkt gegenüber der* Hallgrímskirkja *mit 47 gut ausgestatteten Zimmern.*
- **Hótel Reykjavík**, *Rauðarárstígur 37, 105 Reykjavík, Tel.: 514-7000, Fax: 514-7030,* www.reykjavikhotels.is; *neueres Mittelklassehotel im Stadtzentrum mit insgesamt 79 Standard-, Deluxe-Zimmern und Suiten, 2008 komplett renoviert, gutes Restaurant und Cocktail-Bar.*

- **Fosshótel Lind**, *Rauðarárstígur 18, Tel.: 562-3350, Fax: 562-3351,* www.fosshotel.is; *zentral gelegenes und modernes Mittelklasse-Hotel, 55 komfortable Zimmer, gutes Restaurant ‚Carpe Diem', Bar.*
- **Hótel Óðinsvé**, *Þórsgata 1, 101 Reykjavík, Tel.: 511-6200, Fax: 511-6201,* www.hotelodinsve.is; *zentral gelegenes Hotel der Vier-Sterne-Klasse, 33 komplett eingerichtete Zimmer und 10 Suiten, vorzügliches Restaurant ‚O', das zusammen mit der neuen Bar 2008 die Nachfolge des legendären ‚Siggi Hall' antrat (besonders gut: Lamm, Stockfisch, Papageientaucherbrust).*
- **Park Inn Island**, *Ármúli 9, 108 Reykjavík, Tel.: 595-7000, Fax: 595-7001,* www.reykjavik.rezidorparkinn.com; *großes Haus der gehobenen Mittelklasse mit 119 gut ausgestatteten Zimmern, einige davon mit Küchenecke, Restaurant, Bar, nahe zum Freibad und Botanischen Garten gelegen, an Wochenenden laut wegen der Disco.*
- **Hótel Björk**, *Brautarholt 22–24, 105 Reykjavík, Tel.: 511-3777, Fax: 511-3776,* www.keahotels.is; *modernes und freundliches Hotel in Zentrumsnähe, 55 geschmackvolle und gut ausgestattete Zimmer, gutes Restaurant* Potturinn & Pannan *mit u.a. sehr beliebtem Lunchbuffet.*
- **Fosshótel Barón**, *Barónsstígur 2–4, 101 Reykjavík, Tel.: 562-4000, Fax: 562-4001,* www.fosshotel.is; *zentral gelegenes Hotel der Mittelklasse mit 21 renovierten Zimmern im Altbau und 66 neuen Standard-Zimmern, 17 Studios und 14 Apartments (alle mit Du/WC, TV, die Studios mit Zusatz-Schlafsofa, die Apartments mit Küche und 1–2 Schlafzimmern), Frühstücksraum, gut für Familien geeignet.*
- **Hótel Vík**, *Síðumúli 19, 105 Reykjavík, Tel.: 588-5588, Fax: 588-5582,* www.hotelvik.is, *nahe dem Einkaufszentrum Kringlan gelegenes Mittelklasse-Hotel mit 22 gut ausgestatteten Zimmern und Studios, 10 davon mit komplett eingerichteter Küchenecke, Frühstücksraum, Bar.*
- **Center Hotel Thingholt**, *Þingholtsstræti 5, 101 Reykjavík, Tel.: 595-8530, Fax: 595-8511,* www.centerhotels.com; *Ende 2006 in einer alten Druckerei eröffnetes Design-Hotel mit 52 durchgestylten Zimmern und Suiten, sehr zentral gelegen, Bar und ausgezeichnetes Restaurant ‚Domo' mit asiatisch und französisch inspirierter Küche.*
- **Fosshótel Höfði**, *Skipholt 27, 105 Reykjavík, Tel.: 552-6477, Fax: 562-4001,* www.fosshotel.is; *einfacheres Sommerhotel, etwas außerhalb gelegen, 24 Zimmer mit und 12 Zimmer ohne Du/WC, Frühstücksraum, Gästeküche, Aufenthaltsräume.*
- **Hótel Sjómannaheimilið Örkin**, *Brautarholt 29, 105 Reykjavík, Tel.: 568-0777, Fax: 568-9747,* www.hotelorkin.is; *das ‚Seemannsheim' entpuppt sich als modernes, noch zentral gelegenes Mittelklassehotel mit 20 komfortablen Zimmern (Dusche, WC, TV) zu moderaten Preisen und Vertretung der Färöer-Inseln.*

Gästehäuser

- **Alfholl Guesthouse**, *Ranargata 8, 101 Reykjavík, Tel.: 898-1838, Fax: 552-3838,* www.islandia.is/alf; *liebevoll eingerichtetes Gästehaus mit einfacheren und besseren Zimmern, zentral gelegen, Gemeinschaftsküche, Waschmaschine.*
- **Heida's Home/Center**, *Hverfisgata 102, Tel.: 553-6435,* www.heidashome.com; *nettes, zentral gelegenes Haus mit vier renovierten Doppelzimmern und Gemeinschaftsküche; von der Besitzerin wird auch ein kleines Ferienhaus auf der Straße Eftasund 57 vermietet.*
- **101 Guesthouse**, *Laugavegur 101, Tel.: 562-6101, Fax: 562-6105,* www.iceland101.com; *modernes, helles und zentral gelegenes Haus mit mehreren Einzel-, Doppel- und Familienzimmern, Bad/WC auf dem Flur, Frühstück inkl., ganzjährig geöffnet.*

• **Guest House Borgartún**, *Borgartún 34, Tel.: 511-1500, Fax: 511-1511,* www.gitravel.is; *ganzjährig geöffnetes und modernes Gästehaus mit 22 Zimmern (bis zu 5 Personen), etwas außerhalb des Zentrums zwischen Höfði und Schwimmbad gelegen (Bushaltestelle), im gleichen Haus das (empfehlenswerte) Reisebüro* Guðmundur Jónasson Travel, *das u.a. Hochlandtouren durchführt.*

• **Egilsborg Guesthouse**, *Þvertholti 20, 105 Reykjavík, Tel.: 896-4661, Fax: 561-2636; noch zentral gelegenes, modernes Gästehaus mit 17 Einzel-, Doppel- und Dreibettzimmern, kostenloser Abhol-Service vom Flughafen Reykjavík oder dem Busbahnhof.*

• **Gestaheimilið Hjápræðishersins**, *Kirkjustræti 2, 101 Reykjavík, Tel.: 561-3203, Fax: 561-3315,* www.herinn.is; *das Gästehaus der Heilsarmee hat zweckmäßig eingerichtete Einzel-, Doppel, und Mehrbettzimmer, das Frühstück ist bescheiden, aber wer auf Komfort nicht viel Wert legt, findet kaum eine bessere (= zentralere) Übernachtungsmöglichkeit.*

Jugendherbergen

• **Reykjavik City Hostel**, *Sundlaugurvegur 34, 105 Reykjavík, Tel.: 553-8110, Fax: 588-9201,* www.hostel.is; *große, mehrfach modernisierte Herberge mit 160 Betten (28 Zwei-, Vier- und Sechs-Bett-Zimmer mit Du/WC, 10 Sechs-Bett-Schlafräume mit Du/WC auf dem Flur), Cafeteria mit Frühstücks-Buffet, Verkauf von Lunch-Paketen, gut ausgestattete Gemeinschaftsküchen, Waschsalon, großzügige Aufenthaltsräume, Internetzugang. Großes Reisebüro und Buchungszentrum für alle Jugendherbergen im Land, Paketangebote für Mietwagen und Unterkunft, breites Spektrum an Sightseeing- und Abenteuertouren, oft spontan buchbar. Das Hostel liegt in den Grünflächen des* Laugardalur, *in unmittelbarer Nachbarschaft zum großen Freibad, Sportstätten und Wanderwegen zum Botanischen Garten; etwa 40 Gehminuten und 15 Busminuten (Linie 5) vom Zentrum entfernt, Haltestelle des* Flybus *zum Flughafen.*

• **Reykjavik Downtown Hostel**, *Vesturgata 17, 101 Reykjavík, Tel.: 553-8120, Fax: 553-8121,* www.hostel.is; *zentral gelegene, erst 2009 eröffnete Herberge mit 18 Doppel-, Familien- und Mehrbettzimmern, Café, Bar, Reisebüro.*

Campingplatz

Ebenfalls im Laugardalur, *unmittelbar neben Jugendherberge und Schwimmbad, liegt der Campingplatz (***Tjaldstæði í Reykjavík**, *Sundlaugavegur, 105 Reykjavík, Tel.: 568-6944), geöffnet 15.5.–15.9. Der Platz ist komfortabel und besitzt ausreichend Sanitäranlagen, Kochgelegenheiten, Caravan-Stellplätze etc. Busverbindungen: Linie Nr. 5 zum Lækjatorg, ab da Nr. 1 zur BSÍ-Station, außerdem Haltestelle für den Flughafenbus. Achtung: Obwohl der Platz einer der größten des Landes ist, wird es in der Hochsaison sehr eng, zumindest Gruppen sollten unbedingt vorreservieren. Zeltmöglichkeiten in der Umgebung gibt es in Mosfellsbær (*Varmá Sports Centre, *Tel.: 566-6218) oder in Hafnarfjörður (s.o.).*

Restaurants

Die Restaurant-Szene der Hauptstadt hat ihr Mauerblümchen-Dasein abgestreift und sich zu einem Geheimtipp für weitgereiste Gourmets entwickelt. Wo sonst in einer europäischen Hauptstadt gibt es frischeren Fisch, besseres Wild und Lamm? Wer das nötige Kleingeld hat und sich auf einen kulinarischen Streifzug begeben möchte, hat die Qual der Wahl. Im Folgenden eine kleine **Auswahl** *an* **empfehlenswerten Restaurants** *unterschiedlicher Kategorie (s. auch unter ‚Hotels'):*

• **Á næstu grösum**, *Laugarvegur 20b, Tel.: 552-8410,* www.anaestugrosum.is; *gute und preiswerte vegetarische Küche; mit einer Filiale im Einkaufszentrum Kringlan.*

- **Múlakaffi**, *Hallarmúli, Tel.: 553-7737,* www.veislurettir.is; *diese Cafeteria in Zentrumsnähe offeriert authentische, isländische Küche, u.a. mit gesengten Lammköpfen, fermentiertem Hai oder Stockfisch.*
- **Argentína steikhús**, *Barónstigur 11a, Tel.: 551-9555,* www.argentina.is; *bestes Steakhouse der Stadt (Rind und besonders Lamm), geöffnet tägl. 18–24 Uhr.*
- **Ban Thai**, *Laugavegur 130, Tel.: 552-2444; geöffnet tägl. 11.30–14 und 18–23.30 Uhr, das beste thailändische Restaurant des Landes, von außen unscheinbar nahe der Busstation Hlemmur gelegen, innen südostasiatisch eingerichtet.*
- **Brasserie Steikhús Askur**, *Suðurlandsbraut 4, Tel.: 553-9700,* www.askur.is; *unaufgeregtes, solides Steakhaus mit noch moderaten Preisen, werktags Lunch-Buffet, tägl. geöffnet 11.30–22 Uhr.*
- **Grænn Kostur**, *Skólavörðustígur 8, Tel.: 552-2028,* www.graennkostur.is; *sehr gute und preiswerte vegetarische Küche, keine alkoholischen Getränke.*

> ***Tipps für den kleinen Hunger***
>
> *Inzwischen kann man fast schon von kulinarischen Institutionen sprechen, die man auf der Suche nach einer schnellen Mahlzeit in der Nähe des alten Hafens findet. Meist kündet bereits eine Schlange wartender Kunden vor dem Würstchenstand Baejarins Bestu Pyslur (= „die besten Hot Dogs der Stadt") auf der Tryggvagata davon, dass es hier etwas besonders Gutes geben muss. Tatsächlich sind die isländischen Hot Dogs – wie in Dänemark – eine Art Wahrzeichen der Landesküche. Und in der kleinen, aber legendären Bude schmecken sie wirklich am besten. Die Auswahl der Zutaten bestimmt der Kunde, wer unsicher ist, bestellt einfach „mit allem", d.h. mit Ketchup, Senf, Remoulade, Zwiebeln und Gurken. Zu einer ähnlichen Berühmtheit haben es „Tommis Hamburger" (Hamborgarabulla Tomasar, Geirsgata 1) gebracht, die nur wenige Minuten entfernt in einem kleinen Lokal angeboten werden.*

- **Stjornutorg**, *Kringlan 4-12, Tel.: 533-1005,* www.kringlan.is; *Food Mall im Kringlan Shopping Centre mit mehreren Fast Food-Läden (u.a. McDonald's), aber auch guten Cafeterias oder Restaurants; Mo-Sa 10-18, So ab 13 Uhr geöffnet.*
- **Hornið**, *Hafnastræti 15, Tel.: 551-3340,* www.hornid.is; *Pizza-Restaurant mit moderaten Preisen und gemütlicher Kneipen-Atmosphäre, im Sommer auch frischer Fisch, tägl. geöffnet 11–23.30 Uhr.*
- **Humarhúsið**, *Amtmannstígur 1, Tel.: 561-3303,* www.humarhusid.is; *das kleine Holzhaus zeigt sich innen mit unerwartet edlem Ambiente, es gibt Hummer in allen Varianten (ab ISK 5.000), die Atmosphäre ist gemütlich, die Bedienung freundlich und kompetent.* ⇒ zentral/ Stockfisch
- **Jómfrúin**, *Lækjargata 4, Tel.: 551-0100; gemütliches und populäres Restaurant mit echten dänischen smørrebrød.*
- **Café Konditori Copenhagen**, *Suðurlandsbraut 4a, Tel.: 588-1550; angenehmes Lokal im dänischen Stil, mit Kaffee, Kuchen und belegten Broten.*
- **Lækjarbrekka**, *Bankastræti 2, Tel.: 551-4430,* www.laekjarbrekka.is; *im Herzen der Stadt in einem wunderschönen, restaurierten Holzhaus gelegen, tägl. 11–24 Uhr geöffnet, mittags Lunchmenü, Kaffee und Kuchen am Nachmittag, abends isländ. Spezialitäten à la carte und Touristenmenüs.* ⇒ zentral, Fisch + Lamm

Laugarás ⇒ Hotel Esja, Suðurlandsbraut 2
⇒ guter Fisch + P-L Verhältnis

- **La Primavera**, *Austurstræti 9/2. Stock, Tel.: 561-8555,* www.laprimavera.is, *der beste Italiener der Stadt, angenehmes Ambiente.*
- **Rossopomodoro**, *Laugarvegur 40a, Tel.: 561-0500,* www.rossopomodoro.is; *gutes Restaurant mit Pizza, Pasta, Fisch- und Fleischgerichten, eines von mehreren italienischen Lokalen auf dieser Straße.*
- **Perlan Veitingahús**, *Öskjuhlíð, Tel.: 562-0200,* www.perlan.is; *großes Drehrestaurant auf den Heißwassertanks, internationale und isländische Gourmet-Küche, tägl. geöffnet ab 18.30 Uhr; auf der Aussichtsetage unter dem Drehrestaurant gibt es in der* Perlan Cafeteria *tägl. 10–21 Uhr einfachere Gerichte, Eis, Kaffee & Kuchen, vor allem aber einen herrlichen Blick.*
- **Þrír Frakkar**, *Baldursgata 14, Tel.: 552-3939,* www.3frakkar.com; *rustikale und urgemütliche Gaststätte mit moderaten Preisen und frischem Fisch, nichts für Greenpeace-Anhänger: Spezialitäten sind z.B. Walfleisch und Seevögel-Entrees.*
- **Við Tjörnina**, *Templarasund 3, Tel.: 551-8666,* www.vidtjornina.is; *tägl. ab 11.30 Uhr geöffnet, das vielleicht beste und ungewöhnlichste Feinschmeckerlokal der Insel, in unmittelbarer Nähe zur Kathedrale gelegen, im ersten Stock eines Holzhauses fühlt man sich wie in einem altmodischen Wohnzimmer. Das Essen (Seafood-Spezialitäten) ist exquisit und angemessen teuer.*

Cafés/Pubs/Clubs

Wie die Restaurant- und Kneipenszene sind in den letzten Jahren auch gemütliche oder interessante Cafés an allen Ecken und Enden der Hauptstadt entstanden. Inzwischen findet man an Kneipen und Pubs die gesamte Bandbreite des Angebotes der großen Metropolen dieser Welt, natürlich nur in geringerem Umfang. Eine Trennung der ‚Gattungen' ist jedoch nicht immer möglich, denn wo vor- und nachmittags Kaffee getrunken und Kuchen angeboten wird, können abends warme Mahlzeiten serviert werden und später eine ausgelassene und alkoholgeschwängerte Stimmung herrschen. Einige Tipps unterschiedlicher Geschmacksrichtungen:

- **Mokka-Kaffi**, *Skólavörðustígur 3A, Tel.: 552-1174,* www.mokka.is; *hier stand die erste Espresso-Maschine Islands, hier zog es Künstler in den 1960er und 70er Jahren hin und hier trifft sich inzwischen auch wieder die Jugend, obwohl (oder weil?) sich die Einrichtung seit der Eröffnung im Jahre 1958 nicht verändert hat.*
- **Café Sólon**, *Bankastræti 7a, Tel.: 562-3232,* www.solon.is; *edles Eckhaus im Zentrum, das von einem Besitzerkollektiv hervorragend restauriert wurde. Tagsüber herrscht gedämpfte Yuppie- und Künstleratmosphäre vor, abends kann es brechend voll sein, ab und zu geben die Musiker des benachbarten Nationaltheaters ein Ständchen; in der zweiten Etage gibt es dann einen Nachtclub mit vorwiegend jüngerem Publikum.*
- **Kaffibarinn,** *Bergstaðarstræti 1, Tel.: 551-1588; diese überaus populäre Bar gehört dem Kult-Regisseur Baltasar Kormakur sowie dem Musiker Damon Albarn der Gruppe Blur. Das Café stellt den typischen Mix aus Kneipe, Club und Café dar und ist immer überfüllt. Am Wochenende Tanz mit DJ.*
- **Thorvaldsen Bar**, *Austurstræti 8, Tel.: 511-1413,* www.thorvaldsen.is; *angesagte/s Bistro/Bar mit gutem Weltküchen-Restaurant. An Wochenenden populärer Nachtclub mit eher gesetzterem Publikum.*
- **Café Paris**, *Austurstræti 14, Tel.: 551-1020,* www.cafeparis.is; *vis-à-vis zum Parlament gelegen und tatsächlich mit dem Charme eines französischen Straßencafés, Sa-So 11–16 Uhr Brunch. Im Einkaufszentrum Kringlan gibt es eine Filiale.*

- **Ráðhúskaffi**, *modernes Café im Rathaus mit schönem Blick auf den Stadtsee und ausgestattet im klaren skandinavischen Design, im Obergeschoss ein Internet-Café.*
- **Kaffi/Bakeri Sandholt**, *Laugarvegur 36, Tel.: 551-3524,* www.sandholt.is; *herkömmliche Konditorei, aber mit hervorragendem Kuchen und sehr guten Kaffee.*
- **B 5**, *Bankastræti 5, Tel.: 552-9600,* www.b5.is; *trendiges ‚Hybridlokal', in dem sich Restaurant, Café, Bistro, Bar und Club vereinen, junges Publikum, durchgestylte Inneneinrichtung, auch eine kleine Bibliothek gehört zum B 5.*
- **Café Rosenberg**, *Klappastígur 25-27, Tel.: 551-2442; populäre Musik-Bar in der Innenstadt.*
- **Vegamót**, *Vegamótastígur 4, Tel.: 551-3040,* www.vegamot.is; *mediterran beeinflusstes Bistro mit Café und Bar, mittags und abends gute Salate, Suppen, Pizzen, Sandwiches etc., aber auch Menüs und frischer Fisch, im Sommer mit Außenterrasse, abends ziemlich wilder Nachtclub mit DJ und Tanz; tägl. ab 11 Uhr geöffnet, Fr–Sa bis 5 Uhr.*
- **Café Oliver**, *Laugavegur 20a, Tel.: 552-2300,* www.cafeoliver.is; *interessantes, kosmopolitisches Bistro-Café auf zwei Etagen mit großer Speisenauswahl und guter Stimmung, Fr und Sa Party und Tanz bis zum frühen Morgen, Mo–Fr ab 11.45, Sa–So ab 15 Uhr geöffnet, Fr–Sa bis 4.30 Uhr!*

Diskotheken

Es gibt mehrere Diskotheken in der Stadt, z.B.: **Nasa** *(Austurvollur, Tel.: 511-1313,* www.nasa.is*) oder* **Hótel Ísland** *(Ármuli 9), die an Wochenenden eines gemeinsam haben: sie sind überfüllt, kosten viel Eintritt und bringen die jeweils letzten musikalischen Trends, daneben oft auch die nationalen Idole. Ganz umsonst ist die Open-Air-Disko, die die Teenies an den Wochenenden nach 3 Uhr morgens auf der* Austurstræti *veranstalten. Die Musik kommt aus Ghetto-Blastern, getrunken wird Selbstgebrannter mit Cola, die Stimmung ist nicht immer friedlich!*

Internetcafés

Die bekanntesten Internetcafés in der Hauptstadt sind:

- **xnet.is**, *Nóatún 17;*
- **Netcafé.is**, *Austurstræti 20,*
- **Ráðhúskaffi**, *im Rathaus (1. Stock);*
- **Netcafé-S24**, *Kringlan 8;*
- **Thomsen Netcafé**, *Hafnarstræti 17;*
- **Top Shop Internet Café**, *Lækjargata 2a.*

Verkehrsmittel: Hinweis

Die **Reykjavík Welcome Card**, *mit der Besucher der isländischen Hauptstadt freien Eintritt in die größeren Museen, den Kleintierzoo und die 7 Warmwasserschwimmbäder haben sowie das gesamte städtische Linienbusnetz nutzen können, kostet in der Saison 2009 für 24 Stunden ISK 1.200, für 48 Stunden ISK 1.700 und für 72 Stunden ISK 2.200. Sie ist im Tourist Information Center, im Rathaus, in den Hotels, bei der zentralen Omnibusstation* BSÍ, *in den Museen und in den Schwimmbädern erhältlich.*

Busse

Die **Strætó-*Stadtbusse*** *operieren auf 30 Routen, berühren dabei aber mindestens einen der beiden Haupt- und Umsteigestationen:* ***Lækjargata*** *im Zentrum und* **Hlemmur** *(Ecke Laugarvegur/Rauðarárstígur); dort bekommen Sie auch die aktuellen Fahrpläne. Bus-*

haltestellen tragen das S-Logo. Eine Fahrt kostet unabhängig von der Entfernung ISK 250 – sollten Sie umsteigen müssen, fragen Sie nach einem Transfer Ticket/skiptimiði (gültig 45 Minuten). Bei Einsteigemöglichkeiten in verschiedene Richtungen weist das Hinweisschild Að Miðborg *zum Zentrum. Mit dem sehr gut ausgebauten System können Sie bequem und preisgünstig alle interessanten Flecken der Hauptstadt aufsuchen. Mit der* Reykjavík Welcome Card *(s.o.) fährt man kostenlos, ansonsten lohnt der Erwerb eines 9er Tickets für ISK 1.750. Die Stadtbusse operieren von 7–24 Uhr, meist alle 20 Minuten, abends und an Wochenenden alle 30 Minuten. Informationen erhältlich unter Tel.: 540-2700 bzw.* www.bus.is/web/english.

Der **Flughafenbus** (Flybus) *verkehrt zwischen dem Internationalen Airport Keflavík und der Innenstadt* (Hótel Loftleiðir, *weitere Hotels und Jugendherberge), der Fahrplan ist auf die An- und Abflugzeiten abgestimmt, die Busse starten am* Hótel Loftleiðir *2½ Stunden vor Abflug, der Fahrpreis beträgt ISK 1.700. Weitere Infos unter Tel.: 580-5400 bzw.* www.re.is.

Die **Überlandbusse** *verschiedener Firmen starten am* **zentralen Busterminal** BSÍ, *Vatnsmýrarvegur 10, Tel.: 591-1000,* www.bsi.is. *Der Terminal ist tägl. geöffnet, hier erhalten Sie Informationsmaterial und können Tickets lösen. Im Gebäude befindet sich eine gute Cafeteria und eine* **Gepäckaufbewahrung**, *geöffnet Mo–Fr 7.30–19, Sa 9–14 Uhr.*

Taxis

Es gibt mehr als 700 Taxis in der Hauptstadt, die an den wichtigsten Punkten bereit stehen oder die man am Straßenrand anhält. Probleme, ein freies Taxi zu bekommen, hat man am Wochenende um 3 Uhr, wenn Pubs und Diskotheken schließen. Folgende Firmen haben rund um die Uhr Bereitschaft:

- B.S.H., *Tel.: 555-0888;*
- Hreyfill-Bæjarleiðir, *Tel.: 588-5522;*
- B.S.R., *Tel.: 561-0000;*
- Borgarbílar, *Tel.: 552-2440.*

Flüge

Vom City-Terminal aus gibt es mit Air Iceland *regelmäßige Flüge in nahezu alle Landesteile Islands (weitere Auskunft:* Air Iceland, *Reykjavík Airport, IS-101 Reykjavík, Tel.: 570-3030, Fax: 570-3001,* www.airiceland.is), *daneben bieten einige Fluguntemehmen Charter- und/oder Besichtigungsflüge an.*

Notfälle/Krankheit

Der **Notruf** *ist landesweit 112. Die Hauptwache der* **Polizei** *befindet sich auf der Hverfisgata 113, Tel.: 569-9020. Im* **Städtischen Krankenhaus** (Sjúkrahús Reykjavíkur) *auf der Háaleitisbraut, südlich der Shopping Mall Kringlan, gibt es eine Notfallstation* (Slysavarðsstofa). **Apotheken** *sind grundsätzlich 9–19 Uhr geöffnet, über die Dienstbereitschaft informiert Tel.: 551-8888.*

Post

Das Hauptpostamt (Aðalposturinn) *liegt an der Pósthússtræti 5, Tel.: 580-1101, geöffnet Mo–Fr 9–16.30 Uhr; an dieses kann man sich auch die Post nachschicken lassen (poste restante). Weitere Postämter, deren Öffnungszeiten z.T. abweichen, findet man an folgenden Stellen:* Kringlan Einkaufszentrum; *Kleppsvegur 152; Rauðarárstígur 27;* BSÍ Busterminal, *Vatnsmýrarvegur; Neshagi 16; Ármúli 25; Þönglabakki 4; Hraunbær 102c; Lóhólar 2–6.*

Einkaufen

• *Billig wird das Shopping weder in Reykjavík noch sonst wo auf Island. Eine Alternative zu den Shops und Boutiquen in der Altstadt sind die Spezialgeschäfte im Flughafen Keflavík (***Icemart***), wo steuerfrei eingekauft werden kann. Als Souvenirs bieten sich Keramik, handgeknüpfte Wollsachen, Gold- und Silberschmuck, skandinavisches Design, Literatur (Bildbände über Island), Kunst, Musik-CDs, Sportartikel und spezielle Lebensmittel an.*

• *An Kaufhäusern und Einkaufszentren ist* **Kringlan** (www.kringlan.is) *am bekanntesten, es liegt an der Kreuzung Miklabraut/Kringlumýrarbraut (großes, zweigeschossiges Parkhaus) und ist mit den Buslinien 5, 6, 14, 110, 111, 112 und 115 zu erreichen. Das Zentrum wurde Ende der 1990er Jahre erweitert und beherbergt über 100 Geschäfte, Boutiquen, Supermärkte, Fast-Food-Läden und Restaurants, Kino, Postamt, Bank usw.* Kringlan *ist Mo–Mi 10–18.30, Do bis 21, Fr bis 19, Sa bis 18 und So 13–17 Uhr geöffnet – Restaurants wie das* Hard Rock Café *natürlich länger.*

• *Seit 2001 ist allerdings die aufstrebenden Satellitenstadt Kópavogur Sitz der größten isländischen Shopping Mall.* **Smáralind** *dehnt sich auf einer Fläche von über 63.000 m² aus und beherbergt ebenfalls mehrere Dutzend Läden, Boutiquen, Shops, Restaurants und Fast-Food-Läden. Mittelpunkt ist der riesige Wintergarten, in dem oft Konzerte stattfinden oder Ausstellungen gezeigt werden. Smáralind, Hagasmári 1, 201 Kópavogur,* www.smaralind.is, *geöffnet Mo–Fr 11–19, Sa bis 18 und So 13–18 Uhr, zu erreichen ab Reykjavík mit Buslinie Nr. 16, 17, 18 und 114.*

• *Von ganz anderem Charakter ist der Flohmarkt* **Kolaportið**, *der jeden Sa und So 11–17 Uhr in der alten Fischhalle am Hafen abgehalten wird und in dem man neben Nippes aus aller Welt das ein oder andere isländische Schätzchen finden kann.*

• *Staatliche Alkohol Verkaufsläden im Zentrum befinden sich auf der Austurstræti 10, im* **Kringlan** *Einkaufszentrum, im* **Mikligarður** *Einkaufszentrum Holtavegur 13 und auf Stuðlahás 2. Weitere Läden findet man in Seltjarnarnes und Hafnarfjörður.*

Schwimmen

Der Besuch eines der sieben Reykjavíker Schwimmbäder sollte eigentlich touristische Pflicht sein, ist doch die gesunde Kraft des thermal erhitzten Wassers hinlänglich bekannt und stellt sich die isländische Kapitale nicht zu Unrecht als ‚Spa City' dar (im Internet unter www.spacity.is). *Das größte Freibad der Hauptstadt ist das* Laugardalslaug, *Sundlaugurvegur 30, Tel.: 566-6879; man findet dort u.a. ein 50-Meter-Becken, Wasserrutsche, 4 heiße Pötte, Whirlpool, Dampfbad und Massageräume. Neben dem* Laugardalslaugin *gibt es noch fünf weitere Freibäder, nämlich:*

• **Vesturbæjarlaug** *im Westen der Stadt (Hofsvallagata), ein zentrumsnahes, kleines und gemütliches Schwimmbad mit 25-Meter-Becken, Kinderbereich, 3 heißen Pötten, Sauna, und Dampfbad;*

• **Gravarvogslaug** *in Dalshús, eine neue Anlage inmitten eines Naherholungsgebietes;*

• **Breiðholtslaug**, *Austurberg 5, mit einem freien und einem überdachten Bereich;*

• **Árbæjarlaug** *(Fylkisvegur, Stadtteil Árbær), ebenfalls mit einem überdachten Teilbereich, eine architektonisch außerordentlich gelungene Anlage und sehr kinderfreundlich;*

• **Kjarlarneslaug**, *ziemlich weit entfernt (in Kléberg nahe der Esja), shús, eine neue Anlage inmitten eines Naherholungsgebietes.*

• *Dazu kommen zwei Hallenschwimmbäder (schön altmodisch:* **Sundhöllin** *auf dem Barónstígur) und das Strandbad* **Nauthólsvík**.

Golf
Die Reykjavíkingur sind wie alle Isländer golfbegeistert. Ihr Golfclub (Tel.: 585-0200, www.grgolf.is) *ist der älteste und größte des Landes. Ihm gehören zwei Anlagen, nämlich der bereits 1963 eröffnete Course* Grafarholt *und der 1997 eingeweihte 18-Loch-Platz* Korpúlfsstaðir.

Fahrrad fahren
Inzwischen fahren auch die Isländer selbst gerne Fahrrad und gibt es bereits einige Fahrradwege. Wer die Kapitale samt Umgebung auf diese Art erkunden möchte, kann sich u.a. am Busbahnhof BSÍ, *am Campingplatz, bei größeren Hotels oder beim Unternehmen* Borgarhjól *(Hverfisgata 50) ein Fahrrad leihen.*

Laufen
Möglichkeiten für Jogger sind in Hülle und Fülle vorhanden, z.B. rund um den Stadtsee Tjörnin, im Bereich des Hügel Öskjuhlíð oder entlang der neuen Uferpromenaden. Sehr bekannt ist der jährliche ‚Reykjavík Marathon', der immer im August stattfindet und sich wachsender Beliebtheit bei ausländischen und einheimischen Sportlern erfreut (Infos unter www.toto.is/rmar).

Sauðárkrókur (S. 391f.)

Information
Touristeninformation im Fosshótel Áning *(s.u.)*

Hotels
- Hótel Tindastóll, *Lindargata 3, 550 Sauðárkrókur, Tel.: 453-5002, Fax: 453-5388,* www.hoteltindastoll.com; *wunderschönes Haus von 1829, erstmalig 1884 Hotel und damit das älteste des Landes, in dem schon Marlene Dietrich nächtigte. Im Jahr 2000 aufwendig restauriert und wiedereröffnet, zehn unterschiedlich große Doppelzimmer mit allen Annehmlichkeiten, Coffee Shop, großer heißer Pott – ein ganz besonderes Haus!*
- Gistiheimilið Mikligarður, *Kirkjutorgi 3, 550 Sauðárkrókur, Tel.: 453-6880,* www.skagafjordur.com/mikligardur; *schöne Unterkunft in einem Holzhaus von 1931 mit renovierten Einzel-, Doppel- und Familienzimmern, im Ortszentrum gelegen, ganzjährig geöffnet.*
- Hótel Mælifell, *Aðalgata 7, 550 Sauðárkrókur, Tel.: 453-5265, Fax: 453-5640; zentral im Ort gelegenes, ganzjährig geöffnetes Hotel mit 16 einfachen Zimmern, am Wochenende Diskothek, gutes Restaurant (Fischspezialitäten).*

Reiten
In Sauðárkrókur und Varmahlíð als Zentrum der Pferdezucht gibt es natürlich mehrere Gestüte, die kürzere oder längere Reittouren anbieten. Besonders empfehlenswert ist dabei Hestasport *in Varmahlíð (s. dort); eine andere gute Adresse ist* Topphestar *(Ingimar Pálson, Tel.: 453-5130, E-Mail:* info@topphestar.is).

Tipp:
Wer sich einen Überblick über die Leistungsstärke der hiesigen Islandpferde verschaffen möchte, sollte an einer Demonstration auf dem Turnierplatz Vindheimamelar *teilnehmen; Informationen dazu bei* Hestasport (Magnús Sigmundsson)*; auch stundenweise Ausritte oder längere Touren möglich.*

Selfoss (S. 316f.)

Information

South Iceland Information Centre, *Raststätte Fosnesti, 800 Selfoss, Tel.: 482-1704, Fax: 482-3599; umfangreiches Info-Angebot, Vermittlung von Unterkünften und geführten Touren, geöffnet vom 1.6.–15.9. tägl. 9–20 Uhr.*

Hotels

• Hótel Selfoss, *Eyravegur 2, 800 Selfoss, Tel.: 480-2500, Fax: 482-2524,* www.selfosshotel.is; *nach Komplettrenovierung 2008 wiedereröffnetes Vier-Sterne-Haus mit 99 sehr komfortablen Zimmern, dem eleganten ‚Riverside Restaurant', der Wellness-Oase ‚Riverside Spa' und mehreren Konferenzräumen, ganzjährig geöffnet.*

• Hotel Nesbúð, *Nesjavellir, 801 Selfoss, Tel.: 482-3415, Fax: 482-3414,* www.nesbud.is; *am Þingvallavatn gelegenes Hotel mit 60 einfacheren Zimmern (mit und ohne Du/WC) sowie 20 Schlafsackplätzen, heiße Pötte, Restaurant (an Sonntagen Kuchenbuffet).*

Gästehäuser

• Gesthús HF., *Engjavegur, 800 Selfoss, Tel.: 482-3585,* www.gesthus.is; *Holzhäuschen-Kolonie am Campingplatz, jedes der 22 Ferienhäuschen hat zwei Räume (4 Betten), Küche, Bad, und TV, Service Centre mit Laden, geothermalen hot pots, Fahrrad- und Pferdeverleih.*

• *Gästehaus* Bitra, *800 Selfoss, S-1, Tel: 482-1081,* www.bitra.is; *ca. 12 km östlich von Selfoss an der Ringstraße gelegene, familiäre und gemütliche Unterkunft mit 37 Betten in 17 Zimmern (mit oder ohne Du/WC), Speiseraum. Wandern: nur wenige Kilometer vom Gästehaus entfernt sind die Driftspalten zu besichtigen, die durch ein Erdbeben im Jahr 2000 und früher entstanden sind.*

Jugendherberge

Árnes, *Gnúpverjahreppur, 801 Selfoss, Tel.: 486-6048, Fax: 486-6091, E-Mail:* bergleif@centrum.is; *ganzjährig geöffnete Herberge mit 38 Betten in 14 Zimmern, gut ausgestattete Gemeinschaftsküche, Essraum; direkt neben der Herberge befinden sich ein Restaurant und ein Freibad. Gute Wandermöglichkeiten in der näheren Umgebung. Árnes liegt etwa 22 km von der Ringstraße entfernt und ist über die Straßen S 30 (östlich von Selfoss) und dann S 32 zu erreichen. Im Sommer tägl. Busverbindung mit Selfoss und Reykjavík.*

Camping

Ein sehr komfortables Campinggelände mit Caravan-Stellplätzen, Schwimmbad, Zelt-, Fahrrad und Pferdeverleih sowie Cafeteria und Shop steht am Engjavegur (www.gesthus.is) *zur Verfügung. Dort befindet sich auch die Holzhäuschen-Kolonie* Gesthús HF. *(s.o.).*

Seyðisfjörður (S. 341f.)

Information

Austfar Information Centre, *710 Seyðisfjörður, Ferjuleiru 1, Tel.: 472-1551, Fax: 472-1315,* www.sfk.is

Hotels

• **Hótel Seyðisfjörður**, *Austurvegur 3, 710 Seyðisfjörður, Tel.: 472-1460, Fax: 472-1570; schönes Haus von 1908, direkt am Wasser gelegen, 9 Doppelzimmer mit Du/WC, Vermittlung von Schlafsackunterkünften, Restaurant (jeden Mi im Sommer Lunchbuffet).*

• **Hótel Aldan**, *Norðurgata 2, 710 Seyðisfjörður, Tel.: 472-1277, Fax: 472-1677,* www.simnet.is/aldanhf; *wunderbare Unterkunft in drei historischen Holzhäusern (Laden, Bank, Hotel), seit 2005 in ein Hotel mit vorzüglichem Restaurant umgewandelt, nur wenige Einzel- und Doppelzimmer, familiäre Atmosphäre für gehobene Ansprüche.*

Jugendherberge

Youth Hostel Hafaldan, *Ránargata 9, 710 Seyðisfjörður, Tel.: 472-1410, Fax: 472-1610,* www.simnet.is/hafaldan; *schön gelegene, renovierte Herberge nahe des Hafens, geöffnet 15.4.–15.10., 7 einfache Vier-Bett-Zimmer, Gästeküche.*

Camping

Camping Seyðisfjörður, *Tel.: 472-1551; zentral gelegener, komfortabler Platz mit Caravan-Stellplätzen.*

Café

Kaffi Lára, *Norðurgata 3, Café und Pub in einem schönen Holzhaus von 1899.*

Wandern

Ein fantastischer 12-km-Pfad führt über die **Hjálmadalsheiði** *zum völlig einsam gelegenen Nachbarfjord Loðmundarfjörður. Nur eine bescheidene Unterkunft* (Guesthouse Stakkahlíð) *steht dort zur Verfügung, die im Touristenbüro unbedingt vorab gebucht werden sollte.*

Bootsausflüge/Kayak

Angeltouren und Bootsausflüge zum Loðmundarfjörður vermitteln das Touristenbüro und die Unterkünfte. Zwei- bis dreistündige Kayak-Touren im Fjord oder der Lagune bietet **Hlynur Oddsson** *an (Tel.: 472-1551/861-7789).*

Ski

9 km außerhalb von Seyðisfjörður befindet sich das Skigebiet **Stafdalur** *auf der Fjarðarheiði. U.a. gibt es hier einen Lift. Langlaufmöglichkeiten bestehen bis weit in den Sommer hinein.*

Busse

Tägliche Busverbindung nach und von Seyðisfjörður über die Fjarðarheiði durch das Unternehmen **Ferðaþjónusta Austurlands** *(Tel.: 472-1515).*

Fähre

Wöchentliche Ankünfte/Abfahrten der Fähre **Norröna** *nach Dänemark, den Färöern, Norwegen und den Shetlands; Auskunft und Buchung in jedem Reisebüro. Direkter Kontakt über die Agentur* **Norröna Travel**, *Fjarðargötu, 710 Seyðisfjörður, Tel.: 472-1111, Fax: 472-1105, E-Mail:* austfar@isholf.is.

Siglufjörður (S. 384f.)

Information
Tourist Information, *580 Siglufjörður, Tel.: 460-5600,* www.siglo.is; *im Sommer 9–16 Uhr geöffnet.*

Hotels
• Hótel Lækur, *580 Siglufjörður, Lækjargata 10, Tel.: 467-1514, Fax: 467-1911, E-Mail:* bkh@isholf.is; *einfachere Unterkunft mit Cafeteria und Restaurant (Touristenmenüs), Zeltmöglichkeit.*
• Gistihúsið Hvanneyri, *580 Siglufjörður, Aðalgata 10, Tel.: 467-1506,* www.hvanneyri.com; *dreistöckiges Haus mit 22 einfach eingerichteten Zimmern (Bad auf dem Gang), aber sauber und angenehm, ganzjährig geöffnet.*

Camping
Auf der Suðurgata *gibt es einen recht guten Campingplatz, von Juni bis August geöffnet.*

Flüge
Siglufjörður verfügt über einen Flughafen, der immerhin 6x wöchentlich ab Reykjavík von Íslandsflúg *angeflogen wird.*

Wandern
Die von Meer, Fjord und Gebirge geprägte Region um die Ortschaft eignet sich hervorragend für Wandertouren. Die Touristeninformation schlägt sechs verschiedene Touren (3–12 Stunden) vor, deren Verlauf auch im Internet unter www.siglo.is *skizziert ist.*

Skaftafell-Nationalpark (S. 329ff.)

Information
Skaftafell Tourist Information & Service Centre, *785 Fagurhólsmýri, Tel.: 478-1627, Fax: 478-1946, E-Mail:* skaftafell@ust.is *oder* www.nat.is/travelguide; *Juni–Aug. tägl. 8–21 Uhr geöffnet.*

Unterkunft
• Fosshótel Skaftafell, *Freysnes, 785 Fagurhólsmýri, Tel.: 478-1945, Fax: 478-1846;* www.fosshotel.is; *ganzjährig geöffnetes Mittelklasse-Hotel, ca. 5 km vom Parkeingang an der Ringstraße gelegen, 58 komfortable Zimmer unterschiedlicher Kategorie, Restaurant, Mountainbike-Verleih. Eine weitere Unterkunft dieser Kette in der Region ist das Fosshótel Vatnajökull nahe Hornafjörður.*
• Guesthouse Bölti, *Skaftafell, Tel.: 478-1626, Fax: 478-2426; am westlichen Ende des Campingplatzes gelegen, gemachte Betten und Schlafsackplätze, Gemeinschaftsküche, März–Okt. geöffnet.*

Jugendherberge
Youth Hostel Vagnsstaðir, *Suðursveit, Austur Skaftafellssýsla, 781 Höfn, Tel.: 478-1048, Fax: 478-2167, E-Mail:* glacierjeeps@simnet.is; *an der Ostflanke des Skaftafells (50 km*

westlich von Höfn und 28 km östlich des Jökulsárlón) gelegene Herberge, 300 m neben der Ringstraße, 15.6.–10.9. geöffnet, 28 Betten in 6 Zimmern, Gästeküche, Zeltmöglichkeit, tägl. Busverbindungen zum Nationalpark-Center, nach Höfn und nach Reykjavík.

Camping

Skaftafell-Camping, *Tel.: 478-2236, Fax: 478-1627; großzügige und moderne Anlage mit Supermarkt, Cafeteria, sanitären Einrichtungen, Stellplätzen für Wohnmobile etc., geöffnet 1.5.–30.9. Außerhalb dieser Zeit und außerhalb des Campinggeländes ist Zelten nur mit Genehmigung des Parkaufsehers gestattet.*

Busse

Außer den Linienbus-Verbindungen auf der Ringstraße verkehren im Sommer tägl. Sonderbusse auf den Routen Skaftafell-Jökulsárlon-Vatnajökull, Skaftafell-Eldgjá-Landmannalaugar-Reykjavík und Skaftafell-Kirkjubæjarklaustur-Laki.

Ausflüge

Im Nationalpark-Center, *dem* Hotel *und der* Jugendherberge Vagnsstaðir *ist eine Vielfalt an außergewöhnlichen Exkursionen buchbar. Z.B.* **Super-Jeep-Safaris** *zum Vatnajökull einschl. skidoo-Tour, Touren mit* **Wanderungen** *am Grímsvötn, Kverkfjöll, Snæfell, Öræfajökull, Breiðamerkurjökull und Humarkló. Oder* **Rundflüge** *mit* Jórvik Aviation *(Tel.: 854-2300) über den Gletscher, die Vulkane, den Gletschersee oder hinüber zu den Westmännerinseln. Sehr populär sind auch die Touren der Firma* ‚Glacier Jeeps' *(Infos unter* www.glacierjeeps.is) *mit Spezialfahrzeugen auf den Vatnajökull, dann 9 km über die Eisfläche zum Brókabotnstindur mit atemberaubendem Panoramablick. In der Saison tägl. 2 Abfahrten, Abholung am Nationalpark-Center oder der Ringstraße.*

Skógar (S. 322f.)

Information

Skógar Tourist Information, *Hlíðarvegur 860 Hvolsvöllur, Tel.: 487-8781; kleine Infostelle 300 m vor dem Wasserfall, Cafeteria, nur in den Sommermonaten geöffnet.*

Hotels

• **Hótel Skógar,** *Skógar, 861 Hvolsvöllur, Tel.: 487-4880, Fax: 487-5436,* www.hotelskogar.is; *im Jahre 2000 eingeweihtes Komforthotel mit 12 Zimmern, Restaurant mit Kamin, Sauna und Heißer Pott, von Sept. bis Mai nur an Wochenenden bewirtschaftet.*

• **Hótel Edda**, *Skógar, 861 Hvolsvöllur, Tel.: 444-4000,* www.hoteledda.is; *Sommerhotel (geöffnet 7.6.–31.8.) mit 34 einfacheren Zimmern und 20 Schlafsackplätzen, Hallenbad, heiße Pötte, Restaurant mit Schankrechten, Reittouren.*

Camping

Kurz vor dem Wasserfall ist auf der Wiese ein einfacher Zeltplatz (Tel.: 487-8824) eingerichtet. Fehlender Komfort wird durch den Anblick entschädigt.

Snæfellsnes-Halbinsel (S. 436ff.)

Information

• **Tourist Information Styykishólmur**, *Borgarbraut 4 (im Schwimm- und Sportzentrum), 340-Stykkishólmur, Tel.: 433-8120, Fax: 438-1780, E-Mail:* travelinfo@stykkisholmur.is; *Juni-Aug. Mo-Fr 7-22, Sa-So 10-19 Uhr geöffnet.*

• **Tourist Information Ólavsvík**, *Gamla pakkhús, 355-Ólavsvík, Tel.: 436-1543. Die Halbinsel im Internet:* www.west.is. *Informationen über den Nationalpark erhält man im* Hótel Edda *in Hellissandur.*

Hotels

• **Hótel Stykkishólmur**, *Borgarbraut, 340-Stykkishólmur, Tel.: 430-2100, Fax: 430-2101,* www.hringhotels.is; *kürzlich renoviertes und erweitertes Mittelklassehotel, ganzjährig geöffnet, 79 Zimmer mit Bad, TV, WLAN etc., angeschlossener 9-Loch-Golfplatz, Konferenzräume, Restaurant (Touristenmenüs), Fahrradverleih, Bootsausflüge.*

• **Hótel Eyjaferðir**, *Aðalgata 10, 340 Stykkishólmur, Tel.: 438-1450, Fax: 438-1050, einfaches Haus mit 24 Zimmern und Restaurant.*

• **Hótel Framnes**, *Nesvegur 6–8, 350 Grundarfjördur, Tel.: 438-6893, Fax: 438-6930,* www.hotel-framnes.is; *ganzjährig geöffnete Herberge in einer unlängst renovierten, ehemaligen Fischerunterkunft mit 29 gemütlichen, gut ausgestatteten Zimmern, Restaurant und Bar, Vermittlung von Ausflügen (Angeln, Whale-Watching, Reiten, Gletscherwanderungen etc.).*

• **Hótel Búðir**, *360 Búðir, Staðarsveit, Tel.: 435-6700, Fax: 435-6701,* www.budir.is; *ganzjährig geöffnetes, herrlich gelegenes Hotel mit sehr gut ausgestatteten Zimmern, Feinschmecker-Restaurant, elegante Einrichtung.*

• **Hótel Ólafsvík**, *Olafsbraut 40, Ólafsvík, Tel.: 436-1650, Fax: 436-1651,* www.hringhotels.is; *schön renoviertes Unterkunft mit 11 einfacheren Zimmern (Gemeinschaftsbad), 18 komfortablen und gut ausgestatteten Doppelzimmern sowie 19 Studios mit Kochecke, Restaurant.*

B&B-Unterkünfte

• **Gistihúsið Súður-Bár**, *Tel.: 438 6815,* www.sudurbar.sveit.is; *einsame Farm an der Nordküste, an der Straße 576 (4 km Abzweig von der S-57) gelegen, schöne Zimmer mit und ohne Du/WC, beste Bedingungen für Wander-, Angel- und Reittouren, lokaler Golfplatz in der Nähe. Weitere empfehlenswerte Gästehäuser sind:*

• **Gistihúsið Langaholt** *Open 1/4-31/10, Gardar, Stadarsveit, 356 Snæfellsbær, Tel.: 435-6789, Fax: 435-6889,* www.langaholt.is *(50 Betten, Schlafsackplätze, Campingplatz).*

• **Gistihúsið Brekkubaer**, *Hellnar, 356 Snæfellsbær, Tel.: 435-6820, Fax: 435-6801,* www.hellnar.is *(ganzjährig, im Sommer mit privatem Campingplatz).*

• **Gistihúsið Gimli**, *Keflavikurgata 4, Hellissandur, 360 Snæfellsbær, Tel.: 430-8600, Fax: 430-8601; gemütliche Anlage mit gemachten Betten und Schlafsackplätzen, ganzjährig geöffnet, Organisation von Schneemobilfahrten.*

• **Gistihúsið Brimilsvellir**, *355 Snæfellsbær, Tel.: 436-1533/854-8651, Fax: 436-1533 (östlich von Ólafsvík, ganzjährig geöffnet).*

• *Das Outdoor-Unternehmen* **Snjofell** *unterhält in Arnarstapi (356 Snæfellsbær, Tel.: 435-6783,* www.hringhotels.is) *ein Gästehaus mit 20 Einzel- bis Vierbettzimmern mit Etagendusche/WC und Gemeinschaftsküche sowie pittoreskes Restaurant. Zur Unterkunft gehört auch ein herrlich gelegener Campingplatz direkt am Wasser; geöffnet März–Okt.*

Jugendherberge
Youth Hostel Sjonarholl, *Stykkishólmur, Höfðagata 1, Tel.: 438-1095; geöffnet 1.5.–15.9., 50 Betten in 2–6-Bett-Zimmern.*

Camping
Einen guten Campingplatz mit sanitären Einrichtungen findet man in Stykkishólmur nahe des Sportplatzes an der Aðalgata, Tel.: 433-8150. Weitere Campingplätze befinden sich in Hellissandur (Utnesvegur, Tel.: 433-6930), Ólafsvík (Hvalsa, Tel.: 433-6930) und in Grundarfjörður (am Schwimmbad, Tel.: 438-6630). Mehrere Gästehäuser und Hotels bieten Zeltmöglichkeiten an.

Restaurant
Außer in den Touristenhotels isst man gut in Stykkishólmur im Fimm fiskar *(Frúarstíg 1, Tel.: 436-1600), das in einem hübschen Gebäude untergebracht ist und Pizzen sowie fangfrischen Fisch anbietet. In Grundarfjörður lohnt ein Besuch des Restaurants* Kristjan IX. *(Grundargata 59, Tel.: 438- 6990), das nicht nur Fisch und Seafood offeriert, sondern auch ein entsprechendes maritimes Ambiente. In Arnarstapi ist das im Stil eines traditionellen Torfhauses gebaute Restaurant* Arnarbær *(Tel.: 435-6783) nicht nur ein ungemein malerischer Blickfang, sondern mit fangfrischen Meeresfrüchten, leckeren Grillgerichten und dem sonntäglichen Kuchenbuffet auch ein lohnender kulinarischer Abstecher.*

Aktivitäten
Fahrräder *vermieten u.a. die größeren Hotels, das Gästehaus* Gimli *in Hellissandur und die Firma* Snjofell, *356 Arnarstapi, Tel.: 435-6783, Fax: 435-6795,* www.snjofell.is. *Das gleiche Unternehmen organisiert auch* ***Gletschertouren*** *mit Schneekatzen oder Skiausflüge, ebenfalls Verleih von Schneemobilen.* ***Golfplätze*** *sind vorhanden in:* Garðar *(Tel.: 435-6789,* www.langaholt.is), *Ólavsvík (18-Loch-Course* Fróðárvöllur, *Tel.: 436-1666), Grundarfjörður* (Súdur-Bár, *Tel.: 438-6815,* www.sudurbar.sveit.is), *Stykkishólmur* (Mostri, *Borgarbraut 6, Tel.: 438-1075). Geführte* ***Wanderungen*** *werden u.a. von* Skuli Alexandersson *(Tel.: 430-8600) und* Sæmundur Kristjánsson *(Tel.: 436-6767) angeboten. Die meisten Gästehäuser und Hotels vermitteln Wanderführer für den Nationapark.* ***Kayaks*** *werden u.a. in Stykkishólmur (Tel.: 855-5018/690-2877) vermietet.* ***Reitausflüge*** *in der Gruppe oder Miet-Pferde werden auf der Halbinsel von viele Höfe angeboten bzw. von Unterkünften vermittelt. So z.B. das Gästehaus* Súður-Bár, *das* Hótel Framnes *und die Firmen* Lýsuholl *(Tel.: 435-6730, Fax: 435-6816,* www.islandia.is/lysuholl) *und* Hestathing *(Tel.: 435-6699, Fax: 435-6699,* www.hestathing.com). *Bootsausflüge u.a. zum* ***Hochseeangeln*** *und zum* ***Whale-Watching*** *kann man bei* Sæferðir-Eyjaferðir, *buchen (Smíðjustígur 3, 340 Stykkishólmur, Tel.: 438-1450, Fax: 438-1050,* www.saeferdir.is). *Ebenso stehen hier von Frühjahr bis Herbst Erkundungsfahrten mit Aussichtsbooten im Programm, die von knapp 2 Stunden bis gut 4 Stunden dauern und einem die Wunder-Inselwelt des Breiðafjörður nahebringen.*

Autoverleih
Car rental Asmegin, *Reitarvegur 2, 340 Stykkishólmur, Tel.: 438-1586/438-1150.*

Fähre
Die Fähre ‚Baldur' (Smiðjustígur 3, IS-340 Stykkishólmur, Tel.: 433-2254, Fax: 438-1050; www.seatours.is) *bedient ganzjährig die Route Stykkishólmur–Brjánslækur und läuft dabei auch die Insel Flatey an. In der Sommersaison gibt es zwei Abfahrten tägl. (ab*

Stykkishólmur 9 und 15.30 Uhr, ab Brjánslækur 12.15 und 18.45 Uhr). Ein One-Way-Ticket nach Flatey kostet 2009 ISK 2.120 p.P., für einen Pkw (bis 5 m Länge) waren auf der Route Stykkishólmur–Brjánslækur ISK 3.080 zu bezahlen, ebenfalls für einen Passagier über 16 Jahre.

Stykkishólmur (S. 440f.)

siehe unter Snæfellsnes

Þingvellir (S. 287ff.)

Information

• **Þingvellir**, *801 Selfoss, Tel.: 482-2660, Fax: 482-3635,* www.thingvellir.is; *das Infocenter* (Þjónustumiðstöð) *des Nationalparks befindet sich in Leirar, nahe dem Campingplatz, es ist geöffnet 1.5.–30.9. Hier gibt es generelle Informationen über den Nationalpark, dessen Geschichte und dessen Natur, ebenso Übersichts- und Wanderkarten. Dem Center sind eine Cafeteria und ein Buchladen angeschlossen.*

• *In einem neuen Gebäude am Aussichtspunkt Hakið, wo ein Fußpfad zur Almannagjá-Schlucht hinabführt, ist das* **Interpretive Center** *untergebracht. Es enthält eine multimediale Ausstellung, u.a. mit Touch Screens und auch in deutscher Sprache, die auf viele Aspekte des Nationalparks eingeht. Für den Besuch sollte man sich 1 Stunde Zeit lassen. Geöffnet 1.4.–1.11. tägl. 9–17 Uhr, freier Eintritt.*

Hotels

• **Icelandairhotel Hengill**, *Nesjávöllum, 801 Selfoss, Tel.: 444-4000, Fax: 444-4001,* www.icelandairhotels.com; *am Fuße des Hengill-Berges und nahe zum Nationalpark befindliches Drei-Sterne-Hotel, Ende 2008 fertiggestellt, mit 22 komfortablen Zimmern, Restaurant, heißen Pötten.*

• **Hótel Valhöll**, *Þingvellir, 801 Selfoss, Tel.: 480-7100, Fax: 480-7101,* www.hotelvalholl.is; *eine ganzjährig geöffnete Anlage unmittelbar unter den Klippen der* Almannagjá, *durch eine Brücke mit dem Kirchplatz verbunden, 30 Einzel- und Doppelzimmer, Restaurant (Touristenmenüs), Bootsverleih.*

Camping

Zelten ist innerhalb des Nationalparks nur auf den ca. 5 ausgewiesenen Plätzen erlaubt. Die schönsten sind sicher die direkt am See an der nördlichen Uferstraße, weitere Zeltplätze gibt es an der S 36 oder noch weiter nördlich an der S 52. Der größte ist **Camping Þingvellir** *in* Leirar, *an der Kreuzung der Straßen 36 und 52 und neben der Touristeninformation, aber auch dieser ist nicht sehr komfortabel ausgestattet.*

Þorlákshöfn (S. 310)

Unterkunft

Unterkunft bieten das ***Gästehaus*** **Reykjabraut** *(Tel.: 483-3630) und der* ***Campingplatz*** **Þorlákshöfn** *nahe dem Schwimmbad (Tel.: 483-3807). Eine weitere, wenn auch recht einfache Zeltmöglichkeit hat man auf dem Platz* **T-bær Selvogi** *(Tel.: 483-3546).*

Restaurant

Im Restaurant Duggan *am Hafen (Hafnarskeið, Tel.: 483-3915) gibt es ebenso warme und kleinere Gerichte wie in der Cafeteria der Fährstation.*

Fähre

Die Autofähre Herjólfur *verkehrt in gut 2½ Stunden auf der Route nach Heimaey auf den Westmännerinseln. Von Mai bis September gibt es i.d.R. tägl. Abfahrten um 12 und 19.30 Uhr. Ticketverkauf und Infos unter Tel.: 483-3413, Fax: 483-3924 bzw. in Heimaey unter Tel.: 481-2800, Fax: 481-2991 oder in Reykjavík unter Tel.: 525-7700 bzw. unter* www.eimskip.com. *Tickets kosten für Erwachsene und Pkw jeweils ca. ISK 2.160 pro Fahrtstrecke. Eine passende Busverbindung auf der Strecke Reykjavík–Þorlákshöfn gibt es ab dem Busbahnhof* BSÍ, *die Fahrtzeit beträgt ca. 1½ Stunden.*

Varmahlíð (S. 382)

Information

Tourist Information, *560 Varmahlíð, Tel.: 453-8860, an der Tankstelle mit Shop, Cafeteria und Bushaltestelle unterhalb des Hotels gelegen, im Sommer tägl. 10–21 Uhr geöffnet, Vermittlung von Abenteuer-, Rafting- oder Reittouren.*

Hotels

- Hótel Varmahlíð, *Laugavegur, Tel.: 453-8170, Fax: 453-8870; ganzjährig geöffnetes, modernes und freundliches Hotel mit 19 Zimmern, Restaurant (Touristenmenüs), Zelt- und Wandermöglichkeiten, Vermittlung von Reitausflügen.*
- Hestasport, *Vegamót, 560 Varmahlíð, Tel.: 453-8383, Fax: 453-8384,* www.riding.is; *in der Ortsmitte gelegenes Gestüt mit Islandpferden. Unterkunft in Ferienhäusern, die wie ein kleines Dorf um einen heißen Pott und die Ställe gruppiert sind. Jedes Haus ist mit Küche und Bad ausgestattet und hat vier Betten.*

Vatnsnes-Halbinsel (S. 397f.)

Information

Im Hótel Selið *und in der Jugendherberge werden Sie über Ausflugsziele und Freizeitaktivitäten auf Vatnsnes informiert.*

Hotels

- Hótel Selið, *Norðurbraut 1, 530 Hvammstangi, Tel.: 451-2717, Fax: 451-2728, E-Mail:* hotelsel@simnet.is; *ganzjährig geöffnetes Haus mit 6 gut ausgestatteten Zimmern, Restaurant, Zeltmöglichkeit.*
- Hótel Edda, *532 Laugarbakki, Tel.: 444-4000,* www.hoteledda.is; *modernes Sommerhotel (geöffnet 11.6.–21.8.) nahe der Ringstraße und 10 km südlich von Hvammstangi gelegen, 28 einfachere Zimmer, 30 Schlafsackplätze, Sporthalle, Restaurant Angelmöglichkeit.*

Jugendherberge

Youth Hostel Sunset/Ósar, *Vatnsnes, 531 Hvammstangi, Tel.: 862-2778, Fax: 451-2978,* www.simnet.is/osar; *25 km nördlich der Ringstraße an der S-711 und nahe zum*

Hvíserkur-Felsen gelegene, gemütliche Unterkunft, Gemeinschaftsküche, 1.5.–31.9. geöffnet, 35 Betten in 90 Zimmern, idealer Standort zur Beobachtung von Robben, Seevögeln, Sonnenuntergänge am Strand, Reittouren, Wanderungen.

Vestmannaeyar (S. 464ff.)

siehe unter „Westmänner-Inseln"

Vík í Mýrdal (S. 324f.)

Information

Eine Touristen-Information befindet such am Kiosk **Brydebúð**, *Vikurbraut 28, Tel.: 487-1395, im Sommer tägl. geöffnet.*

Hotels

• **Hótel Edda**, *870 Vík i Mýrdal, Tel.: 444-4000,* www.hoteledda.is; *komfortables Sommerhotel (geöffnet 1.5.–30.9.), 21 Zimmer mit Bad, Frühstücksraum, Restaurant, angeschlossener Golfplatz.*

• **Hotel Lundi – Hotel Puffin**, *Vikurbraut 26a, 870 Vik, Tel.: 487-1212, Fax: 487-1404,* www.hotelpuffin.is; *am Fuße des Reynisfjall gelegenes Hotel mit 10 Doppel- und zwei Einzelzimmern, alle mit Du/WC ausgestattet, Restaurant. Daneben gibt es Schlafsackplätze in Einzel-, Doppel- und Dreibett-Zimmern und Kochgelegenheit.*

• **Höfðabrekka**, *Höfðarbekku, 871 Vík, Tel.: 487-1208, Fax: 487-1218,* www.hofdabrekka.is; *Komplex von einigen Gebäuden 5 km östlich der Ortschaft mit einem Landhotel und Touristen-Center, insgesamt 62 mit und 3 Doppelzimmer ohne Bad.*

Jugendherberge

Youth Hostel Norður-Vík, *Suðurvíkurvegur 5, 870 Vík, Tel.: 487-1106, Fax: 487-1303, E-Mail.* nordur-vik@simnet.is, *zentrumsnah etwas oberhalb von Vík gelegene Herberge (1.5.–30.9. geöffnet) mit 36 Betten in 10 Zimmern, Gemeinschaftsküche und Speiseraum*

Aktivitäten

Eine breite Palette von **Wanderungen** *bietet sich an, bis hin zu mehrtägigen Touren zum* Mýrdalsjökull. *In unmittelbarer Nähe lohnt der Aufstieg auf das* Reynisfjall *mit anschließendem Besuch der Farm* Garðar, *der Kirche von* Reynir *und der schwarzen Sander-Fläche am* Dyrhólaós. **Gletscherexkursionen** *zur Eiskappe des* Mýrdalsjökull *ist das Ziel von Trips mit Spezialfahrzeugen und Schneekatzen, die in der Saison in Vík starten (Tel.: 487-1395). Die Gesellschaft* Reynisflug *(Tel.: 487-1243) führt Charter- oder ‚***Flightseeing***'-Flüge durch, z.B. zu den Gletschern, über das Kap Dyrhólaey, zu den Westmännerinseln, nach Landmannalaugar und über das Þórsmörk.*

Einkaufen

In Vík gibt es einen Woll-Fabrikverkauf mit Blick in das Werk von einer Galerie herab: **Vikurpjón**, *Austurvégur 21, Tel.: 487-1250,* www.vikwool.is; *Mo–Fr 9–22, Sa 10–22 Uhr geöffnet.*

Vopnafjörður/Þórshöfn/Raufarhöfn (S. 354ff.)

Information

Tourist Information, *Hafnarbyggð 7, 690 Vopnafjörður, Tel.: 473-1565. Touristische Infos in Raufarhöfn beim* Hótel Norðurljós.

Hotels

• **Hótel Tangi**, *Hafnarbyggð 17, 690 Vopnafjörður, Tel.: 473-1840, Fax: 473-1841,* www.hoteltangi.is; *kleines, einfaches Hotel mit Restaurant (Touristenmenüs), ganzjährig geöffnet, Vermittlung von Bootstouren zu den Vogelfelsen, Leihpferden, Angellizenzen etc.*
• **Hótel Jórvík**, *Langanesvegur 31, 680 Þórshöfn, Tel.: 468-1149, Fax: 468-1399; kleine, ganzjährig geöffnete Herberge mit Schlafsackplätzen und Restaurant.*
• **Hótel Norðurljós**, *675 Raufarhöfn, Aðalbraut 2, Tel.: 465-1233, Fax: 465-1383, E-Mail:* ebt@vortex.is; *50 Betten und Schlafsackplätze, Restaurant, Zeltmöglichkeit, ganzjährig geöffnet.*

Jugendherbergen

• **Youth Hostel Ytra Lón**, *Langanes, 681 Þórshöfn, Tel.: 468-1242, Fax: 468-1242, E-Mail:* ytralon@mmedia.is; *ganzjährig geöffnete Herberge mit 16 Betten in einer einsam gelegenen Schafsfarm, an der Straße 869 und 14 km nordöstlich von Þórshöfn gelegen, Gästeküche, Pick-Up-Service ab Þórshöfn, ideal zum Wandern und Angeln im nur 20 m entfernten Forellenfluss Lónsá, Möglichkeit zur aktiven Teilnahme am Leben auf einer Schaffarm.*
• **Youth Hostel Kópasker**, *Akurgerði, 670 Kópaskeri, Tel.: 465-2314, Fax: 467-2314; zentral im Fischerort Kópasker gelegene, ganzjährig geöffnete, kleine Herberge mit 1 Einzel- und 3 Doppelzimmern, Mo–Fr mit dem Bus von Akureyri und Þórshöfn erreichbar.*

Camping

Einfache Zeltmöglichkeiten gibt es in jedem Ort. Am schönsten ist der kleine, saubere Platz von Vopnafjörður, *der etwas erhöht im Ort gelegen ist und u.a. eine gute Aussicht bietet.*

Westfjorde (= Vestfirðir) (S. 446ff.)

Information

• **Ísafjörður Tourist Information Centre**, *P.O.Box 277, Aðalstræti 7, 400 Ísafjörður, Tel.: 456-5111, Fax: 456-5122,* www.vestfirdir.is *und* www.vesturferdir.is.
Lokale Touristenbüros sind:
• **Flokalundur Tourist Information**, *Vatnsfjörður, Patreksfjörður, Tel.: 456-2011;*
• **Holmavík Tourist Information**, *Gemeindezentrum Holmavík, Tel.: 451-3465;*
• **Reykholar Tourist Information**, *Gemeindezentrum, Kroksfjarðarnes, Tel.: 434-7830,*
• **Talknafjörður Tourist Information**, *Campingplatz Talknafjörður, Tel.: 456-2639,*
• **Þingeyri Tourist Information**, *Galerie Koltra, Fjarðargata 24, Þingeyri, Tel.: 456-8304.*
• *Informationen über den Wirtschaftsraum* **Westfjorde** *gibt die* **Westfjords Development Agency**, *Arnagata 2–4, 400 Ísafjörður, Tel.: 450-3000, Fax: 450-3805,* www.atvest.is.

Hotels

• **Hótel Ísafjörður**, *Silfutorg 2, Tel.: 456-4111, Fax: 456-4767,* www.hotelisafjordur.is; *klotzartiges, modernes Drei-Sterne-Hotel mit 36 Doppel- und Familienzimmern im hellen skandinavischen Stil, gutes Restaurant Vid Pollinn, Bar, Fahrradverleih.*

• **Summer Hotel Framhaldskólinn**, *Torfnes, Tel.: 456-4485; Sommerhotel im nahen Torfnes, gemachte Betten und Schlafsackplätze, Fahrradverleih, Campingplatz.*

• **Hótel Flókalundur**, *Vatnsfjörður, 451 Patreksfjörður, Tel.: 456-2011, Fax: 456-2053,* www.flokalundur.is; *moderne Holzhausanlage mit 15 Zimmern und 4 Motelzimmern, Restaurant (Touristenmenüs), Schwimmbad, Touristeninformation, angeschlossen ist ein einfacher Campingplatz, geöffnet Mitte Mai bis Mitte Sept.*

• **Hótel Djúpavík**, *Kjörvogur, 522 Kjörvogur, Tel.: 451-3380, Fax: 451-3580* www.djupavik.com; *einfache, aber urgemütliche Pension im alten Wohnhaus der Heringsfabrik-Arbeiter, 8 liebevoll eingerichtete Doppelzimmer, familiäre Atmosphäre, Vermietung eines Ferienhauses für bis zu 10 Personen, in einem weiteren Haus gibt es eine Schlafsackunterkunft für 8 Personen.*

B&B-Unterkünfte, Gästehäuser

• *Viele Gästehäuser und B&B-Unterkünfte gibt es in Ísafjörður, vor allem auf der Mánagata (u.a.* **Auðar Ásbergs** *und* **The Old Guesthouse**, *Mánagata 5 & 6); empfehlenswert auch:* **Gistiheimilið Aslaugar**, *Austurvegur 7, 400 Ísafjörður, Tel.: 456-3868 (ganzjährig geöffnetes Gästehaus, gemachte Betten und Schlafsackplätze). Ansonsten ist vor allem Patreksfjörður ein guter Standort:*

• **Guesthouse Erla**, *Urðargata 2, Patreksfjörður, Tel.: 456-1227.*

• **Stekkaból**, *Stekkum 19, 450 Patreksfjörður, Tel.: 456-1675.*

• **Aflahús**, *Patreksfjörður, Aðalstræti 65, Tel.: 456-1280/1275 (ganzjährig geöffnete private Jugendherberge, 8 Betten, wochenweise Vermietung von Appartements).*

Jugendherberge

Kirkjuból, *Önundafjörður, 425 Flateyri; Tel.: 456-7808, Fax: 456-7808, E-Mail:* korpudalur@hostel.is, *geöffnet 1.6.–1.9.; schön gelegenes Hostel in einem ehemaligen Bauernhof am innersten Ende des Önundarfjörður, 18 km von Ísafjörður und 12 km von Flateyri entfernt (4 km ab der Straße 60). 24 Betten in 3- und 4-Bett-Zimmern, Gemeinschaftsküche, angeschlossener Zeltplatz. Preisgünstiger Abholservice von Ísafjörður bzw. freier Transfer ab der Landstraße.*

Camping

Campingplätze gibt es in Reykhólar (am Schwimmbad), in Flókalundur (am gleichnamigen Hotel), in Patreksfjörður (am Gemeindezentrum), in Tálknafjörður (neben dem Schwimmbad, komfortabel), in Bíldudalur (neben dem Sportplatz), am Edda-Hotel Núpur, in Flateyri (komfortabel) und in Ísafjörður (Tungudalur, 4 km vom Zentrum entfernt am Sommerhotel, komfortabel, Tel.: 456-4485).

Mietwagen

Bílaleiga Akureyrar/Eurorent, *Suðurtangi 2, 400 Ísafjörður, Tel.: 456-5196.*

Busse

Ein normaler Linienverkehr mit Bussen findet nur im Sommer statt. Tägl. verkehren dann Busse auf der Strecke Reykjavík–Hólmavík–Ísafjörður–Önundarfjörður. Auf der ande-

ren Seite fahren Busse in Verbindung mit der Fähre Baldur *von Brjánslækur über Patreksfjörður und Látrabjarg nach Önundarfjörður. Der Linienverkehrt liegt in Händen der Firma* Allrahanda *(Tel.: 456-7630, 456-7830).*

Flüge

Der wichtigste Flughafen in den Westfjorden ist: Ísafjörður Airport, 400 Ísafjörður, Tel.: 456-3640, Fax: 456-4606. Im Sommer wird er durch Air Iceland *mit drei regulären Flügen ab Reykjavík bedient.*

Bootsausflüge

Von Juni–August werden ab Ísafjörður mehrmals wöchentlich Ausflüge zu den Inseln und Küsten der Jökulfirðir *mit Personenbooten angeboten, dabei bestehen gute Chancen zur Walsichtung. Infos bei dem Veranstalter* **Vesturferðir** *(Aðalstræti 7, Tel.: 456-5111), den Bootsführern* **Hafsteinn Ingólfsson** *(Tel.: 456-3879) und* **Konráð** *(Tel.: 456-3678) oder dem Touristenbüro. Weiter fährt mehrmals wöchentlich die Auto- und Personenfähre* M.S. Fagranes *zur unbewohnten Halbinsel Hornstrandir und in die Seitenarme des Ísafarðardjúp, Infos bei der Reederei* **Djúpbáturinn hf.** *(Aðalstræti 1, 400 Ísafjörður, Tel.: 456-3155; 853-0855)*

Fähre

Die Fähre ‚Baldur' *(Smiðjustígur 3, IS-340 Stykkishólmur, Tel.: 433-2254, Fax: 438-1050;* www.seatours.is) *bedient ganzjährig die Route Stykkishólmur-Brjánslækur und läuft dabei auch die Insel Flatey an. In der Sommersaison gibt es zwei Abfahrten tägl. (ab Stykkishólmur 9 und 15.30 Uhr, ab Brjánslækur 12.15 und 18.45 Uhr). Ein One-Way-Ticket nach Flatey kostet 2009 ISK 2.120 p.P., für einen Pkw (bis 5 m Länge) waren auf der Route Stykkishólmur-Brjánslækur ISK 3.080 zu bezahlen, ebenfalls für einen Passagier über 16 Jahre.*

Westmänner-Inseln (= Vestmannaeyar; Heimaey) (S. 464ff.)

Information

Básaskresbrygga, *Vestmannabraut 38, 900 Vestmannaeyar, Tel.: 481-3555, Fax: 481-1572,* www.vestmannaeyar.is. *und* www.visitwestmanislands.com. *Eine zweite Touristeninformation ist im Sommer am Flughafen geöffnet.*

Hotels

- **Hótel Þórshamar**, *Vestmannabraut 28, Tel.: 481-2900, Fax: 481-1696,* www.hotelvestmannaeyar.is; *das moderne Hotel im Stadtzentrum ist gleichzeitig das einzige des Archipels, 21 komfortable Zimmer u.a. mit TV, Minibar, Telefon, Jacuzzi, Sauna. Das* Restaurant Fjólan *(Touristenmenüs) offeriert inseltypische, gute Kost, z.B. auch Seevögel.*
- *Daneben stehen im Stadtzentrum oder zentrumsnah weitere Pensionen und Gästehäuser mit Schlafsackunterkunft zur Verfügung, z.B.:*

- **Heimir**, *Heiðarvegur 1, Tel.: 481-2929 (Schlafsackunterkunft für 70 Personen);*
- **Árný**, *Illugata 7, Tel./Fax: 481-2082;*
- **Hvíld**, *Höfðavegur 16, Tel.: 481-1230,* www.simnet.is/hvild; *einfaches, aber sauberes Gästehaus mit Zimmern für 1–4 Personen sowie Schlafsackunterkunft; netter Garten mit Grillmöglichkeit;*

- Hamar, *Herjólfsgata 4, Tel.: 481-2900 (wird vom* Hótel Þórshamar *verwaltet); 14 gut ausgestattete Zimmer mit eigenem Bad, Mai–Sept. geöffnet;*
- Guesthouse Hótel Mamma, *Vestmannabraut 25, Tel.: 481-2900, Fax: 481-1696, Gästehaus mit 7 Zimmern, gegenüber dem Hotel* Þórshamar *gelegen, ideal für Familien, Küche und Bad auf jeder Etage, Waschmaschine, Trockner.*

Jugendherberge

Farfuglaheimili Sunnuhóll, *Vestmannabraut 28, Tel.: 481-2900, Fax: 481-1696,* www.hotelvestmannaeyar.is; *ganzjährig geöffnete Herberge hinter dem* Hótel Þórshamar, *25 Betten in 7 Doppel- und Mehrbettzimmern, Bad auf jeder Etage, Gemeinschaftsküche.*

Camping

Im Herjólfsdalur; *ca. 15 Fußminuten vom Zentrum entfernt, ist das Zelten in einem ehemaligen Vulkankrater möglich, Tel.: 861-4374.*

Restaurants

• Restaurant Fjólan, *Vestmannabraut 28, Tel.: 481-3663; gutes Restaurant des* Hótel Þórshamar, *spezialisiert auf Fischgerichte sowie Papageientaucher und Trottellumme, Touristenmenüs.*

• Pizza 67, *Heiðarvegur 5, Tel.: 481-1567; nicht nur Pizzen, sondern auch Seafood und Papageientaucher.*

• Lanterna, *Bárustígur 11, Tel.: 481-3393; sehr guter und gemütlicher Pub mit Fisch, Seafood, Lamm sowie Papageientaucher- und Trottellummen-Spezialitäten, urig eingerichtet und moderat in den Preisen.*

• Café María, *Skólavegur 1, Tel.: 481-3160; Café-Restaurant mit leichter Bistro-Küche sowie gehaltvollen Fisch- und Fleischspeisen.*

Fähre

Herjólfur hf., *Básaskersbryggja, IS-900 Vestmannaeyar, Tel.: 481-2800, Fax: 481-2991 (bzw. in Þorlákshöfn unter Tel.: 483-3413, Fax: 483-3924 oder in Reykjavík unter Tel.: 552-2300;* www.herjolfur.is. *Die Fähre wurde 2006 von Eimskip in Dienst gestellt, ist 3.354 BRT groß und hat eine Kapazität von 500 Passagieren und 60 Pkw; sie verkehrt tägl. zweimal zwischen Þorlákshöfn (Abfahrten 12 und 19.30 Uhr) und Heimaey (Abfahrten 8.15 und 16 Uhr), die Überfahrt dauert knapp 3 Stunden. Zwischen Reykjavík und Þorlákshöfn fahren Busse der BSÍ passend zu den Abfahrt- und Anlegezeiten der Fähre (1½ Stunden). Tickets kosten für Erwachsene und Pkw jeweils ca. ISK 2.160 pro Strecke.*

Die Herjólfur als Wandgemälde in Heimaey

Ausflüge

Rundfahrten, Transfers und geführte Wanderungen bieten PH Tours *(Holagötu 16) und* GM Tours *(Brekastig 11) an. Angel-oder Bootsfahrten um die Hauptinsel und zu anderen Inselchen des Archipels vermitteln das Touristenbüro oder die Firmen* **Ferðaþjónusta** *(Tel.: 481-1515) und* **Lubba** *(Tel.: 852-7652). Sehr empfehlenswerte Sightseeing-Bootstouren und Whalewatching veranstaltet* **Viking Boat Tours** (Tel.: *488-4884*; www.boattours.is). *‚Flightseeing' mit kleinen Maschinen über Heimaey und Surtsey bucht man u.a. bei* **Flugfélag Vestmannaeyar**, *(s.u.).*

Flüge

- **Flugfélag Vestmannaeyja,** *Heimaey, Tel.: 481-3255;* www.eyjaflug.is. *Flugverbindungen mit Bakki an der gegenüberliegenden Festlandküste, die Flugzeit beträgt nur 6 Minuten, Abflüge jede Viertelstunde zwischen 8 und 23 Uhr.*
- **Flugfélag Íslands**, *Heimaey, Tel.: 481-3300,* www.airiceland.is; *Flugverbindungen mit Reykjavík im Winter 2–3-mal tägl., im Sommer häufiger. Die Flugzeit beträgt ca. 30 Minuten.*

Tipp

Auf dem Flug ab Reykjavík sind die Plätze auf der linken Seite am interessantesten, da es ein ganzes Stück an der Südküste entlang geht. Auch wegen des fast schon spektakulären Anflugs auf Heimaey sollten Sie sich um einen Fensterplatz bemühen. Vom Inselflughafen benötigt man übrigens nicht unbedingt einen Bus- oder Taxitransfer zum Städtchen. Die ca. 3 km können auch zu Fuß zurückgelegt werden, wobei man erste Eindrücke von der Vulkanlandschaft der Insel sammelt.

Mietwagen

Am Flughafen befindet sich eine Station der Firmen **Hertz** *(Tel.: 481-3300) und* **National** *(Tel.: 481-3050).* **Avis** *ist im Hauptort auf der Smáragata 16 (Tel.: 481-2220) vertreten.*

IWANOWSKI'S
Das kostet Sie Island

- Stand: März 2009 -

Auf den ‚grünen Seiten' geben wir Ihnen Preisbeispiele für Ihren Island-Urlaub, damit Sie sich ein ungefähres Bild über die Kosten Ihrer Reise machen können. Aufgrund des rapiden Wertverlustes der Krone infolge der Wirtschaftskrise ist Island derzeit für Reisende so günstig wie vielleicht noch nie. Gab es im Frühjahr 2008 für einen Euro nur 70 Kronen, wechselten die Banken Anfang Oktober gegen 150 Kronen. Billig wird der Urlaub aber nicht: Dafür war Island zu seinen Hoch-Zeiten zu teuer. Stattdessen haben sich nun die Preise auf ein gemäßigtes Niveau begeben. Natürlich können die Preisangaben nur eine vage Richtschnur sein. Die **Wechselkurse** der ISK waren im Frühjahr 2009 zum Euro 150,64 und zum Schweizer Franken 99,93.

Beförderungskosten

Flüge

• Linienflug Icelandair Deutschland–Keflavík–Deutschland (Tagespreise je nach Flugauslastung)	€ 300–800
• Iceland Express, Germanwings Air Berlin Deutschland–Keflavík–Deutschland	€ 300–450
• Inlandflüge	
- Reykjavík–Heimaey	€ 30
- Reykjavík–Akureyri	€ 50
- Reykjavík–Ísafjörður	€ 60

Fähren

• Fähre Dänemark–Island p.P. (Neben-/Hochsaison)	ab € 125/265
• Fähre Dänemark–Island Pkw + 2 Personen (Neben-/Hochsaison)	€ 286/614
• Frachtschiff Hamburg–Reykjavík Pkw	ca. € 350

Busse

Buspass (Rundreisepass)	ISK 25.900
- einschl. der Westfjorde	ISK 38.900
Buspass *Highlights passport* 7 Tage	ISK 33.50
- 9 Tage	ISK 41.500
- 11 Tage	ISK 47.500
- 13 Tage	ISK 53.00
- 15 Tage	ISK 58.00
Flughafenbus Keflavík–Reykjavík Erwachsene	ISK 1.700
Stadtbus Reykjavík (11er-Ticket: ISK 2.500)	ISK 280

Mietwagen (Rás Car-Rental) pro Tag in der Hochsaison bei 7–13 Tagen Mietdauer

Toyota Yaris, inkl. unbegr. km, CDW exkl. MwSt.	ISK 15.700
Toyota Station (Kombi), inkl. unbegr. km, CDW exkl. MwSt.	ISK 22.300
Mitsubishi Pajero 4x4, inkl. unbegr. km, CDW exkl. MwSt.	ISK 50.000

Benzin

1 l Benzin (95 Okt.)	ISK 140
1 l Super (98 Okt.)	ISK 160
1 l Diesel	ISK 155

Übernachtungskosten (jeweils p.P. in der Hochsaison)

- *Radisson SAS Saga,* Reykjavík, First Class, Übernachtung im DZ, inkl. Frühstück ISK 29.300
- *Hótel Borg,* Reykjavík, First Class Hotel, Übernachtung im DZ, inkl. Frühstück ISK 44.000
- *Hótel Loftleidir,* Reykjavík, gehobene Mittelklasse, Übernachtung im DZ, inkl. Frühstück ISK 20.200
- *Hótel Kea,* Akureyri, gehobene Mittelklasse, Übernachtung im DZ, inkl. Frühstück ISK 21.700
- *Hótel Harpa,* Akureyri, Touristenklasse, Übernachtung im DZ, inkl. Frühstück ISK 17.700
- Unterkunft in einem *Edda*-Hotel, Übernachtung im DZ ohne/mit Du/WC, inkl. Frühstück ISK 8.500/15.500
- Schlafsackunterkunft im *Edda*-Hotel ab ISK 3.000
- Gästefarm, mit Open Farm Gutschein, Übernachtung im DZ, inkl. Frühstück ISK 16.800
- Gästefarm, mit Open Farm Gutschein, Schlafsackunterkunft ISK 5.300
- Jugendherberge: ISK 2.600 (Mitglieder ISK 2.100), Frühstück ISK 1.000. Bettzeug ISK 800, EZ-Zuschlag: ISK 1.000, DZ: ISK 5.100
- Campingplatz, Zeltstellplatz ca. ISK 500–900

Pauschal- und Ausflugsangebote

Eine kleine Auswahl von Pauschalreisen unterschiedlichen Charakters und Ausflügen:

- „Golden Circle", 8stündige Bus-Rundfahrt ab/bis Reykjavík: ISK 9.800 (*Reykjavik Excursions*).
- „Blaue Lagune", 6 Stunden, davon 2 Stunden Reitausflug, Transfers, Imbiss, € 77 p.P., (*Íshestar*).
- „Bootstrip Jökulsárlón", vor Ort buchbar, ca. 30–40 Minuten, ISK 2.500 p.P.
- „Tagesausflug Snæfellsjökull", ca. 8stündige Busfahrt ab/bis Reykjavík inkl. Mittagessen: ISK 17.900 p.P. *(Reykjavík Excursions)*.
- „Walbeobachtung", 3 Stunden in der Skjálfandi Bucht, ab/bis Husavik € 49 *(North Sailing)*.
- „Snowmobile & Superjeep-Tour", 5stündiger Ausflug ab/bis Reykjavík mit 1stündiger Snow-Scooter-Fahrt über den Gletscher: ISK 34.200 *(Reykjavik Excursions)*.
- „Take a walk on the ice side", Tagesausflug ab/bis Reykjavík zum Gletscher Sólheimajökull, dort u.a. Schneemobil- oder Hundeschlittenfahrt: ISK 17.900 *(Icelandic Mountain Guides)*.
- „Westmännerinseln", Tagesausflug ab/bis Reykjavík inkl. Inlandflüge, Gebühren, Bootstour optional (ISK 4.810) Inselrundfahrt: ISK 21.350 *(Air Iceland)*.
- „Juwelen des Nordens", Tagesausflug mit Flug nach Akureyri ab/bis Reykjavík, geführte Bustour zum Myvatn mit Besuch von Dettifoss, Godafoss und Krafla: ISK 42.040 *(Air Iceland)*.
- „Kjölur-Kerlingarfjöll, Hochland Abenteuer 2009!" 3tägige Tour ins Hochland mit geführten Wanderungen im Kerlingarfjöll und am Hagavatn-See, Ü in Berghütte, VP, € 590 (*Trex*).
- „Wildnis-Trekking durch das Hochland" 15tägige Trekking-Reise auf auf Kjalvegur und Laugarvegur, Ü in Zelten, Gepäcktransport, VP, € 1.985 p.P. *(Wikinger-Reisen)*.

- „Landmannalaugar“, 9tägiger Reiturlaub durchs Hochland, Ü jeweils in Schlafsackunterkünften und Hütten, VP, Transfers, ab/bis Reykjavík € 1.950 p.P. *(Set-Reisen).*
- „Fly, Drive & Bed“, 15 Tage Fly & Drive, ab/bis Deutschland, Mietwagen Kategorie B (Toyota Auris) ab/bis Flughafen, 14 Übernachtungen in vorgebuchten Gästehäusern oder Bauernhöfen (DZ mit Etagendusche/-WC), Steuern, Versicherungen, Karten, Reiseführer, € 1.850 (Nebensaison) bzw. € 2.135 (Hochsaison) p.P. Im DZ *(Set Reisen).*
- „Wandern zwischen Feuer & Eis“, 15 Tage, 6-tägige Bus-/Wanderreise kombiniert mit 6-tägiger Trekkingtour, Ü mit VP in Hütten und Gästehäusern, ab/bis Deutschland € 2.870 p.P. im DZ *(Set-Reisen).*
- „Favorit des Nordens“, 8tägige Busrundreise rund um Islands auf der Ringstraße, Ü mit HP in Hotels der Touristenklasse, ab/bis Deutschland ab € 1.606 p.P. im DZ *(Katla Travel).*
- „Island – Die umfassende Reise“, 15tägige NaturStudienreise in hochlandtauglichem Reisebus, fachliche Führung, Ü/F in landestypischen Hotels, Linienflug ab/bis Frankfurt, Bahnanreise, Versicherungen, Reiseliteratur, Eintritte, € 3.290 p.P. im DZ *(Studiosus).*
- „Hochlandexpedition“, 15tägige Rundreise über die Hochlandstrecken „Kjölur“ und „Sprengisandur“ im Reisebus mit Wanderungen, Ü in Zelten, HP + Lunchpaket, ab/bis Deutschland, € 1.740 (*Wikinger Reisen*).
- „Im Banne der Gletscher und Vulkane“, 15tägige Rundreise im Reisebus mit Wanderungen, Ü in Hütten und Herbergen, Flug auf die Westmännerinseln, HP + Lunchpaket, ab/bis Deutschland, € 2.355 (Wikinger Reisen).
- „Natur und Kultur auf Island“, 12tägige Wanderstudienreise, Ü mit HP in Mittelklasse-Hotels, Eintritte, Studienreiseleitung, ab/bis Deutschland, € 2.780 (*Wikinger Reisen*).

Eintritte

Auch bei den Eintritten muss man in Island tief in die Tasche greifen. Der Besuch von Museen oder Schwimmbädern kostet i.d.R. 300–800 ISK, der Aufzug der Hallgrímsson-Kirche in Reykjavík z.B. ISK 300, der Aufenthalt im Museumsdorf Árbær (Reykjavík) ISK 600 und der Eintritt zur Blauen Lagune ISK 3.200.

Lebensmittel

Trotz des Wertverfalls der Krone in Folge der Finanzkrise ist und bleibt Island das teuerste Reiseland Europas, was jeder Tourist an der Reisekasse spüren wird. Das betrifft vor allem Lebensmittel (auch Grundnahrungsmittel) sowie insbesondere alkoholische Getränke.

Die Bandbreite der Lebensmittelpreise ist auf Island außerordentlich hoch. Als Faustregel gilt: am billigsten sind die Supermärkte in Reykjavík, am teuersten die kleinen Einzelhandels-Geschäfte auf dem Land. Ein großes Glas Bier im Pub wird man kaum unter ISK 600 bekommen, 1-Liter-Flasche Cola im Supermarkt kostet mindestens 200 ISK, ein Hot Dog an der Imbiss-Bude mindestens ISK 180, 1 Tasse Kaffee in der Cafeteria mindestens ISK 250 und für eine Flasche Whisky sind mindestens ISK 4.000 fällig!

Reykjavík Welcome Card

Freie Fahrt im öffentlichen Nahverkehr, freier Eintritt in die meisten Museen und Schwimmbäder, viele weitere Vergünstigungen, detailliertes Begleitheft, für 24 Stunden: ISK 1.200; für 48 Stunden: ISK 1.700, für 72 Stunden: ISK 2.200.

Mehrwertsteuer-Rückerstattung an Ausländer

Ausländischen Kunden wird ein Teil der Mehrwertsteuer (bis zu 15 % des Einkaufspreises) bei bestimmten, im Land gekauften Waren zurückerstattet, wenn der Kauf innerhalb der letzten 3 Monate erfolgte, sie nicht später als 30 Tage nach dem Kauf das Land verlassen, die Gesamtsumme mindestens ISK 4.000 beträgt und die Ware (außer bei Wollsachen) original verpackt ist. Dazu muss der Voucher, den alle Läden mit dem Iceland *Tax Free* Shopping-Logo besitzen, korrekt ausgefüllt und den Behörden bei der Ausreise vorgelegt werden.

Gesamtkostenplanung

Der folgende Versuch einer Gesamtkostenplanung, die mehr oder weniger alle anfallenden Reisekosten einer Reise zusammenfasst, ist für jeweils ein Paar konzipiert, das innerhalb der Hochsaison (Juli–August) zwei Wochen Zeit hat, um Island auf der Ringstraße mit oder ohne die Westfjorde kennen zu lernen. Größere Ausflüge (z.B. Whale-Watching, Snowmobil-Touren, Rundflüge) sind nicht geplant, hingegen 10 Besuche von Museen und/oder Freibädern. **Paar A** möchte möglichst komfortabel reisen: es übernachtet nur in guten Hotels im DZ mit Du/WC, nimmt einen Mietwagen mittlerer Kategorie, isst mittags und abends warm (Touristenmenüs). **Paar B** begnügt sich mit einem Mietwagen der kleinsten Kategorie, übernachtet auf Bauernhöfen mit Open Farm-Gutschein und spart an Mahlzeiten (mittags Fast Food, abends einfache Mahlzeiten). **Paar C** nimmt die Fähre ab/bis Dänemark und hat den eigenen Wagen (Benziner) dabei; übernachtet wird auf der Fähre in einer 2-Bett-Außenkabine, beim Aufenthalt auf den Färöern im guten Hotel Föroyar und auf Island in Gästehäusern oder Edda-Hotels (jeweils DZ mit Du/WC). **Paar D** reist mit dem Buspass (Rundreisepass, einschl. der Westfjorde), übernachtet im Zelt und ist Selbstversorger.

- **Paar A:** An- und Abfahrt zum Heimatflughafen: € 120; 2 Flugtickets (Charterflug) und Mietwagen ab/bis Keflavík (fly & drive; inkl. unbegrenzte km, MwSt, CDW, Flughafengebühren): € 2.772, Benzin für 2.000 km: € 310, 14 Übernachtungen im DZ mit Du/WC und Frühstück: € 2.240, Mittagessen € 450, Abendessen: € 830, Getränke: € 400, Eintritte: € 150, Sonstiges € 250. **Gesamtsumme: € 7.502**.
- **Paar B:** An- und Abfahrt zum Heimatflughafen: € 120; 2 Flugtickets (Charterflug) und Mietwagen ab/bis Keflavík (fly & drive; inkl. unbegrenzte km, MwSt, CDW): € 2.882, Benzin für 2.000 km: € 250, 14 Übernachtungen mit Open-Farm-Gutscheinen inkl. Frühstück: € 1.596, Mittagessen € 280, Abendessen: € 600, Getränke: € 400, Eintritte: € 150, Sonstiges € 230. **Gesamtsumme: € 6.388**.
- **Paar C:** Fährticket Hanstholm–Seyðisfjörður–Hanstholm inkl. Pkw, Kategorie Liege, 2 Übernachtungen auf den Färöern, 7 Übernachtungen auf Island (Paketangebot der Smyril-Line): € 3.842; Benzin für 2.500 km (inkl. An-/Abfahrt nach Hanstholm): € 400, Essen und Getränke bei An-/Abfahrt Hanstholm, auf der Fähre, auf den Färöern und auf Island: € 1.100, Eintritte: € 150, Sonstiges € 200. **Gesamtsumme: € 5.692**.
- **Paar D:** An- und Abfahrt zum Heimatflughafen: € 120; 2 Flugtickets (Charterflug): € 700, Flybus Keflavík–Reykjavík–Keflavík: € 40, Busrundreisepässe: € 610, Zeltstellplätze: € 70, Essen und Getränke: € 460, Eintritte: € 150, Sonstiges € 150. **Gesamtsumme: € 2.300**.

Sparen kann man vor allem, wenn man außerhalb der Hochsaison reist (ca. 20–30 % niedrigere Gesamtkosten!). Wer sich bei alkoholischen Getränken und beim Essen zurückhält, kann ebenfalls preisgünstiger reisen. Möchte man allerdings ab und zu gastronomische Highlights erleben und auf Shoppingbummel nicht verzichten, wird man mit dem Betrag der Gesamtkostenrechnung längst nicht auskommen können. Auch wenn man innerhalb der Hochsaison nicht die günstigsten Flugtarife ausschöpfen kann bzw. auf Linien- statt Charterflüge zurückgreifen muss, liegt der Endpreis deutlich höher.

7. REYKJAVÍK UND UMGEBUNG

(ⓘ s. S. 211)

Die nördlichste Hauptstadt der Welt – ein Überblick

Hinweis
Einen Stadtplan von Reykjavík finden Sie in der vorderen Buchklappe.

Haus vom Ende des 19. Jahrhunderts

Obwohl Reykjavík mit einer **geographischen Lage** von 64°09' nördlicher Breite (und 21°56' westlicher Länge) die nördlichste Hauptstadt der Welt ist, sind die **klimatischen Bedingungen** doch weitaus angenehmer, als man es vermuten könnte. Dabei ist die jährliche Durchschnittstemperatur von 4,3 °C (im Januar -0,5 °C, im Juli 10,6 °C) nur ein statistischer Wert, tatsächlich war es bereits einmal -24,5 °C kalt (im Januar 1918) und 24 °C warm (im Juli). Aber, um bei der Statistik zu bleiben, mit durchschnittlich 799 mm Niederschlag, 1.268 Sonnenscheinstunden, 123 Frosttagen und nur 55 Tagen mit geschlossener Schneedekke stellt sich die Stadt als nicht gar so feucht und eisig dar, wie viele Islandbesucher befürchten mögen. Die die Hauptstadt umgebende **Landschaft** ist ganz und gar isländisch. Wer vom Flughafen in Keflavík anreist, durchfährt die fast schon beängstigenden Lava-Felder der Reykjanes-Halbinsel und sieht dann nordöstlich hinter der Stadt Vulkanberge wie das 909 m hohe Massiv der *Esja* auftauchen. Während sich im Osten der *Hengill* 803 m hoch erhebt, geht zum Norden der Blick über das Wasser der *Faxaflói*-Bucht zur gegenüber liegenden Stadt *Akranes* und an klaren Tagen erkennt

Klima und Landschaft

Redaktions-Tipps

- Abendessen mit dem frischesten Fisch der Welt in einem Spezialitätenrestaurant
- Verschaffen Sie sich einen Islandüberblick anhand der Relieffkarte im Rathaus (S. 271)
- Baden im Warmwasser eines der vielen Frei- oder Hallenbäder, am besten im *Laugardalslaug* (S. 275) oder im *Árbæjarlaug*, bei schönem Wetter auch im Strandbad *Nauthólsvík* (S. 274)
- Panoramblick vom Turm der Hallgrímsson-Kirche (S. 268) und/oder Perlan (S. 278)
- Sonnenuntergang am Leuchtturm von Seltjarnarnes (S. 283)
- Wanderung auf dem Inselchen Viðey (S. 281f.)
- *Saturday Night Fever:* Schauen Sie sich freitagsabends um 24–03 Uhr das bunte Treiben in den Kneipen und auf den Straßen in Bankastræti/Laugarvegur an.
- Skandinavisches Mittsommernachtsfest am Nordischen Haus (S. 274)

man sogar am Horizont die schneebedeckte Spitze des 1.466 m hohen *Snæfell*-Vulkans, der sich über die gleichnamige Halbinsel erhebt.

In der **historischen Rückschau** erweist sich Reykjavík als ein gleichzeitig sehr alter und sehr junger Ort. Als sein Gründungsdatum gilt das Jahr **874**, als *Ingólfur Arnarson*, der erste isländische Siedler, in Reykjavík an Land ging und der Gegend (= ‚Rauchbucht') ihren Namen gab. Jedoch konnte weder damals noch in den tausend Jahren danach wirklich von einer ‚Stadt' die Rede sein. Man muss sich vor Augen halten, dass Island traditionell ein reines Bauern- und Fischerland war, das der Entwicklung von Städten keinen Raum ließ. So bestand die Besiedlung über Jahrhunderte hinweg nur aus ein paar Gehöften, zu spärlich, um auch nur als größeres Dorf angesehen zu werden. Als der dänische König Reykjavík **1786** die ‚**Stadtrechte**' verlieh, war dies immer noch ein hochtrabender Begriff angesichts von gerade mal 250 Einwohnern, was etwa 1 % der isländischen Gesamtbevölkerung entsprach. *Skúli Magnússon* (1711–94), dem ersten einheimischen Schatzmeister des Landes, ist es zu verdanken, dass neben Manufakturen auch wenigstens einige halbwegs repräsentative Bauten realisiert wurden, was ihm den Beinamen ‚Vater von Reykjavík' einbrachte. Der älteste Kern der Stadt zwischen *Tjörnin* und *Arnarhóll* geht auf seine Planung zurück.

vom Dorf zur Stadt

Sicher hat das Verbot von Torfhäusern im Jahre 1842 dazu beigetragen, bei Zeitgenossen den allzu ärmlichen Eindruck etwas zu mildern. Mit der Domkirche, dem Parlament, dem Iðnó-Haus, dem alten Gymnasium und einigen Holzhäusern in der *Bankastræti* ist noch etwas der Bausubstanz ‚der ersten Stunde' erhalten, eine Epoche, die bis weit ins 19. Jahrhundert reicht. Denn weder **1796**, als Reykjavík als **Bischofssitz** das Erbe von Skálholt antrat, noch **1800**, als hier zum ersten Mal das **Althing** tagte, noch **1880**, als zum erstenmal ein annehmbarer Weg aus der ‚Stadt' heraus führte, konnte die Einwohnerzahl die 4.000-Personen-Marke überschreiten. Noch um **1900** konnte man im Ausland Reykjavík mit ca. 5.800 Einwohnern als Hauptstadt nicht ernst nehmen. Den größten Aufschwung nahm die Bevölkerungsentwicklung im 20. Jahrhundert: aus 14.160 Einwohnern im Jahre **1915** (Großraum Reykjavík: 17.580) wurden **1950** bereits 55.980 (65.112), **1970** zählte man 81.684 (109.229) Bürger und **1990** bereits 97.569 (151.807) *Reykjavíkingur*. **1992** übersprang die Stadt erstmalig die 100.000-Einwohner-Marke und ist damit auch nach kontinentalen Maßstäben ‚Großstadt'. **2008** lebten im Großraum immerhin rund 190.000 Menschen (bei 310.000 im gesamten Land) – man kann also sagen, dass mehr als jeder zweite Isländer in Reykjavík oder dessen näherer Umgebung wohnt.

Reykjavíker Trabantenstadt der 1950er Jahre

Dieser in der Relation zu anderen Städten Europas riesige Sprung hatte Konsequenzen auf allen möglichen

Gebieten: Wenn beispielsweise um 1900 nur 7,6 % der Gesamtbevölkerung in Reykjavík lebten, 2008 aber ca. 60 %, kann das nur auf Kosten einer enormen **Landflucht** geschehen sein. Wenn andererseits der Zuzug vom Land so massenhaft geschah, kann unmöglich eine alte, gewachsene **Stadtstruktur** erwartet werden. Und von der psychischen Voraussetzung bedeutet dies, dass der ältere Hauptstädter im Grunde noch der isländische Bauer sein muss, während erst die Generation, die ab den 1960ern geboren wurde, als ‚Stadtgeneration' bezeichnet werden kann. Deren Zahl übrigens nimmt rapide zu, denn Reykjavík ist eine junge Stadt: Knapp ein Drittel der Einwohner sind jünger als 20 Jahre.

eine wirkliche Kapitale

Die am inneren Ende der *Faxaflói*-Bucht gelegene Stadt dehnt sich auf einer **Fläche** von rund 114 km^2 aus. Davon ist allerdings nur etwa ein Drittel bebaut und erschlossen, der Rest besteht aus Flüssen, Seen, Lavaflächen und Bergen, in denen aber unaufhörlich Bulldozer und Bagger Platz für neue Wohnsiedlungen und Fabrikgelände machen. Denn die Anziehungskraft Reykjavíks, die sich aus ihrer **Konzentration** und **Zentralisierung** von Handel, Industrie, Wirtschaft, Politik, Verwaltung und Kultur ergibt, ist trotz ihrer **Grenzlage** im Südwesten ungebrochen. Inzwischen bieten 400 km **Straßen** Platz für knapp 85.000 **Autos** und der **Hafen** mit jährlich 2.800 Schiffsanläufen ist betriebsam wie nie zuvor. Wer nach längerer Abwesenheit in den letzten Jahren die isländische Kapitale besuchte, bemerkte sehr schnell, wie es hier an allen Ecken und Enden boomt, auch wenn dieser Boom durch die Finanzkrise, die Island mit voller Wucht erfasst hat, einen kräftigen Dämpfer erhielt.

Blick von der Hallgrímsson-Kirche

Der **rasante Strukturwandel**, der das Land seit seiner Unabhängigkeit erfasste, war und ist eben am ehesten in der Hauptstadt zu bemerken, die zunehmend ihr provinzielles Kleid abstreift und mit moderner Architektur, Galerien, Kneipen, Einkaufszentren und Restaurants der Spitzenklasse aufwartet. Reykjavík kann heute durchaus mit weit größeren Städten mithalten und angesichts der Vielzahl an Kultur- und Freizeitinstitutionen ist selbst der Begriff ‚Metropole' nicht zu hoch gegriffen. Zuletzt konnte sich Reykjavík **2000** einer breiten internationalen Öffentlichkeit präsentieren, als die Kapitale zusammen mit Avignon, Bergen, Bologna, Brüssel, Helsinki, Krakau, Prag und Santiago de Compostela den Titel einer *‚European Cultural City'* trug. Damals lockten kulturelle Events in der Hauptstadt und im ganzen Land unzählige Besucher nach Island.

zwischen Amerika und Europa

Sie erlebten ein lebenslustiges Gemeinwesen, dessen **psychologisches** und soziales **Naturell** zwischen Amerika und Europa einerseits und zwischen moderner Großstadt und einfachem Landleben andererseits schwankt. Diese Gratwanderung macht sich bereits im Straßenbild bemerkbar: breite Ausfallstraßen (*braut* genannt) erinnern an die USA genauso wie die Vielzahl aufgemotzter Straßenkreuzer und hochliegender Jeeps. Demgegenüber lassen im Zentrum verwinkelte Gassen und Holzhäuser der Jahrhundertwende eher an nordnorwegische Gemeinwesen (z.B. Tromsø) denken. Auch die Weitläufigkeit der Stadt, die inzwischen mit den Nachbargemeinden *Kópavogur* (eigentlich die zweitgrößte Stadt des Landes), *Garðabær, Mosfellsbær* und *Hafnarfjörður* zusammengewachsen ist und sich in der dunklen Jahreszeit als ein bis zum Horizont reichendes Lichtermeer darstellt, kennt man aus Nordamerika. Genauso die Pionier- und Wildwest-Atmosphäre, die an manchen Stellen vergessen lässt, dass man sich – jedenfalls politisch – in Europa befindet. Ob sich die *Reykjavíkingur*, wie man die Hauptstädter nennt, nun mehr zur Alten oder zur Neuen Welt hingezogen fühlen, bleibt abzuwarten.

Was kann, was sollte der ausländische Besucher in Reykjavík unternehmen? Diese Frage ist schwierig zu beantworten, denn sie ist von der Erwartungshaltung und dem Grund des Besuches abhängig.

für Jeden etwas

- Für den **Naturliebhaber** wird die Hauptstadt nur Durchgangsstation sein; schließlich ist er wegen der Berge, der Fauna, der Wasserfälle und Gletscher auf die Insel gekommen. Immerhin kann er sich hier aber vor seinen Exkursionen mit Lebensmitteln, Landkarten, Informationsmaterial u.a. versorgen, bevor er in die Einsamkeit aufbricht. Und sollte er einen oder zwei Tage länger als erwartet in der Kapitale bleiben, findet er am Stadtsee *Tjörnin*, auf der Insel *Viðey*, in der *Heiðmörk* und an vielen anderen Stellen direkt vor der Haustür unberührtes, isländisches Tier- und Pflanzenleben, Wanderwege und andere Betätigungsfelder. Vor etwas Großstadt-Typischem wird er in der Großstadt ohnehin bewahrt: die Luft ist (noch) sauber, da weder mit Strom, noch mit Kohle, Gas oder Öl geheizt wird. Reykjavík ist eine ‚Stadt ohne Schornsteine'. Gleiches gilt für die Trinkwasser-Qualität: selbst ihre Autos waschen die *Reykjavíkingur* mit hochwertigem Mineralwasser!
- **Sportaktive Gäste** werden vom hohen Freizeitwert im Zentrum und in der Umgebung begeistert sein, der ihnen wie den Bewohnern sommers und winters eine Fülle von Aktivitäten ermöglicht. So laden zahlreichen Reitwege zu Touren in der Natur ein (am Stadtrand befinden sich Pferdeställe für Tausende von Tieren sowie eine immer gut besuchte Reitschule), gibt es Jogging- und Trimm-Dich-Pfade, Frei- und Hallenbäder sowie das landesweit beste Angebot für Extremsportarten. Ohnehin ist Reykjavík eine sportliche Stadt, die allein über 45 Sportvereine zählt.
- Für **Kultur-Touristen** halten Oper, Theater, 13 Museen und rund 30 Galerien ein größeres Programm bereit, als in einem durchschnittlichen Aufenthalt zu schaffen wäre. Selbstverständliche Pflicht ist für sie ein Ausflug nach *Þingvellir*.
- **Gourmets** kann die Stadt eine Gastronomie auf hohem Niveau bieten, die nicht nur den frischesten und schmackhaftesten Fisch, die besten Rentier- und Lammgerichte Europas sowie sonst unbekannte Gaumenfreuden (z.B. Papageientaucher-Brust) bereithält, sondern auch witzige, originelle und ‚unverdorbene' Gaststätten.
- Selbst **Großstadtfans**, die z.B. auf dem Weg nach New York hier zwischenlanden, sollten sich nicht von Vorurteilen leiten lassen. Für sie mag die Erkenntnis überraschend sein, dass auch diese Destination einiges zu bieten hat und für nicht wenige von ihnen wurde auf solche Weise die nördlichste Hauptstadt der Welt zu einem ‚Geheimtipp', zu dem sie in schöner Regelmäßigkeit wieder zurückkehren. Wer es turbulent mag, sollte als Besuchstermin das Wochenende

wählen und Kondition mitbringen: in den Kneipen und Pubs wird es erst ab 24 Uhr richtig interessant. Selbst in Millionenstädten ist um 3 Uhr morgens nicht mehr los als samstags in Reykjavík!

Stadtspaziergänge im Zentrum

Im Folgenden werden einige Stadtspaziergänge und Sehenswürdigkeiten vorgestellt, die die reizvollsten Punkte Reykjavíks enthalten. Sollte man nur **einen Tag** in der Hauptstadt zur Verfügung haben, empfehle ich, vormittags den Spaziergang durchs alte Reykjavík zu unternehmen und am Nachmittag, je nach Interessenlage, zum Freilichtmuseum *Árbær,* zum Nationalmuseum oder zum Schwimmbad zu fahren. In den Abendstunden lohnt dann der Aussichtspunkt *Perlan,* bevor man den Tag in einem der Restaurants oder Kneipen der Altstadt ausklingen lässt.

Im Stadtzentrum (Austurstræti)

Das alte Reykjavík

Hinweis
Die Verweise in Klammern beziehen sich auf die Karte in der vorderen Umschlagklappe und die Karte auf S. 266.

Für diesen kleinen Rundgang benötigen Sie etwa 2 Stunden, die natürlich – je nach Länge der Besichtigungen – auf einen halben Tag ausgedehnt werden können. Dabei sehen Sie einige der wichtigsten städtischen Sehenswürdigkeiten. Falls man vorab weitere Infos, Stadtpläne o.ä. benötigt, sollte man als erstes die **Touristeninformation**/*Upplýsingamiðstöð Ferðamála* **(1)** aufsuchen, die sich in einem auffälligen Glasanbau an der *Aðalstræti* befindet. Von hier aus erreicht man über die *Austurstræti*, die in Teilen zur Fußgängerzone umgewandelt wurde, den Platz **Lækjartorg**. Er liegt an der Kreuzung mit den Straßen *Bankastræti* und den stets von viel Autoverkehr frequentierten *Lækjargata* und *Kalkofnsvegur,* gleichzeitig wird der Platz von fast allen Buslinien der Hauptstadt angefahren. Steht man am *Lækjartorg* in Blickrichtung hinauf zur *Bankastræti*, fallen einige altertümliche, kleine Holzhäuser auf, die vorzüglich restauriert sind.

Das Regierungsgebäude

aus der dänischen Zeit

Ebenfalls ‚historisch' ist das unscheinbare, weiß gestrichene Haus etwas unterhalb auf der anderen Straßenseite: das **Regierungsgebäude**/*Stjórnarráðhusið* **(2)**. Hier residiert der Ministerpräsident und hat das Außenministerium seinen Sitz. Das Steingebäude stellt eines

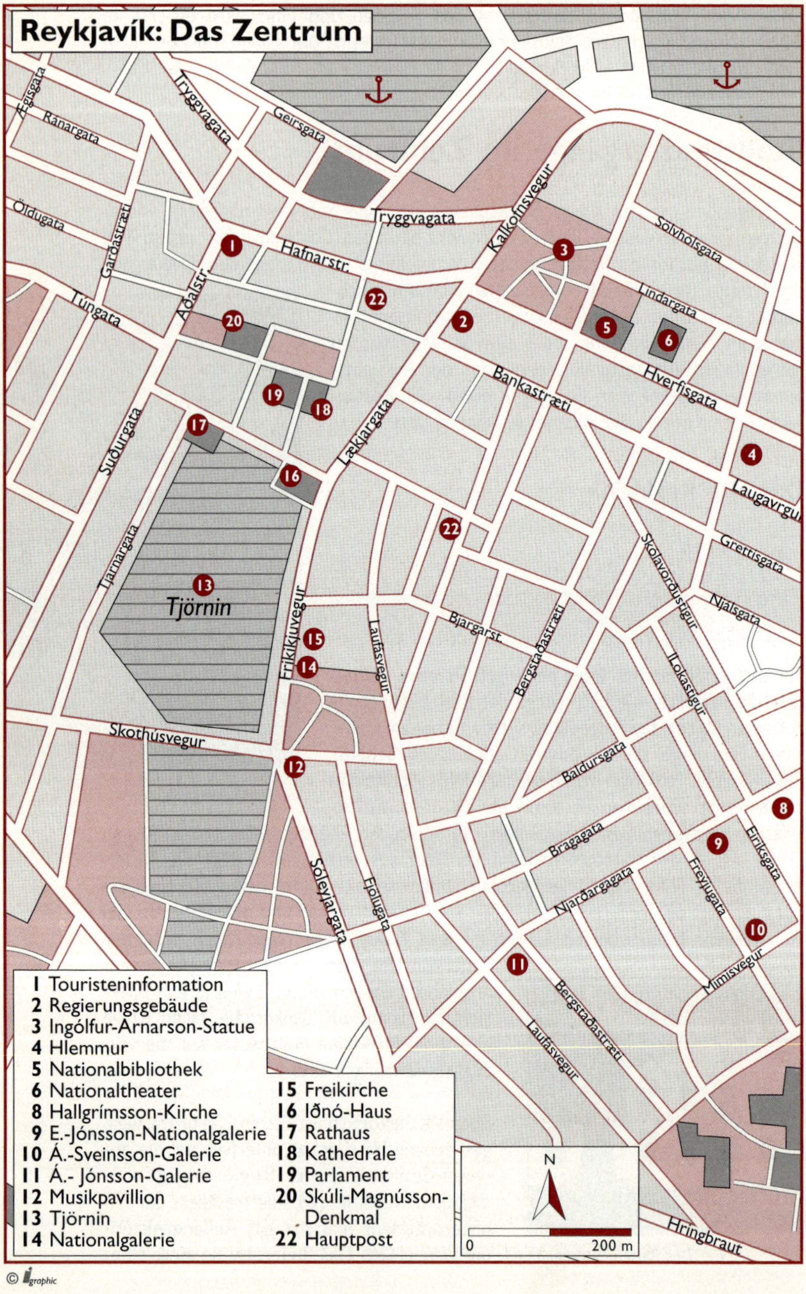
Reykjavík: Das Zentrum
Ægisgata
Ránargata
Tryggvagata
Geirsgata
Öldugata
Garðastræti
Hafnarstr.
Kalkofnsvegur
Sölvhólsgata
Lindargata
Túngata
Aðalstr.
Hverfisgata
Bankastræti
Lækjargata
Suðurgata
Laugavegur
Tjarnargata
Grettisgata
Skólavörðustígur
Njálsgata
Tjörnin
Fríkirkjuvegur
Laufásvegur
Bjargarst.
Bergstaðastræti
Lokastígur
Skothúsvegur
Baldursgata
Bragagata
Eiríksgata
Freyjugata
Njarðargata
Sóleyjargata
Fjólugata
Mímisvegur
Laufásvegur
Bergstaðastræti
Hringbraut
1 Touristeninformation
2 Regierungsgebäude
3 Ingólfur-Arnarson-Statue
4 Hlemmur
5 Nationalbibliothek
6 Nationaltheater
8 Hallgrímsson-Kirche
9 E.-Jónsson-Nationalgalerie
10 Á.-Sveinsson-Galerie
11 Á.- Jónsson-Galerie
12 Musikpavillion
13 Tjörnin
14 Nationalgalerie
15 Freikirche
16 Iðnó-Haus
17 Rathaus
18 Kathedrale
19 Parlament
20 Skúli-Magnússon-Denkmal
22 Hauptpost
N
0
200 m

der ältesten der Stadt dar (18. Jh.) und war ursprünglich ein Gefängnis, später wurde es zum Sitz des dänischen Gouverneurs und entsprechend umgebaut. An die Dänenzeit erinnert die Statue *Christians IX.* zur Linken, während rechts des Eingangs *Hannes Hafstein*, der erste isländische Minister, dargestellt ist.

Rechterhand des Regierungsgebäudes verläuft die *Bankastræti* bergan. Diese etwa 1 km lange Straße (die später *Laugavegur* heißt), ist die Haupteinkaufsstraße mit einer Menge Bücherläden, Modegeschäften, Reisebüros, Kneipen und Restaurants. Ihr Endpunkt ist **Hlemmur (4)**, die zweite große innerstädtische Busstation.

Hinweis

Wenn Sie hier (wie an vielen anderen Stellen in der Stadt) Verkehrsschilder mit dem Symbol eines durchgestrichenen Hundes sehen, bedeutet dies mehr als nur ein Hundeverbot. Tatsächlich war Reykjavík nämlich einmal per Verordnung eine ‚hundefreie Stadt'. Diese Bestimmung ist inzwischen zurückgenommen worden, das Halten des treuesten Menschenfreundes in Wohnungen also nicht länger illegal. Trotzdem darf nicht jeder Hundehalter sein Tier auf jeder Straße Gassi führen, auf ‚Verschmutzung' stehen hohe Strafen und zur Verrichtung des alltäglichen Geschäftes wurde am Stadtrand ein riesiges Gelände als parkähnliche Hundetoilette eingerichtet...

Nördlich des Regierungsgebäudes erstreckt sich eine weite Grünfläche, der **Arnarhóll** (= ‚Arnars Hügel'), der vom berühmten **Standbild *Ingólfur Arnarsons* (3)** bekrönt wird, das der Bildhauer *Einar Jónsson* schuf. *Ingólfur Arnarson* war im 9. Jh. der erste Siedler des Landes und Begründer von Reykjavík. Sein Blick geht hinunter zum Hafen und auf's Meer, über das er seine neue Heimat erreichte. Ob ihm der moderne, schwarze Block der **Nationalbank** gefallen würde, die sich zu seinen Füßen (*Kalkofnsvegur*) erhebt?

Von der Nationalbank führt der Weg über die *Hverfisgata*, vorbei an der weißen **Nationalbibliothek**/*Landsbókasafnið* **(5)**, die einen beachtlichen Bestand von rund 500.000 Bänden hat und außerdem das Nationalarchiv beherbergt. Daneben finden hier verschiedene Dauer- und Wechselausstellungen statt. Benachbart ist ihr das 1928 gebaute, schwarzgraue **Nationaltheater**/*Þjóðleikhúsið* **(6)**, so dass sich hier zwei markante und für das kulturelle Leben von Stadt und Land sehr wichtige Gebäude direkt nebeneinander erheben.

Uferpromenade

Wer an dieser Stelle abkürzen möchte, kann anschließend über die schräg verlaufende *Skólavörðustígur*, vorbei am kleinen und altertümlichen Stadtgefängnis, in wenigen Minuten direkt zur Hallgrímsson-Kirche gehen, ansonsten behält man auf der *Hverfisgata* oder der *Bankastræti* die bisherige Richtung bei bis zur Querstraße *Frakkastígur*, die einen nach rechts ebenfalls zur Kirche bringt. Geht man diese Straße jedoch nach links hinunter und über die *Skúlagata* hinaus bis zur stark befahrenen, vierspurigen Uferstraße *Sæbraut*, stößt man dort direkt am Wasser auf einen 1992/93 eingerichteten **Aussichtspunkt (7)**. Von hier aus geht der Blick weit über die Bucht bis hinüber nach Akranes. Die moderne Plastik auf dem kleinen Platz erinnert eher an nordische Felszeichnungen aus der Bronzezeit denn an ein Wikingerschiff. Zu beiden Seiten dieses Aussichtspunktes hat man in den vergangenen Jahren weitere Skulpturen aufgestellt, jede mit einem erläuternden Täfelchen versehen. Dieser ‚Skulpturenweg' leidet natürlich unter dem Lärm der Hauptverkehrsstraße und ist als Flaniermeile weniger empfehlenswert.

Aussichtspunkt am Hafen

Deswegen wendet man sich wieder südwärts und marschiert über die *Frakkastígur* zum nächsten Ziel, das gleichzeitig das markanteste Gebäude der Stadt ist: Die **Hallgrímsson-Kirche (8)**. Weithin sichtbar ragt ihr 73 m hohe Turm auf dem Hügel *Skólavörðuholt* als Landmarke in den Himmel. Die nach dem Pfarrer und Dichter der berühmten Passionspsalmen, *Hallgrímur Pétursson* (1614–74; S. 101) benannte Kirche ist interessanterweise ausnahmslos von nach heidnischen Göttern und Helden benannten Straßen umgeben. 1937 wurde der isländische Staatsarchitekt *Gudjón Samúelsson* mit dem Projekt beauftragt, das 1945 begonnen wurde und sich dann – da zum größten Teil aus Gemeindespenden finanziert – noch lange hinzog. 1948 war erst eine Kapelle im Keller fertiggestellt, der dominierende Turm erst 1974 und das Kirchenschiff konnte, gerade noch rechtzeitig zur 200-Jahr-Feier der Stadt, 1986 eingeweiht werden. Die *Hallgrímskirkja*, die von der Konzeption her in der Nachfolge der großen Bischofskirchen von Skálholt steht, ist das größte Gotteshaus der Insel (1.200 Sitzplätze). Ihre Außenfassade wird durch den abgestuften, Basaltformationen nachahmenden Zementturm und der Haube über dem Chor bestimmt. Das weiße Innere ist weitgehend schmucklos; Blickfänge sind u.a. die in Bonn gefertigte und 1992 eingeweihte große Konzertorgel, *Einar Jónssons* Statue Christi, das Altarbild des dänischen Künstlers *Pedersen* und eine Kopie der ersten isländischen Bibel von 1584. Häufig finden im Kirchenvorraum Kunstausstellungen statt und der 1982 gegründete Motettenchor, einer der besten des Landes, gibt mehrmals jährlich Konzerte.

Wahrzeichen der Stadt

Das Wahrzeichen der Stadt

Aussicht

Ein Besuch der Kirche wäre unvollständig, wenn Sie nicht mit dem Aufzug auf die Aussichtsterrasse des Turmes (83 m ü.d.M.) fahren würden: der Blick über die ganze Stadt, den Hafen und nach Akranes (bei klarer Sicht bis zum Snæfellsjökull, der in 95 km Luftlinie aufragt) ist einfach fantastisch! Der Turm ist tägl. 9–18 Uhr geöffnet.

Ein beliebtes Fotomotiv ist das **Leifur-Eriksson-Denkmal**, das sich auf dem Freiplatz vor dem Kirchenportal erhebt. Es wurde 1930 von dem amerikanischen Künstler *Stirling Calder* geschaffen und anlässlich des tausendsten Jahrestages des Althings dem Land von den USA geschenkt, die damit der Heimat ihres ersten ‚Entdeckers' ihre Reverenz erweisen wollten. Das Denkmal trägt die Inschrift: ‚*The United States of America to the people of Iceland on the 1000th anniversary of the Althing A.D. 1930*'. *Wikinger-Denkmal*

Wer nach dem Besuch der Hallgríms-Kirche noch Bekanntschaft mit den zwei dominierenden Vertretern der jüngeren isländischen Kunst schließen möchte, hat dazu in unmittelbarer Nähe Gelegenheit. Direkt südwestlich des Vorplatzes befindet sich an der Eiríksgata die **Einar Jónsson-Nationalgalerie (9)** *(Listasafn Einars Jónssonar)*. Das ehemalige Wohnhaus und Atelier des Bildhauers *Einar Jónsson* (1874–1954; S. 112) wurde 1923 der Öffentlichkeit zugänglich gemacht und ist damit die älteste Kunstgalerie des Landes. Zu sehen sind einige seiner wichtigsten Skulpturen und Zeichnungen, sowohl im Gebäude selbst als auch im schön angelegten Skulpturengarten.

In der südlichen Parallelstraße, der Freyjugata, hatte der berühmtere Kollege *Ásmundur Sveinsson* (1893–1982) sein Domizil. Die **Ásmundur-Sveinsson-Galerie (10)** war seit 1933 sein Atelier und Wohnhaus, bevor er auf der Straße *Sigtún* seine bizarr wirkende neue Wirkstätte baute, die heute ebenfalls als Museum dient (s.u.). Das Gebäude befindet sich im Besitz der isländischen Architektenkammer und kann während der Wechselausstellungen besichtigt werden.

Vom Vorplatz der Kirche bzw. von den beiden genannten Museen geht man nun die *Njarðagata* bergab in südwestliche Richtung. Den Weg begleiten einige schmucke und buntgefleckte Holzhäuser mit teilweise kunstvoll geschnitzten Giebelfiguren aus der Jahrhundertwende. An der Kreuzung mit der *Bergstaðastræti* lohnt sich ein kurzer Abstecher nach links zur **Ásgrímur Jónsson-Galerie (11)**. Hier lebte und arbeitete der gleichnamige Maler (1876–1958), einer der ersten Vertreter neuerer isländischer Kunst. Bekannt sind seine expressionistisch gefärbten Landschaftsbilder, von denen einige ausgewählte Werke hier ausgestellt sind. *Museen und Galerien*

Wenn man nicht die bisherige Richtung weitergehen möchte und um das Ende des Stadtsees den Spaziergang bis zum Nationalmuseum erweitern möchte (S. 273ff.), sollte man an der nächsten Querstraße der *Njarðagata*, dem *Laufásvegur*, rechts einbiegen und dann die zweite Querstraße (*Skothúsvegur*) wieder nach links gehen. Dabei kommen Sie direkt zum hübschen achteckigen **Musikpavillon**/*Hljómskálinn* **(12)** aus dem Jahre 1922. Nördlich von ihm und dem umgebenden Park geht eine Brücke über den Stadtsee Tjörnin, wir wenden uns aber nach rechts und spazieren an seinem östlichen Ufer entlang.

Der Stadtsee **Tjörnin (13)** ist – für einen Stadtweiher ungewöhnlich genug – einer der wichtigsten Vogelbrutplätze des Landes, der 40–50 verschiedene Arten beherbergt. Besonders zahlreich sind Enten präsent, deren Fütterung nahe dem neuen Rathaus bei den Kleinsten ein beliebtes Vergnügen ist. Aber auch Gänse, Schwäne und Möwen sind zahlreichen vertreten. Als Rarität findet man *Barrow's Goldauge*, eine amerikanische Vogelart, die nirgends in Europa außer eben auf Island vorkommt. Im Winter, wenn der Frost eine Eisdecke auf dem See gebildet hat, kann man die Eislaufkünste von Kindern und Jugendlichen betrachten, im Sommer flaniert man über die Seepromenade entlang des *Fríkirkjuvegur* mit schö- *Naturschutzgebiet und Stadtsee* nem Blick auf die Fontäne, einem Geschenk des ehemaligen amerikanischen Botschafters. Oder man schlendert durch die Parkanlagen am südlichen Ende, wo es einen Steingarten und mehrere Skulpturen zu sehen gibt.

Hinweis

Südöstlich des Stadtsees, auf der Straße Hellusund, kann man sich im Gebäude 6a die rund zweistündige Filmvorführung ,The Volcano Show' anschauen, die die Vulkanausbrüche der letzten Jahre zeigt, aber auch ältere Aufnahmen von den Eruptionen am Mývatn, der Hekla, bei Heimaey und die Geburt von Surtsey. Die im In- und Ausland preisgekrönte Show kann in verkürzter Form auch als Videokassette erworben werden. Mehrere Vorführungen finden tägl. im Sommer statt, auch in englischer und deutscher Sprache. Außerdem kann man während aller Shows die Kommentare über Kopfhörer auch wahlweise in Deutsch, Englisch oder Französisch hören.

Auf dem Weg zum alten Zentrum, das inzwischen von der Silhouette des neuen Rathauses dominiert wird, sollt man sofort hinter der Brücke zwei Gebäuden jenseits des *Fríkirkjuvegur* Beachtung schenken. Zum einen ist das die **Nationalgalerie**/*Listasafns Íslands* **(14)**, ein merkwürdiges Gebäude mit drei Stichkappen, das erst 1988 in die Nationalgalerie umgewandelt wurde. Die Nationalgalerie zeigt ältere und zeitgenössische isländische Kunst; zu ihrem Fundus gehören ca. 5.000 Werke, von denen jeweils Exponate ausgewählt und vorgestellt werden.

Freikirche und Nationalgalerie jenseits des Tjörnin

Sofort daneben erhebt sich die weiße **Freikirche**/*Fríkirkja* **(15)**, ein schöner Bau ohne äußerst Sehenswertes im Inneren, der den freien Lutheranern als Gemeindekirche dient. Die Uferpromenade endet am altehrwürdigen **Iðnó-Schauspielhaus (16)** von 1897, in dem ursprünglich die Handwerkervereinigung ihren Sitz hatte. Als Theatersaal fungierte das Iðnó bis 1989. Geht man von diesem eindrucksvollen Holzgebäude geradeaus (*Lækjargata*) weiter, kommt man nach wenigen Schritten zum Ausgangspunkt des Rundganges zurück; dabei passiert man rechter Hand das hochgelegene Haus *Menntaskólinn*, eine alte und bekannte Schule, zu deren Absolventen u.a. die Nobelpreisträger *Níels Finsen* (Medizin, 1903) und *Halldór Laxness* (Literatur, 1955) gehörten.

Bleiben Sie aber noch eine Weile am Kopfende des Sees, wo sich Gänse und Enten zur Fütterung einfinden, und gehen Sie auf das neue Rathaus zu. Rechterhand sehen Sie die schöne Rückfront des Parlamentes (s.u.), während eine Fußgängerbrücke Sie geradewegs in das postmoderne **Rathaus**/*Ráðhús Reykjavíkur* **(17)** bringt. Von den vielen Plänen zur Neugestaltung des Tjörnin (den einige Radikale am liebsten zugeschüttet hätten) wurde ein Teil realisiert, indem man die modernen Promenaden anlegte und vor allem das tonnengewölbte Rathaus auf Stelzen in den Stadtsee setzte. Nachdem 1987 die isländische Architektin *Margrét Hardardóttir*

Das Rathaus, Schauseite zum Tjörnin

zusammen mit *Steve Christer* den ersten Preis eines Architekturwettbewerbes gewonnen hatten, wurde ihr Vorschlag in die Tat umgesetzt. Im April 1992 konnte das markante und im Ausland viel beachtete Bauwerk schließlich seiner Bestimmung übergeben werden. Außer wegen seiner Architektur lohnt der Besuch aus drei Gründen: erstens findet sich im Inneren eine große topographische Karte des Landes, die einem den Blick für die Dimensionen und Besonderheiten des Reisezieles öffnet. Zweitens gibt es eine wunderschöne, schlichte Cafeteria – ideal für eine Verschnaufpause. Drittens kann man sich am *City Hall Information Desk* wertvolle Informationen besorgen.

modernes Rathaus

Wenn Sie das Rathaus durch den Haupteingang verlassen und über die *Vonarstræti* zunächst zurückgehen, taucht linker Hand ein Ensemble wichtiger Gebäude auf. Zunächst die **Kathedrale**/*Dómkirkjan* **(18)**, ein 1796 errichtetes Holzgebäude mit kleinem Glockenturm, das für europäische Verhältnisse nur als bescheiden bezeichnet werden kann. Doch kann man auf alten Stadtansichten sehen, wie es früher die Häuser Reykjavíks überragte. Im Inneren ist das Taufbecken beachtenswert, das der berühmte Klassizist *Berthel Thorvaldsen* schuf.

Die Kathedrale

Von hier aus geht es am vornehmen *Hótel Borg* vorbei zum ‚Ostplatz' *(Austurvöllur)*, jenem Platz, der das politische Herz des Landes darstellt und wo sich das **Parlament**/*Alþingishúsið* **(19)** befindet. Das markante, aus Basalt errichtete Gebäude entstand 1880–81 nach Plänen des dänischen Architekten *Meldahl* und hatte ursprüngliche mehrere Funktionen. Hier saßen nicht nur die Beamten der Krone, sondern auch die Landesbibliothek und die ‚Altertümersammlung', der Grundstock des heutigen Nationalmuseums, waren in dem eher bescheidenen Haus untergebracht. Nachdem 1908 die Bibliothek und das Museum in andere Gebäude verlegt werden konnten, diente das *Alþingishúsið* ab 1911 zusätzlich als Universität (die erst 1940 zu ihrem jetzigen Standort umzog). Von Anfang an aber war es hauptsächlich als Sitz des Althings gedacht und wurde damit als ‚überdachte' Lösung Nachfolgerin des uralten Versammlungsplatz in Þingvellir. Auch heute noch beherbergt es – obwohl bedeutend kleiner als das benachbarte Rathaus – immer noch den Sitzungssaal des Parlamentes (63 Abgeordnete) und die Regierung, zusätzlich sind 3 Versammlungsräume der Parteien, eine Kantine, eine Zuschauerloge und Verwaltungsbüros

das politische Herz Islands

hier untergebracht. Natürlich kann in der heutigen Zeit kein Staat von solch einem kleinen Haus regiert werden, und das *Alþingishúsið* besitzt weitere Räume in der Nachbarschaft bzw. hat diese gemietet. Zur Platzseite ist das Gebäude eher schmucklos, nur ein kleiner Balkon und der Giebel mit dem dänischen (!) Wappen gliedern die Basaltfront. Zur See- und Gartenseite zieht das wunderschöne Halbrund *(Kringlan)* die Aufmerksamkeit auf sich, das 1908 angefügt wurde; im Garten selbst befinden sich u.a. Gräber von Althingsleuten.

Die Rückfront des Althings

Gehen Sie nun den Platz *Austurvöllur* vor dem Parlament entlang, in dessen Mitte eine Statue an den Freiheitshelden *Jón Sigurðsson* (1811–79) erinnert. Am Ende des Platzes, wo sich die *Kirkjustræti* mit der *Aðalstræti* kreuzt, erinnert ein **Denkmal (20)** an *Skúli Magnússon*, den ‚Vater von Reykjavík'. Jenseits der Kreuzung führt die *Túngata* auf einen Hügel hinauf, der von der katholischen **Christkirche**/*Kristkirkja* **(21)** überragt wird. Das auch *Landakotskirkja* genannte Gotteshaus, das sich an gotischen Vorbildern orientiert, wurde 1929 eingeweiht. Angesichts von nur 1 % Katholiken im Land überrascht die Größe und die Ausgestaltung der Kirche (u.a. eine wertvolle Christusstatue, ein Geschenk von Papst *Pius XI.*). Bei seiner Islandreise hielt Papst *Johannes Paul II.* 1989 in der *Landakotskirkja* eine Messe ab.

Bald ist man wieder zurück an der *Aðalstræti,* wo sich auch die Touristeninformation (1) befindet und wo das älteste erhaltene Haus der Stadt steht (Nr. 10) – es stammt aus den 1770ern.

Von hier aus geht man nun wenige Schritte nach Norden in Richtung Hafen und sieht jenseits der *Hafnarstræti* an der *Vesturgata* noch einige schöne Holzhäuser im norwegischen Stil. Das **Geysir-Haus** an der Kreuzung *Hafnarstræti/Vesturgata* enthält ein Informationszentrum sowie Räume mit Wechselausstellungen zu historischen und kulturellen Themen. Wenn Sie hier in die *Hafnarstræti* einbiegen, sehen Sie am Kopfende des neugestalteten Platzes das sog. **Falken-Haus**, in dem sich heute das *Icelandic Handicrafts Center* mit mehreren Souvenirläden befindet, aber auch Reiseveranstalter, eine Icelandair-Filiale und eine Wechselstube. Früher wurden in dem Gebäude die gefangenen Gerfalken vor ihrer Verschickung nach Dänemark aufbewahrt (daher die

Das sog. Falken-Haus

Holzskulpturen auf dem Dachfirst). **Ingólfstorg**, der kleine Platz vor dem Falkenhaus, wurde in den 1990er Jahren angelegt. Über die *Pósthússtræti* mit der **Hauptpost (22)** und der Fußgängerzone *Austurstræti* sind Sie in wenigen Minuten wieder am **Lækjartorg** angelangt und haben den Ausgangspunkt des Spazierganges erreicht.

Das Universitätsviertel

Ein Besuch des Universitätsviertels am südwestlichen Ende des *Tjörnin* kann in den oben beschriebenen Stadtrundgang integriert werden, etwa indem man vom Musikpavillon (12) durch schöne Parkanlagen um das Ende des Sees herumgeht, nach Besichtigung des Nationalmuseums dann am Westufer entlangspaziert und am neuen Rathaus wieder auf die Route stößt. Insgesamt ist die kühle Atmosphäre des Viertels jedoch nicht ein Highlight, das erwandert werden muss. Touristen mit wenig Zeit sollten sich auf das Nationalmuseum beschränken, das man mit öffentlichen Verkehrsmitteln gut erreichen kann.

Das **Isländische Nationalmuseum**/*Þjóðminjasafnið* wurde als Institution im Jahre 1863 gegründet, zog aber erst später in die jetzigen Gebäude um. Diese waren ursprünglich 1920 als Gefrierhaus der Stadt errichtet worden, später beherbergten sie eine Diskothek und brannten 1971 fast komplett ab. Das Museum, das nach mehrjähriger Umbauzeit 2004 neu eröffnet wurde, gibt den wohl besten Überblick über die Kulturgeschichte des Landes von der Besiedlung im 9. Jh. bis in die Neuzeit. Reichhaltig vertreten sind Zeugnisse und Funde der Wikingerzeit, besonders eindrucksvoll die Modelle und Originale der Seefahrt-Abteilung. Ein weiterer Schwerpunkt ist die kirchliche Kunst (u.a. die wunderschöne Kirchentür von *Valþjófsstaður* aus dem 12./13. Jh.), daneben wird jedoch auch das alltägliche Leben des isländischen Volkes dokumentiert. Leider lässt die Beschriftung der Exponate zu wünschen übrig, doch liegen Faltblätter mit Erläuterungen in Englisch aus.

das wichtigste Museum

Neben dem Nationalmuseum befindet sich auf dem Campus-Gelände ein Studentenwohnheim und das Hauptgebäude der **Universität**/*Háskóli Íslands*. Die 1911 gegründete Lehranstalt, die wichtigste des Landes, zog 1940 aus dem Althings-Gebäude hierhin um. Zurzeit arbeiten hier gut 4.000 Studenten in 9 Fakultäten. Während der Universität gegenüber westlich der Platz *Hagatorg* durch ein modernes Gebäude-Ensemble mit dem Hotel *Saga*, dem Universitätskino und etwas weiter der modernen *Neskirkja* geprägt ist, kommt man südlich entlang der *Suðurgata* nach wenigen Schritten zur **Nationalbibliothek** und dem Literaturinstitut **Árnagarður**. Beide sind inzwischen zusammengewachsen und bieten dem Literaturinteressierten die Möglichkeit, einige der größten Kulturschätze des Landes zu sehen, nämlich die Sammlung mittelalterlicher Handschriften, die auf *Árni Magnússon* (1663–1730; vgl. S. 101) zurückgeht. In dem Forschungszentrum werden u.a. originale Sagatexte sowie andere kostbare Manuskripte aufbewahrt.

Östlich der Universität liegt frei auf dem Campus das 1968 eingeweihte **Nordische Haus** / *Norræna Húsið*. Das nach Plänen des finnischen Architekten *Alvar Aalto* errichtete Gebäude ist ein Symbol der Zusammenarbeit aller nordischen

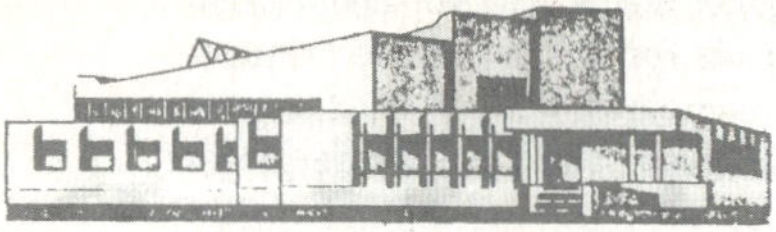

Länder und wird vom Nordischen Rat unterhalten. Gedacht ist es als Kultur- und Kommunikationszentrum. In der Bibliothek befinden sich 30.000 Bücher (Belletristik und Fachliteratur) der skandinavischen Länder in Originalsprache sowie 40 Tageszeitungen, es finden Kunstausstellungen und Konzerte nordischer Künstler statt und eine Jobvermittlung steht skandinavischen Ausländern zur Verfügung. Herausragende Ereignisse des Hauses, das jährlich ca. 100.000 Besucher zählt, ist das ‚gesamtnordische' Mittsommernachtsfest am St. Johannistag mit Feuer und Volkstanz sowie das schwedische St. Lucia-Fest im Dezember. Für Touristen ohne skandinavistische Vorbildung ist das Gebäude wegen seiner Architektur, der wechselnden Ausstellungen und der geschmackvollen Cafeteria interessant.

schöne Architektur

Gegenüber dem Nordischen Haus kann man manchmal in der Universitätsgalerie (am Campus) interessante Kunstausstellungen sehen. Zum Südosten wird der gesamte Bereich vom **Flughafen**/*Flugleiðir* begrenzt, an dessen westlicher Seite der **Terminal** liegt (Parkplatz, Autovermietung, Cafeteria etc.). Der Flughafen wurde 1940 von den Briten als Nachschub- und Operationsbasis angelegt, nachdem sie die Insel besetzt hatten. Heute gehen hier alle innerisländischen Flüge sowie die zu den Färöern und nach Grönland ab, es gibt jedoch Pläne, den Flugplatz zu verlegen bzw. ebenfalls nach Keflavík auszusiedeln.

Wer von hier aus **weiter in den Süden** wandern möchte, etwa um den *Öskjuhlið-Hügel* mit *Perlan* zu erreichen, überquert am besten die *Suðurgata* und folgt dem befestigten Küstenweg, den man im Jahre 2000 als Skulpturenweg anlegte. Er bringt einen der *Fossvogur*-Bucht entlang zum ebenfalls neu eingerichteten **Strandbad Nauthólsvík**, das vom Meer abgetrennt ist und dessen geothermal erwärmtes Wasser ganzjährig mindestens 18 °C beträgt. Das Bad besitzt einen aufgeschütteten Sandstrand und ist *tägl. 12–20 Uhr geöffnet.* Von dort aus ist das unübersehbare Wahrzeichen der *Perlan* (S. 278f.) nicht mehr weit.

Spaziergang durch Laugardalur

Dieser Spaziergang ist für Besucher interessant, die über genügend Zeit verfügen und die wichtigsten Sehenswürdigkeiten Reykjavíks schon kennen. Wer nicht zu diesem Kreis gehört, sollte sich vielleicht auf die Besichtigung von Höfði und des Ásmundur-Sveinsson-Skulpturenmuseums konzentrieren, evtl. auch im Rahmen einer Sightseeing-Fahrt.

Der Name *Laugardalur* (= ‚Warm-Wasser-Tal') erinnert an jene Zeit, als die *Reykjavíkingur* noch nicht mit fließendem Warmwasser in ihren Häusern gesegnet waren. In dem Tal gab es freiliegende Bäche mit warmem bzw. heißem Wasser und die Frauen kamen regelmäßig zum Reinigen der Familienwäsche hierhin.

Reste der eingefassten ‚Waschquellen' sind am Botanischen Garten noch zu sehen. Heute ist die flache Talsohle mit Sportstätten und Parkanlagen ausgefüllt.

Startpunkt des Spazierganges könnte die Busstation **Hlemmur (4)** am Ende der Einkaufsstraße *Laugarvegur* sein, die von fast allen Linien angefahren wird. Genauso gut könnte man aber auch am *Höfði*-Haus, am Schwimmbad oder am Campingplatz beginnen. Es lohnt sich, die Schwimmsachen mitzunehmen. Von *Hlemmur* aus halten Sie sich seeseitig, wo Sie bald auf die große Ausfallstraße *Borgartún* stoßen, der Sie nach rechts folgen. Nach etwa 500 m tauchen linker Hand ein modernes Monument und dahinter das berühmte *Höfði*-Haus auf.

Holzhaus mit Geschichte

Das schöne, repräsentative Holzhaus **Höfði** wurde 1908 erbaut und hatte im Lauf der Zeit verschiedene Besitzer, u.a. den Poeten *Einar Benediktsson*. Von 1941–51 gehörte es Großbritannien und wurde auf Anraten des Botschafters verkauft, weil er es für baufällig hielt. 1958 in den Besitz der Stadt Reykjavík übergegangen, sollte es dann tatsächlich abgerissen werden, bis die Pläne fallengelassen und stattdessen mit der Renovierung begonnen wurde. Seit 1968 dient es als offizielles Gästehaus der Hauptstadt, das aber auch bei Staatsbesuchen genutzt wird. In die Schlagzeilen geriet es am 11./12. Oktober 1986, als hier der berühmte Reykjavík-Gipfel zwischen *Michail Gorbatschow* und *Ronald Reagan* abgehalten wurde. Ein weiteres international beachtetes Ereignis fand im August 1991 im *Höfði* statt, als dort Island als erstes Land der Welt mit den Delegationen der neuen Staaten Estland, Lettland und Litauen die Aufnahme diplomatischer Beziehungen unterzeichnete. Das Gebäude liegt inmitten einer weiten Grünfläche mit Blick auf die Bucht, zwischen der Uferstraße *Sætún* und der Parallelstraße *Borgartún*; beide Seiten sind gleichermaßen repräsentativ.

Höfði: Haus mit Geschichte

Reykjavíks Badewanne

Die folgende Strecke entlang der schnurgerade verlaufenden Straße *Borgartún* bzw. *Sundlaugarvegur* ist relativ uninteressant. Nach etwa 1 km taucht rechts dann der große Freizeit- und Sportkomplex auf, in dem sich das größte Freibad des Landes befindet. Das **Schwimmbad**/*Laugardalslaugin* ist mit verschiedenen, geschwungenen Becken, vier ‚heißen Töpfen', einer langen Wasserrutschbahn, Sauna und Zuschauertribüne ausgestattet. Das Warmwasser kommt, genau wie das Wasser des Heizsystems und das zur Erwärmung der Gewächshäuser, über ein Netz von Bohrlöchern und Pipelines direkt aus der Erde. Relativ nah zur Hauptstadt befindet sich das tiefste Loch des Landes, das das geothermische Wasser aus 3.080 m heraufbefördert. Nach seinem Weg durch die Leitungen und Heißwassertanks hat es noch eine Temperatur von immerhin 75 °C, die zusammen mit Kaltwasser und Außentemperatur auf ein erträgliches Maß gesenkt wird. Die natürliche, wohlige Wärme von 30 °C ist besonders im Winter attraktiv, wenn man neben dem dampfenden Freibad die Schneemassen sieht. Die ‚Hot Pots', in denen das Wasser einige Grad heißer als im Schwimmbad ist (bis zu 44 °C), dienen als beliebter Ort für Alltagsgespräche.

Während sich linker Hand vom Schwimmbad der **Campingplatz** befindet, gehen wir über den Spazierweg rechts am Gebäude vorbei und passieren die Rückfront des **Stadions**/*Íþróttaleikvangur*. Hier finden die wichtigsten Leichtathletik-Wettkämpfe und Fußballspiele u.a. der Nationalmannschaft statt. Der Boden ist mit Kunstrasen bedeckt, der mit Hilfe der Erdwärme das ganze Jahr über schneefrei gehalten wird. Dahinter erhebt sich die Kuppel der **Sporthalle**, die ebenfalls die größte des Landes ist und zusätzlich bei Rockkonzerten, Ausstellungsmessen u.ä. Verwendung findet.

Wendet man sich auf dem gepflasterten Weg, auf dem die Jogger ihre Runden drehen, nach links, kommt man nach einer Weile zu einer Pforte *(Eintritt)*, hinter der u.a. der **Zoo**/*Húsdýragarður* seinen Platz gefunden hat. In diesem ‚Haustier-Garten' leben fast alle isländischen Haustiere in mehr oder weniger natürlicher Umgebung, zu sehen sind aber auch Robben, Rene und andere Wildtiere. Der Besuch ist besonders für Kinder interessant, die nahe an die Tiere herangehen und sie streicheln dürfen.

Als zweite Attraktion findet man neben dem Zoo den 1993 eröffneten **Family Park**. Mit seinen künstlichen Seen, angelegten Gärten, Freiluft-Tischen für Schachspieler, allerlei Spielgeräten und nachgestellten Szenen aus der Wikingergeschichte oder der Nordischen Mythologie wendet sich dieser Park aber eher an Einheimische als an Touristen.

Haustier-Zoo *und* Familienpark, *Tel.: 553-7000; Mitte Mai–Ende Aug. tägl. 10–18, sonst bis 17 Uhr geöffnet, Eintritt.*

Vor der Eintrittspforte zu den genannten Sehenswürdigkeiten zweigt links ein Weg zum **Botanischen Garten**/*Grasagarður* ab. Der Baumbestand im Tal geht auf *Eiríkur Hjartarson* zurück, der 1929 damit begonnen hatte, im Laugardalur Baumsetzlinge anzupflanzen. 1955 wurde das Gelände von der Gemeinde aufgekauft und in einen gepflegten Garten verwandelt. Obwohl der Bestand aus klimatischen Gründen nicht mit dem anderer Großstädte konkurrieren kann, ist ein Spaziergang sinnvoll. Immerhin sind etwa 300 der insgesamt 470 einheimischen Pflanzenarten hier vertreten, außerdem viele Beispiele für sonstige arktische Flora sowie eine experimentelle Zucht ausländischer Pflanzen. Insgesamt verfügt der Botanische Garten über 5.000 Einzelpflanzen und steht im übrigen mit 300 anderen Gärten in 40 verschiedenen Ländern in Kontakt, mit denen Informationen ausgetauscht werden. Bei einem Rundgang sieht man sogar ein ‚richtiges' Waldstück, desweiteren künstliche Teiche mit Holzbrücken, Gewächshäuser, einen pittoresken Pavillon, einen Steingarten und mehrere Skulpturen des Bildhauers *Ásmundur Sveinsson*.

komplette botanische Sammlung

Grasagarður, *Tel.: 553-8870, Juni–Sept., Mo–Fr 8–22, Sa–So 10–22 Uhr geöffnet, sonst Mo–Fr 8–15, Sa–So 10–16 Uhr.*

Während des Parkbesuchs kann man sich zwischen zwei alternativen Routen für den Rückweg entscheiden. Geht man bis zum Ende des Botanischen Gartens und dann über einem der Pfade in nordöstlicher Richtung, erreicht man die moderne **Áskirkja**, deren Konturen an eine Skisprungschanze erinnern. Sie liegt auf einem Brandungswall, den der Nordatlantik nach der letzten Eiszeit hinterlassen hat. Von ihr und dem dahinter liegenden Viertel *Laugarás* hat man einen guten Rundblick über das Laugardal und Reykjavík. Von hier aus führt der Weg zurück zum Schwimmbad und ins Stadtzentrum.

Interessanter ist es aber wohl, wenn man zurück zur Eingangspforte geht, dann an der Sporthalle vorbei über die Straße *Sigtún* und bis zu einem merkwürdigen und interessanten Gebäude spaziert, dem **Ásmundur Sveinsson Skulpturenmuseum**/*Ásmundarsafn*. Das dem städtischen Kunstmuseum angeschlossene *Ásmundarsafn* gehört sicherlich zu den ungewöhnlichsten Ausstellungsbauten in Skandinavien. Hier hat der berühmte Bildhauer *Ásmundur Sveinsson* (1893–1982) in mehreren Abschnitten ab 1942 sein Atelier und Wohnhaus errichtet, nachdem ihm sein altes Studio in der *Freyurgata* zu klein wurde. Die merkwürdige Formensprache – ein Kuppel- oder Igluhaus, ein Ovalgebäude und zwei ‚abgeschnittene' Pyramiden – korrespondiert mit seinen Skulpturen, die teils naturalistisch, teils abstrakt gehalten sind. 1988–90 kam ein moderner Annex hinzu. Die Gebäude und die darin versammelten Kunstwerke (außer Skulpturen auch Zeichnungen) vermachte der Künstler der Stadt Reykjavík. Im Museumsshop können u.a. Reproduktionen seiner Werke gekauft werden.

Am Ásmundur Sveinsson Skulpturenmuseum

Ásmundarsafn, Sigtún, Tel.: 553-2155; Museumsshop, Cafeteria, geöffnet Mai–Sept. tägl. 10–16, sonst 13–16 Uhr, Eintritt.

ungewöhnliche Bauten

Wer von hier aus nicht mit dem Museums- oder Linienbus ins Zentrum zurückfahren möchte, kann den Spaziergang folgendermaßen fortsetzen:

Auf der *Suðurlandsbraut* geht es westwärts, wo man nach wenigen Minuten die Umgehungsstraße *Kringlumýrabraut* kreuzt. Über den *Laugavegur* wandert man bis zum Abzweig des *Bolholt* links hinauf, auf dem man die Rückfront der **Seemannsschule**/*Sjömannskólinn* passiert, die zu den markantesten Gebäuden des Stadtbildes gehört.

Die Háteigskirkja

Daraufhin biegt man nach links auf die Querstraße *Nóatún* ein, die einen kurz darauf zur **Háteigskirkja** bringt. Mit ihren vier filigranen Türmchen und den historisierenden Fensteröffnungen will das schneeweiße Gebäude nicht recht in die nüchterne Umgebung passen, ist aber trotzdem von allen hoch gelegenen Punkten in der Stadt ein deutlicher Blickfang. Kurz dahinter beginnt an der *Flókagata* ein großes Rasenrechteck, in dem das moderne **Städtische Kunstmuseum**/*Kjarvalsstaðir* einen Besuch lohnt. Das 1973 nach 6jährigen Bauarbeiten eröffnete städtische Kunstmuseum trägt seinen Namen nach dem bekanntesten Maler des Landes, *Jóhannes Sveinsson Kjarval* (1885–1972; vgl. S. 113). Seinen Werken begegnet man in der östlichen *Kjarval Hall*. Ansonsten sieht man in zwei Ausstellungssälen zeitgenössische isländische Kunst, zwei weitere Räume sind für Sonderausstellungen vorgesehen. Daneben wird durch das ständig wechselnde Programm von Konzerten, Dichterlesungen, Performances etc. auch anderen Künsten reichhaltig Platz eingeräumt.

Musentempel

Kjarvalsstaðir, *Flókagata, Tel.: 552-6131; Museumsshop, große Cafeteria, tägl. geöffnet 10–18 Uhr, Eintritt*

Die das Gelände im Westen begrenzende *Rauðararstígur* bringt Sie anschließend zurück zur Busstation *Hlemmur* (4).

Weitere Sehenswürdigkeiten

Die folgende Auswahl weiterer Sehenswürdigkeiten ließ sich nicht in die vorher beschriebenen Rundgänge integrieren, obwohl sich darunter einige der interessantesten Punkte der Hauptstadt befinden. Insbesondere sind hier zentrumsnah die moderne ‚Perle' (*Perlan*) und in etwas weiterer Entfernung das Freilichtmuseum *Árbær*, *Bessastaðir* und die Insel *Viðey* gemeint. Diese Attraktionen sollten entweder individuell per Auto oder Bus oder im Rahmen einer geführten Stadtrundfahrt aufgesucht werden.

Zentrumsnahe Attraktionen

Perlan

Die unter extremen Witterungsverhältnissen erbaute und 1991 eröffnete ‚Perle' präsentiert sich auf und mit einem der schönsten Aussichtspunkte der Hauptstadt. Über die alten Heißwassertanks – sechs ringförmig aufgestellte, zylindrische Behälter – erhebt sich eine imposante Stahl-Glas-Kuppel mit einem Durchmesser von 39 m und einer Höhe von 13 m. Die Kuppel wurde von dem deutschen Unternehmen *Gartner* (Gundelfingen) gefertigt, transportiert und vor Ort zusammengeschweißt. Weiter waren Firmen aus fünf anderen europäischen Ländern und aus den USA an dem Projekt beteiligt, das in drei Jahren vollendet werden konnte – eine kurze Zeit, wenn man bedenkt, dass das gesamte Material und

Perlan aus der Vogelperspektive

Know How importiert werden musste. Das edle, postmoderne Interieur umfasst 6 Stockwerke. Unter dem Wintergarten, in dem Skulpturen von *Ásmundur Sveinsson* und Wechselausstellungen zu sehen sind, schießt im Keller alle 5 Minuten ein computergesteuerter ‚Geysir' 15 m hinauf. Im fünften Stock gibt es eine gute Cafeteria und die Ausgänge zur Aussichtsterrasse, auf der man durch Sprechautomaten über Geographie und Sehenswürdigkeiten der Umgebung (auch auf Deutsch) unterrichtet wird. Darüber befindet sich das Drehrestaurant mit seiner vorzüglichen Küche. Das Gelände des Hügels *Öskjuhlið*, auf dem *Perlan* liegt, wurde parkähnlich umgestaltet und von Fußgängerwegen durchzogen. Auch wurde ein künstlicher Geysir installiert. Kürzere Spaziergänge bieten sich z.B. hinab zum Hotel *Loftleiðir* oder zur Kirche *Fossvogskirkja* mit ihrem großen Friedhof an. Auf der anderen Seite der Straße ist die ‚Wasserträgerin', eine Skulptur von *Ásmundur Sveinsson*, ein Blickfang.

Restaurant auf den Heißwassertanks

Perlan, *Öskjuhlið, Tel.: 562-0200,* www.perlan.is; *geöffnet tägl. 10–23 Uhr, im Winter bis 22 Uhr (das Restaurant ab 18.30 Uhr).*

Kringlan

Das 1987 eröffnete Einkaufszentrum *Kringlan* ist keine Touristenattraktion im eigentlichen Sinn, sondern ein moderner Konsumtempel, auf den die *Reykjavíkingur* aber überaus stolz sind und ihn deshalb Fremden gerne zeigen. Nahe dem Stadttheater inmitten moderner Bebauung gelegen, bietet das zweigeschossige, marmor- und glasverkleidete Zentrum 65 verschiedene Läden, viele davon sehr edel aufgemacht (besonders die Mode-Boutiquen). Aber auch für Besucher mit kleinerem Geldbeutel und solche, die nicht unbedingt shoppen möchten, kann *Kringlan* interessant sein, gibt es hier doch ein Postamt, eine Bank, Restaurants und Pubs mit moderaten Preisen, Postkartenläden und im Untergeschoss einen großen Supermarkt.

Entferntere Attraktionen

Sigurjón Ólafsson Museum

Dieses Skulpturenmuseum liegt auf einer Halbinsel jenseits der Uferstraße *Sæbraut*, etwa auf Höhe des Schwimmbades. Es lohnt den Ausflug nicht nur für Kunstbeflissene. Gezeigt werden in dem schönen Gebäude sowie im Garten Werke des gleichnamigen Bildhauers (1908–1982). Reizvoll ist der Besuch aber auch wegen der Konzerte, die *Juni–August jeden Dienstag um 20.30 Uhr* stattfinden.

Sigurjón Ólafsson Museum, *Laugernestangi 70, Tel.: 553-2906; geöffnet Juni–August tägl. außer Mo 14–17 Uhr, sonst nur Sa–So, Eintritt.*

Museumsdorf Árbær/*Árbæjarsafn*

Das Freilichtmuseum liegt östlich des Zentrums, nahe der Kreuzung der breiten Hauptverkehrsstraßen *Höfðabakki* und *Vesturlandsvegur* (der Verlängerung der *Miklabraut*) am lachsreichen Fluss *Elliðará*. Das seit 1957 existierende Museum verei-

Árbær: Konservierte Bauernkultur

nigt hierhin verfrachtete Gebäude (zum größten Teil aus dem Reykjavíker Stadtkern) und Teile des Hofes mit Namen Árbær, der an dieser Stelle jahrhundertelang bewirtschaftet wurde. Aus Reykjavík stammen z.B. das *Haus des Schmiedes* (1820, ältestes Museumsstück, stand ursprünglich neben der Kathedrale) und das *Dillon's Haus* (1825). Die am Eingang gelegene Kirche stammt hingegen aus *Silfrastaðir* in Nordisland. Außer der Architektur der verschiedenen Stile sind Mobiliar, Einrichtungsgegenstände und Kleidung zu sehen. Das Innere der Gebäude kann von Anfang Juni bis September besichtigt werden; in dieser Zeit stellen die Isländerinnen in ihren Trachten und verschiedene Aufführungen eine zusätzliche Attraktion dar. Insgesamt sei Árbær all jenen ans Herz gelegt, deren Island-Aufenthalt nur aus einer Reykjavík-Stippvisite besteht: besser kann man in der Hauptstadt und ihrer Umgebung nicht über die Lebens- und Wohnverhältnisse vergangener Zeiten informiert werden.

museal: das alte Reykjavík

Árbæjarsafn, *Tel.: 577-1111,* www.arbaejarsafn.is; *Anfang Juni–Ende Aug. Di–Fr 10–17, Sa–So bis 18 Uhr geöffnet, sonst zu unregelmäßigen Zeiten und bei angemeldeten Führungen. Außerhalb der angegebenen Zeiten ist es aber ganzjährig möglich, das Areal zu betreten (nur Außenbesichtigungen). Zu erreichen mit Bus Nr. 19 ab Station Hlemmur, mit Bussen Nr. 8, 110 vom Lækjatorg.*

Bessastaðir

Bessastaðir, die schon von weitem sichtbare Residenz des Staatspräsidenten, liegt Reykjavík gegenüber auf der Halbinsel Álftanes. Man erreicht sie, wenn man nördlich von Hafnarfjörður die nach Keflavík führende **S 41** über die **S 415** verlässt, nach einer Weile dann von dieser rechts abbiegt. Zuerst gerät die 1780–1823 erbaute Steinkirche ins Blickfeld. Auf dem angrenzenden Friedhof, der sich bis zum Ufer hinunterzieht, sowie direkt neben der Kirche stößt man auf Grabstätten von politisch bedeutsamen Gestalten der Kolonialgeschichte und des modernen Staates.

Bessastaðir: Kirche und Präsidentenpalais

Das öffentlich nicht zugängliche Haus hinter der Kirche wurde 1763 als eines der ersten Steingebäude für den dänischen Gouverneur errichtet. Eine viel längere Besiedlungsdauer der Halbinsel wurde jedoch durch archäologische Ausgrabungen bewiesen, die Mittelalterliches zutage förderten.

Residenz des Staatsoberhauptes

An der Spitze der Landzunge und zusätzlich an einem See gelegen, hat der Ort eine äußerst reizvolle Position. Ein Besuch lohnt sich besonders nachmittags, wenn die Sonne auf das gegenüberliegende Reykjavík fällt.

Nach dem Besuch von Bessastaðir sollten Sie an der südlichen Küste der Halbinsel entlangfahren, vorbei an hübschen Häusern von *Garðar* nebst einer Kirche und mit Blick auf das Aluminiumwerk. Anschließend bietet sich ein Besuch der hübschen Stadt Hafnarfjörður bzw. die Kombination mit weiteren Zielen auf der Halbinsel Reykjanes (S. 297ff.) an.

Heiðmörk

Direkt an der südöstlichen Peripherie der Hauptstadt erstreckt sich ein weites, naturschönes Gelände, von dem ein etwa 8 km langer und 5 km breiter Streifen seit 1950 als Naturschutzgebiet installiert wurde. Das hügelige Terrain ist von Büschen und Birken bewachsen, durch die eine Vielzahl markierter Wanderwege führen. 30 Vogelarten, 26 Baumarten und 150 andere Pflanzenarten stellen innerhalb der Reykjavíker Stadtgrenzen eine erstaunliche vielfältige Flora und Fauna dar. An den beiden Seen *Elliðavatn* und *Rauðavatn*, die einen großen Forellenbestand aufweisen, haben viele Reykjavíkingur ihre Sommerhäuschen errichtet. Aus dem *Elliðavatn* fließt der *Elliðará*, aus dem jährlich gut 1.500 Lachse geangelt werden, am Museumsdorf Árbær (s.o.) vorbei zur Bucht von Reykjavík. Am nördlichen Ende des Geländes, nur 500 m von der Ringstraße entfernt, stößt man auf merkwürdige, rote Ascheformationen vulkanischen Ursprungs, die sog. ‚roten Löcher' (*rauðhólar*), die an eine Mondlandschaft erinnern.

Man erreicht das Naturschutzgebiet, wenn man auf der Straße 1 nach Hveragerði/Selfoss am Hinweisschild *Heiðmörk* rechts abbiegt. Mit etwas Zeit kann man einen Bogen bis zur Küste schlagen, nämlich auf einer schmalen Straße am See vorbei nach Hafnarfjörður oder Garðabær.

Ausflug zum Inselchen Viðey

Für Besucher mit viel Zeit und für Liebhaber von Kunst, Kultur und Natur bietet sich ein Ausflug zur 1,7 km² großen ‚Waldinsel' an, die vor den Toren der Stadt im *Kollafjörður* liegt. Sie ist relativ flach (höchste Erhebung 32 m ü.d.M.) und durch eine Landenge in die kleinere *Vesturey* (= Westinsel) und die größere *Austurey* (= Ostinsel) getrennt. Im 20. Jh. war Viðey durch den ersten Hafen von Bedeutung, in dem moderne Überseeschiffe anlegen konnten. Damals lebten rund 100 Einwohner hier, die ihr Dorf in dem Maße verließen, in dem sich die Fischereibetriebe und der Hafen von Reykjavík entwickelten. Ab 1943 war Viðey menschenleer.

Inselchen vor den Toren der Stadt

Schon seit dem **10. Jh.** ist eine **Besiedlung** nachweisbar (eine Ausgrabungsstelle befindet sich direkt hinter der *Viðeyarstofa*) und seit dem **12. Jh.** existierte eine

Kirche, seit **1225** ein großes **Kloster** auf Viðey, dessen Entstehung auf *Snorri Sturluson* zurückgeht. Bis 1539 war das Kloster ein Kristallisationspunkt der Bildung und Kultur, dann wurde es von den Dänen geplündert und säkularisiert, 1550 vom letzten katholischen Bischof *Jón Arason* zurückerobert und wiederhergestellt sowie mit Verteidigungsanlagen ausgestattet, bevor es dann endgültig zerfiel. Die größte Sehenswürdigkeit der Insel ist die ehemalige **Residenz des königlichen Schatzmeisters**, ein Werk des dänischen Architekten *N. Eigtved*, der u.a. auch das Kopenhagener Schloss Amalienborg entwarf. **1755** fertiggestellt, gilt sie als das älteste erhaltene Steingebäude Islands, dessen ursprüngliches Aussehen bewahrt ist. Der erste Bewohner war der Schatzmeister *Skúli Magnússon* (1711–94), der auch als ‚Vater Reykjavíks' bekannt ist (s.o.). Später diente die sog. *Viðeyarstofa* zeitweilig als Residenz des Gouverneurs und wurde 1817 vom damaligen Landgerichtspräsidenten *Magnús Stephensen* gekauft. Die bis 1959 bewohnte *Viðeyarstofa* ist 1988 von der Stadt Reykjavík restauriert und als Konferenzstätte samt großem Restaurant in Betrieb genommen worden.

historische Bebauung

Die daneben stehende turmlose **Kirche** wurde **1774** eingeweiht und ist damit die zweitälteste des Landes. Im Sommer finden dort alle zwei Wochen Gottesdienste statt. Eine weitere kulturelle Attraktion ist das moderne ‚Umweltkunstwerk' des amerikanischen Bildhauers *R. Serra*, das auf der Westinsel liegt, sowie verschiedene historische Denkmäler.

Auch für Naturliebhaber ist der Ausflug zum Inselchen gut geeignet. Auf zwei markierten Wanderwegen kann man das teils sumpfige, teils grasbewachsene Terrain erkunden, das zur Bucht hin mit flachen Sandstränden oder steilen Sandstein-, Tuff- und grauen Basaltklippen ausläuft. Es bestehen stets gute Beobachtungsmöglichkeiten für einige der 30 hier brütenden Vogelarten (u.a. Eiderenten, Heringsmöwen und Kolkraben). Besichtigungspunkte entlang des Weges sind u.a. verschiedene Aussichtspunkte, ein Schafspferch, die kleine Grotte *Paradís*, der Hügel *Heljarkinn* mit dem *Skúli-Magnússon-Denkmal*, und Serras Naturobjekt ‚Etappen'. Der gesamte östliche Teil ist während der Brutzeit der Vögel (1. Mai bis 30. Juni) gesperrt.

Die Anlegestelle der Fähre nach Viðey (*Viðeyarferðir*) befindet sich in Reykjavík im Hafen *Sundahöfn* (Hinweisschild an der Uferstraße) und heißt *Klettsvör*. *An- und Abfahrtszeiten sind ganzjährig mehrmals täglich (Info Tel.: 852-0099/581-1010).*

Ausflug zum Inselchen Lundey

Von der gleichen Anlegestelle im Hafen *Sundahöfn* werden kürzere Bootstouren zum Inselchen Lundey angeboten, das seinen Namen von den Papageientauchern bekommen hat (isländ.: *lund*). Wer es nicht bis zu den Westmänner-Inseln oder anderen Vogelfelsen schafft, hat hier die Möglichkeit, die ‚Clowns des Nordatlantik' zu beobachten.

Die Halbinsel Seltjarnarnes

Seltjarnarnes ist sozusagen die Fortsetzung Reykjavíks nach Westen, ohne dass in der Baustruktur sichtbar würde, wann die Hauptstadt aufhört und die ca. 4.600-Seelen-Gemeinde beginnt. Am einfachsten finden Selbstfahrer die Halbinsel, wenn sie sich immer am Hafen entlang halten *(Eiðsgrandi)*. Dieser kurze Ausflug bringt nicht viel an kulturellen oder natürlichen Sehenswürdigkeiten, zeigt einem aber, wie hoch der Lebensstandard und die Wohnkultur der Besserverdienenden ist, die sich bevorzugt auf Seltjarnarnes in neuen **Villensiedlungen** niedergelassen haben. Ihr modernes, von einer Glaskuppel bekröntes **Einkaufszentrum** haben sie am Platz *Eiðistorg*.

Leuchtturm Seltjarnarnes

Zurück zur Natur: Am See *Bakkatjörn* findet man ein reichhaltiges **Vogelleben** vor, vom Hügel *Valhúsahæð* hat man eine weite Aussicht und an der äußersten Spitze lohnt der stimmungsvolle Leuchtturm *Grótta* den Besuch. Wenn das Wetter mitspielt, können Sie hier die spektakulärsten **Sonnenuntergänge** beobachten. Ganz in der Nähe *(Nesvöllur)* befindet sich ein beliebter Golfplatz. Die größte, wenn auch recht spezielle Attraktion ist jedoch das **Museum Nesstofa**, das nahe an Reykjavík liegt. In diesem Museum wird die Geschichte der insularen Medizin und Hygiene dokumentiert. Das Gebäude wurde 1761–63 als eins der ersten Steinhäuser für den damaligen Chefphysiker *Bjarni Pálsson* errichtet, der an der Kopenhagener Universität ausgebildet worden war. Mit *Pálssons* Tätigkeit begann ein Wendepunkt in der Geschichte der chronisch unterentwickelten und seuchengefährdeten Insel. Ihm oblag die Ausbildung von Ärzten und Hebammen; auch die landesweite Gesundheitsvorsorge und die Versorgung mit Medikamenten gehörte zu seinen Aufgaben. Letztlich ist es seiner Vorarbeit zu verdanken, dass 1876 eine eigene Medizinische Fachhochschule gegründet werden konnte und bei der Errichtung der Universität von Reykjavík (1911) die medizinische Fakultät eine der ersten war. Heute gilt die Gesundheitspolitik des kleinen Landes als vorbildlich.

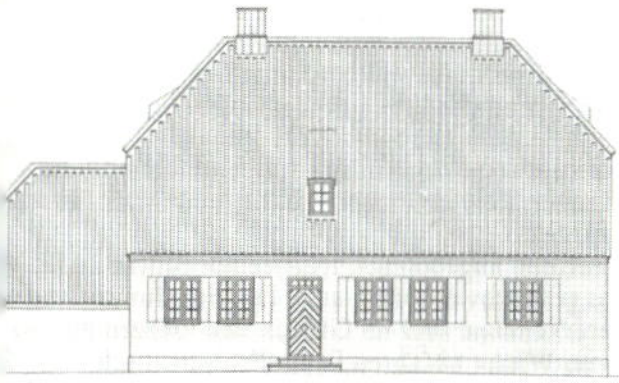

nicht nur für Mediziner interessant

In der *Nesstofa* fand praktisch die gesamte medizinische Ausbildung bis 1876 statt. Die Idee zu einem eigenen medizinisch-historischen Museum nahm 1940 Gestalt an und wurde 1989 an diesem historischen Platz realisiert. Zu sehen sind Gerätschaften von Ärzten, Apotheken und Krankenhäusern ab dem späten 18. Jh., u.a. die komplette Ausrüstung mehrerer Ärzte aus verschiedenen Epochen.

Nesstofusafn, *Pósthólf 152, 172 Seltjarnarnes, Tel.: 561-1016; zu erreichen mit Buslinie 3, geöffnet Di, Do, Sa und So 13–17 Uhr, Eintritt*

Der *Golden Circle*: Tagesausflug Þingvellir-Geysir-Gullfoss

Überblick

Die Bezeichnung ‚Goldener Kreis' trägt diese Rundfahrt erstens wegen der Kombination herausragender natürlicher und kultureller Sehenswürdigkeiten, zweitens wegen des ‚Goldenen Wasserfalls' (= Gullfoss), der das am weitesten entfernte Ziel des Ausflugs markiert.

ein Goldener Kreis

Im direkten Einzugsbereich der Hauptstadt gelegen, ist es verständlich, dass die Stationen des Zirkels zu den beliebtesten Touristenattraktionen des Landes gehören; kein Kreuzfahrtschiff, das in Reykjavík anlegt, und keine Reiseagentur kann darauf verzichten, den Gästen die ‚Höhepunkte Islands' als Tagesausflug anzubieten.

In der Schlucht von **Þingvellir** ist die isländische Geschichte wie nirgends sonst konzentriert, das weltberühmte **Geysir-Gebiet** steht für den vulkanischen Hintergrund der Insel und der **Gullfoss** ist mit Sicherheit einer der schönsten Wasserfälle Europas. Kein Wunder also, dass Kurzbesucher der Insel vorzugsweise den *Golden Circle* abfahren, aber selbst langjährige Island-Kenner kehren immer wieder und gerne zu dessen einzelnen Stationen zurück.

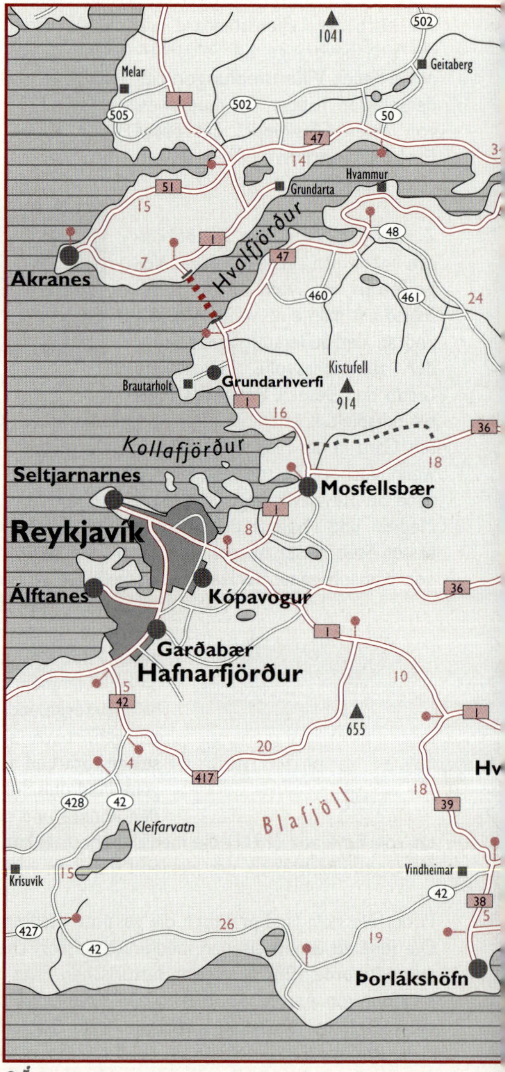

© graphic

Die von den Reiseagenturen angebotenen Rundreisen dauern i.d.R. rund 8 Stunden, mindestens genausoviel sollten auch Individualtouristen einkalkulieren. Die **Straßenverhältnisse** sind im Großen und Ganzen gut, so dass man den Zirkel auch im Winter abfahren kann. Problematisch kann dann jedoch die **S 365** zwischen Þingvellir und Laugarvatn sein. Falls dieser 20 km lange Abschnitt unpassier-

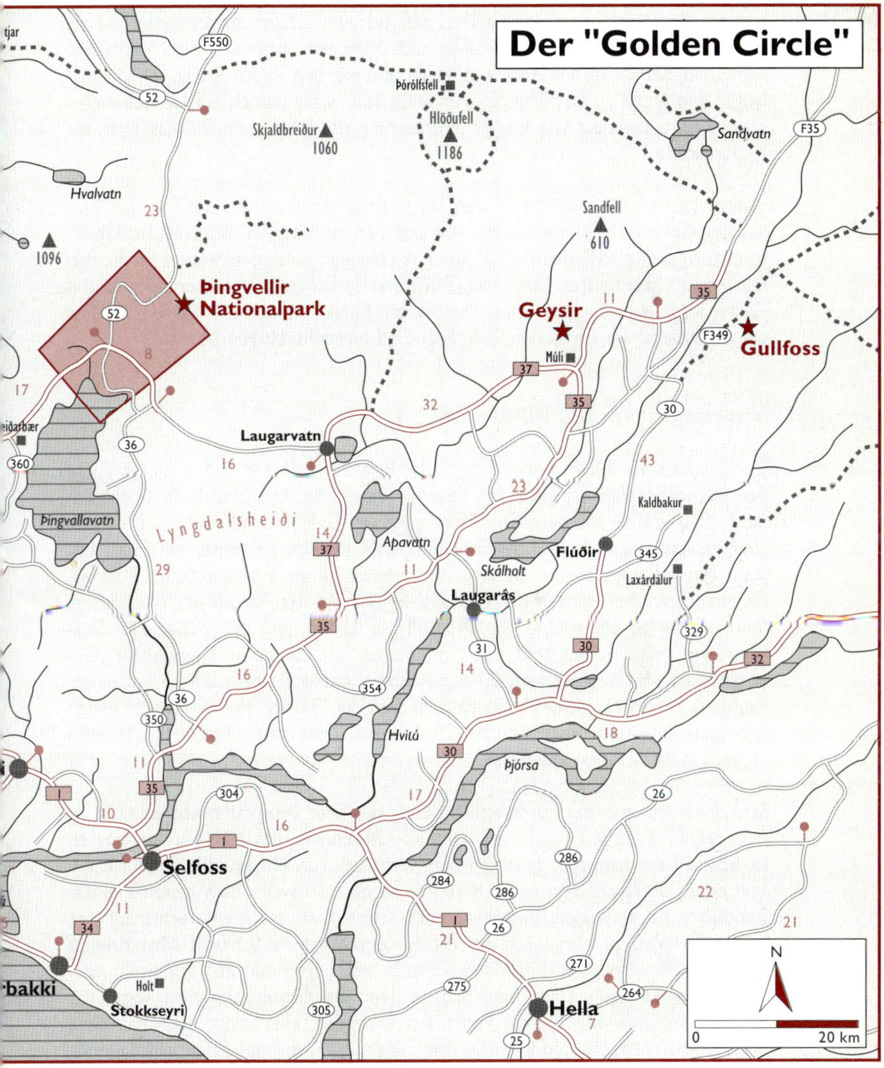

bar sein sollte, bleibt nichts anderes übrig, als an der Ostseite des Þingvallavatn über die **S 36** nach Süden, dann über die **S 35** bzw. **S 37** wieder in den Norden zu gelangen.

Für Langzeiturlauber ist es aber sicher empfehlenswerter, den *Golden Circle* in ihre Gesamtreise zu integrieren. Wer vorhat, Island auf der Ringstraße nach der weiter unten beschriebenen Route zu befahren, sollte sich die ‚klassischen Höhepunkte' Þingvellir, Geysir und Gullfoss m.E. bis zum Schluss aufbewahren und sie auf dem Weg von Borgarnes/Akranes nach Reykjavík ansteuern. Eine Alternative wäre, den Besuch an den Anfang zu legen und mit den Zielen Stöng, Landmannalaugar und Eldgjá zu kombinieren. Für diese Tour wäre jedoch ein Geländewagen ebenso Voraussetzung wie für die Fortsetzung des Weges ab Gullfoss über die Kjölur-Route.

Weiter besteht die Möglichkeit, den Tagesausflug auszudehnen und von den Zielen des *Golden Circle* aus weitere Attraktionen der Region anzusteuern. **Übernachtungsmöglichkeiten** sind dabei reichhaltig vorhanden. Vor allem in den lokalen Touristenzentren *Laugarvatn*, *Flúðir* und *Selfoss* gibt es mehrere Hotels und Gästehäuser, aber auch in *Árnes*, *Þingvellir*, am *Geysir* und in der Nähe des *Gullfoss* stehen Bauernhöfe, Pensionen, Zeltplätze und Jugendherbergen bereit.

Von Reykjavík bis Þingvellir

Zur ersten, etwa 50 km langen Etappe der Rundfahrt startet man in Reykjavík auf dem autobahnähnlich ausgebauten *Vesturlandsvegur*, der später in die Nationalstraße 1 (Ringstraße) übergeht. Die Fahrt geht am Golfplatz und den 6 nördlichen Heißwassertanks vorbei auf den Stadtberg **Esja** (909 m) zu. Hinter der Satellitenstadt **Mosfellsbær** biegt man dann nach rechts auf die gut ausgebaute **S 36** ab, die südlich an den Hängen der Esja entlang und auf das Plateau der *Mosfellsheiði* führt. Vorbei an der Kirche von **Mosfell** zur Linken (wo der Skalde *Egill Skallagrímsson* gelebt haben soll) und am Abzweig zur Ortschaft **Reykjahlíð** (Gewächshäuser, Heißwasserpumpen) zur Rechten, passiert man rund 15 km hinter Reykjavík rechts ein weißes Wohnhaus, in dem der Dichter *Halldór Laxness* seinen Lebensabend verbrachte. Ein kurzes Stück weiter sieht man links der Straße jenes Gehöft, in dem *Laxness* aufwuchs.

Halldór Laxness' Geburtsort

Schließlich hat man das nordwestliche Ende des Sees **Þingvallavatn** erreicht, zu dem rechts die S 360 abgeht, auf der eine Umrundung des Þingvallavatn möglich ist bzw. auf der man zum geothermalen Kraftwerk von **Nesjavellir** kommt (s.u.). Von dieser Stelle aus sind es noch 10 km bis nach Þingvellir, dem ersten Ziel der Rundfahrt. Es ist jedoch empfehlenswert, schon nach ca. 7 km rechts auf den ersten Parkplatz zu fahren, von wo man zur und durch die Schlucht **Almannagjá** wandern, die wichtigsten historischen Plätze besichtigen und den schönsten Ausblick genießen kann. Über eine Brücke über die *Öxará* kann man sogar das gesamte Gelände von diesem Punkt aus erkunden. Hier steht auch das neue *Interpretive Center*, das den Besucher mit aufwendigen multimedialen Installationen über Geschichte und Natur des Nationalparks informiert.

Þingvellir (ⓘ s. S. 211)

• Landschaft und Geologie

Nicht nur historisch, sondern auch geologisch ist die Ebene von Þingvellir von größter Bedeutung. Sie entstand als 40 km lange und 10 km breite Senke im Laufe der letzten 9000 Jahre auf jenem labilen System, das als ‚isländische Dehnungszone' bekannt ist. Im Westen wird der Graben durch die Schlucht *Almannagjá,* im Osten durch die *Hrafnsgjá* begrenzt; das Land westlich der *Almannagjá* bewegt sich langsam auf Amerika, dasjenige östlich der *Hrafnsgjá* langsam auf Europa zu. Im Süden ist der Graben vom *Þingvallavatn* begrenzt, im Norden durch den *Ármannsfell* (766 m) und den Schildvulkan *Skjaldbreiður* (1.060 m). Die Absenkung betrug in den 9 Jahrtausenden insgesamt 40 m, wobei allein das Erdbeben von 1789 die Senke innerhalb von 10 Tagen um 50 cm vertiefte.

geologische Situation

Der heutige landschaftliche Eindruck wird vom blauen Wasser des Sees sowie der nur mit niederer Vegetation bewachsenen Lavafläche bestimmt. Diese vor allem bei schönem Wetter sehr idyllische Landschaft muss früher einen waldreichen Charakter besessen haben, worauf die Bezeichnungen *Þingvallaskógar* bzw. *Bláskógar* (*skógar* = ‚Wälder') hindeuten. Kein Wunder also, dass die Landnehmer

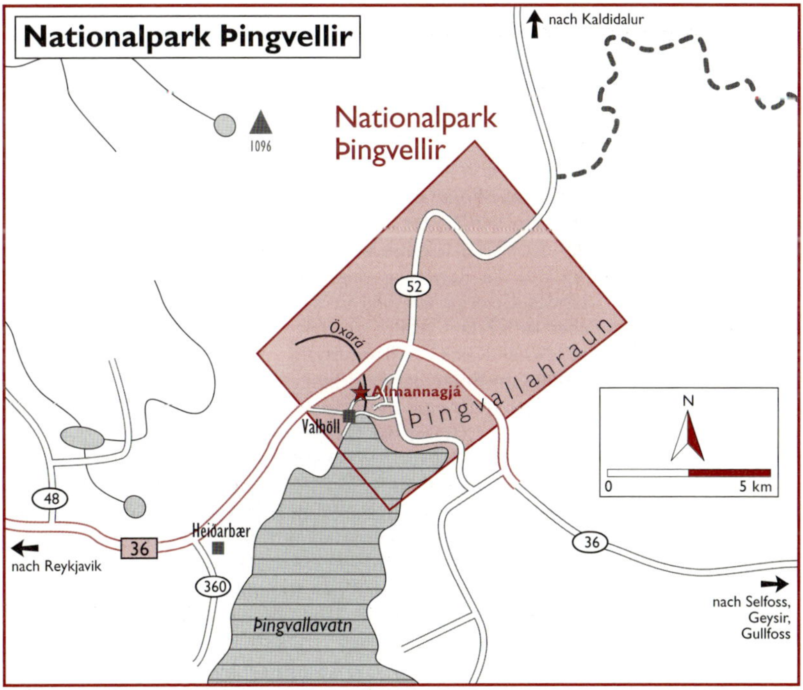

Þingvellir: Kirche und Nationalparkverwaltung

der Wikingerzeit auf der Suche nach einem Thingplatz zwangsläufig auf Þingvellir (= ‚Tal des Things') stießen: Recht nah zu den bevorzugten Siedlungsgebieten im Südwesten gelegen, durch Pässe aber auch mit anderen Landesteilen verbunden, bot das Tal Holz, klares Wasser und gute naturräumliche Gegebenheiten. In der tiefen Schlucht im Westen fanden ‚alle Männer' des Landes Platz (deshalb *Almannagjá* = ‚Allmännerschlucht') und deren steil aufragenden Wände stellten durch ihre Lautverstärkung ohne Echo eine akustische Schüssel für die Reden und Beratungen dar.

• Geschichte

Es war zuerst der Häuptling und Gode *Grímur Geitskór* gewesen, der im 10. Jh. das Tal zum zentralen Versammlungsplatz aller Isländer empfahl. Seit 930 n.Chr. fanden hier die alljährlichen Zusammenkünfte des Althing statt, aber der vorzügliche Ort wurde auch in der Neuzeit, also nach dem Umzug des Parlaments nach Reykjavík, genutzt.

Herausragende Ereignisse in Þingvellir waren:

1874 **1.000-Jahr-Feier der Landnahme**; unter den Tausenden von Zuschauern und Gästen war auch der dänische König Christian IX., der der Insel eine **neue Verfassung** mitbrachte.

1928 erklärte die Regierung Þingvellir zum ersten **Nationalpark** des Landes. Gemeint war und ist damit nicht die gesamte Hochebene, aber ihr 27 km^2 großer, zentraler Teil einschließlich der gesamten nördlichen Küste des Þingvallavatn.

geschichtsträchtige Stätte

1930 **1.000-Jahr-Feier** der Einrichtung **des Althings** als ältestes Parlament der Welt, unter den Gästen mehrere gekrönte Häupter, Politiker und Schriftsteller der Staatengemeinschaft.

1944 Am 17. Juni verkündet der Präsident des Althings vom Gesetzesberg aus die staatliche **Unabhängigkeit** des Landes und ruft die **Republik Island** aus. 30.000 Landeskinder nehmen an dem Ereignis teil.

1974 Parlamentssitzung aus Anlass der **1.100-Jahr-Feier der Landnahme**, verfolgt von 60.000 isländischen Zuschauern.

1994 Am 17. Juni **50-Jahr-Feier der Republik** Island unter der Beteiligung in- und ausländischer Gäste, u.a. der Königspaare Norwegens, Dänemarks und Schwedens.

2000 **1.000-Jahr-Feier der Christianisierung**; tausende Isländer nahmen an den zweitägigen religiösen Zeremonien teil.

• Besichtigung

Eine Besichtigung des Geländes kann vom erwähnten oberen Parkplatz und/oder vom Parkplatz an der Kirche bzw. am Hotel *Valhöll* aus erfolgen. Hält man am oberen Parkplatz, wandert man durch die Schlucht (asphaltierter Weg) **Almannagjá** oder über die Klippen an ihrem Rand und stößt immer wieder auf vereinzelte Ruinen, Grabsteine oder Hinweisschilder ehemaliger historischer Plätze. Nach Osten hin passiert man den **Lögberg** (= ‚Gesetzesberg'), der durch einen Flaggenmast markiert ist. Hier verkündete der Gesetzessprecher den Zuhörern die jeweils gültigen Gesetze bzw. las diese nach ihrer schriftlichen Fixierung ab 1118 vor.

Dahinter wird man über eine Brücke über die *Öxará* (= ‚Axtfluss') geführt, einem konstant 4 °C kalten Wasserlauf, der sich durch den ‚unteren Wasserfall' **Neðrifoss** in mehrere Becken ergießt. In vergangenen Zeiten wurden an dieser Stelle Todesurteile vollstreckt. Etwas weiter flussaufwärts stürzt sich der **Öxarárfoss** in einer 20 m hohen Kaskade in die *Almannagjá* hinab.

Auf dem anderen Flussufer, von den Klippen über das Hotel *Valhöll* (= ‚Walhalla') und eine Brücke zu erreichen oder per Auto nach einer 6 km langen Schleife um die Schlucht herum, stellen die **Holzkirche** und die benachbarten 5 spitzgiebligen Holzhäuschen das beliebteste Fotomotiv dar. Ursprünglich gab es seit der Annahme des Christentums im Jahre 1000 eine Kirche am Platz, für die der Norwegerkönig Olav der Heilige 1018 Bauholz und eine Glocke stiftete. Von ihr und ihren Nachfolgebauten ist nichts erhalten geblieben. Das heutige Kirchlein, das zur Besichtigung geöffnet ist, stammt aus dem Jahr 1899, der Turm aus dem Jahr 1907.

National-heiligtum

Hinter der Kirche befindet sich der kreisrunde **Skáldareifur**, der ‚Dichterring', in dem die Nationalromantiker *Jónas Hallgrímsson* (1807–45) und *Einar Benediktsson* (1864–1940) beigesetzt sind. Ein weiterer Friedhof mit einigen interessanten Grabsteinen befindet sich in unmittelbarer Nähe. Südöstlich der Kirche lohnen mehrere Erdspalten und wassergefüllte Gräben den Besuch, von denen hier nur die **Peningagjá** (= ‚Geldschlucht', weil Touristen dort Münzen ins Wasser werfen) genannt werden soll.

Rund um den Þingvallavatn

Mit entsprechender Zeit lohnt es sich, den *Þingvallavatn* einmal zu umfahren, was einer Gesamtstrecke von ca. 60 km entspricht. Es ist auch möglich, auf dem Weg nach Þingvellir am nordwestlichen Ende des Sees nach rechts auf die **S 360** abzubiegen, auf dieser bis zum südlichen Ende zu fahren und dann über die **S 36** bis Þingvellir wieder in den Norden zurückzukehren. Aus folgenden Gründen ist die Umrundung reizvoll:

Landschaftlich stellt der Ausflug bei schönem Wetter ein Highlight dar, dessen Farbigkeit durch das blaue Wasser des Sees vor dem Hintergrund der graugrünen Lavaflächen, aufsteigender weißer Dampfsäulen und vereinzelter Vulkanberge be-

Der Þingvallavatn

stimmt wird. Der **See** *Þingvallavatn* selbst ist mit **85 km²** der **größte des Landes**. Er hat weitgehend flaches Gepräge, erreicht aber an seiner tiefsten Stelle immerhin **114 m** Wassertiefe. Zwei vulkanische Inselchen ragen über seine Oberfläche. Gespeist wird der See durch die *Öxará* im Norden, während sein Ausfluss im Südosten den bezeichnenden Namen *Sog* trägt. Dort verbreitert sich auch der Ausfluss zu einem **System kleinerer Seen**, unter denen der *Úlfljótsvatn* besonders sehenswert ist und sich für kürzere **Wanderungen** anbietet. Am Fluss *Sog* befinden sich auch einige Wasserkraftwerke die bereits in den 1930er Jahren installiert wurden. Das bedeutendste von ihnen, die Station *Ljósifoss*, kann im Sommer *tägl. 13–17 Uhr* besichtigt werden. Noch weiter im Süden vereinigt sich das Gewässer mit der *Hvítá* und fließt als breiter Strom *Ölfusá* dem Meer zu. Der *Þingvallavatn* ist eins der **fischreichsten Gewässer** des Landes, was von Freizeitanglern ausgiebig genutzt wird. Zu den Fängen gehören neben **Forellen** vor allem **Murtas**, eine wohlschmeckende, nur hier vorkommende Fischart.

Islands größter See

Für die isländische Freizeitgesellschaft hat die Region eine große Bedeutung. In den letzten Jahren haben immer mehr Hauptstädter hier ihre **Sommerhäuschen** installiert, entweder als alleinstehende Hütten oder innerhalb richtiger Feriensiedlungen. Wandern, Angeln und Reiten gehören zu den beliebtesten **Freizeitaktivitäten**.

Durch das **drittgrößte Thermalgebiet des Landes**, dessen Warmwasser- und Dampfquellen sich am westlichen Seeufer am Fuß des 803 m hohen Vulkans *Hengill* bis nach Hveragerði hinziehen, ist der See auch von energiewirtschaftlicher Bedeutung. Seit 1990 hat man für die Nutzung der Erdwärme das Hochtemperaturfeld von **Nesjavellir** an der S 360 erschlossen. Wasser und Dampf, die hier mehr als 250 °C heiß sind, werden dabei genutzt, um Elektrizität zu erzeugen und Kaltwasser zu erwärmen. Es wird über Pipelines nach Reykjavík und Umgebung gebracht und ist enorm wichtig für die Existenz der Hauptstadt und deren weitere Entwicklung. Das Werk wird in der letzten Stufe 400 MW Heizkraft und 40–80 MW Strom liefern. Auf organisierten Rundfahrten kann das Werk besichtigt werden.

Von Þingvellir zum Geysir-Gebiet

Auf dieser rund 57 km langen Etappe bleibt man in Þingvellir zunächst auf der **S 36** oder benutzt die Uferstraße, die sich später mit dieser vereinigt. Ein lohnendes Ziel für Wanderungen ist **Skógarkot**, eine 1936 aufgegebene Schafsfarm und rund 900 m davon entfernt die Höhle *Skógarkotshellir*, beide Attraktionen sind zwischen den genannten Straßen gelegen. 7 km hinter Þingvellir biegt man dann auf die **S 365** nach Westen ab und durchquert die *Lyngdalsheiði*. Die knapp 20 km lange Strecke ist überaus reizvoll, kann aber im Winter oder nach heftigen Regenfällen zum Problem werden, da ein Teil von ihr nicht asphaltiert ist – in diesem Fall muss man über die Straßen 36 und 35 einen weiten Umweg fahren. Nachdem man auf steiler Strecke bergab ins *Laugardalur* (= ‚Tal der warmen Quellen') gekommen ist, kann man am Hinweisschild einen Abstecher nach links in wenigen hundert Metern zur Höhle **Laugarvatnshellir** unternehmen. Sie stellt zwar keine Sensation dar, ist aber mit ihren festgebackenen Aschenformationen (in die unzählige Besucher ihre Namen geritzt haben) den kurzen Abstecher wert. Bei der Ortschaft Laugarvatn, am gleichnamigen See gelegen, stößt man auf die sehr viel bessere **S 37**, auf die man nach links in Richtung Geysir einbiegt.

Warmwasserquellen

Laugarvatn (ⓘ s. S. 211)

Die Einwohnerschaft des kleinen Ortes (ca. 150) wird in der touristischen Saison von der Anzahl der Gäste weit übertroffen. Diese nutzen das gute Übernachtungsangebot (Campingplatz, 2 Edda-Hotels, Sommerhäuschen, Ferien auf dem Bauernhof in der Nähe) sowie die Infrastruktur mit Läden, Postamt, Tankstelle etc., wodurch sich Laugarvatn auch als Standort zur Erkundung der landschaftlichen Attraktionen der gesamten Region eignet. Ein Highlight ist der gleichnamige, 2 km^2 große See, der durch Warmwasserquellen an einigen Stellen sehr angenehme Badetemperaturen aufweist und den man auch mit geliehenen Booten erkunden kann. Weitere mögliche Freizeitaktivitäten sind Wandern (z.B. auf die nahen Berge *Laugarvatnsfjall* und *Efstaðalsfjall*), Angeln (vor allem Forellen im südlicher gelegenen und größeren *Apavatn*) sowie Reiten (Pferdeverleih und organisierte Reittouren in *Miðdalur*).

Auf zunächst noch sehr guter Straße geht es nun weiter über die **S 37** durch das Laugardal in nordöstlicher Richtung, unterhalb des *Efstaðalsfjall* (627 m) entlang und an dem Pfarrgehöft **Miðdalur** (Kirche) vorbei. Auf kleinen Stichstraßen kommt man nach links in höhergelegene Regionen mit Wasserfällen oder Wanderwegen bzw. Jeeptracks, die u.a. bis zum Schildvulkan *Skjaldbreiður* führen. Am Gehöft **Miðhús** kann man eine sehr schöne Wanderung zum sehenswerten Wasserfall *Brúarfoss* (3 km) unternehmen, wobei man sich auf dem alten sog. ‚Königsweg' bewegt, dem historischen Reiterpfad nach Þingvellir. Unweit des Weges und über eine Stichstraße nach links zu erreichen, bietet sich kurz darauf das Anwesen **Úthlíð** mit seinem Freibad nebst Cafeteria für eine erfrischende Rast an. 24 km hinter Laugarvatn biegt man auf die **S 35** ein, die nun geradewegs ins *Haukadalur* führt. Schon von weitem künden Rauchsäulen das 9 km entfernte Geysir-Gebiet an.

Gefährliches Gelände: im Haukadalur

Das geothermale Gebiet im *Haukadalur* (= ‚Habichtstal') ist längst nicht das größte der Insel, wegen der heißen Springquellen aber vielleicht das bekannteste. Dabei ist die größte Attraktion, der **große Geysir** (Stóri-Geysir), nach dem alle ähnlichen Phänomene dieser Welt benannt worden sind, nun schon seit mehreren Jahren nur noch sporadisch im ‚Dienst'. Nachdem im Jahre 1294 zum erstenmal von ihm schriftlich berichtet wurde, haben ihn unzählige Touristen oder Gelehrte gesehen und versucht, das Phänomen zu erklären, was wissenschaftlich korrekt als erstem *Robert Bunsen* gelang. Er vermaß den Durchmesser (14 m) des kreisrunden Quellbeckens und fand mit Lot und Thermometer heraus, dass der zentrale Schacht 22 m in die Tiefe reicht, wobei folgende Temperaturverhältnisse herrschten:

Tiefe	*Grad C*
2,05 m	85,2
7,25 m	106,4
12,15 m	120,4
15,00 m	123,0
22,00 m	127,5

Der große Geysir schleuderte bzw. schleudert in der Zeit seiner Tätigkeit Wasser und Dampf in wechselnden Abständen bis zu 60 m hoch. Die Intervalle veränderten sich von 30 Minuten bis zu mehreren Stunden, Tagen, Wochen oder Monaten, von 1915–35 war er schließlich ganz tot. Dann erweckte ihn ein Erdbeben zu neuem Leben, das bald jedoch erneut versiegte und nur durch künstliche Maßnahmen (Seife) sporadisch erweckt werden konnte. Zwar ist der Geysir verständlicherweise erschöpft – immerhin reicht die Geschichte seiner Tätigkeit 10.000 Jahre zurück –, doch zeigte er auch zu Anfang des neuen Jahrtausends immer mal wieder seine Künste. Trotzdem wendet sich die Schar der Besucher dem wesentlich zuverlässigeren **Strokkur** (= ‚Butterfass') zu, der alle 5–10 Minuten eine 15–30 m hohe Wasser- und Dampfsäule ausspuckt. Er liegt, vom Eingang aus gesehen, 150 m vor dem großen Geysir. Auf dem Weg dorthin passiert man mehrere andere Minigeysire und Dampfquellen, Sinterablagerungen und klare, tiefblaue Heißwasserbecken wie die *Bláhver* (= ‚blaue Heißquelle').

zuverlässige Heißwasserfontäne

Das Gelände, das mit plattierten Wegen ‚touristentauglich' gemacht ist, betritt man am Parkplatz gegenüber dem Kiosk durch die Einlasspforte.

Ausbruch des Geysirs, Darstellung des 19

!!! Achtung

Halten Sie sich beim Besuch des Geländes an die markierten Wege und meiden Sie hell ausgeblühte Stellen. Versuchen Sie auch nicht, per Hand die Temperatur der Heißquellen zu testen und nehmen Sie beim Ausbruch des Geysir oder Strokkur gebührenden Abstand ein.

Abstecher zum Gullfoss

Auf den nur rund 10 km auf der **S 35** vom Geysir-Gebiet zum ‚Goldenen Wasserfall' ist von dem landschaftlichen Höhepunkt, der am Ziel auf einen wartet, nichts zu sehen oder zu ahnen. Denn anders als bei den Wasserfällen z.B. an der Südküste erreicht man das Naturwunder nicht an seinem Fuß, sondern an der oberen Kante des *Hvítá*-Canyons. Zunächst geht es aber über eine nur leicht gewellt Ebene, die von vielen Bächen und Flüssen durchzogen ist. Den größten Wasserlauf, den *Tungufljót*, überquert man kurz hinter Geysir. In einer Linkskurve zweigt rechts eine Straße zum *Hotel Brattholt* nebst Campingplatz ab, der einzigen Übernachtungsmöglichkeit in dieser Region. Anschließend fährt man am westlichen Ufer der *Hvitá* entlang, die von der Straße aus jedoch nicht zu sehen ist, da sie ihr Bett in eine 2,5 km lange und bis zu 70 m tiefe Schlucht gegraben hat. Dort, wo sich zwei Basaltstufen dem Wildwasser in den Weg stellten, befinden sich die Fälle, die zu den schönsten Europas gezählt werden.

Der Gullfoss im Winterkleid

Autotouristen können der scharfen Linkskurve (Hinweis: *Gullfoss)* bis zum oberen Parkplatz (mit sanitären Einrichtungen) folgen oder rechts abbiegen und den Wagen am unteren Parkplatz abstellen; beide sind durch eine Holztreppe miteinander verbunden. Von der oberen Plattform aus ergibt sich der schönere Panoramablick auf die Fälle und das Hinterland, in dem der *Langjökull* aufragt. Seine abschmelzenden Eismassen geben dem Wasserfall immer neue Nahrung. Vom unteren Parkplatz kann man über einen Pfad (Vorsicht: Rutschgefahr!) in 5–10 Minuten den gischtsprühenden Kaskaden ganz nahe kommen. Dabei passiert man zuerst einen Gedenkstein für die Witwe *Sigriður Tómasdóttir* vom nahen Gehöft *Brattaholt.* Ihrem energischen Eintreten (u.a. drohte sie damit, sich in die Fluten des Wasserfalls zu stürzen) ist es zu verdanken, dass die Fälle weder hinter einer Staumauer verschwanden noch an ein ausländisches Konsortium verkauft, sondern von der Regierung als isländischer Staatsbesitz deklariert wurden.

weißer Fluss …

Die *Hvítá* (= ‚weißer Fluss'; es gibt übrigens mehrere Flüsse mit dieser Bezeichnung) wird nach ihrem milchig-weißen Wasser so genannt. Sie entspringt dem Gletschersee *Hvítárvatn* am *Langjökull* und mündet heute bei Selfoss in den Nordatlantik. Früher einmal lag die Mündung weit näher zum *Gullfoss,* bevor sich das Meer zurückzog und das Wildwasser seinen Canyon grub. Diese respektable Leistung geschah in nur wenigen tausend Jahren und noch heute weichen die

... mit spektakulären Katarakten

Fälle jährlich rund 25 cm zurück! Das Gestein der tiefen Schlucht besteht aus abwechselnden Schichten von Flussschotter und verschiedenen Basaltformationen, die dem Wasser natürlich sehr viel mehr Widerstand entgegensetzen. Solche Basaltplatten sind es auch, die den *Gullfoss* in zwei Kaskaden insgesamt 32 m spektakulär hinabstürzen lassen. Manchmal zaubern die Sonnenstrahlen einen Regenbogen in den feinen Wasserstaub und machen den Namen ‚Goldener Wasserfall' verständlich. Seine ganze Schönheit ist aber nicht zu beschreiben, man muss sie gesehen haben!

Hinweis

Wenige Kilometer hinter dem oberen Parkplatz endet die asphaltierte S 35 und beginnt die Hochlandpiste ***F 35****, besser als* **Kjölur-Route** *bekannt* *(S. 418ff.)* *Wer nicht vorhat, diese Hochlandstrecke zu befahren, trotzdem aber mit dem Geländewagen bzw. Jeep unterwegs ist, sollte bei ausreichender Zeit wenigstens ein kurzes Stück auf den* Langjökull *zufahren. Nach 12 km geht dabei links von der F 37 eine schwierige, 15 km lange Piste zum Gletschersee* Hagavatn *ab; einfacher zu erreichen ist der Gletschersee* Hvítárvatn, *34 km vom Gullfoss entfernt.*

Rückfahrt über Skálholt

Um aus dem ‚*Golden Circle*' wirklich einen Kreis zu machen, darf man natürlich nicht die gleiche Strecke zurückfahren. Auf den ersten Kilometern ist das jedoch nicht zu vermeiden, erst beim *Hótel Geysir* biegt die **S 30** in südlicher Richtung ab (vgl. S. 296). Schneller kommt man vorwärts, wenn man noch 9 km der bisherigen Straße folgt, um dann (an der Abzweigung der S 37 nach Laugarvatn/Þingvellir) auf der **S 35** zu bleiben. Am Ufer des Flusses *Tungufljót* entlang erreicht man 11 km hinter dem Abzweig das 300-Seelen-Dorf **Reykholt** (nicht zu verwechseln mit dem berühmteren Ort östlich des Borgarfjörður), das mit thermalbeheiztem Schwimmbad, Jugendherberge, Campingplatz und Bauernhöfen mit Übernachtungsmöglichkeit für Touristen von Interesse sein kann.

Etwa 7 km hinter Reykholt geht es vor der Brücke über die *Brúará* nach links auf der S 31 zum 5 km entfernten Skálholt. Die geschichtsträchtige Stätte liegt auf einer Halbinsel zwischen den Wasserläufen *Bruará* und *Hvítá*, die *Biskupstungur* (= ‚Bischofszunge') genannt wird.

Skálholt

Wer um die historische Bedeutung Skálholts weiß, ist von den modernen Konturen der Kirche vielleicht enttäuscht. Tatsächlich kann das heutige Gotteshaus, wahrscheinlich das elfte an diesem Platz und 1956–63 aus Beton errichtet, weder mit der Größe noch mit der Stellung der ehemaligen Kathedralen konkurrieren. Es ist also wieder einmal der Ort als solcher, der das eigentliche Besichtigungsziel darstellt. Immerhin wurde von hier aus über 700 Jahre hinweg das geistige und nicht selten auch das politische Leben des Landes geprägt. Als Begründer der Tradition gilt jener Häuptling *Gissur der Weiße*, der beim Althing im Jahre 1000 der wichtigste Fürsprecher für die Annahme des Christentums war. Er baute die

uralter Ort

erste Kirche an diesem Ort. Sein Sohn *Isleifur*, der seine Priesterausbildung im Stift von Herford (Deutschland) erhalten hatte, wurde 1056 schließlich der erste Bischof des Landes und Skálholt der erste Bischofssitz Islands. *Isleifur* war ein hochgebildeter und weitgereister Mann, der u.a. den Papst in Rom besucht hatte und dem deutschen Kaiser einen grönländischen Eisbären schenkte. Seine **Lateinschule**, an die die heutige Volkshochschule neben der Kirche erinnert, wurde zur ersten Bildungseinrichtung des Landes. Außer dem Dom und der Schule gab es damals den bischöflichen **Hof** mit seinen verschiedenen Wirtschaftsgebäuden, insgesamt eine richtige kleine Siedlung, jedoch nie das Zentrum eines Bistums wie in Mitteleuropa. Die im 12. Jh. und wie ihre Vorgängerin nach skandinavischem Muster aus Holz erbaute zweite Kathedrale galt als eine der größten **Stabkirchen**, die jemals errichtet wurden und war mit 50 m Länge mehr als doppelt so groß wie der heutige Betonbau. Sie brannte 1309 ab, ebenso gingen alle Nachfolgekirchen an Feuer oder an Baufälligkeit zugrunde.

Die hölzerne Kathedrale von Skálholt – zeitgen. Darstellung

Als Bischof *Gissur Einarsson* 1540 die **Reformation** durchsetzte, wurde Skálholt zur Keimzelle des Protestantismus im Lande. Sein erbitterter Gegner, der katholische Bischof *Jón Arason* aus Hólar, versuchte zwar, Skálholt mit Waffengewalt zu nehmen, scheiterte aber und wurde hier zusammen mit zwei Söhnen 1550 hingerichtet; heute erinnert eine **Gedenktafel** vor der Kirche an jenen Mann, der noch lange im nationalen Bewusstsein als Kämpfer gegen die (dänische) Fremdherrschaft verehrt wurde. Nach Bauschäden durch ein Erdbeben zog der letzte Bischof 1785 nach Reykjavík um, das 1797 zum neuen Bischofssitz avancierte. Skálholt, in dem immerhin 32 katholische und 13 protestantische Bischöfe residiert hatten, sank daraufhin bis zur Bedeutungslosigkeit, und 1802 wurde die letzte (ebenfalls hölzerne) Kathedrale abgerissen.

bedeutender Bischofssitz

Die heutige **Betonkirche** wurde 1963 eingeweiht und thront auf einem flachen Hügel. Nachdem man über die Freitreppe und durch das Hauptportal das Innere betreten hat, sollte man auf die **Glasfenster** (von *Gerður Helgadóttir)* und die **Altarmosaike** (von *Nína Tryggvadóttir)* achten. Die **Kanzel** des 17. Jh. wurde aus einer Vorgängerkirche herübergerettet. An die große Zeit des Mittelalters erinnern die Grabsteine und Sarkophage einiger mittelalterlicher Bischöfe, u.a. den aus der gleichnamigen Saga bekannten *Páll Jónsson*. Einige der Funde sind in der **Krypta** ausgestellt, die über eine Wendeltreppe erreichbar ist. Von hier aus gelangt man ins Freie durch einen **unterirdischen Gang**, der früher die Kirche mit den Wirtschaftsgebäuden und der Lateinschule verband. Falls geöffnet, sollten Sie auch den **Kirchturm** besteigen und die schöne Aussicht genießen.

Nach der Besichtigung des historischen Ortes kann man auf der **S 31** weiterfahren und erreicht nach 10 km die asphaltierte Route 30. Auf ihr sind es rund

20 km, bis man auf die Ringstraße stößt, die einen nach weiteren 14 km zum lokalen Zentrum Selfoss und weiter nach Hveragerði und Reykjavík bringt (s.u.).

Interessanter ist es aber, von Skálholt zurück bis zur **S 35** und auf dieser direkt nach Hveragerði zu fahren. Zunächst passiert man den Bauernhof *Sel* (Übernachtungsmöglichkeit), dann geht es auf guter Wegstrecke an der weitgestreckten *Lyngdalsheiði* zur Rechten vorbei. Auf halbem Weg sollte man am linkerhand gelegenen Parkplatz anhalten und wenige Meter zu Fuß zum Rand des kreisrunden und 55 m tiefen Kraters **Kerið** gehen. Dabei handelt es sich um den schönsten einer ganzen Gruppe weiterer Krater, vor allem wegen des tiefblauen Wassers, das seinen Boden bedeckt und einen Kontrast zur rötlichen Lava des *Kerið* bildet. Seit ca. 3.000 Jahren ist der Krater übrigens erloschen.

Krater mit See

Kurze Zeit später passiert man den Abzweig der S 36 in Richtung Þingvellir, dann überquert man das *Álftavatn*, den Ausfluss des Þingvallavatn und fährt an der Flanke des 551 m hohen **Ingólfsfjall** entlang, wo der Legende nach *Ingólfur Arnarson*, Islands erster Siedler, begraben sein soll. Unweit von Selfoss stößt man schließlich auf die Ringstraße, auf der man nach 10 km die ‚Gewächshausstadt' **Hveragerði** erreicht (S. 313). Von dort aus sind es noch 47 km auf gut ausgebauter Straße, bis man wieder in der Hauptstadt **Reykjavík** angelangt ist.

Varianten zur Rück- oder Weiterfahrt

Wie erwähnt, ist ein Ganztagesausflug über den *Golden Circle* nur eine von vielen Möglichkeiten, die Attraktionen der Region kennen zu lernen. Wer mehr als 8 Stunden zur Verfügung hat, kann die Tour zum Süden hin über das idyllische Eyrarbakki ergänzen:

Über Eyrarbakki

Die Besichtigung der hübschen Kleinstadt Eyrarbakki sowie der freie Blick auf den Ozean ist der zusätzliche Reiz dieser Variante, die etwa 10 km länger ist. Dazu fährt man den *Golden Circle* wie beschrieben ab, quert allerdings am Ende die *Ölfusá* und fährt über **Selfoss** nach Eyrarbakki an der Küste. Nach der Ortsbesichtigung geht es über die S 34, 38 und 39 zurück zur Ringstraße.

Östliche Variante

Vor allem aber zum Osten hin bestehen vielfältige Varianten, die aus dem *Golden Circel* leicht eine 3- bis 5tägige Rundfahrt werden lassen. Keinen zusätzlichen Zeitaufwand erfordert die **S 31** ab Skálholt, die einen zunächst zum Dorf **Laugarás** mit bescheidener Infrastruktur (u.a. Campingplatz) bringt, dann über eine Hängebrücke aufs jenseitige Ufer der *Hvítá* und schließlich zur S 30. Dort geht es auf bequemer Strecke links nach Flúðir (s.u.), rechts in Richtung Selfoss. Auf dem Weg dorthin passiert man nach etwa 7 km **Brautarholt**, das sich mit Campingplatz, Pension, Schwimmbad und guten Wander-/Angelmöglichkeiten ebenfalls als Standquartier eignet.

Eine andere Strecke wäre die **S 30**, die ab Geysir in südlicher Richtung verläuft. Auf ihr kommt man nach gut 25 km zum Fremdenverkehrsort **Flúðir** (ⓘ s. S. 211). Die Lebensgrundlage der Gemeinde sind ihre zahlreichen Gewächshäuser, von denen einige besichtigt werden können. Daneben trat in jüngster Vergangenheit zunehmend der Tourismus, so dass das Dorf heute mit geothermalem Freibad (hot pots, Sauna etc.), Kino, Sporthalle, Golfplatz, Hotel, Cafeteria, Gästefarmen, Campingplatz, Pferdeverleih und regelmäßiger Busverbindung nach Reykjavík ausgestattet ist. Besucher profitieren von den ausgezeichneten Wandermöglichkeiten und den nahegelegenen Attraktionen.

13 km südlich von Flúðir kommt man zum Abzweig der zunächst noch asphaltierten S 32, die am Ufer der *Þjórsá* entlangführt. Die Straße führt nach **Árnes**, einer kleinen Siedlung mit Campingplatz und einem *Community Centre*, in dem man ganzjährig Schlafsackunterkunft erhält. In der Nähe kann man schöne Wasserfälle wie den *Hjálparfoss* besichtigen, wandern, angeln oder reiten. Danach geht es in östlicher Richtung an der *Þjórsá* entlang, wobei auf dem Weg bis zur Piste F 208 das Wasserkraftwerk *Búrfell*, der rekonstruierte Wikingerhof im *Þjórsadalur* und die Ruinen von *Stöng* die wichtigsten Attraktionen sind. Will man schließlich an der Hekla entlang oder über die F 208 östlich des *Mýrdalsjökull* zur Ringstraße vorstoßen, hat man ein gutes Stück der Vulkaninsel kennen gelernt.

Tagesausflug Reykjanes (Hafnafjörður – Blaue Lagune – Grindavík – Keflavík)

Überblick

Reykjanes (= ‚die rauchige Landzunge') oder *Suðurnes* (= ‚die südliche Landzunge') ist die südwestlichste Halbinsel des Landes und trennt die Bucht Faxaflói vom offenen Ozean im Süden. Zu Unrecht wird die Halbinsel, die direkt hinter Hafnarfjörður beginnt, von vielen Touristen nur als ‚Rennstrecke' zwischen dem Flughafen und der Hauptstadt genutzt, unterbrochen allenfalls durch ein Bad in der *Blauen Lagune*. Dabei gibt es abseits der knapp 50 km langen **S 41** Keflavík-Reykjavík genug an Sehenswürdigkeiten und Wandermöglichkeiten, um bequem einen Tag zu ‚füllen'. Im Folgenden wird eine etwa 150 km lange Rundfahrt beschrieben, die sich für einen Tagesausflug anbietet. Genauso gut ist es aber auch möglich, viele der Punkte in eine große Island-Reise

Redaktions-Tipps

- Rundgang durch Stadt und Hafen von Hafnarfjörður (S. 300ff.)
- Baden im Freibad von Kópavogur und in der Blauen Lagune (S. 302f.)
- Rundgang durch das Thermalgebiet von Krísuvík (S. 309)
- Golfen am 18-Loch-Course von Keflavík (S. 307)
- Besuch der Strandarkirkja (S. 309)
- Forellen angeln im Keifarvatn (S. 308)
- Wandern durch die Lavafelder
- Beobachtung von Seevögeln an den Vogelfelsen Hafnarberg, Festarfjall und Krísuvíkurberg (S. 305, 308)

zu integrieren: wer z.B. sofort nach Ankunft in Keflavík die Ringstraße ostwärts fahren möchte, kann über Grindavík, Krísuvík und Selfoss zur Straße I gelangen und sich am Ende des Aufenthaltes die Attraktionen der Reykjavíker Nachbarstädte anschauen.

Wer auf öffentliche Verkehrsmittel angewiesen ist, kann mit Bussen die Strecke Keflavík-Sandgerði und Keflavík-Reykjavík befahren. Stadtbusse (mehrere Linien)

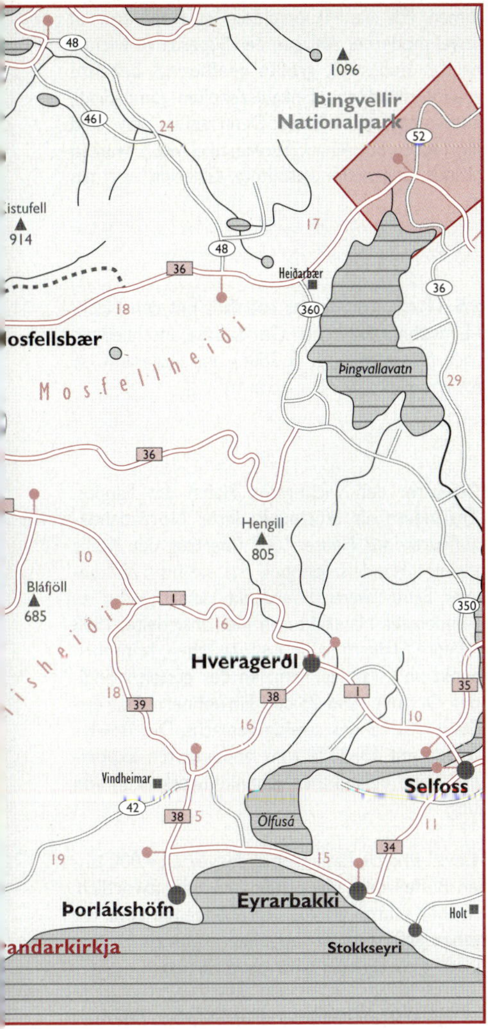

aus Reykjavík bringen einen ab Lækjargata und Hlemmur schnell nach Hafnarfjörður. Im Sommer ist außerdem die Teilnahme an einer *Reykjanes Sightseeing Tour* ab Reykjavík oder Keflavík möglich.

Reykjavík – Hafnarfjörður

Der Weg von Reykjavík auf die Halbinsel ist leicht zu finden, da auf allen Umgehungs- und Ausfallstraßen Keflavík ausgeschildert ist. Ohne es zu merken, erreicht man wenige Fahrminuten ab dem Zentrum die Nachbargemeinde **Kópavogur**, die mit rund 28.000 Einwohnern eigentlich die zweitgrößte Stadt des Landes darstellt. Mit vielen kleingewerblichen und mittelständischen Betrieben stellt sie eine Vielzahl an Arbeitsplätzen in der Hauptstadtregion, doch wurden in der jüngeren Vergangenheit auch viele kulturelle Akzente gesetzt. So verfügt Kópavogur heute über ein beachtliches Kunstmuseum (Haraborg 4) ebenso wie über ein Kulturzentrum mit Konzertsaal und angeschlossenem Naturkundlichen Museum. Auch wer an moderner Kirchenarchitektur interessiert ist, findet hier zwei interessante Beispiele: einmal nahe der Hauptausfallstraße *Hafnarfjarðavegur* die*Kópavogskirkja*, die an ein umgestürztes Sandförmchen, und zum anderen an der östlichen Umgehungsstraße *Reykjanesbraut* die *Breiðholtskirkja*, die an ein Indianerzelt erinnert.

typische Satellitenstadt

Wen es eher zu älteren Bauten zieht, sollte den historischen Stadtteil *Kársnes* besuchen, wo noch manches Holzhaus zu bewundern ist. Hier kann man auch kürzere (etwa zum kleinen Hafen und durch den Park) oder längere Spaziergänge (z.B. zum See Elliðavatn) unternehmen. Für die Hauptstädter ist Kópavegur in letzter Zeit aber vor allem wegen zwei moderner Anlagen der Superlative wichtig geworden: Zum einen gibt es hier das landesweit größte geothermal beheizte Schwimmbad, zum anderen das größte isländische Einkaufszentrum *(Smáralind)*, das übrigens auch für Touristen interessant sein könnte. Denn außer den rund 80 Geschäften (Lebensmittel, Musik, Mode, Souvenirs, Sportartikel etc.) warten mehrere Restaurants und Cafés, Kinos, angenehm gestaltete Galerien und ein riesiger Wintergarten auf Besucher.

größter Einkaufstempel

Smáralind, *Mo–Fr 11–19, Sa 11–18, So 13–18 Uhr geöffnet. Infos unter* www.smaralind.is. *Von Reykjavík aus mit den Buslinien 16, 17, 18, 114 erreichbar.*

Hinter Kópavogur bringt einen die **S 41** dann durch das ebenfalls mit den Nachbarn zusammengewachsene 10.000-Einwohner-Städtchen **Garðabær**, anschließend ist, nach dem Abzweig der S 415 nach *Bessastaðir* (vgl. S. 280f.) und insgesamt ca. 20 Minuten Fahrzeit, die Stadtgrenze von Hafnarfjörður erreicht.

Hafnarfjörður (ⓘ s. S. 211)

Der historische Ort besaß im Mittelalter den wichtigsten Hafen des Landes. Schon im 14. Jh. diente er den Engländern als Stützpunkt ihrer Nordatlantik-Fischerei, später den deutschen Kaufleuten der Hanse. 1602 übertrug der König einer dänischen Gesellschaft das alleinige Handelsmonopol, das sie bis 1787 besaß. Dem einheimischen Unternehmer *Bjarni Sivertsen* verdankt Hafnarfjörður zu Beginn des 19. Jh. wichtige Impulse, indem er Manufakturen hier ansiedelte. 1908 mit den Stadtrechten ausgestattet, diente Hafnarfjörður norwegischen, britischen und dänischen Trawlern als Anlaufpunkt und war Heimathafen des ersten isländischen Trawlers (1905). Heute hat der Ort mit rund 25.000 Einwohnern Akureyri den Stellenwert der drittgrößten Stadt des Landes streitig gemacht. Die Trawler und fischverarbeitenden Betriebe tragen mit 15–20 % zum landesweiten Exportertrag bei; neben ihnen ist das in der Nähe befindliche Aluminiumwerk (s.u.) von eminenter wirtschaftlicher Bedeutung.

Für ihren Beinamen **‚Stadt in der Lava'** sind die Lavaströme, die vor ca. 7.000 Jahren aus dem 5 km östlich gelegenen Búrfell dem Meer zuflossen, verantwortlich. Die inzwischen z.T. bewachsene, z.T. aber schroff als Klippen aufragende Lava, die auch den vorzüglichen Hafen entstehen ließ, steht in reizvollem Kontrast zu den alten Holzhäuschen, die der Stadt ihren ganz eigenen Charme verleihen.

quirlige Hafenstadt

Seit Anfang der 1990er Jahre wird im Juni das internationale **Hafnarfjörður-Festival** mit zahlreichen Beiträgen aus allen Kunstsparten (Musik, Ballett, Film, Theater) durchgeführt. Inzwischen ist es das renommierteste des Landes. Auch bei **Golfern** hat die Stadt einen guten Klang. Immerhin stehen hier mit dem 18-Loch-Course *Hvaleyrarvöllur* und dem 9-Loch-Platz *Urridavatnsvöllur* gleich zwei gute Anlagen zur Verfügung.

Eine **Stadtbesichtigung** sollte unbedingt den **Hafen** einschließen, der durch seine Vielzahl an Fischer- und anderen Booten ein weit pittoreskeres Ambiente bietet als der Reykjavíker. Am Becken mit den Kleinbooten wird *jeden Sonntag*

(11–16 Uhr) der *Kænumarkaður* abgehalten, ein weithin bekannter Fischmarkt mit der Möglichkeit, den frischesten Fang des Tages zu kaufen und an Live-Musik oder anderen Darbietungen teilzunehmen. Zweiter Anlaufpunkt sollte der Platz **Sögutorg** sein, wo an der *Vesturgata* neben der modernen Touristeninformation einige der schönsten Baudenkmäler zu sehen sind. Da ist zum einen das älteste Haus der Stadt aus dem 19. Jh., in dem sich heute das **Volkskundemuseum** befindet. Es gehörte *Bjarni Sivertsen*, dem ‚Vater von Hafnarfjörður' und wurde 1803–05 errichtet. Daneben beherbergt ein anderes Holzhaus das Restaurant *A. Hansen*, das für seine vorzügliche Küche (Fisch & Seafood; ‚Elfenmenü') weithin bekannt ist. Und daneben wiederum ist in einem alten Packhaus das äußerst interessante **Isländische Seefahrtsmuseum** untergebracht.

Werbewirksam: Stadt der Wikinger und Elfen

Direkt am Ufer befindet sich der Platz **Fjörutorg** mit der *Strandgata*, ein zweiter Kristallisationspunkt der Stadt. Hier ist **Hafnarborg**, ein Kunst- und Kulturzentrum mit sehenswerten Ausstellungen und einem netten Café, einen Besuch wert. Auf der gleichen Straße fallen einige Holzgebäude mit Drachenköpfen auf, die der Wikingerzeit zu entstammen scheinen. Tatsächlich soll hier Einheimischen und Touristen eine Art **Wikinger-Dorf** vorgegaukelt werden, das u.a. ein weithin bekanntes Themen-Restaurant und ein ‚Wikingertheater' beherbergt. An Wochenenden werden hier in der Saison Folklore-Vorstellungen und Aufführungen nordischer Sagastoffe dargeboten. In einem ähnlichen Stil präsentiert sich das Westnordische Kulturhaus auf der *Strandgata 55*, das den Färöern, Island und Grönland gewidmet ist. In Verkaufsausstellungen erlebt man die Kultur der genannten Länder anhand von Gemälden, Schnitzereien und Skulpturen der Wikinger und Inuit bzw. Handwerksarbeiten, die in der Tradition der Wikinger hergestellt worden sind. Das Kulturhaus unterbreitet außerdem weitere Angebote (Kurse etc.) sowie Infostände, die jedes Land und dessen Bewohner vorstellen. Im gleichen Gebäude sind ein Hotel und Restaurant untergebracht.

Wikinger und Elfen

Schließlich gehört auch ein Spaziergang durch den öffentlichen **Park** *Hellisgerði* zum unverzichtbaren Programm, in dem man auf Stufen und Wegen durch den mit Bäumen (!) überwachsenen Lavagrund geführt wird. In einem abgetrennten Areal des Parks sind die nördlichsten Bonsai-Bäumchen der Welt eine besondere Attraktion. Im Park leben übrigens auch etliche Elfen, deren Anzahl so bedeutend ist, dass die Stadtverwaltung extra einen Stadtplan mit den eingezeichneten Wohnstätten der übernatürlichen Wesen herausgibt. Inzwischen konnte man Hafnarfjörður erfolgreich als **‚Elfenstadt'** vermarkten, mit geführten Spaziergängen zu den Behausungen der Elfen und allerlei esoterischen Angeboten.

Im Zentrum gibt es mit der *Fríkirkja (Austurgata)* und der Hafnarfjörður-Gemeindekirche *(Lækjargata)* zwei schöne, alte Gotteshäuser zu sehen, während etwas außerhalb zwei modernere **Kirchen** den Besuch lohnen: Zum einen die *Víðistaða-*

kirkja im Norden, die von einem hübschen Park (Campingmöglichkeit) umgeben ist. Sehenswert an der *Víðistaðakirkja* sind die Wandgemälde des katalanischen Künstlers *Baltasar*. Und zum anderen die im Süden oberhalb der Stadt gelegene *St. Josefs-Kirche* (Birkihvammur). Drei postmoderne Dachgiebel markieren hier das jüngste Gotteshaus des Katholizismus auf Island, das 1993 eingeweiht wurde, übrigens erst als zweite katholische Kirche nach Einführung der Reformation. Angesichts von insgesamt 2.500 Gläubigen ist mit 300 Gemeindemitgliedern der Katholizismus in Hafnarfjörður stark vertreten. Dazu trug sicherlich das Wirken der katholischen Josefsschwestern bei, die seit den 1920ern ein Krankenhaus betreiben.

Hafnarfjörður – Grindavík

Von Hafnarfjörður aus geht es wieder auf der **S 41** weiter in Richtung Keflavík (wer diese Rundfahrt in umgekehrter Richtung fahren möchte, biegt kurze Zeit später links auf die S 42 nach Krísuvík ab). Rechts der Straße passiert man noch in den Gemeindegrenzen das größte Industrieunternehmen des Landes: die **Aluminiumschmelze** von *Straumsvík*. Die zum Schweizer Unternehmen *Alcan Inc* gehörende Anlage ist mit ihren rot-weißen Türmen schon von weitem zu erkennen. Wie Norwegen, der größte europäische Aluminium-Produzent, verfügt auch Island nicht über die entsprechenden Rohstoffe (die aus Australien importiert werden), wohl aber über billigen Strom. Dieser kommt aus einem eigens in 100 km Entfernung angelegten Wasserkraftwerk *(Búrfell)*; um das Produkt direkt zu den Weltmärkten verschiffen zu können, baute man einen eigenen Tiefseehafen.

riesige Industrieanlage

Links und rechts der Straße breiten sich nahezu endlose Lavafelder aus, z.T. mit Moos und Flechten überwachsen, zur Küste hin zerfurcht und zerrissen. Wer näher an der Küste entlangfahren möchte, kann über die landschaftlich reizvolle Nebenstraße **420** die Hauptstrecke verlassen. Sie ist 4 km länger, bietet aber eine phantastische Aussicht auf die Bucht und häufiger die Möglichkeit, auf Lavaklippen zu steigen und die Aussicht zu genießen. Die einzige Ortschaft an dieser Strecke ist **Vogar**, ein seit 1893 bestehender Handelsposten, der seit 1930 mit einem Fischerhafen ausgestattet ist. Der 1.100-Einwohner-Ort beherbergt mit der 1893 gebauten *Kálfatjarkirkja* eine der größten Landkirchen Islands, der riesige Steinring *Staðarborg* südlich der Ortschaft, ein ehemaliger Schafspferch, ist eine weitere Sehenswürdigkeit. Ansonsten bietet Vogar einige Geschäfte, einen Campingplatz und ein Schwimmbad.

Hinter Vogar stößt man wieder auf die 41, von der kurze Zeit später links die schnurgerade, asphaltierte **S 42** in Richtung Grindavík und zur Blauen Lagune abgeht. Die Dampfsäulen des Kraftwerkes *Svartsengi* markieren das 10 km entfernte Ziel: die Blaue Lagune.

Blaue Lagune *(Blue Lagoon; Bláa Lónið)* (ⓘ s. S. 211)

Es hat lange gebraucht, bis aus der fabrikähnlichen Anlage von *Svartsengi* der Touristenmagnet von heute geworden ist; die Voraussetzungen waren auch nicht günstig: eine hässliche Beton- und Stahlarchitektur des Kraftwerkes, der Dampf und ein durchdringendes Zischen – die Assoziation zur ‚Blauen Lagune' war keinesfalls gegeben. Allein das surreal wirkende blaue Wasser und seine Wärme zogen Reykjavíker Jugendliche an, die dort unbehelligt baden konnten. Später merkte man, dass das mit Kieselerde, Mineralien, Silikaten und Salz angereicherte Wasser offenbar Schuppenflechte und andere Hautkrankheiten heilen bzw. mildern konnte. Bald war ein Zaun um das Gelände gezogen, eine Eintrittspforte und Umkleidekabinen errichtet und ein künstlicher Strand angelegt.

Touristenmagnet Blaue Lagune

Mehrfach wurden die ursprünglich primitiven Räumlichkeiten modernisiert und verbessert – und so wurde die Blaue Lagune immer erfolgreicher vermarktet. Inzwischen sind die Sanitäranlagen großzügig erweitert worden, gibt es außer Sandstränden auch einen künstlichen Wasserfall nebst Lava-Höhle, geschwungene Holzbrücken, Dampfbad und Sauna, die Möglichkeit verschiedener Anwendungen (Massagen u.ä.), einen Shop mit einer breiten Palette von spezifischen ‚Blue Lagoon'-Wellness-Produkten, ein Kurhotel sowie ein Restaurant mit Panoramablick. *Icelandair* bietet Passagieren, die auf dem Flug von Europa nach Amerika einige Stunden Wartezeit haben, Bustransfers hierhin an, andere Firmen offerieren Sightseeing-Fahrten oder Transfers von Reykjavík zum Flughafen Keflavík einschließlich einiger Stunden Aufenthalt an der Lagune.

In der Blauen Lagune

Die Blaue Lagune ist ein künstlicher See, der sich aus dem abfließenden Wasser des Kraftwerkes speist. Es kommt aus etwa 2.000 m Tiefe (wo es 240 °C heiß ist) und dient dazu, die umliegenden Ortschaften mit Warmwasser und Strom zu versorgen. Dabei wird durch das heiße, salzhaltige Wasser aus der Tiefe süßes Brunnenwasser erhitzt, anschließend kommt das völlig unverschmutzte geothermische Wasser in den künstlichen See. Trotz des deutlich sicht- und hörbaren Kraftwerks, der Pumpstationen und Pipelines, ist der Eindruck für den Besucher überwältigend! Selbst in Schneeschauern macht es Spaß, im 37–39 °C warmen Wasser zu baden – ein Vergnügen, das eher an eine Sauna als an ein normales Freibad erinnert. Zwischen salzverkrusteten, bizarren Felsen schwimmt oder watet man umher, manchmal im dichten Dampf stehend und fast die Orientierung verlierend. Und sollte bei angenehmen sommerlichen Temperaturen die Sonne scheinen, spürt man einen Hauch von Tropik, der den Badegast angesichts der umgebenden Landschaft verwirrt.

ganzjähriger Badespaß

Thermalbad Blaue Lagune, *Tel.: 426-8800, Fax: 426-8888,* www.bluelagoon.is; *Anfang Juni–Ende Aug. tägl. 8–21 Uhr geöffnet, sonst 10–20 Uhr, Eintritt ca. € 20.*

Nur wenige Fahrminuten sind es von der Blauen Lagune bis nach Grindavík. Dabei passiert man rechter Hand den Vulkan **Þorbjörn**, zu dessen Spitze ein Wanderweg hinaufführt. Er bietet die wohl beste Aussicht über die gesamte

Halbinsel. Wanderer können von hier zu mehrstündigen Touren durch die Lavafelder aufbrechen (markierte Wege), sei es nach Süden zur Küste hin, oder sei es durch das *Skógfellshraun* im Norden.

Grindavík

Fischerdorf

In das recht große Fischerdorf Grindavík (ca. 2.700 Ew) fährt man über die Straße *Víkurbraut* ein, an der sich linker Hand eine kleine Touristeninformation befindet. Sehenswert ist das Mahnmal für die ertrunkenen Fischer am Hafen, ansonsten gibt es kaum Attraktionen, sieht man einmal von der umgebenden Landschaft ab. Immerhin bietet der Ort eine Infrastruktur mit 2 Restaurants, Zeltplatz, Schwimmbad, einen 9-Loch-Golfplatz, Post und Reiseagenturen (Reiten). Von der bewegten Geschichte, die bis ins Mittelalter zurückgeht, ist jedoch nichts mehr zu spüren. Allerdings gilt Grindavík als eine Hochburg der Anhänger des altnordischen Asenglaubens; hier haben sie einen kleinen Tempel und eine Sommersonnenwend-Kultstätte errichtet.

Für die Weiterfahrt muss man sich nun entscheiden, ob es westlich entlang der Küste bis nach **Keflavík** (und zurück nach Reykjavík) gehen soll, oder ob man in östlicher Richtung über **Krísuvík** die Hauptstadt erreicht bzw. evtl. weiter an der Küste entlang in Richtung **Þorlákshöfn** und weiter nach **Hveragerði** oder **Selfoss** mit Anschluss zur Ringstraße fährt.

Grindavík – Keflavík

heute ausgestorben

Am Golfplatz vorbei führt die teilweise etwas raue **S 425** in südwestliche Richtung. An der nächsten Bucht kommt man dem Ozean wieder sehr nahe und von der Küstenstraße sieht man bei klarer Sicht am Horizont, in ca. 21 km Entfernung, den 100 m steil aufragenden und völlig kahlen Felsklotz der ‚Feuerinsel' **Eldey**. Sie ist Heimat der weltweit größten **Basstölpelkolonie**, die in der Brutzeit rund 40.000 Exemplare umfasst. Das seit 1939 naturgeschützte Eiland ist Touristen nicht zugänglich; sie hätten sicher auch Schwierigkeiten, die senkrechte und glitschige Felswand zu erklimmen: dies ist während ornithologischer Expeditionen bisher nur 1940 und 1971 gelungen. Früher versuchten sich wagemutige Isländer häufiger an der Steilwand – versprachen die Vogelkolonien doch reiche Beute. Dazu gehörten auch die nunmehr leider ausgestorbenen **Riesenalke**. Auf den unbeholfenen, flugunfähigen und bis 70 cm groß werdenden Wasservogel *(pinguinis impennis)*, der einmal im ganzen Nordatlantik verbreitet war, wurde wegen seines guten Geschmacks Jagd gemacht. Nachdem man ihn in Kanada, Grönland und auf den Färöern ausgerottet hatte, war Island sein einziges Rückzugsgebiet. 1844 fanden die beiden letzten Exemplare auf Eldey den Tod. Zu bewundern ist der Riesenalk heute nur noch ausgestopft, und zwar im Institut für Naturgeschichte in Reykjavík.

Weiter geht es oberhalb der Steilklippen *Staðarberg* und zur Rechten das Lavafeld *Berghraun* passierend, bis man 15 km hinter Grindavík zur Abzweigung nach **Reykjanesvíti** kommt. Die Stichstraße bringt einen an einem Quellgebiet vorbei, dem zischend und grollend Dampf entströmt (*víti* = ‚Hölle'). Auf einem sicheren Pfad kann man sich das Schauspiel dieser Solfatare von Gunnuhver aus der Nähe anschauen, dabei sieht man auch jene dampfenden Anlagen, in denen Salz gewonnen wird. Die Stichstraße endet am ehemaligen Leuchtturm oberhalb der Steilklippen, die auch als Vogelfelsen von *Valahnúkur* bekannt sind. Hier, an der Südwestspitze der Reykjanes-Halbinsel, hat man einen schönen Blick auf die Felsnadel *Karl* (= ‚Kerl'), die sich fast 50 m aus dem Atlantik erhebt.

12 km sind es vom Abzweig auf der **S 425** bis zur nächsten Ortschaft Hafnir, wobei man ungefähr nach halber Strecke hinter einem kleinen See nach links zur Steilküste abbiegen kann. Die **Klippen** von *Hafnarberg*, die sich hoch aufragend dem Ozean entgegenstemmen, sind auch wegen ihres reichen Vogellebens beeindruckend. (Wer die Tour mit einem Geländewagen unternimmt, kann übrigens die Strecke von Reykjanesvíti bis Hafnir ‚off road' direkt entlang der Küste fahren.) Neben der S 425 wurde nahe des Abzweigs eine ‚Brücke über die Kontinente' errichtet, die eine Spalte in der Lava überquert und damit die Kontinentaldrift von Europa und Amerika dokumentiert.

Vogel-klippen

Die nächste Station ist **Hafnir**, mit nur 148 Einwohnern heute das kleinste Dorf an der Küste, das aber früher dichter besiedelt und ein bedeutender Handelsposten und Fischerei-Stützpunkt war, der von seinem guten Naturhafen profitierte (daher der Name). Noch einige Holzhäuschen sind aus der Vergangenheit bewahrt und die Holzkirche aus den 1860er Jahren lohnt den Besuch. Hinter Hafnir trägt die Straße die Nr. 44, auf der man die 9 km zum Doppelort Keflavík/Njarðvík, vorbei am ehemaligen NATO Gelände, schnell zurücklegt.

Keflavík/Njarðvík (ⓘ s. S. 211)

Der inzwischen zur Gemeinde *Reykjanesbær* zusammengewachsene Doppelort Keflavík (8.200 Ew) und Njarðvík (4.400 Ew) blickt auf eine abwechslungsreiche Geschichte zurück, präsentiert sich aber heute als modernes Dienstleistungszentrum mit breiten Straßen, Schwimmbad, Tankstellen, Reihensiedlungen, Kleingewerbe und Industrieanlagen. Das weiter östlich gelegene Njarðvík ist bereits im 11. Jh. besiedelt worden und besitzt noch einiges an Bausubstanz des 19. Jh. So z.B. die sehenswerte Kirche aus Bruchstein und das älteste Haus des Landes, das als Museum zu besichtigen ist *(Njarðvíkurbraut)*. Keflavík wurde als Handelsstation 1566 zum ersten Mal erwähnt, ist aber wohl ebenfalls älter. Aus den 1870ern sind am Hafen zwei pittoreske Häuser stehengeblieben und die weiße Holzkirche *Keflavíkurkirkja* (am *Kirkjuvegur* 23) lohnt den Besuch. Ansonsten ist außer dem Hafen nicht viel Interessantes zu sehen; von touristischer Bedeutung ist die Zwil-

Vor dem Leif-Eiríksson-Flughafen

INFO Stets umstritten: die ehemalige Militärbasis Keflavík

Keine Institution und kein politisches Ereignis – die ‚Kabeljau-Kriege' gegen Großbritannien eingeschlossen – hat über Jahre hinweg die isländischen Gemüter so erregt wie der amerikanische Marine-Luftstützpunkt in Keflavík (vgl. S. 44). Und die Diskussion, ob die Militärbasis geschlossen werden und ob Island überhaupt in der NATO verbleiben solle, flammte mit jedem Wahlkampf und mit jedem Protestzug gegen die Amerikaner aufs Neue auf. Während die alliierten Soldaten aufgrund starker Einschränkungen ihrer Bewegungsfreiheit im Stadtbild von Reykjavík selten zu sehen waren, wurde jeder ankommende oder abfliegende Besucher bis 1987 mit der Militärpräsenz konfrontiert, da die NATO-Basis gleichzeitig als internationaler Flughafen diente. Mit der Fertigstellung des neuen Leifur Eiríksson-Airports war dann auch diese Phase vorbei.

Ohnehin wich mit dem Ende der Block-Gegensätze seit Ende der 1980er die emotional geführte Diskussion einer pragmatischen Einstellung. Immerhin bezogen knapp 2.000 Familien im Südwesten des Landes ihr Einkommen von der Basis, auf der immer noch rund 900 Isländer als zivile Hilfskräfte beschäftigt sind. Und für die chronisch kranke Staatskasse waren die Gelder, die aus dem militärischen Topf flossen, von großer Bedeutung: etwa 10 % der Deviseneinnahmen wurde ab 1951 jährlich vom Stützpunkt erbracht. Kein Wunder, dass die meisten Isländer eine Fortsetzung des militärischen Engagements der NATO auf ihrer Insel wollten. Und folgerichtig wurde nach langen Verhandlungen 1994 das bilaterale Verteidigungsabkommen zwischen den USA und Island erneuert. Beide Seiten erklärten, an der Basis Keflavík festhalten zu wollen. Allerdings vereinbarte man angesichts einer veränderten weltpolitischen Lage auch eine Reduzierung der militärischen Präsenz. Z.B. wurden die 12 Kampfflugzeuge vom Typ F-15 schrittweise auf 4 verringert und 400 Soldaten abgezogen.

Ausgerechnet der konservative Ministerpräsident Davíð Oddson, der noch 2003 während des Irak-Krieges bedingungslos die US-amerikanische Position unterstützte, machte hinter die Zukunft der Militärbasis einige Fragezeichen. Der Hintergrund waren Pläne der Amerikaner, aus Kostengründen auch die verbliebenen Jagdflugzeuge abzuziehen und in Keflavík allein den Bestand an Orion- und Lockheed-Auftankflugzeuge, die vier Bergungshelikopter vom Typ Sikorsky HH-60 G sowie die Radareinrichtungen zu belassen. Den Regierungschef erzürnte dabei besonders, dass das Pentagon den Rückzug ohne Verhandlungen oder Konsultationen mit den Isländern ankündigte. Immerhin verstießen die Amerikaner damit gegen Buchstaben und Sinn des Vertrages von 1951. In der Presse wurde Oddson dahingehend zitiert, dass die Amerikaner, sollten sie ihre Jagdflugzeuge abziehen, gleich ganz von der Insel verschwinden könnten, und dass deren Aufgaben schließlich auch eine eigene isländische Landesverteidigung wahrnehmen könne…

Das lange so umstrittene Kapitel wurde aber im Frühjahr 2006 auf ganz andere Weise beendet. Denn nun kündigten die USA ihrerseits an, die seit 1951 bestehende Militärbasis aufzugeben. Offensichtlich ist die Präsenz der rund 1.200 Armee- und Luftwaffen-Angehörigen dem Pentagon zu teuer geworden. Nach dem Abzug der letzten Streitkräfte im September 2006 haben die Wohnungen der Soldaten als Studentenwohnheim Verwendung gefunden.

lingsstadt wegen des Flughafens und der Möglichkeiten, hier einzukaufen oder die erste bzw. letzte Übernachtung einzuplanen. Wer von Hafnir über die **S 44** anreist und Kefkavík/Njarðvík kennen lernen möchte, sollte an der Kreuzung mit der Straße 41 (Flughafen-Reykjavík) nach rechts, kurz danach nach links fahren und dann entlang der Küstenlinie *(Njarðarbraut-Hafnargata-Vesturbraut)* eine kleine Besichtigungstour unternehmen. Auf dieser Straße kommt man auch zur Nordspitze der Halbinsel (s.u.).

Islands Tor zur Welt

Auf seine Art sehenswert ist der 1987 eröffnete **Leif Eiríksson Flughafen** *(Flugstöð Leifs Eiríkssonar)*. Ihm haben die Architekten eine funktionale und überzeugende Form mit einer markanten Dachkonstruktion gegeben. Das moderne, helle und übersichtliche Gebäude enthält alle wichtigen Einrichtungen wie Touristeninformation, Autoverleih, Busstation, Bank, Post, Duty Free Shop, Cafeteria usw.; die Außenanlagen sind mit Rasen, Teichen und zwei imposanten Skulpturen ebenfalls gut gelungen.

Bis 1987 stellten wenig ansehnliche und ungemütliche Baracken des NATO-Stützpunktes den Passagier-Terminal für den zivilen Flugverkehr dar.

Von Keflavík oder dem Flughafen (S 41) gelangt man an der Seeseite auf die **S 45**, die einen zu weiteren, sehr lohnenden Attraktionen der Reykjanes-Halbinsel bringt. Vorbei am 18-Loch-Golfplatz Leira, einem der besten des Landes, geht es in 7 km zum Fischerdorf **Garður** mit seinem Kirchlein aus den 1860ern. Dahinter zweigt ein unbefestigter Weg zum Nordkap ab, wo *Garðskagi* mit einem alten (1897) und neuen (1944) Leuchtturm aufwarten kann. Von hier hat man eine weite Sicht auf die Bucht *Faxaflói* mit Reykjavík und den Nachbarstädten auf der rechten und Akranes auf der linken Seite. Bei klarer Sicht erkennt man am Horizont den Snæfellsjökull, und sollte man abends hier sein, hat man die Chance, einen spektakulären Sonnenuntergang zu erleben.

An der windigen Westküste entlang, vor der sich Robben im Meer tummeln und unzählige Seevögel ihre Flugkünste beweisen, führt man in 6 km bis **Sandgerði** mit seinem recht großen Fischereihafen. Südlich davon (7 km) steht die hübsche *Hvalsneskirkja* einsam am Ufer und auf unbefestigter Straße kann man noch 2 km weiter bis zum äußersten Punkt *Batsendar* gelangen. Hier vernichtete eine Flutwelle im 18. Jh. ein Fischerdorf, dessen Ruinen noch zu sehen sind.

einsames Kirchlein

Da es nicht möglich ist, das Flughafengelände südlich zu umrunden, muss man nun zurück nach Sandgerði, von wo einen die S 41 nach Keflavík (7 km) und weiter nach Reykjavík (50 km) bringt.

Grindavík – Krísuvík – Kleifarvatn

Wer in Grindavík nicht die oben beschriebene westliche Route nach Keflavík gewählt hat, sollte auf der **S 427** die 24 km bis Krísuvík zurücklegen. Der Weg führt in einiger Entfernung zum Ufer am Rand des Lavafeldes *Ögmundarhraun*

Vogelklippen bei Krísuvík

entlang, aber manchmal ist es möglich, auch mit normalen Pkw bis nah an die Küste zu fahren, um einen Blick auf den Nordatlantik und die wilde Szenerie zu werfen. Besonders lohnt sich das nach ca. 6 km, wo man unterhalb der Vogelklippe *Festarfjall* einen Stopp machen sollte, und nach weiteren 12 km, wo man die steilen Klippen des **Krísuvíkurberg** bewundern kann. Mit seinen großen Beständen an Trottellummen, Tordalken, Papageientauchern, Eissturmvögeln, Möwen u.v.m. zählt er zu den wichtigsten Vogelfelsen des Landes. 2 km vor Krísuvík, das außer einer Kirche, einigen Gewächshäusern und wenigen Höfen nicht viel bietet, erreicht man die Weggabelung mit der **S 42**, die einen nordwärts über Krísuvík und Hafnarfjörður zurück nach Reykjavík und ostwärts nach Hveragerði (vgl. S. 313) bringt. Um zu den berühmten heißen Quellen zu gelangen, nehmen Sie den nördlichen Weg. Kurz hinter dem kleinen Ort tauchen hier zu beiden Seiten der Straße Rauchsäulen auf und kündigen die Aktivität des **Geothermalgebietes Seltún** an. Einen Großteil des Geländes kann man vom Parkplatz aus auf angelegten Wegen erforschen, wobei man sich tunlichst an die Markierungen halten sollte. Kochende, vielfarbige Schlammpfuhle und Solfatare, ein Zischen und Brodeln und hoch aufschießende Dämpfe (darunter auch den angeblich größten kochenden Dampfstrahl der Welt) – das macht die faszinierende Welt dieser Gegend aus. Noch wird der heiße Dampf von Krísuvík energiewirtschaftlich nicht genutzt. Doch haben Probebohrungen gezeigt, dass sich ein Dampfkraftwerk lohnen und etwa 30.000 Kilowatt/h produzieren könnte. Es bleibt abzuwarten, ob die entsprechenden Pläne realisiert werden.

Solfatare und Schlammtöpfe

Auf den nächsten 15 km steigt der Weg etwas an und verläuft bald am westlichen Ufer des von Bergen umringten **Kleifarvatn** entlang. Dieses zauberhafte, 10 km² große und fischreiche (Forellen) Gewässer ist von Sagen umwoben, die von Ungeheuern u.ä. erzählen. Rätselhaft bleibt, warum der etwa 100 m tiefe See ständig seinen Wasserstand verändert.

An seinem nördlichen Ende geht es wieder hinab in die Ebene, die gänzlich vom Lavafeld *Kapelluhraun* ausgefüllt ist. Nach wenigen Fahrminuten beginnt wieder die Asphaltstraße und ab hier sind es noch 10 km bis zur S 41, die man auf Höhe der Aluminiumschmelzwerkes von Straumsvík (s.o.) erreicht. Unterwegs könnten Wanderlustige einen Abstecher zum rechts der Straße gelegenen ‚heiligen Berg' *Helgafell* unternehmen, von dem sich ein weiter Rundblick bietet.

Hinweis

Am Beginn der Asphaltstraße geht nach links eine nur für Geländewagen passierbare Piste ab, die an einem weiteren See (Djúpavatn) vorbei und durch das Tal Vigdísarvellir zurück zur S 427 zwischen Grindavík und Krísuvík führt.

Grindavík-Þorlákshöfn

Diese Alternativstrecke ist ohne Abstecher 70 km länger und folgt ab Krísuvík dem südlichen Rand der Reykjanes-Halbinsel. Wer sich von Grindaví kommend für sie entscheidet, sollte trotzdem an der Weggabelung der Straßen 427/42 den Abstecher zum Theramalgebiet von Krísuvík und zum Kleifarvatn unternehmen, dann zurückkehren und anschließend auf der S 42 weiterfahren. Die Tour ist auch geeignet, abseits der Hauptverkehrswege auf die Ringstraße zu gelangen (Hveragerði oder Selfoss) oder den Weg zur Fährstation Þorlákshöfn (zu den Westmännerinseln) abwechslungsreicher zu gestalten.

Alternativstrecke

Nachdem man die 24 km von Grindavík in Richtung Krísuvík (s.o.) zurückgelegt hat, geht es 2 km vor dem Ort nach rechts auf die **S 42**, die unterhalb eines Strandwalles verläuft und z.T. Steigungen und Gefälle aufweist. Durch eine phantastische Landschaft geht es weiter in östliche Richtung, wo man kurz hinter der Lagune *Hlíðarvatn,* die man in einer Schleife umfährt, zu einem Abzweig zur **Strandarkirkja** kommt. Es lohnt sich, die 3 km lange Stichstraße zurückzulegen, denn die einsam am Wasser liegende ‚Strandkirche' ist eine der berühmtesten der Südküste. Laut mittelalterlichen Legenden wurde das ursprüngliche Gotteshaus von Seefahrern errichtet, die in einen Sturm gerieten und von einem Engel nach hierhin in Sicherheit geleitet wurden. Aus Dank für ihre wundersame Rettung aus der Bedrängnis bauten sie das Gotteshaus, an dessen Wunderkraft selbst heute im lutherischen Island noch viele Leute glauben. Sie hinterlassen Gaben z.B. als Bitte um Gesundheit oder als Dank für erfahrene Heilung.

Dampfende Solfatare

Zurück auf der S 42 geht es auf hoch gelegener Strecke, die eine weite Sicht über die Ebene bis Þorlákshöfn und Eyrarbakki gewährt, an kleinen Farmen, Schafs- und Pferdeweiden vorbei. An der nächsten Wegkreuzung der Straßen 42/38/39 ist linkerhand ein geothermales Gebiet erschlossen, das man auf angelegten Wegen und Holztreppen erkunden kann. An Solfataren, heißen Quellen, Sinterterassen, Fumarolen und blubbernden Schlammtöpfen vorbei kann man vom Parkplatz aus in wenigen Minuten zu einem Aussichtspunkt hinaufsteigen.

!!! ***Achtung***

Halten Sie sich auch hier an die Warnschilder und markierten Wege; treten Sie insbesondere nicht auf die hell ausgeblühten Stellen, wo man leicht einbrechen und schwerste Verbrühungen erleiden kann!

Sofort an dem Dampfgebiet, insgesamt 42 km hinter Krísuvík, hat man nun vier Alternativen, die Reise fortzusetzen:

① Þorlákshöfn (ⓘ s. S. 211)

Entweder biegt man an der Kreuzung auf der **S 38** rechts ab und besucht das 8 km südlich gelegene Þorlákshöfn, evtl. mit der Absicht, die Fähre zu den Westmännerinseln zu benutzen. Über mehrere Jahrhunderte hinweg war Þorlákshöfn die Heimat für viele Fischerfamilien und zusätzlich in der Fangsaison ein Stützpunkt für auswärtige Fischer aus allen Teilen Südislands. Der Grund dafür war der ausgezeichnete Hafen, einer der besten der Südküste. Immer noch nimmt dieser einen wichtigen Platz in der isländischen Fischerei ein.

Gemeindekirche Þorlákshöfn

Der überschaubare 1.500-Seelen-Ort bietet Besuchern u.a. ein kleines Volksmuseum *(Unubakki 4)*, eine markante Gemeindekirche (1985) mit interessantem Altargemälde, ein Schwimmbad mit benachbartem Zeltplatz, sowie Institutionen wie Polizei, Postamt, Bank etc. In der Cafeteria *Duggan* am Hafen erhalten Sie touristische Informationen. Weiter ist Þorlákshöfn vor allem wegen der täglichen Fährverbindungen zu den Westmännerinseln interessant.

② Eyrarbakki

Zusätzlich oder alternativ kann man auf Þorlákshöfn zufahren, dann aber nach links auf die **S 34** abbiegen, die über eine lange, in den 1980er Jahren gebaute Brückenverbindung nach 12 km Eyrarbakki erreicht Der heute nur noch ca. 600 Einwohner zählende Ort stand einst an Bedeutung nicht hinter Þorlákshöfn zurück. Von der guten, alten Zeit künden mehrere schöne Holzhäuser, u.a. das 1765 von dänischen Händlern errichtete *Husið* östlich der Kirche – es ist eines der ältesten Gebäude des Landes.

Holzhaus-Ambiente

Überhaupt lohnt Eyrarbakki den Besuch, nicht nur wegen der Holzhaus-Architektur, sondern genauso wegen der landschaftlich reizvollen Umgebung. Spazieren Sie zum schwarzen Sandstrand mit Treibholz und reichem Vogelleben und genießen Sie die Aussicht über die Bucht Hafnarvík bis nach Þorlákshöfn. Bei genügend Zeit sollte man das Schifffahrtsmuseum besuchen *(Túngata 59, im Sommer tägl. 13–18 Uhr geöffnet, sonst auf Anfrage)*.

Ein kleines Stück asphaltierter Straße fährt zum Nachbarort **Stokkseyri**, der ebenfalls stimmungsvolles Ambiente und ein kleines Seefahrtsmuseum aufweist. Ab hier kann man auf schmalen und unasphaltierten Wegen kreuz und quer durch die Küstenebene fahren, stößt zum Osten hin aber an den unüberwindlichen Mündungsverlauf der *Þjórsá*. Direkt nach Selfoss (vgl. S. 316) bringt einen ab Eyrarbakki die **S 34**; dort nimmt man entweder die Ringstraße ostwärts, oder fährt auf der Ringstraße westwärts über Hveragerði nach Reykjavík zurück, oder aber erweitert den Ausflug in Richtung Norden nach Þingvellir, Gullfoss und dem Geysirgebiet (vgl. S. 296). In diesem Fall wäre eine Übernachtung notwendig, z.B. in Hveragerði oder Selfoss.

③ Hveragerði

Setzt man die bisherige Richtung fort, bringt einen die **S 38** nach 12 km zur Gewächshaus-Stadt Hveragerði an der Ringstraße mit ihrem umfangreichen touristischen Angebot (vgl. S. 313). Ab hier können Sie westwärts nach Reykjavík, ostwärts nach Selfoss oder ebenfalls in den Norden zum Þingvallavatn und anderen Zielen fahren.

④ Straße 39

Lavatunnel und Skigebiet

Dies ist die schnellste Möglichkeit, nach Reykjavík zurückzukehren. Ein lohnender Stopp unterwegs kann auf dem Lavafeld *Eldborghraun* am ca. 1.000 m langen Lavakanal *Raufarhólshellir* eingelegt werden, der sich 3 km hinter der Kreuzung nahe zur Straße befindet. Im weiteren Verlauf geht die S 39 auf das Skigebiet *Bláfjöll* zu und trifft nach 14 km auf die Nationalstraße 1.

8. DIE RINGSTRASSE (mit Alternativstrecken)

Von Reykjavík nach Skaftafell

Überblick

Auf der ersten Etappe der Ringstraße lernt man die spektakuläre Südküste der Vulkaninsel kennen, ein Erlebnis, das erst seit 1974 möglich ist, als die letzten Kilometer über die *Skeiðarársandur* komplettiert wurden. **Landschaftlich** stellt die Region durch das enge Nebeneinander der größten Sanderflächen, der höchsten Berge und der ausgedehntesten Gletscher eine der grandiosesten Szenerien im Nordatlantik dar.

An den Autofahrer stellt die Etappe keine besonders schwierigen Anforderungen: Tankstellen und Serviceeinrichtungen sind flächendeckend vorhanden und die **Straßenbedingungen** können als für isländische Verhältnisse sehr gut bezeichnet werden. Aus diesem Grund ist es möglich, die insgesamt 335 km zwischen Reykjavík und Skaftafell an einem Tag zu schaffen, wobei es dann für Besichtigungen, Wanderungen etc. aber zeitlich sehr eng wird. Besser ist es, die Etappe in zwei, drei Tagen geruhsam zurückzulegen.

Redaktions-Tipps

- Baden in den natürlichen Warmwasserpools von *Landmannalaugar* und in einem der zahlreichen Schwimmbäder
- Wandern im *Þórsmörk* und im *Skaftafell*-Nationalpark (S. 325, 330)
- Stopp an den Wasserfällen *Seljalandsfoss* und *Skógafoss* (S. 322, 323)
- Abstecher zu den Kratern der *Laki-Spalt* (S. 435)
- Besuch des *Kap Dyrhólaey* (S. 324)
- Besichtigung der Kulturdenkmäler *Stöng*, *Núpsstaður* und *Skógar* (S. 319, 323, 327)

Alternativ zur Hauptroute kann am Beginn die Erkundung der Reykjanes-Halbinsel (vgl. S. 297ff.) stehen; am besten sogar direkt im Anschluss an die Ankunft in Keflavík. In diesem Fall würde man bei Hveragerði oder Selfoss auf die vorliegende Strecke stoßen und den Besuch der Hauptstadt auf das Ende der Reise verlegen. Von den anderen, in diesem Kapitel genannten Alternativstrecken ist der Abstecher zum Wikingerhof Stöng bzw. nach Landmannalaugar etwas schwieriger in den Programmverlauf einzubauen, er ließe sich am besten in eine Rundfahrt integrieren, die westlich des Mýrdalsjökull wieder auf die Ringstraße führt; allerdings würde man dabei die phantastische Küstenlandschaft bei Vík/Kap Dyrhólaey und die mächtigen Wasserfälle Seljalandsfoss und Skógafoss verpassen. Die Tour zur Þórsmörk schließlich kann am ehesten von der Ringstraße aus durchgeführt werden, nimmt aber mindestens einen vollen Tag in Anspruch, wenn man die herrliche Landschaft adäquat kennen lernen möchte (wandern). Sowohl der Ausflug nach Landmannalaugar als auch der in die Þórsmörk ist nur mit einem geländegängigen Wagen möglich.

Übernachtungsmöglichkeiten sind zahlreich vorhanden, vor allem im ersten Streckenabschnitt, wo in Hveragerði, Selfoss, Hella und Hvolsvöllur auf das gesamte Übernachtungsangebot einschl. Hotels zurückgegriffen werden kann.

Keflavík/Reykjavík – Sélfoss

Wer vom Flughafen **Keflavík** aus unter Umgehung der Hauptstadt zur Island-Umrundung durchstarten möchte, nimmt am besten die landschaftlich sehr reizvolle, ab S. 302 beschriebene Route über die **S 43**, **427** und **42**, auf der man bei Hveragerði auf die Ringstraße stößt.

Wessen Startpunkt **Reykjavík** ist, verlässt das Zentrum über die Ausfallstraße *Suðurlandsvegur*, die später automatisch in die Nationalstraße I übergeht. Erster Haltepunkt auf dem Weg könnte noch innerhalb der Stadtgrenze linker Hand der schöne See *Rauðavatn* sein und ihm gegenüber auf der rechten Straßenseite der kurze Abzweig zum Naturschutzgebiet *Heiðmörk*, dessen merkwürdige Ascheformationen *rauðhólar* (= ‚rote Löcher') nur 500 m von der Ringstraße entfernt sind.

Skigebiet und Lavafelder

Von hier aus geht es durch die Lavaebene östlich der Hauptstadt und dann hinauf in die Hochebene der *Mosfellsheiði*. Nach links zweigen Pisten zu den populären Skigebieten am *Bláfjöll* ab, während die **N I** am Segelflugplatz *Sandskeið* und am *Vífisfjell* (655 m) vorbei die hoch gelegene *Hellisheiði* erreicht. Die von dichtem Moos bedeckten Lavafelder – das größte heißt *Svínahraun* – entstammen zum großen Teil mehreren Vulkanausbrüchen aus dem Jahre 1000, die von den Anhängern der nordgermanischen Religion als Zorn der Götter gegen die Annahme des Christentums interpretiert worden waren. Kurz nachdem man den Abzweig der **S 39** nach Þorlákshöfn passiert hat, taucht linker Hand die Tankstelle und Cafeteria von *Hveradalir* (der Name verweist auf Warmwasserquellen) auf, ab wo Pisten zu den hervorragenden Skigebieten am Fuß des Vulkans *Hengill* (803 m) abgehen. Am Berg *Kambar* fährt man dann wieder recht steil hinunter, wobei man bei gutem Wetter eine prächtige Aussicht auf die Küstenebene und bis zu den Westmännerinseln bzw. den Gletschern des Hinterlandes genießen kann.

Auf den Serpentinen, die einen hinab nach **Hveragerði** (ⓘ s. S. 211) bringen, erkennt man zur Linken schon einige Kilometer vor dem Städtchen Dampfsäulen und gelbe Schwefelspuren, die die geothermale Aktivität der Region belegen. Um den Ort (ca. 2.270 Ew) etwas näher kennenzulernen, verlässt man die Ringstraße nach links, am besten auf Höhe der Hotelanlage *Örk*. Der merkwürdige Reiz Hveragerðis liegt in seiner extensiven Nutzung der geothermalen Energie, die ihr die Beinamen **‚Stadt der Gewächshäuser'** und ‚Blumenstadt' eingebracht hat. Immerhin sind mehr als 14 ha von Glasdächern überdeckt und nicht umsonst befindet sich hier die staatliche Gartenbauschule. Einige der Treibhäuser, die durch unterirdische Rohrleitungen erhitzt werden und in denen neben Blumen auch Gemüse, Paprika, Bananen und andere tropische Früchte heranreifen, können besichtigt werden. Mit wenig Zeit lohnt es sich, auf der Straße *Austurmörk* in der Anlage **Eden** (Gewächshäuser, Blumengeschäfte, Cafeterias, Souvenirshops, Galerien etc.) einen Kaffee unter Palmen zu trinken. Ansonsten besitzt Hverage-

Blumen und Gemüse

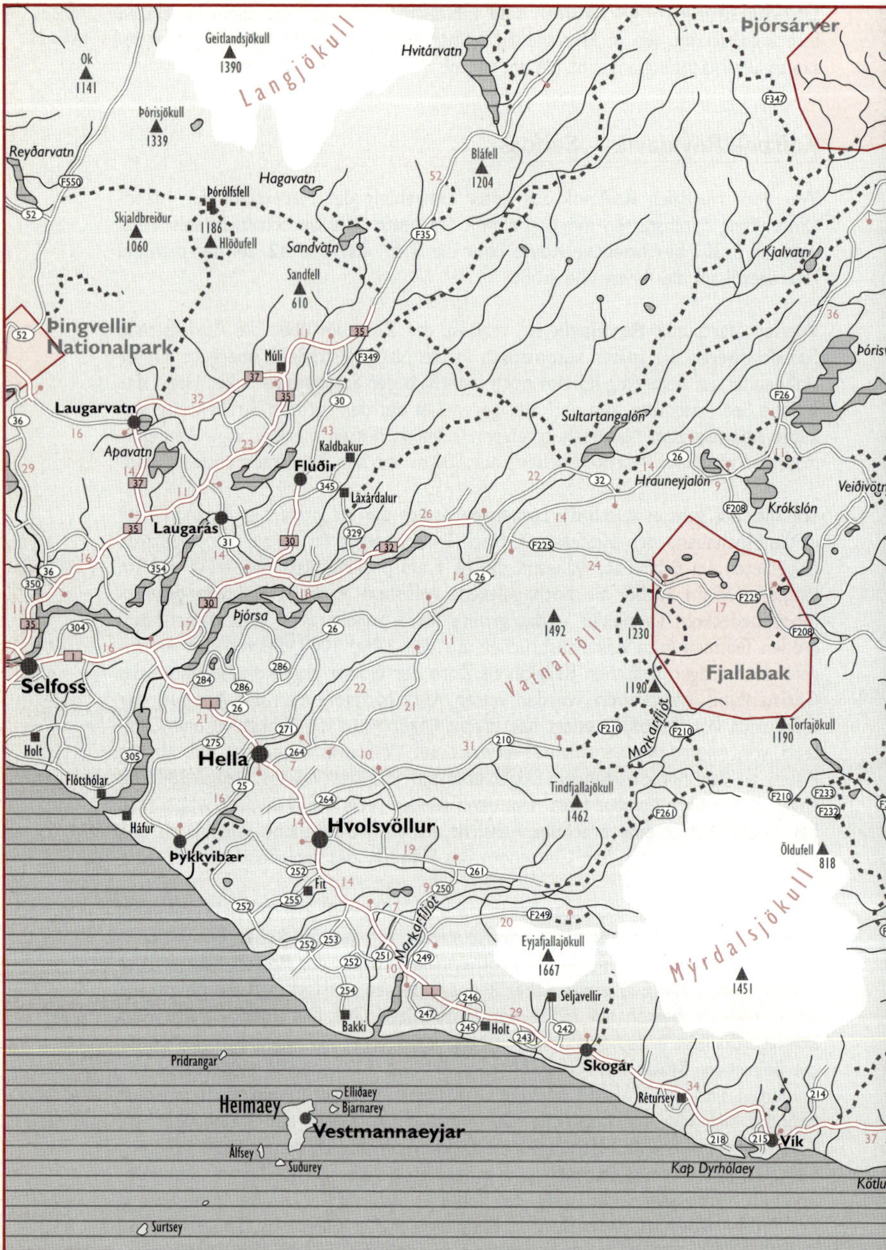
Langjökull
Geitlandsjökull
1390
Ok
1141
Þórisjökull
1339
Hvitárvatn
Þjórsárver
Reyðarvatn
Hagavatn
Bláfell
1204
Þórólfsfell
Skjaldbreiður
1060
1186
Hlöðufell
Sandvatn
Sandfell
610
Kjalvatn
Þingvellir
Nationalpark
Múli
Laugarvatn
Apavatn
Kaldbakur
Flúðir
Láxárdalur
Sultartangalón
Hrauneyjalón
Krókslón
Veiðivötn
Þórisvatn
Laugarás
Þjórsa
Vatnafjöll
1492
1230
Fjallabak
1190
Torfajökull
1190
Selfoss
Holt
Flótsholar
Háfur
Hella
Markarfljót
Tindfjallajökull
1462
Hvolsvöllur
Þykkvibær
Fit
Öldufell
818
Mýrdalsjökull
Eyjafjallajökull
1667
1451
Seljavellir
Bakki
Holt
Skogár
Pridrangar
Elliðaey
Bjarnarey
Heimaey
Vestmannaeyjar
Álfsey
Suðurey
Réttursey
Vík
Kap Dyrhólaey
Kötlu
Surtsey

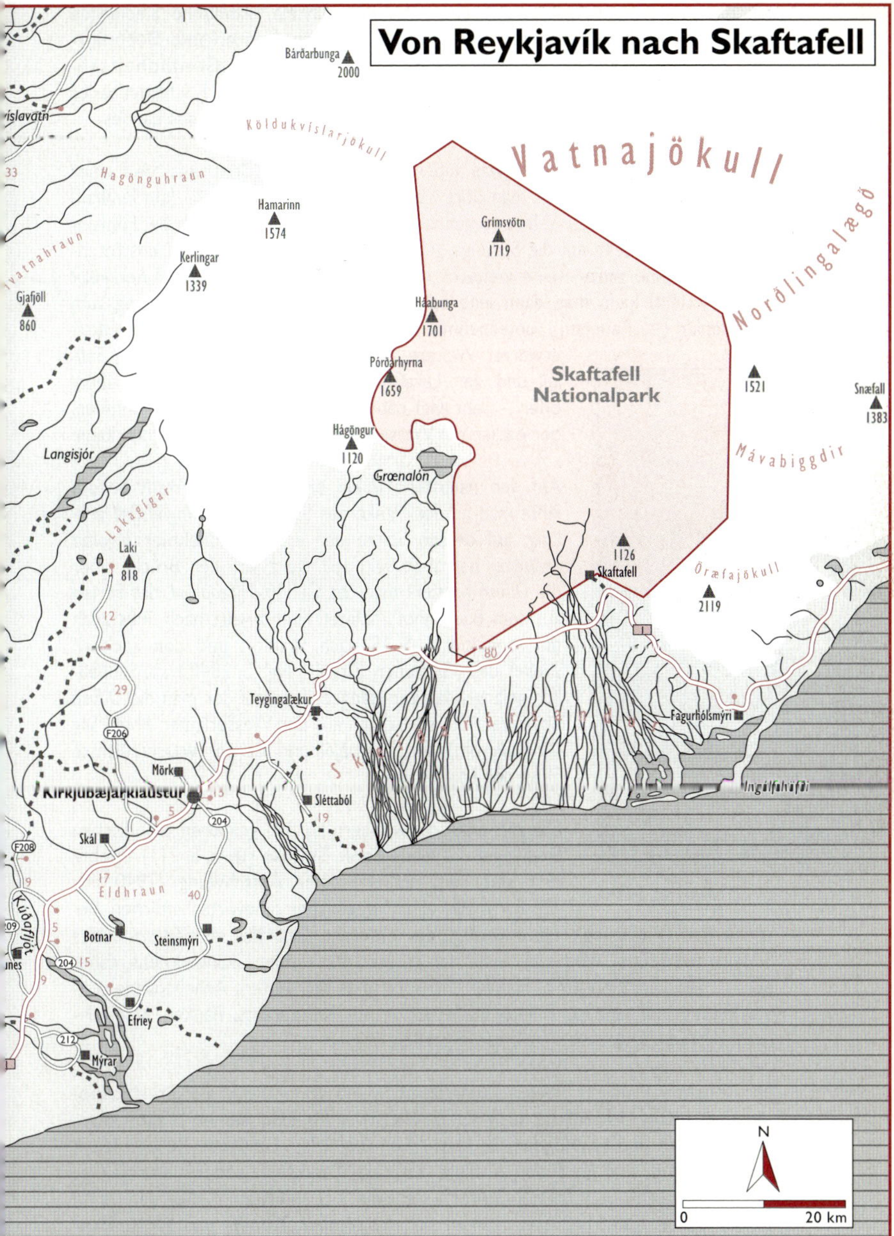
Von Reykjavík nach Skaftafell
Bárðarbunga 2000
Köldukvíslarjökull
Vatnajökull
Hagönguhraun
Hamarinn 1574
Grímsvötn 1719
Kerlingar 1339
Gjáfjöll 860
Háabunga 1701
Norðlingalægð
Þórðarhyrna 1659
Skaftafell Nationalpark
1521
Snæfall 1383
Hágöngur 1120
Grænalón
Mávabiggdir
Langisjór
Lakagígar
Laki 818
1126
Skaftafell
Öræfajökull
2119
80
Teygingalækur
Fagurhólsmýri
Skeiðarársandur
Mörk
Ingólfshöfði
Kirkjubæjarklaustur
Sléttaból
Skál
Eldhraun
Kúðafljót
Botnar
Steinsmýri
Efriey
Mýrar
N
0
20 km

rði das modern-gesichtslose Aussehen, das für so viele isländische Siedlungen typisch ist. Architektonisch beachtenswert ist immerhin die markante **Betonkirche**. Auch der Komplex des *Hótel Örk* ist auffällig, ebenso die **Gesundheitsklinik** *NLFÍ*, die Besuchern Massagen, Fangopackungen, *hot pots* und Schlammbäder bietet. Und das geothermal-beheizte **Freibad** ist eins der größten des Landes.

Weitere Attraktionen liegen etwas außerhalb nördlich des ‚Zentrums'. Auf einer asphaltierten Straße kommt man dort z.B. zum kleinen **Geysir** *Grýla* (am Fußballplatz), der allerdings nur sehr unregelmäßig ‚spuckt' und dem deshalb bei Führungen mit Schmierseife auf die Sprünge geholfen wird. In der Nähe zeigt austretender Dampf eine ganze Reihe weiterer heißer Quellen an. Ab dem Hof *Reykjakot* (Pferdeverleih) kann man dann eine schöne, rund 25 km lange Wanderung zum *Reykjadalur* (= ‚Rauchtal') unternehmen, dessen Name verrät, was einen dort erwartet. Weitere Wanderungen könnten den Berg *Selfjall* und den Lavakanal *Raufarhólshellir* zum Ziel haben, oder – sehr viel näher – den Aussichtshügel *Hamarinn*, der östlich der Wassertanks leicht bestiegen werden kann.

Kirche von Selfoss

Auf den nächsten 10 km bis zur Nachbarstadt Selfoss fährt man an der Flanke des 551 m hohen *Ingólfsfjall* entlang, auf dessen Spitze der erste Landnehmer *Ingólfur Arnarson* begraben sein soll. Kurz vor der Brücke über die *Ölfusá* passiert man das Gehöft *Hjardarbol*, das Ferien auf dem Bauernhof anbietet. Hier zweigt nach links auch die asphaltierte **S 35** nach Skálholt und den anderen Zielen des ‚Goldenen Zirkels' (vgl. S. 284ff.) ab. Schließlich gelangt man zur Hängebrücke, auf der man die *Ölfusá* überquert. Sie speist sich aus den Wasserläufen *Hvítá, Sog (Þingvallavatn)* und *Tungufljót* und ist der wasserreichste Fluss des Landes.

Die mit 6.200 Einwohnern zu den größeren isländischen Siedlungen zählende Stadt **Selfoss** (ⓘ s. S. 211) erlebte erst seit den 1930ern einen Aufschwung (1940 nur 225 Ew!), vor allem wegen der landwirtschaftlichen Betriebe der Umgebung. Heute verfügt der moderne Ort, der als ‚Zentrum des Südens' bezeichnet wird, über eine der größten Molkereien Skandinaviens, daneben sorgen Leichtindustrie, Handel und Tourismus für weitere Arbeitsplätze. Gäste können auf eine sehr gute Infrastruktur mit Restaurants, Banken, Krankenhaus, Postamt, Tankstellen usw. zurückgreifen.

lokales Zentrum

Mit seinem vielfältigen Übernachtungsangebot und seiner Rolle als Verkehrsknotenpunkt bietet sich Selfoss auch als Standquartier für Exkursionen in die Umgebung an. Während im Norden die klassischen Ziele des ‚Goldenen Zirkels' leicht ereichbar sind, sind im Süden Ausflüge z.B. nach Stokkseyri und Eyrarbakki (vgl. (S. 310) möglich und lohnend. **Golfern** steht ein 9-Loch-Platz am Ufer der *Ölfusá* zur Verfügung, Kulturbeflissene sollten sich das **Volks-, Kunst-** und **Naturkundemuseum** auf der Tryggvagata 23 anschauen *(im Sommer tägl. 14–17 Uhr* *geöffnet;* vor dem Museum ein volkstümliches Reiterstandbild). Und natürlich darf auch hier ein großzügiges, geothermal beheiztes **Schwimmbad** nicht fehlen (Bankavegur; Frei- und Hallenbad, *hot pots,* Sauna, Solarium).

Abstecher nach Stöng / Rundfahrt Landmannalaugar

Das Reiseziel Stöng kann erstens als Abstecher von der Ringstraße aus durchgeführt, zweitens als größere Rundfahrt mit Zielen wie Hekla, Landmannalaugar und Eldgjá kombiniert oder drittens auf dem Weg zur bzw. von der Sprengisandur-Hochlandpiste (S. 413ff.) besucht werden. Je nach Vorprogramm sind auch die Anfahrtswege unterschiedlich. Sehr beliebt ist z.B. die Kombination mit den Zielen des ‚Goldenen Zirkels', wobei man vom Gullfoss und von Fluðir her die S 30 in umgekehrter Richtung bis zum Abzweig der S 32 befährt.

Selbst von der südlichen Ringstraße aus sind zwei Wegvarianten möglich, die jedoch zu einer Rundfahrt zusammengefasst werden können. Eine solche Tour wird im Folgenden skizziert.

Man verlässt die Ringstraße 15 km östlich von **Selfoss** auf der gut ausgebauten **S 30** in Richtung Fluðir (vgl. S. 297). Nach knapp 20 km und kurz hinter dem Abzweig der S 31 nach Skálholt geht es rechts auf die **S 32** in Richtung Wasserkraftwerk Búrfell. Am Campingplatz von **Arnes** vorbei und am nördlichen Ufer der *Þjórsá* entlang windet sich der Weg, passiert die historische Siedlung **Stóri Núpur** und erreicht nach ca. 30 km den Abzweig nach **Þjórsárdalur**. Vorher schon lohnt ein Halt am Wasserfall **Hjálparfoss**, in dem die *Sandá* zwar nur 9 m tief, dafür aber in einer ungewöhnlichen, ‚zweigeteilten' Formation herabstürzt (kurzer, ausgeschilderter Fußweg). In dem Tal gibt es, 5 km von der Hauptstraße entfernt, eine bescheidene touristische Infrastruktur, u.a. mit einem schön gelegenen, geothermal beheizten Schwimmbad und einem Campingplatz.

Der Hjálparfoss

Der Weg zum Wikingerhof Stöng führt weiter auf der **S 32**, auf der man zunächst 2 km hinter dem Abzweig die *Fossá* überquert. Kurz danach geht links eine 6 km lange Piste ab, die einen zur Ausgrabungsstätte bringt.

Stöng

Die Ausgrabungsarbeiten, die ab 1939 in Stöng vor sich gingen, brachten die besten archäologischen Erkenntnisse über die früh-mittelalterliche Lebensweise auf der Insel und erlaubten es später, auf dieser Basis einen wikingischen Hof in der Nähe zu rekonstruieren (s.u.). Die durch ein großes Dach geschützten Hofruinen haben eine auffällig langgestreckte Form. Zentraler Bereich war die sog. Haupthalle *(skáli),* die man durch einen Vorraum betrat. In diesem ca. 12 x 5,85 m großen Saal befand sich die mit Steinen eingefasste Feuerstelle, die für Licht und Wärme sorgte. An den Wänden trug eine aufwendige Holzkonstruktion den Dachstuhl und gab Bettnischen bzw. Sitzpodesten Platz. Hier wurde also gekocht, gelebt und geschlafen. Zum Norden und Westen waren weitere Räume von der *skáli* abgetrennt, so ein Vorratsraum, eine Stube mit dem Webstuhl und die *baðstófa*. Außerhalb des eigentlichen Gebäudes sind Kuhstall samt Scheune, Schmiede und ein Vorratshäuschen nachgewiesen worden. Etwa 20 Menschen werden hier gelebt haben, als im Jahre 1104 die Hekla ausbrach und die Bewohner zwang, ihr Heim fluchtartig zu verlassen. Wie bei zwei weiteren Höfen konservierte die Bimsschicht die Ruinen von Stöng in hervorragender Weise. Die Ausgrabungen brachten die Erkenntnis, dass die isländische Architektur zu Anfang des 12. Jh. zwar noch das (norwegische) wikingische Langhaus zum Vorbild hatte, für das die innere Holzkonstruktion von Stützsäulen und Dachstuhl sowie die beherrschende Lage hoch am Hang oberhalb eines Wasserlaufs typisch war. Andererseits entsprang die aufwendige Isolation mit Torfplaggen und Grassoden wohl den Notwendigkeiten des harten isländischen Klimas.

Hofruine aus der Wikingerzeit

Wanderung

Vom Parkplatz bei Stöng bieten sich einige Wanderungen zu den Wasserfällen, Tälern und Schluchten der Umgebung an. Ein nur kurzer, ca. 30-minütiger Abstecher bringt einen in das idyllische Tal ***Gjáin****, das von der* Rauða *durchflossen wird. Man erreicht es, wenn man sich hinter der Fußgängerbrücke unweit des Parkplatzes rechts hält. Eine herrliche Vegetation, Basaltformationen und ein kleiner See, in den sich die* Rauða *in eindrucksvollen Kaskaden ergießt, sind das Ziel der Wanderung. Etwas weiter muss man gehen, will man den* ***Háifoss*** *(= ‚hoher Wasserfall') bewundern, der mit 120 m Fallhöhe seinen Namen zu Recht trägt. Der recht schwierige Weg durch den spektakulären Canyon der* Fossá *ist insgesamt rund 20 km lang und erfordert etwa 6 Stunden, ist aber – besonders bei gutem Wetter – mehr als lohnend!*

Nach der Besichtigung der Ausgrabungsstätte und einer evtl. Wanderung kehrt man die 6 km zur **S 32** zurück, auf die man links einbiegt. Nach 200 m sieht man die Werkssiedlung des **Búrfell-Kraftwerkes** vor sich und eine Orientierungstafel. Das Kraftwerk ist eine von drei Großanlagen in der Region und leistet 210 MW. Der produzierte Strom kommt fast ausschließlich der Aluminiumschmelze von Hafnarfjörður (S. 302) zugute. Kurz hinter dem Informationsschild erhebt sich der rekonstruierte Hof *Þjóðveldisbærinn*, durch den die Ausgrabung von Stöng erst mit Leben erweckt wird.

Þjóðveldisbærinn

Langhaus-Rekonstruktion

Mit der Rekonstruktion des Wikingerhofes, der übersetzt den Namen ‚Republiks-Gehöft' trägt, wurde passend zur 1.100-Jahr-Feier der Besiedlung im Jahre 1974 begonnen. Die durch die Archäologen gewonnenen Erkenntnisse sollten hier als nationales Denkmal umgesetzt werden und den Landeskindern die Lebensweise ihrer Vorfahren und das Aussehen deren Höfe nahe bringen. Wenn man bedenkt, dass allein die Haupthalle gut 12 m lang ist, andererseits aber glaubhafte Berichte von 30–40 m langen Hallen existieren, wird das hohe kulturelle Niveau während des isländischen Freistaates deutlich.

Þjóðveldisbærinn, Þjórsárdalur, Tel.: 487-7713; vom 1.6.–15.9. tägl. 10–12 und 13–18 Uhr geöffnet, Eintritt ISK 500.

Rekonstruktion des Wikingerhofes Stöng

Spätestens hier ergibt sich nun die Frage nach der Weiter- bzw. Rückfahrt. Mit normalen Pkw ist es möglich, noch ein Stück auf der **S 32** die *Þjórsá* zu begleiten und diese dann über eine Brücke zu queren. Dabei kann man – alternativ zur Wanderung (s.o.) – auch dem sehenswerten Wasserfall **Háifoss** mit dem normalen Pkw nahe kommen, wenn man ca. 15 km hinter dem Búrfell-Kraftwerk dem Hinweisschild folgt, das einen zum Parkplatz direkt oberhalb des Falles bringt.

Wasserkraftwerke an der Þjórsá

Auf der anderen Seite stößt man auf die **S 26**, die einen nach Norden hin zu den **Wasserkraftwerken** von *Hrauneyarfoss* und *Sigalda* bringt. Dort beginnt einerseits die **F 28** nach Sprengisandur und durch das Hochland in den Norden, andererseits die **F 22** nach Landmannalaugar und zur Eldgjá, über die man zur Ringstraße westlich von Kirkjubæjarklaustur gelangt. Für beide Pisten ist ein geländegängiger Wagen notwendig.

Fährt man auf der **S 26** flussabwärts, folgt bald ein (ebenfalls nur mit Geländewagen zu bewältigender) Abzweig nach links, auf dem man nahe an der Hekla vorbei Landmannalaugar erreicht. Die S 26 verläuft jedoch weiter gen Süden und durchquert das Lavafeld *Merkuhraun*. Ca. 15 km hinter dem Abzweig passiert man **Leirubakki**, wo es eine Tankstelle und ein Gästehaus gibt, von dem aus man die Schönheiten der Umgebung erkunden kann. Nach weiteren 28 km gelangt man 7 km westlich von **Hella** (s.u.) auf die Ringstraße, der man nun in der bisherigen Richtung folgen kann. Neben der skizzierten Route sind gerade auf dem letzten Wegstück, also von der S 26 zur Ringstraße, mehrere Varianten möglich, denen allerdings recht ruppige Straßenbedingungen gemeinsam sind. Insgesamt sollte man für die Tour mindestens einen Tag einplanen.

Selfoss – Vík í Mýrdal

Von Selfoss aus führt die Ringstraße nach Osten und durch ein landwirtschaftlich intensiv genutztes Gebiet mit saftig-grünen Weiden. Nach 9 km passiert man das alte, hübsche Schulgebäude *Þingborg*, in dem sich heute ein Souvenirladen mit einer großen Auswahl an Woll- und Kunsthandwerksprodukten befindet. Kurze Zeit später (15 km hinter Selfoss) zweigt nach links die **S 30** in Richtung Fluðir/ Gullfoss ab. Auch wer den oben beschriebenen Ausflug entlang der *Þjórsá* nach Stöng bzw. weiter nach Landmannalaugar unternehmen möchte, verlässt hier die

Ringstraße. Diese führt ab nun in südöstliche Richtung und überquert die mächtige *Þjórsá*, mit 230 km Länge und 400 m³ Wasser pro Sekunde der größte Fluss des Landes. Die *Þjórsá* entspringt dem Hofsjökull und wird durch zahlreiche Bäche aus einem Einzugsgebiet von 7.500 km² gespeist.

14 km hinter dem Abzweig der S 30 und nach einer weiteren Flussüberquerung ist die nächste größere Ortschaft erreicht: **Hella** (ⓘ s. S. 211), am östlichen Ufer des Flusses *Rangá* gelegen. Hella ist noch sehr jung: erst 1927 wurde hier das erste Gebäude errichtet. Die heute rund 750 Einwohner leben von Handel, Landwirtschaft und in zunehmendem Maße auch vom Fremdenverkehr. Zu den Einrichtungen des Ortes gehören ein geothermal beheiztes Schwimmbad, Läden, Tankstelle, Cafeteria, Restaurant, Campingplatz und ein Postamt.

Auf der Ringstraße im Süden

Sehenswert sind die unmittelbar südlich und jenseits der Brücke am Gehöft *Ægissíða* gelegenen, ca. 6 m langen **Höhlen**, die vermutlich vor der wikingischen Landnahme von keltischen Eremiten als Wohnstätten genutzt wurden. Sie liegen auf Privatgelände und können bei Interesse nach Rücksprache bei der Touristeninformation oder im Gehöft *Ægissíða* besichtigt werden.

Die 13 km lange Etappe von Hella nach Hvolsvöllur führt durch ebenes Weidegebiet, hinter dem bei klarer Sicht im Norden die Hekla majestätisch aufragt. Auf dem Weg passiert man den 18-Loch-Golfplatz von *Strandarvöllur* und hat verschiedentlich Gelegenheit zu Abstechern, deren Ziel historisch interessante Stätten sind. Da ist zunächst die Kirche und der Bauernhof **Oddi** (Abzweig der **S 266** nach rechts), der in der sog. Saga-Zeit ein bedeutendes Bildungs- und Skaldenzentrum war. U.a. lebte hier der Gelehrte *Sæmundur Sigfússon* (= der Weise; 1056–1133), von dem man lange Zeit glaubte, dass er für die Textsammlung der Älteren Edda verantwortlich sei. Vielleicht ist die Bezeichnung ‚Edda' auch eine unkorrekte Wiedergabe des Hofnamens Oddi.

2 km weiter geht nach links die **S 264** ab, die einen nach 12 km zum historischen Torfgehöft von **Keldur** mit einer Kirche von 1875 bringt *(Museum, Tel.: 487-8458; geöffnet 1.6.–15.9. tägl. 10–12 und 13–18 Uhr oder nach Vereinbarung, Eintritt).*

Die Ringstraße überbrückt kurze Zeit später die *Eystri Rangá* und erreicht anschließend **Hvolsvöllur** (ⓘ s. S. 211). Das 800-Seelen-Dorf ist ähnlich wie Hella ein Produkt der modernen Zeit und lebt hauptsächlich von den landwirtschaftlichen Betrieben der Umgebung. In den letzten Jahrzehnten größer geworden, bietet es heute das Bild einer regelmäßig aufgebauten Siedlung (natürlich mit Schwimmbad), die an den Segnungen des Fremdenverkehrs teilhaben möchte. Verschiedene Unternehmen haben sich auf die Bedürfnisse der Gäste eingestellt und bieten in oder bei Hvolsvöllur Exkursionen mit Geländewagen, Reittouren sowie Gletscher- und Bergwanderungen an.

Landesweit bekannt ist die Region *(Rangárþing)* als Schauplatz der isländischen Volkssage vom Weisen Njáll (s.u.), weshalb ein ‚Saga-Center' *(Njálusafn, 15.05.–15.08. tägl. 9–19 Uhr geöffnet, Tel.: 487-8781)* eingerichtet wurde. Das Center informiert auch über die literarische Gattung allgemein und bietet außer einer Besichtigung der Exponate auch Wanderungen bzw. Bustouren zu den Orten der um 1000 n.Chr. spielenden Saga an. Außerdem stehen Wikingermahlzeiten mit Lesung aus der Saga, Schauspiele und mittelalterliche Musikdarbietungen auf dem Programm. Im Jahre 2000 wurden die historischen Pfade gekennzeichnet und Infoschilder an den wichtigsten Sagaorten aufgestellt.

Schauplatz einer Volkssage

Außerdem verkehren Busse im Sommer regelmäßig auf der nördlichen und südlichen *Fjallabakur*-Route, auf der man in 130 km am nördlichen Rand des Gletschers *Mýrdalsjökull* vorbei zur *Eldgjá* fährt (vgl. S. 428ff.) Aus diesem Grunde ist der Ort auch als Standquartier geeignet, von dem aus selbst die Ziele des ‚Goldenen Zirkels' nicht zu weit entfernt liegen. Wer hier eine oder mehrere Übernachtungen einplant, findet ein gutes Hotel sowie einige Gästehäuser, Schlafsackunterkünfte und einen Zeltplatz.

Die rund 10 km von Hvolsvöllur bis zur Brücke über die *Markarfljót* bieten das Bild der immer näher rückenden majestätischen Gebirgswelt mit dem *Eyjafjallajökull* und dem *Mýrdalsjökull*. Mindestens genauso eindrucksvoll ist ein kleiner Umweg über Hlíðarendi, der nur etwa 30 Minuten mehr Zeit verlangt.

Alternativstrecke über Hlíðarendi

Für diesen Umweg biegt man an der Weggabelung in Hvolsvöllur nach links auf die **S 261** ab und fährt am Hang der nördlichen Höhenzüge auf die Farm *Hlíðarendi* zu. Sie ist die Heimat des Saga-Helden *Njál*, woran man angesichts der modernen Gebäude allerdings nicht erinnert wird. An einem kleinen Hain mit der Büste des Dichters *Þorsteinn Erlingsson* vorbei geht es bis zum Abzweig der **S 250**, die einen nach 10 km wieder zur Ringstraße zurückbringt (s.u.). Bleibt man hingegen auf der **S 261**, erreicht man nach 7 km den alten Bauernhof *Fljótshlíð* (einfache Unterkunft), ab wo man mit Geländewagen die Fahrt ins Þórsmörk fortsetzen kann.

landschaftlich reizvolle Strecke

Auf der Rückfahrt zur Ringstraße geht es durch ebene Sanderflächen, über die sich einsam der **Stóra-Dimon** erhebt. Diese ehemalige Insel im Nordatlantik ist des öfteren in der Bildenden Kunst dargestellt worden. Da der Felsen unvermittelt aus der umgebenden Ebene aufragt, wirkt er höher, als er tatsächlich ist: 178 m.

Am Seljalandsfoss

Die S 250 und die Ringstraße treffen sich an der Brücke über die *Markarfljót,* wo sich auch der schon von weitem sichtbare Wasserfall **Seljalandsfoss** von der ehemaligen Steilküste mehr als 40 m in die Tiefe stürzt. Ein kleiner und rutschiger Pfad bietet hier die seltene Möglichkeit, einmal *hinter* einen solchen Wasserfall zu geraten und durch den Wasserschleier zu schauen. Die phantastische Kulisse nehmen viele Camper zum Anlass, auf der Wiese vor dem *Seljalandsfoss* ihr Zelt aufzuschlagen. Unweit vom *Seljalandsfoss* stürzt sich der ähnlich hohe **Glúfurárfoss** in eine natürliche Spalte – ein sehr sehenswertes Schauspiel, das von der Straße aus nicht zu erahnen ist. Es lohnt sich also, die rund 200 m weiterzugehen (Treppe über den Zaun und dem Pfad am Hang folgen) bis zu jener Stelle, von der aus man in die Spalte und auf den Wasserfall blicken kann.

eindrucksvolle Wasserfälle

Die Straße ist auch Ausgangspunkt für den lohnenden Abstecher ins Þórsmörk (vgl. S. 325).

Weiter geht es über einen schmalen Küstenstreifen, dessen Sanderflächen vom Ozean zur Rechten und dem Eyafjöll zur Linken begrenzt sind. Das von der 78 km² großen Eiskappe des *Eyjafjallajökull* bekrönte Gebirgsmassiv erreicht an seiner höchsten Stelle 1.666 m und weist am Fuß ehemalige Brandungshöhlen auf, die in der Vergangenheit als Schafställe benutzt wurden. Am legendenumwobenen Gehöft *Ásolfsskáli* vorbei kommt man zur Siedlung von **Steinar** (Tankstelle), vor der sich südlich die Nehrung (Salzwassersee) des *Holtsós* ausbreitet. Anschließend passiert man linker Hand die wenigen Häuser von **Seljavellir** (Campingplatz, Gästefarmen, Schlafsackunterkünfte, Schwimmbad).

Campingplatz am Skógafoss

Nun ist es nicht mehr weit bis **Skógar** (ⓘ s. S. 211) (kurzer Abzweig nach links), dessen Wasserfall von der Straße aus schon gut zu sehen ist. Dieser mächtige, 60 m hohe und 25 m breite Wasserfall **Skógafoss,** der sich wie der *Seljalandsfoss* von der ehemaligen Steilküste herabstürzt, ist das unbestreitbare Highlight der Gegend. Nur sein Name weist heute darauf hin, dass er zur Landnahmezeit noch von Wäldern umgeben war. Mit dem Wagen erreicht man ihn, wenn man sich auf der Stichstraße nach Skógar links hält, dabei kommt man zu einem einfachen, aber herrlich gelegenen **Campingplatz**.

Wasserfall und Freilicht-museum

Wanderung

Wer hier oder in dem nahegelegenen Edda-Hotel bzw. den Gästefarmen der Umgebung übernachtet, kann die Zeit für ausgiebige Wandertouren nutzen, die vom Skógafoss *auf die* **Gletscherzungen** *des* Eyjafjallajökull *und* Mýrdalsjökull *zuführen. Die Pfade gehen dabei am Wildwasser der* Skógá *entlang und passieren mehrere* ***Wasserfälle****, die sich durchaus mit der Schönheit des* Skógafoss *messen lassen können. Bis zur Fußgängerbrücke über den Fluss in 600 m Höhe benötigt man außer guter Kondition und rutschfesten Schuhen etwa 2 Stunden, wer weiter hinauf möchte, kann bis zur unbewirtschafteten Hütte* Fimmvörðuháls *unmittelbar am Gletscher wandern (900 m hoch, insgesamt 25 km und mindestens 7 Stunden Zeitaufwand).*
Kurzbesucher sollten es sich nicht nehmen lassen, wenigstens den Pfad rechts am Skógafoss *hinaufzugehen und sich den Wasserfall und die Landschaft von oben anzuschauen.*

Unbedingt sehenswert ist auch das **Volkskundemuseum** von Skógar, das nahe dem Edda-Hotel in einem altertümlichen Torfgehöft untergebracht ist *(Skógar Byggðasafnið, Tel.: 487-8845, 1.6.–31.8. tägl. von 9–18.30 Uhr geöffnet, Mai und Sept. tägl. 10–17 Uhr, Eintritt ISK 1.000).*

Die Weiterfahrt nach Vík ist durch die majestätische Szenerie des *Mýrdalsjökull* geprägt, dessen Eiskappe 596 km² umfasst: damit ist er der viertgrößte aller isländischen Gletscher. Die schnurgerade Straße überbrückt zunächst nach 6 km den Gletscherfluss *Jökulsá á Sólheimasandi*, sofort dahinter geht links eine ca. 5 km lange Stichstraße auf die schwärzlich schimmernde Gletscherzunge *Sólheimajökull* zu. Da alle ehemaligen Furten inzwischen überbrückt sind, kann man auch mit einem normalen Pkw bis zum Parkplatz ganz nahe am Eisrand fahren.

Die Ringstraße durchquert nun die schwarze Ebene der *Sólheimarsandur*, aus der sich unvermittelt der 284 m hohe Palagonit-Felsen **Pétursey** erhebt. Sein Name (= ‚Petersinsel') entspricht insofern der geologischen Wahrheit, als er tatsächlich einmal vom Wasser des Nordatlantik umflossen wurde. Bei gutem Wetter lohnt es sich, auf der nach rechts abgehenden S 219 *Pétursey* zu umrunden, u.a. wegen des herrlichen Blicks auf das Felsentor *Dyrhólaey* (s.u.).

ehemalige Insel

Dort, wo die S 219 wieder auf die Hauptstraße stößt, geht gegenüber eine Piste (Hinweisschild *Fellsmörk)* auf die Täler und Canyons am Südrand des *Mýrdalsjökull* zu. Bei sehr vorsichtiger Fahrweise kann man sie auch mit normalen Pkw bis zu einer kleinen Sommerhäuschen-Kolonie bewältigen, ab dort dann schöne Wanderungen unternehmen. Auch im Winter wird die Gegend an den Hängen des Mýrdalsjökull gerne aufgesucht (Skilift). Wegen seines Schwefelgeruchs trägt der

Gletscherfluss, den man überbrückt, übrigens den wenig schmeichelhaften Beinamen *Fúlilækur* (= ‚Stinker').

Naturbrücke im Atlantik

Wenige Kilometer hinter dieser Kreuzung geht am Flecken *Skeiðflötur* nach rechts die holprige **S 218** ab, die Sie in rund 6 km zum **südlichsten Punkt des isländischen Festlands** bringt: zum **Kap Dyrhólaey**. Bei der ‚Türloch-Insel' handelt es sich um einen 120 m hohen Felsen mit einem Brandungsloch, das groß genug ist, um mit Booten durchfahren zu werden und noch von den Westmänner-inseln aus gesehen werden kann. Auf der kahlen, windzerzausten Fläche oberhalb des Kaps gibt es einen Leuchtturm mit phantastischer Aussicht, bei dem das Meer, die weißen Hauben der Berge und die schwarzen Sanderflächen am Ufer ein eindrucksvolles Bild abgeben. Neben dem Leuchtturm bemüht sich ein unverzagter Bauer, der wilden Natur Verwertbares abzutrotzen. Das Kap ist auch wegen seines Vogelreichtums bekannt (Papageientaucher, Mantelmöwen, Skuas), was aber zur Folge hat, dass diese Strecke in der Brutzeit (1.5.–25.6.) nicht zugänglich ist. Einen sehr guten Blick auf das Kap hat man vom Hausberg des Ortes Vík aus (s.u.)

Die Felsnadeln bei Vík

Vom Abzweig aus macht die Ringstraße einen großen Bogen um das *Reynisfjall* und erreicht nach 15 km die Ortschaft Vík (= ‚Bucht'), die zur Unterscheidung zu anderen Viks nach der Landschaft Mýrdal (= ‚Moortal') benannt ist.

Vík í Mýrdal (ⓘ s. S. 211)

Da der Ort keinen verwertbaren Hafen besitzt, waren seiner Entwicklung enge Grenzen gesetzt. Auch heute noch ist er mit nur ca. 300 Einwohnern eher bescheiden, spielt aber im Fremdenverkehr eine ständig wichtiger werdende Rolle. Touristen finden hier die üblichen Einrichtungen wie Post, Banken, Cafeterias etc., zur Übernachtung außer dem Hotel und der Jugendherberge auch verschiedene Pensionen, Gästefarmen, Schlafsackunterkünfte sowie den Campingplatz am *Klettsvegur.* Auch für Souvenirs ist gesorgt: Die Woll-Manufaktur *Vikurþjón,* deren Produktionsstätte man von einer Galerie aus besichtigen kann, besitzt einen entsprechenden Fabrikverkauf.

Die große und großartige Attraktion der Ortschaft aber ist seine landschaftliche Umgebung, der auch der im Übermaß vorhandene Regen keinen Abbruch tut. Die Natur des Dorfes wird vom ‚Hausberg' *Reynisfjall* (herrlicher Ausblick auf das Kap Dyrhólaey) und natürlich dem übermächtigen *Mýrdalsjökull* (1.450 m) geprägt. Zum Meer hin erstreckt sich südlich ein breiter, schwarzer **Sandstrand**, der wegen seiner bizarren Szenerie zu den schönsten Europas gezählt wird. Er schließt auch den Salzwassersee *Dyrhólaós* vom Ozean ab. Direkt vor der Küste erheben sich als Wahrzeichen spitze, bis 66 m hohe Felsnadeln *(Skessudrangar, Landdrangar*

schwarzer Sandstrand

und *Langhamrar*) aus dem Meer; der lokalen Überlieferung zufolge handelt es sich dabei um Trolle, die von der aufgehenden Sonne überrascht und in Stein verwandelt wurden. Der Strand ist übrigens in der Vergangenheit deutlich schmaler geworden; allein in den letzten zehn Jahren hat die Wellenerosion einen rund 60 m breiten Streifen abgetragen. Ohnehin sind die Einwohner von der Natur nicht gerade bevorzugt: im März 1994 wurde das Dorf von heftigen Sandstürmen heimgesucht, die aus dem 700 km²-Gebiet der *Mýrdalssandur* kamen. Der Sand schmirgelte Autolack und den Farbanstrich der Häuser ab, durchschlug Fensterscheiben und trug Dächer ab.

Ende 2002 wurde an dem Strand ein Monument eingeweiht, das an die rund tausend deutschen Fischer erinnert, die zwischen 1898 und 1952 in isländischen Gewässern ihr Leben ließen. Der aus Deutschland stammende, 2,20 m hohe Granitfindling wird von isländischen Basaltsäulen umrahmt und symbolisiert damit auch die deutsch-isländische Freundschaft.

Unternehmungslustige Gäste haben in Vík viele Möglichkeiten, an außergewöhnlichen Aktivitäten teilzunehmen. So bietet sich eine breite Palette von Wanderungen an, bis hin zu mehrtägigen Touren zum *Mýrdalsjökull*. In unmittelbarer Nähe lohnt der Aufstieg auf das *Reynisfjall* mit anschließendem Besuch der Farm *Garðar*, der Kirche von *Reynir* und der schwarzen Sanderfläche am *Dyrhólaós*. Daneben kann man an ‚Flightseeing'-Flügen z.B. zu den Gletschern, über das Kap Dyrhólaey, zu den Westmännerinseln, nach Landmannalaugar und über das Þórsmörk teilnehmen, ebenso an Trips mit Spezialfahrzeugen und Schneekatzen, deren Ziel die Eiskappe des *Mýrdalsjökull* ist.

Abstecher Þórsmörk

Bei dem ‚Wald des Thor' handelt es sich um ein Tal, das von den drei Gletschern *Mýrdalsjökull* (1.450 m) im Osten, *Eyjafallajökull* (1.666 m) im Norden und *Tindfjallajökull* (1.462 m) im Süden eingerahmt und somit vor den Regenwolken geschützt ist. Die Folge sind i.d.R. etwas höhere Temperaturen, mehr Sonnenscheinstunden und eine dichtere Vegetation als sonst in der Region. Als staatlicher Forst wird das Tal seit einiger Zeit vor Viehverbiss bewahrt (Zaun). Nicht nur die klimatische Bevorzugung, sondern auch das nahe Nebeneinander von Gletschern, Bergen, Flüssen, Seen, Birkenwäldern und Blumen sowie die ausgezeichneten Wandermöglichkeiten sind der Grund für die hohe Popularität bei in- und ausländischen Gästen. Diese wiederum sorgt in der Saison regelmäßig dafür, dass es auf dem Campinggelände und in den drei Hütten (eine vom *Ferðafélag* mit ca. 80 Plätzen) recht gedrängt zugehen kann. Ein kleiner Kiosk versorgt die Gäste mit dem Notwendigsten.

beliebtes Ausflugsziel

Wanderungen

Passionierten Wanderern stehen vielfältige Möglichkeiten offen; wer über ausreichend Erfahrung und Kondition verfügt, kann sich auf den anstrengenden Weg zwischen den Gletschern Eyjafjallajökull *und* Mýrdalsjökull *hindurch machen. Nach dem Pass in rund 1.000 m Höhe erreicht man die unbewirtschaftete Hütte* Fimmvörðuháls *und folgt dann dem Wildwasser der* Skógá, *vorbei an vielen spektakulären*

Blick auf den Þórsmörk

Wasserfällen, bis nach Skógar an der Ringstraße (s.o.).

Der Zufahrtsweg zum Þórsmörk ist schwierig und wegen vieler Furten **nur mit geländegängigen Wagen** möglich. Man erreicht das Tal von der Ringstraße aus hinter der Brücke über die *Markarfljót* und am *Seljalandsfoss* vorbei (s.o.) nach 25 km über die enge **F 249** (= *Þórsmörkurvegur*), die sich nah am Berghang entlang windet. Die Furten auf den ersten 20 km sind problemlos. Auf der letzten Etappe (5 km) müssen jedoch einige sehr tiefe und reißende Gletscherflüsse durchquert werden, wobei das größte Hindernis die tückische *Krossá* kurz vor dem Ziel darstellt. Bei zu hohem Wasserstand sollte man diesseits parken bzw. zelten und die Fußgänger-/Fahrradfahrerbrücke benutzen. Im Sommer verkehren auch täglich hochrädrige Linienbusse ab/bis Reykjavík dorthin.

Vík í Mýrdal – Skaftafell

Die ersten Kilometer hinter Vík bleibt die Straße am Fuß des Gebirges, hinter dem Abzweig nach *Reynisbrekka* (Jugendherberge) und der Überquerung des Flusses *Múlakvísel* (mit Schutzdamm) geht sie aber geradewegs in die schwarze Monotonie der *Mýrdalssandur*. Es waren die gefürchteten Gletscherläufe der *Katla* (unter dem *Mýrdalsjökull*), die diese schwarzen Sanderflächen aufgeschwemmt haben. Noch 1918 wurde durch einen solchen Gletscherlauf die gesamte Küstenlinie um einen halben Kilometer nach Süden verlagert. Auf einer modernen und 1989 nach Süden verlegten Trasse geht es schnell vorwärts (sofern keiner der gefürchteten Sandstürme die Sicht beeinträchtigt), bis 13 km hinter Vík rechts die ehemalige Vulkaninsel **Hjörleifshöfði** auftaucht. Obwohl ein Warnschild einen Geländewagen empfiehlt, ist die ca. 2 km lange Sandpiste zum Felsen problemlos befahrbar. Der 221 m hohe Felsen, der mit einigen Klippen *(Drangar)* unvermittelt aus der Wüste emporsteigt, trägt seinen Namen nach dem Wikinger *Hjörleif*, einem Begleiter *Ingólfur Arnarsons*. Bei gutem Wetter ist es ein unbeschreibliches Erlebnis, einmal um die ehemalige Insel mit ihren Brandungslöchern und Steilküsten herumzuwandern, wofür man etwa 2 Stunden benötigt.

Sandwüste und Gletscherflüsse

Die Ringstraße macht nun einen weiten Bogen, auf dem sie sich vom Ozean entfernt und durch die unendlich scheinende Weite der *Mýrdalssandur* auf das Gebirgsmassiv der *Skaftartunga* zu in nördlicher Richtung verläuft. Auf halber Wegstrecke, unmittelbar vor der Brücke über den Gletscherfluss *Skálm*, hat man über die Pisten **S 211/212** die Möglichkeit, eine 16 km lange Rundfahrt durch die Sanderflächen zu unternehmen, wobei man nach **Þykkvabæjarklaustur** gelangt, ehemals Standort eines Klosters. Noch weiter im Süden erkennt man den Leuchtturm und eine der vielen orangefarbenen Schutzhütten für gestrandete Fischer.

Nachdem man auf der Ringstraße am Fuß der Berge wieder fruchtbareres Gelände erreicht hat, überquert man die *Kúðafljót* und passiert den Abzweig der **S 208**, die am Gehöft **Gröf** vorbei zur **Eldgjá** und als Piste F 22 nach **Landmannalaugar** führt (S. 429f.). Anschließend geht es erneut durch einen wüstenhaften Landstrich, nämlich durch das über 550 km² große Lavafeld der *Nýja-Eldhraun*, das der verheerende Ausbruch der Laki-Krater im Jahre 1783 hinterlassen hat und das inzwischen fast völlig von einem dicken Moospolster bedeckt ist. Auf schnurgerader, gut ausgebauter Straße geht es nun am Abzweig **S 206** vorbei, der später als 40 km lange Piste zu den **Laki-**Kratern (S. 435) führt, und 6 km danach auf die nächste Siedlung zu, die einzige übrigens zwischen den großen Sanderflächen *Mýrdalssandur* und *Skeiðarársandur*.

Lavafeld

Wanderung

Am Abzweig der S 206 oder vorher schon am Abzweig zum unbewirtschafteten Gehöft Skál können Wanderer eine schöne, rund 22 km lange Rundtour auf beiden Seiten des Gletscherflusses Skaftá unternehmen, deren Attraktionen Seen, ein vielfältiges Vogelleben, unterschiedliche Lavaformation und Pseudokrater sind.

Die kleine Siedlung **Kirkjubæjarklaustur** (ⓘ s. S. 211) (ca. 120 Ew) blickt auf eine lange Geschichte zurück, da vermutlich bereits vor der wikingischen Landnahme hier irische Eremiten siedelten; von 1186 bis zur Reformation im Jahre 1550 unterhielten die Benediktinerinnen hier eine Abtei (*klaustur* = ‚Kloster'). Heute spielt die Ortschaft eine bescheidene Rolle als Verkehrs-, Handels und Poststation, ist aber wegen des relativ guten Klimas, der natürlichen Sehenswürdigkeiten und guten Wandermöglichkeiten für den Fremdenverkehr von Bedeutung. Besuchern stehen ein Edda-Hotel mit Schwimmbad, ein Campingplatz, einige Gästefarmen mit Pferdeverleih sowie ein 9-Loch-Golfplatz zur Verfügung.

Der ‚natürliche Kirchenfußboden'

Direkt hinter der Ortschaft erhebt sich die ehemalige Steilküste, von der sich der **Wasserfall** *Systrafoss* ins Tal ergießt, der dem oberhalb der Kante gelegenen **See** *Systravatn (systra* = ‚Nonnen') entströmt. Bei gutem Wetter ist es äußerst reizvoll, die alten Küstenklippen zu besteigen, was man u.a. vom Edda-Hotel und dem Campingplatz aus tun kann. Eine weitere Attraktion ist der **‚Kirchenfußboden'** (*Kirkjugólf*), ein Naturpflaster aus den Endstücken unterirdischer Basaltsäulen. Man erreicht ihn in 400 m über die **S 203,** die von der Tankstelle (mit Cafeteria) am Ortseingang abgeht und zum Campingplatz am Fluss *Stjórn* führt. Die Formation liegt linker Hand inmitten einer Schafweide.

Bei der Weiterfahrt passiert man nach 12 km den Wasserfall *Foss á Síðu,* danach den unterhalb des *Miðfell* (721 m) gelegenen Hof **Kálafell**, später die bizarren Basaltsäulen **Dverghamrar** und kommt schließlich zum Gehöft **Núpsstaður** unterhalb des alten Kliffs *Klaufardrangur*. Sehenswert bei dieser Farm ist die winzige Kapelle *(bænhús)* aus dem Jahre 1660. Zu Beginn des 20. Jh. existierte noch das alte Torfgehöft mit einer Reihe von 9 Häusern, die leider nach und nach modernen Bauten weichen mussten. In das wilde Hinterland, insbesondere in die noch nicht allzu lange erschlossene Region **Núpsstaðarskógur**, einem Canyon mit schönen Wasserfällen, werden im Sommer von Núpsstaður aus Exkursionen mit Spezialbussen durchgeführt.

Produkt der Gletscherläufe

Kurz hinter der Farm passiert man den eindrucksvollen Felsen *Lómagnúpur*, den man auf einem steilen Pfad besteigen kann (phantastische Aussicht!). Bevor Gletscherläufe und Landhebung die ehemalige Uferlinie weiter nach Süden verschoben, stellte er mit 767 m eine der höchsten Steilküsten der Welt dar. Von hier aus durchquert man auf einer Länge von rund 30 km die mit 1.000 km² größte Sanderfläche des Landes, die **Skeiðarársandur**. Das riesige Terrain, auf dem unzählige Seevögel, vor allem Skuas (ca. 3.000 Paare), Schmarotzerraubmöwen und Mantelmöwen brüten, wurde durch die berüchtigten Gletscherläufe der *Grímsvötn* (1.719 m) aufgeschwemmt. Der unter dem *Vatnajökull* liegende Vulkan brachte durch seine Ausbrüche durchschnittlich alle 5 Jahre enorme Wasser-, Schlamm- und Geröllmassen in die Ebene, veränderte die Küste und vernichtete Bauernhöfe. Seit der Landnahme war der Personen- und Warentransport an dieser Stelle daher ein waghalsiges Unternehmen.

Gletscherzunge des Vatnajökull

Und erst **1972–74** haben es die Ingenieure durch umfangreiche Maßnahmen (17 km langer Damm für die Straßentrasse, ein System von Betonbrücken und mehrere schräg verlaufende Schutzdämme und Hochwasserbarrieren) geschafft, die von unzähligen Wasserläufen durchflossene Sanderebene zu überbrücken und damit die automobile Umrundung der Insel möglich gemacht. Dass auch diese Ingenieursleistung vor den Urkräften der Natur kapitulieren muss, zeigte der letzte riesige Gletscherlauf im November **1996** (S. 63), als eine gewaltige Wasser-, Schlamm- und Eiswelle alle künstlichen Barrieren überspülte und ein großes Loch in die Ringstraße riss. Die Spuren der Verwüstung waren noch jahrelang sichtbar, außerdem wurde die Landschaft dauerhaft verändert. Am besten sieht man dies, wenn man der 2 km langen geschotterten Piste zum Gletscherfluss *Haödukvísl* folgt und dort die Aussichtsplattform besucht.

Erlebnis Sanderebene

Bei gutem Wetter stellt das Befahren der Strecke durch die Sanderebene ein unvergessliches Erlebnis dar: die Weite der schwarzsandigen Wüste, die unzähligen glitzernden Wasserläufe und dahinter die hoch aufragende und immer näher rückende Eiskappe des *Vatnajökull* mit ihren tief hinabreichen Gletscherzungen. Solchermaßen eingestimmt, wird sich jeder auf den Aufenthalt im Skaftafell-Nationalpark freuen, zu dem eine 2-km-Stichstraße links von der Ringstraße abgeht.

Der Skaftafell-Nationalpark (ⓘ s. S. 211)

Das durch hohe Berge vor den Nord- und Ostwinden geschützte Skaftafell wurde schon von den wikingischen Landnehmern als **Thingstätte** genutzt. Die Landschaft, die mit durchschnittlich 1.761 mm Niederschlag recht feucht, aber auch eine der wärmsten Islands ist, wird vom übermächtigen *Vatnajökull* und seinen Zungen geprägt. Er ist mit seinen 8.300 km² der mit Abstand **größte Gletscher Europas** und ausladender als Mallorca. Gleichzeitig hat hier Island im *Hvannadalshnjúkur*, einem Rhyolitrücken am Rande der eisgefüllten Caldera des *Öræfajökull*, mit **2.119 m** ihren **höchsten Punkt**. Die bis zu **1 km dicke Eisschicht** bedeckt auch die *Grimsvötn*, ein System von **Vulkanspalten**, das neben der Hekla zu den aktivsten und gefährlichsten der Insel zählt. Immer wieder sorgten die *Grimsvötn* mit ihren subglazialen Eruptionen für verheerende **Gletscherläufe**.

Feuer unter dem Eis

Hochgebirgslandschaft im Skaftafell

Im Jahre **1362** ereignete sich einer der schwersten Ausbrüche in historischer Zeit, der alle Siedlungen unter einer 30 cm dicken **Ascheschicht** begrub und die Region für viele Generationen unbewohnbar machte. Seit dieser Zeit trägt sie den Namen *Öræfasveit*, was soviel wie ‚Ödland' bedeutet. Nicht alle Gipfel sind übrigens von Eis bedeckt, einige ragen als gezackte, fingerartige Spitzen über die weißen Gletscherflächen heraus und stellen eine Herausforderung an alle Alpinisten dar.

Im Gegensatz zur lebensfeindlichen Eiswüste des *Vatnajökull* steht die – für isländische Verhältnisse – üppige **Vegetation**: knapp die Hälfte (210) aller höheren Pflanzenarten des Landes kommt im Nationalpark vor, besonders zahlreich die Glockenblume, aber auch Raritäten wie Baldrian, eine Orchideenart und ein Erdfarn. Moose, Flechten, Gräser, Blumen und Zwergbäume bilden bis an den Fuß der *Kristínartindar* in 700 m Höhe eine geschlossene Vegetationsdecke. Auffällig sind vor allem die dichten **Birkenbestände,** die bis 260 m ü.d.M. als bis zu 12 m hohe Bäume in Erscheinung treten und darüber vereinzelt bis in 600 m Höhe als Zwergbirken. Diese Wälder sind es, die eine ebenso ungewöhnliche Vielzahl von **Insekten** und **Vögeln** beherbergen, darunter Rotdrossel, Bekassine und eine besonders große, nur hier anzutreffende Art des Zaunkönigs. Der landschaftlichen Schönheit Rechnung tragend, wurde der Nationalpark 1967 als zweiter des Landes eingerichtet und 1984 von 500 km² auf 1.600 km² erweitert.

Der Bæjarstaðarskógur

Wandern

Ein wahres Eldorado ist der Nationalpark für ***Wanderer****. Ein vorzügliches System von markierten Wegen und Holzbrücken ermöglicht die eingehende Erkundung des Geländes (empfehlenswert ist der Erwerb der kleinen Broschüre mit den eingezeichneten Pfaden im* Service Centre*). Eine der kürzeren, aber beliebtesten Touren geht zum ‚schwarzen Wasserfall'* ***Svartifoss****, der weniger durch Volumen oder Fallhöhe als vielmehr durch seine herrlichen, wie Orgelpfeifen angeordneten Basaltsäulen beeindruckt (ca. 1 ½ Stunde). Nicht viel weiter ist es zum Rand der Gletscherzunge am Skaftafellsjökull oder zum Aussichtspunkt Sjónasker. Rund 7 Stunden benötigt man, um zum* ***Bæjarstaðarskógur*** *mit seinen 12 m hohen Birken und den 70–80 °C heißen Bächen sowie dem Gletschertor des* Skeiðarárjökull *westlich davon zu wandern. Die 1.126 m hohen Zinnen* Kristínartindar *sind rund 6 Stunden entfernt, ganz in der Nähe kalbt der einzige isländische Hängegletscher* Morsárjökull *in einen kleinen See mit Eisbergen. Eine Wanderung zu den Gletscherflüssen am Kjósarbotn in rund 1.200 m Höhe dauert mindestens 10 Stunden, noch längere Touren – mit Führer und Übernachtungen – sind in die Eiswüste des* Vatnajökull *möglich. (Alle Zeitangaben gelten für den Hin- und Rückweg).*

Der Svartifoss

Von Skaftafell nach Egilsstaðir

Überblick

Landschaftlich steht die zweite Etappe der Ringstraße der ersten an spektakulären Landschaftserlebnissen in nichts nach. Bis weit über Höfn hinaus ist der *Vatnajökull* mit seinen verschiedenen Gletscherzungen der bestimmende Faktor. Anders als im Süden erhält die Natur an der Küste jedoch durch die tief eingeschnittenen, von hohen und steilen Bergen umstandenen Ostfjorde *(Austfirðir)* einen an das norwegische Westland erinnernden Charakter. Dem entspricht auch das Fehlen größerer landwirtschaftlicher Nutzflächen und von nennenswerten Ballungszentren. Die Landflucht der letzten Jahrzehnte betraf vor allem auch diesen Landesteil, der dadurch weitgehend entvölkert ist und viele verlassene Ortschaften oder Farmen aufweist.

Redaktions-Tipps

- Bootstrip zwischen treibenden Eisbergen auf der Gletscherlagune *Jökulsárlon* (S. 333)
- Wanderung oder Fahrt mit Allradwagen und Schneekatzen auf den *Vatnajökull*
- Besuch des Fjordstädtchens *Borgarfjörður* im Osten (S. 342)
- 60-km-Wanderung durch die menschenleere Wildnis der *Loðmundarfjarðarleið* (S. 343)
- Rundfahrt um den *Lögurinn*-See (S. 337f.)

Der schwierigen Topographie entsprechend sind die **Straßenbedingungen** längst nicht so gut wie im Süden. Da die noch akzeptable

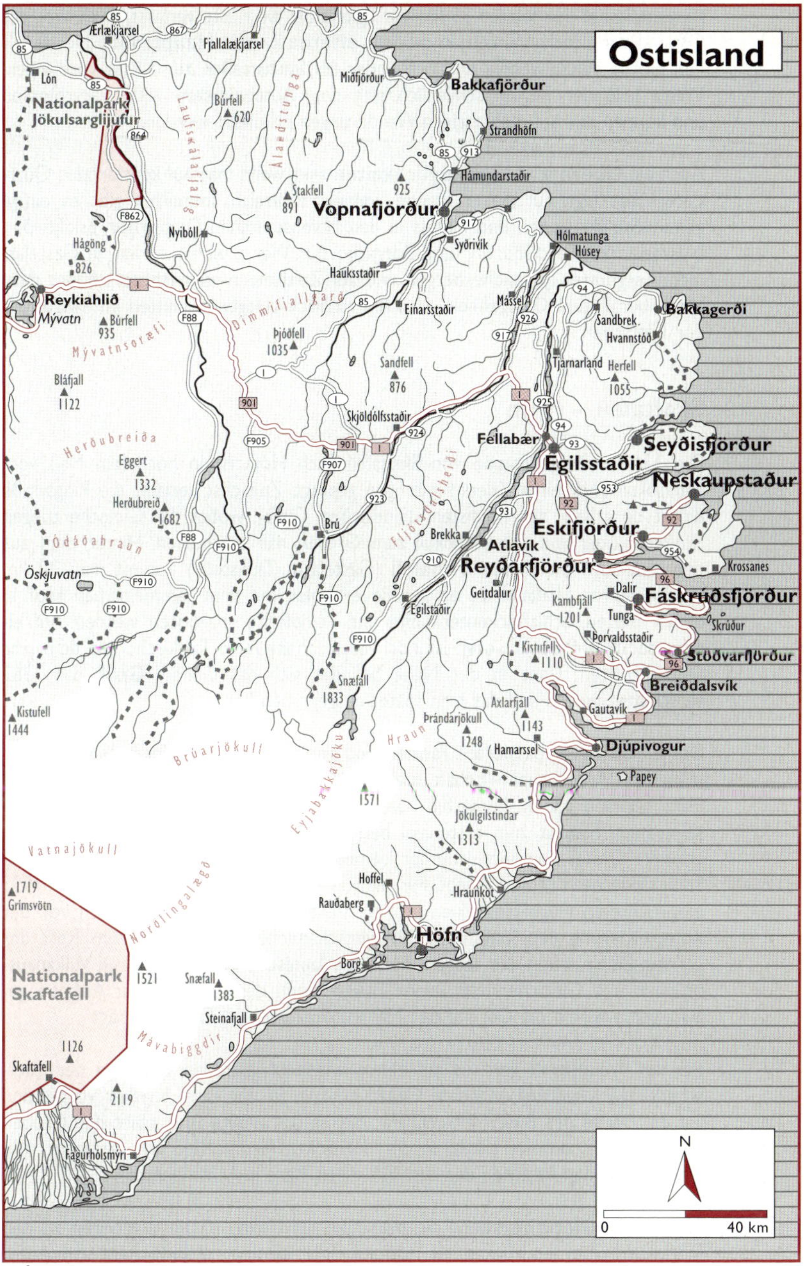
Ostisland
Nationalpark Jökulsarglijufur
Reykiahlið
Mývatn
Vopnafjörður
Bakkafjörður
Strandhöfn
Hámundarstaðir
Hólmatunga
Húsey
Bakkagerði
Sandbrek
Hvannstöð
Herfell 1055
Tjarnarland
Seyðisfjörður
Fellabær
Egilsstaðir
Neskaupstaður
Eskifjörður
Krossanes
Atlavík
Brekka
Reyðarfjörður
Geitdalur
Dalir
Fáskrúðsfjörður
Kambfjäll 1201
Tunga
Skrúður
Þorvaldsstaðir
Kistufell 1110
Stöðvarfjörður
Breiðdalsvík
Gautavík
Axlarfjall 1143
Þrándarjökull 1248
Hamarssel
Djúpivogur
Papey
Jökulgilstindar 1313
Hoffel
Hraunkot
Rauðaberg
Höfn
Borg
Snæfall 1383
Steinafjall
Nationalpark Skaftafell
Skaftafell
Fagurhólsmýri
Grímsvötn 1719
1521
1126
2119
1571
Snæfall 1833
Egilstaðir
Brú
Skjöldólfsstaðir
Sandfell 876
Þjóðfell 1035
Einarsstaðir
Haukstaðir
Sýðrivík
Mássel
Nyiból
Stakfell 891
925
Búrfell 620
Miðfjörður
Fjallalækjarsel
Ærlækjarsel
Lón
Hágöng 826
Búrfell 935
Bláfjall 1122
Eggert 1332
Herðubreið 1682
Öskjuvatn
Kistufell 1444
Vatnajökull
Brúarjökull
Eyjabakkajökull
Hraun
Norðlingalægð
Mávabiggðir
Ódáðahraun
Herðubreiða
Mývatnsoræfi
Dimmifjallgarð
Laufskálafjallg
Álaedstunga
Fljótsdalsheiði
N
0
40 km

Ringstraße auf den letzten 55 km vor Egilsstaðir die Küste verlässt, muss, wer das Ostland wirklich kennenlernen möchte, **alternativ zur Hauptroute** die einzelnen Fjorde zeitaufwendig umfahren oder auf Stichstraßen zur Küste vordringen. Weite Teile der Region schließlich sind dem Autotouristen völlig verschlossen und können nur auf mehrtägigen Wanderungen erkundet werden.

Auch die **Übernachtungsmöglichkeiten** sind, wenn man auf komfortable Quartiere Wert legt, auf dieser Etappe weniger zahlreich. Immerhin gibt es einige gemütliche Pensionen und Hotels in den Hafenstädtchen Djúpivogur, Eskifjörður, Neskapstaður, Seyðisfjörður und Borgarfjörður. Wer ohnehin vorhat, in Gästefarmen, Berghütten, Jugendherbergen und auf Zeltplätzen zu nächtigen, findet dazu aber überall gute Gelegenheit – bis hin zu hoch gelegenen Hütten im ewigen Eis der Gletscher.

Skaftafell – Höfn

Die 131 km lange Etappe von Skaftafell nach Höfn ist in höchstem Maß vom *Vatnajökull* und seinen Gletscherzungen geprägt. Zunächst verläuft die Ringstraße direkt unterhalb der höchsten isländischen Gipfel, wobei die Gletscherzungen *Skaftafellsjökull* und *Svínafellsjökull* zum Greifen nah erscheinen. Hinter dem aus der *Njáls-Saga* bekannten **Svínafell** (Gästefarm, Tankstelle) kommt man 20 km südöstlich von Skaftafell zu einigen Bauernhöfen mit dem Sammelnamen **Hof**, in denen Betten, Schlafsackunterkünfte und Leihpferde angeboten werden. Auf einem der hübschen Anwesen ist noch eine sehenswerte Torfkirche aus dem Jahr 1883 erhalten. Ganz in der Nähe befindet sich das Gehöft **Gröf**, das 1362 verschüttet wurde und das man später ausgegraben hat.

zwischen Gletschern und Atlantik

Die auf dem Weg passierten Farmen sind nur ein spärlicher Überrest einer einst blühenden Ackerbaugesellschaft, mehr als 120 großen Gehöften soll die Gegend Platz gegeben haben. Immerhin hatte der legendäre *Ingólfur Arnarson* hier 873 seine neue Heimat zum erstenmal betreten, woran noch der Name *Ingólfshöfði* erinnert. Dieses Kap liegt nahe der kleinen Siedlung **Fagurhólsmýri**, zu der eine Stichstraße nach rechts abgeht. Für die Region hatte der Ort wegen seines 1955 eingerichteten Flughafens einen großen Stellenwert, bedeutete er doch vor der Komplettierung der Ringstraße die wirtschaftliche Nabelschnur zum Rest des Landes. Doch schon seit langem hatte die launische Natur mit ihren Vulkanausbrüchen und Gletscherläufen einen Bauern nach dem anderen zur Aufgabe gezwungen, weshalb die Gegend den Namen *Öræfasveit* (= ‚Ödland‘) trägt.

Bei der Weiterfahrt geht es auf einem engen Landstreifen zwischen der Gletscherzunge *Kvíarjökull* und dem Ozean entlang, an der Farm Kvísker vorbei und auf die Fläche des *Breiðamerkursandur*. Sie ist das größte Brutgebiet der Großen Arktischen Raubmöwe (Skua) in der nördlichen Hemisphäre und Besucher sollten sich vor den Attacken der angriffslustigen Tiere in Acht nehmen!

Die beiden **Gletscherseen,** die man nun zur Linken passiert, gehören zu den merkwürdigsten Eindrücken, die man auf einer Islandumrundung quasi vom Autositz aus erleben kann, wenn auch die touristische Erschließung der letzten Jahre (Parkplätze, Kioske etc.) viel des ursprünglichen Reizes genommen hat. Der erste See, **Breiðárlón**, ist etwas kleiner als der folgende **Jökulsárlón**, aber auf beiden treiben zu jeder Jahreszeit Eisberge von mitunter beachtlicher Größe. Die beiden überbrückten Gletscherflüsse transportieren die Eisbrocken zum nur 1–2 km entfernten Meer. Wer dieser Wunderwelt am Fuß des *Breiðamerkurjökull* ganz nahe kommen möchte, kann am Rand der Seen entlangwandern (ca. 15 km). Eine andere Möglichkeit besteht in einer sommerlichen Bootsfahrt, die man sofort hinter der Hängebrücke über die *Jökulsá* (Cafeteria) auf dem *Jökulsárlón* unternehmen kann.

Eisberge auf dem Jökulsárlón

Hinweis

Von Mitte Mai bis Mitte September werden tägl. zwischen 9 und 19 Uhr (Mai und September 10–17 Uhr) Rundfahrten mit Amphibienbooten auf dem Gletschersee angeboten; in der Hochsaison im Juli und August alle 15–30 Minuten. Die Ausflüge dauern ca. 30 Minuten, gebucht werden sie in der Cafeteria vor Ort, unter der Tel.-Nr. 478-2222 oder im Touristenbüro Höfn. Infos im Internet unter www.jokulsarlon.is.

Schneescooter auf dem Vatnajökull

Von den Gletscherseen aus geht es auf guter Fahrtstrecke weiter, nun in nordöstliche Richtung und immer in Sichtweite der tief in die Talungen hinabreichenden Gletscherzungen. Die wichtigsten heißen *Skálafellsjökull* (Zentrum des Gletschertourismus mit Schneekatzenverleih, Berghütte und Busverbindung), *Heinabergsjökull, Fláajökull* und *Hoffellsjökull*, zu dem eine auch für normale Pkw befahrbare Piste bis nahe an den Rand geht. Fast alle der wenigen Höfe, die man passiert, bieten Reisenden Kost und Logis, viele davon auch Ausflüge und/oder Reitpferde.

Gletscherseen mit Eisbergen

Entlang der Ringstraße bieten mehrere Gästefarmen Betten oder Schlafsackplätze sowie Pferdeverleih an, u.a. in *Hrollaugsstaðir, Smyrlabjörg, Flatey, Brúnnhóll* und *Hólabrekka*. Am ungewöhnlichsten ist wohl die 840 m hoch gelegene, moderne Schlafsackunterkunft *Jöklasel* auf dem Skálafells-Gletscher. Man erreicht sie, wenn man am kleinen Wasserkraftwerk *Smyrlabjörg* von der Ringstraße links abzweigt. Ab dort sind es noch 16 km auf rauer, steiler Piste bis zur Herberge (bei gutem Wetter auch mit Pkw möglich).

Wenige Fahrminuten danach zweigt von der Ringstraße nach rechts die **S 99** ab, die einen nach 4 km zum Hafenort Höfn am Ende der Landzunge bringt.

Höfn (ⓘ s. S. 211)

aufstrebendes Städtchen

Das 1.600 Einwohner zählende Städtchen (sein Name bedeutet einfach ‚Hafen') hat nach der Vollendung der Ringstraße einen ungeheuren Aufschwung genommen. Mit Hafen, Busverbindungen und Flughafen ist es an das landesweite Verkehrsnetz angeschlossen und verfügt über alle wichtigen touristischen Einrichtungen wie Mietwagenfirmen, Bank, Postamt, Krankenhaus, Reisebüros, Hotels und Restaurants. Ein Schwimmbad *(Hafnarbraut 11)* sowie der schön gelegene 9-Loch-Golfplatz komplettieren das Angebot. Wer von der Ringstraße anreist, sieht sofort am Ortsanfang linker Hand den Campingplatz mit Busstation und Touristeninformation. Weiter im Süden liegt der Fischereihafen, an dessen Ende ein Drei-Säulen-Monument mit Figurengruppe an die auf See Umgekommenen erinnert. Gut ist Höfn als Standquartier geeignet, um die Welt am und auf dem *Vatnajökull* zu erkunden – gleich, ob zu Fuß, mit dem Pferd oder auf einer organisierten Schneemobil-Tour. Im Ort selbst lohnt der Besuch des **Heimatmuseums**, das in einem schlichten, hölzernen Kaufmannshof aus dem Jahre 1864 untergebracht ist, der von Papós (s.u.) hierhergebracht wurde *(Byggðasafn Höfn, Hafnarbraut)*. Zu sehen sind Gebrauchsgegenstände der ostisländischen Bauern und Fischer, außerdem in einer kleineren Abteilung naturgeschichtliche Exponate und solche der lokalen Seefahrtsgeschichte. Noch interessanter ist das neue **Gletschermuseum** in der Nähe des Schwimmbades *(Hafnarbraut 14, Juni–Aug. 10–18 Uhr geöffnet)*. Dias, Filme und zahlreiche Bildtafeln – auch in deutscher Sprache – illustrieren anschaulich die eisige Welt des *Vatnajökull*.

Höfn aus der Vogelperspektive

Höfn – Egilsstaðir auf der Ringstraße

Zurück auf der Ringstraße, kann man bereits nach 6 km einen lohnenden Abstecher machen, indem man den Abzweig nach rechts (Hinweis: Stokksnes) nimmt. Der nach 6 km endende Weg führt zum Fuß des 888 m hohen **Vesturhorn**, das ausdauernde Kletterer besteigen können. Aber selbst am unteren Hang ist die Aussicht auf den breiten *Skarðsfjörður,* Höfn und die schneebedeckten Berge im Hintergrund herrlich. Wanderer können in 4 Stunden die Halbinsel umrunden, vorbei an verlassenen Farmen, einem Schiffswrack, dem *Brunnhorn* mit seinen drei markanten Gipfeln und der ehemaligen amerikanischen Militärstation, die 1988 von den Isländern übernommen wurde. Auf der nördlichen Seite passiert man dabei den alten Handelsort **Papós**, von dem noch Grundmauern zu sehen sind. Der Ortsname *(papar* = ‚Pfaffen, Mönche'), der einem im benachbarten Fjord *(Papafjörður)* und auf der vorgelagerten Insel *Papey* wieder begegnet, ist ein Hinweis darauf, dass hier vor den Wikingern irokeltische Eremiten lebten.

Hinter dem Abzweig führt die Ringstraße durch den 1.300 m langen, zweispurigen Tunnel **Almannaskarðsgöng**, der 2004–05 gebaut wurde, um den Pass **Almannaskarð** zu umgehen. Dieser war mit 153 m nicht besonders hoch, aber mit 17 % Steigung oder Gefälle der steilste der Ringstraße. Der alte Pass ist gesperrt, aber man kann von der östlichen Seite noch auf die Höhe hinauffahren. Dort ist ein Parkplatz, von dem man meist einen grandiosen Blick auf den südlichen Vatnajökull hat. Dann geht es weiter in das Schwemmland der *Lónsvík*, einem Haff, das Heimat vieler Seehunde ist. Schließlich überquert man auf einer Brücke den Gletscherfluss *Jökulsá í Lóni* und kommt zum Gehöft **Stafafell**. Dem Wasserlauf kann man auf beiden Seiten ein Stück flussaufwärts folgen und dort zu kürzeren oder längeren Wanderungen starten, u.a. zur Schlucht *Hvannagil* und den bunten Liparithängen der Umgebung. Als Unterkunft empfiehlt sich die Jugend- und Familienherberge.

Torfhäuschen am Almannaskarð

Bei der Weiterfahrt geht links die gebirgige, aber nicht allzu schwierige **S 971** ab, die einen zwar auf 700 m Höhe bringt, insgesamt aber eine Abkürzung darstellt. Wer auf der Ringstraße bleibt, wird mit dem Anblick des **Austurhorn** belohnt, einem Kap mit dem Leuchtturm und Gehöft von *Hvafnes*. Ab nun bleibt die Piste immer unmittelbar am Küstenverlauf, der durch die vielen Fjorde jedoch weit eingebuchtet ist. Ab dem Austurhorn sind es noch 53 km, an den Ufern der Fjorde *Álftafjörður* und *Hamarsfjörður* (Gästefarm in Hamar) mit ihren pyramidenartigen Bergen entlang, bis man in Djúpivogur die nächste Siedlung erreicht.

Djúpivogur (ⓘ s. S. 211)

Hafenort und Pyramidenberg

Der kleine Ort (ca. 350 Ew) wurde schon um 1600 als Warenumschlagplatz eingerichtet und 1788–1920 von dänischen Händlern kontrolliert, aus deren Zeit noch einige Holzhäuschen erhalten sind. An wirklich Sehenswertem gibt es nicht viel, vom pittoresken Hafen und dem alles überragenden Pyramidenberg *Búlandstindur* (1.069 m) einmal abgesehen. Aber das unverfälschte Leben der Ostfjorde und Möglichkeiten zu Wanderungen, auf denen man u.a. Rentiere oder Polarfüchse zu Gesicht bekommen kann, sind Grund genug, hier länger zu verweilen. In einem alten, roten Packhaus *(Langabuð)* aus den 1850ern wurde ein Lokal- und

Kunstmuseum mit Café und Souvenirladen eingerichtet. Ansonsten ist das *Hótel Framtíð* der allgemeine Treffpunkt für Einheimische und Gäste, es dient als Touristeninformation, hat einen Fahrradverleih, arrangiert Angeltrips und Bootstouren nach Papey und verwaltet einen Campingplatz.

Von Djúpivogur aus muss man gut 40 km um den Berufjörður bis zum gegenüber liegenden **Berunes** (Campingplatz und Jugendherberge) zurücklegen, eine zeitraubende Angelegenheit, die sich der wilden Natur wegen aber lohnt. Auf halber Wegstrecke haben Wanderer am Hof **Eyjólfsstaðir** (Schlafsackunterkunft, Zeltplatz, Gästezimmer) Gelegenheit, gut 5 Stunden dem Verlauf des Flüsschens *Fossá* zu folgen. Der Reiz dieser Tour liegt schon im Namen des Tales *Fossárdalur*: ‚Tal der Wasserfälle'.

Hinweis

Während die Ringstraße das Fjordende umrundet und anschließend am nördlichen Ufer weiterführt, haben Fahrer von ***Allradwagen*** *oder Jeeps die Möglichkeit, über die S 939* (Öxivegur) *ca. 50 km* ***abzukürzen****. Die insgesamt 21 km lange Piste, die teilweise sehr schmal, kurvenreich und steil verläuft, geht an der Westflanke des* Kistufell *(1.116 m) vorbei, entlang einem Wildwasser mit vielen Kaskaden und Wasserfällen, bevor man in der* Breiðalsheiði *wieder auf die Ringstraße stößt. Insgesamt eine schöne Landschaftsfahrt.*

Grandiose Gebirgswelt: die Smátindar bei Berunes

Beim Gehöft **Heydalir**, kurz vor Breiðdalsvík (Hotel), verlässt dann die Ringstraße die Küste. Wer allerdings die Küstenszenerie nicht missen möchte und einen Umweg von 60 km nicht scheut, sollte hier auf die **S 96** abbiegen (S. 338ff.). Die Hauptroute folgt dem weiten *Breiðdalur*, das von hohen, horizontal geschichteten Bergen umstanden wird. Dann steigt sie in einigen Kehren zur kahlen *Breiðdalsheiði* auf und erreicht die Passhöhe von 420 m (prächtige Aussicht). In **Þingmúli** hat man über die **S 937** die erste Möglichkeit, zum Lögurinn-See hinabzufahren (s.u.). Auch auf der Ringstraße geht es im Folgenden deutlich und auf besserer Piste abwärts, vorbei an den ersten Farmen, dem See *Skriðuvatn* und dem Wasserkraftwerk *Grimsárvirkjun*. Am Ausfluss des Stausees stürzt sich das Wasser der *Grimsá* fotogen und in mehreren Kaskaden in die Tiefe. Am Gehöft **Ásgarður** (Souvenirverkauf) zweigt links die **S 931** zum Ufer des Sees ab (s.u.). Von hier aus sind es noch 11 km bis nach Egilsstaðir.

Egilsstaðir (ⓘ s. S. 211)

Der junge Ort (2.200 Ew), der mit der Gemeinde Fellabær (450 Ew) jenseits der Brücke eine Einheit bildet, ist einer der wenigen des Landes, die ohne direkte

Kirche in Egilsstaðir

Verbindung zum Meer stehen. Von der hochgelegenen, modernen Kirche (1974) und dem Ostisländischen Heimatmuseum *(Laufskógum, Juni–Aug. tgl. 11–17 Uhr geöffnet; historische und kulturhistorische Ausstellungen, Café, Souvenirladen)* einmal abgesehen, gibt es keine Sehenswürdigkeiten. Besucher zieht es aber seit 2008 zum riesigen Kárahnjúkar-Staudamm, für dessen Aluminiumschmelze (S. 427) Seyðisfjörður das operative Zentrum darstellt. Wer sich darüber informieren möchte, kann das im Visitor Center tun, wo u.a. ein Videofilm und ein großformatiges Modell der Region gezeigt werden.

Hauptsächlich aber hat das moderne und gesichtslose Städtchen seine Bedeutung als Verkehrsknotenpunkt und lokales Handelszentrum, das über einige landwirtschaftliche und kleinindustrielle Betriebe verfügt. Den Reisenden, insbesondere den Benutzern der in Seyðisfjörður anlegenden Fähre aus Europa, bietet er sich mit seiner guten touristischen Infrastruktur (Flughafen, Busstation, Mietwagenfirmen, Tankstellen, Supermärkte, Autowerkstätten, Reisebüros, Hotels, Campingplatz, Gästehäuser, Restaurants etc.) als erster Halte- und Orientierungspunkt an. Während sich Selbstversorger vor ihren Exkursionen im recht preisgünstigen Supermarkt *K.H.B* eindecken, werden andere das Freizeitangebot (Schwimmbad, Golfplatz, im Winter Skisport) nutzen wollen. Wer länger bleibt, hat die Möglichkeit zu zahlreichen (auch organisierten) Ausflügen per Boot oder Leihfahrrad, mit dem Kleinflugzeug oder auf dem Pferderücken. Lohnende Ziele in der Nähe sind eine Rundfahrt um den Lögurinn-See sowie Abstecher nach Seyðidsfjörður, Borgarfjörður oder Húsey (s.u.).

lokales Handelszentrum

Rund um den Lögurinn-See

Der schmale, 35 km lange See ist mit 52 km^2 der drittgrößte Islands; da er selbst nur 20 m ü.d.M. liegt, aber eine Wassertiefe von bis zu 112 m aufweist, stellt er gewissermaßen den tiefsten Punkt der Insel dar. Insgesamt bietet er ein bezauberndes, an die schottischen Lochs erinnerndes Landschaftsbild, das mit kahlen, hohen Bergen, spektakulären Wasserfällen sowie mit Sandstränden und ausgedehnten Waldgebieten ganz unterschiedliche Charaktere vereint. Wer den Lögurinn-See (auch *Lagarfljót* genannt) näher kennenlernen möchte, tut dies entweder als 82 km lange Exkursion ab/bis Egilsstaðir oder als Umweg auf dem Weg nach Egilsstaðir, wobei man von der vorliegenden Route über die **S 931** hinter dem Gehöft *Ásgarður* oder vorher über die **S 937** abzweigt.

Auf dem Weg in den Süden, auf dem man ab und zu den hohen *Hengifoss* am gegenüberliegenden Ufer erblickt, ist das erste Ziel **Hallormsstaður**, das durch seinen 650 ha großen Forst *Hallormsstaðaskógur* in ganz Island einen wohlklingenden Namen hat. Die seit 1905 angepflanzten Kiefern, Lärchen, Fichten usw. – insgesamt über 40 Baumarten aus verschiedenen Teilen der Welt – haben inzwi-

Binnensee mit ‚Wald' und Wasserfällen

schen eine ansehnliche Höhe erreicht und zu einem für Island untypischen Landschaftsbild geführt (Forstschule, Baummuseum). Wer sich in dieser idyllischen Gegend länger aufhalten möchte, findet in der Ortschaft einige auch bei den Isländern sehr populäre Unterkünfte, u.a. in Gästehäusern, im Edda-Hotel oder auf dem Campingplatz *Atlavík*, der mit seinem Sandstrand und den umgebenden Wäldern zu den schönsten des Landes zählt. Am ersten Wochenende im August ist er Schauplatz von Open-Air-Konzerten und sollte dann von Ruhe Suchenden gemieden werden.

14 km hinter Hallormsstaður hat man den Südzipfel des Sees erreicht, von dem aus zwei Straßen weiter ins Hinterland führen, auf den mächtigen, 1.833 m hohen **Snæfell** zu. Wer bis zur Berghütte an seinem Fuß fahren möchte, nimmt aber besser den Abzweig weiter nördlich hinter Valþjófsstaður. Hier sind umfangreiche Straßen- und Brückenarbeiten vorgenommen worden. Eine Tour zum Snæfell ist aber trotzdem nur mit Geländewagen möglich.

Valþjófsstaður selbst (Gästefarm) besitzt eine ehemals berühmte Kirche; in dem heutigen Bau ist eine gute Replik jenes Holzportals (13. Jh.) zu sehen, dessen Original im Nationalmuseum von Reykjavík aufbewahrt wird. Unweit der Kirche liegt auf dem Gelände des ehemaligen Augustinerklosters **Skríðuklaustur** der aus Feldsteinen Anfang der 1940er Jahre errichtete Hof des Dichters *Gunnar Gunnarson*, der von einem deutschen Architekten entworfen wurde und Ähnlichkeiten mit Hitlers ‚Berghof' aufweisen soll. Der Hof dient heute als Kulturzentrum und Ausstellungsraum des 2000 gegründeten *Gunnar-Gunnarson-Instituts*.

Weitaus reizvoller ist der ‚hängende Wasserfall' **Hengifoss**, dessen oberer Teil einige Kilometer weiter nördlich von der Straße aus zu sehen ist. Mit knapp 120 m Fallhöhe gehört er zu den höchsten des Landes – Grund genug, ihn auf einer Wanderung vom Parkplatz aus entlang der *Hengifossá* näher in Augenschein zu nehmen. Der Pfad ist recht steil, lohnt aber unbedingt, u.a. gelangt man dabei auch am Wasserfall Litlanesfoss vorbei; der Zeitaufwand beträgt insgesamt 2 Stunden. Wieder auf der **S 931** geht es immer weiter am Seeufer entlang, bis man nach ca. 35 km zur Gemeinde **Fellabær** und jenseits der Brücke nach **Egilsstaðir** kommt.

Alternativstrecke: Nach Egilsstaðir über die Ostfjorde (ⓘ s. S. 211)

immer der Küste entlang

Die (ohne Abstecher) 60 km längere Alternativstrecke nach Egilsstaðir verlässt auf der **S 96** am Gehöft **Heydalir** die Ringstraße und folgt bis Reyðarfjörður auf passabler Straße immer dem Küstenverlauf. Die erste Siedlung entlang der Strecke, über einen kurzen Abzweig nach 2 km erreichbar, ist **Breiðdalsvík** an der gleichnamigen Bucht. Die rund 150 Einwohner leben hauptsächlich von der Fischerei. Von hier aus geht es in weitem Bogen (17 km) am Kap *Heyklif* vorbei und um den Fjord *Stöðvarfjörður* herum, an dessen jenseitigem Ufer die gleichnamige Siedlung (300 Ew) liegt. Das auf einigen Karten auch als **Kirkjuból** bezeichnete Dorf mit Fischfabrik hält keine Sensationen bereit, besitzt aber in dem privaten Museum von *Petra Sveinsdóttir (Steinasafn Petru, Sunnuhlíð, Tel.: 475-8834, tägl. 10–18 Uhr geöffnet)* eine hübsche Stein- und Mineraliensammlung.

Breiðdalsvík

28 km sind es von hier aus bis zur Ortschaft **Fáskrúðsfjörður** am Ende des Fjordes mit gleichem Namen. Der Fischerort (680 Ew) mit dem offiziellen (aber so gut wie nie benutzten) Namen *Búðir* bietet Gästen außer dem Hotel und einem Zeltgelände u.a. Freibad, 9-Loch-Golfplatz, Postamt und Skipisten. Lohnend dürfte der Aufenthalt vor allem für geologisch und ornithologisch Interessierte sein, da es sowohl große Seevögelbestände gibt – vor allem auf der Insel *Skrúður,* zu der Bootsausflüge unternommen werden können –, als auch merkwürdige, vulkanische Gesteinsformationen, insbesondere am Berg *Sandfell.* Von historischer Bedeutung ist die Rolle des Dorfes als Hauptstützpunkt französischer Fischer um die Wende des 19./20. Jh. Die Franzosen bauten eine Krankenstation sowie eine katholische Kapelle mit Friedhof und noch heute hat Fáskrúðsfjörður eine französische Geschwistergemeinde (Gravelines).

Seit 2006 verbindet ein 6-km-Tunnel unter dem *Kollufell* hindurch Fáskrúðsfjörður mit Reyðarfjörður. Man kann die rund 40 km jedoch auch am Fjordufer entlang fahren, was aber angesichts der majestätischen Natur kein Nachteil ist. Dabei folgt man zunächst dem Nordufer bis zum Leuchtturm am *Kap Vattarnes* (18 km), dann 22 km dem Südrand des *Reyðarfjörður,* der mit 30 km Länge und 7 km Breite der größte der Ostfjorde ist. An seinem äußersten Ende liegt die Fischersiedlung **Reyðarfjörður**. Schon im 18. Jh. wurde an den Ufern des Fjordes Fischfang betrieben, worauf der alte Ortsname *Búðareyri (búðar* = ‚Fischerbuden') hinweist. Eine nennenswerte Entwicklung war aber erst seit der Fertigstellung der Straßenverbindung nach Egilsstaðir im Jahre 1909 möglich. Während des Zweiten Weltkrieges beherbergte der Ort eine der größten alliierten Operationsbasen im Nordatlantik, bedingt durch den guten Hafen, der heute noch für den Frachtverkehr der Ostfjorde von immenser Bedeutung ist. Mit seiner Infrastruktur (u.a. Schwimmbad, Campingplatz, Bank, Post) eignet sich das Dorf als Standquartier, um die Schönheiten der Region näher kennenzulernen.

guter Hafen

Mitten im Ort gibt es Angelmöglichkeiten für Lachse in einem kleinen Teich, und ein wenig außerhalb verspricht eine warme Quelle von 27 °C ganzjährig angenehme Badetemperaturen. Am Fjord selbst wird derzeit eine der weltweit größten Aluminiumproduktionsstätten gebaut, für die das riesige Kárahnjúkar-Wasserkraftwerk die Energie liefert. Bereits jetzt sind dessen Auswirkungen auf Ökologie, Ortsbild, Größe und soziale Lage der Gemeinde deutlich zu sehen.

Die **S 96** endet in *Reyðarfjörður*, ab hier führt die **S 92** nach Osten als Stichstraße zu den Häfen Eskifjörður und Neskaupstaður (s.u.), während sie zur anderen Seite nach Norden abzweigt und einen durch das *Fagridalur* in 22 km nach Egilsstaðir bringt. Unterwegs gibt es Gelegenheit, über die **S 953** nach 20 km in die totale Einsamkeit des Fjordes *Mjóifjörður* einzutauchen. Am Endpunkt dieser Piste stellt die Gästefarm einen Vorposten der Zivilisation dar.

Abstecher nach Eskifjörður und Neskaupstaður (ⓘ s. S. 211)

Obgleich abseits gelegen, sind die Hafenstädtchen Eskifjörður und Neskaupstaður doch von beachtlicher Größe und wirtschaftlicher Potenz. Ihrer naturschönen Lage wegen werden sie zukünftig auch touristisch von steigendem Interesse sein. Nach Verlassen von Reyðarfjörður bringt einen die gut ausgebaute **S 92** nach 14 km zunächst nach Eskifjörður, das an einem Fjordarm gleichen Namens liegt. Er wird durch das *Kap Hólmanes* vom *Reyðarfjörður* getrennt, einem Vogelschutzgebiet, das durch den 985 m hohen *Hólmatindur* dominiert wird. Dieser Gipfel sorgt dafür, dass die Sonnenstrahlen Eskifjörður vor April und nach Ende September nicht erreichen.

Eskifjörður

Der 1.100-Seelen-Ort **Eskifjörður**, seit 1974 im Besitz der Stadtrechte, atmet die originale Atmosphäre einer typisch isländischen Fischersiedlung. Zwei Fischfabriken (eine davon mit interessanten Wandmalereien verziert) und die kleine Trawlerflotte sind dafür ebenso Ausdruck wie das Ostisländische Fischereimuseum *(Sjóminjasafn Austurlands)*, das einen Besuch wert ist. In einem hölzernen Fischer- und Handelshaus aus der ersten Hälfte des 19. Jh. untergebracht, schildert es anhand von Modellen, Fotos, Alltagsgegenständen und Instrumenten die Geschichte des Herings-, Hai- und Walfangs.

typische Fischersiedlung der Ostfjorde

Besuchern des Städtchens stehen Schwimmbad, 9-Loch-Golfplatz sowie vielfältige Angel- und Wintersportmöglichkeiten zur Verfügung. Camper können am Fjordufer kostenlos die sanitären Einrichtungen benutzen.

Hinter dem Ort geht es auf der **S 92** steil hinauf in die Bergwelt des *Svartafjall*, mit herrlichen Ausblicken auf den Fjord. Da es im Winter zu schwierig wurde, den 705 m hohen Pass *Oddskarð* schneefrei zu halten, hat man auf 600 m Höhe einen Straßentunnel gebohrt. Danach geht es wieder steil hinab auf den Nordfjord *(Norðfjörður)* zu, an dessen Ufer Neskaupstaður liegt. Am Leuchtturm kurz hinter dem Städtchen endet die Straße.

Neskaupstaður, der mit rund 1.400 Einwohnern größte Ort an der Ostküste, wurde 1882 als Handelsposten gegründet, erfuhr aber erst durch den ‚Heringsrausch' in den 1960ern seinen enormen Aufschwung. Außer dem Hafen mit kleiner Trawlerflotte und Fischfabrik besitzt Neskaupstaður inzwischen alle Segnungen der Zivilisation, einschließlich Tankstelle, Banken, Geschäften, einem großen Freibad, Golfplatz, Post, Krankenhaus, Busstation und einem kleinen Flughafen. Das klimatisch bevorzugte Städtchen bietet sich für Wanderungen in der Umgebung, für Lachs- und Forellenangeln sowie für Minikreuzfahrten z.B. in den *Mjóifjörður* an. Wer Zeit übrig hat, kann sich das kleine Naturhistorische Museum *(vom 15.6.–1.9. Mo–Fr 13–17 Uhr geöffnet)* mit seiner Sammlung von Steinen und ausgestopften Tieren anschauen.

klimatisch bevorzugtes Städtchen

Abstecher Seyðisfjörður (ⓘ s. S. 211)

Der Ausflug zum Fährort Seyðisfjörður am gleichnamigen Fjord lohnt sich wegen der schönen Landschaft und wegen des Holzhaus-Charmes des Städtchens, der sich wohltuend von der gesichtslosen Architektur Egilsstaðirs unterscheidet. Die 27 km lange **S 93**, die für die Schiffsreisenden (natürlich in umgekehrter Richtung) die erste Etappe am Urlaubsziel darstellt, ist asphaltiert und führt in mehreren Kehren auf die *Fjarðarheiði*, wo die Passhöhe in 620 m ü.d.M. erreicht wird. Kurz davor sollte man anhalten und zum nahen Aussichtspunkt spazieren, der einen weiten Blick auf die zurückliegende Strecke und über den Lögurinn-See bis hin zum *Snæfell* freigibt. Im weiteren Verlauf hat man noch mehrfach Gelegenheit, auszusteigen und den Panoramablick zu genießen, diesmal in östlicher Richtung hinunter auf Fjord und Ozean. An einem Basalt-Denkmal für die erste regelmäßige Postverbindung (per Pferd) sowie an Wasserläufen, steilen Berghängen und dem ersten isländischen Wasserkraftwerk (1913; kleines Museum) vorbei geht es hinunter nach Seyðisfjörður.

Landschaft in den Ostfjorden

Seit im Jahre 1834 am Endpunkt des 16 km langen Fjordes eine Handelsstation eingerichtet wurde, entwickelte sich der Ort wegen der Heringsfischerei und seines geschützten Hafens recht schnell, stieg zur größten Ortschaft an der Ostküste auf und erhielt 1895 die Stadtrechte. Ihre eigentliche Blütezeit war die Jahrhundertwende, von der sich noch viele liebevoll restaurierte Holzhäuschen (im norwegischen Stil) und die schmucke Kirche erhalten haben. Im Zweiten Weltkrieg waren britische und amerikanische Soldaten in Seyðisfjörður stationiert, während die deutsche Marine einen Tanker im Fjord versenkte. Die kriegerische Zeit dokumentiert eine Kanone vor dem Rathaus in der *Hafnargata*. Heute lebt ein Großteil der rund 800 Einwohner vom Fischfang, bestimmen Trawler und die Fischfabrik das Hafenbild. Daneben tritt die Fährstation, die als einzige des Landes einen regelmäßigen Passagier- und Autotransport von und nach Europa sicherstellt. Wenn die Fähre *Norröna* der färingischen Linie *Smyril* im Sommer wöchentlich ‚vorbeischaut', kann es eng in dem Städtchen werden und es wird schwer, im Hotel, in den Gästehäusern oder auf dem Campingplatz oberhalb des Hafens ein freies Plätzchen zu finden. Wer es nicht schafft, muss halt die kurze Wegstrecke nach Egilsstaðir oder Eiðar zurücklegen. Außerhalb dieses wöchentlichen ‚Großereignisses' geht das Leben einen geruhsamen, beschaulichen Gang. Von der Besichtigung der hübschen Holzhäuser und den landschaftlichen Reizen der Umgebung kann man sich im Schwimmbad (Suðurgata 5) erholen.

bedeutender Fährhafen

Anschließend könnte man auf Stichstraßen sowohl am nördlichen Fjordufer **(S 951)**, u.a. zum Wasserfall der *Vestdalsá* und zum Leuchtturm von *Brimnesfjall*, als auch am südlichen Fjordufer entlangfahren. Wer über die entsprechende Zeit verfügt, kann darüber hinaus lohnende Ausflüge per Ausflugs- oder Fischerboot unternehmen, u.a. zum *Loðmundarfjörður*. Ganztägige Angelausflüge im Meer oder im Fluss *Fjardará* sind weitere mögliche Freizeitaktivitäten, ebenso eine 2-Tage-Wanderung nach Borgarfjörður (s.u.).

Abstecher Borgarfjörður/Loðmundarfjörður (ⓘ s. S. 211)

Dieser Ausflug führt in die fast menschenleere Weite des Nordostens; er kann für Wanderer mit Kondition durch einen 60-km-Marsch nach Seyðisfjörður ergänzt werden, während Autofahrer die Möglichkeiten haben, ihn mit einem Besuch von Húsey und/oder einer Fortsetzung der Fahrt entlang der Nordküste zu verbinden. Die ersten 12 km auf der **S 94** sind ab Egilsstaðir gut ausgebaut und bringen einen schnell zum Schulzentrum **Eiðar** (Edda-Hotel) am malerischen Ufer der *Lagárfljót*. Hier bietet der See *Eiðavatn* ausgezeichnete Angelbedingungen für Forellen. Weiter geht es, nun auf deutlich schlechterer Straße, durch ein Sumpf- und Marschgebiet geradewegs nach Norden. Im flachen Flussdelta *(HjaltastaðaÞinghá)* kurz vor der weitgeschwungenen Bucht Héraðsflói ist 22 km hinter Eiðar der Abzweig der S 944 erreicht, die nach links zur S 925/926 (Húsey) abgeht.

Kurz darauf macht die Straße einen deutlichen Schwenk nach Osten und führt, an einer merkwürdigen Schiffsbrücke vorbei, auf das Massiv der *Dyrfjöll* zu. Seine vielfarbigen Rhyolit- und Tuff-Formationen sowie der Doppelgipfel aus Basalt sind ein bevorzugtes Wandergebiet. Die jetzt folgende, ca. 20 km lange Gebirgsstrecke direkt an der nordatlantischen Steilküste entlang stellt den dramatischsten Teil des Ausflugs dar. Auffällig ist das kleine Holzkreuz links der Straße, das aus Schutz vor einem bösen Geist namens *Naddi* 1306 zum erstenmal hier aufgestellt wurde; das immer wieder erneuerte Kruzifix trägt die Inschrift *Effigiem Christi qui transis pronus honora* (= ‚der du vorbeieilst, ehre das Bild Christi').

markanter Doppelgipfel

Wieder auf Meeresniveau angelangt, hat man schließlich **Borgarfjörður** erreicht, das aus Unterscheidungsgründen zu Ortschaften gleichen Namens auch *Borgarfjörður Eystri* oder *Bakkagerði* genannt wird. Der ca. 100 Seelen zählende Ort ist wegen seines hübschen Erscheinungsbildes (Holz- und Torfhäuser) sowie wegen der grandiosen landschaftlichen Umgebung auf dem besten Wege, als touristisches Ziel entdeckt zu werden. Schon jetzt kann man sich Pferde leihen, zu Bootsausflügen starten und auf Wanderungen Vogelfelsen und die menschenleere Wildnis betrachten. Der berühmteste Sohn des Dorfes ist der Maler *Johannes Kjarval* (vgl. S. 113), der auch das Altarbild des Kirchleins gestaltet hat. Manchmal sind einige seiner Bilder im Gastehaus *Fjarðarborg* zu sehen.

Ein lokales Highlight ist der *‚Rock & Mineral Store‘ Álfasteinn*, in dem polierter, schwarzer Rhyolit, aber auch Jaspis und Achat angeboten werden. Neben vielen kitschigen Andenken findet man hier immer wieder sehr schöne (und preiswerte) Sammlerstücke *(tägl. bis 18 Uhr geöffnet)*. *Álfasteinn* (= ‚Elfenhügel‘), das auch als Touristeninformation fungiert, trägt seinen Namen übrigens wegen des gegenüber liegenden Felsens, der Heimat der übernatürlichen Wesen sein soll. Dies ist keine Erfindung zum Zweck der Ankurbelung des Fremdenverkehrs, sondern eine Überlieferung, der man auch heute durchaus noch Glauben schenkt. Die ganze Gegend wimmelt von solchen mystischen Plätzen, und wer hier in der Einsamkeit wandert, wird vielleicht selbst Bekanntschaft mit Elfen machen…

zwischen zwei Fjorden

Wanderung

Eine solche Wanderung kann man auf dem **Loðmundarfjarðarleið** *zwischen Borgarfjörður und Seyðisfjörður im Süden unternehmen (ca. 60 km). Bis zum Fjord* Loðmundarfjörður, *vorbei an der verlassenen Farm Húsavík, gibt es schwierig zu fahrende Jeeptracks, die im Juli und August geöffnet sind. Auf dem Weg bietet im Sommer das Gehöft* Stakkahlíð *Kost und Schlafsackunterkunft am Fjord an. Wer die Strecke weniger anstrengend kennen lernen möchte, kann an einer Jeeptour ab/bis Egilsstaðir teilnehmen, die auch mit Bootsfahrten ab/bis Seyðisfjörður kombiniert werden kann.*

Von Egilsstaðir nach Akureyri

Überblick

Die dritte Etappe der Ringstraße ist im Gegensatz zur bisherigen Route **landschaftlich** von den kahlen Hochflächen des **Inlandes** bestimmt; in weiter Entfernung geht sie an der Küste des Nordatlantik vorbei. Nach der Fahrt durch wüstenhafte Gegenden stellt die liebliche Natur des *Mývatn,* umgeben von aktiven Zeugnissen der Vulkanzone, einen starken Kontrast dar. Nicht nur ornithologisch und geologisch Interessierte kommen hier auf ihre Kosten. Die letzte Teilstrecke führt über eine weitere Hochfläche, direkt am Wasserfall *Goðafoss* vorbei, zu den grünen Talungen von Akureyri.

Redaktions-Tipps

- Abstecher zum Wasserfall Dettifoss und dem Jökulsárgjúfur-Nationalpark (S. 349ff.)
- Fotostopp am Wasserfall Goðafoss (S. 365)
- Ausgiebige Besichtigung des Mývatn-Gebietes (S. 357ff.)
- Küstenfahrt durch die menschenleere Gegend der Melrakkasletta (S. 356)
- Besichtigung der Torfgehöfte *Bústarfell, Grenjaðarstaður* und *Laufás* (S. 355, 354, 366)

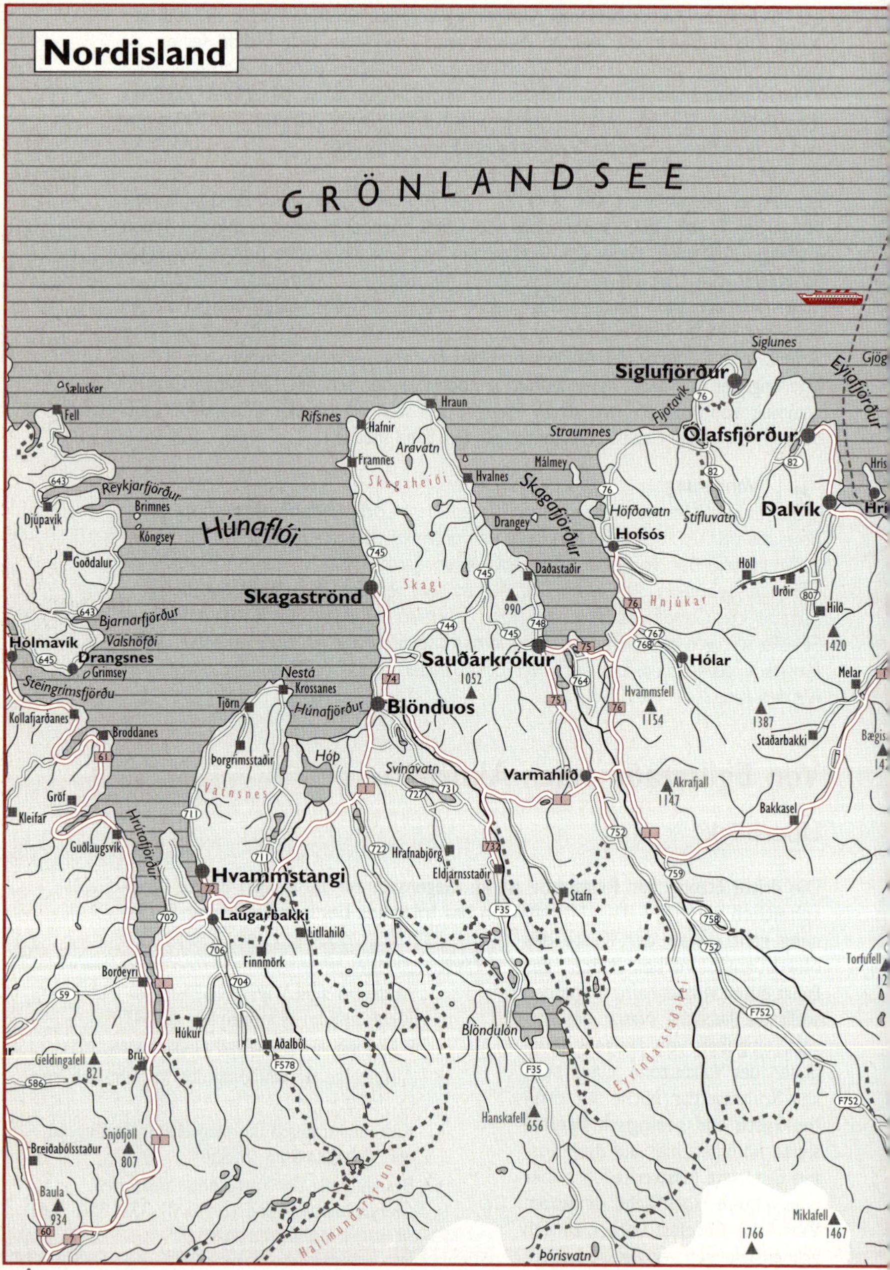
Nordisland
GRÖNLANDSEE
Húnaflói
Skagafjörður
Eyjafjörður
Siglunes
Gjög
Siglufjörður
Fljotavik
Straumnes
Ólafsfjörður
Hrís
Dalvík
Hrí
Málmey
Höfðavatn
Stífluvatn
Hofsós
Drangey
Daðastaðir
Höll
Urðir
Hilð
1420
Hnjúkar
Hólar
Melar
Hvammsfell
1154
1387
Staðarbakki
Bægis
Akrafjall
1147
Bakkasel
Varmahlíð
Torfufell
Sælusker
Fell
Reykjarfjörður
Brimnes
Djúpavík
Kóngsey
Goðdalur
Bjarnarfjörður
Valshöfði
Hólmavík
Drangsnes
Grimsey
Steingrímsfjörðu
Kollafjarðanes
Broddanes
Gröf
Kleifar
Guðlaugsvík
Hrútafjörður
Rifsnes
Hraun
Hafnir
Aravatn
Framnes
Skagaheiði
Hvalnes
Skagaströnd
Skagi
990
Sauðárkrókur
1052
Nestá
Krossanes
Tjörn
Húnafjörður
Blönduos
Þorgrímsstaðir
Vatnsnes
Hóp
Svínavatn
Hvammstangi
Hrafnabjörg
Eldjárnsstaðir
Stafn
Laugarbakki
Litlahlið
Finnmörk
Borðeyri
Húkur
Aðalból
Blöndulón
Eyvindarstaðaheiði
Geldingafell
821
Brú
Snjófjöll
807
Breiðabólsstaður
Hanskafell
656
Baula
934
Hallmundarhraun
Þórisvatn
1766
Miklafell
1467

Grímsey
N
0 30 km
Hraunhafnartangi
Rifstangi
Rauðinúpur
Grjótnes
Raufarhöfn
Melrakkanes
Nyhöfn
Skoruvík
Brimnes
Skálar
Pistilfjörður
Krossvík
Heiðarhöfn
Langanes
Kumblavík
Kópasker
Mánáreyjar
Vellir
Núpasveit
Öxafjörður
Áland
Þórshöfn
Breiðavík
Máná
Bakkaflói
Flatey
Ærlækjarsel
Öxarfjarðarheiði
Fjallalækjarsel
Skjálfandi
Tunga
Lón
Lindabrekka
Miðfjörður
Bakkafjörður
Húsavík
Laufskálafjallgarðu
Álandstunga
Búrfell 620
Björg
Staðarheiði
1210
Nationalpark Jökulsárgljúfur
Syðri-Hágangur 925
Stakfell 891
Vopnafjörður
Krafla 818
Nyiból
Syðrivík
Svalbarð
Hágöng 826
Laugar
Hauksstaðir
Akureyri
Reykiahlíð
Mývatn
Búrfell 935
Dimmifjallgarður
Einarsstaðir
Mývatnsoræfi
Þjóðfell 1035
Sandfell 876
Bláfjall 1122
Viðiker
Mýri
Skjöldólfsstaðir
Syartárkot
Herðubreiðarfjöll
Sænautavatn
Eggert 1332
Anavatn
Tungafell 886
Kollóttadyngja 1180
Herðubreið 1682
Þríhyrningsvatn
Brú
Brekka
Ódáðahraun
Herðubreiðartögl 1073
Gilsárvötn
Öskjuvatn
Þrinyrningur 1045
Egilstaðir
Sturloflöt
Trölladyngja 1460
Fjórðungsvatn
Snæfell 1833
85
87
835
851
845
844
843
829
867
864
869
F862
F88
F26
F881
F905
F907
F909
F910
901
915
919
923
924
910
931
935
1

An vielen Stellen ist es empfehlenswert, die Hauptroute durch **Alternativen** zu ergänzen. Wer nur über begrenzte Zeitreserven verfügt, sollte dabei wenigstens die **Alternativstrecke I** (S. 349ff.) ins Auge fassen, die mit dem *Dettifoss*, dem Nationalpark *Jökulsárgjúfur*, der Halbinsel *Tjörnes*, der Torffarm *Grenjaðarstaður* und dem Fischerstädtchen *Húsavík* gleich fünf Highlights des Nordens beinhaltet. Der menschenleere, in seiner Einsamkeit aber beeindruckende Nordosten knapp unterhalb des Polarkreises (Halbinsel *Melrakkasletta*) wäre als **Alternativstrecke 2** (S. 354ff.) zusätzlich und entsprechend zeitaufwendig möglich, wobei auch stimmungsvolle Fischerdörfer und das Torfgehöft *Bústarfell* zu dieser Route gehören. Natürlich ist es auch möglich, auf der **S 85** immer der Küstelinie zu folgen, wobei man erst hinter dem *Goðafoss* wieder auf die Ringstraße trifft. Eine solche Route macht nur Sinn, wenn man den *Mývatn* schon kennt oder an seinen Sehenswürdigkeiten nicht sonderlich interessiert ist.

Wie im Osten, steht es mit der **Straßenbeschaffenheit** im Norden nicht zum Besten, vor allem die kleineren Straßen (z.B. zum Dettifoss) bestehen weitgehend aus sehr holprigen Schotterpisten. Da die Entfernungen auf der Hauptroute recht gering sind, kommen Reisende, die Wert auf komfortable **Übernachtungsmöglichkeiten** legen, mit den Stützpunkten Mývatn, Húsavík und Akureyri bequem aus. Daneben gibt es eine ganze Reihe von Gästefarmen, Jugendherbergen und Zeltplätzen.

Ausflug nach Húsey (ⓘ s. S. 211)

Gut 20 km hinter Egilsstaðir zweigt vor der Brücke über die *Jökulsá á Brú* und dem dahinterliegenden **Brúarás** (Sommerhotel, Cafeteria, Bushaltestelle) nach rechts von der Ringstraße die sehr schlechte **S 925/926** ab, die nach 30 km am Hof Húsey endet. Auf den ersten Kilometern geht es direkt am steil abfallenden Flussufer entlang, dann weitet sich die Landschaft und macht einem ebenen Marschgebiet Platz. Nachdem man die letzten kleinen Höfe hinter sich gelassen hat, erreicht man schließlich ein Tor, auf dem eine lustig dreinschauende Robbe prangt, dahinter steht *Örn Þorleifssons* Hof wie auf einer Hallig.

Abstecher nach Norden

Aus fünf Gründen ist dieser Ausflug interessant und kann zu einem bleibenden Erlebnis Ihres Island-Urlaubs werden:

- Die herrliche **Natur** mit ihren wechselnden Stimmungen ist zu jeder Jahreszeit überwältigend: oft ist der 40 km² breite Marschstreifen von Nebelschleiern in mystisches Dunkel gehüllt, dann bricht die Sonne durch und gibt den Blick frei auf die schneebedeckten Berge der Umgebung; im Sommer verwandelt die Mitternachtssonne den Himmel in ein Farbenmeer. Das Flussufer und der nahe Ozean haben Salzwiesen, Dünen und den Strand ‚Walknochensand' entstehen lassen. Die Flora ist mit 170 verschiedenen Pflanzenarten vertreten; man kann Beeren und Pilze (im August) sammeln.

- Das **Tierleben** ist außerordentlich reichhaltig. Mindestens 30 Vogelarten brüten im Flussdelta, u.a. Raubmöwen, Seeschwalben, Odinshühnchen und Rotschen-

kel. Während sich auf dem Hof Hunde und etliche Islandpferde tummeln, gibt es am Fluss- und Meeresufer große Robbenbestände.

- Zur Attraktivität des Ortes trägt auch der **Bauer Örn** bei, ein weltgewandter (und deutsch sprechender) PR-Meister in eigener Sache. Die Tatsache, dass er in verschiedenen Fernsehsendern und Publikationen in aller Welt auftauchte, verdankt er seinem Beruf als Robbenjäger – was ihm nebenbei heftige Angriffe von Greenpeace eingebracht hat. Örn verweist darauf, dass der von seinem Vater und Großvater geerbte Beruf in völligem Einklang zur Natur steht und er den Bestand an Seehunden auf dem seit Generationen gleichen Niveau hält. Er fängt nicht nur Robben und verwertet jedes Teil von ihnen, sondern zieht andererseits auch etliche Tiere groß, die von ihren Müttern im Stich gelassen und eine sichere Beute der Raubmöwen geworden wären.

Robbenjäger und Herbergsvater

Wer Örn begleitet und sich mit ihm über seinen Beruf unterhält, versteht sehr bald die Sehenswürdigkeiten der **Ausflüge**, die man zu Fuß, zu Pferd, mit dem Geländewagen oder dem Boot unternehmen kann. Dies sind neben der Natur der historische Postweg, Felsen, in deren Höhlen Trolle lebten, verlassene Bauernhöfe, der wiedererrichtete Torfhof *Galtastaðir* sowie Kirche und Friedhof von *Kirkjubær*. Ideal ist das Gebiet für Reittouren; Anfängern und Fortgeschrittenen werden kurze oder längere Ausritte sowie mehrtägige Ausflüge angeboten.

- Schließlich bietet Örns **Jugendherberge**, die eine der einsamsten und sicherlich eine der schönsten im Lande ist, eine gemütliche Schlafsackunterkunft.

Über die Ringstraße zum Mývatn

Die insgesamt 174 km lange Etappe zum Mývatn ist bequem an einem Tag zu schaffen, wer jedoch die im nächsten Kapitel beschriebene Rundfahrt einfügt, sollte eine Zwischenübernachtung (z.B. in Húsavík) einplanen. Von **Egilsstaðir** bzw. dem jenseits der Brücke gelegenen **Fellabær** geht es zunächst durch flaches Weide- und Heidegebiet in 16 km nach Nordwesten bis zur Brücke über die *Jökulsá á Brú*.

Kurz vorher biegt nach rechts die Piste **925** nach Húsey ab (s.o.), während hinter der Brücke am Abzweig der **S 917** die Internatsschule von **Brúarás** liegt, die im Sommer als Gästehaus dient. Von hier aus lassen sich schöne Wanderungen flussaufwärts und zur Tundra der *Smjörvatnsheiði* unternehmen, auch ist Angeln im Gletscherfluss (Lachse) möglich.

Hinweis

*Ab Brúarás kann man am westlichen Ufer der Jökulsá á Brú entlang über die **S 925/917** auf der Pass-Straße der **Hellisheiði** nach **Vopnafjörður** gelangen (vgl. S. 355). Die dramatisch schöne Strecke mit weiter Aussicht auf die Bucht* Héraðsflói *erreicht 730 m ü.d.M. und hat Steigungsstrecken mit bis zu 24 % Gefälle. Sie ist nur während der Sommermonate geöffnet und sollte nur mit geländegängigen Wagen befahren werden.*

Auf der Jökudalsheiði

Die Ringstraße biegt nun scharf nach Südwesten ab und folgt dem enger werdenden Tal *Jökuldalur*, vorbei an der kleinen Siedlung **Hofteigur**, bis zum Gehöft **Skjöldólfsstaðir** (Tankstelle, Laden). Wenig später geht nach links die **S 923** in Richtung *Eiríksstaðir* und *Brú* ab, die einen anschließend als Hochlandpiste zum Snæfell bzw. zur Askja bringt (nur für Geländewagen; vgl. S. 424). Während die Ringstraße Ende der 1990er Jahre nach Norden verlegt wurde und in einem weiten Bogen nach Westen führt, verlässt die alte Strecke (jetzt: **S 902**) das Tal der *Jökulsá á Brú*, die ganzjährig enorme Mengen Wasser, Sand und Geröll transportiert, und steigt auf die *Jökuldalsheiði* hinauf. Letztgenannte Alternativstraße bringt einen vorbei am See *Sænautavatn* und am Abzweig der Hochlandpiste **F 98** (Askja, Kverkfjöll) durch eine karge und majestätische Landschaft in knapp 40 km zum Gehöft **Möðrudalur**, einem der höchstgelegenen und einsamsten des Landes, dessen Hofkirche schon von weitem zu sehen ist. Von Mai bis September gibt es hier einen Informations- und gastronomischen Versorgungsbetrieb für Besucher. Wer sonst keine Möglichkeit hat, das monotone Hochland zu erleben, sollte hier einige Kilometer in die Geröllwüste hineinwandern. Wer bis zum Ufer der *Jökulsá á Fjöllum* marschieren will, braucht dafür etwa 5 Stunden (Hin- und Rückweg 18 km).

Kirche und Farm von Möðrudalur

über Pass-Strecken

Auf der *Jökudalsheiði* ist auch der lange Zeit verlassene Bauernhof **Sænautasel** stilgerecht wieder aufgebaut worden. Das aus dem 18. Jh. stammende Grassoden-Gebäude steht heute Besuchern offen, die sich über das entbehrungsreiche Leben der Heidebauern informieren möchten. Wer dem kleinen Hinweisschild folgt, muss zum Hof eine etwa halbstündige und sehr holperige Fahrt auf sich nehmen, bei der auch ein flacher Bach zu durchqueren ist. Am Ziel erwartet einen nicht nur das Kulturdenkmal inmitten einer kargen Natur, sondern auch die Möglichkeit, von den zubereiteten lokalen Spezialitäten (Pfannkuchen, Schafskeule, Schnaps etc.) zu kosten.

8 km hinter *Möðrudalur* vereinigt sich die 902 wieder mit der Ringstraße. Letztere sollten alle wählen, die entweder schneller vorankommen oder die Vopnafjörður und andere Küstenorte des Nordostens auf der S 85 (S. 354ff.) kennen lernen möchten.

Nach der Vereinigung der beiden Streckenalternativen geht die Route weiter in nördlicher Richtung und bringt einen in 17 km nach **Grímsstaðir**, einer Ansammlung weniger Gehöfte. Nach Trassenarbeiten verläuft die Straße jetzt südlich an den Höfen vorbei, so dass die in vielen Karten noch eingezeichnete Tankstelle samt Laden ihren Betrieb eingestellt hat. Wer also vorhat, in dieser Region Abstecher z.B. zur Askja und zum Kverkfjöll zu unternehmen, sollte beizeiten den Tank füllen – etwa am Mývatn oder in Egilsstaðir! Immer noch möglich ist es aber, in Grímsstaðir eine Unterkunft zu finden oder zu zelten.

Abstecher ins Hochland

Bei Grímsstaðir geht rechts die **S 864** am östlichen Ufer der *Jökulsá á Fjöllum* zum Dettifoss ab, den Abzweig der anderen, holprigen Piste (**S 862**) erreicht man nach 16 km hinter der Hängebrücke über den reißenden Gletscherfluss. Ab dort sind es auf gut ausgebauter Straße über das Lavafeld *Búrfellshraun*, über dem im Süden manchmal die *Herðubreið* zu sehen ist, noch 12 km bis zum Abzweig zur *Krafla* bzw. zum *Námafjall* mit seinen aufsteigenden Dampfsäulen. Hier befinden Sie sich bereits im Umfeld des **Mývatn**-Gebietes, das ab S. 357 beschrieben wird. Das gesamte Land ist übrigens im Privatbesitz und wurde niemals aufgeteilt. Der Grundeigentümer verfügt über Ländereien, die der doppelten Größe des Erzherzogtums Luxemburg entsprechen!

Alternativstrecke I: Über Dettifoss und Húsavík nach Mývatn

Diese Alternativstrecke, die einen Umweg von ca. 150 km bedeutet, vereinigt einige der größten natürlichen Sehenswürdigkeiten des Nordens und ist daher unbedingt zu empfehlen. Allerdings sind die Straßenbedingungen alles andere als gut; insbesondere die beiden Pisten entlang der *Jökulsá á Fjöllum* sind außerhalb der Saison selbst mit Geländewagen nur schwer zu befahren. Von der vorliegenden Route aus hat man ab Grímsstaðir die Wahl, auf der östlichen oder auf der westlichen Flussseite nach Norden zu fahren. Die erste Alternative hat die bessere Piste, dafür bietet die zweite den schöneren Blick auf den *Dettifoss* und den ‚Echofelsen' *Hljóðaklettar.*

alternative Strecken

Der östliche Weg (S 864)

Die 28 km von Grimsstaðir zum Dettifoss sind landschaftlich nicht besonders reizvoll; es geht über die teils sandige, teils von Moos bewachsene Hochfläche der *Hólssandur,* die nie den Blick auf die Schlucht des Gletscherflusses freigibt. Dies ändert sich nach der scharfen Linkskurve, wenn man in der Ferne bereits die sprühenden Gischtfahnen des *Dettifoss* erkennen kann.

• Dettifoss

Wassermassen des Dettifoss

riesige Wasserfälle

Nachdem man die letzten Minuten zu Fuß zurückgelegt hat, steht man unmittelbar vor diesem Naturereignis von **Europas größtem Wasserfall**: Pro Sekunde rauschen hier mit mächtigem Brausen rund 200 m³ milchig-grauen Wassers 44 m tief. Die *Jökulsá á Fjöllum* (= ‚Gletscherfluss aus den Bergen'), mit 206 km der zweitlängste isländische Fluss, speist sich aus den Eismassen des *Vatnajökull* und führt enorme Mengen an Sand und Geröll mit. Auf diese Weise hat sie in Jahrtausenden jene tiefe Schlucht gegraben, die ab hier bis kurz vor der Mündung den Kernbereich des **Jökulsárgljúfur-Nationalparks** bildet.

Sie kann zu Recht als ‚europäischer Grand Canyon' bezeichnet werden und ist durch die schroffe Majestät der Natur auch bei schlechtem Wetter eindrucksvoll. Der Wasserfall verdankt seine Entstehung der Tatsache, dass das Flussbett durch unterschiedlich hartes Gestein geht und Basaltstufen nicht so schnell abgeschliffen werden können wie Schotter. Da solche Stufen wie beim Dettifoss nicht vereinzelt auftauchen, hat der Wasserfall eine ganze Reihe von ebenfalls sehr beeindruckenden ‚Kollegen': Wandert man etwa 1 km am Rand flussaufwärts, erreicht man z.B. **Selfoss**, dessen freier Fall zwar nur 10–15 m beträgt, sich dafür aber in einer breiteren Kaskade darstellt.

Flussabwärts, ebenfalls auf einer Wanderung gut zu erreichen, liegt am Zusammenfluss von *Jökulsá* und *Hafragil* der **Hafragilsfoss**, der keinen Vergleich mit dem Dettifoss zu scheuen braucht. Gut 4 km weiter nördlich komplettieren **Rettarfoss** und **Vigabjarsfoss** (besser von der westlichen Straße aus zu sehen) die ansehnliche Reihe der mächtigen Wasserfälle.

Auf der Weiterfahrt geht es zu der Ebene des Flussdeltas hinab, wo die Piste, 53 km hinter Grímsstaðir, schließlich auf die weitaus besser ausgebaute **S 85** stößt, die nach Norden und um die Halbinsel *Melrakkaslétta* herum führt, während sie nach Westen die *Jökulsá á Fjöllum* direkt oberhalb ihres breiten Deltas überbrückt. Wenn Sie also nach links auf die **S 85** abbiegen, kommen Sie nach 2 km zu einem Abzweig (Tankstelle, Laden, Cafeteria), auf dem es links zur ‚Asenburg' geht.

• Ásbyrgi

Diese gigantische, wie ein überdimensioniertes Amphitheater wirkende Felsenschlucht ist das Zentrum des Nationalparks und ein überaus lohnendes Ziel. Von drei Seiten ist der etwa 6 km lange, einige hundert Meter breite und fast völlig von Birken bewachsene Kessel durch steile, ca. 100 m aufragende Wände begrenzt. Geologen erklären sich *Ásbyrgi* als einen ehemaligen, dem *Niagara* ähnlichen Wasserfall der *Jökulsá,* bevor tektonische Verschiebungen den Wasserlauf änderten und zur Entstehung des heutigen Canyons führten. Den ersten Landnehmern erschien der Talkessel als Hufabruck von *Sleipnir*, dem achtbeinigen Pferd des Gottes *Odin*. Besuchern stehen in *Ásbyrgi* zwei Campingplätze, ein neues Informationszentrum und fantastische Wandermöglichkeiten zur Verfügung. Am besten holt man sich beim Parkwächter im Infocenter die Broschüre über die Wanderpfade, wo auch die Stelle eingezeichnet ist, an der man an der Steilwand auf die Kante hinaufklettern kann. Der schönste Blick ergibt sich aus der Höhe am hintersten Ende der Schlucht.

Heimstatt der Götter?

Kurz hinter Ásbyrgi mündet die **S 862** *(Dettifossvegur)* in die vorliegende Strecke. Falls man nicht ohnehin diesen Anfahrtsweg gewählt hat, lohnt es sich, der Holperstrecke bis zum ‚Echofelsen' (s.u.) zu folgen bzw. die Piste als ‚kleine Rundfahrt' zurück zur Ringstraße zu nutzen. Zur Weiterfahrt nach Húsavík s.u.

Felswand am Hafragilsfoss

Der westliche Weg (S 862)

Auf dieser Alternative biegt man erst 22 km hinter Grímsstaðir von der Ringstraße nach Norden ab und fährt in ziemlicher Entfernung zum Flussufer über die Heidelandschaft der *Norðurfjöll*. Nach etwa 18 km, auf Höhe des Berges *Eilífur* (700 m), zweigt rechts eine Stichstraße ab, die sich kurz darauf nochmals aufgabelt. Rechter Hand geht es zu einem Aussichtspunkt, auf dem man frontal den Wassermassen des *Dettifoss* gegenübersteht. Linker Hand kommt man zu einem ebenfalls sehr schönen Platz nahe dem *Hafragilsfoss* und hat dort einen der besten Aussichtspunkte in den ‚isländischen Grand Canyon'.

Zurück auf der Piste geht es nun für eine Weile in höhere Regionen, wo einen bei den *Hólmatungur*-Bergen rechts ein Fahrweg zum Aussichtpunkt oberhalb der Wasserfälle *Rettarfoss* und *Vigabjargsfoss* bringt. Anschließend geht es hinab ins *Vesturdalur*, wo der Canyon nicht mehr so eindrucksvoll wie am *Dettifoss* ist, dafür aber weniger abweisend und mit seiner Vegetationsdecke fast schon idyllisch. Hier bringt einen eine weitere Stichstraße zu den berühmten ‚Echofelsen' (Information, Campingplatz).

• Hljóðaklettar (Echofelsen)

Geologen erklären sich die Entstehung der merkwürdigen und einzigartigen Felsformationen durch eine Magmaeruption vor ca. 8.000 Jahren, bei der das glühende Material vom Gletscherfluss überströmt wurde und es zu Säulen erstarren ließ. Seit dieser Zeit Wasser, Frost und Stürmen ausgesetzt, wurden die Basaltformationen zu einem verwirrenden Labyrinth von Höhlen, Kliffs und Felsenburgen erodiert, manche scheinen geradezu mit eingravierten Basaltornamenten ‚geschmückt' zu sein. Die natürlichen Kunstwerke und die benachbarten rötlichen Schlackenkegel der *Rauðhólar* (gute Aussicht) stehen im starken Kontrast zum satten Grün des Tales, das die Echofelsen – wie Ásbyrgi – zu einer Vegetationsinsel inmitten der Steinwüste werden ließ.

Echofelsen

Um die Halbinsel Tjörnes

Bei der Fortsetzung der Rundfahrt bleibt man weiter auf der **S 85**, die ab *Ásbyrgi* durch die fruchtbare Ebene *Keldurhverfi* am Rand des Deltas nach Westen führt. Dabei kommt man an einigen Gästefarmen vorbei und passiert den See *Víkingavatn*. An der Lagune **Lón** schließlich, nach 15 km, hat man das Ende der Senke erreicht und es geht nun in nördlicher Richtung steil bergan und direkt oberhalb der Küste in weitem Bogen um die *Tjörnes*-Halbinsel herum. Eine Sehenswürdigkeit für Geologen oder geologisch interessierte Laien sind im weiteren Verlauf die Fossilien (einer der größten Fossilien-Fundplätze der Welt), Findlinge und Gletscherschrammen, die man an den Gehöften von *Hallbjarnarstaðir* (Gästehaus) und *Ytritunga*, schon auf der westlichen Seite der Halbinsel, sehen kann. Vorbei an dem Inselchen **Lundey**, das sich 41 m aus dem Meer erhebt und auf dem sich eine große Papageientaucherkolonie befindet, geht es von hier aus in 15 km zum Fischerstädtchen Húsavík.

Húsavík (ⓘ s. S. 211)

Das an einem geschützten Hafen gelegene Städtchen erhielt seinen Namen (= ‚Hausbucht') von jenem Schweden *Garðar,* der nach der *Landnámabók* als erster Wikinger auf Island überwinterte. In der Neuzeit besaß die Ortschaft Bedeutung als Stapel- und Umschlagplatz hansischer und skandinavischer Händler. Seit Erlangung der Stadtrechte im Jahr 1950 konnte Húsavík seine Einwohnerzahl auf derzeit 2.200 verdoppeln und sich zu einer prosperierenden Gemeinde entwickeln, die mit Fischerei, Leichtindustrie, Landwirtschaft und Fremdenverkehr zum Zentralpunkt der Region aufstieg.

alter Hafenort

Die Verbindung von Baudenkmälern vergangener Zeiten und einer guten Infrastruktur (Hafen, moderner Flughafen, Busverbindungen, Krankenhaus, Banken, Mietwagenfirmen, Post etc.) macht Húsavík zu einem schönen Beispiel einer intakten Fischergemeinde. Mit ihren vielfältigen Einrichtungen bietet sie sich als Standort an, um die Schönheiten der Umgebung einschließlich *Tjörnes*-Halbinsel, *Jökulsárgljúfur*-Nationalpark und *Mývatn*-Gebiet kennenzulernen. Gäste finden hier ein Hotel, Gästehäuser und einen Campingplatz, es gibt Restaurants, ein Freibad *(Heðinsbraut)*, einen 9-Loch-Golfplatz *(Katlavöllur)* und gute Skigebiete mit Lift direkt vor der Haustüre. Die beste Sicht über Húsavík, die Bucht und – bei gutem Wetter – bis zur Polarkreisinsel Grímsey erhält man vom 417 m hohen ‚Hausberg' *Húsavíkurfjall*, auf dessen Gipfel eine Straße hinaufführt.

Die Holzkirche von Húsavík

Der Grund, warum Húsavík weit über die Landesgrenzen hinaus bekannt ist, liegt darin, dass sich die Ortschaft seit Mitte der 1990er Jahre erfolgreich als **‚Walhauptstadt des Landes'** vermarkten konnte. Dabei profitiert Húsavík von den ausgezeichneten Bedingungen, die die Bucht *Skjálfandi* Buckelwalen und anderen Meeressäugern bietet. Mehrere Unternehmen haben sich auf den boomenden Tourismus-Sektor spezialisiert, allen voran die Reedereien *North Sailing* und *Gentle Gigants*. Da 85 % der Whalewatchers aus dem Ausland kommen, ist inzwischen eine entsprechende Infrastruktur installiert worden. U.a. gibt es nun in Húsavík das einzige **Walmuseum** Islands *(Whale Centre/ Hvalamiðstöðin, Hafnarstétt, Tel.: 464-2520, www. icewhale.is)*, das im alten Schlachthaus Platz gefunden hat. Auf 1.200 m² werden dort Skelette von fünf verschiedenen Wal-Arten gezeigt, darüber hinaus informative Ausstellungen zum Thema Wale, Whalewatching und Waljagd.

Zentrum des Whale-Watching

Walsichtung in der Bucht Skjálfandi

Ansonsten ist in der Ortschaft die **Kirche** besonders auffällig, ein prächtiges, 1907 aus norwegischem Holz errichtetes Jugendstilgebäude auf kreuzförmigem Grundriss, dominiert vom 26 m hohen Turm. Im Inneren ist u.a. das Altarbild sehenswert, auf dem die Erweckung des Lazarus in eine isländische Landschaft gesetzt wurde. Lohnend ist auch der Besuch des **Volks-** und **Naturkundemuseums** *(Stórigarður 17, im Sommer tägl. 10–18 Uhr geöffnet)*, das u.a. eine *Guðbrands*-Bibel aus dem Jahre 1584 besitzt, alte Gerätschaften, getrocknete Pflanzen, ausgestopfte Vögel und einen Eisbären, der 1969 auf *Grímsey* geschossen wurde. Bei genügend Zeit kann man auch an **Boots-** und **Angeltrips** in die Bucht *Skjálfandi* teilnehmen. Ziele sind dort zwei Inseln: einmal die recht große und flache **Flatey**, die noch 1942 von 120 Menschen bewohnt war, heute aber verlassen ist. Und zum anderen das erwähnte Eiland **Lundey** mit interessanten Klippen und Tausenden von Papageientauchern.

Bei der Weiterfahrt kommt man 8 km südlich von Húsavík bei **Laxamýri** zur Weggabelung der Straßen **85** und **87**. Erstere ist gut ausgebaut (Asphaltdecke) und führt durch das Lavafeld *Aðalhraun* in das *Aðaldalur,* dann über eine Brücke nach Westen und gelangt auf die Ringstraße westlich vom *Goðafoss*. Diese Route ist empfehlenswert für alle, die möglichst schnell nach Akureyri weiterfahren möchten. Der nähere Weg zum Mývatn geht jedoch über die **S 87**, eine zwar unasphaltierte, aber als ‚Weglaufstraße' (s.u.) konzipierte und deshalb schnurgerade verlaufende Piste. Auf ihr passiert man nach wenigen Kilometern das Geothermalgebiet von **Hveravellir**, dessen heiße Quellen und Solfatare für Gewächshäuser und die Warmwasserversorgung von Húsavík (Pipelines) genutzt werden.

Anschließend kommt man zu einem Abzweig, der nach rechts zum **Wasserkraftwerk** der *Laxá (Laxárvirkjun),* dem größten in Nordisland, führt. Es wurde 1939–73 in drei Abschnitten gebaut und leistet 23 MW, wobei die Turbinenhalle in den Fels gesprengt wurde. Neben den Fallrohren sind deutlich Lachstreppen zu sehen, die um die Staumauer und die Katarakte herumführen. Das Kraftwerk ist im Sommer der Öffentlichkeit zugänglich *(13–18 Uhr)* und zeigt bisweilen Ausstellungen zu kulturgeschichtlichen Themen.

torf-isolierter Pfarrhof

Den Abzweig sollte man aber auch deshalb nehmen, weil er einen zum ca. 4 km entfernten Torfgehöft **Grenjaðarstaður** *(im Sommer tägl. 10–18 Uhr geöffnet)* bringt. Es wurde in der zweiten Hälfte des 19. Jh. als Pfarrhof errichtet und besitzt fünf gut erhaltene, spitzgieblige, mit Holz verschalte und von Torfplaggen isolierte Häuser. Gegenüber erhebt sich die Holzkirche von 1865 innerhalb eines mit einem Zaun umfriedeten Kirchhofs. Auf ihm ist u.a. ein Grabstein mit Runeninschrift (15. Jh.) zu sehen.

Um zum Mývatn zu gelangen, fahren Sie den Weg zurück bis zur **S 87**, auf der sie nach 28 km ohne landschaftliche Höhepunkte **Reykjahlíð** erreichen (s.u.).

Alternativstrecke 2 nach Mývatn: Über Vopnafjörður, Þórshöfn und Dettifoss (ⓘ s. S. 211)

Für diese auch ‚Zirkel der Mitternachtssonne' genannte Route entlang der nordöstlichen Küste gibt es bis zur ersten Ortschaft Vopnafjörður **zwei Anfahrtswege**:

① Auf der kürzeren Strecke fährt man von Egilsstaðir auf der Ringstraße bis zur *Jökulsá á Brú*, dann über die knapp 70 km lange **S 917** an ihrem westlichen Ufer nach Norden. Dabei überquert man auf einer abenteuerlichen Piste die *Hellisheiði* über einen der höchsten Pässe Islands (730 m) mit phantastischer Sicht. Diese Strecke ist nur im Sommer und **nur mit** einem **Geländewagen** möglich.

② Die zweite Route ist erheblich länger, aber weitaus einfacher zu fahren und auch für normale Pkw geeignet. Man folgt hierbei ebenfalls der Ringstraße, von der man aber erst an der **S 85** nach rechts abbiegt. Ab nun geht es in nordöstlicher Richtung am Rande der *Hauksstaðaheiði* entlang durch eine unwirtliche Wüste. Nur ab und zu werden die kahlen Felsen und schwarzen Sandflächen von grünen Höhenzügen abgewechselt. Nach rund 45 km jedoch trägt die Landschaft lieblichere Züge und zwei Seen, *Þuríðarvatn* und *Nykurvatn* (Aussichtsplattform), erstrecken sich direkt am Straßenrand. Kurze Zeit später passiert man das Torfgehöft **Búrstafell**, das als hübsches Volksmuseum konserviert ist. Die sechs Häuschen der Vorderfront sind mit rotbemalten Planken verschalt, die weißgestrichene Fensterrahmen tragen. Dieses Museum zählt zu den besterhaltenen Torfanlagen des Landes, dessen älteste Partien aus den 1770er Jahren stammen. Das bäuerliche Anwesen als solches ist seit 1532 im Besitz der gleichen Familie.

historischer Bauernhof

Minjasafnið Búrstafell, *S 85, Tel.: 473-1466; 17.6.–15.9. tägl. 10–18 Uhr geöffnet, Informationsmaterial und Führungen erhältlich, Eintritt.*

Hinter Búrstafell geht es hinab in das Tal der *Hofsá* und an ihrem nördlichen Ufer zum *Vopnafjörður*, in dessen innerer Bucht das gleichnamige Städtchen liegt. Mit knapp 700 Einwohnern zählt die Gemeinde **Vopnafjörður**, deren Wirtschaft traditionell auf Fischerei basiert, schon zu den größten im Nordosten. Von schneebedeckten Bergen umgeben, die steilwandig zum Fjord abfallen und Hunderttausende von Seevögeln beheimaten, erfreut sich der Ort zunehmender Beliebtheit unter Touristen. Ihnen stehen ein Hotel, Gästehäuser und ein Campingplatz zur Verfügung sowie das Schwimmbad im nahen *Selárdalur*; beliebte Freizeitaktivitäten sind Wandern (z.B. auf die Landzunge *Kolbeinstangi)*, Reiten, Bootsfahrten zu den vogelreichen Klippen im Fjord oder Forellenangeln. Die schwierige Straßenverbindung nach Egilsstaðir über die *Hellisheiði* (Passhöhe 730 m) ist nur für Geländewagen möglich, wird im Sommer aber auch von Linienbussen befahren.

Ab Vopnafjörður benutzt man die Küstenstraße **85**, die zunächst noch in gutem Zustand ist, später aber schlechter wird. Hinter einer Nehrung passiert man das *Selárdalur* und verlässt nach 10 km das Ufer, um die nächsten 20 km das Hochplateau der *Bakkaheiði* zu durchqueren. Am anderen Ende der Halbinsel, fast genau auf dem 66. Breitengrad, erreicht man dann das kleine Fischerdorf **Bakkafjörður** (ca. 70 Ew) am gleichnamigen Fjord. Es hat einige hübsche Holzgebäude aufzuweisen, u.a. die Gemeindekirche aus dem Jahre 1845. Wunderbar ist vom Hafen der Blick über die Bucht *Bakkaflói* auf die gegenüberliegende Halbinsel *Langanes*, aus der sich der markante Berg *Grunnólfsvíkujarfjall* (s.u.) erhebt.

schön gelegenes Fischerdorf

Hinter der Ortschaft bleibt die **S 85** für gut 25 km in Sichtweite zum Ozean bzw. zu den Buchten *Miðfjörður* und *Finnafjörður*. An deren Ende erhebt sich rechter Hand der markante Berg *Grunnófsvíkujarfjall* mit 719 m steil aus dem Meer. Eine schmale, aber für normale Pkw gerade noch geeignete Straße bringt einen auf seine Spitze, von der sich bei klarem Wetter einer der herrlichsten Ausblicke Islands ergibt. Hier verlässt die Straße wieder die Küste und durchquert auf hochgelegener Piste die *Brekknaheiði*. Nach 15 km hat man das östliche Ufer der Halbinsel *Langanes* erreicht, wo der ‚Hafen des Thor' am weiten *Þistilfjörður* liegt.

Am *Lónajörður*, einem Seitenarm des *Þistilfjörður*, gelegen, verfügt der alte Handelsplatz **Þórshöfn** (350 Ew) über einen geschützten Hafen, Basis der hiesigen Fischereiindustrie. Die Ortschaft, in der noch einige Holzhäuser aus dem 19. Jh. zu sehen sind, bietet Gästen eine recht gute Infrastruktur mit Hotel, Campingplatz, Gästehäusern, Bank und Post.

Abstecher Langanes

Von Þórshöfn aus führt die **S 869** weit am nordwestlichen Ufer der Halbinsel *Langanes* entlang, wo man riesige Vogelkolonien antrifft. Die ersten 15 km der Piste sind ganz passabel, wer aber bis zur äußersten Spitze am Leuchtturm *Fontur* (ca. 30 km) vordringen möchte, braucht einen Geländewagen. Dort befindet sich ein Denkmal für britische Matrosen, die an den Steilklippen strandeten und umkamen.

Auf der Hauptroute fährt man parallel zum Fjordufer nach Westen und kommt nach 18 km zur Siedlung **Svalbarð** (Gästehaus). Kurz danach geht nach links die **S 867** durch die *Öxafjarðarheiði* nach Westen ab, wo nach 40 km die Vorboten des **Jökulsárgjúfur-Nationalparks** auftauchen (s.o.). Wer auf das Landschaftserlebnis der *Melrakkasletta* verzichten möchte, kann hier also beträchtlich abkürzen.

menschenleere Halbinsel

Ab diesem Abzweig verläuft die **S 85**, an den Seen *Stóra-Viðarvatn*, *Þernuvatn* und *Deildarvatn* vorbei, in nördlicher Richtung entlang der gebirgigen Ostseite der Halbinsel, wo nach 30 km die Ortschaft Raufarhöfn liegt. Die Höhenzüge entlang der Strecke sind dabei untypisch, denn insgesamt hat die breite *Melrakkasletta* einen eher flachen Tundra-Charakter. Dieses von der Landflucht besonders betroffene und inzwischen fast menschenleere Gebiet ist von unzähligen Mooren und Seen durchsetzt und besitzt einen hohen Bestand an Polarfüchsen, worauf schon der Name (= ‚Fuchsebene') verweist.

Raufarhöfn ist die **nördlichste Ortschaft** des Landes (ca. 220 Ew), liegt knapp unterhalb des Polarkreises und bietet daher Ende Juni/Anfang Juli gute Möglichkeiten, die Mitternachtssonne zu beobachten. Früher war die Siedlung ein weithin bekanntes Zentrum der Heringsfischerei und Fischkonservierung. Heute fungiert sie als lokales Dienstleistungszentrum (Bank, Post), das durch den Flughafen mehrmals wöchentlich mit Akureyri verbunden ist. Berühmt sind die guten Angelmöglichkeiten im Fluss *Delðará* (Lachse) und in den nahen Seen (Forellen); Lizenzen vermittelt das Hotel. Wer hier Zwischenstation einlegen möchte, kann außer im Hotel auch auf dem Campingplatz oder in einem Gästehaus nächtigen. Empfehlenswert ist ein Bad im Schwimmbad oder ein Spaziergang über den Strand mit seinem Treibholz.

Treibholz am Strand

In weitem Bogen folgt die Straße nun direkt der Küstenlinie. Rund 15 km hinter Raufarhöfn passiert man bei *Hraunhafnartangi* (Leuchtturm), knapp unterhalb des Polarkreises gelegen, **den nördlichsten Punkt des isländischen Festlandes**. Bei klarer Sicht erlebt man hier Ende Juni um Mitternacht das phantastische Schauspiel des roten Sonnenballs, der nur kurz den Horizont berührt.

Durch eine Einöde, in die sich nur selten Touristen verirren, geht es nun zwischen der *Vestursléttuheiði* und der Bucht *Öxarförður* entlang. Nach knapp 40 km hat man **Kópasker** erreicht, ein kleines Fischerdorf mit rund 130 Einwohnern, dessen wichtigster Erwerbzweig der Garnelenfang ist. An der ‚Hauptstraße' *Bakkagata* findet man eine Tankstelle mit Cafeteria sowie Postamt und Bank, nahebei befinden sich ein Gästehaus, ein Zeltgelände und ein kleines Heimatmuseum.

Im Jahre 1976 wurde die Ortschaft von einem schweren Erdbeben getroffen, das die Kaimauer und fast alle Häuser beschädigte. Einige blieben unbewohnt zurück, aber auch an manchen anderen Gebäuden sind die Schäden immer noch zu sehen.

am Nordkap der Insel

Hinter Kópasker folgt die **S 85** noch ein wenig der Küstenlinie, zweigt dann aber am östlichen Rand des Deltas der *Jökulsá á Fjöllum* nach Süden ab und passiert nach 24 km den Abzweig der **S 867** nach *Svalbarð*. 9 km danach, vorbei an den ersten Gästefarmen, überquert sie den Fluss und führt geradewegs zu den Sehenswürdigkeiten des **Jökulsárgjúfur-Nationalparks.** Die beiden möglichen Wege am **Dettifoss** vorbei zurück zur Ringstraße sind ab S. 349 beschrieben.

Das Mývatn-Gebiet (ⓘ s. S. 211)

Dass das Mývatn-Gebiet zu den **populärsten Fremdenverkehrszielen** des Landes gehört, hat vor allem vier Gründe:

- Erstens ist da der naturschöne, flache **See** mit seiner **Vielzahl an Wasservögeln** (insbesondere Enten), der ihn zu einem wahren Mekka für Ornithologen hat werden lassen.
- Zweitens stellt die bedrohliche und gleichzeitig faszinierende Umgebung, in der **alle Formen jungvulkanischer Aktivität** zu sehen (manchmal auch zu spüren) sind, eine Attraktion besonderer Art dar.
- Drittens ist die Region **klimatisch bevorzugt**; es ist hier trockener, sonniger und wärmer als im Landesdurchschnitt – beste Voraussetzungen also für Wanderungen und/oder einen angenehmen Aufenthalt.
- Viertens schließlich hat sich eine perfekte **touristische Infrastruktur** entwickelt, vor allem am nordöstlichen Ende des Sees, wo eine kleine Siedlung ganz auf die Bedürfnisse der Besucher eingestellt ist.

Der Mývatn-See

Der buchtenreiche und von etlichen Inseln besetzte ‚Mückensee', mit 38 km² der viertgrößte Binnensee, hat in der *Laxá* einen der wenigen Quellflüsse des Landes. Mit durchschnittlich 1–5 m ist der See im Gegensatz zu den anderen stehenden Gewässern Islands sehr flach. Die geringe Wassertiefe hat zur Folge, dass er sich im Sommer bis auf über 20 °C erwärmen kann und das Wachstum der Algen angeregt wird. An diesen legen die Mücken ihre Larven ab, die wiederum Forellen und Vögeln ideale Nahrungsbedingungen bieten. Der **Vogelreichtum** des Mývatn ist weithin berühmt. Gut 10.000 Paare brüten hier im Sommer, vor allem große Mengen an Enten (u.a. Stock-, Eider-, Tafel-, Eis-, Trauer-, Krick-, Löffel- und Spatel-

flach und vogelreich

enten), aber auch Graugänse, Singschwäne u.v.m. sind anzutreffen. Sie ernähren sich von den Fischen, Wasserpflanzen und besonders Insekten, so dass die ‚Mückenplagen', so schlimm sie auch sein mögen, die Grundlage für das reiche Tierleben am Mývatn bilden.

Mückenschwärme

Die **Mücken**, nach denen der See seinen Namen zu Recht trägt, sind bei warmem Wetter und Windstille äußerst lästige Zeitgenossen, die es z.T. unmöglich machen, den schützenden Wagen oder Bus zu verlassen. Sie sind der Grund, dass man Einheimische und Ornithologen oft mit engmaschigen Netzen über dem Kopf antrifft. Von den beiden vorkommenden Mückenarten befinden sich die Stech- oder Kriebelmücken *(isl.: bitmý)* fast ausschließlich an der *Laxá*, während die sog. Staub- oder Zuckmücken (isl.: *ryking)* überall am See anzutreffen sind. Diese stechen zwar nicht, kommen dafür aber in äußerst dichten Beständen vor. Autotouristen, die durch die Wolken von Insekten fahren, können glauben, dass sie Nebelschwaden durchqueren; häufig ist die Fahrbahn dann extrem rutschig (‚Mückenaquaplaning'). Außerdem sind die Tiere ausgesprochen anhängliche Plagegeister, dringen in die Fahrzeuge oder unter die Kleidung ein. Wer davon betroffen ist, mag sich mit der Hoffnung auf einen Wetterumschwung trösten: bei Regenwetter und Kälte tauchen die Staubmücken nicht oder nur vereinzelt auf.

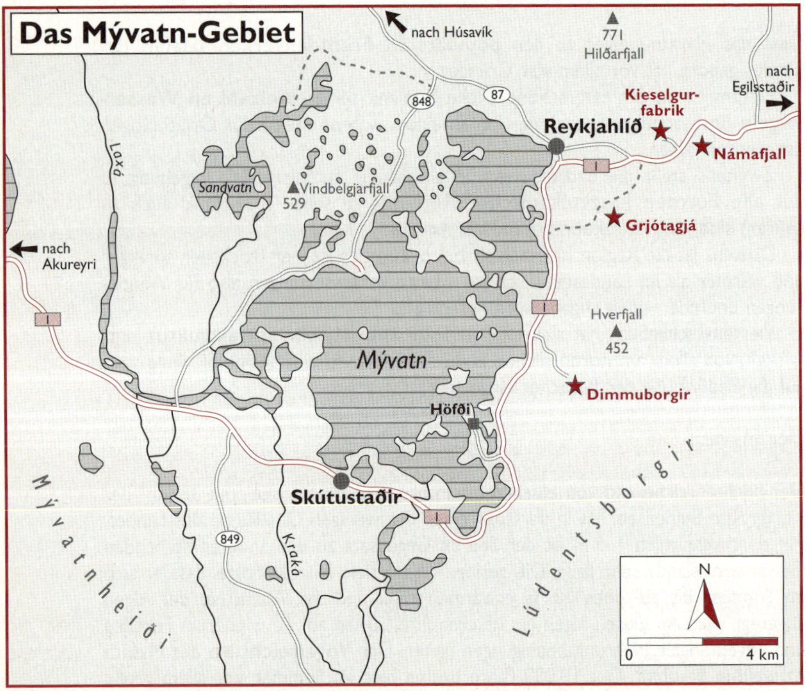

Das ganze Gebiet ist übrigens **naturgeschützt**, d.h. dass strenge Regeln für den Aufenthalt in der Natur gelten. So ist z.B. Baden, Surfen oder Motorbootfahren im Mývatn verboten. Der See kann zwar umrundet werden, wobei die Ringstraße am östlichen und südlichen Ufer entlanggeht, während die Nordseite von der **S 848** begleitet wird. Auf dieser Route fährt man durch das ornithologisch interessantere Terrain, da sich auf der Nordseite das Hauptbrutgebiet befindet. Allerdings dürfen Touristen hier vom 15.5.–20.7. nur hindurchfahren, nicht aber anhalten oder aussteigen.

Wanderungen

Das gesamte Umfeld des Mývatn hält einige der schönsten und spannendsten Wanderwege Islands bereit; Grund genug, hier einige Tage zu bleiben und alle Naturwunder ausgiebig kennenzulernen. Die wichtigsten Routen können an dieser Stelle nur skizziert werden:

*① Im **Krafla-Gebiet** geht vom Parkplatz oberhalb des Kraftwerks aus ein Pfad nach links zur vulkanisch aktiven **Leirhnjkúkur**-Spalte. Zu sehen sind Solfatare, Schlammpfuhle, Blütenwiesen und Spalten (ca. 1 Stunde).*

die Mývatn-Region erwandern!

*② Außer dem üblichen Touristenweg durch die Solfatare und Fumarolen am **Hverarönd** kann man dort den Hang hinauf bis zum **Námafjall** wandern (ca. 30 Minuten, 200 Höhenmeter).*

*③ Von Reykjahlíð aus gibt es einen markierten Weg auf die Spitze des 771 m hohen, kegelförmigen **Hlíðarfjall** mit prächtiger Aussicht (gut 2 Stunden).*

*④ Ein lohnender Weg führt von Reykjahlíð aus parallel zur Ringstraße bis zur stillgelegten Kieselgurfabrik, dann zur **Grjótagjá** und durch den Birkenhain zum Seeufer, schließlich an diesem entlang zurück nach Reykjahlíð (gut 3 Stunden).*

*⑤ Vom Parkplatz am Fuß des Explosionskraters **Hverfjall** aus geht ein ausgetretener Zick-Zack-Weg zum Kraterrand hinauf und um diesen herum; anschließend sollte man zum Krater des **Lúdent** und zur Kraterreihe der **Lúdentsborgir** wandern (insgesamt ca. 5 Stunden).*

*⑥ Die Pseudokrater von **Skútustaðir** erlebt man am besten auf einem 3 km Spaziergang (ca. 1 Stunde).*

*⑦ In den **Dimmuborgir** gibt es markierte Wege unterschiedlicher Länge; für eine Übersicht reicht der ‚kleine Ring' (ca. 30 Minuten).*

!!! Achtung

Viele Wanderwege führen durch ein Terrain, dessen vulkanische Aktivität keiner voraussagen kann. Die Warnschilder ‚Auf eigene Gefahr!' haben durchaus ihre Berechtigung. Bei Solfatarenfeldern soll man sich vor den hell ausgeblühten Stellen in Acht nehmen, wo man leicht einbrechen und sich verbrühen kann. Auf lockeren Aschenschichten (Hverfjall) *ist die Gefahr des Abrutschens gegeben, während man sich an den scharfkantigen Brocken der Lavafelder Risswunden zuziehen kann.*

Im Folgenden sind einige der Sehenswürdigkeiten der Region beschrieben, und zwar in der Reihenfolge, die der vorliegenden Hauptroute entspricht (also auf der Ringstraße, von Ost nach West). Aus Richtung Egilstaðir/Grímsstaðir kommend, passiert man dabei das Lavafeld *Búrfellshraun*, an dessen Ende rechts die Stichstraße zum *Krafla*-Kraftwerk abgeht. Wer von Húsavík anreist (S 87), erreicht den Mývatn an seinem nördlichen Ufer kurz vor Reykjahlíð; von dort aus empfiehlt sich der Abstecher zur *Krafla* und zu den Solfataren von *Hveraröndl*.

• Das Krafla-Gebiet

Schon von weitem sieht man von der Ringstraße aus die Dampfsäulen, die die *Krafla* zum Himmel steigen lässt. Schließlich geht nach rechts die Straße **863** ab, die geradewegs auf den 828 m hohen Vulkan zuführt, vorbei am Kraftwerk, dessen Rohrleitungen neben und über der Straße verlaufen, quasi als ‚Tor zur Hölle'. Die *Krafla* ist eine der problematischsten Zonen der Insel, deren Untergrund man sich – plastisch gesprochen – wie ein stillgelegtes Bergwerk vorstellen muss: mit Stollen, Kaminen und Seitengängen. Zuunterst, in nur 3.000 m Tiefe, liegt die Schüssel flüssigen Magmas. Steigt deren Druck, bewegt sie sich durch das Gangsystem in Richtung Oberfläche, wobei sie zunächst alle Gänge und Seitengänge ausfüllt. Falls diese aber verstopft sein sollten, kommt es zu einer oberirdischen Eruption. Solche Ausbrüche kamen in historischer Zeit lange überhaupt nicht vor, doch 1724–29 meldete sich das Vulkansystem nachhaltig zurück. Die in die Geschichte eingegangenen ‚Mývatn-Feuer' wüteten über fünf Jahre hinweg, ausströmende Lava und Giftgase zerstörten die Gehöfte und zwangen die Bauern zur Auswanderung.

Eruptionen und Erdbeben

Nach einer jahrhundertelangen Periode der Ruhe entschlossen sich die Isländer ab 1964 zu einer Investition, die nach Meinung vieler Einheimischer verhängnisvoll war. Die Erdwärme (mindestens 200 °C in 1.000 m Tiefe) und der aus dem Inneren kommende Dampf sollte durch ein Elektrizitätswerk genutzt werden, eine Pioniertat in der damaligen Zeit. Inzwischen steht das Werk, produziert auch Strom, und insgesamt 22 Bohrlöcher gehen bis zu 2.200 m in die Tiefe. Gleichzeitig aber begann auch der Vulkan wieder zu rumoren, so als ob er sich durch die menschliche Aktivität in seiner Ruhe gestört fühlte. Zwischen 1975 und 1981 gab es alleine 8 Eruptionen, 1984 folgte eine weitere, ungemein heftige, daneben bebte die Erde des öfteren bis zu 6,5 nach der Richterskala.

Seit dieser Zeit wurde der Mývatn um 30 cm abgesenkt, während sich die Berge um 5 cm nach Osten verschoben haben. Zusammenhänge der vulkanischen Tätigkeit mit den Bohrungen sehen die Geologen nicht, trotzdem ist man allgemein beunruhigt und hat für den Fall der Fälle Katastrophenpläne entwickelt. Mit Seismographen und Neigungsmesser beobachtet man mögliche Veränderungen, und längere Erdbeben führen unweigerlich zur Evakuierung der gesamten Bevölkerung. Die zu diesem Zweck gebauten ‚Weglaufstraßen' (z.B. nach Húsavík) ermöglichen es, dass binnen zweier Stunden alle Menschen in Sicherheit gebracht werden können.

Am Leirhnjúkur

Besucher, die sich von der Labilität des Untergrunds und den Warntafeln nicht abschrecken lassen, fahren zunächst zum Kraftwerk, dessen Visitor Center *tägl. 13–17 Uhr geöffnet* ist. Neben der Technik des Kraftwerkes werden dabei auch Filme über Stromerzeugung und vulkanische Eruptionen gezeigt. Wanderfreunde können vom Kraftwerk auf markierten Pfaden zum Aussichtspunkt *Leirhnjúkur* und zum Explosionskrater *Víti* gelangen. *Weitere Infos unter Tel. 515-9000.*

Dahinter geht die Straße in einigen Kehren am Hang der Krafla steil bergauf. Vom Parkplatz aus geht es rechter Hand zum Seitenkrater *Víti* (= ‚Hölle'), dessen 33 m tiefer Boden von einem See bedeckt ist. Nach links geht es über einen Pfad zum Hang des *Leirhnjúkur*, dem Schauplatz der Mývatn-Feuer des 18. Jh., an dem es einem zwischen brodelnden Fumarolen, Schlammtöpfen und Solfataren schon ein wenig mulmig werden kann. Hier sollte auch die Besichtigung abgeschlossen werden, von einer Besteigung der Krafla ist dringend abzuraten.

bizarre Landschaft

Wieder auf der Ringstraße, liegt wenige hundert Meter weiter linker Hand ein Parkplatz, von dem aus das Solfatarengebiet von *Hveraröndr* erkundet werden kann.

• Die Solfatare von Hveraröndr

Die Solfatare am Fuß des *Námafjall* gehören zum touristischen Pflichtprogramm in der Mývatn-Umgebung; dementsprechend ist das Gelände mit abgesperrten Wegen und Warntafeln ausgestattet. Kräftige Dampfsäulen, blubbernde Schlammtöpfe, der Geruch von Schwefel, ein stetes Zischen und Rumoren – das ist die ‚Attraktion' des Terrains. Furchtlose können am Hang hinaufwandern und so das *Námafjall* abseits der Straße überqueren.

Am Námafjall

!!! ***Achtung***
Hier wie in allen Solfatargebieten sollten sich Fotografen vor den schwefelhaltigen Dämpfen in Acht nehmen; man kann zwar unbedenklich fotografieren bzw. filmen, sollte aber nicht die ganze Zeit über die Kameralinsen offenlassen.

Bei der Weiterfahrt geht es auf einer Serpentinenstraße auf den Höhenzug. Auf dem Pass **Námaskarð** sollte man linker Hand auf den Parkplatz fahren (Infotafeln) und die weite Aussicht über die bizarre, von aufsteigenden Dampfsäulen geprägte Landschaft vor und um den Mývatn genießen. Gut zu sehen ist auch das Gelände der ehemaligen Kieselgurfabrik, die man nach kurzer Zeit erreicht. Gut zu sehen ist auch das Gelände der ehemaligen Kieselgurfabrik, die man nach kurzer Zeit erreicht. Hier wurde seit 1964 Diatomeen-Schlamm abgebaut und zu

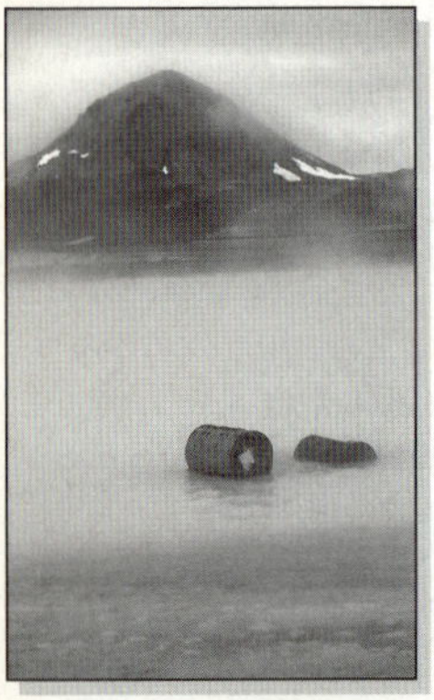

See der Kieselgurfabrik

Kieselgur weiterverarbeitet, der für Filteranlagen – etwa in Badeanstalten oder pharmazeutischen Fabriken – oder als Schleifmittel in Zahnpasta Verwendung findet. Aus Umweltschutzgründen ist das Werk 2007 geschlossen worden, immerhin auf Kosten von rund hundert Arbeitsplätzen. Einen neuen touristischen Impuls verspricht man sich aber durch die Einrichtung einer künstlichen Lagune, die als **Thermalbad ‚Jarðböð'** mit 38 °C warmem, wohltuendem Wasser und einer spektakulären landschaftlichen Umgebung Besucher anziehen soll.

Während die Ringstraße von hier aus in knapp 2 km zur Touristensiedlung Reykjahlíð am Seeufer führt (s.u.), bringt Sie ein Abstecher kurz hinter der Fabrik nach links durch ein äußerst interessantes Gebiet. Auf dem schmalen, aber für alle Wagen problemlosen Weg passiert man rechter Hand einige Stellen, an denen kleine Rohre über eine auseinanderdriftende Spalte gelegt wurden. An der heutzutage deutlich sichtbaren Lücke wird der abstrakte Begriff der ‚Kontinentaldrift' mit Leben gefüllt und die Grenze zwischen dem ‚amerikanischen' und ‚europäischen Teil' Islands ganz offenbar!

Kurz danach sieht man rechts aufgewölbte Lavaflächen, in die man durch einen Spalt zur **Grjótagjá** absteigen kann. In dem Wasser der unterirdischen Kammern war es lange Zeit möglich, bei angenehmen 38 °C zu baden. Nach der Zunahme der vulkanischen und Erdbebentätigkeit ab 1970 stieg die Wassertemperatur jedoch bis auf 60 °C an und ist heute mit 52 °C immer noch zu heiß. Einen ‚Ersatz' bietet die 40 °C heiße **Stóragjá** (= ‚große Grotte'), zu der man ab Reykjahlíð in 5 Minuten spaziert.

Sie können von hier aus der eingeschlagenen Richtung weiter folgen, wobei einige Gatter geöffnet und natürlich wieder geschlossen werden müssen, und stoßen dann auf die Ringstraße am östlichen Seeufer. Hier haben Ökobauern einige schaffreie Gebiete eingezäunt, in denen sofort kleine Bäume wuchsen – bester Beweis dafür, dass der Viehverbiss Islands Natur am nachhaltigsten schädigt. Um zum Zentralort des Gebietes zu gelangen, fahren Sie nach rechts und erreichen bald darauf Reykjahlíð.

• Reykjahlíð

touristisches Zentrum

Die kleine Siedlung ist mit zwei Hotels, Gästefarmen, Campingplatz, Tankstelle, Autowaschanlage, Souvenirshop, Flughafen und Supermarkt der touristische Kristallisationspunkt am Mývatn und bester Standort zur Erkundung der Sehenswürdigkeiten. U.a. bieten sich von hier aus Wanderungen zum Gipfel des 771 m hohen Rhyolithberg *Hlíðarfjall* an. Bei dem ‚Mývatn-Feuer' des 18. Jh. wurde die Ortschaft stark zerstört, allein die alte Kirche nahe am Hotel, in die sich etliche Einwohner geflüchtet hatten, wurde wie durch ein Wunder vom Lavafluss verschont. Der heutige weiße Nachfolgebau aus Beton birgt keine kunsthistorischen Schätze, aber die moosbedeckten Lavafetzen vor den Grundmauern der Vorgängerkirche sind auch so eindrucksvoll genug.

Bei der Weiterfahrt ist die östliche Uferstrecke interessanter; also geht es auf der Ringstraße zunächst zurück, am Abzweig des Weges zur *Grjótagjá* vorbei, bis rechter Hand eine Piste auf den deutlich sichtbaren Ringwall des **Hverfjall** zuführt. Wie eine überdimensionale, schwarze Schutthalde erhebt er sich 150 m über der Umgebung (insgesamt 453 m ü.d.M.). Er ist weltweit eines der größten (und schonsten) Exemplare des Typus ‚Explosionskrater' und entstand vermutlich vor ca. 2.500 Jahren durch eine einzige, gewaltige Gasexplosion!

perfekter Explosionskrater

Vom Parkplatz aus kann man seinen Kraterrand auf einem gerölligen Weg besteigen und ihn oben mit weiter Aussicht auf den Mývatn umrunden (Durchmesser 1.300 m). Etwa 4 km entfernt und nur zu Fuß zu erreichen liegt südöstlich vom *Hverfjall* ein weiterer Explosionskrater, nämlich der flachere *Lúdent*, dessen Alter auf 8.000 Jahre geschätzt wird. Eindrucksvoller als er ist eine gut 3 km lange Kraterreihe, die als **Lúdentsborgir** bezeichnet wird. Um die Zeitenwende strömte aus ihr jene Lavamenge, die sich bis zum See in bizarren Formen (scharfkantige Lavafetzen, erstarrte Lavaseen) darstellt.

Anders als die *Lúdentsborgir* können die **Dimmuborgir** (= ‚dunkle Berge', ‚Geisterstadt') mit dem Wagen erreicht werden (Abzweig von der Ringstraße nach links). Vom Parkplatz *Borgarás* aus, der bereits eine gute Übersicht bietet, geht es auf angelegten Pfaden und Treppen in ein wahres Labyrinth hinab, in dessen erstarrten Säulen, Formationen und Naturbrücken man mit etwas Fantasie Geister, Masken, Tiere etc. erkennen kann. Ursprünglich befand sich hier ein enormer Lavasee, dessen flüssiges Material abfloss, während die schon erstarrten Teile stehen blieben.

In den Dimmuborgir

Bei nur wenig Zeit sollte man sich auf den sehr gut beschilderten, mit Seilen abgegrenzten Pfaden nach der Markierung *Litlihringur* richten, längere Touren sind in der riesigen Senke unbegrenzt möglich.

Während früher Reisende in dem Labyrinth der Dimmuborgir bisweilen die Orientierung verloren, kann man sich heute im System der Holzstege und herausgeschlagenen Pfade sicher fühlen. Das gesamte Gelände steht unter der Obhut des Staates, ist eingezäunt und so vor Viehverbiss durch Schafe geschützt, was zur Entstehung der dichten Vegetationsdecke mit vereinzelten Birkenhainen beitrug.

Lava-Labyrinth

Bei der Weiterfahrt gelangt man auf der Ringstraße zum Südostende des Mývatn, wo bei *Garður* ein weiterer See (Grænavatn) auf Wanderwegen erreicht werden kann. Kurz darauf bietet sich linker Hand das moderne Gehöft **Skútustaðir** (Tankstelle, Cafeteria, Souvenirs, Zeltplatz, Pension) für eine Pause an. Gegenüber schiebt sich eine Halbinsel in den Mývatn, die man unbedingt auf einem Spaziergang erkunden sollte. Denn nirgendwo sonst ist das Phänomen der Pseudokrater, das nur auf Island vorkommt, besser sichtbar als hier. Vereinfacht gesagt entstehen Pseudokrater, wenn sich heiße Lava (hier ca. 2.000 °C) über ein wasserhaltiges Gelände (Seen, Moore, Sümpfe) schiebt und den Wasserdampf explosionsartig nach oben entweichen lässt. Dabei reißt die Lava mit Schlackenrändern auf und hinterlässt Krater, die deshalb ‚pseudo' sind, weil sie niemals Auswurfmaterial freigesetzt haben.

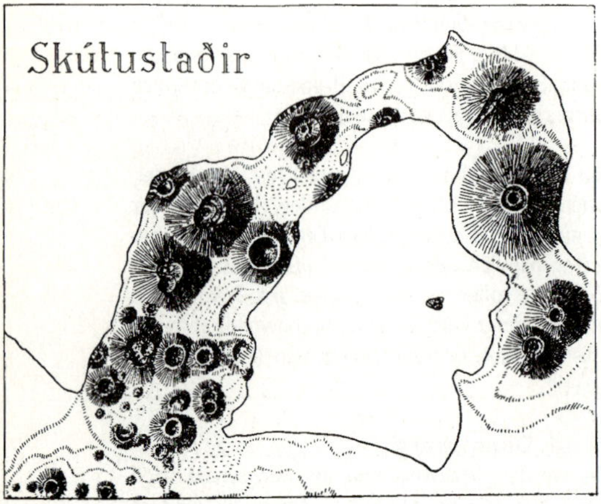

Von Skútustaðir aus geht es in westliche Richtung bis zum Ufer der *Laxá*, die – wie der Name sagt – sehr lachsreich ist. Nach rechts biegt hier die **S 848** ab, die den *Mývatn* auf seiner Westseite umrundet und einen zurück nach Reykjahlíð bzw. nach Húsavík bringt. Die Ringstraße verlässt nun das Mývatn-Gebiet und führt auf Akureyri zu.

Mývatn – Akureyri

Für die rund 100 km lange Etappe bis Akureyri sollte man sich einige Stunden Zeit lassen, da neben dem auf halber Strecke liegenden *Goðafoss* auch der Abstecher zum Torfgehöft *Laufás* lohnt. Nach der Umrundung des Sees auf der Ringstraße oder der nördlichen **S 848** bringt einen die Route zunächst am Lachsfluss *(Laxá)* vorbei, dann durch die *Laxárdalsheiði* mit einigen Gästefarmen, und in 23 km zum Hochtemperaturgebiet von **Laugar** (ⓘ s. S. 211, 1 km rechts der Ringstraße). Um die heißen Quellen hat sich eine kleine Ortschaft mit Tankstelle, Bank, Post, Gästefarm etc. gebildet, in der sich auch die älteste Frauenfachschule des Landes befindet (Sommerhotel).

Lachsflüsse

Dann fährt man, an der Kirche und Servicestation *Einarsstaðir* (Tankstelle, Cafeteria) vorbei, über die Höhenzüge der *Fljótsheiði*, wo überall die für den Norden typischen Frostaufbrüche *(þúfur;* = ‚Bültenwiesen') zu sehen sind. Vom Hügelrücken hat man einen weiten Blick in die Schlucht der *Skjálfandafljót*, in deren Flussbett die Insel *Þingey* liegt: An exponierter Stelle tagte hier in der Landnahmezeit das lokale Thing.

Der Fluss ist es auch, der kurz darauf das Highlight des *Goðafoss* bildet, zu dem man hinter der modernen Brücke links abbiegen, genauso gut aber vor der Schlucht den Wagen an der Tankstelle von **Fosshól** abstellen (Bushaltestelle, Laden, Souvenirs, Cafeteria mit herrlichem Blick) und über die alte Brücke zum

Wasserfall wandern kann (ca. 10 Minuten). Wer hier länger bleiben möchte, findet in der Nähe Gästehäuser, Zeltgelände und eine Jugendherberge.

Goðafoss

Der *Kristni-Saga* zufolge bekam der *Goðafoss* (= ‚Wasserfall der Götzen/Götter') seinen Namen durch den Häuptling *Þorgeir*, der sich im Jahre 1000 zu einem Fürsprecher der neuen Religion machte, indem er alle alten Götzenbilder und Idole einsammelte und sie in den Wasserfall warf. *‚Göttlicher' Katarakt*

Mit nur ca. 10 m Fallhöhe sind die Kaskaden nicht übermäßig hoch, wegen der Breite der Schlucht und der enormen Wassermenge aber trotzdem sehr eindrucksvoll. Vom Parkplatz unmittelbar an den Fällen finden Fotografen immer wieder überraschende Perspektiven, die später beim heimatlichen Diaabend den *Goðafoss* ins Überdimensionale steigern. Lohnend ist der Fußweg mit guten Aussichtspunkten an der Schlucht entlang bis zur alten Eisenbrücke, auf der man zur Cafeteria *Fosshól* gelangt. Dabei sollten Sie am ersten Katarakt hinter den Fällen am Ufer hinabsteigen: nur so sieht man die beiden kleinen Naturbrücken, die der Fluss modelliert hat.

Der ‚Wasserfall der Götter'

Hinweis
Ab dem Goðafoss ergibt sich über die ***S 844/842*** *die Möglichkeit zu einem* ***Abstecher in den Süden****, und zwar durch das* Bárðardalur *wahlweise an der Ostseite des Flusses entlang, dann bei* Sandvík *über die Brücke auf das gegenüberliegende Flussufer zum Gehöft* Stóruvellir *(Tankstelle), und wieder zurück zur Ringstraße oder umgekehrt. Ab* Stóruvellir *führt die Straße noch 14 km weiter in den Süden bis* Mýri*, wo man Anschluss an die* Sprengisandur*-Hochlandpiste* ***F 26*** *hat (vgl. S. 413ff.).*

Weiter geht es auf einer gut ausgebauten Pass-Strecke, vorbei an einer Radarstation und dem Abzweig der S 85 nach Húsavík, zum See *Ljósvatn*, hinter dem das Internat von **Stóru-Tjarnir** liegt, das auch als Sommerhotel fungiert. Nach dem Gehöft *Háls* überbrückt man die *Fnjóská*, an der sich nach links eine Serpentinenstraße zum Birkenwald *Vaglaskógur* hinaufschlängelt, einem von Islands ausgedehntesten Aufforstungsgebieten (Campingplatz im Wald). Zur rechten Seite bringt einen die S 835 zum Torfgehöft von Laufás – ein sehr lohnender Abstecher!

Abstecher nach Laufás/Grénivík

Lachstreppen und Torfgehöft

Vor dem Fluss *Fnjóská*, etwa auf Höhe der Radiosendeanlage, geht nach rechts die unasphaltierte **S 835** in Richtung Laufás ab; sie folgt der Schlucht, die die *Fnjóská* in jahrtausendelanger Arbeit tief in den Untergrund gegraben hat. Nach gut 20 km schöner Fahrt durch das Tal *Dalsmynni* erreicht man bei Laufás die **S 83**, die am Ostufer des *Eyjafjörður* zurück nach Akureyri verläuft (diese Straße ist besser als die S 835 und vor allem für Ausflügler ab/bis Akureyri zu empfehlen). Direkt vor dem Torfgehöft sind unweit zur Brücke über die *Fnjóská* Lachstreppen zu sehen. Der Museumshof **Laufás** zählt zu den schönsten des Landes und war im 19. Jh. ein reicher Pfarrhof, was an dem vornehmen Interieur sichtbar wird. Die bis zum Boden reichenden, von Grassoden überwachsenen Torfplaggen isolierten die Wohn-, Schlaf- und Vorratsräume sowie Kontor, Küche und *baðstofa*. Abseits der eigentlichen Farm liegt die Schmiede und die Holzkirche aus dem Jahr 1865.

Laufás, *Tel.: 463-3106; geöffnet 1.6.-15.9. tägl. 10–18 Uhr, Eintritt.*

Vom Museumshof geht es dann über die **S 83,** direkt am Fjordufer entlang, zur Ringstraße zurück, die man 1 km hinter dem Gehöft *Miðvík* erreicht. Wer hingegen weiter in den Norden möchte, kann das in 10 km bis **Grenivík** tun, einem 300-Seelen-Dorf mit Fischfabrik, Hafen, Freibad, Campingplatz und Skipisten. Die Straße endet einige Kilometer nördlich der Ortschaft auf Höhe der Insel *Hrísey* (S. 376f.), die man von hier aus gut sehen kann.

Die Hauptroute verläuft in weitem Bogen über einen 475 m hohen Pass und durch die kahle *Vaðlaheiði*, wobei man an den gut 620 m hohen Bergen ringsum charakteristische waagerechte Streifen als Relikt eines nacheiszeitlichen Gletschersees wahrnehmen kann. Schließlich hat man das Fjordufer des *Eyjafjörður* erreicht (schöne Aussicht; Einmündung der **S 83** nach *Laufás*), an dem entlang man nun durch landwirtschaftlich genutztes Gebiet auf die ‚Hauptstadt des Nordens' zufährt. Vorher, ca. 10 Fahrminuten von Akureyri entfernt, passiert man **Svalbarðseyri** (150 Ew), einen sehr alten, schon von der Hanse angelaufenen Handelsplatz. Heute befindet sich hier das regionale Schlachthaus und eine Pommes-Frites-Fabrik, außerdem Bank, Post, Schule und Schwimmbad. Auf den letzten Kilometern hat man rechter Hand mehrfach Gelegenheit, anzuhalten und den schönen Blick auf Akureyri zu genießen.

Akureyri

Lage und Geschichte

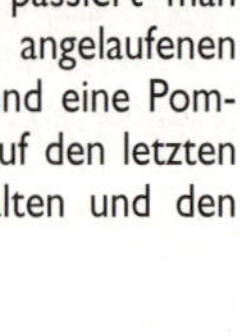

Das häufig als ‚zweitgrößte Stadt des Landes' bezeichnete Akureyri ist deutlich kleiner als Reykjavík und Kópavogur und wurde mit rund 17.500 Einwohnern inzwischen auch von Hafnarfjörður überholt. Trotzdem bleibt der Beiname ‚Hauptstadt des Nordens' berechtigt, da der Ort für den gesamten Nordteil der Insel in punkto Wirtschaft, Administration, Ausbildung und als Verkehrsknotenpunkt eine ähnliche Funktion besitzt wie Reykjavík für den Süden.

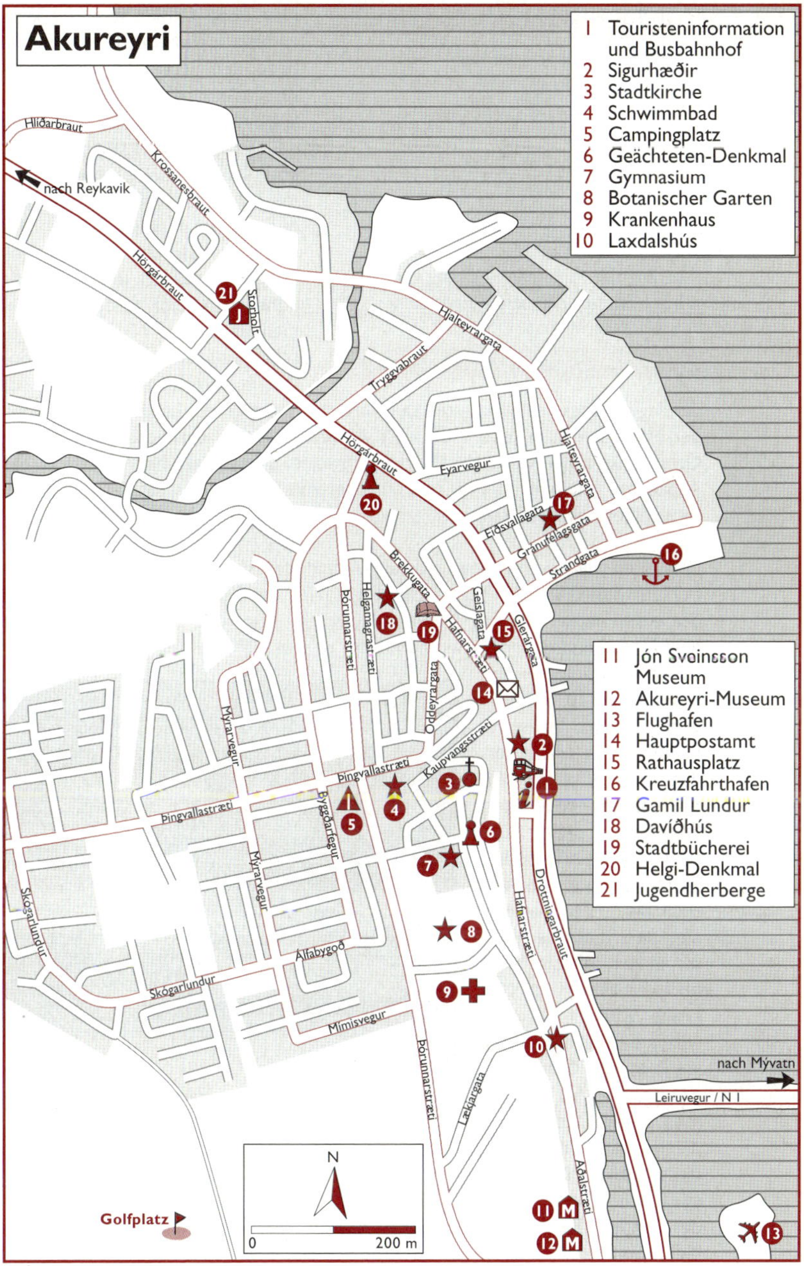
Akureyri
1 Touristeninformation und Busbahnhof
2 Sigurhæðir
3 Stadtkirche
4 Schwimmbad
5 Campingplatz
6 Geächteten-Denkmal
7 Gymnasium
8 Botanischer Garten
9 Krankenhaus
10 Laxdalshús
11 Jón Sveinsson Museum
12 Akureyri-Museum
13 Flughafen
14 Hauptpostamt
15 Rathausplatz
16 Kreuzfahrthafen
17 Gamli Lundur
18 Davíðhús
19 Stadtbücherei
20 Helgi-Denkmal
21 Jugendherberge
Hlíðarbraut
nach Reykavik
Krossanesbraut
Hörgárbraut
Stórholt
Hjalteyrargata
Tryggvabraut
Eyarvegur
Eiðsvallagata
Gránufélagsgata
Strandgata
Brekkugata
Geislagata
Glerárgata
Hafnarstræti
Helgamagrastræti
Þórunnarstræti
Oddeyrargata
Kaupvangsstræti
Þingvallastræti
Byggðarvegur
Mýrarvegur
Skógarlundur
Álfabyggð
Mímisvegur
Drottningarbraut
Lækjargata
Aðalstræti
nach Mývatn
Leiruvegur / N 1
N
0
200 m
Golfplatz

Redaktions-Tipps

- Fährfahrt nach und Wanderung auf dem Inselchen Hrísey (S. 376f.)
- Mitternachtsgolfen auf der 18-Loch-Anlage *Jaðarsvöllur* (S. 371)
- Spaziergang durch den Botanischen Garten (S. 371)
- Ganztags-Wandertour auf Akureyris ,Hausberg' *Súlur* (1.144 m) (S. 375)
- Ganztags-Ausflug mit Fähre und Flugzeug zur Polarkreis-Insel Grímsey, am besten Ende Juni/ Anfang Juli (Mitternachtssonne) (S. 377ff.)

Nur knapp 100 km vom Polarkreis entfernt und ganzjährig von schneebedeckten Bergen umgeben, überrascht Akureyri im Sommer durch angenehm warme Temperaturen und ein sehr grünes Gepräge. Mehr als in Reykjavík sieht man hier Bäume von beachtlicher Größe – nicht nur im Botanischen Garten. Am Endpunkt des rund 50 km langen *Eyjafjörður* gelegen und durch die hohen Berge vor zu heftigen Stürmen und zuviel Niederschlag geschützt, zudem mit fruchtbaren Böden in den Talungen gesegnet, ist die Region eines der wichtigsten Landwirtschaftszentren des Landes, worauf schon der Name der Stadt (*akur* = ,Acker') verweist. Das wirtschaftliche Standbein der Gehöfte ist außer Viehzucht (Rinder, Schweine, Schafe) und Milchwirtschaft der Anbau von Kartoffeln und Rüben, mit dem von Akureyri aus das gesamte Nordland versorgt werden kann.

Die guten klimatischen Voraussetzungen und der sichere Hafen führten schon früh zur Besiedlung der Region. Den Sagas nach war *Helgi Magri* (= ,der Magere') der erste Siedler, der sich – von den Orkneys kommend – hier niederließ. Mit dem Christentum sympathisierend nannte er sein Gehöft *Kristnes*. Trotz *Helgi* und seinen Nachfolgern, die hier seit dem 10. Jahrhundert als wohlhabende Bauern lebten, erfuhr der eigentliche Ort erst ab 1786 als dänischer Handelsposten einen Aufschwung. Dänische Händler (aus Helsingør) waren auch die ersten Bewohner, deren hübsche Häuser in der ,Altstadt' z.T. noch erhalten sind. Mit knapp 290 Einwohnern gelangte Akureyri 1862 sogar in den Genus der ,Stadtrechte'. Als die Bauern die durch den vorzüglichen Hafen bedingten Exportmöglichkeiten begriffen, schlossen sie sich 1886 zur Kooperative *KEA* zusammen, die heute noch im Namen von Hotels, Supermärkten etc. lebendig ist. Durch diese größte Handelsgenossenschaft des Landes beflügelt, nahm die Stadt eine stürmische Entwicklung. Um den Hafen, Sitz einer der größten Fischereiflotten des Landes und mit allen modernen Bunker- und Versorgungseinrichtungen für die internationale Seefahrt ausgestattet, hat sich eine vielfältige Industrie angesie-

Stadtgeschichte

Akureyri

delt. Außer Werften, fischverarbeitenden Betrieben und der größten Konservenfabrik der Insel sind die Bierbrauerei (Löwenbräu) und die Softdrink-Abfüllanlage, eine Großdruckerei, wollverarbeitende Fabriken und Lederwaren-Betriebe von Bedeutung. Einen großen Namen hat Akureyri weiter als Zentrum für Lehre, Ausbildung und Medizin. Es verfügt über ein weithin bekanntes Krankenhaus, über mehrere Grundschulen und Gymnasien sowie über eine Kunst- und Musikschule. Seit 1988 ist Akureyri auch Universitätsstadt mit den Ausbildungsschwerpunkten Krankenpflege, kaufmännische Berufe, Industriemanagement und Fischereiwesen.

Hauptstadt des Nordens

Aufgrund ihrer naturschönen Lage und Mittelpunktfunktion für den gesamten Norden ist die Stadt ein beliebtes Reiseziel auch für die Isländer selbst. Diese reizt die ‚urbane Atmosphäre' (die sich für Mitteleuropäer freilich eher als provinzieller Charme darstellt), vor allem aber die Freizeitmöglichkeiten in der Nähe. Ab Oktober werden die zahlreichen Wintersportanlagen genutzt, die Akureyri zum zweitwichtigsten Skizentrum des Landes werden ließen (nach dem *Bláfell* bei Reykjavík). Im Sommer profitiert der Ort von seiner traditionellen Rolle als ‚Tor zum Norden'; Wandertouren, Exkursionen zum Goðafoss und Mývatn, Schiffsausflüge zu den vorgelagerten Inseln sowie Rundfahrten über die Halbinseln Skagi und Tröllaskagi sind nur einige der möglichen Aktivitäten. Golffreunden sind die *Arctic Open* der nördlichsten 18-Loch-Anlage der Welt ein Begriff. Steigende Anlaufzahlen hat der Hafen durch Kreuzfahrtschiffe, deren Passagiere von hier aus Bustouren ins Mývatn-Gebiet unternehmen. Die Sehenswürdigkeiten des Zentrums liegen nahe beieinander und können bequem auf einem halbtägigen Rundgang erkundet werden.

Akureyri sehen und erleben

Akureyri kann nicht wie Reykjavík oder gar eine mitteleuropäische Großstadt mit Sehenswürdigkeiten aufwarten, trotzdem gibt es viele gute Gründe, hier nicht nur die Vorräte aufzufrischen, Stadtluft zu schnuppern, einmal gut essen zu gehen oder sich mit internationaler Presse einzudecken, sondern auch wenigstens für einen Tag Station zu machen. Das kleine und überschaubare Zentrum bietet sich mit mehreren pittoresken Holzhäusern, der markanten *Akureyrarkirkja* und dem Botanischen Garten zu einem gemütlichen Spaziergang an. Und das Stadterlebnis kann ergänzt werden durch verschiedene natürliche oder kulturelle Highlights in der näheren Umgebung.

Straßenszene in Akureyri

Im Folgenden wird ein Stadtrundgang vorgestellt, der gut an einem halben Tag zu schaffen ist; die Nummern beziehen sich auf den Stadtplan (s. vorige Seite).

Ein geeigneter Startpunkt ist die **Touristeninformation (1)** auf der *Hafnarstræti*, in der man sich Infomaterial und Stadtpläne besorgen kann. Praktischerweise liegt neben der Touristeninformation der **Busbahnhof** für Überlandbusse und selbst der Flughafenterminal ist nur 10 Gehminuten entfernt. Von hier aus schlendert man die ‚Hafenstraße' *(Hafnarstræti)* in nördlicher Richtung auf das Stadtzentrum zu und erkennt an einigen alten Häusern sofort ein Charakteristikum der hiesigen Architektur: eine in Quaderform gepresste Blechverkleidung der Holzgebäude, die offensichtlich Ziegelsteine nachahmen will.

Ein hübsches Haus erreicht man auf der schmalen Gasse, die linkerhand von der *Hafnarstræti* auf die Kirche zuführt: es ist das 1902 erbaute **Sigurhæðir (2)**, in dem der Pastor und Dichter der Nationalhymne, *Matthías Jochumsson*, bis zu seinem Tod im Jahre 1920 lebte. Das Haus kann besichtigt werden, aber die hier ausgestellten persönlichen Dinge und literarischen Werke des auch wegen seiner Shakespeare-Übersetzung bekannten Mannes (geb. 1855) sind für Nicht-Skandinavisten von untergeordnetem Interesse. Wieder auf der *Hafnarstræti*, kommt man bald zur Kreuzung mit der *Kaupvangsstræti*, an der sich auch das Hotel *KEA* befindet. An diesem links vorbei geht man zur großen Freitreppe, die geradewegs auf die beherrschende Stadtkirche zuführt.

Akureyris Wahrzeichen

Mit ihrer Doppelturmfassade ist die 1940 fertiggestellte lutherische **Stadtkirche** *(Akureyrarkirkja)* **(3)** das Wahrzeichen der Stadt. Ihr Architekt *Gudjón Samúelsson* (der u.a. auch die Hallgrímskirche und das Nationaltheater in Reykjavík entworfen hat) ließ sich hierbei wohl von den Basaltformationen seines Heimatlandes inspirieren. Das kühle, spitztonnengewölbte Innere erhält im Chorbereich Licht durch interessante Glasmalereien, die Persönlichkeiten der isländischen Kirche zeigen. Eine besondere Bewandtnis hat es mit dem mittleren Chorfenster auf sich, das von der englischen Kathedrale in Coventry stammt. Das vor der Bombardierung im Zweiten Weltkrieg ausgelagerte Buntglasfenster geriet auf dunklen Wegen nach Island, wurde aber von Akureyri rechtmäßig gekauft. Interessant sind die verglasten, modernen Sakristei- und Verwaltungsräume *unter* der Kirche (nicht zugänglich), die man am besten von der Uferstraße aus betrachten kann. Ganz in der Nähe befindet sich übrigens auch die **katholische Kirche** in einem weißen Haus mit rotem Dach, die lediglich am Kreuz über dem Eingang als Gotteshaus erkennbar ist.

Die von der Kirchenterrasse weiter bergan führende Straße *Þingvallastræti* bringt einen, vorbei an einem kleinen Weiher, zum **Schwimmbad (4)**, das sommers wie winters eine Wassertemperatur von 27 °C hat. Seine schwefelhaltigen Whirlpools werden gerne von Rheumakranken aufgesucht. Eine lokaltypische Besonderheit ist, dass das warme Rücklaufwasser durch Rohre unter die Straßen geleitet wird, sodass Teilbereiche der Innenstadt stets eisfrei sind. An das Schwimmbad schließt sich direkt westlich der **Campingplatz (5)** an.

Unser Rundgang führt jedoch von der Stadtkirche über den *Eyrarlandsvegur* südwärts und passiert rechter Hand das **Denkmal** des Geächteten oder des Vogelfreien **(6)**, eine der bekanntesten Statuen von *Einar Jónsson*, die den Sagahelden *Gísli* darstellt. In der gleichen Richtung geht es weiter, am **Gymnasium** *(Menntas-*

kólinn) **(7)** vorbei, einem Holzhaus im alten isländischen Baustil. Ihm schräg gegenüber ist eine weitere Skulptur zu sehen, nämlich ‚Odins Raben' von *Ásmundur Sveinsson*.

Wenige Schritte von hier entfernt erreicht man die bedeutendste Parkanlage der Stadt: Den **Botanischen Garten** *(Lystigarðurinn)* **(8)**. Ursprünglich war er 1912 von dänischen Frauen angelegt worden, die beweisen wollten, dass auch Bäume im nordisländischen Klima wachsen können. Der in den 1950er Jahren von der Stadt übernommene Garten stellt heute die vollständigste Sammlung der auf Island vorkommenden Pflanzen (insgesamt 430 Arten) dar, dazu rund 3.500 Beispiele der ausländischen Flora, die hier ebenfalls gedeiht.

sehenswerter Park

Auf dem *Spítalvegur* geht es, am großen **Krankenhaus (9)** vorbei, wieder hinab zum Fjord. Die hier westwärts abgehende *Lækjargata* führt zum **Golfplatz** *Jaðarsvöllur*, auf dem in den hellen Sommernächten Golfen 24 Stunden am Tag möglich ist. Jährlich findet Ende Juni auf der 18-Loch-Anlage das berühmte *Arctic Open International Tournament* mit Teilnehmern aus über 60 Nationen statt, das die Nacht hindurch gespielt wird. Gäste können hier selbst zum Schläger greifen und/oder im Clubhaus einen Imbiss einnehmen.

Auf dem Stadtspaziergang sollte man sich nun aber auf das altertümliche Quartier konzentrieren, das von hier aus südwärts reicht; die provinzielle Architektur ist die älteste der Region und stand lange Zeit vor der Gefahr des Abrisses. Es ist den Bürgerinitiativen vorwiegend jüngerer Leute zu verdanken, dass ein Großteil der noch aus dänischer Zeit stammenden Bauwerke (die natürlich allen heute geltenden Bauvorschriften der Erdbebensicherheit zuwiderlaufen) gerettet werden konnte. Den Anfang macht dort, wo *Spítalvegur, Lækjargata* und *Hafnarstræti* zusammenkommen, das **Laxdalshús (10)**. Das 1795 errichtete Haus *(Hafnarstræti 11)* ist das älteste der Stadt und das viertälteste des Landes. Im Inneren kann man sich eine historische Ausstellung anschauen, außerdem beherbergt das Gebäude heute ein Restaurant.

Das Nonnahús

Weiter geht es über die *Aðalstræti*, vorbei an hübschen Holzhäusern mit ebenso hübschen Vorgärten. Das himmelblaue Gebäude war die erste Poststation des Ortes, direkt dahinter das graue Haus mit blauem Dach das erste Krankenhaus. Das Gebäude mit der Hausnummer 46 *(Friðbjarnarhús*, 1856) war ursprünglich im Besitz eines Buchhändlers und gehört heute dem Guttempler-Orden. Aus mehreren Gründen ist das benachbarte sog. *Nonnahús*, in dem das **Jón Sveinsson Museum (11)** untergebracht ist, interessanter: Mit dem Baudatum 1849 gehört das schwarzes Holzhaus mit seinen weißen Fensterchen zu den ältesten der Stadt. Hier verlebte der Kinderbuchautor *Jón Sveinsson* seine Kindheit, von der er in seinen Kinderbüchern ‚Nonni und Manni' schreibt. 1957, anlässlich des 100. Geburtstages des Dichters, wurde das *Nonnahús* als ‚Jón Sveinsson Museum' der Öffentlichkeit zugänglich gemacht.

Nonnahús, *Aðalstræti 54, Tel.: 462-3555,* www.nonni.is; *1.6.–31.8. tägl. 10–17 Uhr geöffnet, Eintritt*

INFO Wer war Jón Sveinsson (Nonni)?

Jón Sveinsson, genannt ‚Nonni', wurde 1857 in einem kleinen Dorf unweit von Akureyri geboren. Als er 7 Jahre alt war, zogen seine Eltern nach Akureyri auf die Aðalstræti, wo sein sehr religiöser Vater vier Jahre später starb. Ein inniges Verhältnis hatte Nonni zu seinem jüngeren Bruder Ármann, genannt ‚Manni'. Ihre gemeinsame Geschichte verdichtete Jón Sveinsson später aus der Erinnerung zu den weltweit erfolgreichen Kindergeschichten ‚Nonni und Manni', die u.a. vom ZDF verfilmt wurden. Die Tragik dieser Beziehung lag darin, dass es nach dem Tod des Vaters der Mutter nicht möglich war, beide Kinder zu ernähren, und Nonni nach Frankreich geschickt wurde, wo ein Adliger für seine Erziehung aufkam. Auf dem Wege verbrachte der Junge wegen des deutsch-französischen Krieges eine Zeit lang in Dänemark, wo der 14jährige den Katholizismus kennenlernte und konvertierte.

Jón Sveinsson

In Frankreich trat er in die katholische Lateinschule von Amiens ein. Sein Bruder Manni, von ‚Heimweh' zu ihm geplagt, folgte ihm ein Jahr später in die gleiche Schule, starb aber bereits mit 23 Jahren an Tuberkulose. Nach Beendigung der Schule wurde Nonni in den Jesuitenorden aufgenommen, studierte in Frankreich, Belgien, Holland und England u.a. Theologie, wurde zum Priester geweiht und unterrichtete 20 Jahre lang in der dänischen Diaspora. Erst als er aus gesundheitlichen Gründen die Missionstätigkeit aufgeben musste, widmete er sich der freien Schriftstellerei. Trotz vieler Reisen und Vorträge wurde Deutschland sein Lebensmittelpunkt, seine Bücher schrieb er in deutscher Sprache und Deutschland (Köln) war es auch, wo er im Oktober 1944 starb. Nur zweimal kam er in seinem Leben nach Island zurück, 1894 und 1930. Bei seinem letzten Besuch (als geladener Gast der Regierung anlässlich der 1.000-Jahr-Feier) wurde ihm die Ehrenbürgerschaft Akureyris verliehen. Seit 1906 hatte Jón Sveinsson 12 Bücher geschrieben, die in rund 40 Sprachen übersetzt wurde, darunter natürlich auch in seine Muttersprache Isländisch. Nach Halldór Laxness ist er mit Sicherheit der bekannteste und erfolgreichste Autor des Landes.

Das unweit gelegene **Akureyri-Museum** *(Minjasafnið)* **(12)** ist ebenfalls in einem Holzhaus aus dem 19. Jahrhundert untergebracht und verfügt über eine ansehnliche Sammlung von Alltagsgegenständen, Werkzeug, Kunsthandwerk und Kleidung aus jener Zeit, als ausschließlich Landwirtschaft und Fischerei die wenigen Einwohner des Ortes ernährten. Im Garten des Museums ist die 1846 errichtete

Holzkapelle von Svalbarð sehenswert, die 1970 von der Ostseite des *Eyjafjörður* an ihren jetzigen Platz verlegt wurde.

Minjasafnið, *Aðalstræti 58, Tel.: 462-4162; 1.6.–15.9. tägl. 11–17 Uhr, sonst So 14–16 Uhr geöffnet, Eintritt*

Hier hat man den südlichsten Punkt des Spazierganges erreicht und kann nun wieder auf der gleichen Straße oder, um den künstlichen See herum, auf der *Drottningabraut* in die Stadt zurückkehren. Rechterhand im Fjord sieht man den **Flughafen (13)**, dessen Start- und Landebahn sich auf aufgeschüttetem Gelände befindet. Kurze Zeit später geht an der Tankstelle die Nationalstraße 1 über einen Damm mit Brückenabschnitt in Richtung Mývatn zum jenseitigen Fjordufer. Anschließend passiert man, hinter dem Laxdalshús zwischen *Drottningabraut* und *Hafnarstræti* gelegen, das sog. Blumenhaus, das 1993 im Stil der Palmenhäuser in botanischen Gärten errichtet wurde.

Über die *Hafnarstræti,* vorbei an einem sehr schönen Holzhaus, das heute ein Hotel beherbergt, hat man anschließend wieder die Touristeninformation (1), den Ausgangspunkt des Spaziergangs erreicht. Um auch das kommerzielle Zentrum der Stadt kennen zu lernen, geht man nun den schon bekannten Weg bis zur Kreuzung mit der *Kaupvangsstræti* entlang und setzt ihn auf der jetzt als Fußgängerzone gestalteten *Hafnarstræti* fort. Am Eingang ist ein Jugendstilhaus mit zwei markanten roten Türmchen sehenswert. Es folgen eine Reihe von Geschäften, Buchläden und das **Hauptpostamt (14)**. Ein lohnender Abstecher stellt auf der ufernahen Parallelstraße *Skipagata* das moderne Gebäude Nr. 14 dar, wo man mit dem Aufzug in den 5. Stock gelangt: hier befindet sich mit dem *Fiðlarinn* (= ‚der Geigenspieler') nicht nur das renommierteste Restaurant der Stadt, sondern man kann von der Dachterrasse auch einen guten Blick über ganz Akureyri genießen.

Auf der Hafnarstræti

Skipagata und *Hafnarstræti* münden beide auf den **Rathausplatz** *(Ráðhústorg)* **(15)**, an dem außer dem Rathaus verschiedene Reisebüros, ein großes Kino, Restaurants und eine Bank zu finden sind. Zum Osten hin reicht der *Ráðhústorg* an die Hauptverkehrsstraße *Glerárgata*, auf deren anderer Seite die *Strandgata* direkt am Ufer bis zum **Kreuzfahrthafen (16)** führt. Dabei passiert man ein modernes Fischerei-Monument und kommt an einigen hübschen Packhäusern des 19. Jh. vorbei. Damals wurde hier ein *Oddeyri* genannter neuer Stadtteil zusammen mit dem Hafen aufgebaut. Ein kurzer Abstecher auf der *Eiðsvallagata* bringt einen zum **Gamli Lundur (17)**, dem 1860 gebauten ersten Wohnhaus dieses Quartiers. Heute sind dort Wechselausstellungen zeitgenössischer Kunst zu sehen.

Wer noch ein spezielles Interesse an isländischer Literatur und ihrer herausragenden Gestalten hat, dem sei der Besuch des 1944 gebauten **Davíðshús (18)** empfohlen. Es liegt westlich des Rathausplatzes (Bjarkarstígur 6) und diente dem Novellisten und Dramatiker *Davíð Stefánsson* bis zu seinem Tod 1964 als Wohn- und Arbeitsstätte. Zu sehen ist die originale Einrichtung einschließlich der umfangreichen Privatbibliothek. Nahebei ist auch die **Stadtbibliothek (19)** zu finden (Brekkugata 17). Diese bereits 1827 gegründete Institution besitzt heutzutage 83.000 Bände, darunter alle in Island edierten Bücher und Zeitschriften. Etwas weiter entfernt sind *Helgi der Magere* und seine Frau, die ersten Siedler der Region, als **Denkmal (20)** verewigt worden. Und noch ein Stück weiter, jenseits des Flusses *Glerá,* befindet sich die **Jugendherberge (21)**, die wegen ihres idyllischen Gartens mit recht hohen Bäumen fast schon eine Attraktion für sich darstellt.

Sehenswertes in der Umgebung/Tagesausflüge

Wer mehr als einen Tag an Zeit mitbringt oder wer mit dem Flugzeug oder Kreuzfahrtschiff direkt nach Akureyri gelangt ist, wird die nähere oder weitere Umgebung erkunden wollen. Als wichtigstes Ausflugsziel gilt natürlich das Mývatn-Gebiet, aber auch eine ganztägige Rundfahrt um die Tröllaskagi-Halbinsel (vgl. S. 382ff.) ist ein einmaliges Naturerlebnis. Weiterhin bieten sich die Inseln Grímsey und Hrísey für einen Tagesausflug an (s.u.), während passionierte Bergwanderer sich den Aufstieg auf den ‚Hausberg' *Súlur* nicht entgehen lassen werden (s.u.).

Hat man nur einen Tag zur Verfügung, der zur Hälfte durch die Stadtbesichtigung von Akureyri bereits verplant ist, kommen **zwei Ausflüge** in Betracht:

Zum Skigebiet Hlíðarfjall

Wintersport und Wanderungen

Das nur 7 km südwestlich der Stadt gelegene *Hlíðarfjall* wird vor allem im Winter sportlich genutzt (Lifte, Loipen, Pisten), ist aber auch im Sommer wegen der herrlichen Aussicht auf die Stadt, den Fjord und die Bergwelt empfehlenswert. Vom Zentrum aus fährt man dabei die *Þingvallastræti* westwärts, hinter der Brücke über die *Glerá* dann links ab (ausgeschildert). Unterkunft bietet hier ein Ski Resort, das ab Januar bis Anfang Mai (je nach Schneelage) geöffnet ist. Vom Hotel aus lassen sich phantastische Wanderungen durch das unbewohnte *Glerá*-Tal unternehmen, weiter Bergwanderungen in Richtung *Þelamörk* mit einer leichten Besteigung des 780 m hohen *Litlihnjúkur,* einem Abstieg in die *Krossastaðaá*-Schlucht u.v.m. (Informationen im Touristenbüro). Belässt man es bei der schönen Aussicht, benötigt man für diesen Abstecher insgesamt nur eine halbe Stunde und kann die nachfolgend vorgeschlagene Route noch bequem ‚schaffen'.

Entlang dem Eyjafjarðará in Richtung Süden

Durch die fruchtbare Talung am Fjordende und entlang des Flusses *Eyjafjarðará* (= ‚Inselfjordfluss') lässt sich eine schöne, insgesamt ca. 60 km lange Rundfahrt unternehmen, die einen zu Waldhainen, Torfgehöften und Wandergebieten bringt. Am Ende des Tales hat man Anschluss an die Hochlandpiste F 821 durch die

Sprengisandur in Richtung Süden. Aus Akureyri fährt man zunächst über die *Drottningabraut* am westlichen Fjordufer entlang, passiert den Abzweig der Ringstraße in Richtung Mývatn und den Flughafen und gelangt auf die asphaltierte **S 821**. Gut 1 km hinter dem Flughafen liegt ein Parkplatz, der besonders an Wochenenden von Picknick-Ausflüglern frequentiert wird. Denn der angrenzende **Kjarnáskógur** ist eines der idyllischsten Waldgebiete des Nordens; außerdem starten hier Bergwanderer zu ihrer Besteigung des *Súlur*.

Wandertour: Besteigung des Súlur

Schnellwanderer mit guter Kondition können die Besteigung des 1.144 m hohen Súlur, den ‚Hausberg' Akureyris, in etwa 7 Stunden schaffen. Besser ist es jedoch, sich einige Stunden mehr an Zeit mitzunehmen, denn vom Súlur aus kann man über den Berggrat bis auf einen weiteren Gipfel in 1.167 m Höhe und noch weiter bis nah an den vergletscherten Kerling heranwandern, der mit 1.538 m die höchste Erhebung der Region darstellt. Der gelb markierte Weg führt durch moorige Abschnitte an einer kleinen Berghütte vorbei und schließlich in terrassenförmigen Etappen auf den Grat des Berges zu, der selbst im Sommer oft Firnfelder aufweist. Bei klarem Wetter ist die Aussicht auf das Tal, den Fjord, die tief liegende Stadt und die Gebirgswelt der Umgebung phantastisch. Manchmal kann man im Südwesten sogar die Eiskappe des Vatnajökull erkennen.

auf Akureyris ‚Hausberg'

Einige Kilometer hinter dem *Kjarnáskógur*-Parkplatz sieht man das Sanatorium von **Kristnes** auf einem Hügel thronen. Dies war die Stelle, an der der erste Siedler der Region, *Helgi der Magere,* seinen Bauernhof errichtet und ihn nach der neuen Religion benannt hatte. 9 km hinter Akureyri, wo nach links eine Brücke zum Ostufer des Flusses führt, kommt man in die Ortschaft von **Hrafnagil**, in der sich eine bescheidene touristische Infrastruktur angesiedelt hat. Der 100-Seelen-Ort will offensichtlich (wie übrigens auch Hveragerði an der Südküste) davon profitieren, dass der Weihnachtsmann bzw. Santa Claus seinen Wohnsitz im hohen Norden hat. In Konkurrenz zu Rovaniemi/Finnland oder anderen Städten in Kanada, Alaska, Norwegen und Grönland gibt es hier ein rotes Lebkuchen-‚Weihnachtshaus' *(Jólahúsið),* in dem ganzjährig alle Klischees erfüllt werden – von Tannenbaum über ‚Jingle Bells' bis hin zum Kaminfeuer.

Auf der immer noch asphaltierten **S 821** geht es weiter dem Fluss entlang, bis rechts die merkwürdig-pittoreske Kirche von **Grund** auftaucht, die vom Bauern *Magnús Sigurðsson* nach eigenen Entwürfen im Jahre 1906 fertiggestellt wurde. Im 16. Jh. gehörte das Land übrigens der Tochter des letzten katholischen Bischofs des Landes, *Jón Arason*. Das von recht hohen Bäumen umstandene und samt Kirchhof mit einem weißen Zaun umfriedete Gotteshaus ist mit seinem Tonnengewölbe und der schönen Kanzel besonders von innen sehenswert. Falls geschlossen, fragen Sie beim angrenzenden Gehöft nach dem

Die Kirche von Grund

Schlüssel; vielleicht lässt man Sie auch in den Turm hinauf, der eine schöne Aussicht auf das Farmland der Umgebung freigibt.

Gut 9 km weiter endet die Asphaltstraße an der Kirche von **Saurbær**, die im 19. Jh. in der charakteristischen Torfbauweise mit holzverschalter Vorderfront errichtet wurde. Ihr Innenraum kann besichtigt werden. Sie ist gleichzeitig der südlichste Punkt der Rundfahrt. Ganz in der Nähe (S 826) gibt es eine Tankstelle und in eine Übernachtungsmöglichkeit. Während die **S 821** weiter nach Süden ins Gebirge führt und später als Hochlandpiste die *Sprengisandur* durchquert, geht es auf dieser Route von Saurbær zurück, nach gut 1 km dann auf der Asphaltstraße mit Brücke nach rechts, wo man ab **Möðruvellir** über die **S 829** die Heimreise am östlichen Ufer des Flusses antritt.

schöne Holzkirche

Beachtenswert ist unterwegs die schöne, 1844 gebaute Holzkirche von **Munkaþverá**, die auf mythisch-historischem Boden steht. Der *Víga-Glúmur-Saga* nach wurde hier der gleichnamige Wikinger geboren, der sich als Odin-Anhänger nicht dem Christentum beugen wollte und als Märtyrer für seinen alten Glauben starb. An die katholische Zeit erinnert eine Statue für Bischof *Jón Arason*, den später hingerichteten, verbissenen Gegner der Reformation, während von dem Benediktinerkloster des 12. Jh. nichts mehr übrig geblieben ist. Vorbei an altertümlichen Torfhäusern und modernen Farmgebäuden geht es dann über **Kaupangur** bis zur Nationalstraße 1, die über eine Brücken-Damm-Konstruktion über den Fjord zur ‚Hauptstadt des Nordens' zurückführt. Hier aber lohnt es sich für alle, die die Ringstraße in Richtung Mývatn noch nicht kennen, wenige Kilometer am östlichen Fjordufer entlangzufahren und den schönen **Blick auf Akureyri** zu genießen (die Lichtverhältnisse sind vormittags am besten).

Ausflug zur Insel Hrísey (ⓘ s. S. 211)

Die mit 6 ½ km Länge und 1–2 km Breite zweitgrößte aller isländischen Inseln liegt geschützt im Eyafjörður, für dessen Namen (= ‚Inselfjord') sie wahrscheinlich verantwortlich ist. Bereits in der Landnahmezeit wurde die grasbewachsene, recht flache und fruchtbare Insel besiedelt. Damals war sie stärker bewaldet, ein Zustand, den man durch die Anpflanzungen der letzten Jahre wieder erreichen möchte. Im 19. Jh. kam durch den Unternehmer *Jörundur Jónsson,* genannt ‚Haifisch-Jörundur', halbindustrielles Leben auf das Eiland: seine Boote landeten enorme Mengen an Hai an, die er in einer Manufaktur weiterverarbeiten ließ. Da er die Fischerei zur Haupterwerbsquelle (bis auf den heutigen Tag) machte, errichteten ihm die dankbaren Einwohner ein Denkmal, das oberhalb der Dorfkirche zu sehen ist.

Insel im Fjord

Die meisten der rund 300 Insulaner wohnen im Fischerdorf Hrísey, in dem es außer der Kirche ein Freibad, das Restaurant und Gästehaus *Brekka* sowie weitere kleine Pensionen gibt. Bekannt ist die Insel wegen ihrer landwirtschaftlichen Versuchsstation, in der schottische Galloway-Rinder gezüchtet werden, die es sonst auf Island nicht gibt. Alle anderen Haustiere, aber auch Füchse und verwilderte Nerze fehlen völlig (z.T. mussten sie wegen der Versuchsanstalt geschlach-

Dörfliche Szene auf Hrísey

tet werden); dadurch ist Hrísey zu einem bekannten Vogelparadies geworden. Besonders reichhaltig vertreten ist das Alpenschneehuhn, das sich offenbar der Abwesenheit gefährlicher Feinde bewusst ist und manchmal zutraulich durch die Dorfstraßen spaziert. Außer dem als Naturschutzgebiet für Wanderer gesperrtem Nordteil bietet sich das Terrain für erholsame Spaziergänge an. Auf vielen markierten Pfaden kann man durch Moor- und Heidegebiete wandern, die Stille des fast autofreien Eilandes genießen und seine artenreiche Flora und Fauna beobachten. Bei gutem Wetter ist die Sicht auf die steil aufragenden Berge des Fjordes spektakulär.

Der Tourismus (auch der innerisländische) nach Hrísey hat in den letzten Jahren zugenommen und Reisegesellschaften machen immer öfter den Trip nach Hrísey zu einem Programmpunkt. Wem es gut auf dem Inselchen gefällt, hat die Möglichkeit, in einfachen Gästehäusern oder im Zelt zu übernachten. Die meisten Besucher, darunter viele Städter aus Akureyri, benutzen die Fähre ab Árskógssandur, das auf der Halbinsel *Tröllaskagi* liegt (S. 382). Vor allem bei schönem Wetter ist aber auch die zweistündige Überfahrt ab Akureyri außerordentlich lohnend.

Ausflug zur Insel Grímsey (ⓘ s. S. 211)

Grímsey liegt mitten auf dem Polarkreis, etwas mehr als 40 km nördlich der isländischen Küste, und ist in Luftlinie von Reykjavík 325 km, von London 1.949 km, von Moskau 3.103 km, von New York 4.445 km, von Tokio 8.494 km und von Sydney 16.317 km entfernt. Diese Angaben kommen nicht von ungefähr, sind sie doch deutlich auf einem Richtungsanzeiger am kleinen Inselflughafen angeschlagen. Von der unbewohnten Schäre *Kolbeinsey* weiter draußen im Nordmeer einmal abgesehen, ist das 5,3 km² große Eiland der **nördlichste Punkt** der Republik und wird vom Polarkreis in einen ‚arktischen' und einen ‚subarktischen Teil' zerschnitten. Aber nicht nur seine exponierte Lage, deren Besuch Touristen mit einem ‚Polarkreis-Zertifikat' bestätigt wird, lohnen die Fahrt hierhin, sondern vor allem die faszinierende **Natur** und die enormen Bestände an **Seevögeln**. Auch die knapp 120 Seelen zählende **Bevölkerung**, die an Skurrilitäten reich ist, können den Grímsey-Trip zu einem unvergesslichen Ausflug werden lassen. auf dem Polarkreis

Merkwürdiges gibt es von der insularen **Geschichte** zu berichten: Wie Hrísey ist auch Grímsey seit der Landnahmezeit besiedelt und trägt noch heute den Namen jenes Wikingers *Grím,* der sich als erster hier niederließ. In seiner *‚Heimskringla'* berichtet *Snorri Sturluson*, dass sich der norwegische Nationalheilige König *Olav* die Insel von den Isländern als Geschenk erbeten habe. Auch überliefert ist die tragische Flucht des Bischofs *Guðmundur des Guten* hierhin, der später dann doch seinen Feinden erlegen war. Wegen ihrer isolierten Lage waren die Insulaner insofern ein wenig vom isländischen Normalzustand abgekoppelt, als die Hungersnöte des Festlandes hier weniger furchtbar wirkten – schließlich hatte man reichlich Fisch, Seevögel und deren Eier. Andererseits war man auch mehr den Gefahren des Meeres ausgesetzt: im 18. Jahrhundert soll die gesamte männliche Bevölkerung außer dem Pfarrer bei einem Sturm auf See geblieben sein!

Seit langer Zeit ist die Schachleidenschaft der Einwohner verbürgt. Sie war es auch, die den Nordamerikaner, *Daniel Willard Fiske* – der Freund von *Mark Twains* war damals der beste Schachspieler der USA – bei einer Island-Reise auf das Inselchen aufmerksam werden ließ. Er schloss es und seine Einwohner so sehr ins Herz, dass er nicht nur zunächst jedem Hof ein Marmor-Schachspiel zukommen ließ und später auch eine Schule und Bibliothek finanzierte, sondern bei seinem Tod im Jahre 1904 der Gemeinde 12.000 US$ vermachte. Kein Wunder, dass sein Andenken heute noch hochgehalten wird.

legendärer Lachs-Fang

Trotz dieser Summe dauerte es bis nach dem Zweiten Weltkrieg, bis die Insel mit Strom versorgt werden konnte. Inzwischen haben reiche Fischerträge – immerhin wurde hier 1957 der legendäre, 49 Pfund schwere ‚*Grímsey-Lachs*' an Land gezogen – und in letzter Zeit auch die Segnungen des Tourismus ein recht wohlhabendes Gemeinwesen entstehen lassen. Stolz ist man auf das neu erbaute Freibad, auf die Parabolantennen für TV-Satellitenempfang und auf das gute Dutzend Autos (!), für die eine gerade mal 3 km lange Straße zur Verfügung steht.

Besucher brauchen natürlich keinen Mietwagen, um die Schönheiten des Eilandes zu entdecken. In rund 5 Stunden hat man es bequem umrundet und dabei entdeckt, dass Grímsey bei Naturliebhabern zu Recht einen guten Namen hat. Vom **Flughafen** aus kann man über einen Pfad (vorbei an der oben erwähnten Entfernungstafel) in den nördlichen, also ‚arktischen' Teil gelangen. Hier ragen an der Ostseite **100 m hohe Felswände** steil aus dem Atlantik, Heimat für eine ohrenbetäubend kreischende **Vogelwelt**: Tordalke, Papageientaucher, Gryllteisten, Trottellummen, Eissturmvögel – über 60 Standort-Vogelarten wurden auf Grímsey gezählt.

Trottellummen-Kolonie auf Grímsey

Achtung ist geboten: einerseits muss man darauf achten, die Nester oder Küken der Seevögel nicht zu zertreten, andererseits muss man vor Angriffen von Skuas und Küstenseeschwalben auf der Hut sein (wer keinen Stock zur Abwehr dabei hat, kann sich im Gästehaus *Básar* einen leihen).

Von den Vogelfelsen wandert man an der Küste entlang ganz um die Insel herum, wobei man auch der farbenfrohen **Vegetation** (mehr als 100 Pflanzenarten) Beachtung schenken wird. Die Westseite ist durch idyllische **Buchten** gegliedert und von Riffen und Basaltsäulen umsäumt.

Und an vielen Stellen sieht man die charakteristischen **Holzgestelle** für den Stockfisch. Im Fischerdorf **Sandvík** schließlich lohnt ein Besuch der **Kirche**, weiter gibt es **Schule, Freibad, Bibliothek, Pfarrhaus,** einen **Laden** mit Lebensmittel und Souvenirs sowie die **Post** (verschicken Sie hier eine Postkarte ‚vom Polarkreis'). Eine Markierung des Polarkreises, wie man sie z.B. von Norwegen, Schweden oder Finnland her kennt, gibt es auf Grímsey aber leider nicht.

Von Akureyri nach Borgarnes

Überblick

Die vierte Etappe der Ringstraße bringt einem das liebliche und landwirtschaftlich nutzbare Island näher, vor allem in den Talungen am Ende der breiten *Skagafjöður-* und *Húnaflói*-Bucht. Dies ist das Land der Island-Pferde, der Sagahelden, der Pferde- und Schafsabtriebe, der großen Bauernhöfe. Auf Spektakuläres braucht der Reisende dabei nicht zu verzichten: die Halbinsel *Tröllaskagi* etwa (Abstecher) oder das *Öxnadal* mit seinen spitzen Felsnadeln bieten einen wilden, gebirgigen Charakter, auch sonst kann man immer wieder Abstecher (Wanderungen) zu tiefen Schluchten, Wasserfällen und Vulkankratern unternehmen. Auf den Halbinseln sowie am Ende der Fjorde lernt man intakte Fischergemeinden kennen, von dort aus sind auch Bootsausflüge aufs Meer und zu vorgelagerten Inseln möglich. Kulturelle Akzente setzen Kirchen und repräsentative Torffarmen.

Redaktions-Tipps

- Wandern im Bergland des *Öxnadals* und entlang der *Giljá* (S. 381, 393)
- Ausritte im ‚Pferdegebiet' am *Skagafjöður*
- Teilnahme am Pferde- oder Schafabtrieb im Herbst (S. 391)
- Bootsfahrt zu den Inseln *Drangey* und *Málmey* (S. 385)
- Rundfahrt um die Halbinsel *Tröllaskagi* (S. 382ff.)
- Besichtigung der Kulturdenkmäler *Glaumbær, Víðimýrikirkja* und *Hólar* (S. 386, 387, 389)

Autofahrer finden entlang der Hauptroute flächendeckend Tankstellen und Serviceeinrichtungen, die **Straßenbedingungen** sind weitgehend gut, auf der Ringstraße findet man bis auf ca. 35 km eine Asphaltdecke vor; bei den alternativen Rundfahrten wird man allerdings auf holprigen Schotterstraßen bisweilen arg durchgeschüttelt. Man kann also die insgesamt 319 km durchaus an einem Tag zurücklegen, womit man sich wegen der vielfältigen Möglichkeiten zu Besichtigungen, Wanderungen und Ausritten jedoch keinen Gefallen tut.

Übernachtungsmöglichkeiten sind zahlreich vorhanden, komfortable Hotels gibt es sowohl entlang der Ringstraße (u.a. in 3 Edda-Hotels) als auch in den Ortschaften *Blönduós, Borgarnes, Dalvík, Hvammstangi, Ólafsfjörður, Sauðárkrókur, Siglufjörður* und *Varmahlíð*. Dazu tritt ein sehr reiches Angebot an Gästefarmen, Schlafsackunterkünften, Jugendherbergen und Zeltplätzen.

Alternativ zur Hauptroute können die drei Halbinseln, die sich wie lange Finger in den Nordatlantik hinausragen, umfahren werden. Landschaftlich am beeindruckendsten ist dabei sicher die *Tröllaskagi* (S. 382ff.) mit fast schon alpinem Gepräge, die daneben auch mit drei Fischerstädtchen und dem Bischofssitz *Hólar* aufwarten kann. Doch auch die flachere *Skagi* (S. 389ff.) und die kleinere *Vatnsnes* (S. 397f.) lohnen einen Abstecher unbedingt. Wem die Zeit zu solchen Ausflügen fehlt, sollte wenigstens vor Varmahlíð über die Straßen 76/75 am Delta der *Héraðsvötn* entlang zum *Skagafjörður* fahren und sich Sauðárkrókur sowie die Torffarm Glaumbær anschauen.

Ab dem *Hrútafjörður* bzw. vor dem *Hreðavatn* sind weitere Abstecher möglich, mit denen die Island-Umrundung erheblich erweitert werden kann. Die Rede ist von dem riesigen Gebiet des **Nordwestens** (Westfjorde) und von der **Snæfellsnes-Halbinsel**. Diese Regionen nördlich und südlich des *Breiðafjörður* stellen jedoch eine Welt für sich dar und werden ab S. 436 gesondert vorgestellt.

Akureyri – Varmahlíð

Diese erste, 95 km lange Teilstrecke bringt Sie von der ‚Metropole' am fruchtbaren *Eyafjörður* in die alpine Kulisse des *Öxnadalur*, dann über die Pass-Straße der *Öxnadalsheiði* zu den Talungen des *Skagafjörður*. Sie durchschneidet damit die *Tröllaskagi*-Halbinsel an ihrem Fuß; wer deren grandiose Natur kennen lernen möchte, muss 10 km hinter Akureyri, an der Jugendherberge *Lónsá* vorbei, auf die **S 82** nach Norden abzweigen. An diesem Abzweig macht die Ringstraße ebenfalls einen Knick, weil sie für die nächsten 40 km dem Lauf der *Hörgá* und der *Öxnadalsá* (= ‚Axttalfluss') folgt. Am Anfang des Tals steht in **Þelamörk** ein Edda-Sommerhotel mit Zeltplatz zur Verfügung, evtl. als Alternative zu Akureyris Stadthotels.

durch die Berge nach Süden

Hinweis

Es ist auch möglich, über die ***S 815*** *am nördlichen Ufer der* Hörgá *entlangzufahren. Dabei geht die Route zunächst nach* Möðruvellir, *das einst ein Augustinerkloster beherbergte und noch lange danach (bis zum 19. Jh.) als geistiger und administrativer Ort von Bedeutung war. In Ytri-Bægisá kommen beide Routen wieder zusammen.*

Ab **Ytri-Bægisá** (schöne Kirche von 1858) beginnt die Straße zu steigen, die sich nun in das von schneebedeckten und über 1.400 m hohen Bergen umstandene *Öxnadalur* (= ‚Axttal') begibt. Hinter der Kirche von Bakki jenseits des Flusses überragt die markante Felsnadel *Hraundangi* (1.175 m) als eine Art Wahrzeichen das Tal. Südlich davon liegt, von der Ringstraße nicht sichtbar, der 500 m hoch gelegene See *Hraunsvatn* (Forellenangeln), zu dem sich Ausritte oder Wanderungen vom Gästehaus **Engimýri** aus anbieten.

Gut 10 km hinter *Engimýri* beginnt die Ringstraße, an der 1992–94 umfangreiche Bauarbeiten vorgenommen wurden, mit einigen Kehren in die *Öxnadalsheiði* hinaufzusteigen, vorbei an mehreren verlassenen Bauernhöfen. Die Szenerie wird dramatischer, hohe Berge flankieren die Route, die z.T. oberhalb tiefer Schluchten verläuft. Im Winter kann dieser Streckenabschnitt nur mit Mühe schneefrei gehalten werden, daher auch die Schutzhütte unterhalb des *Selfjall* (1.237 m), die für Notfälle aufgestellt wurde. An der Brücke über das Wildwasser *Kotá*, zu erkennen an der alten Brücke rechter Hand, können Wagemutige sich aufmachen, ein Stück oberhalb der Schlucht *Kotagil*, eine der tiefsten und eindrucksvollsten des Landes, hinaufzuwandern. Die Bewältigung von rund 500 Höhenmetern wird durch eine fantastische Aussicht in die Klamm belohnt, die das Flüsschen in den Fels gegraben hat.

Das Öxnadalur

Jenseits des Passes geht es wieder hinab, und zwar in das *Norðurárdalur*, dessen Charakter nach und nach immer lieblichere Züge annimmt. Auf Höhe der Kirche *Silfrastaðir*, deren Vorgängerin ins Reykjavíker Freilichtmuseum *Árbær* verfrachtet wurde, sind die saftigen Weiden der *Heraðsvötn* erreicht, ein Flusssystem, das mit einem großen Delta in den *Skagafjörður* mündet. Man folgt dem Fluss in nördlicher Richtung und passiert auf Höhe des 1.147 m hohen *Akrafjall* linker Hand den Pfarrhof *Miklibær*. Hier lebte die Familie des klassizistischen Bildhauers *Berthel Thorvaldsen*, der später in Kopenhagen und Rom Karriere machte. Etwa 1 km vor der Brücke, am Hinweiszeichen für eine ‚Sehenswürdigkeit', führt nach rechts ein Pfad über eine Weide etwa 200 m bergan und endet an einer Basaltsäule, die an blutige Fehden im Jahre 1230–31 erinnert. Von dort aus hat man eine schöne Aussicht auf das grüne Tal mit seinen Pferde- und Schafsweiden.

im wilden ‚Axttal'

Schließlich überquert man bei Miðgrund die unterschiedlichen Wasserläufe der *Héraðsvötn* und gelangt nach 5 km zur Siedlung Varmahlíð. Hier ist man bereits im Einzugsgebiet des **Skagafjörður**, der für Pferdezucht und Pferdewettkämpfe weithin bekannt ist. Viele der Höfe in der Region züchten Tiere von hervorragender Qualität.

Abstecher Sauðárkrókur/Glaumbær

Vor der Brücke über die *Héraðsvötn* empfiehlt sich für alle, die weder die *Tröllaskagi-* noch die *Skagi*-Halbinsel bereisen wollen, eine herrliche, knapp 60 km lange Rundfahrt. Dabei geht es auf der **S 76** in nördliche Richtung, dann über die besser ausgebaute **S 75** auf Brücken und Dämmen über das Flussdelta nach Sauðárkrókur. Von hier aus erreicht man durch eine liebliche Landschaft die Torffarm *Glaumbær* und stößt in Varmahlíð wieder auf die Ringstraße. Wem dies zu lang erscheint, sollte wenigstens die 9 km von Varmahlíð nach *Glaumbær* zurücklegen. Die genannten Sehenswürdigkeiten sind ab S. 389 beschrieben.

Varmahlíð (ⓘ s. S. 211)

im Land der Pferde

Der kleine Ort (ca. 100 Ew) trägt seinen Namen nach den geothermalen Quellen, die heutzutage für Heizung und Warmwasser genutzt werden. Zusammen mit Sauðarkrókur ist er eine der besten Adressen, wenn man seinen Island-Aufenthalt durch kleinere oder längere Reitferien bereichern möchte. Aber auch Wanderer finden in der Umgebung sehr gute Pfade, weiterhin bestehen gute Angelmöglichkeiten. Camper haben in Varmahlíð einen guten Zeltplatz und können im Supermarkt ihre Vorräte auffüllen. Entspannung von Wander- und Reittouren findet man in dem sehr schönen **Freibad** mit *hot pots*, oberhalb des Hotels gelegen. Daneben befindet sich eine moderne Sporthalle.

- **Abstecher in den Süden**

Von Varmahlíð führen einige Straßen parallel zur *Héraðsvötn* in südliche Richtung, davon am besten ausgebaut die **S 752**. Sie bringen einen über gut 20 km durch eine landwirtschaftlich geprägte Landschaft, in der Kühe und Schafe gehalten werden, vor allem aber die Pferdezucht dominiert. Kurz hinter Varmahlíð befindet sich z.B. die bekannte Turnierstätte *Vindheimamelar*, in der sich auch Touristen über den Leistungsstand der Islandpferde informieren können. Eine ganze Anzahl von Gästefarmen bieten Kost, Logis, Reittouren u.v.m. an. Das schönste Ausflugsziel ist bei gutem Wetter eine mehrstündige Bergwanderung auf den 1.138 m hohen *Mælifellshnjúkur*, von dem man die allerbeste Rundsicht hat. Nach der fruchtbaren Talung steigt später die Straße immer mehr an und geht schließlich in die Hochlandpiste **F 752** über, dem westlichen Arm der **Sprengisandur-Route** (S. 413ff.).

Alternativstrecke: Entlang der Halbinsel Tröllaskagi

Die Gesamtstrecke um die Halbinsel Tröllaskagi herum beträgt von Akureyri nach Varmahlíð – einschließlich Abstecher Siglufjörður – rund 230 km. Die ersten 10 km legt man dabei auf der Ringstraße zurück, dann geht es auf der **S 82** geradewegs nach Norden. Man passiert das Gehöft **Möðruvellir**, das einmal als Standort eines Klosters, Pfarrhof und Amtmann-Residenz Bedeutung hatte. Hinter der fast völlig verlassen Siedlung **Hjalteyri** verläuft die Straße nahe am Ufer des *Eyafjörður*, vorbei an einigen Gästefarmen, zum Hafenort **Árskógsstrandur** mit schönem Blick auf das andere Fjordufer und die Insel **Hrísey**, die man ab hier per Fähre erreichen kann. Auf dem kurzen Wegstück zwischen Árskógsstrandur und Dalvík gehen zwei Pisten (**S 807** und **S 805,** die man zu einer Rundfahrt verbinden kann) weit ins Hinterland hinein, in denen knapp 1.300 m hohe, vergletscherte Gipfel zu ausgedehnten Bergwanderungen reizen. Nahe an der Hauptroute kommt man dabei am pittoresken Bauernhof *Stærri Árskógur* vorbei, der sich an die steilen Bergwände anzulehnen scheint.

Mit 1.900 Einwohnern ist **Dalvík** (ⓘ s. S. 211) einer der prosperierenden Fischerorte, die vom Ausbau des Hafens nach dem Zweiten Weltkrieg profitierten. Nach dem sog. Dalvík-Erdbeben 1934 (Stärke 6,3) weitgehend zerstört, wurde die Stadt neu aufgebaut und besitzt heute ein modernes Gepräge, dessen Lebensgrundlage die Trawler-Flotte, Fischfabriken und Fischverpackungsindustrie *(Sæplast)* sind. Sehenswert ist der lebhafte Hafen, einige Stockfischgestelle, die hübsche Kirche und das 1989 eröffnete Heimatmuseum *Hvoll* *(geöffnet 1.6.–15.9. tägl. 13–18, sonst nur So bis 17 Uhr)*. Besuchern stehen in Dalvík alle üblichen Einrichtungen wie Post, Bank etc., Restaurants, Hotel, Gästefarmen, Golfplatz, Campingplatz und Schwimmbad zur Verfügung. Im Winter lockt das *Böggvisstaðafjall* mit Skipisten, 2 Lifte und der *Brekkusel Ski Lodge*.

Die nächsten 22 km bis Ólafsfjörður führen auf einer schlechten Piste direkt an der Steilküste *Ufsaströnd* entlang, immer wieder Atem beraubende Ausblicke auf den *Eyjafjörður* und die Insel Hrísey bietend. Auf dem Weg passiert man den Hof *Karlsá*, im 17./18. Jh. Heimat des berühmten Schiffsbauers *Eyvindur Jónsson*; an ihn und seine Arbeit erinnert das fotogene Modell eines Schoners. Die nervenaufreibende Schotterpiste ist seit 1991 durch einen 3,4 km langen, schmalen **Tunnel** bequemer geworden, wobei man allerdings das 415 m hohe Kap *Ólafsfjarðamúli* verpasst. Wer dorthin möchte, nimmt die alte Trasse, am besten mit einem Geländewagen. Belohnt wird man durch einen herrlichen Ausblick über den Fjord und den Nordatlantik, wo man – bei gutem Wetter – selbst die Insel Grímsey auf dem Polarkreis sieht. Aber auch die S 82 bietet gute Sichtmöglichkeiten; berühmt sind hier die Sonnenuntergänge bzw. Ende Juni die Mitternachtssonne. Dann geht es steil hinunter zum *Ólafsfjörður* an dessen Ende das gleichnamige Städtchen liegt.

schöne Sonnenuntergänge

Ólafsfjörður (ⓘ s. S. 211), das 1944 die Stadtrechte erhielt, lebt vornehmlich von seinem Fischereihafen, der die heute ca. 1.000 Einwohner mit Fischfang und -verarbeitung ernährt. Aber auch der Fremdenverkehr wird zunehmend wichtiger, bedingt u.a. durch die Eröffnung des kleinen Flughafens. Die naturschöne Lage am Fjord, umgeben von schneebedeckten Bergen, Seen und Vogelfelsen, zieht immer mehr Gäste in ihren Bann. Ihnen stehen ein geothermal beheiztes Freibad (Sundlaugarvegur), daneben ein Zeltgelände, ein Tennisplatz (an der Schule), in der Umgebung ein 9-Loch-Golfplatz und am *Ólafsfjarðarfjall* gute Wintersportmöglichkeiten mit Skilift und Sprungschanze zur Verfügung. Der direkt südlich gelegene See *Ólafsfjarðarvatn* ist außerdem vorzüglich zum Forellenangeln geeignet.

In die nördliche, gebirgige Spitze der Tröllaskagi-Halbinsel führen nur Wanderpfade und ein rauer Jeeptrack, während die ‚normale' Straße (**S 82**) einen weiten südlichen Bogen über die *Lágheiði* nimmt; selbst diese Piste kann im Winter oft nicht schneefrei gehalten werden (Schutzhütte). Kurz hinter Ólafsfjörður passiert man den See *Ólafsfjarðarvatn*, weiter geht es steil bergan, dann auf recht flacher Pass-Strecke um eine gut 1.000 m hohe Bergspitze herum, abschließend wieder in nördlicher Richtung, am Kirchhof *Knappstaðir* und dem Wasserkraftwerk

Ólafsfjörður

Skeiðfossvirkjun vorbei. An der Lagune *Miklavatn*, 38 km hinter Ólafsfjörður, stößt man auf die **S 76** (Laden, Gästefarm). Auf dieser gelangt man südwärts zur Ringstraße zurück, während sie nach Norden hin als 25 km lange **Stichstraße bis Siglufjörður** führt.

Unternimmt man diesen (lohnenden!) Abstecher, kommt man nach wenigen Fahrminuten am Hof **Hraun** vorbei (Gästefarmen, Camping, Pferdeverleih, Lachs- und Forellenangeln), in dessen Umgebung man im Sommer viele Blaubeeren findet. Anschließend windet sich die Straße bergan auf den Rand der Steilküste hinauf und folgt dieser bis zum äußersten Spitze, dem *Kap Sauðanes* mit Leuchtturm. Danach geht es durch einen 800 m langen Tunnel unter dem Berg *Stráka* hindurch und am Ufer des *Siglufjörður* entlang zur gleichnamigen Stadt, die die **nördlichste Islands** ist.

Zentrum des Herings-fangs

Lange Zeit hindurch hatte **Siglufjörður** (ⓘ s. S. 211) einen bedeutenden Ruf als Zentrum des Heringsfangs, dem man etliche Fischfabriken und Salzereien verdankte sowie den Zustrom von Arbeitern aus dem ganzen Land während der alljährlichen Saison des ‚Heringsrausches'. Die Folge war die Verleihung der Stadtrechte im Jahre 1918 und die Aufnahme dreier Heringe in das Stadtwappen. Daher bedeutete nach dem Krieg das Ausbleiben der Heringsschwärme ein jähes Ende des erwirtschafteten Wohlstandes – die Fabriken mussten schließen, viele der mehr als 3.000 Einwohner verließen die Stadt. Erst langsam konnte man sich von diesem Schlag erholen, indem man sich auf andere Fischarten verlegte und neue Kleinbetriebe ansiedelte (u.a. Möbel).

Durch den Flughafen mit Reykjavík und Akureyri verbunden, bekam auch der Fremdenverkehr Impulse und Siglufjörður eine weitere Erwerbsquelle. Heute hat die Stadt rund 1.500 Einwohner. Wer sich über die gute alte Zeit des Heringsfangs informieren möchte, sollte das Heringsmuseum *(Síldarminjasafn)* auf der Suðurgata besuchen *(im Sommer tägl. 10–18, sonst 13–17 Uhr geöffnet)*. Oder man schaue sich die alten Fotografien in der Cafeteria *Bíogrillið* an und spaziere durch das Viertel *Þormódseyri*, eine nach dem ersten Siedler benannte Halbinsel, in der fünf verlassene Heringsfabriken stehen. Sollte man am ersten Augustwochenende hier sein, darf man sich das ‚Herings-Festival' *(síldarævintýrið)* nicht entgehen lassen, das die vergangenen Zeiten noch einmal zum Leben erweckt.

Das Heringsfang-Museum von Siglufjörður

Besucher finden in dem Städtchen alle Annehmlichkeiten des modernen Lebens, einschließlich Hotel, Gästehaus, Campingplatz und einem großen Sportzentrum mit Hallenbad, *hot pots*, Sauna etc. *(Hvanneyrarbraut)*. Die phantastische Umgebung lädt zum Golfen, Angeln, Bootsausflügen und vor allem zum Wandern ein: eine ganze Reihe von Pfaden sind markiert, z.B. zur nördlichen Landzunge *Siglunes*, aber auch weitere Touren bis hin zur Ostküste der Halbinsel *(Héðinsfjörður, Ólafsfjörður)*. Ruhe findet man in einem kleinen Wäldchen direkt südlich der Ortschaft, während die 15 km lange und 630 m hohe Pass-Straße *Siglufjarðarskarð* Jeepfahrern ein atemberaubendes Abenteuer bietet (nur im Sommer möglich). Und schließlich ist auch Wintersportlern die nördlichste Stadt des Landes mit ihren beiden Lifte, der Sprungschanze und guten Pisten ein Begriff.

Von Siglufjörður fährt man notgedrungen auf gleicher Strecke (24 km) bis zum *Miklavatn* zurück und bleibt dort auf der **S 76**, die dem Küstenverlauf der Halbinsel folgt. An der Hauswirtschaftsschule *Sólgarðaskóli* (Sommerhotel mit Schlafsackplätzen, Küche und Schwimmbad) vorbei geht es in weitem Bogen um die Bucht *Fljótavík* und dann an der Westseite der Halbinsel geradewegs nach Süden. Immer wieder ergeben sich herrliche Blicke auf den breiten *Skagafjörður* und die Halbinsel Skagi auf seiner anderen Seite. Hinter der Kirche von **Fell** erreicht man **Lónkot** mit seiner gemütlichen Jugend- und Familienherberge.

am breiten Skagafjörður entlang

Zur Rechten rückt nun die im Fjord gelegene Insel **Málmey** näher, ein großer, 4 km langer Lavaklotz mit beeindruckenden Vogelfelsen. Von vielen Siedlungen und Gästefarmen an der Küste aus werden Bootstrips zu dem Eiland angeboten, auf dem noch eine Bauernfamilie ausharrt. Auch die weiter entfernte und unbewohnte Insel **Drangey**, die schon in den Sagas als Zufluchtsort für Geächtete genannt wird (am berühmtesten der Sagaheld *Grettir*), kann u.a. von Hofsós per Boot umrundet werden. Im Volksmund werden Geschichten erzählt, nach denen es sich bei den Inseln um versteinerte Trolle bzw. die versteinerte Kuh des Trolls handelt. Genau wie Málmey besitzt auch Drangey beachtliche Vogelkolonien (Papageientaucher, Trottellummen), die an und über der 170 m hohen Steilküste nisten.

Sagenumwobenes Drangey

massive Inselklötze

Wenige Kilometer hinter Lónkot passiert man auf der **S 76** das Haff *Höfðavatn*, das nach Westen hin von der Halbinsel *Þórdarhöfði* begrenzt wird. 5 km weiter erreicht man wieder eine etwas größere Siedlung, nämlich den 400-Einwohner-Ort **Hofsós** (ⓘ s. S. 211). Direkt hinter der Brücke befindet sich rechter Hand ein hölzernes **Packhaus** aus dem Jahre 1777, das als eines der ältesten Häuser des Landes gilt. Damals wurde es von der dänischen Monopolgesellschaft für den Grönland-, Island- und Finnland-Handel in Einzelteilen hierhin transportiert. Im Erdgeschoss des 1991 restaurierten und als Museum hergerichteten Gebäudes werden u.a. die verschiedenen Fangmethoden für Papageientaucher

Packhaus von Hofsós

und andere Seevögel auf der Insel Drangey dokumentiert, außerdem sieht man das kleine Modell eines Vogelfelsens.

Dokument der Emigration

Neben dem Packhaus-Museum wurde 1996 ein sog. ‚Westfahrer-Zentrum' eingereichtet, das die Epoche um 1900 dokumentiert, als Zehntausende von Isländern in die USA und nach Kanada auswanderten. In den Folgejahren wurde die Institution zu einem dreistöckigen ‚isländisch-amerikanischen Emigrationszentrum' ausgebaut, das in äußerst interessanter Weise die unterschiedlichen Gründe der Emigration beleuchtet, die Zustände auf den Auswanderer-Schiffen oder die Situation am Reiseziel. Das vor allem von Amerikanern vielbesuchte Zentrum verfügt u.a. über eine Bibliothek, ein Archiv und ein genealogisches Zentrum.

Vesturfarasetrið, *Tel.: 453-7935,* www.vestur.is; *10.6.–10.9. tägl. 11–18 Uhr geöffnet.*

Hinter dem Ensemble hat man einen hübschen Blick auf den Hafen und die Berge der Halbinsel Skagi im Hintergrund. Wer länger bleiben möchte, findet in Hofsós ein Gästehäuser und einen Campingplatz.

6 km hinter Hofsós verdient die kleine Torfkirche von **Gröf** *(Grafarkirkja)* aus dem 17. Jh. Beachtung, die der von *Víðimýri* (s.u.) sehr ähnlich ist und einen schönen Schrankaltar besitzt. Hinter der nächsten Tankstelle biegt dann links die **S 767** zu einem lohnenden Abstecher ins *Hjaltadalur* ab. Dessen Ziel ist die 11 km entfernte Kathedrale von Hólar, neben Skálholt das wichtigste kirchliche Zentrum in Mittelalter und früher Neuzeit.

Auf dem Weg dorthin passiert man **Neðri-Ás**, wo im Jahre 984 die erste christliche Kirche Islands errichtet wurde. Auf dem heutigen Hof betreibt der Farmer *Jón Garðarsson* das Gestüt *Ás Hestar,* das eine breite Palette von ein- und mehrtägigen Ausritten anbietet. Noch etwas weiter findet man ein Sommerhotel, Schlafsackunterkünfte, Restaurant, Laden und Pferdeverleih. Von hier aus ist bereits der hohe Campanile der ehemaligen Domkirche gut sichtbar.

Hólar (ⓘ s. S. 211)

Seit der Einweihung von Bischof *Jón Ögmundsson* dem Heiligen im Jahre 1106 und bis zur Aufgabe im Jahre 1802 war Hólar (= ‚die Hügel) einer der beiden isländischen Bischofssitze und wichtiges Bildungszentrum des Landes. Das Erbe der ehemaligen Lateinschule hat heutzutage die Landwirtschaftsschule (1882 gegründet) angetreten. In- und ausländische Studenten werden hier in 4 Semestern in den Grundlagen der Agrarwissenschaft und besonders der Pferdezucht und -pflege unterrichtet; auch das staatliche Pferdezuchtzentrum befindet sich in Hólar. Weitere Forschungsschwerpunkte liegen auf der Forellen-, Pelztier- und Schafzucht sowie der Forstwirtschaft.

ehrwürdige Kathedrale

Größte Sehenswürdigkeit ist natürlich die ehemalige **Kathedrale**, die siebente und mit 9 x 20 m die kleinste Kirche am Platz sowie die fünfte innerhalb der Reihe der Kathedralen. 1763 eingeweiht, kann sie als älteste erhaltene Steinkirche Islands gelten. Ihr berühmtester Hausherr war jener *Jón Arason,* der als letzter der 23 katholischen Bischöfe (1524–50) dem von Dänemark aufgezwungenen Protes-

Die Kirche von Hólar

tantismus hartnäckigen Widerstand entgegensetzte und dabei ums Leben kann. Aber auch unter den 13 lutherischen Bischöfen gab es so große Gestalten wie z.B. *Guðbrandur Þorláksson*, der mit seiner Bibelübersetzung die isländische Sprache nachhaltig beeinflusste. Seit 1986 ist Hólar Sitz eines Weihbischofes. Für eine Kirchenbesichtigung muss man an einer geführten Tour teilnehmen (Anmeldung an der Rezeption der Schule). Nachdem man das Portal der westlichen Vorhalle betreten hat, die aus rotem, in der Nähe gebrochenem Sandstein gestaltet ist, sieht man im renovierten Innenraum viele Gegenstände von kunsthistorischem Rang. Am auffälligsten ist der spätgotische Klappaltar, der kurz vor der Reformation aus Deutschland oder Holland importiert wurde.

interessante Inneneinrichtung

An der nördlichen Kirchenwand ist ein englisches Alabaster-Triptychon sowie ein lebensgroßes Kruzifix sehenswert. Beachtung verdienen auch der Lettner, einige Grabsteine, die schöne Bankeinrichtung sowie ein Taufbecken aus grönländischem Speckstein, das einer lokalen Legende zufolge über das Meer hierhin geschwommen sein soll. Neben der Kirche steht der 27 m hohe und 1950 eingeweihte Campanile, der zu Ehren *Jón Arasons* errichtet wurde (Mosaik). Auch der Friedhof mit einigen alten Grabsteinen lohnt den Besuch.

Gäste der Anlage können im modernen Schulgebäude übernachten (Schlafsackplätze, Sommerhäuser, Freibad, Cafeteria) oder auf dem sehr schönen Campingplatz inmitten eines aufgeforsteten Gebietes. Geschichtlich besonders Interessierte sollten den Markierungen des *historical trail* folgen, auf dem man u.a. zum Torfhaus *Nýibær* (1854) geleitet wird.

Zurück auf der **S 76** (wahlweise auf der **S 769** oder der **S 767**) erreicht man knapp 8 km später die Weggabelung, von der aus die **S 75** über Brücken und Dämme das Delta der *Héraðsvötn* überquert und an Sandstränden vorbei **Sauðárkrókur** erreicht. Von dort aus gelangt man über Glaumbær zur Ringstraße zurück (vgl. S. 389ff.). Dieser Strecke ist wegen der genannten Sehenswürdigkeiten unbedingt der Vorzug vor der **S 76** zu geben, die am östlichen Flussufer entlang in den Süden geht und nach 22 km ebenfalls die Ringstraße erreicht.

Varmahlíð – Blönduós

Die erste Station auf der gut 50 km langen Teilstrecke liegt nur wenige Fahrminuten hinter Varmahlíð. Schon von der Ringstraße aus ist die kleine Torfkirche von **Víðimýri** zu sehen, zu der Sie ein links abgehender Weg bringt. Das seit 1936 unter Denkmalschutz stehende Gebäude gilt nach den Worten des früheren

Staatspräsidenten *Kristján Eldjárn* als *‚eines der stilechtesten und schönsten Beispiele alter isländischer Baukunst‘*. Als Nachfolgerin einiger älterer Gotteshäuser an diesem Platz wurde sie 1834 errichtet und kündet mit dem schwarz geteertem Holz und dem leuchtend roten Eingang von der letzten Restaurierung. Seitlich von Torfplaggen umgeben und auf dem Dach von kräftigen Grassoden geschützt, stellt sie das Idealbild eines Gebetshauses *(bænhúsið)* dar, dessen Glöckchen mangels Platz im Portal des Kirchhofes hängen.

Torfkirche von Viðimýri

Das Interieur ist z.T. älter als die Kirche selbst und stammt aus den Vorgängerinnen, so z.B. die Kanzel und die dänische Altartafel von 1616. Sehr hübsch ist auch der von einem grünen Zaun umfriedete Kirchhof mit weißen Grabkreuzen und recht hohen Bäumchen.

Víðimýrarkirkja, *Tel.: 453-8167, vom 1.6.–31.8. tägl. 9–18 Uhr geöffnet, sonst nach Vereinbarung, Eintritt.*

Kurz hinter Viðimýri verlässt die Ringstraße das fruchtbare Tal der *Héraðsvötn* und steigt undramatisch zum Pass *Vatnskarð* an. Das linkerhand am Wegrand stehende Denkmal erinnert an den Dichter *Stephansson* (1853–1927), der hier aufwuchs und später nach Amerika auswanderte. Sofort danach passiert man den *Gýjarfoss* und anschließend den See *Vatnshlíðarvatn*. An der Siedlung **Bólstaðarhlíð** (Tankstelle) geht nach links die **S 731** ab, die zunächst noch als gut ausgebaute Straße zum *Blanda*-Kraftwerk führt, dann aber nach einem ganzen System von Seen – u.a. der mächtige *Blöndulon* – in die Hochlandstrecke der **Kjölur-Route** (**F 35**; vgl. S. 418ff.) übergeht.

Landschaft am Skagafjörður

Wer nur 5 km auf diese Strecke einbiegt, kann ab dort parallel zur Ringstraße über die wenig befahrene **S 731** auf der anderen Seite der *Blandá* und am See *Svínavatn* vorbei nach Blönduós gelangen.

Nun ist man bereits im *Langidalur* (= ‚langes Tal‘), das von der *Blandá* durchflossen wird. Den Kirchhof von **Holtastaðir** passierend kommt man schnell zur Gästefarm *Geitaskarð*, von der aus man zu herrlichen Wanderungen in das *Laxárdalur* starten kann, einem bekannten Weidegebiet der Island-Pferde. Von dem großen Gehöft aus sind es noch 15 km bis zum Städtchen Blönduós, das sich auf beiden Flussufern ausstreckt.

Blönduós (ⓘ s. S. 211)

Das an der *Blandá*-Mündung gelegene und 1988 zur Stadt erhobene Blönduós (900 Ew) fungiert als lokales Handelszentrum und Verkehrsknotenpunkt. Seine wirtschaftliche Grundlage sind Landwirtschaft, Kleingewerbe (Textil) und Fischerei (Garnelen und Schellfisch). Den Namen trägt die Stadt nach der *Blandá*, die sich aus dem Gletschereis des *Hofsjökull* speist und hier träge dem *Húnafjörður* zufließt, wobei sie einige Inselchen bildet.

Wer auf der vorliegenden Route von Norden anreist, passiert am Ortseingang linkerhand die Fußgängerbrücke zur Insel **Hrútey**. Wegen seiner interessanten Flora und Fauna wurde das mitten im Fluss gelegene Eiland 1975 zum Naturschutzgebiet erklärt und ist ideal für einen erholsamen Spaziergang. Kurze Zeit später erblickt man hinter der Esso-Tankstelle die markante, 1993 eingeweihte **Kirche** mit ihrem weniger schönen, großen Betonkreuz. Vom hochgelegenen Kirchplatz aus eröffnet sich ein schöner Blick. Ebenfalls auf dieser Flussseite liegt ein kleines Kunsthandwerks-Museum. Sodann überquert man, am Schwimmbad und Sportzentrum vorbei, auf der 1962 gebauten Brücke die *Blandá* und biegt vor der nächsten Tankstelle rechts ab. Der Weg führt in den **älteren Stadtteil** mit einigen hübschen Holzhäuschen, der alten Kirche, dem *Hotel Blönduós* und dem vorgelagerten Strand. Weiter am Meer entlang *(Þingbraut)* kommt man zu einem Aussichtspunkt mit weiter Sicht über die Bucht *Húnaflói*.

Alte Kirche von Blönduós

Alternativstrecke: Entlang der Halbinsel Skagi

Diese insgesamt 147 km lange Strecke bietet sich als Alternative zur 50 km langen Route von Varmahlíð nach Blönduós an, wobei die größte Sehenswürdigkeit, der Hof Glaumbær, eigentlich von allen besucht werden sollte, selbst wenn man ‚nur' Zeit für die Ringstraße hat. Ihn erreicht man bereits nach 7 km auf der **S 75**, die am westlichen Arm der *Héraðsvötn* nach Norden führt.

Glaumbær

wunderschöner Torfhof

Der rechts der Straße in einem umfriedeten Gelände befindliche Torfhof ist – bei gutem Wetter erst recht – idealtypisch für die altisländische Bauernarchitektur: von dichten Torfplaggen eingerahmt und unter Grassoden versteckt ducken sich insgesamt 16 Einzelhäuser, von denen die meisten durch einen 13 m langen zentralen Korridor verbunden sind. Die einzelnen Räume – darunter Küche, Schmiede, Lager- und Vorratszimmer, Gästeräume, Milchkammer, Wirtschaftsräume und

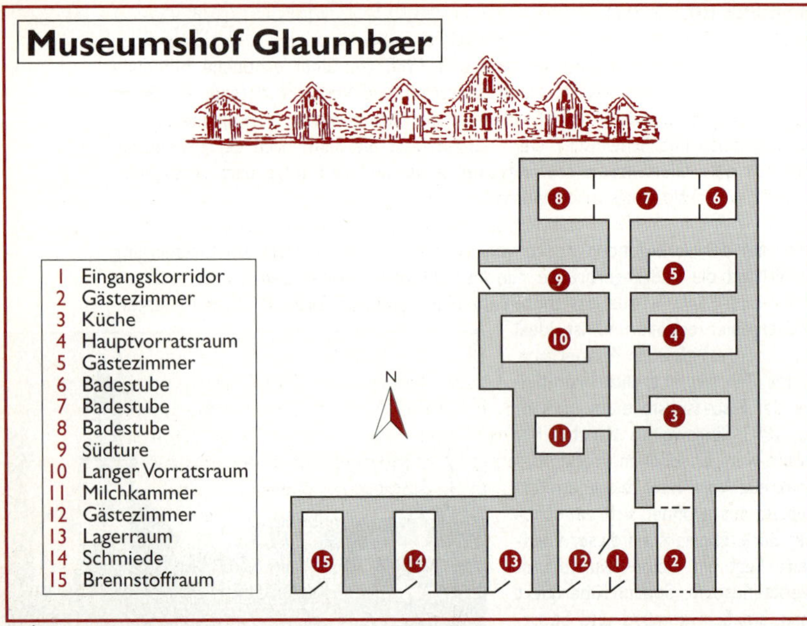

zum Schluss das ‚Wohnzimmer' *Baðstofa* – sind vorzüglich restauriert und haben z.T. die originale Möblierung aus dem 18./19. Jh. Anhand von Fotos ist zu sehen, dass der bis 1940 bewirtschaftete Hof durchaus wohlhabend war. Dementsprechend repräsentativ stellt sich die Vorderfront (zum Fluss hin) dar, die mit weißen, importierten Holzplanken verschalt ist. Direkt anschließend erhebt sich die hübsche Hofkirche inmitten eines Friedhofes mit interessanten Grabsteinen. Wieviele Menschen in Glaumbær lebten, kann aus der Anzahl der 11 Betten in der *Baðstofa* geschlossen werden: in jedem schliefen damals 2 Personen!

Torffarm Glaumbær

Nicht verschwiegen werden sollte, dass der Hof von fast schon welthistorischer Bedeutung ist. Zuerst gehörte er jenem *Þorfinnur Karlsefni*, der zusammen mit *Leif Eriksson* Amerika *(Vínland)* entdeckte. Auf Grönland hatte er *Guðriður* kennen gelernt, eine Frau mit außerordentlich interessanter Geschichte: als Tochter irischer Sklaven war sie Christin, als furchtlose Gattin begleitete sie ihren Mann zu dessen zweiter Amerikafahrt. Im Winter 1002/03 gebar sie dort den Sohn *Snorri*. Nach *Karlsefnis* Tod kehrten beide nach

Glaumbær zurück. Im Laufe ihres spannenden Lebens unternahm *Guðriður* noch eine Pilgerfahrt nach Rom, wahrscheinlich als erste Isländerin überhaupt. 1994 wurde von der damaligen Präsidentin *Vigdís* eine Skulptur des bekannten Künstlers *Einar Jónsson* enthüllt, das an diese bedeutende Frau der Wikingerzeit erinnert. *Gudriðurs* Sohn *Snorri Þorfinnson* baute die erste Kirche von Glaumbær und wurde auf dem Friedhof beigesetzt (wo genau ist nicht bekannt). Er ist gleichzeitig der erste in Amerika geborene Europäer und der erste in Europa gestorbene Amerikaner. Im Jahre 2002 entdeckten Archäologen aus Kalifornien nur wenige Meter östlich des Hofes Glaumbær die Überreste eines Bauernhauses, das sie als Wohnhaus des *Snorri Þorfinnson* identifizierten!

wikingische Trans-atlantik-Reisende

Glaumbær, Tel.: 453-6173; tägl. 09–18 Uhr geöffnet, Eintritt. Zum Gelände gehört ein großes, neu erbautes Grassodenhaus, in dem Besucher Cafeteria, Sanitäranlagen und einen Museumsladen vorfinden.

Die knapp 18 km auf der **S 75** von Glaumbær nach Sauðárkrókur führen am historisch bedeutsamen Kirchhof **Reynisstaður** und am See *Miklavatn* vorbei durch ein reiches Bauernland. Auffallend und nicht von ungefähr ist die große Anzahl der Gestüte, denn die Gegend um Sauðárkrókur hat in der ganzen pferdebegeisterten Welt einen guten Namen als Zuchtgebiet. Sollten Sie vorhaben, im September die Region zu bereisen, lohnt es sich unbedingt, vorher den genauen Termin des *Laufskálarétt* zu erfragen, eines der bekanntesten Pferdescheidungs-Ereignisse des Landes. Das Zusammentreiben und Aussortieren der Pferde wurde in den letzten Jahren auch für den Tourismus immer relevanter; inzwischen bieten Gehöfte bei Sauðarkrókur das spannende Erlebnis, beim Abtrieb als Reiter dabei zu sein.

Beim alljährlichen Laufskálarétt

Am östlichen Ortseingang des Städtchens, direkt am Fjord, biegt die bisher genutzte **S 75** rechts ab und überquert hinter dem Flughafen (2 km) auf Brücken und Dämmen das Mündungsdelta der *Héraðsvötn*. Auf der anderen Seite locken Ausflugsziele wie Hólar, Hofsós und eine Umrundung der *Tröllaskagi*-Halbinsel (S. 382ff.).

Wer nach links ins Ortszentrum fährt, wird sich nicht wundern, warum dort ein **Pferdedenkmal** in Lebensgröße aufgestellt wurde.

Sauðárkrókur (ⓘ s. S. 211)

Ein Handelsort seit 1870 und seit 1947 mit den Stadtrechten ausgestattet, ist Sauðárkrókur eine der prosperierendsten Gemeinden des isländischen Nordteils (2.700 Ew). Das Verwaltungszentrum der *Skagafjörður*-Region spielt durch seinen guten Hafen, der modernen Fischfabrik mit eigener Trawler-Flotte, dem Flughafen und Straßenverbindungen eine wichtige Rolle als Verkehrsknotenpunkt und lokaler Wirtschaftsstandort. Besuchern bietet das Städtchen alle Annehmlichkeiten einschließlich Hotels, Restaurants, Gästehäusern und Campingplatz, daneben aber auch ein geschlossenes Ortsbild mit erfreulich vielen Holzhäusern. Insbesondere die Kirche ist hübsch anzuschauen. Einen Überblick gewinnt man, wenn man von ihr (Hinweis ‚Golfvöllur') 20 m nach links und am Steilhang zum Friedhof hinaufgeht. Nicht versäumen darf man den Besuch des Hafens, wo auf den charakteristischen Holzgestellen noch Stockfisch konserviert wird.

Stockfischgestell in Sauðárkrókur

Möglichkeiten sportlicher Betätigung sind u.a. durch das große, geothermal beheizte Schwimmbad, den Golfplatz und den Skigebieten im Hinterland gegeben. Angelfreunde können am Strand ihr Glück versuchen (Lizenz nicht nötig). Auch für Wanderer und Bergwanderer ergibt sich ein großes Betätigungsfeld. Recht einfach zu besteigen ist z.B. der 706 m hohe ‚Hausberg' *Molduxi* mit phantastischem Panoramablick, etwas weiter entfernt und steiler liegt nördlich der 989 m hohe *Tindastóll*.

Bei der Weiterfahrt kommt man hinter dem Hafen an den Abzweig der **S 745**, während die **S 748** weiter am Ufer *Reykjaströnd* den *Skagafjörður* begleitet.

Hinweis

Wegen der Steilküste ist es nicht möglich, direkt an der Küste entlangzufahren, wohl aber ab Sauðárkrókur auf der Stichstraße ***748*** *etwa 9 km nach Norden. Dies mag interessant sein für diejenigen, die sich den Bootstrip nach* ***Drangey*** *nicht entgehen lassen möchten. Abfahrtsstelle ist das Gehöft* ***Fagranes*** *(Tel.: 453-6503), wo im Sommer ein 20-Personen-Boot zu einer reizvollen Rundfahrt startet (Vogelfelsen, Höhlen etc.).* Fagranes *bietet als Gästefarm daneben ganzjährig Unterkunft (4 Zimmer) und vermietet Pferde.*

Auf der **S 745** macht man einen weiten Bogen um den Gebirgszug *Tindastóll* (Skigebiet, Lift) und kommt nach 15 km zum Abzweig der **S 744**. Diese 24 km lange, schwierige und steile Piste durchschneidet die Halbinsel durch die Gebirgstäler *Laxardalur* und *Norðurardalur*; zwischen Blönduós und Skagaströnd (s.u.) stößt sie schließlich auf die **S 74** – wer möchte, kann hier also ein gutes Stück abkürzen.

Berge und Täler

Die Hauptroute geht ab dem Abzweig den *Laxá*-Fluss entlang und führt wieder an die Ostküste zurück. Nah am Fjord entlang geht es hoch hinauf in den Norden, doch ist nun die Landschaft eine völlig andere: die flache, von Seen und Mooren durchsetzte *Skagaheiði* bestimmt das Bild. Nur selten trifft man auf Einheimische oder Touristen, was nicht unbedingt von Nachteil sein muss. Bei **Hraun**, am Leuchtturm *Skagatá* mit seinen vielen Seevögeln, hat man das ‚Nordkap' erreicht und wird abends mit einem dramatisch schönen Sonnenuntergang belohnt. Gleichzeitig verlässt man den breiten *Skagafjörður*, der nach der Umrundung der *Skagi*-Spitze der noch breiteren Bucht *Húnaflói* weicht.

Auf dem Weg in den Süden begleitet einen nach wie vor die sumpfige Ebene, unterbrochen von einem einsamen Leuchtturm und ab und zu höchst interessanten Klippenformationen. Besonders bei **Vogurvíti** liegen Stränge von Basaltsäulen wie umgestürzte Orgelpfeifen im Meer. An der Mündung der *Fossá* vorbei geht es weiter, nun wieder leicht ansteigend, an der Kirche **Hof** vorbei. Schon von ferne sieht man den markanten Gipfel des *Spakónufell*, der die einzig erwähnenswerte Siedlung der Halbinsel ankündigt. Die Rede ist von **Skagaströnd** (auch *Höfðakaupstaður* genannt), mit knapp 530 Einwohnern der größte Ort der Halbinsel. Seine Geschichte als Handelsposten geht bis ins 16. Jh. zurück, als die hansischen Koggen hier anlegten. Die deutschen und britischen Kaufleute kauften das ein, was auch heute noch die Lebensgrundlage bildet: Fisch. Wer sich in dem ruhigen Ort länger aufhalten möchte, findet ein Gästehaus mit Cafeteria, ein Schwimmbad sowie Bergwander- bzw. Skimöglichkeiten (Lift) am *Spakónufell*, der sich sofort hinter Skagaströnd erhebt.

am Ende der Halbinsel

Die Straße (jetzt **S 74**) wird ab dem Ort deutlich besser. Nach 12 km passiert man den Abzweig der gebirgigen **S 744** (s.o.), die die Halbinsel durch das *Norðurardalur* durchschneidet, und nach weiteren 7 km hat man in Blönduós wieder die Ringstraße erreicht.

Blönduós – Borgarnes

Die insgesamt 173 km lange Teilstrecke bringt einen diagonal von Islands Norden zu den dichter besiedelten Gebieten des Südwestens, wobei man das buchtenreiche Bergland des Nordwestens (= Westfjorde) und die Snæfellsnes-Halbinsel rechts liegen lässt. Auf den ersten Kilometern hinter Blönduós durchquert man das von der *Blandá* und anderen Flüssen aufgeschüttete Schwemmland mit seinen vielen Mooren. Nach 12 km geht links der Abzweig der **S 724** zum Edda-Sommerhotel am Svínavatn. Der Flurname *Reykir* weist auf die Existenz einiger Warmwasserquellen hin.

Rund 1 km hinter dem Abzweig erreicht man am Damm über die *Giljá* den Gästehof **Stóra Giljá**, der schon in der Sagazeit einen Namen hatte. Dem Fluss sieht man hier übrigens nicht an, welche Schlucht er weiter aufwärts in den Untergrund gegraben hat. Wer Zeit hat, sollte sich die 10-km-Wanderung am Wasserlauf entlang nicht entgehen lassen, der auf dieser Strecke etliche Kaskaden und Wasserfälle bildet. Die beste Aussicht hat man vom ca. 600 m hohen Berg *Öxl* (zusätzlich 4 km).

schöne Wanderung

Bei der Weiterfahrt auf der Ringstraße überquert man kurze Zeit später am Gästehof **Hnausar** die *Vatnsdalsá*, die aus dem gleichnamigen Tal heranfließt. Hier beginnt hinter der Kreuzung mit der **S 722** ein geologisch interessantes Gebiet, das von einer Vielzahl kahler oder grasbewachsener, z.T. spitz zulaufender Hügel geprägt ist. Man nimmt an, dass es sich bei diesen bis zu 90 m hohen Geröllhügeln der **Vatnsdalshólar** um eiszeitliche Moränen handelt und bei dem angrenzenden *Flóðið* um einen ehemaligen Gletschersee. Auf der anderen Seite geht rechter Hand die **S 721** auf die Sandurfläche der Halbinsel **Þingeyra** ab.

Ihr Name (= ‚Thinginsel') weist schon darauf hin, dass sich dort an exponierter Stelle ein Versammlungsplatz der Landnehmer befunden hat. In christlicher Zeit wurde die Tradition durch die Errichtung des ersten Klosters des Landes (1133–1555) fortgesetzt. Diese Anlage der Benediktiner, von der allerdings keine Spuren mehr existieren, war in katholischer Zeit ein bedeutendes kulturelles Zentrum. Dafür kann man der kleinen Steinkirche einen Besuch abstatten, die bereits von der Ringstraße aus zu sehen ist und einen schönen mittelalterlichen Altar besitzt.

Zum Norden hin schließt die Halbinsel die 45 km^2 große Nehrung **Hóp** vom *Húnafjörður* ab. An dieser führt die Straße in einiger Entfernung vorbei und bringt einen in das fruchtbare *Víðidalur*. Sofort hinter der fischreichen *Víðidalsá* zweigt rechts die **S 716** ab, auf der man sich zu einer Umrundung der Vatnsnes-Halbinsel aufmachen kann (S. 397f.). Auf der anderen Seite führt kurze Zeit später die **S 715** in 5 km zum Guts- und Kirchhof **Víðidalstunga**, der als Stätte der Buchproduktion im Mittelalter einen weithin bekannten Namen hatte. U.a. wurde hier um das Jahr 1394 die weltberühmte *Flateyarbók* niedergeschrieben. Noch etwas weiter kommt man zur 20–25 m tiefen Schlucht *Kolugljúfur*, für die der Legende nach das Trollweib *Kola* verantwortlich ist.

Im weiteren Verlauf geht es am Fuß der Vatnsnes-Halbinsel entlang, an der Abzweigung der **S 72** nach Hvammstangi (s.u.) vorbei und zum inneren Ende des kleinen *Miðfjörður*, der im Westen von einer ebenso kleinen Halbinsel begrenzt wird. Hier liegt auch die kleine Siedlung **Laugarbakki**, deren knapp 100 Einwohner von den warmen Quellen (Treibhäuser) und vom Fremdenverkehr (u.a. Edda-Hotel) leben.

Abstecher ins Hinterland

karges Hochplateau

In Laugarbakki führt die **S 704** aus der Talung des *Miðfjörður* geradewegs auf die wüstenhafte Hochebene *Arnarvatnsheiði* zu, die mit Geländewagen auf einem schwierigen Jeeptrack durchquert werden kann (Anschluss u.a. auf die Kaldidalur-Route). Mit einem normalen Pkw ist es problemlos möglich, gut 25 km weit ins Hinterland vorzustoßen und den Abstecher über die parallele **S 706** zu einer kleinen Rundfahrt zu verbinden. 9 km hinter Laugarbakki kommt man beim Gehöft **Bjarg** an einem Denkmal vorbei, das an den Sagaheld *Grettir* erinnert, der hier geboren wurde.

1 km weiter passiert man den Hof **Brekkulækur**, der Pferdeliebhabern durch *Arinbjörn Jóhannssons* Gestüt ein Begriff ist (Reittouren, Mountainbike-Safaris, Unterkunft). Nach der Überquerung der *Núpsá* (nach rechts) bringt einen die S 706 links noch 8 km weiter in den Süden, bis zum abgelegensten Hof und Kirchplatz des Tales, **Efri-Núpur**. Dann geht es wieder zurück, am Hof Króksstaðir vorbei, bis zur Ringstraße, auf die man an der Gästefarm **Melstaður** stößt.

Von Melstaður aus, Heimat des Gelehrten *Arngrímur Jónsson* (17. Jh.), gelangt man durch fruchtbares Weideland in 6 km zum Ufer des *Hrútafjörður*, der mit 36 km Länge am deutlichsten die nordwestliche Halbinsel vom ‚Festland' trennt und nach dem die Region benannt ist. Die erste kleine Siedlung heißt *Reykir* und trägt ihren Namen wie so viele andere Orte nach dem Dampf der warmen Quellen. Mit seinem Übernachtungsangebot sowie dem Museum hat **Reykir** (ⓘ s. S. 211) inzwischen touristische Bedeutung erlangt. Außer Hotel und Jugendherberge stehen eine Gästefarm, ein Campingplatz und eine Cafeteria zur Verfügung. Südlich vom Edda-Hotel liegt das sehenswerte und großzügig aufgebaute **Bezirksmuseum Reykir**. Zu sehen sind hier u.a. eine *baðstofa* (traditioneller Wohn-, Lebens- und Schlafraum der Torfgehöfte), landwirtschaftliche Maschinen, Fahrzeuge und das Fischerboot Ófeigur, das auf der Haifischjagd eingesetzt wurde.

Siedlung mit warmen Quellen

Reykir Folk Museum, *Tel.: 451-0040; 1.6.–31.8. geöffnet tägl. 10–19 Uhr, sonst nach Vereinbarung, Eintritt.*

Auf schöner Strecke mit Blick über den Fjord geht es in 12 km südwärts nach **Staður**. Am Ortseingang erinnert links der Straße ein 1993 aufgestelltes Denkmal daran, dass sich hier der wichtigste Mittelpunkt der Landpostboten befand. Kurz danach liegt rechts die Anlage *Staðarskáli*, die ein Hotel, Tankstelle, Cafeteria etc. unter einem Dach vereinigt. 5 km weiter zweigt an der Brücke des gleichnamigen **Brú** (Tankstelle, Küstenfunk, Post) rechts die **S 61** ab, ein möglicher Startpunkt für eine Umrundung der Nordwesthalbinsel (S. 449ff.).

Ab jetzt verlässt die Ringstraße das küstennahe Gebiet und durchschneidet diagonal den Westteil des Landes. Dabei müssen natürlich einige Höhenzüge überquert werden, wie z.B. die *Holtavörðuheði*, die vor einem liegt. Während ein Denkmal am Wegrand an den Besuch des Dänenkönigs *Christian X.* erinnert, weist die Schutzhütte auf dem Pass darauf hin, dass hier im Winter extreme Witterungsverhältnisse herrschen können. Westlich erheben sich Berge wie die *Tröllakirkja* 1.001 m hoch, näher liegt jedoch der 808 m hohe *Snjófjöll*, an dessen Fuß die Trasse eine Rechtskurve beschreibt und immer der Fließrichtung der *Norðurá* folgt. An der zweiten Brücke, 12 km hinter der Schutzhütte, kann man eine schöne, knapp 2stündige Wanderung an der einmündenden *Hvassá* entlang unternehmen. Startpunkt ist die alte Betonbrücke rechts der Straße. Die Reise geht nun in das sich weitende Tal hinab, am Kirchplatz **Hvammur** vorbei bis zur Siedlung **Dalsmynni** (Tankstelle). Hier hat man über die **S 60** die Möglichkeit, zum *Hvammsfjörður* zu fahren: ein guter Startpunkt für Erkundungen der Snæfellsnes-Halbinsel und/oder der Westfjorde.

Wenige Kilometer hinter dem Abzweig liegen rechts der Straße zwei natürliche Sehenswürdigkeiten nah beieinander. Deutlich sichtbar ist da zunächst der Vulkankegel **Grábrók**, der sich gut 100 m über seine Umgebung erhebt. Der Aufstieg und die Umrundung des Doppelkra-

Auf dem Kraterrand des Grábók

ters ist durch angelegte Treppen und Wege leicht möglich; oben hat man einen schönen Blick auf weitere Vulkane und Berge der Umgebung, das Lavafeld *Grábókarhraun,* die Mauerreste eines alten Schafspferchs und den See Hreðavatn. Zu diesem kann man bequem zu Fuß gehen oder man fährt mit dem Wagen am nächsten Abzweig nach rechts. Mit seinen Wanderpfaden durch aufgeforstete Wäldchen ist der See inmitten des Lavafeldes ein beliebtes Ausflugsziel der Isländer, wovon nicht zuletzt die Servicestation und eine Reihe von Sommerhäuschen zeugen. Gäste können hier gleich in zwei guten Hotels Quartier beziehen.

Sommerhäuschen am idyllischen Hreðavatn

Bei der Weiterfahrt sollte man kurz hinter der Servicestation auf der linken Seite am Parkplatz anhalten und durch das kleine Tor etwa 20 m bis zu dem Aussichtspunkt gehen, der einen weiten Blick freigibt. An auffällig vielen Aufforstungen vorbei, deren Bäume z.T. bereits beträchtliche Größe erreicht haben, geht es nun in eine fruchtbare Ebene, durch die mehrere Flüsse dem *Borgarfjörður* zuströmen. Wegen vieler warmer Quellen wird die Gegend auch *Varmaland* genannt und ist schon seit der Landnahme bevorzugtes Siedlungsgebiet.

Ein Abstecher in die Geschichte ist am sinnvollsten auf der **S 50** möglich, die 13 km hinter dem *Hreðavatn* nach links in Richtung Reykholt abzweigt (S. 404f.). Überhaupt ist es eine Überlegung Wert, auf dieser Route die Ringstraße zu verlassen und durchs Hinterland bis nach Reykjavík zurückzufahren.

Wer sich die nächsten Ziele nicht entgehen lassen möchte, legt die folgenden 17 km bis Borgarnes zurück, z.T. am nördlichen Ufer des Fjordes. Kurz vor der Stadt passiert man den 9-Loch-Golfplatz, in dessen Clubhaus im Sommer eine Jugendherberge eingerichtet ist. Anschließend sieht man linker Hand die neue Borgarnes-Brücke, an deren Kopfende Gästen das Service-Centre *Hyrnan* zur Verfügung steht.

Borgarnes (ⓘ s. S. 211)

modernes Handelsstädtchen

Dass Borgarnes ein alter Ort ist, verdeutlicht sein Name: der erste wikingische Siedler *Skallagrímur* errichtete auf einer Landzunge (= ‚nes‘) seinen Hof, genannt ‚Borg‘. Dessen Sohn *Egill* ging in die Geschichte ein als einer der berühmtesten Skalden des Nordens und soll in der Nähe *(Skallagrímsgarður)* begraben sein. Fast alle Spuren dieser Zeit sind verschwunden und am Platz der alten Borg (3 km außerhalb) erinnert nur noch eine Statue *Ásmundur Sveinssons* an den berühmtesten Sohn der Stadt. Diese lebt heute vom Handel, hat ca. 1.930 Einwohner und besitzt ein vorwiegend modernes, gleichzeitig auch wohlhabendes Gepräge. Ihre naturschöne Lage am *Borgarfjörður* mit Blick auf die gegenüberliegenden Berge, die Schärenküste und Sandbänke wird auch für Touristen reizvoll sein, die hier außerdem allen Segnungen der Zivilisation (Kino, Supermarkt, Bank, Post etc.) begegnen können. Auch auf ein thermalbeheiztes **Schwimmbad** braucht man nicht zu verzichten *(Skallagrímsgata)*. Kulturinteressierte seien an das **Gemeindemuseum** verwiesen, das eine volkskundliche und naturhistorische Abteilung sowie Bücherei und Kunstgalerie aufzuweisen hat *(Bjarnarbraut 4–6)*.

Borgarnes: Modernes Stadtzentrum

Alternativstrecke: Entlang der Halbinsel Vatnsnes (ⓘ s. S. 211)

Mit knapp 80 km ist die Rundfahrt um die *Vatnsnes*-Halbinsel verhältnismäßig kurz, doch brauchen Selbstfahrer wegen der schlechten Straße für diese Etappe einige Stunden. Auf der vorliegenden Route, d.h. von Blönduós kommend, gelangt man vor der Tankstelle Víðigerði, sofort hinter der Überbrückung der *Víðildalsá,* über die **S 716** auf die Halbinsel. Nach wenigen Fahrminuten am Flussufer entlang erreicht man den Süßwassersee **Vesturhópsvatn**, an dem man östlich vorbeifährt und durch das Schwemmland *Vesturhóp* nach 14 km auf die **S 711** stößt. Auf dem Weg kommt man nahe an einer markanten, 15 m hohen Basaltformation vorbei, die den bezeichnenden Namen **Borgarviki** trägt. Tatsächlich konnte man feststellen, dass der natürliche Fels von Menschenhand aufgestockt und zu einer wirklichen ‚Burg' umgebaut wurde. Da diese in zwei Sagas erwähnt wird, müsste ihr ‚Bau' in die Wikingerzeit zu datieren sein. Von oben hat man – 177 m ü.d.M. – eine weite Aussicht.

Burgen und Felsen

Der Basaltfelsen Hvítserkur

Der **S 711** folgt man nach Norden, am Rand der nicht allzu hohen Berge und dem Salzwassersee *Sigriðarstaðavatn* entlang. Erst an dessen Ausfluss in den *Húnafjörður* beginnt die eigentliche Halbinsel. Hier passiert man auch einen Parkplatz, von dem ein 200 m langer Fußweg zur Küste führt und den Blick auf den bizarren, von Dreizehenmöwen umschwirrten Basaltfelsen **Hvítserkur** freigibt. Er ist mit 15 m nicht besonders hoch, beeindruckt aber durch seine phantasieanregende, an ein urweltliches Tier erinnernde Form.

In Gehweite entfernt kann man ganzjährig in der Gästefarm **Ósar** übernachten (Angellizenzen), angeschlossen ist die Jugendherberge *Sunset*.

Rund 10 km dahinter ist man an der Nordspitze von Vatnsnes angelangt. Hier befindet sich **Hindisvík**, das nach der Vorstellung des Pfarrers *Sigurður Norland* (1923–55) ein idealer Hafenort war; seine Versuche, Fischer hierhin zu locken, schlugen jedoch fehl und so bleiben die unzähligen Eiderenten, Möwen und Robben weitgehend unter sich. Ab nun geht es nahe an der Westküste entlang wieder in südliche Richtung, vorbei an dem Kirchlein von **Tjörn** und immer mit guter Sicht auf die Bucht, an deren Horizont die schneebedeckten Berge der Nordwest-Halbinsel zu sehen sind.

Durch ein fast menschenleeres, nur von Schafen und Pferden als Bergweide genutztes Gebiet fährt man über ungezählte Schlaglöcher auf Hvammstangi zu. Gut 10 km vor dem Dorf lohnt der ungewöhnliche, zwischen Felsen und Meer eingeklemmte Schafspferch **Hamarsrétt** einen Halt. Er liegt – von der Straße schwer einsehbar – rechter Hand unterhalb der Piste, 1 km südlich des Baches *Hamarsá* und unweit der Brücke über einen weiteren Fluss, noch deutlich vor dem Leuchtturm.

Hauptort der Halbinsel

Von hier aus sind es rund 10 km, bis man – einige Bauernhöfe auf der rechten Seite hinter sich lassend – zum Hauptort der Halbinsel kommt: **Hvammstangi.** Dieses einzige nennenswerte Dorf auf Vatnsnes hat 600 Einwohner, die hauptsächlich von Fischfang (Tiefseegarnelen) und Handel leben. Besucher finden hier Einrichtungen wie Post, Bank etc., daneben auch ein großes, thermalbeheiztes Schwimmbad und einen modernen Campingplatz. Die beste Aussicht über die Siedlung und die Berge des Hinterlandes erhält man von der 476 m hohen Felskuppe *Káraborg,* die mit ihren Basaltstrukturen burgähnlichen Charakter hat (ca. 2 Stunden). Dieser und ein benachbarter Berg (590 m) ist von furchtlosen Autofahrern auch über eine holprige Piste zu erreichen. Wer weiter gehen möchte, kann in rund 3 Stunden die Halbinsel durchqueren und stößt im Osten auf die S 711. 6 km sind es von Hvammstangi auf einer nun guten Straße, bis man wieder die Ringstraße (unweit von Laugarbakki, s.o.) erreicht hat.

Von Borgarnes nach Reykjavík

Überblick

Die letzte ist gleichzeitig die kürzeste Etappe der Ringstraße, auf der man, der Hauptroute folgend, nun keine landschaftlichen Sensationen mehr erwarten darf. Trotzdem ist die Strecke mit den tiefen Fjorden *Borgarfjörður* und *Havalfjörður* sowie den rund 1.000 m hohen *Skarðsheiði* und *Esja* alles andere als langweilig. Für die Rückfahrt zur isländischen Hauptstadt kann man gleich aus einer ganzen Anzahl möglicher **Alternativen** wählen, die auch davon abhängig sind, welches Vorprogramm man gewählt hat:

- Wer die klassischen Ziele des ‚*Golden Circle*' noch nicht kennt (S. 284ff.), sollte diese auf einer der zahlreichen Anfahrtswege besuchen und dort evtl. eine Zwischenübernachtung einplanen. Möglich ist dies in Verbindung mit der *Kaldidalur*-Piste, so dass man praktisch die meisten der unten genannten Sehenswürdigkeiten ‚rechts liegen lässt': vor Borgarnes fährt man nach Reykholt, dann über Húsafell zur *Kaldidalur*-Route bis zum *Þingvallavatn*, ab dort stehen Laugarvatn, Geysir, Gullfoss und die Rückfahrt nach Reykjavík auf dem Programm – insgesamt eine sehr schöne Landschaftsfahrt mit kulturellen Höhepunkten. Alternativ bietet sich die S 52 unter Umgehung des *Kaldidalur* an, schließlich auch die S 48/461 am Südende des *Havalfjörður*.

- Wem der Goldene Zirkel schon vertraut ist, hat vor Borgarnes Gelegenheit zu einem Abstecher nach Reykholt, der aus landschaftlichen Gründen zu einer Rundfahrt bis Húsafell (S. 433) erweitert werden sollte.
- Als weitere Alternative kann ein Besuch der Hafenstadt Akranes ins Programm eingefügt werden.

In dem – für isländische Verhältnisse – dicht besiedelten Südwesten können Autofahrer auf der Hauptroute gut ausgebaute, asphaltierte **Straßen** erwarten, allerdings auch ein deutlich höheres Verkehrsaufkommen. Falls man die Etappe nicht an einem Tag zurücklegen möchte, steht an allen touristisch relevanten Plätzen ein breites Angebot an **Unterkünften** breit; dies gilt auch für die genannten Alternativstrecken.

Borgarnes – Akranes

Auf der Etappe von Borgarnes nach Akranes zwingt einen seit 1980 der *Borgarfjörður* nicht mehr zu einem weiten Umweg, sondern wird über ein Damm- und Brückensystem mit einem 520 m langen Mittelstück überwunden, wodurch sich die Tour auf 38 km verkürzt. Auf der anderen Fjordseite umkurvt die Ringstraße das *Hafnarfjall* (844 m) in weitem Bogen, während sich nach Norden hin die **S 53** als Alternativstrecke anbietet; die Weiterfahrt würde dann über die **S 507** und **S 50** jenseits des Bergmassivs verlaufen und ein Besuch von Akranes würde fortfallen.

alternative Strecken

An der Bucht *Leirárvógar*, 19 km hinter der Brücke, geht rechts die **S 51** auf jene Halbinsel ab, an deren Ende Akranes liegt.

Das Akrafjall, im Vordergrund der Friedhof

Akranes (ⓘ s. S. 211)

Obwohl bereits vor den Wikingern zwei irische Mönche in Akranes siedelten und sich auch norwegische Landnehmer von der Lokalität angesprochen fühlten, verlief die Entwicklung zu einem größeren Gemeinwesen lange Zeit äußerst schleppend. Erst im 17. Jh. bildeten einige Fischerfamilien ein kleines Dorf, das sie Skipaskagi nannten. Nach der Verleihung der Stadtrechte im Jahre 1941 setzte aber ein regelrechter Boom ein und die Zahl der Einwohner stieg von wenigen

Akranes
Esjubraut
Esjubraut
Ægisbraut
Vesturgata
Brekkubraut
Vogabraut
Kalmansbraut
Háholt
Heiðabraut
Stillholt
Dalbraut
Kirkjubraut
Háholt
Skagabraut
Merkigerði
Vesturgata
Akurgata
Suðugatar
Jaðarsbraut
Faxabraut
Bakkatun
Suðugatar
Akursbraut
Hafnarbraut
Vesturgata
Breiðargata
1
2
3
4
5
N
0
250 m

1 Fischereihafen
2 Kirche
3 Touristeninformation
4 Krankenhaus
5 Busterminal
6 Polizei
7 Sportzentrum/Schwimmbad
8 Campingplatz
9 Volksmuseum
10 Golfplatz
Smiðjuvellir
Þjóðbraut
Garðabraut
Garðagrund
Innesvegur
Garðagrund
Innesvegur
503

hundert auf derzeit etwa 6.300. Der Grund lag in der Errichtung des Zementwerkes, einem der wenigen isländischen Industriebetriebe, durch den das gesamte Land mit dem Baustoff versorgt wird. Das zweite wirtschaftliche Standbein ist der Fischereihafen, einer der größten Islands.

Für Besucher ist Akranes wegen der guten Infrastruktur, des Volksmuseums, einiger hübscher Baudenkmäler und der Fährverbindung nach Reykjavík interessant. Wer sich hier etwas länger aufhält, sollte eine Wanderung zum ‚Hausberg' *Akrafjall* unternehmen oder sich beim Touristenbüro nach einer Mitfahrgelegenheit beim Hochseeangeln (mit Fischessen an Bord) erkundigen.

Straßenszene in Akranes

Bei einer Stadtbesichtigung sollte man zunächst die **Touristeninformation (2)** im Zentrum aufsuchen, zu dem man von der S 51 automatisch geleitet wird. Der kleine Platz davor wird von einem Fischer-Denkmal dominiert, und wenige Schritte entfernt lohnt auch die hübsche **Kirche (1)** einen Besuch. Nicht nur seiner wirtschaftlichen Bedeutung wegen, sondern auch wegen der guten Fotomotive darf man den **Fischereihafen (10)** nicht versäumen.

Am äußersten Ende der Landzunge schließlich steht der **Leuchtturm** mit seinem kleinen ‚Kollegen' auf einer vorgelagerten Schäre. Man kann ihn mit dem Wagen erreichen und sieht auf dem Weg dorthin noch einige traditionelle Stockfisch-Gestelle.

Bei der Rückfahrt orientieren Sie sich an den Hafenbecken zur Rechten und der von Wandmalereien verzierten **Zementfabrik**. Über die *Faxabraut* kommen Sie zum nördlichen Ende der Bucht, die von dem feinsandigen, 1 km langen Sandstrand *Langisandur* eingenommen wird. Dieser ‚Long Beach von Akranes' lässt im Sommer manchen bei gutem Wetter vergessen, dass es zum Schwimmen eigentlich zu kalt ist. Am **Sportzentrum (5)** mit dem geothermal beheizten Freibad vorbei geht es zum östlichen Stadtrand, wo hinter dem **Campingplatz (6)** das sog. Akranes- oder **Volksmuseum (7)** die wohl größte Attraktion der Stadt darstellt. Es besteht aus einer Ansammlung verschiedener Gebäude. Vom Parkplatz aus fällt linker Hand zunächst der Kutter *Sigurfari* auf, ein Segelschiff (86 t) aus Eiche, das 1885 in England hergestellt wurde und im Warenverkehr den Nordatlantik

Gebäude des Akranes-Museums

befuhr. 1974 wurde das Schiff nach Akranes gebracht und hier restauriert. Rechts daneben befindet sich das 1968–74 gebaute Hauptgebäude, vor dessen Eingang einige Walknochen und Anker ausgestellt sind. Im Inneren sieht man Gemälde lokaler Künstler, hauptsächlich aber Gerätschaften und Fahrzeuge der jüngeren Geschichte, u.a. einen Ford T von 1921, Schifferboote aus dem ‚Kabeljau-Krieg' gegen England, Walfang-Harpunen etc.

interessantes Freilichtmuseum

Auf der Grünfläche jenseits der Straße erinnert ‚Der irische Stein' an die irische Besiedlung von Akranes. Er wurde dem Museum 1974 von Repräsentanten der grünen Insel zum 1100. Jahrestages des Ereignisses geschenkt. Geradeaus kommt man zum Friedhof, der von einem interessanten Turm überragt wird. Am Eingang links steht das gelb gestrichene Pfarrhaus *(Garðahúsið)*, das 1876–82 als erstes Betongebäude auf Island (vielleicht sogar in allen skandinavischen Ländern) gebaut wurde. Komplettiert wird der Eindruck durch mehrere ältere Holzschuppen und restaurierte Gebäude, hinter denen sich der *Akrafjall* 643 m hoch in den Himmel reckt.

Akranes-Museum, *Tel.: 431-1255; geöffnet Mai–Aug. tägl. 10.30–12 und 13.30–16.30 Uhr, sonst 13.30–16.30 Uhr, Eintritt; Außenbesichtigungen jederzeit möglich.*

Abstecher/Rundfahrt Reykholt (ⓘ s. S. 211)

Der Abstecher nach Reykholt, einer der vornehmsten historischen Plätze des Landes, ist auf vielfältige Weise in eine Island-Rundfahrt zu integrieren. Die hier skizzierte Rundfahrt stellt also nur eine unter mehreren Alternativen dar. Auf der vorliegenden Route sollte sie überdies *vor* dem Besuch von Borgarnes eingeplant werden, wobei man am sinnvollsten die Ringstraße 13 km hinter dem *Hreðavatn* (s.o.) auf der gut ausgebauten **S 50** verlässt. Nach 14 km biegt man dabei rechts ab, überquert die *Hvítá* und erreicht das Ziel in ca. 8 km. Von Borgarnes aus ist die Strecke über die **S 52**, die 10 km nördlich von der Ringstraße rechts abzweigt, kürzer und interessanter.

Nach 4 km überbrückt man hier ebenfalls die *Hvítá*, kurz vor deren Mündung in den *Borgarfjörður*. Hinter der Siedlung Hvítárvellir auf der anderen Flussseite lohnt sich der kurze Spaziergang zum **Laxfoss**, der von der *Grimsá* mit vielen Kaskaden gebildet wird. Seinen Namen trägt er zu Recht wegen der Lachse, die die natürlichen Treppen auf ihrer Wanderung mit Sprüngen bezwingen müssen.

bedeutender Lachsfluss

Hinter dem Gehöft *Hestur* stoßen Sie auf die **S 50**, auf die Sie nach links (Norden) einbiegen und kurz darauf die *Grimsá* überqueren. Der nächste größere Flusslauf auf der Strecke, die *Reykjadalsá*, trägt in ihrem Namen den Hinweis auf die heißen Quellen, die hier dampfend bzw. vom Menschen ‚gezähmt' dem vulkanischen Untergrund entströmen. Die mächtigste davon ist die **Deildartunguhver**, mit einem Ausstoß von 180 l/sek. kochenden Wassers die wohl ergiebigste heiße Quelle der Welt. Sie versorgt die Städte Akranes und Borgarnes mit Erdenergie, außerdem wird das gesamte Geothermal-Gebiet u.a. für die hiesigen Treibhäuser genutzt, in denen Obst, Gemüse und Blumen heranreifen und die man besonders zahlreich in der Siedlung **Kleppjárnsreykir** sieht.

Reykholt

Hinter der Brücke über die *Reykjadalsá* bringt Sie die gut ausgebaute Straße in wenigen Fahrminuten nach Reykholt. Als Wohnort der *Sturlúngen*, dem mächtigsten Geschlecht in der sog. Freistaatzeit, hat Reykholt vor allem historische Bedeutung. Wenn auch die heutige Bebauung eher modern ist (Internatsschule mit Edda-Hotel), so wird doch die Erinnerung an die Vergangenheit wach gehalten, insbesondere die an den berühmtesten Bewohner des Hofes, *Snorri Sturluson*.

INFO Wer war Snorri Sturluson?

Die Geschichte des Snorri Sturluson, auf dessen schriftstellerisches Werk auf S. 33f. schon eingegangen wurde, ist so abenteuerlich und zeittypisch, dass sie geradewegs einem Sagastoff entsprungen sein könnte. Der 1179 in Hvammur (Westisland) geborene Snorri gehörte zum mächtigen Geschlecht der Sturlúngen, das sich vom Sagahelden Egill Skallagrímsson ableitete und nach dem die blutigste Periode des Freistaates benannt wurde. Zunächst wuchs der Junge jedoch in der friedvollen Atmosphäre von Oddi, dem intellektuellen Zentrum der Insel, auf. Als 21jähriger erlangte er durch eine geschickte Heirat nicht nur ein großes Vermögen, sondern auch einen wichtigen Häuptlingstitel. Der Erwerb von Reykholt und eines weiteren Godenamtes prädestinierten ihn zum Gesetzessprecher im Althing, dem wichtigsten Amt des Freistaates. Angesichts der äußerst schwierigen Zeitumstände meisterte er seine Aufgabe hervorragend. Auch als Botschafter in Norwegen, wo er am Bergenser Hof von König Håkon Håkonsson mit diplomatischem Geschick einen Krieg zwischen beiden Ländern verhindern konnte, bewährte er sich, so dass er ein zweites Mal zum Gesetzessprecher gewählt wurde.

Seine zweite Heirat mit der reichsten Witwe der Insel machte ihn zum wohlhabendsten Mann in seiner Heimat, der sich nun ganz der Schriftstellerei widmen konnte. Die von ihm verfasste Sagasammlung, die Edda-Dichtung und sein Skaldenlehrbuch gehören zum Vornehmsten der mittelalterlichen Literatur überhaupt. Immer wieder jedoch wurde er in familiäre und politische Krisensituationen hineingezogen. Seine Vielzahl von legitimen oder mit Konkubinen gezeugten Kindern, die sich gegenseitig und mit anderen Familien befehdeten, verlangten nach seinem Eingreifen. Und der norwegische König Håkon, mit dem er ein freundschaftliches Verhältnis pflegte, betrieb immer heftiger eine Machtpolitik, die auf die Einverleibung Islands abzielte. Als Snorri bei einem Besuch in Bergen 1241 wegen einer erneuten Familienstreitigkeit nach Island zurückkehren wollte, wurde ihm dies vom König untersagt. Snorri segelte trotzdem ab, worauf Håkon dessen Widersacher Gissur Þorvaldsson beauftragte, den 63jährigen notfalls mit Gewalt nach Norwegen zurückzubringen. Gissur erkannte die Gunst der Stunde, drang mit 70 bewaffneten Männern in Reykholt ein und ließ den Gelehrten, der sich im Keller versteckt hielt, ermorden. Die verworrenen Familienverhältnisse und Rivalitäten am Ende des Freistaates werden auch dadurch deutlich, dass außer Gissur noch drei weitere der sechs Männer, die Snorri den Todesstoß versetzten, ehemalige Schwiegersöhne von ihm waren…

Die reiche historische Vergangenheit wird in Reykholt museal in Szene gesetzt, vor allem in der sog. *Snorrastofa*. Dieses Institut zur Erforschung mittelalterlicher Wissenschaften wurde im Beisein des norwegischen Königspaares 2000 eingeweiht. Auch ein Museum gehört dem Institut an, dessen Thema der Schriftsteller, Historiker und Politiker *Snorri Sturluson* sowie die Lokalgeschichte der Borgarfjörður-Region ist.

Die neue Kirche von Reykholt

Zu sehen sind u.a. Repliken einiger von Snorris Werken sowie eine Bronzestatue des norwegischen Künstlers *Gustav Vigeland,* die der damalige Kronprinz *Olav* 1947 der Stätte schenkte (ein Abguss ist in der westnorwegischen Stadt Bergen zu sehen). Verbunden ist das Institut mit einer neuen, architektonisch auffälligen Kirche, die 1996 eingeweiht wurde und in der alljährlich Ende Juli ein ‚Reykholt-Festival, abgehalten wird.

Die größte Aufmerksamkeit wird aber Snorris kreisrundes Bad *(Snorralaug)* mit warmem Wasser erlangen – Islands einziges, original erhaltenes Baudenkmal aus dem frühen Mittelalter. Auch der dahinter befindliche unterirdische Gang stammt aus Snorris Zeit, er verband früher die Wohn- und Wirtschaftsgebäude des Hofes mit dem Freibad. Die kleine Kirche am Hang darüber ist – wie alle anderen Bauten – später errichtet worden. *mittelalterlicher Pool*

Snorrastofa, *Reykholt, Tel.: 435-1491;* www.snorrastofa.is. *Öffnungszeiten des Instituts und der Kirche im Sommer tägl. 10–22 Uhr. Außerdem beherbergt der Komplex das Info- und Service-Zentrum* Heimskringla, *Tel.: 435-1490;* www.reykholt.is.

Nach der Besichtigung von Reykholt ist die schwierige Entscheidung zu treffen, welchen **Rückweg** man einschlagen soll. Will man nicht die gleiche Straße wie auf der Hinfahrt benutzen, hat man dazu im wesentlichen zwei Alternativen:

① Hinter Reykholt überquert man erneut die *Reykjadalsá* und fährt dann auf der **S 517** nach rechts ins **Reykholtsdalur**. Hier stehen mehrere Unterkunftsarten, u.a. eine moderne Jugendherberge zur Verfügung. Zurück auf der **S 50** folgt man dieser bis ganz in den Süden, wobei man hinter dem *Skorradalsvatn* das 1.041 m hohe Massiv der *Skarðsheiði* umfährt und bei Saurbær am *Hvalfjörður* auf die Ringstraße stößt (s.u.).

② Von größtem landschaftlichen Reiz ist es, ab Reykholt durch das Reykjadal weiter nach Osten zu fahren, und zwar über **Stórias** mit seiner hübschen Kirche bis zur ‚grünen Oase' **Húsafell**, 65 km von Borgarnes entfernt. Die Highlights in der Umgebung, z.B. die ‚Lava-Fälle' *Hraunfossar,* der ‚Kinderwasserfall' *Barnarfoss* oder die Lavahöhlen *Víðgelmir* und *Surtshellir* sind ab S. 433 beschrieben. Ab dort hat man Anschluss an die Kaldidalur-Route, die mutige Autofahrer auch ohne Vierradantrieb bezwingen können und die einen im Süden nach Þingvellir und anderen Zielen des ‚Goldenen Zirkels' bringt.

Akranes – Reykjavík

Nach dem Besuch von Akranes fährt man am erwähnten Sandstrand *Langisandur* vorbei und folgt dem nördlichen Verlauf der Bucht *Faxaflói*. Auf Höhe des Weilers **Miðhús,** den man nach wenigen Fahrminuten erreicht, verengt sich die Bucht zum Fjord *Hvalfjörður,* der sich weit nach Nordosten erstreckt und früher Reisende zu einem weiten Bogen bzw. einer Fährüberfahrt zwang. 1998 wurde jedoch ein knapp 6 km langer Autotunnel eingeweiht, der unter dem Fjord hindurchgeht und an seiner tiefsten Stelle 165 m unter Meeresspiegel liegt! Das Bauwerk mit seinen drei Fahrbahnen erspart Autofahrern auf dem Weg nach Reykjavík rund eine Stunde, seine Baukosten betrugen umgerechnet etwa 470 Mio US$ und werden nun über eine Mautgebühr (ca. ISK 1.000/Pkw) finanziert. Mit der Eröffnung des Tunnels wurde gleichzeitig die Fährverbindung Reykjavík–Akranes eingestellt.

Tunnel unterm Fjord

Wer den Tunnel nicht benutzt, kommt auf dem Uferweg zur ehemaligen Ringstraße (jetzt **S 47**) zurück und fährt den gesamten *Hvalfjörður* einschließlich aller Buchten ab. Kurz vor dem Hof **Ferstikla**, an dem links die alternative Strecke **S 50** ab Borgarnes (s.o.) einmündet, geht dabei rechts eine Stichstraße zur Kirche **Saurbær** ab, deren weißen Glockenturm man auch später auf der anderen Seite des Fjordes immer wieder als Landmarke erkennt. Der Pfarrhof ist allen Isländern als Heimat des Psalmendichters *Hallgrímur Pétursson* ein Begriff; seine Grabstätte befindet sich auf dem Friedhof.

Blick über den Hvalfjörður

Ca. 15 km danach, kurz vor der Halbinsel *Þyrilsnes,* sieht man rechter Hand eine aufs Meer führende Rampe, Kennzeichen der alten Walstation. Das uralte Geschäft des Walfangs, das übrigens dem Fjord seinen Namen gegeben hat, wurde hier noch in jüngster Vergangenheit ausgeübt und die Anlandung eines kapitalen Finnwals brachte regelmäßig Schaulustige zur Station. Nach den Protesten der Tierschützer und den politischen Auseinandersetzungen (vgl. S. 127) wurde der Betrieb in dieser größten isländischen Anlage zurückgefahren, seit 1989 dann völlig aufgegeben.

4 km hinter der Station hat man an der Tankstelle und Servicestation Botn das innere Ende des Walfjordes erreicht. Auffällig sind hier am Hang die große Anzahl weißer **Öltanks**, die die Energiereserve des Landes an fossilem Brennstoff enthalten.

Wanderung

An der Tankstelle Botn geht links eine 2 ½ km lange Stichstraße ab, die einen am Zeltgelände vorbei zum Parkplatz vor dem Naturschutzgebiet Stóribotn bringt. Es umfasst ein größeres aufgeforstetes Gebiet, daneben aber auch die tiefe Schlucht der Botnsá *und den* **Wasserfall** Glymur. *Dieser ist mit einer Fallhöhe von 198 m immerhin* **der höchste des Landes**! *Weiter östlich liegen der 848 m hohe* Hvalfell *und jenseits davon der See* Hvalvatn: *beide sind Ziele nur für erfahrene Wanderer.*

Islands höchster Wasserfall

Kurz danach überquert die **S 47** einige Flüsse, die zu den besten Lachsfanggebieten des Landes gehren. Daher trägt die *Laxá*, die bei *Laxárnes* in den *Hvalfjörður* mündet, ihren Namen zu Recht. In der Saison ist es von der Brücke aus fast immer möglich, kapitalkräftige Touristen und Einheimische bei ihren Angelbemühungen zu beobachten.

Ab der *Laxá*-Mündung fährt man auf guter Straße am südlichen Ende des Fjordes entlang, immer mit schönem Blick auf das Wasser und die jenseitigen Berge. Mehrfach kann man anschließend links abbiegen (zuerst auf der S 48), um nach Þingvellir zu gelangen. Wer den *Golden Circle* (S. 284ff.) weder abgefahren ist noch die entsprechenden Plätze bei der Hinfahrt aufgesucht hat, sollte einen zusätzlichen Tag an Zeit investieren und diesen Abstecher unbedingt unternehmen. Zum Westen hin erreicht man schließlich die Halbinsel Kjalarnes, ein fruchtbares und deshalb seit frühesten Zeiten besiedeltes Bauernland.

Am großen Gehöft *Saurbær* stößt man erneut auf die Ringstraße, die sich hier zum südlichen Tunneleingang hinabsenkt. Kurz danach führt der Weg am Hof *Brautarholt* vorbei zur Bucht *Hofsvík*, an der heute das moderne Städtchen **Grundahverfi** über einer alten Thingstätte liegt. Zwischen dem Massiv der *Esja* und dem kleinen *Kollafjörður* – hier bereits mit Sicht auf Reykjavík – verläuft die Straße, vorbei an einer Fischzuchtfabrik und bis zum Abzweig der gut ausgebauten S 36 nach Þingvellir. Danach passiert man die moderne Satellitenstadt Mosfellsbær, ab der sich die Hauptstadtregion mit durchgehender Bebauung und immer dichter werdendem Verkehr ankündigt.

Einen letzten, interessanten Abstecher kann man kurz hinter Mosfellsbær nach links über die S 431 machen, die einen zum schönen See *Hafravatn* bringt, an dem sich u.a. ein großer Schafspferch befindet. Die ganze Region wird von den Reykjavíkingur zunehmend als Freizeitpark genutzt, dessen Zentrum das Dorf **Brúarland** (1.000 Ew, Freibad, Pferdeverleih) darstellt. Von hier aus geht es über die **S 430**, vorbei am Rehabilitationszentrum Reykjalundur, zurück auf die Ringstraße. In wenigen Minuten haben Sie nun die Stadtgrenze von Reykjavík erreicht und damit die Umrundung der Vulkaninsel abgeschlossen.

zurück zur Hauptstadt

INFO Der Atlantische Lachs (salmo salar)

Für Fischer und Sportangler hat der Lachs als „König der Fische" nichts von seiner Faszination verloren, auch wenn Norweger, Schotten und Isländer heute Massen des edlen Speisefisches in Zuchtanlagen produzieren. In seiner weichen Konsistenz und seinem hohen Fettgehalt unterscheidet sich der Atlantische Lachs vom Pazifiklachs, der in den nordwestamerikanischen Gewässern heimisch ist, einen sehr niedrigen Fettgehalt aufweist und festfleischig ist. Als die Flüsse in Mitteleuropa noch nicht verschmutzt waren, zählte der Atlantische Lachs zu den häufigsten Fischen. Heute kommt er freilebend vor allem in den Flüssen Skandinaviens und Schottlands vor.

Petri Heil: Lachsangler in Südisland

Geboren wird der Wildlachs in den oberen Flussläufen, wo sich die kleinen Fischchen zunächst von ihrem Dottersack ernähren. Danach entwickeln sie Appetit auf kleine Krebse und Insektenlarven, später auch winzige Fische. Nach einem Aufenthalt von 2–5 Jahren (je nach Wassertemperatur) wandern die nur ca. 20 cm großen Edelfische ins Meer, wo sie dann allerdings kräftig an Gewicht zulegen, manchmal mehr als 1 kg pro Monat. Je mehr Krustentiere sie aufnehmen, desto intensiver wird die lachsrote Färbung des Fleisches. Nach bis zu dreijährigem Aufenthalt im Meer kehrt der Lachs geschlechtsreif in den Fluss zurück, aus dem er ursprünglich aufgebrochen ist – ein bisher ungeklärtes Phänomen. Erstaunlich sind auch die Distanzen, die Wildlachse im Meer zurücklegen, z.B. wurden in norwegischen Flüssen markierte Lachse vor der Küste Westgrönlands wiederentdeckt. Genauso phänomenal ist es zu sehen, wie die bis zu 40 kg schweren und ca. 1,2 m langen Brocken Wasserfälle und Stromschnellen überwinden und dabei bis zu 3 m hoch und 5 m weit springen.

Heute hat die Lachsfischerei keine besondere volkswirtschaftliche Bedeutung, aus der Sicht der Freizeitangler und der Fremdenverkehrsindustrie jedoch kommt der Lachs- und Inlandsfischerei ein wesentlich höherer Stellenwert zu.

9. TOUREN DURCH'S HOCHLAND

Überblick

Das isländische Hochland ist eine ganz eigene Welt, in der schroffer noch als sonst auf der Insel Gegensätze aufeinanderprallen. Aus schwarzen Einöden erheben sich unvermittelt hohe Horstvulkane mit einer weißen Kappe, anderswo ragen Gletscherzungen und -höhlen bis an die Pisten heran. Inmitten der Wüsten setzen Liparitberge vielfarbige Akzente und laden heiße Pools in grünen Oasen zum Baden ein. Nur wenige Kilometer entfernt treiben Eisberge in Gletscherseen und erstrecken sich unendliche Lava- und Sandflächen. Und über allem spannt sich ein weiter Himmel, der in Minutenschnelle alle Farbnuancen zwischen strahlend-blau und beängstigend-schwarz wechseln kann. Das Hochland war stets Barriere und Herausforderung zugleich; schon in der Landnahmezeit wurde es auf den heute noch gültigen Pässen mit zotteligen Pferden bezwungen, wurde der Kontakt zwischen Nord und Süd gesucht und gefunden. Menschen konnten hier nie leben – die wenigen ‚Bewohner' waren Verbrecher, die man in die ‚Wüste der Missetäter' hinausjagte, wohl wissend, dass sie damit der Gesellschaft auf schreckliche Weise entzogen wurden.

In der Sandwüste des Hochlandes

Heute besucht man das Hochland nicht gezwungenermaßen, sondern freiwillig – obwohl einige behaupten, dass diese Region süchtig mache. Tatsächlich kann die Landschaft eher noch als das skandinavische Lappland das Etikett der ‚letzten Wildnis Europas' für sich in Anspruch nehmen. Wer diese menschenleere Gegend bereist, wird feststellen, dass sie nicht mehr gar so menschenleer ist, denn im Verein mit Tausenden anderer Naturliebhaber und Abenteuer-Reisenden kann man den ehemals (bzw. außerhalb der Öffnungszeiten immer noch vorhandenen) lebensfeindlichen Charakter nur noch ahnen. Trotz aller Touristen, die im Sommer das Hochland bevölkern, wird aber auch zur Hochsaison derjenige die Einsamkeit und das Naturerlebnis finden, das er sucht. Eingefleischte Island-Fans behaupten sogar, dass sich der Reiz der Insel überhaupt *nur* im Hochland erschließe. Dem kann sich der Autor allerdings *nicht* anschließen: auch die Ringstraße ist eindrucksvoll genug, vor allem, wenn man

Europas letzte Wildnis

Snæfellsnes und/oder den Nordwesten als Ergänzung hinzunimmt; abgesehen davon gehören zur Insel auch ihre sozialen und kulturellen Errungenschaften, mit denen man in den menschenleeren Einöden keine Bekanntschaft schließen kann!

Nachdrücklich sei aber ein Besuch dieser Wildnis empfohlen. Dies kann man auf Abstechern von der Ringstraße aus machen (im entsprechenden Kapitel werden jeweils Hinweise auf solche Touren gegeben), man kann aber auch das Hochland zum eigentlichen Ziel des Island-Urlaubs erheben, sei es als Wandertour, als Reiturlaub, als organisierte Campingreise oder als Selbstfahrer. Alle in- und ausländischen Spezialreiseveranstalter haben entsprechende Touren im Programm, so dass man aus einer breiten Palette an mehr oder weniger komfortablen Angeboten das aussuchen kann, wonach einem der Sinn steht. Im Sommer ist es sogar möglich, mit Linienbussen auf der Sprengisandur-, der Kjölur- und der Kaldidalur-Route oder nach Landmannalaugar, Þórsmörk und zur Askja zu fahren.

Während einem bei Pauschalreisen die Veranstalter die Suche nach Übernachtungsplätzen abnehmen, ist der Selbstfahrer auf sich gestellt und auf eine gute, arktistaugliche Campingausrüstung angewiesen. Berghütten sind vereinzelt vorhanden, allerdings ist der Andrang in der Saison stark. Unabdingbar ist, dass man nur gut vorbereitet eine Durchquerung des Hochlandes unternehmen und stets alle verfügbaren Informationen über Wetter, Befahrbarkeit, Hüttenkapazität etc. sammeln und verwerten sollte.

Das Befahren der Hochlandpisten

Das Fahren auf den Hochlandpisten erfordert in den meisten Fällen einen Wagen mit Allradantrieb. Da der Ausbau der meistfrequentierten Strecken zügig voranschreitet, werden die Verhältnisse immer besser; große Abschnitte sind bereits mit normalen, aber möglichst ‚hochhakkigen' Pkw oder Bussen zu befahren. Dies betrifft insbesondere die recht problemlose Kjölur-Route. Eine übertriebene Geländeausrüstung (Seilwinde, Klappspaten etc.) ist also nicht unbedingt erforderlich. Anders sieht es auf den **Jeeptracks** aus, die möglichst nur im Konvoi von hochlanderprobten Fahrern in Angriff genommen werden sollten. Hier sind die Wasserfurten besonders tief, die Pfade nach Regen rutschig, oft auch ausgesprochen steil und häufig fehlt eine Umkehrmöglichkeit.

Jeeptour im Hochland

Auf folgende **Gefahren** sollte man im Hochland vorbereitet sein:

Gefahren im Hochland

- **Steinschlag:** Die durch überholende oder entgegenkommende Fahrzeuge hochgeschleuderten Steine können Scheinwerfer, Windschutzscheibe und Kühlergrill beschädigen. Ein Frontschutz aus Plexiglas oder Draht ist deshalb empfehlenswert, für Windschutzscheiben gibt es einen abziehbaren Folienschutz.
- **Benzinversorgung:** Wer auf der Karte die Entfernungen der Tankstellen und einen normalen Spritverbrauch zugrunde legt, könnte meinen, eine Hochlanddurchquerung sei mit einer Tankfüllung zu schaffen. Dabei vergisst man leicht, dass wegen der Straßenverhältnisse der Benzinverbrauch weit höher liegt, häufig auch Umwege oder Abstecher nötig bzw. wünschenswert sind. Deshalb darf mindestens ein gutgefüllter Reservekanister nicht fehlen; je nach Platzverhältnissen (Gepäckträger) auch mehr.
- **Lava:** Achten Sie auf spitze Lavasteine, die durchaus einen Reifen aufschlitzen können. Mindestens ein guter, besser noch zwei Reservereifen und entsprechendes Werkzeug (Wagenheber etc.) sollten unbedingt mitgeführt werden.
- **Wetter:** Mehr noch als an der Küste kann man im Hochland von plötzlichen Wetterumschwüngen überrascht werden. Von warmen Mittagstemperaturen fällt

die Quecksilbersäule oft unter den Gefrierpunkt. In seiner Kleidung, besonders aber hinsichtlich der Zelte und Schlafsäcke sollte man darauf vorbereitet sein. Häufig kommen Sandstürme vor, die die Sichtweiten unter 10 m drücken und zudem die Fahrspur verwehen. Nach Regen oder Schneefall sind viele Passagen aufgeweicht und rutschig; weiche, sandige Abschnitte sind häufig tief und bergen die Gefahr des Steckenbleibens.

- **Flussdurchquerung:** Trotz etlicher neuer Brückenbauten gehören Furten durch Flüsse und Bäche immer noch zum alltäglichen Handwerk bei vielen Hochlandexkursionen – für viele Fahrer sind sie außerdem ein willkommenes (und fotogenes) Abenteuer. Die damit verbundenen Gefahren dürfen jedoch nicht unterschätzt werden. Bäche mit einer Wassertiefe von mehr als 40 cm sollten nur von geländetauglichen Autos durchquert werden. Um die Wassertiefe festzustellen (was bei den trüben Gletscherflüssen schwierig ist), sollte man die Furt vorher durchwaten (hohe Stiefel mitnehmen!) oder andere Wagen beobachten. An vielbefahrenen Stellen können die Furten wegen der schweren Busse oft sehr tief sein. Wichtig ist, dass der Luftfilter-Ansaugstutzen des Motors nicht unter die Wasserlinie gerät (gegebenenfalls mit Schlauch überstülpen und am Dach/Gepäckträger befestigen). Unterschätzen Sie auch nicht die Gewalt des Wildwassers – schon häufiger sind Geländewagen umgeworfen worden oder steckengeblieben. Behutsames, aber gleichmäßiges Gasgeben ist ideal. Bei Zweifel, ob eine Furt befahrbar ist, sollte man besser auf andere Fahrer warten und sich evtl. gegenseitig Hilfe geben. Bei tiefen Gletscherbächen sollte man bis zum Abend warten, weil wegen der Schmelzkraft der Sonne der Wasserstand mittags am höchsten ist und bis zum Abend rund 30–40 cm sinken kann.

Nicht ungefährlich: Furten mit dem Auto

- **Beschilderung:** Die Hochlandpisten sind i.d.R. mit gelb-roten Pfosten in größeren Abständen markiert, an Gabelungen und Kreuzungen auch mit Verkehrsschildern und Entfernungsanzeigern. Außerdem ist meist eine Fahrspur zu erkennen. Jeeptracks hingegen sind schlecht beschildert.

Öffnungszeiten der Hochlandpisten

Aus klimatischen und Umweltschutz-Gründen sind die Hochlandpisten nur für einen kurzen Zeitraum im Sommer geöffnet. Die genauen Zeiten wechseln von Jahr zu Jahr. Auch kann es vorkommen, dass während der offiziell geöffneten Periode eine Piste wegen Sandsturm oder anderer Natureinflüsse kurzzeitig geschlossen wird. Die Karte für die jeweils freigegebenen Pisten wird jeden Donnerstag aktualisiert und hängt an allen Campingplätzen, am Hafen in Seyðisfjörður und bei den Rangern der Naturschutzgebiete aus.

Umweltschutz

Die schwache und sehr labile Vegetationsdecke fordert vom Besucher eine besondere Rücksichtnahme. Die unverantwortliche Off-road-Fahrerei von Einheimischen und Fremden wird nicht mehr akzeptiert und ein mögliches generelles Fahrverbot nimmt einen großen Platz in der politischen Diskussionen ein. Die Höhenlage und das arktische Klima haben zur Folge, dass Zivilisationsmüll nicht verrottet (es kann Jahrzehnte dauern, bis eine Zigarettenkippe zersetzt ist) und dass die niedrig oder höher wachsenden Pflanzen um ein Vielfaches länger als an der Küste oder gar in Kontinentaleuropa brauchen, um sich zu entwickeln oder zu generieren. Die Fahrspuren eines Jeeps graben sich für viele Jahre unauslöschlich in die Oberfläche ein!

Die Eldgjá-Schlucht

Jeder Besucher kann und sollte daher mithelfen, das Naturparadies zu erhalten. Beherzigen Sie also die Ratschläge und Vorschriften der Broschüren *‚How to travel in the interior of Iceland'* und *‚Off-road driving'*, die an Informationsstellen, der Fährstation und in Berghütten ausliegen (auch auf Deutsch). Fahren Sie niemals außerhalb der in den Karten markierten Pisten und Jeeptracks; dies ist nicht erlaubt und wird zurecht bestraft. Entfernen Sie keine Moose, Flechten oder Sträucher. Achten Sie beim Wandern, Autofahren oder Mountainbiking darauf, dass die Vegetation nicht beschädigt wird. Stellen Sie kein heißes Kochgeschirr direkt auf der Vegetationsdecke ab, entzünden Sie kein offenes Feuer in Gegenden mit Pflanzenbewuchs. Und hinterlassen Sie oder vergraben Sie keine Abfälle.

Die Sprengisandur-Route: Süd-Nord-Durchquerung zwischen Hofsjökull und Vatnajökull

Unter der Sprengisandur-Route, die auch als *Sprengisandsleið* oder *Sprengisandsvegur* bezeichnet wird und die berühmteste aller Hochlandstrecken ist, versteht man im engeren Sinn die rund **210 km** lange Piste **F 26**, die im Süden am **Þórisvatn** beginnt, sich zwischen den Gletscherriesen *Hofsjökull* und *Vatnajökull* entlangwindet und nördlich des *Tungnafellsjökull* in drei Varianten aufsplittet. Wie im Norden, so gibt es auch im Süden mehrere Anfahrtswege. Eine beliebte Strecke von **Reykjavík/Keflavík** aus sind zunächst die ‚klassischen Ziele' **Þingvellir, Geysir, Gullfoss** und **Skálholt**, dann die gut ausgebaute **S 32** am Ufer der *Þjórsá* entlang, am Wikingerhof **Stöng** und dem Wasserkraftwerk *Búrfell* vorbei bis zum **Wasserkraftwerk *Sigalda*** (s.u.). Parallel dazu kann man auch auf der Ringstraße bis nach **Selfoss** fahren und dann, 7 km vor **Hella**, nach links auf die **S 26** abbiegen, die sich hinter der *Búrfell*-Anlage mit der **S 32** vereinigt. Ein dritter Zugang ist in Südisland von der Ringstraße aus die Piste **F 22** durch die *Eldjá*-Schlucht und **Landmannalaugar** bis **Sigalda** (vgl. S. 319).

Þórisvatn – Goðafoss

Diese gut 200 km lange Etappe ist die beliebteste (weil bestausgebaute) Variante, und ein Großteil der inzwischen rund 8.000 Touristen, die jeden Sommer die *Sprengisandur* befahren, ‚drängeln' sich auf ihr. Der Straßenzustand hat sich so gebessert, dass man fast schon einen normalen PKW benutzen könnte – wären da nicht die tiefen Furten in der Mitte der Route (bei Nýidalur).

Auf welchem Weg man auch immer zum *Þórisvatn* anreist, an der z.T. erst in jüngerer Zeit künstlich entstandenen Seenlandschaft mit dem **Wasserkraftwerk** *Sigalda (Sigolduvirkjun)* kommt jeder vorbei. Dieses ist eines von fünf Kraftwerken, die sich aus den angestauten Wassermassen der Flüsse *Þjórsá* und *Tungnaá* speisen. Es leistet 150 MW, während die älteren Anlagen von *Hrauneyjafoss* und *Búrfell*, beide weiter flussabwärts, eine Leistung von 200 MW bzw. 210 MW besitzen. Jünger als *Sigalda* sind das im Jahre 2000 eingeweihte Kraftwerk *Sultartangi* und das Ende 2001 eröffnete Kraftwerk *Vatnsfell*, beide wenige Kilometer von Sigalda bzw. Burfell entfernt.

Hinweis

Mit Ausnahme von Sigalda stehen im Sommer diese Monumente isländischer Ingenieurskunst inzwischen Besuchern offen, Vatnsfell an einem Wochenende im Monat, Hrauneyarfoss und Búrfell tägl. 13–17 bzw. 18 Uhr. Auffällig ist, dass die Isländer hier ihre Industriebauten mit unterschiedlichsten Arten von Kunst am Bau schmücken.

Wildwasser und Staudämme

Alle fünf Kraftwerke haben das Gepräge der Landschaft nachhaltig verändert. Flüsse sind umgeleitet worden, Ebenen wurden in Stauseen verwandelt, das Gefälle wurde künstlich manipuliert, damit die Turbinen-Fallrohre optimal ausgelastet sind. Für die Vatnsfell-Station z.B. wurde ein 730 m langer und 30 m hoher Damm errichtet. Die am und mit den Kraftwerken entstandenen Mini-Siedlungen **Sigalda** und **Hrauneyjafossstöð** sind für die Sprengisandur-Fahrer deshalb wichtig, weil sich hier Tank- bzw. Raststellen befinden.

Auf immer noch problemlos zu befahrender Piste geht es nun direkt ins Hochland, eine vegetationslose, von Geröllwüsten, Sand- und schwarzen Lavaflächen bestimmte Landschaft. An seinem westlichen Ufer fährt man zunächst am 109 m hoch gelegenen See *Þórisvatn* entlang, der ursprünglich etwa 70 km² groß war, heute aber wegen der ‚Umleitung' des Flusses *Kaldakvísl* gut 82 km² umfasst und damit das zweitgrößte Binnengewässer des Landes ist. Herrlich ist auf diesem wie auch auf weiteren Streckenabschnitten der Blick hinüber zum *Vatnajökull*, dem mit 8.300 km² weitaus größten europäischen Gletscher. Die vielen Gletscherzungen, die sich in die Talungen ergießen, sind allerdings am jenseitigen, südwestlichen Rand am schönsten. Unmittelbar südlich vom *Þórisvatn* kann man übrigens auf einer Jeep-Piste fast bis zur Haustür des Gletschers gelangen.

Alter Sprengisandurvegur

In mehreren, z.T. recht steilen Windungen geht es bergan. Rund 14 km hinter der Linkskurve, durch die man sich vom See fortbewegt, kann man mit einem Geländewagen wiederum nach links auf den alten Sprengisandurvegur abbiegen, der am Seeufer des *Kvíslavatn* entlang nahe an den Hofsjökull heranführt, den mit 925 km² drittgrößten Eispanzer Islands. Seine höchste Stelle liegt mit 1.763 m genau im Zentrum des Gletschers. Neuere Untersuchungen haben ergeben, dass sich unter den Eismassen eine Caldera (= eingestürzter Vulkankrater) verbirgt. An seinem südostlichen Rand schlängelt sich die *Þjórsá* vorbei, dem mit 230 km längsten aller isländischen Flüsse. Nach ihm ist die Ebene *Þjórárver* benannt, die als Naturschutzgebiet eine Heimstätte für zahlreiche Vogelarten ist, vor allem für die Kurzschnabelgänse, von denen es hier 15.000 Paare geben soll. Der alte Sprengisandurvegur ist bis nördlich des Kvíslavatn recht passabel zu fahren, für die Fortsetzung bis zur Piste F 72 oder dem Abzweig nach Nýidalur braucht man aber unbedingt einen robusten Geländewagen.

zwischen Hofsjökull und Tungnafellsjökull

Der Snæfell

Bequemer ist es auf der neuen Piste, von der aus der Hofsjökull ebenfalls schön zu sehen ist. Bis zur Tankstelle **Versalir** (Raststätte, Schlafsackunterkunft) überbrückt die Piste etliche kleine Bäche, manche müssen auch bei Hochwasser gefurtet werden, was i.d.R. aber von normalen Pkw mit viel Bodenfreiheit problemlos zu bewältigen ist. Nach der Tankstelle stellt die knietiefe Furt der *Svartá* die größte Herausforderung dar. Markanter Fixpunkt der Route ist im Norden der *Tungnafellsjökull*, dessen höchste Spitze bei 1.520 m ü.d.M. liegt. Mit einem Eispanzer von 50 km² Ausdehnung gehört er zu den kleinsten Einzelgletschern Islands.

Auf ihn bewegt sich die jetzt staubige Piste durch schwarze Schotterebenen zu, immer weiter ansteigend, bis man 60 km hinter Versalir **Nýidalur** erreicht. Dieses unmittelbar westlich des *Tungnafellsjökull* und in rund 800 m Höhe gelegene Touristenzentrum verfügt über Hütten, einen kleinen Campingplatz und die moderne Doppelherberge *Tungnafellsskáli* des Touristenvereins in Akureyri mit einer Kapazität von über 150 (!) Schlafsackplätzen. Da angesichts des arktischen Klimas (selbst im Hochsommer liegen bisweilen die Temperaturen deutlich unter 0 °C!) Zelten ungemütlich werden kann, ist der Hüttenübernachtung bei schlechter Witterung der Vorzug zu geben; in der Hochsaison kann es jedoch eng werden. Die Piste ist vor und hinter Nýidalur übrigens ziemlich schwierig, da hier die

Touristenzentrum am Gletscher

tiefsten und gefährlichsten Furten zu durchqueren sind. An der letzten großen Furt, 5 km nach Nýidalur, zweigt auch die berüchtigte *Gæsavatnaleið* ab:

Die Hochlandpiste Gæsavatnaleið

Diese Piste **(F 910)** führt in östliche Richtung, in gehörigem Abstand nördlich am *Vatnajökull* und am weithin sichtbaren Schildvulkan *Trölladyngja* (1.460 m) vorbei und stößt an der *Askja* auf die Piste **F 88** (S. 422). Ein Highlight auf der Route ist die Oase Gæsavötn mit ihrem kristallklaren See. Diese Verbindung ist jedoch nur selten geöffnet (frühestens Mitte Juli), äußerst rau und mühselig zu fahren. Für die gut 100 km bis zur Askja benötigt man mindestens 7 Stunden; zu empfehlen ist die Piste nur für Geländewagen, die möglichst im Konvoi fahren sollten. Ab der Askja-Hütte sind es dann nochmal rund 120 km bis zur Ringstraße (Grímsstaðir).

14 km hinter dem Abzweig der F 910 erreicht man auf der Sprengisandur-Route den See **Fjórðungsvatn**, unmittelbar westlich vom knapp 1.000 m hohen *Fjórðungsalda* gelegen. An seinem südlichen Ende zweigt westlich die **F 72** nach Skagafjörður ab, von dieser nach 31 km wiederum die **F 82** in Richtung Akureyri. Unsere Route (nach wie vor F 26) verläuft in nordöstlicher Richtung über eine sandige Hochebene, nach rund 15 km dann parallel zur *Skjálfandafljót*, einem Frischwasserfluss, der aber auch viel Schmelzwasser vom *Vatnajökull* und *Tungnafellsjökull* transportiert. Rechterhand ist immer wieder der Schildvulkan *Trölladyngja* (1.460 m) zu sehen, dessen enorme Lavaproduktion vor ca. 8.000 Jahren als glühender Strom *Frambruni* (dem größten jemals bei einer einzigen Eruption freigesetzten Lavafluss) zum Goðafoss gelangte.

abenteuerliche Piste

Auf dem weiteren Weg müssen etliche kleine Bäche durchquert werden, im Allgemeinen ist die Strecke jedoch nicht problematisch, wenn es auch mehrere steile Abschnitte gibt und die Etappe bei nassem Wetter längere sehr rutschige Passagen aufweist. Schließlich ist mit dem Tal *Mjóidalur* wieder ein Vorposten der Zivilisation erreicht. Mit der Brückenüberquerung des Flusses *Mjóidalsá* hat man die Hochlandpiste verlassen und befindet sich nun auf der **S 842**. Kurz vor der Brücke geht rechts ein kurzer Weg zum **Aldeyjarfoss** ab, ein außerordentlich malerischer Wasserfall mit vielen Wirbeln und Untiefen, der von phantastischen Basaltsäulen umgeben ist.

Weiter geht es parallel zum Fluss *Skjálfandafljót* und an der kleinen Siedlung **Mýri** vorbei, ab dort in 14 km nach **Stóruvellir** (Tankstelle) und durch das Bárðardalur entweder geradeaus bis zur Ringstraße (23 km) oder rechts über die Brücke nach **Sandvík** und dann auf der **S 844** und am Ostufer des Flusses entlang bis zur Ringstraße (22 km). In beiden Fällen erreicht man den isländischen Hauptverkehrsweg an den beiden Brücken über die *Skjálfandafljót*, die sich dort im prächtigen **Goðafoss** über eine Lavabarriere hinabstürzt. An der Weggabelung gibt es eine Tankstelle mit Laden, Cafeteria und Unterkunftsmöglichkeiten (vgl. S. 365).

Vom Þórisvatn zum Skagafjörður oder nach Akureyri

Bei diesen Varianten ist die erste Weghälfte bis 19 km hinter Nýidalur mit der oben skizzierten Sprengisandur-Route identisch. Von dieser zweigt am See die **F 72** ab, die als raue, aber mit Allradwagen und bei guten Wetterverhältnissen problemlos zu bewältigende Piste in westliche Richtung führt. Nach 8 km muss man den breiten, aber normalerweise nicht tiefen Fluss *Bergvatnskvísel* überqueren. Genau vor einem liegt jetzt der *Hofsjökull*, dessen mächtige Eisschicht sich blendend weiß vom Schwarz der Lavaasche abhebt. Spätestens nach rund 15 km sollte man anhalten, den Motor abstellen und das grandiose Panorama genießen. Die *Sprengisandur*-Hochfläche im Osten, der *Tungnafellsjökull* und dahinter die über 2.000 m hohen Spitzen des *Vatnajökull* im Südosten sowie der *Hofsjökull* im Westen runden das Bild zu einem einmaligen Landschaftserlebnis. Durch die Sand- und Schotterwüste geht es dann parallel zum Wildwasser *Hnjúkskvísl* mit leichten Steigungen und Gefälle auf den knapp 900 m hohen *Laugafell* zu und an seiner Flanke entlang. Kurze Zeit später zweigt rechts die Piste **F 821** in Richtung Akureyri ab, auf der sich nach 1 km die *Laugafell-Hütte* für eine Übernachtung anbietet (s.u.).

Der weitere Verlauf der Piste wird von zahlreichen Seen und Wasserläufen bestimmt, so z.B. vom ansehnlichen *Reyðarvatn* unmittelbar am Wegrand. Ab und zu werden durch Flechten, Moos und Buschwerk grüne Akzente in der Steinwüste gesetzt. Den Verlauf der Piste bestimmt bald darauf der Fluss *Hófsá,* der von der Hochebene dem *Vesturdalur* zustrebt. Dabei sind einige Gletscherbäche und andere Flüsse zu queren, die z.T. recht breit, aber nie zu tief sind. Insgesamt beträgt die Strecke zwischen dem Abzweig und dem ersten Gehöft *(Gil)* gut 50 km. Nach weiteren 12 km hat man die erste Tankstelle erreicht, dann geht es auf den Straßen 752/751 geradewegs hinab in die landwirtschaftlich intensiv genutzte Region des *Skagafjörður.* Nach den Hochlanderlebnissen der zurückliegenden Wüstenstrecke wird das saftige Grün der Weiden in seiner Wirkung nochmals gesteigert. Vorbei an den ersten Gästefarmen und Hotels sowie der hübschen Torfkirche *Víðimýri* gelangt man bei Varmahlíð auf die Ringstraße. Insgesamt ist diese reizvolle Strecke zwischen Varmahlíð und dem Þórisvatn 210 km lang. Von der Ringstraße aus, rund 25 km westlich von Varmahlíð, haben Hochland-Fans die Möglichkeit, auf der ähnlich imponierenden Strecke der Kjölur-Route (S. 418ff.) wieder in den Süden zu gelangen.

Fahren im Hochland

Eine landschaftlich genauso überzeugende Alternative zur Piste nach Varmahlíð ist die nach **Akureyri**. Diese zweigt am *Laugafell,* 31 km nach dem Beginn der oben genannten Variante, rechts ab und bringt einen nach 1 km zur **Laugafell-Hütte** mit angeschlossenem Zeltplatz, die sich für eine Übernachtung im Zentrum der

Insel anbietet. Allerdings hat sie keine allzugroße Kapazität (ca. 15 Personen), ist dafür aber gut ausgestattet und besitzt sogar einen kleinen Swimmingpool mit geothermalem Wasser (35 °C). 3 km hinter der Hütte kann man rechts auf der Querverbindung **F 881** in 18 km zurück zur Sprengisandur-Route gelangen. Nach Akureyri bleibt man auf der **F 821**, die gut 40 km lang in rund 900 m Höhe über das Hochplateau führt. Dann geht es ziemlich steil (bei nassem Wetter rutschig und gefährlich!) in das *Eyjafjarðardalur* hinab, durch das die *Eyjafjarðará* (= ‚Inselfjordfluss') den fruchtbaren Talungen südlich von Akureyri zustrebt. An der Farm *Hólsgerði* hat man endgültig das Hochland hinter sich gelassen und benutzt nun die geschotterte **S 821**. Ein wenig weiter kann man wahlweise auch auf der parallelen **S 826** weiterfahren, an der es eine Tankstelle und in *Hrísar* eine Übernachtungsmöglichkeit gibt. Beide Straßen kommen an der Torfkirche von *Saurbær* zusammen, ab wo man nun auf asphaltiertem Weg der ‚Hauptstadt des Nordens' näher kommt (vgl. S. 366ff.). Sehenswürdigkeiten entlang der Strecke sind die Kirche *Grund*, der Wald *Kjarnáskógur* und Akureyris ‚Hausberg' *Súlur*. In der Ortschaft Hrafnagil gibt es mehrere Unterkunftsmöglichkeiten.

auf dem Hochplateau

Die Kjölur-Route: Nord-Süd-Durchquerung von Blönduós zum Gullfoss

Mit rund 190 km stellt die Straße **35**, auch **Kjalvegur** genannt, die kürzeste Verbindung zwischen Norden und Süden dar. Die heutige, mit mehreren Brückenbauten und weitgehend mit gut geschotterter Oberfläche versehene Strecke ist nur teilweise mit dem alten *Kjalvegur* identisch, der in seinem nördlichen Abschnitt weiter östlich verlief und über Mælifell und Varmahlíð zum Skagafjörður ging. Die neue Route beginnt im Norden auf dem Ringweg etwa in der Mitte zwischen Blönduós (26 km) und Varmahlíð (23 km). Von Blönduós aus bis zum Gullfoss beträgt sie ohne Abstecher etwa 190 km. Die im Sommer sogar von Linienbussen befahrene Strecke wurde in den letzten Jahren zusehends besser ausgebaut, trotzdem ist wegen einiger Furten vom Versuch abzuraten, sie mit einem normalen Pkw bewältigen zu wollen. Im Folgenden wird ihr Verlauf von Norden nach Süden skizziert:

Man verlässt die asphaltierte Ringstraße nahe der Tankstelle zwischen **Blönduós** und **Varmahlíð** und fährt zunächst auf der sehr guten Straße **731/732** durch das Tal *Blöndudalur* am östlichen Ufer der *Blandá* südwärts, die insgesamt 175 km lang ist und am Gletscher des Hofsjökull entspringt. Bei **Brúarhlíð** wechselt man auf die andere Flussseite über (Brücke) und setzt den Weg bis **Eidsstaðir** (Tankstelle) fort, wo die S **732** in die Piste **F 35** übergeht und damit zur eigentlichen Kjölur-Route wird. Der Fluss *Blandá*, Heide und ausgedehnte Seen bestimmen den Charakter der Landschaft. Diese Wasserflächen, die manchmal direkt bis an die Piste heranreichen, sind z.T. das Produkt von künstlichen Flussumleitungen und dienen als aufgestaute Reservoire der Energiegewinnung. Früher wurden die nun von Wasser bedeckten 56 km² von Bauern zur Weidewirtschaft (Schafe) genutzt. Als Entschädigung für den Verlust finanzierte ihnen die nationale Energiegesellschaft die Urbarmachung eines 30 km² großen Terrains in der Nähe. Der riesige Stausee *Blöndulón* ist vor allem an seinem Ende, wo der Wasserabfluss als gewaltiger Katarakt erscheint, und kurz vor seinem Anfang (Aussichtspunkt) eindrucksvoll. Das zum Stausee gehörende **Blanda-Wasserkraftwerk** *(Blönduvirkjun)*, das man dabei passiert, hat eine Kapazität von 50 MW; sein Turbinenhaus liegt in einer 200 m tief in den Berg gesprengten Höhle. Im Sommer kann das Kraftwerk besichtigt werden *(Mo Fr 13–17, Sa–So bis 18 Uhr)*, das Turbinenhaus mittels eines Aufzuges oder eines 800-Meter-Tunnels für Autos. Touristen profitieren auch sonst von der ‚Verstromung' der *Blandá* insofern, als wegen des Kraftwerkes die Straße bis zum Ende des Sees *Blöndulon* sehr gut ausgebaut ist; da sie über einen Damm geführt wird, ist es allerdings unmöglich, sie etwa auf der Suche nach einem Übernachtungsplatz zu verlassen, und ausgebaute Rastplätze sind nur wenige vorhanden. Links und rechts der Piste erstrecken sich schier endlose Wiesen und Heideflächen mit Frostbuckeln.

Auch nachdem die **F 35** das Ufer der *Blandá* verlassen hat, bleibt die Piste in gutem Zustand; bis zur *Seyðisá* sind z.B. alle kleinen Bäche verrohrt und unter der Piste verlegt. Zwischen den *Helgufell* (663 m) im Osten und dem *Sauðafell* (679 m) im Westen hindurch geht es dann über Sanderflächen hinweg und am *Sandkúlufell* (838 m) vorbei ins Tal der *Kúlukvísl*, das wieder vorwiegend grünes Gepräge hat. Auch die breite, aber nicht sehr tiefe *Seyðisá* ist mittlerweile überbrückt. Ab jetzt werden Landschaft und Aussicht abwechslungsreicher, von der mit Felsbrocken und Buschwerk durchsetzten Hochebene heben sich die Eispanzer des *Langjökull* und *Hofsjökull* immer deutlicher ab. Etwa in der Mitte der Gesamtstrecke und zwischen den genannten Gletschern befindet sich die grüne Oase von Hveravellir, die man nach rechts über eine ca. 5 km lange Stichstraße erreicht.

Hveravellir

Oase in der Wüste

Das etwa 650 m ü.d.M. gelegene Hveravellir ist mit seinen touristischen Einrichtungen in der Hochsaison fast schon ein kleiner, betriebsamer Ort, der über einen Campingplatz und eine Berghütte des *Touring Club of Iceland* verfügt (es ist ratsam, sich den Übernachtungsplatz in der Hütte durch Vorreservierung zu sichern). Nicht weit davon entfernt ist eine Wetterstation, in dem Meteorologen das ganze Jahr über ihren Dienst verrichten. Seine Faszination auf Besucher erhält der Platz aber nicht deshalb, sondern wegen seiner ausgedehnten geothermalen Aktivitäten. Feine Kaskaden sprudelnden Wassers, warme oder heiße Teiche, an vielen Stellen entweichender Dampf sowie farbenprächtige mineralische Ablagerungen bilden einen bizarren Kontrast vor dem Hintergrund der Wüste. Zwar ist das Terrain eingefriedet und Warnschilder machen Wanderer auf die Gefahren aufmerksam, doch sollte man trotzdem sehr vorsichtig sein. Die von

Geothermales Gebiet bei Hveravellir

weißer Kieselerde bedeckte Kruste ist nur sehr dünn und Einbrüche sind möglich; direkt darunter befindet sich kochend heißes Wasser. Den größten Nutzen der Erdwärme zieht der Tourist durch ein entspannendes Bad in einem der natürlichen Warmwasser-Pools.

Einer örtlichen Überlieferung zufolge soll Hveravellir übrigens von dem verurteilten Verbrecher *Eyvindur* entdeckt worden sein, der im 18. Jh. mit Frau und Kindern in die damals noch unbekannte Hochlandregion floh.

Von Hverarvellir ist es bei guter Witterung und mit dem entsprechenden Wagen möglich, dem alten Kjalvegur zu folgen, der unterhalb des Langjökull bis zum Hvítárvatn verläuft (s.u.). Dabei kommt man an zwei Berghütten vorbei und stößt im Süden wieder auf die neue Piste. Dieser sollten weniger gut ausgerüstete Fahrer unbedingt den Vorzug geben. Sie verläuft durch das Lavagebiet der *Kjalhraun* etwa in der Mitte zwischen den Gletschern *Langjökull* und *Hofsjökull* hindurch, deren mächtige Eispanzer ständig zu sehen sind.

Abstecher Kerlingarfjöll

zum Sommer-ski-Gebiet

28 km hinter der Hverarvellir-Piste passiert man linkerhand den Abzweig zum Sommerskigebiet *Loðmundur* (beschildert) am Nordrand des *Kerlingarfjöll* – eine 11 km lange Strecke, die mit Allradwagen problemlos zu bewältigen ist. Nur wenn der Gletscherfluss sehr viel Wasser mitführt, ist das Überqueren der Furt gefährlich. Der Abstecher bringt einen zur Berghütte *Ásgarð* mit angeschlossener Skischule, Zeltgelände und Cafeteria. Freunde des Wintersports und Gäste der Sommerskischule können die (nur kurzen) Skilifte benutzen und sich entsprechende Ausrüstung leihen, obgleich die Auswahl bescheiden ist. Der Ausflug lohnt auch wegen der herrlichen Wandermöglichkeiten in einem Gebiet, das einerseits von warmen Quellen und wegen der mineralischen Absonderungen in allen Farbnuancen schimmernden Gesteinen und andererseits von den weißglänzenden Hängen des bis zu 1.477 m aufragenden Gletschers geprägt ist. Von der Hütte gibt es eine 4 km lange Piste bis direkt an den Rand des ‚ewigen Eises'. Bergwanderer sollten sich in das Warmwasser-Quellgebiet des *Hveradalur* aufmachen, wo auch viel an Obsidian (schwarz glänzendes, vulkanisches Glas) gefunden werden kann.

In der Hochlandregion

Zurück auf der Hauptstrecke folgt die Piste dem Flussverlauf von *Jökullfall* und *Svartá*, immer mit Blick auf den westlich aufragenden mächtigen Eispanzer des **Langjökull**. Der mit 953 km² zweitgrößte aller isländischen Gletscher erreicht an der höchsten Stelle 1.355 m ü.d.M. (die schönsten Blicke auf seine Westseite bietet die Kaldidalur-Route; vgl. S. 432). Nach 24 km ergibt sich die Möglichkeit, einen seiner beiden Gletscherseen zu besuchen, nämlich den von Eisbergen besetzten ***Hvítárvatn***, in dem der Fluss Hvítá entspringt. Den breiten Seeausfluss quert die Piste mit einer Brücke, dahinter kann man sich in der Saison Boote leihen. Vorher gibt es eine Zufahrt zu den Hütten am Seeufer *(Hvítárnes)*, die wegen der ausgedehnten und tiefen Weichsandfelder jedoch nur bedingt passierbar ist.

Hinter der Brücke geht es auf recht problemloser Strecke durch steiniges Terrain zunächst um den 1.204 m hohen Tafelberg *Bláfell* herum. An seinen Wänden sind noch gut die Schleifspuren und Terrassen sichtbar, die die Eiszeitgletscher hinterlassen haben. Nach einem Volksmärchen lebte einst auf ihm der Riese *Berþór*, der merkwürdigerweise von isländischen Bauern nach seinem Tode in christlicher Erde und gesalbt bestattet worden sein soll. 12 km vor dem Gullfoss zweigt nach rechts ein Jeeptrack zum **Hagavatn** ab, dem zweiten Gletschersee am Fuß des *Langjökull*. Die Piste ist bis zu einer Berghütte neben einem Wasserfall einfach, die weitere Zufahrt zum Gletschersee jedoch enorm steil und wegen des lockeren Gerölls (besonders bergab) nicht zu empfehlen. Besser ist es, den neben dem Wasserfall beginnenden Wanderweg zu nehmen. Die Tour lohnt sich, denn auch auf diesem Gewässer treiben Eisberge vor beeindruckender Kulisse.

Eispanzer und Tafelberge

Im weiteren Verlauf der Piste durchquert man die *Sandá* durch eine Furt, danach sind es nur noch wenige Fahrminuten, bis man die obere Terrasse des vielleicht schönsten Wasserfall des Landes, den **Gullfoss**, erreicht (S. 293). Von hier aus geht es auf komfortabler Straße zum **Geysir**-Gebiet, dann weiter nach **Þingvellir** oder zu anderen Zielen.

Zur Herðubreið, zur Askja und zum Kverkfjöll

Die Herðubreið und die Askja, zweifellos zwei Hauptattraktionen des Hochlandes, liegen im Schnittpunkt mehrerer Pisten. Der einfachste Weg, der im Sommer auch von geländegängigen Touristenbussen genutzt wird, ist die **F 88**, die von der nördlichen Ringstraße 7 km westlich von **Grímsstaðir** abzweigt. Die Piste ist bis zur Herðubreið 60 km und bis zur Askja-Hütte 95 km lang. Alle, die mit einem Geländewagen oder einem Allrad-Wagen mit viel Bodenfreiheit ausgestattet sind, können die genannten Ziele zu einer Rundfahrt kombinieren, die ihren Ausgangs- oder Zielpunkt an der Ringstraße bei **Möðrudalur (F 98)** oder an der **S 923** weiter östlich hat.

Zur Askja über die Kverkfjöll-Route (F 98)

Dies ist der seltener genutzte Anfahrtsweg zur Askja, der aber seit der Überbrückung des Gletscherflusses *Jökulsá á Fjöllum* (1986) für Allradwagen keine nennenswerte Probleme mehr aufwirft. Wie oben erwähnt, zweigt man dabei von der nördlichen Ringstraße bei **Möðrudalur** nach Süden auf die **F 905** ab oder benutzt zunächst die 34 km hinter Egilsstaðir abgehende **S 923** als Zufahrt. Letztere Möglichkeit liegt natürlich für alle näher, die vom Fährhafen Seyðisfjörður kommen. In diesem Fall fährt man 31 km durch das *Jökuldalur* bis zur Station (Tankstelle) von **Brú**, wo eine 24 km lange Piste nach Westen den Anschluss zur **F 905** herstellt. Sie ist eine typische, durch die Steinwüste führende Hochlandstrecke mit einer weiten Aussicht. Es geht an mehreren Wildwassern und Seen vorbei, aber schwierige Furten oder sonstige Probleme tauchen auf ihr nicht auf. Die eigentliche Lavawüste beginnt nach der Gabelung mit der F 905, die direkt von der 20 km entfernten Ringstraße heranführt.

Eishöhle am Kverkfjöll

Auf dem nun gemeinsamen Weg **F 910** zur Askja kommt man nach 19 km zur *Kreppa*, einem der vielen Seitenflüsse der *Jökulsá á Fjöllum*, die sich alle aus den Eismassen des Vatnajökull speisen. Nach ihrer Überquerung (Brücke) geht es auf der westlichen Flussseite in südliche Richtung, wobei die Piste einen weite Bogen um den Doppelberg *Upptyppingar* (1.084 m und 922 m) schlägt. 17 km hinter der *Kreppa*-Brücke macht die F 910 eine scharfe Rechtskurve auf die *Jökulsá á Fjöllum* zu, wendet sich nach 3 km aber wieder nach Süden in Richtung *Kverkjökull*. Wer direkt die Askja besuchen möchte, verlässt an dieser Stelle die F 910 und fährt über die Brücke auf das jenseitige Ufer der *Jökulsá á Fjöllum*.

Nach 9 km hat man die Weggabelung zur **F 88** erreicht, auf der man dann knapp 15 km bis zur Askja-Hütte zurückzulegen hat (s.u.). Ein lohnender, wenn auch nur für Allradwagen möglicher Abstecher ergibt sich, wenn man weiter auf der alten Piste bleibt und die letzten 41 km bis zur Hütte am weithin sichtbaren *Kverkfjöll* zurücklegt.

Zum Kverkfjöll

Der *Kverkföll* mit seinem Gletscher *Kverkjökull* liegt am Nordrand des *Vatnajökull*, flankiert von den Gletscherzungen *Dyngjujökull* im Westen und *Brúarjökull* im Osten. Dieser Vulkanberg besitzt zwei Spitzen (1.929 m und 1.860 m hoch), die aber zum gleichen Massiv gehören: es sind die mitten durch Island gehenden Reißkräfte, die den *Kverkföll* in zwei Teile gespalten haben.

Warmwasserpool im ewigen Eis

An seinem Rand liegt eines der größten Hochtemperatur-Gebiete des Landes mit einer Reihe von Fumarolen, Solfataren und heißen Quellen. Diese direkte Nachbarschaft des Gegensatzpaares von eisiger Kälte und kochender Hitze macht die Region zu einer der ungewöhnlichsten auf unserem Erdball. Das Produkt der geothermalen Aktivität ist u.a. eine aufgeschmolzene Höhle im Gletscher, dessen Wasser sich außerhalb im größten Warmwasserpool Islands sammelt. Natürlich sollte man in dieser Umgebung äußerst vorsichtig sein und auf keinen Fall die Höhle betreten, da sich von deren Decke tonnenschwere Eisblöcke ohne Vorwarnung lösen können.

Wer das Gebiet näher kennen lernen möchte, kann in einer Hütte des *Touring Clubs* bzw. auf dem angeschlossenen Zeltplatz – bei eisigen Temperaturen! übernachten oder aber sich einer geführten Tour anschließen.

Das Askja-Gebiet

Von der Brücke über die *Jökulsá á Fjöllum* aus sind bis zur Askja noch zwei kleinere Furten zu durchqueren. Am Doppelberg der *Upptyppingar* müssen außerdem längere und tiefe Weichsandpassagen gemeistert werden. Für eventuelle Schwierigkeiten beim Autofahren entschädigt die abweisend-unwirtliche Landschaft voll und ganz. Der überall verstreute weiße Bimsstein kündet von der eruptiven Tätigkeit des nächsten Reisezieles, daneben führt die Piste aber auch teilweise durch richtige Sandwüsten. Und über die Wüste erheben sich majestätisch die *Herðubreið* im Norden und im Süden die riesigen Eiskappen des *Vatnajökull* und *Kverkjökull.*

zur größten Caldera Islands

Vor einem liegt nun das Massiv des *Dyngjufjöll*, nach dessen höchster Spitze Askja (1.510 m) das gesamte Gebiet benannt wird. Die Differenz zur umgebenden Hochebene beträgt 600–700 Höhenmeter. Das Ungewöhnliche dieser Vulkanregion ist, dass die Hauptattraktion kein Kegel-, Horst- oder Schildvulkan, auch keine Kraterreihe wie die Lakagígar oder eine Vulkanspalte wie die Eldgjá darstellt, sondern eine weite, 50 km² große Senke. Dieser Kessel entstand durch den Einbruch eines Vulkans in die entleerten Magmakammern, er ist also eine sog. Caldera, für die die isländische Bezeichnung *Askja* (= ‚Schachtel') genau passend ist.

Wann genau die Caldera mit ihrem Durchmesser von 8 km entstand, konnten Geologen noch nicht bestimmen. Sicher ist aber, dass nach einer langen Periode der Ruhe im Jahre 1875 die vulkanische Tätigkeit wieder einsetzte, und zwar in Gestalt einer gewaltigen Explosion, deren 30 km hohe Wolke von Bimsasche ihren Weg bis nach Stockholm fand. Der Hauptausbruch fand durch den bei dieser Gelegenheit aufgebrochenen Krater *Víti* (= ‚Hölle') statt. Anschließend brach erneut der Boden in die leere Magmakammer ein, eine kleine Caldera von 12 km² entstand in der großen. Innerhalb von rund 30 Jahren füllte sich dieser neue Kessel mit Wasser: zurück blieb der *Öskjuvatn*, mit 220 m Wassertiefe der tiefste aller

Blick auf den Öskjuvatn

isländischen Seen. Im 20. Jahrhundert setzte sich die eruptive Tätigkeit fort (vor allem 1921–30) und erreichte 1961 einen Höhepunkt, als die drei Krater *Vikraborgir* im Norden des Kesselrings ausbrachen und einen mächtigen Lavastrom ausspuckten.

Die Hochlandpisten **F 88** und **F 910** treffen sich an der **Askja-Hütte** *Drekagil* (= ‚Drachenschlucht') am Fuße des *Dyngjufjöll*-Massivs. Hütte und Zeltplatz sind Ausgangspunkt für näher zur Askja führende Expeditionen. Dazu benutzt man die sehr raue Piste, die von *Drekagil* gut 8 km durch das Lavafeld von 1961 durch eine Grabenöffnung direkt in die Caldera hineinführt. Vom Parkplatz an ihrem Ende geht man rund 20 Minuten bis zum Kraterrand, bei Schneedecke auch länger (gutes Schuhwerk erforderlich). Überhaupt lohnt es sich, höhergelegene Partien des Massivs zu erklimmen, um einen Panoramablick auf diesen ungewöhnlichen Ort zu bekommen (allerdings gibt es keine markierten Wanderwege im Askja-Gebiet). Wer gut zu Fuß ist und sich weder vom steilen Abstieg noch vom Schwefelgeruch stören lässt, findet im milchigen, grau-grünen Wasser des Kratersees *Víti* eine gute, ca. 23 °C warme Badegelegenheit. In der Nähe erinnert ein Gedenkstein an die Deutschen *von Knebel* und *Rudloff*, die hier während einer Expedition 1907 auf ungeklärte Weise ums Leben kamen.

Hinweis

Abenteuerliche Naturen mit einem robusten Geländewagen (möglichst im Konvoi) können von der Askja-Hütte die Hochlandpiste ***F 910*** *in westlicher Richtung unmittelbar am Nordrand des* Vatnajökull *entlang in Angriff nehmen. Die unter dem Namen* Gæsavatnaleið *bekannte Strecke bringt einen nach ca. 100 km zur Sprengisandur-Route* *(vgl. S. 413ff.)**.*

Von der Askja zur Ringstraße über die F 88

Die Rückfahrt von der Askja zur Ringstraße über die **F 88** (für viele Touristen gleichzeitig auch der Anfahrtsweg) durchquert fast endlose Bimsstein- und Sandflächen. 8 km hinter der Askja-Hütte kann man nach links eine Abkürzung wählen, die unmittelbar am Fuß der *Herðubreiðartögl* (1.070 m) entlangführt, während die Hauptstrecke weiter östlich und näher zu den *Upptyppingar* verläuft. Nach etwa 35 km erreicht man auf ihr die **Herðubreiðarlindir**, eine grüne Oase inmitten der tristen Lavafelder. Dort gibt es eine Hütte mit 40 Schlafplätzen sowie ein Campinggelände. Das Ziel derjenigen, die hier übernachten, ist natürlich die weiter

‚Königin der Berge': die Herðubreið

Entstehung der Herðubreið

Phase 1:
subglaziale Eruption:
Kissenlava baut sich auf

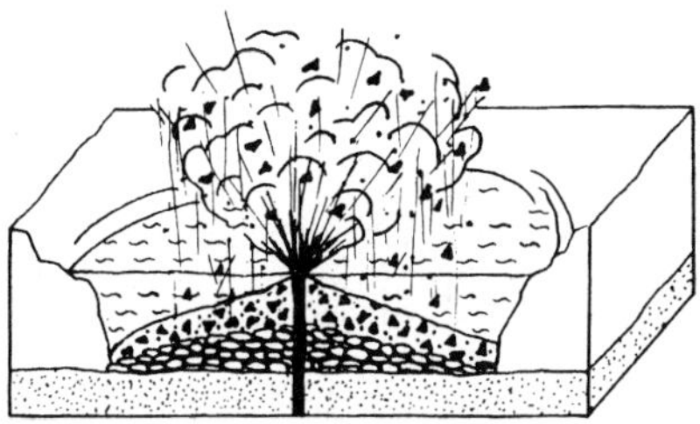

Phase 2:
der Förderschlot erreicht die Oberfläche:
zersplittertes Lavagestein legt sich auf die Kissenlava

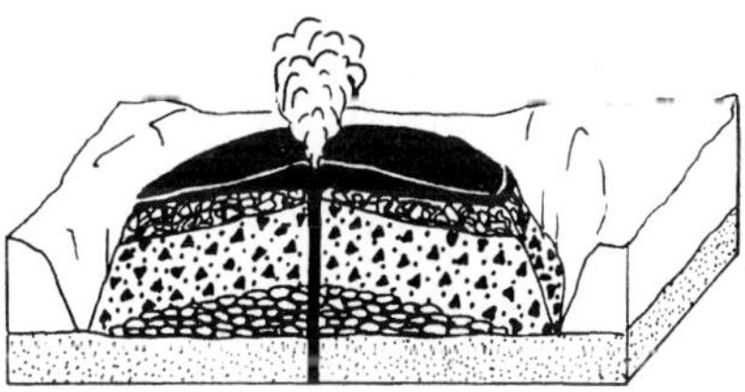

Phase 3:
Eruption ohne Eiskontakt:
Basaltlava bedeckt den Vulkan

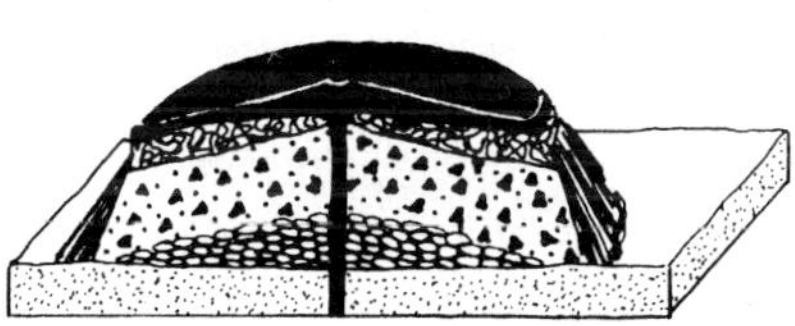

Phase 4:
Nach der Eiszeit:
der Horstvulkan ist sichtbar

westlich liegende Herðubreið, an deren Fuß man nach einer 5-Kilometer-Wanderung oder mit dem Wagen auf einer beschwerlichen Piste im Zick-Zack-Kurs durch scharfe Blocklava gelangt. Mächtig und schon von weitem sichtbar erhebt sich der 1.682 m hohe Horstvulkan über die Ebene, die er um gut 700 m überragt. Wegen ihrer markanten Form wird die *Herðubreið* (= ‚breite Schulter') auch als ‚Königin der Berge' bezeichnet.

!!! ***Achtung***
In der Vergangenheit kam es immer wieder zu Unfällen mit schweren Verletzungen oder tödlichem Ausgang, weil Touristen ohne ausreichende Erfahrung oder Ausrüstung die Herðubreið erklimmen wollten. Die größte Gefahr droht durch Abstürze auf dem Lockergestein und durch herabfallende Felsbrocken.

INFO Die Herðubreið – Entstehung eines Horstvulkans

Lange Zeit haben die Wissenschaftler gerätselt, wie es zu der Erscheinung der sog. Tafel- oder Horstvulkane kommen konnte, die unvermittelt aus einer weitgehend flachen Umgebung auftauchen. Wichtig zu wissen ist dabei, dass diese Vulkanform subglazial, d.h. unter einem Gletscher entstand. Die Dramaturgie jenes Vorgangs, bei dem unter einer dicken Eisschicht ein Vulkan ausbricht, hat folgende Schritte: zunächst bringt das glutflüssige Gestein das Eis zum Schmelzen, wird aber schließlich selbst durch den Kontakt mit dem Eis erstarren. Da die isländische Lava ca. 1.000 °C heiß ist, hat sie die Energie, das zehnfache ihres eigenen Volumens aufzuschmelzen, bevor sie selbst erkaltet. Die Folge: über der Ausbruchstelle steht eine solch gewaltige Wassermasse, dass die Lava nicht explosionsartig hinausgeschleudert werden kann, sondern nur langsam hervorquillt und einen seichten Hügel bildet.

Wohlgemerkt: das alles spielt sich unter der geschlossenen Eisdecke ab. Bei anhaltender eruptiver Tätigkeit entlädt sich dann der Wasserdampf explosionsartig und schafft riesige Höhlen, in denen wiederum die aufsteigende Lavamasse in viele glasartige Einzelteile zertrümmert wird. Irgendwann einmal hat sich das Lavakissen mit dem darüberliegenden Wasser bis an die Decke des Gletschers vorgearbeitet. Nun kann die Lava ohne Kontakt mit dem Eis ausbrechen und legt sich als basaltischer Schild über das Gebilde. Als später die eiszeitlichen Gletscher abschmelzen, bleibt der Horstvulkan in dieser Form bestehen.

Die 60 km lange **Rückfahrt** von der *Herðubreiðarlindar* über die **F 88** zur Ringstraße ist recht gut ausgebaut und mit Ausnahme zweier Furten völlig problemlos. Allerdings toben hier, d.h. von der Askja bis hin zur Ringstraße, bisweilen heftige Sandstürme, denen in der Lava-, Geröll- und Lavawüste der **Ódáðahraun** kein Widerstand entgegengesetzt wird. Die *Ódáðahraun* wird auch als ‚Wüste der Missetäter' bezeichnet, da sie in der Vergangenheit von Verbrechern und Verbannten aufgesucht wurde, die hier vor Verfolgern sicher sein konnten (wer wäre schließlich freiwillig in diese lebensfeindliche Gegend gekommen?!). Mit 4.500 km² ist sie die größte zusammenhängende Lavafläche des Landes und erstreckt sich zwischen den Flüssen *Skjálfandafljót* im Westen (parallel zur Sprengisandur-Route) und *Jökulsá á Fjöllum* im Osten. Ihr Bodenmaterial ist jedoch nicht ‚aus einem Guss', sondern variiert stark in Alter, Form und Färbung; die ältesten Partien stammen noch aus der Zeit vor der Landnahme. Außer in direkter Nachbarschaft zu Flüssen oder Quellen ist die Ódáðahraun absolut vegetationslos – eine wahre Wüste. Das schönste Beispiel für solche Oasen war die oben genannte *Herðubreiðarlindir* mit Berghütte und Zeltplatz. Auf der **F 88** ist die erste Wasserdurchfahrt sofort dahinter zu bezwingen. Hilfreich ist dabei, wenn man die ziemlich breite *Lindaá* nicht in Geradeausfahrt quert, sondern der flachsten Stelle in einem Bogen (nach rechts) folgt. Weiter geht es am Flussverlauf der *Jökulsá á Fjöllum* entlang, durch Lavafelder und Sandwüste auf die Ringstraße zu. Nach der zweiten Wasserdurchfahrt durch die *Grafarlandaá* sind keine weiteren Schwierigkeiten mehr zu erwarten.

INFO Das „Kárahnjúkar Hydro Project"

In der abgelegenen Gegend am Nordrand des Bruarjökull, am Beginn der Gletscherflüsse Jökulsá á Dal und Jökulsá í Fljótsdal, wartet eines der meistdiskutierten und umstrittensten Bauprojekte Islands auf seine Verwirklichung. Dort soll eines der stärksten Wasserkraftwerke Europas entstehen, das mit einer Stromleistung von sagenhaften 630 Megawatt aber nicht etwa einen Energieengpass des Landes beheben, sondern allein den Bedarf einer neuen Aluminiumschmelze decken soll. Das geplante Werk in Reyðarfjörður würde dabei ebenso den zweifelhaften Ruf des größten in Europa erhalten (Ausstoß: 240.00–420.000 t pro Jahr!) wie die Dämme und weiteren Bauten, die das System der Stauseen und Fallrohre ausmachen sollen. Das Visitor Centre des staatlichen Stromproduzenten Landsvirkjun in Egilsstaðir erläutert die Ausmaße des Projektes: Ein knapp 200 m hoher und 730 m langer Damm soll die beeindruckende Schlucht Karahnjukar, die tiefste des Landes, absperren. Zusammen mit drei anderen Dämmen (bis zu 60 m hoch und bis zu 1.450 m lang) schaffen sie zwei riesige Stauseen, deren Wasser in einem 40 km langen Tunnel zum Turbinenhaus transportiert wird. Dort werden 6 Turbinen jeweils maximal 105 MW produzieren, was in der Summe nur unwesentlich niedriger ist als die Gesamtmenge des bereits jetzt auf der Insel produzierten Stroms.

Bald nur noch Geschichte? Der Karahnjukar-Canyon

Dass die grandiose Landschaft der Schlucht dabei ebenso wie Weidegebiete der Rentiere und Brutplätze der seltenen Kurzschnabelgänse zerstört werden, hat Kritiker im In- und Ausland auf den Plan gerufen und u.a. die ‚Grünen' ins Parlament gebracht. Doch trotz aller Proteste konnten die Pläne jede Anfrage und Kommission im Allthing unbeschadet überstehen. Die Realisierung dieses Mega-Projektes scheint also nur eine Frage der Zeit zu sein…

Zur Eldgjá und nach Landmannalaugar

Die Piste **F 22** stellt eine ca. 100 km lange Verbindung zwischen der südlichen Ringstraße und der Sprengisandur-Route **F 28** her, oder anders ausgedrückt: sie geht vom **Sigalda-Kraftwerk** bis zum Gehöft **Gröf**, ca. 30 km westlich von **Kirkjubæjarklaustur**. Bekannt ist sie auch unter den Namen *Fjallabaksvegur* oder *Fjallabaksleið nyðri* (= ‚nördlicher Pfad hinter den Bergen'). Im Sommer wird die Piste auch von Linienbussen befahren, und zwar auf der Route Reykjavík–Sigalda–Landmannalaugar–Eldgjá–Kirkjubæjarklaustur–Skaftafell.

Hinweis

Eine Alternative zur vorliegenden Streckenbeschreibung ist die sog. ***Mælifellssandur-Route F 210*** *(Fjallabaksleið syðri = ‚südlicher Pfad hinter den Bergen'), die bei* ***Hvolsvöllur*** *an der Ringstraße beginnt und in 130 km am nördlichen Rand des Gletschers Mýrdalsjökull vorbei zur Eldgjá führt. Diese ist wegen einiger Furten schwieriger zu fahren.*

Der Abzweig von der Ringstraße zur vorliegenden Route befindet sich an den südisländischen Sand- und Lava-Tiefebenen zwischen **Vík í Mýrdal** und **Kirkjubæjarklaustur**. Auf der **S 210/208** fährt man dabei in nördliche Richtung, am Gehöft Gröf vorbei und parallel zum Gebirgszug der *Skaftártunga* im Westen. 6 km hinter **Gröf**, an der Farm **Búland**, beginnt die Piste **F 22**, die sich auf die *Skaftártunga* hinaufwindet und dann durch eine grüne Berglandschaft verläuft. Nachdem man den See der *Skaftá* zur Rechten und den 725 m hohen *Bláfjall* zur Linken passiert hat, beginnt nach der Furt über die *Ófæra* die eigentliche *Eldgjá* (= ‚Feuerschlucht'). Insgesamt ist die Strecke ohne große Probleme zu befahren.

Die Eldgjá-Schlucht

Die an einen Canyon erinnernde Schlucht verdankt ihre Entstehung weder der Hobelkraft eines Gletschers noch der Erosion eines Flusses, sondern ist eine nacheiszeitliche Vulkanspalte – mit insgesamt ca. 30 km sogar die längste oberirdische der Welt! Vor ungefähr 2.000 Jahren muss sie sich geöffnet und Unmassen an vulkanischem Auswurf gefördert haben. Da sich weder in den Sagas noch in späteren Reisebeschreibungen Hinweise auf die Eldgjá finden, scheint sie erst im 19. Jahrhundert entdeckt worden zu sein. Die sich von Südwesten *(Mýrdalsjökull)* nach Nordosten *(Gjátindur)* hinziehende Spalte ist von basaltischer Lava bedeckt, die inzwischen schon längst einen grünen Vegetationsschleier aufweist und dem Fluss *Norðari-Ófæra* zum Bett geworden ist.

grandiose Vulkanspalte

Der eindrucksvollste Hauptgraben der Eldgjá liegt im Nordosten, wo ein 5 km langer und maximal 600 m breiter Abschnitt von steilen, bis zu 270 m hohen Felswänden eingefasst ist. Begrenzt wird er am Ende durch den 935 m aufragenden *Gjátindur*, in dessen Nähe sich der Fluss in wasserreichen Kaskaden die Steilwände herabstürzt *(Ófærufoss)*. Bis zum Frühjahr 1993 befand sich hier eine der meistfotografierten Attraktionen des Hochlandes, nämlich eine weitgespannte Basaltbrücke, unter der der Wasserfall hindurchbrauste. Zwar ist diese bei einem

Erdrutsch eingestürzt, was der Faszination der Gegend jedoch keinen Abbruch tut.

Der *Ófærufoss*

Zu diesem sehenswertesten Abschnitt der Eldgjá führen zwei Pisten. Bei der Weggabelung geht der alte Pfad rechts steil einen Hang hinauf und ist zudem wegen der vorherigen tiefen und reißenden Furt problematisch. Die neue Piste führt geradeaus durch den von links kommenden Fluss und ist bei normalem Wasserstand von Allradwagen gut zu bewältigen. Hinter der Furt ist die Straße zur inneren Schlucht beschildert. Um auf den hinteren Parkplatz zu gelangen, sind zwei breite, tiefe Flüsse zu durchqueren. Genausogut kann man vor den Flüssen den Wagen abstellen und durch das Wasser waten. Eine Alternative ist der Wanderweg entlang der linken Bergseite, über den man den Wasserfall *Ófærufoss* auch ohne nasse Füße erreicht. Überhaupt lohnt sich die gesamte Schlucht für ausgedehnte Wanderungen.

Landschaft zwischen der Eldgjá und Landmannalaugar

Das rund 30 km lange Verbindungsstück zwischen der Eldgjá und Landmannalaugar geht unmittelbar rechts am 1.048 m hohen *Tindafjall* vorbei und führt durch eine wahrhaft bezaubernde Gegend. Zwar sind hier viele Bäche zu durchqueren, was aber völlig problemlos ist; insgesamt ist die Etappe sehr gut ausgebaut.

Landmannalaugar

Die ‚warmen Quellen der Leute vom Land' gehören zu den bevorzugten Ausflugszielen im Süden des Landes und werden im Sommer sowohl von Ausländern als auch von Isländern stark frequentiert. Die Attraktion des Gebietes wird auf den ersten Blick verständlich: Liparitberge in allen Farbschattierungen von gelb über rot bis braun, dazwischen von Moosen und Flechten überwachsene Lavablöcke und Ströme von tiefschwarzem Obsidian, im Hintergrund die weißen Kuppen

Vielfarbige Berge bei Landmannalaugar

der größten isländischen Gletscher, auf dem Talboden und an Berghängen saftiges Grün um dampfende Quellen – eine wahre Bilderbuchlandschaft! Sofern man nicht einen völlig verregneten Tag erwischt, wird man erleben können, wie der wechselnde Lichteinfall einen intensiven und schnellen Farbwechsel der Berge bewirkt, die dadurch steinernen Chamäleons gleichen. Ein dramatischer Sonnenuntergang oder einer der hier häufig zu beobachtenden Regenbögen steigern die Wirkung noch.

farbreiche Bergwelt, warme Quellen

Ihren Namen verdanken die Landmannalaugar den vielen Warmwasserquellen, die mehrere natürliche Pools und Bäche speisen. Besucher und müde Wanderer können sich daher selbst bei kältesten Außentemperaturen im 28 °C warmen Fluss oder in Becken mit 38–45 °C heißem Wasser aalen. Für **Übernachtungen** stehen eine große, beheizte **Hütte** des *Touring Club* sowie zwei **Campingplätze** zur Verfügung (trotzdem kann es in der Hochsaison recht voll sein). Bevor man mit dem Wagen zu den heißen Quellen, zur Hütte und zum zweiten Campingplatz gelangt, ist nochmals eine recht tiefe Furt zu bezwingen. Bei Unsicherheit über die Befahrbarkeit stelle man das Auto auf dem vorderen Campingplatz ab und benutze die Fußgängerbrücke. Das schöne Wandergebiet mit markierten Pfaden beginnt direkt am Obsidianstrom neben der Touristenhütte.

Hinweis

Als Naturschutzgebiet unterliegt der Besuch der Landmannalaugar gewissen Regeln. Ein Hinweisblatt über das richtige Verhalten in dieser Region ist an der Hütte bzw. am Campingplatz erhältlich und sollte befolgt werden.

Will man nach dem Erlebnis von Landmannalaugar nicht auf gleicher Strecke zurückfahren, kann man der bisherigen Richtung weiter folgen: zunächst geht es recht steil hinauf, dann erreicht man der Kratersee *Frostastaðavatn*, den man umfährt. An der nächsten Wegkreuzung zweigt links der *Landmannaleið* zur S 26 und in Richtung *Hekla* ab (s.u.). Nach rechts geht es zum 2 km entfernten Kratersee *Ljótipollur*, der zu Wanderungen in phantastischer Landschaft reizt. Geradeaus kommt man nach 25 km auf problemloser Stecke zum Beginn der Sprengisandur-Route. Am **Sigalda-Kraftwerk** kann man sich dann für die Durchquerung des Hochlandes oder für den Rückweg nach Reykjavík bzw. anderen Zielen entscheiden.

Von Landmannalaugar zur S 26 über Landmannaleið

Von Landmannalaugar aus gibt es als Alternativroute die landschaftlich sehr schöne sog. *Landmannaleið* **(F 225)**, die sich am Nordrand des berühmt-berüchtigten Vulkans *Hekla* entlangschlängelt. Die knapp 50 km lange Querverbindung ist mit Ausnahme einer Furt ganz am Schluss ziemlich einfach zu fahren; sie endet in Höhe des Wasserkraftwerkes *Búrfell*. Auf den ersten Kilometern begleiten einen noch die Wiesen von Landmannalaugar, die bald flechtenbewachsenem Gestein und schließlich trostlos-schwarzem Lavasand weichen. Er ist das Produkt der Hekla, die hier wieder einmal blühendes Land vernichtete, denn vor 1980 war der Charakter der Strecke ein durchweg grüner. Knapp 5 km hinter dem Abzweig passiert man einen Kratersee, dann geht es nördlich am *Rauðufossafjöll* (1.230 m) vorbei. Die nach rechts abzweigende Jeep-Piste bringt Forschernaturen zu den *Landmannahellir*, einem nicht leicht zu findenden Höhlensystem.

Die Hekla

Der Höhepunkt der Route aber ist der Blick auf die *Hekla*, die mit ihrem 1.491 m hohen Gipfel von hier wie vom Süden aus wie ein Kegelvulkan aussieht. Tatsächlich aber weist sie eine von Nordost nach Südwest gehende, langgestreckte Form auf. Vulkanologisch ist sie dem Typ der Spaltenvulkane zuzurechnen und dabei wiederum den aktivsten unter ihnen. Tatsächlich ist es nicht ihre äußere Gestalt, sondern eine weit zurückreichende Reihe von Eruptionen, die die Hekla zum wohl bekanntesten aller isländischen Vulkane gemacht haben.

der Eingang zur Hölle

Nicht umsonst vermuteten die Menschen des Mittelalters, dass sich gerade hier der Eingang zur Hölle befinden müsse. Schon vorher, im Jahre 1104, traf ein heftiger Ausbruch die unvorbereiteten Landnehmer, was insofern besonders schlimm war, als sich das landwirtschaftlich nutzbare Gebiet sofort südlich an den Berg anschloss. In den Jahren 1300, 1510 und 1693 folgten weitere verheerende Ausbrüche.

Auch heute noch ist die Hekla aktiver, als manchem lieb sein kann. 1947 hörte man über Hunderte von Kilometern den Knall ihrer Explosionen und die 30 km hohe Aschenwolke trieb bis nach Finnland. 1970 wurden bei einem Ausbruch etwa 7.500 Schafe durch Giftgase getötet. Die Ausbrüche von 1980, 1981, 1991 und zuletzt 2000, jeweils bestaunt von einer großen Schar in- und ausländischer Katastrophen-Touristen, gingen glimpflicher ab, nicht zuletzt, weil Evakuierungsmaßnahmen griffen. Als die *Hekla* nach neunjähriger Abstinenz am 27. Februar 2000 wieder aktiv wurde, konnte man das gigantische Feuerwerk selbst in der 100 km entfernten Hauptstadt noch gut erkennen – was Tausende Reykjavíkingur zum Anlass nahmen, auf eigens geräumten Wegen näher zum Schauplatz zu fahren. Die 11 km hohe Feuer- und Rauchsäule sowie der rotglühende Lavafluss wurden auch in den internationalen Medien ausführlich gemeldet.

Wer bei allem Respekt der Hekla trotzdem näherkommen möchte, nimmt von der Piste auf Höhe des rechts aufragenden *Valafell* (764 m) die nach links abgehende Fahrspur, die direkt auf den Vulkanrand zuführt. Bergwanderer sollten sich mindestens einen halben Tag Zeit nehmen, um bis zur Spitze vorzudringen. Eine gute Ausrüstung ist dafür notwendige Voraussetzung.

Nach diesem Landschaftseindruck geht es geradewegs auf die S 26 zu; bevor man diese erreicht, muss man jedoch noch eine sehr tiefe Furt durchqueren.

Blick auf die Schneekuppe der Hekla

Die Kaldidalur-Route: Am Westrand des Langjökull

Von allen Hochlandpisten ist die geschotterte Kaldidalur-Route die bestausgebaute, so dass sie – natürlich bei vorsichtiger Fahrweise – auch von normalen Pkw genutzt werden kann. Da sie außerdem nahe zur Hauptstadt liegt und mit ca. 60 km Länge recht kurz ist, bietet sie sich für eine Rundfahrt an, auf der man nicht nur mit Þingvellir und Reykholt kulturelle Sehenswürdigkeiten erlebt, sondern evtl. später geplante Hochland-Durchquerungen ‚üben' kann. Die Route, auch als *Kaldadalsvegur* bekannt und mit der Nummer **550** versehen, wurde in den letzten Jahren immer zwischen Anfang Juni und Mittsommer geöffnet.

Der südliche Ausgangspunkt der Piste ist **Þingvellir** (s. S. 287ff.). Im Nationalpark biegt man von der asphaltierten **S 36** links auf die zunächst ebenfalls asphaltierte **S 52** ab und fährt als erstes am Südhang des *Ármannsfell* (766 m) vorbei. Vor dem dahinter auftauchenden *Lágafell* (538 m) bietet sich am Aussichtspunkt **Meyarsæti** ein weiter Blick über die Ebene und den See von Þingvellir. Hier und noch an anderen Stellen entlang der Route gehen Jeeptracks in östliche Richtung ab, auf denen entsprechend ausgerüstete Fahrer (oder Wanderer) durch die Vulkanzone den Anschluss zur Kjölur-Route finden. Auf der vorliegenden Strecke fährt man aber zwischen den Bergen *Lágafell* und *Botnssúlur* (1.095 m) hindurch auf eine rund 400 m hohe sandige Hochfläche, auf der der See *Sandkluftavatn* das nächste Ziel darstellt. Einige Pisten und Tracks zweigen nach Westen ab, u.a. zum Tafelvulkan *Hvalfell*, vor allem aber an den *Uxarhyggir* die S 52 zum *Borgarfjörður*.

zu Vulkanen und Gletschern

An diesem Abzweig beginnt die eigentliche Kaldidalur-Route: ein Tal, das von hohen Vulkanen und den Eiskappen der östlichen Gletscher dominiert wird. Am auffälligsten ist zunächst der Schildvulkan *Skjaldbreiður*, der das Kennzeichen seiner Gestalt im Namen trägt (= ‚breiter Schild'). Die enorme Lavamenge, die ihm vor etwa 9.000 Jahren entströmte, ist für das Landschaftsbild bis zum See *Þingvallavatn* hin verantwortlich. Wegen der schwachen Neigung seiner Hänge ist der mit einem Durchmesser von 9 km sehr ausladende Berg gut zu besteigen; die Höhendifferenz beträgt rund 550 m. Weiter im Norden kommt man dem beherrschenden *Þórisjökull* (1.430 m) immer näher, dessen Eiskuppe allerdings oft von

Wolken verhüllt wird. Unter ihr verbirgt sich ein schlummernder Horstvulkan. Noch mächtiger ist der weiße Panzer des *Langjökull*, an dessen westlicher Flanke man nun einige Zeit entlangfährt. Er ist mit 953 km² der zweitgrößte aller isländischen Gletscher und erreicht an der höchsten Stelle 1.355 m ü.d.M. Seine Ostseite ist gut von der Kjölur-Route aus zu sehen.

Nach einer Linkskurve der Piste geht rechts eine ca. 5 km lange Stichstraße bis ganz an den Gletscher *Geitlandsjökull* (unter dem sich ein Tafelvulkan verbirgt) heran, wo sich Wintersportfreunde im **Sommerskigebiet** vergnügen können. Dabei überquert man zunächst auf einer Brücke die *Geitá*, anschließend fährt man durch einige flachen Furten.

Während westlich des Kaldidalur der 1.141 m hohe und vergletscherte *Ok* aufragt, erhebt sich weiter nördlich der Tafelvulkan *Eiríksjökull* (1.675 m) mit seiner Eisspitze. Auf der sich nun westlich wendenden Route passiert man rechterhand den knapp 1.000 m hohen *Strútur* und verlässt bald darauf die Stein- und Geröllwüste des Kaldidalur. Durch das *Geitlönd* geht es am Ufer der *Hvitá* auf einer immer besser werdenden Straße entlang und auf die ersten grünen Vorposten zu, nach Flechten und Moosen zeigen sich Büsche und Birken und schließlich, wie eine Oase in der Wüste, der Wald *Húsafellsskógur*, einer der größeren im Südwesten. Das hier gelegene Gehöft **Húsafell** (ⓘ s. S. 211) hat sich inzwischen zu einem kleinen Touristenzentrum gemausert, das von Isländern vor allem am Bankfeiertag (Anfang August) besucht und in ein turbulentes Volksfest verwandelt wird.

Bevor es zurück zur Ringstraße geht, lohnt die Region wegen einer ganzen Reihe natürlicher Attraktionen ein etwas intensiveres Kennenlernen. Entsprechende Abstecher und Wanderungen können gut vom Stützpunkt Húsafell aus durchgeführt werden. Die wichtigsten Sehenswürdigkeiten sind:

Hraunfossar

Wasserfälle und Lavahöhlen

Die ‚Lava-Fälle' liegen unweit von Húsafell und bieten ein einzigartiges Naturschauspiel: ohne vorher sichtbaren Wasserlauf treten auf einer Länge von rund 900 m direkt aus dem abgetreppten Lava-Ufer viele Quellen aus, die von einem unterirdischen Strom gespeist werden. Anschließend stürzen sie sich als Kaskaden und Wasserfälle in das Bett der Hvitá.

Barnarfoss

Etwas weiter Flussaufwärts befindet sich der ebenfalls sehenswerte ‚Kinderwasserfall', so benannt nach einem tragischen Unglück, bei dem hier zwei Bauernkinder ertranken.

Víðgelmir

Etwa 11 km nördlich von Húsafell liegt die mit 1.460 m längste Lavahöhle der Welt. Der Bauer des nahen (2 km) Hofes *Fljótstunga* führt Touristen dorthin.

Surtshellir

Dieses noch bekanntere Höhlensystem liegt ebenfalls nördlich von Húsafell im Lavafeld *Hallmundahraun*. Schon in der Landnámabók und anderen Texten wird es erwähnt; früher diente es Vogelfreien und Verbannten als Unterschlupf. In der aufkommenden Island-Begeisterung des 19. Jh. waren die Höhlen ein Haupt-Reiseziel. Durch ein Loch in der Lavadecke kann man in die tunnelartigen Schächte des Systems absteigen (Taschenlampen nicht vergessen!) und dieses erkunden. Zu den Surtshellir (= ‚Höhlen des Surt') gehört die mit über 1.300 m zweitlängste Grotte des Landes.

Hinweis

In vielen Karten sind Pisten durch die Hallmundarhraun *bzw. die* Arnarvatnsheiði *gen Norden eingezeichnet. Diese befinden sich aber in einem solch schlechten Zustand, dass man sie selbst mit robusten Geländefahrzeugen nicht in Angriff nehmen sollte!*

Von **Húsafell** aus hat man durch die **S 518/519** und **523/525** Anschluss an die Ringstraße. In erstem Fall fährt man parallel zum ‚weißen Fluss' *Hvítá* über **Stórias** mit seiner hübschen Kirche nach **Reykholt**, wo die Besichtigung des ehemaligen Wohnsitzes von *Snorri Sturluson* ‚touristisches Muss' ist (vgl. S. 404f.). Im zweiten Fall benutzt man die Brücke von Stórias und setzt die Fahrt am nördlichen Ufer der *Hvítá* geradewegs bis zur Ringstraße fort oder kürzt auf dem Weg in den Norden über die **S 525** ein ganzes Stückchen ab.

Vom Lögurinn-See zum Snæfell

Vom Lögurinn-See südlich von **Egilsstaðir** (vgl. S. 337f.) ist es möglich, mit einem ‚hochhackigen' Allrad- oder einem Geländewagen auf den das Tal beherrschenden *Snæfell* (1.833 m) zuzufahren. Insgesamt ist die Strecke ab der **S 931** rund 55 km lang, kann aber zu anderen Zielen erweitert bzw. zu Rundfahrten ausgebaut werden (Geländewagen unbedingt notwendig). Die erste Weghälfte ist wegen eines Wasserkraftwerkes gut ausgebaut, d.h. geschottert. Nach 44 km zweigt rechts eine Piste ab, die später in die **S 923** übergeht und in **Brú** endet, ab wo man nach links zur Askja und nach rechts zur Ringstraße gelangt.

Auf der vorliegenden Strecke geht es aber weiter auf der **F 909** bis zur unbewirtschafteten Hütte *Snæfellsskáli* des *Touring Club of Iceland*, die rund 60 Schlafsackplätze bietet (angeschlossener Campingplatz). Auf dem Weg dorthin müssen mehrere kleine Bäche durchquert werden. Erfahrene Bergwanderer können von der *Snæfellsskáli* den Gipfel in 4–6 Stunden besteigen. Außerdem kann man mit dem Geländewagen einem Jeeptrack bis zum Rand des *Brúarjökull/Vatnajökull* folgen – je nach Wetterlage und Schneeverhältnissen ein recht schwieriges Unterfangen, das einen bei Erfolg jedoch mit einer traumhaften Aussicht auf den weißen Eispanzer belohnt.

Will man nicht den gleichen Weg zurückfahren, besteht ab der Berghütte die Möglichkeit zur Weiterreise über den Jeeptrack zum *Kverkfjöll* (vgl. S. 422) – er ist zwar neu angelegt, aber trotzdem äußerst schwierig zu fahren.

Von der Ringstraße zur Laki-Spalte

Diese rund 45 km lange Hochlandpiste führt von der Ringstraße, 6 km westlich von Kirkjubæjarklaustur (S. 327), nach Norden ins Landesinnere. Zunächst trägt die Straße die Nummer **206**, von der dann nach 2 ½ km die eigentliche, ausgeschilderte Piste *Lakavegur* **(F 206)** abzweigt.

Ihr Ziel ist jene Reihe von Kratern, die für eine der größten Naturkatastrophen in der isländischen Geschichte verantwortlich sind: in den Jahren 1783/84 wurde hier die wohl mächtigsten Lavaflüsse in historischer Zeit überhaupt produziert, die sich in einem 25 km breiten Strom bis zum Ozean vorwälzten. Ihre Wirkung war verheerend genug, noch schlimmer aber waren die Giftgase, die die Gesamtbevölkerung auf der Insel um knapp ein Viertel dezimierte und mehr als die Hälfte des Viehbestandes vernichtete. Durch den Laki-Ausbruch wurde das Volk in seiner Existenz ernsthaft gefährdet, aber selbst bis nach Südeuropa brachte die Aschenwolke Missernten und Hungersnöte.

Die Lakikrater – Detailzeichnung

Die Sand- und Schotterroute bis zu der Kraterreihe ist nicht allzu schwierig, sollte aber mit einem Allradwagen durchgeführt werden. Die Furten auf der Strecke, u.a. durch den *Stjörn* und die *Geirlandsá,* sind – günstige Bedingungen vorausgesetzt – problemlos. An bewachsenen Berghängen vorbei und mit weiter Sicht auf die Gletscher *Mýrdalsjökull* und *Vatnajökull* geht die Strecke bis zum Eingang in das Naturschutzgebiet. Hier und entlang der Piste haben Wohnmobile oder Camper schöne Übernachtungsplätze.

Hinter der Einfahrt ins Naturreservat (große Informationstafel) beginnt ein ca. 30 km langer Jeeptrack, der als Ringweg durch das Lakigebiet führt. Er ist wegen der herrlichen Panoramablicke unbedingt lohnend. Anfangs gut befahrbar, wird die Piste dann jedoch sehr steil, führt durch tiefe Lavasandfelder und quert den Lavastrom zum Ausgangspunkt zurück. Bei Gabelungen sollte man sich immer links halten, da nach rechts noch manche alte Fahrspur abgeht, die dann im Nirgendwo endet. Vor allem das letzte Drittel des Jeeptrack ist problematisch: die Furten sind tief und die enge Fahrspur bietet praktisch keine Wende- oder Ausweichmöglichkeit. Daher die Empfehlung: unternehmen Sie diese Rundfahrt nur mit einem robusten Geländewagen.

Wer es nur bis zur Einfahrt zum Naturschutzgebiet schafft, sollte dort die gut markierten Wanderwege nutzen. Die beste Aussicht hat man vom 818 m hohen *Laki,* der der Spalte seinen Namen gegeben hat (die isländische Bezeichnung *Lakagígar* bedeutet ‚Krater des Laki'). Insgesamt befinden sich etwa 115 Krater in der Region, die von Südwesten nach Nordosten auf einer Länge von 25 km wie Perlen an einer Kette aufgereiht sind. Die meisten davon sind 20–50 m hoch, einige aber auch über 100 m; die Flanken der Krater bestehen aus schwarzen und roten Schlacken oder Lavafetzen.

10. ALTERNATIVE ROUTEN IM WESTEN UND NORDWESTEN

Von Reisegruppen und Individualtouristen wird immer häufiger der westliche und nordwestliche Teil Islands als eigenständige Destination aufgesucht, wobei der Weg natürlich vom Flughafen Keflavík und über Reykjavík aus dem Süden heranführt. Deshalb werden in diesem Kapitel zunächst die Sehenswürdigkeiten des südlichen Teils (= Snæfellsnes) beschrieben.

Die Halbinsel Snæfellsnes (ⓘ s. S. 211)

Überblick

Die sich wie ein langer Finger in den Nordatlantik erstreckende Halbinsel, die den *Breiðafjörður* im Norden von der *Faxaflói* im Süden trennt, ist bei in- und ausländischen Besuchern in den letzten Jahren immer populärer geworden. Die Gründe dafür liegen auf der Hand: die **landschaftlichen Schönheiten** sind vielfältig, man findet hier Sandstrände mit Muschelkalk, Basaltformationen, schilfbestandene Seen, heiße Quellen, bizarre Lava- und Vulkanformen und natürlich, alles überragend, den perfekten, 1.446 m hohen Zentralvulkan des Snæfellsjökull. Daneben tritt ein außerordentlich reiches **Vogelleben** (u.a. Schwäne, Enten, Kormorane, Gerfalken, Seeadler). Kein Wunder also, dass am 28. Juni 2001 ein 167 km² großes Gebiet rund um den Vulkan zum **Nationalpark** erklärt wurde (dem nach Þingvellir, Skaftafell und Jökulsárgljúfur vierten NP des Landes).

Redaktions-Tipps

- Aussicht vom Helgafell bei Sonnenuntergang (S. 440)
- Baden im Mineralwasser des Schwimmbads Lýsuhóll (S. 442)
- Spaziergang zu den Vogelfelsen von Arnarstapi (S. 443)
- Fahrt ab Ólafsvík oder Arnastapi mit dem Schneemobil auf den Snæfellsjökull (S. 444)
- Von Stykkishólmur aus Bootstrip zu den Inseln im Breiðarfjörður (S. 461)
- Wanderung im Tal Hnappadalur mit Besteigung des Lavaringkraters Eldborg (S. 437)

Besucher, die dieses *Island en miniature* kennen lernen möchten, profitieren von einer guten **Infrastruktur**, die eine breite Angebotspalette von Unterkünften, Bootsausflügen, Pferdeverleih, Mietwagen und -fahrräder bis hin zu Abenteuertrips mit Schneescootern umfasst.

Die weiter unten beschriebene **Rundfahrt** um die Halbinsel ist ab/bis Stykkishólmur ca. 170 km lang, wer aus dem Süden anreist, braucht von Borgarnes und um den Snæfellsjökull herum bis Stykkishólmur rund 230 km. Für diese Tour sollte man sich gut zwei Tage Zeit lassen; falls Sie auch wandern möchten, entsprechend länger. Das größte **Übernachtungsangebot** hält *Stykkishólmur* bereit; daneben gibt es aber auch gemütliche Pensionen und Gästehäuser sowie Zeltmöglichkeiten, an der Südküste z.B. in *Lýsuhóll, Buðir* und *Arnarstapi*, an der Nordküste in *Hellissandur, Ólafsvík* und *Grundarfjörður*.

Die **Straßenbedingungen** sind im Großen und Ganzen gut, vor allem auf der südlichen S 54. Die von den Einheimischen im Sommer nur selten benutzte S 574 um den Snæfellsjökull herum ist unasphaltiert, aber gut zu meistern. Im Winter, wenn die drei Passstrecken S 55/56/54 durch Schnee unpassierbar sind, dient sie jedoch als Behelfsstraße.

Von der Ringstraße nach Stykkishólmur

Der Anfahrtsweg zur Halbinsel Snæfellsnes erfolgt – je nach Vor- oder Nachprogramm – aus südlicher oder nördlicher Richtung. Wer der beschriebenen Route entlang der Ringstraße folgt (also von Norden kommt) und nur die Snæfellsnes, nicht aber die Nordwest-Halbinsel besuchen möchte, hat die Wahl zwischen zwei Strecken. Für diejenigen, die sich bereits auf der Nordwesthalbinsel befinden, stellt zusätzlich die Fähre *M.S. Baldur* zwischen Brjánslækur und Stykkishólmur die bequemste und zeitsparendste Verbindung dar, auf der man außerdem einen guten Teil der Inselwelt des Breiðarfjörður kennen lernen kann (vgl. S. 461f.).

Anfahrtswege zur Halbinsel

Von Norden:

Bei den beiden erwähnten Anfahrtswegen von der Ringstraße aus nördlicher Richtung handelt es sich erstens um die **S 59**, die vom *Hrútafjörður* (33 km südlich von Laugarbakki) aus durch das Laxárdalur in 36 km zum Hafenort **Búðardalur** (vgl. S. 460) geht. Zweitens kann man auf einer etwas längeren, aber besser ausgebauten Route der Ringstraße bis **Dalsmynni** folgen und dort über die **S 60** ebenfalls in Richtung Búðardalur abzweigen. Beide Straßen kommen am *Haukadalsvatn*, am inneren Ende des *Hvammsfjörður*, auf der **S 57** zusammen, die einen nahe zum Ufer über den *Skógarströnd* in Richtung Stykkishólmur bringt. Bis zur ‚Hauptstadt der Snæfellsnes' sind es dann noch 67 km.

Von Süden:

Wer von Süden anreist, nimmt ab **Reykjavík** am besten die Ringstraße bis nach **Borgarnes**, ab wo es dann auf der **S 54** weitergeht, vorbei am 3 km außerhalb gelegenen Hof *Borg* und durch das weite, vorwiegend flache Gelände der *Mýrarsýsla*. Die Fahrt durchquert ein früher dicht bewaldetes Gebiet – nicht umsonst heißt ein Höhenzug zur Rechten *Fagraskógarfjall* (= ‚Berg der schönen Wälder') –, für das das kleine, aufgeforstete Wäldchen entlang der S 54 einen nur kümmerlichen Ersatz darstellt. Kurze Zeit später verweisen Flurnamen mit dem Bestandteil *‚hraun'* wieder einmal auf die vulkanische Vergangenheit der Region. Besonders deutlich wird dies am Lavafeld *Eldborgarhraun*, das der nahe **Eldborg** (= ‚Feuerburg') ausgespuckt hat. Der Ringkrater ragt nur 60 m über seine Umge-

Der Westen und Snæfellsnes
Fähre nach Flatey
Bjarneyjar
Breiðafjödur
Ellidaey
Höskuldsey
Stykkishólmur
Grundarfjörður
Kolgrafafjörður
Hellisandur
Rif
Ólafsvík
Búlandshöfði
463
Grundarfjörður
Snæfellsnes
Froða
566
1445
Snæfellsjökull
Vegamót
Búðir
Dritvík
Arnarstapi
Stakkhamar
Lóndrangar
Faxaflói
N
0
20 km

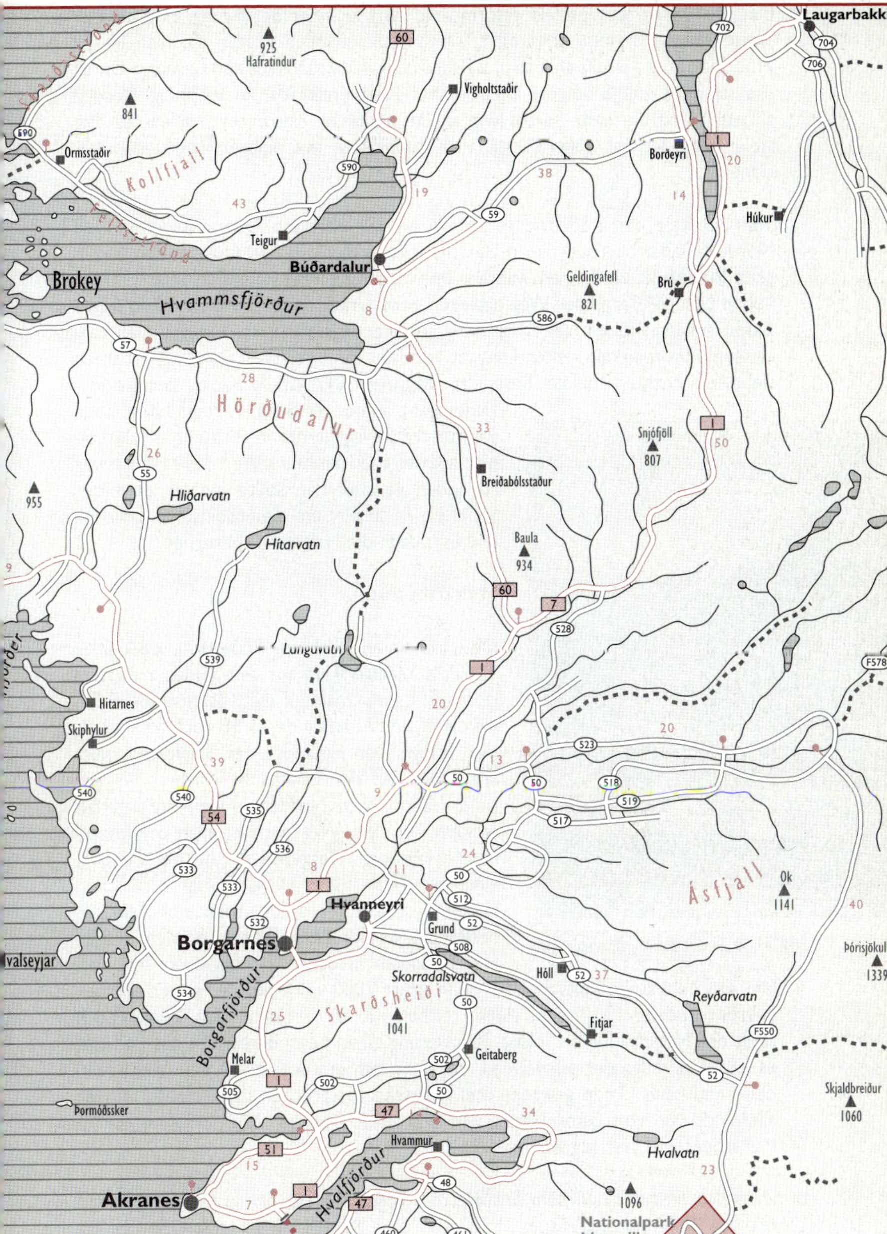
Laugarbakki
Hafratindur
Vigholtstaðir
Borðeyri
Ormsstaðir
Kollfjall
Húkur
Teigur
Búðardalur
Brokey
Geldingafell
Brú
Hvammsfjörður
Hörðudalur
Snjófjöll
Breiðabólsstaður
Hliðarvatn
Hitarvatn
Baula
Langavatn
Hitarnes
Skiphylur
Ásfjall
Ok
Hvanneyri
Grund
Borgarnes
Skorradalsvatn
Höll
Þórisjökull
Reyðarvatn
Skarðsheiði
Borgarfjörður
Fitjar
Melar
Geitaberg
Skjaldbreiður
Þormóðssker
Hvammur
Hvalvatn
Akranes
Hvalfjörður
Nationalpark
Þingvellir

bung hinaus, ist aber perfekt geformt und reizt zu einer Besteigung. Er gehört zu einem ganzen System weiterer, z.T. bizarr aussehender Krater, die man im Tal **Hnappadalur** gehäuft antrifft (u.a. *Rauðamelskúlur, Rauðhálsar* und *Gullborg*). Durch das Tal führt die **S 55**, die am Kirchhof **Kolbeinsstaðir** in Richtung Norden abzweigt und die erste Verbindung an die nördliche Küste der Snæfellsnes darstellt (s.o.), auf ihr gelangt man auch zu Höhlen mit einigen Tropfsteinformationen.

Vom Abzweig der S 55 sind es 25 km bis zur nächsten Querverbindung nach Norden. Dabei überquert man zunächst die *Haffjarðará* und passiert den Kirchplatz **Miklaholt** zur Linken, während im Norden die majestätischen, über 1.000 m hohen *Ljósufjöll*-Berge den Weg begleiten. Kurz hinter dem Kirchplatz **Fáskrúðarbakki** geht rechts ein Wirtschaftsweg zu einer Gästefarm ab, von der man zum Lavafeld *Miðhraun* mit weiter Aussicht wandern kann. Wenige Fahrminuten danach sieht man rechterhand die Raststätte **Vegamót** (Tankstelle, Kiosk, sanitäre Einrichtungen), an der die **S 56** als rund 300 m hohe Passstrecke *Kerlingarskarð* in Richtung Stykkishólmur abzweigt (33 km, s.u.). Wer den Anfahrtsweg ab Süden gewählt hat, sollte jedoch an dieser Stelle die Rundfahrt um die Halbinsel anschließen und erst dann die Hafenstadt besuchen.

Stykkishólmur aus der Vogelperspektive

Stykkishólmur

Ob man nun aus Richtung Búðardalur oder über den Pass *Kerlingarskarð* aus dem Süden anreist, in jedem Fall gerät man auf die Küstenstraße **S 57**, die einen zum Abzweig der **S 58** nach Stykkishólmur bringt. Der Hauptort der Snæfellsnes liegt seinerseits auf der Landzunge *Þórsnes*, die sich rund 10 km nach Norden in den *Breiðafjörður* schiebt. Auf dem Weg passiert man Stykkishólmurs ‚Hausberg' **Helgafell** (= ‚heiliger Felsen'), einen nur 78 m hohen Hügel. Dieser wird schon in den Geschichten aus der Landnahme-Zeit, insbesondere in der *Laxdæla-Saga* erwähnt, deren Heldin *Guðrún* in der Nähe begraben sein soll. Die alte, heidnische Kultstätte wurde im Jahre 1000 von einer der ersten Kirchen bekrönt und im 12. Jh. von einem reichen Kloster eingenommen. Immer noch stellt der *Helgafell* für die lokale Bevölkerung einen besonderen Ort dar. So heißt es z.B., dass jeder, der schweigend und ohne sich umzusehen auf den Hügel geht, oben und nach Osten gewandt drei Wünsche aussprechen darf – diese müssen allerdings nur von guter Natur sein und dürfen bis zu ihrer Erfüllung keiner Menschenseele preisgegeben werden.

‚Heiliger Hügel'

Zwischen *Helgafell* und dem *Breiðarfjörður* liegt pittoresk der größte und Hauptort der Halbinsel Snæfellsnes (1.300 Ew.) Sein Kapital ist der geschützte Hafen, der schon im 19. Jh. eine blühende Fischerei- und Schiffsbauindustrie entstehen ließ und heute auch für die Fähre und die Ausflugsboote von Bedeutung ist. Aus der guten alten Zeit sind noch mehrere Wohn- und Packhäuser erhalten, u.a. das **Norwegische Haus** (*Norska Húsið,* Skólastígur 1) aus dem Jahre 1828, das als Heimatmuseum dient. Es wurde als Bausatz aus Norwegen hierhin transportiert und war Wohnstätte von *Árni Þorlacius,* dem ersten Meteorologen des Landes. Daneben verdienen auch einige moderne Gebäude Beachtung, u.a. der **katholische Konvent** mit Kindergarten, den holländische Nonnen seit den 1940er Jahren aufgebaut haben, oder die markante, 1992 fertiggestellte **Kirche**.

Als Zentralort der Snæfellsnes verfügt Stykkishólmur über eine gute Infrastruktur, die auch Touristen zugute kommt. So gibt es ein Krankenhaus, Banken, Post, eine Sporthalle sowie das geothermal beheizte **Schwimmbad** (*Austurgata*). Kommerzielle Lebensader ist die *Aðalgata* am Hafen, u.a. mit Tankstelle, Supermarkt, Restaurant, Gästehaus, Reisebüro und Touristeninformation. Wer länger bleiben möchte, kann von hier aus Wanderungen unternehmen, die Inseln im Fjord mit dem Schnellboot kennen lernen oder zu Touren mit dem Pferd aufbrechen.

Rund um die Halbinsel

Die Rundfahrt um die Halbinsel ist ab/bis Stykkishólmur bequem an einem Tag zu schaffen. Allerdings reizen – erst recht bei gutem Wetter! – Sandstrände, Vogelklippen, Lavafelder, Vulkankrater und der beherrschende Gletscher Snæfellsjökull zu ausgedehnten Wanderungen und anderen Aktivitäten: So erscheinen zwei Tage eher realistisch, wenn man die Schönheiten der Snæfellsnes wirklich kennen lernen möchte.

Im Folgenden wird ein Zirkel im Uhrzeigersinn skizziert, der 10 km hinter Stykkishólmur auf der **S 57** beginnt. Hier fährt man 6 km in westlicher Richtung, vorbei am Massiv des *Drápuhlíðarfjall* (527 m), einem schönfarbigen Rhyolithberg, an dem Jaspis gefunden werden kann. Einer örtlichen Überlieferung zufolge birgt ein kleiner See nahe dem Gipfel sog. Wunschsteine, deren Besitz jeden Wunsch erfüllt, wenn man die Steine in der Johannisnacht gefunden hat. Zur Küste hin erstreckt sich das Lavafeld *Berserkjahraun*, um das sich ebenfalls Legenden ranken: danach soll der Weg, den man befährt, in der Landnahmezeit von einem Bauern angelegt worden sein, der für diese schwere Arbeit grimmige Wikinger aus Norwegen (‚Berserker') anheuerte. Als Lohn wurden ihnen die Frauen der Ortschaft versprochen. Nach verrichteter Arbeit lockten die unverheirateten Frauen die Berserker jedoch in eine Scheune, verriegelten die Türe und setzten sie Brand. Die Seelen der Krieger geistern aber immer noch über die *Berserkjahraun*, so dass es sehr gefährlich sein soll, sich dort alleine aufzuhalten!

Geschichten und Legenden

Noch im Lavafeld geht nach links die unasphaltierte, aber gut zu fahrende Passstrecke **S 56** über den *Kerlingarskarð* (ca. 300 m ü.d.M.) auf die andere Seite der Halbinsel. Nach 17 km stößt man dort auf die wieder asphaltierte **S 54**, unweit der Raststätte **Vegamót** (s.o.). Sie ist der Startpunkt für die Landschaftsfahrt an der südlichen Küste entlang, auf der der *Snæfellsjökull* wie durch einen Zoom immer näher rückt.

Wenn die Sonne scheint, dürfen Sie aber zunächst den Abzweig nach links nicht verpassen, der Sie zu einem schönen, goldfarbenen Sandstrand bringt (angesichts von maximal 12 °C Wassertemperatur wird es aber wohl nur beim Sonnenbaden bleiben). Dann geht es auf asphaltierter Straße weiter, vorbei an einigen Seen zur Rechten, an denen häufig wilde Schwäne anzutreffen sind. Dahinter erhebt sich die markante Bergkette der *Elliðatindur*.

Seen mit wilden Schwänen

Vor dem Kirchplatz **Staðastaður**, an dem *Ari Þorgilsson* (= der Weise) das berühmte Geschichtswerk *Íslendingabók* verfasst haben soll, liegt nahe der Straße die Mineralquelle *Ölkelda*, deren Kohlendioxid-haltigem Wasser Heilkraft zugesprochen wird und das man also getrost trinken kann. 12 km weiter, erneut an schönen und fischreichen Seen vorbei, kommt man zum Abzweig der **S 572**, die einen rechts nach **Lýsuhóll** bringt. Auch hier sprudelt gesundes Warmwasser, das zudem ein schönes Thermal-Freibad speist.

Nach einem Halbbogen von 6 km ist man wieder auf der **S 54**, die dann kurz vor der Siedlung Búðir nach rechts auf die Nordseite der Halbinsel führt. Diese 14 km lange Passstrecke über die *Fróðárheið* (361 m) ist die letzte der drei Straßen, die die Snæfellsnes queren. Wir bleiben ab hier auf der schmalen und deutlich schlechteren **S 574** an der Küste, die bis Ólafsvík einen Bogen von 67 km westlich um den *Snæfellsjökull* schlägt. Nach einigen Minuten kommt man hier zu einer Stichstraße, auf der man linkerhand Búðir erreicht.

Búðir

Búðir war lange Zeit ein recht bedeutender Fischer-, Hafen- und Handelsort, den allerdings in den 1930ern die meisten Einwohner verließen. Nur eine **Farm** mit kleiner **Kirche** ist noch bewohnt, im Sommer jedoch kehrt durch das **Hotel** und den **Campingplatz** wieder Leben ein. Besucher finden hier eine äußerst reizvolle Landschaft, geprägt durch moosüberwachsene Blocklava, die Berge im Hinterland und die Eiskappe des Gletschers im Westen. Das Lavafeld *Búðahraun*, das eine weit ausladende Landzunge bildet, lockt mit merkwürdigen Formationen (und im August durch wohlschmeckende Blaubeeren) zu kürzeren oder längeren Wanderungen. Der 88 m hohe Krater, aus dem die Lava dem Meer zufloss, ist dabei ebenso Ziel wie einige bis zu 70 m lange Lavahöhlen.

herrliche Umgebung

Am Ozean bilden schließlich gelbsandige Strände einen herrlichen Kontrast zum Schwarz der Lava.

!!! ***Achtung***

Halten Sie sich bei Wanderungen an die ausgetretenen Wege. Die Lava ist nämlich sehr porös und weist viele von Moos überwachsene, tiefe Löcher und Spalten auf, die bereits mehrfach Wanderern zum Verhängnis wurden. Wer vorhat, die Lavahöhlen zu besuchen, sollte eine kräftige Taschenlampe mitnehmen.

Zurück auf der **S 574** fährt man am Südhang des 566 m hohen *Mælifell* mit dem schönen Wasserfall *Bjarnarfoss* entlang, dann an der Bucht *Breiðavík* und kommt nach 18 km zur nächsten Station, nach Arnarstapi.

Arnarstapi

Zur Siedlung geht es nur wenige hundert Meter von der **S 574** nach links ab, vorbei an einem kleinen Haus in traditioneller Bauweise mit grasbedecktem Dach und Giebel aus Treibholz; in der Nähe sieht man einen großen Walknochen. Arnarstapi, das bei gutem Wetter eine ideal-typische isländische Stimmung mit kleinen Häusern, blauem Meer, grünen Wiesen, Basaltsäulen und der Gletscherkuppe des Vulkans vermittelt, lohnt den Aufenthalt unbedingt, und sei es nur für eine kleine Pause mit Wanderungen. Der Ortsname (= ‚Adlerfelsen') verweist auf den pyramidenförmigen Berg, auf dem Seeadler ihre Horste bauten. Zwar gibt es noch ca. 30 Paare auf der Halbinsel, aber man muss schon viel Glück haben, um einen Seeadler (Flügelspannweite 2–3 m) zu Gesicht zu bekommen. Um so häufiger sind Küstenseeschwalben anzutreffen, die hier auf den Grasweiden nisten und im Juli Scheinangriffe auf Menschen und Schafe fliegen.

Ort mit Seeadlern

Arnarstapi, im Hintergrund der Snæfellsjökull

Ein kurzer Spaziergang (ca. 30 Minuten) bringt einen rechts oberhalb des kleinen Hafens zur Steilküste mit bizarren Lava- und Basaltformationen, Grotten und Naturbrücken (*Gatklettur* = ‚Lochfelsen') sowie einer weiten Sicht auf die vorgelagerten Inselchen. An beachtlichen Vogelkolonien (hauptsächlich Dreizehenmöwen) vorbei geht es an der Steilküste zurück bis zu jener **Steinskulptur**, die den ‚Gott von Snæfellsnes' vorstellen soll. Einige halten ihn für einen dem Rübezahl ähnlichen Riesen, andere für den Wiedergänger eines norwegischen Siedlers, der vor Zeiten den Menschen das Fischen beibrachte. Später verschwand er auf mystische Weise und man sagt, dass er auf dem Gletscher wohnt. Im positiven Sinn fungiert er als Schutzgeist der Seeleute, gefährlich jedoch wird er, weil er immer wieder Menschen auf den *Snæfellsjökull* lockt.

Der Snæfellsjökull

Der 1.446 m hohe, kegelförmige Schichtvulkan kann mit Fug und Recht als Königin jener Halbinsel bezeichnet werden, die seinen Namen trägt. Der Gletscher selbst, der in der Vergangenheit immer mehr abnahm, ist mit einer Fläche von knapp 11 km² nicht besonders groß, wegen der exponierten Lage aber weithin (bis nach Reykjavík) sichtbar. Der unter ihm schlummernde Vulkan war während der letzten Eiszeit einige Male aktiv, gilt heute aber als erloschen. Nachdem der *Snæfellsjökull* 1753 zum erstenmal von isländischen Naturforschern bestiegen wurde, hat er immer wieder in- und ausländische Gäste zu einer Bergwanderung bis zum Gipfel gereizt. Diese ist relativ einfach und von Arnarstapi in gut 4 Stunden durchführbar, allerdings muss man sich im Sommer vor Schmelzwasser und Spalten in Acht nehmen. Der übliche Weg geht dabei nördlich von der S 574 ab, am Stapafell (528 m) vorbei und über die Passstrecke *Kýrskarð* bis auf rund 800 m.

Islands vierter Nationalpark

Diese Piste ist auch mit einem Geländewagen zu schaffen. Andere Anfahrtswege gibt es durch das Tal *Móð* weiter im Westen oder von Ólafsvík im Norden aus. Daneben werden auch Fahrten mit dem Schneemobil angeboten sowie mit einem 40-Personen-Schlitten, der von einem Schneemobil gezogen wird (beides ab Arnarstapi und Ólafsvík).

Wieder auf der S 574, kann man kurz hinter Aranastapi erneut einen Abstecher zu einer Grotte mit reichem Vogelleben unternehmen, nämlich zur sog. *baðstofa* von **Hellnar**. Ganz anderen Charakter besitzen die zwei Felsnadeln **Lóndrangar**, die wenig später am Ufer 70 m hoch aufragen und auf einer kurzen Wanderung zu erreichen sind. Unweit davon passiert man den Leuchtturm **Malarrif** am südlichsten Punkt der Halbinsel, anschließend den verlassenen Fischerort **Dritvík** (Stichstraße) mit seiner Schutzhütte für Seefahrer. Er war einmal einer der bedeutendsten der Region, dessen Hafen 60 Booten Platz gab. Heute künden nur noch Grundmauern von den ehemaligen Bewohnern. Zum Süden hin reicht der schöne Sandstrand *Djúpalónssandur* mit einigen bizarre Felsformationen an Dritvík heran. Über die nächste Stichstraße kann man links geradewegs in den Krater **Hólahólar** hineinfahren. Im weiteren Verlauf beginnt hinter der auffälligen Rechtskurve zum Meer hin das Lavafeld *Neshraun,* das Wanderer über einen Küstensaumpfad erkunden können.

verlassener Fischerort

Wen es mehr zum Gletscher zieht, hat ca. 5 km weiter über eine Bergpiste (nur für Geländewagen) Gelegenheit, nach rechts durch das schöne Tal *Eysteinsdalur* bis zu seinem Fuß vorzudringen und ab da evtl. auf den Gipfel des Snæfellsjökull zu wandern. Wo die Straße wieder die Küste erreicht, biegt nach links eine Piste zur einsamen Landzunge **Öndverðarnes** ab, deren Leuchtturm den westlichsten Punkt der Halbinsel markiert. Diese Gegend ist außerordentlich trocken und wurde früher zur Salzgewinnung genutzt; ein tiefer Brunnen stellt die einzige Frischwasserquelle dar.

Kurz vor Helissandur ist der Antennenmast von **Gufuskálar** eine Attraktion ganz anderer Art. Er trägt *Loran*-Geräte, die dem internationalen See- und Flugverkehr die Navigation erleichtern. Ein kleines Schild weist daraufhin, dass der Mast **412 m** hoch und damit das höchste ‚Bauwerk' der Insel ist.

Hellissandur

Der erste Ort seit Búðir, der mit dem 3 km entfernten Rif eine Doppelgemeinde (ca. 600 Ew.) bildet, lebt traditionell von Fischfang und -verarbeitung, und das schon seit geraumer Zeit: Archäologen haben Überreste eines frühmittelalterlichen Landungssteges nachgewiesen. Eine Kirche, lange die drittgrößte des Landes, gab es bereits im 14. Jh. Und wenn die Überlieferung stimmt, mag *Kolumbus* sie gesehen haben, als er sich im Jahre 1477 einen Winter lang hier aufhielt. Heutigen Besuchern bietet Helissandur eine bescheidene Infrastruktur mit u.a. Gästehaus, Post, Bank, Tankstelle mit Cafeteria, Campingplatz und Freibad. Bei genügend Zeit kann man sich zwei kleine **Museen** (Seefahrtsmuseum; Naturkundemuseum) anschauen. Hübsch ist auch die Anlage *Þorvaldarbúð* mit einem Torfhäuschen im traditionellen Stil und einem Fischerdenkmal. Außerdem sieht man Walknochen und kurz vor **Rif** beiderseits der Straße eines der weltweit größten Nistgebiete der Küstenseeschwalbe. Rif selbst, das im 15. Jh. besonders unter Piratenüberfällen zu leiden hatte, ist heute ein typischer Fischerort. Danach passiert man den kleinen Flughafen und einen Brutplatz von Eiderenten, erkenntlich an den aufgehängten Fähnchen und Muscheln, die die Eiderenten merkwürdigerweise sehr gerne mögen. Oben am Hang sieht man die alte Straße, deren stete Gefährdung durch Bergrutsche die Verlegung notwendig machte.

Vogelfelsen auf der Snæfellsnes-Halbinsel

Ólafsvík

Das wenige Kilometer hinter Rif gelegene Ólafsvík schaut ebenfalls auf eine lange Geschichte zurück. Vom 17.–19. Jh. galt der Ort mit seinem guten Hafen als bevorzugter Handelsplatz, wovon noch das gut erhaltene, hölzerne **Packhaus** *(Gamla pakkhúsið)* aus dem Jahre 1841 erzählt. Es beherbergt nunmehr ein sehenswertes Heimatmuseum.

Im schnell gewachsenen Ólafsvík (ca. 1.300 Ew) dreht sich heute alles um Fisch: mit der relativ großen Fangflotte, dem Gefrierhaus und Fisch verarbeitenden Betrieben sind diese Erwerbszweige stärker vertreten als in Stykkishólmur. Darum sollte man, auch wenn man hier nicht eine Rast einlegen möchte, von der **S 54** aus wenigstens zu einer kleinen Rundfahrt entlang dem Hafen abbiegen. Ansonsten bietet der Ort Modernes, z.B. die weiße, spitz zulaufende Kirche, das Schwimmbad (Ennisbraut 9), oder, weiter außerhalb gelegen, das flache Kulturhaus, in dem manchmal sogar das Symphonieorchester aus Reykjavík gastiert. Besucher können in zwei Gästehäusern übernachten, es gibt Cafeterias, einen Campingplatz und den 18-Loch-Golfplatz *Fróðárvöllur*. Weiterhin ist Ólafsvík neben Arnarstapi der wichtigste Startpunkt zu Touren in den *Snæfellsjökull*-Nationalpark.

moderne Bauten

6 km hinter dem Ort quert die **S 54** die Halbinsel über die *Fróðárheiði,* vorbei an einem Skigebiet, nach Buðir (s.o.). Dem Verlauf der Nordküste folgt man ab jetzt auf der **S 57**. Dabei sieht man von der Straße aus immer wieder eindrucksvolle Wasserfälle oder Säulenbasalte in Terrassenform, zum Meer hin Buchten und Landzungen. Auffällig sind hier wie auf der ganzen Snæfellsnes die aus Lavabrocken errichteten Mauern. Holz für Zäune war und ist eben ein teurer Importartikel. Und die kleinen Holzstücke in den Mauern sind Treibholz, das von Sibirien her kommend an der Küste anlandet...

Grundarfjörður

Als Vorbote der nächsten Ortschaft Grundarfjörður reckt sich der ‚Kirchenberg' **Kirkjufell** als 436 m hohe Landmarke linkerhand in den Himmel. Mit seinem

Grundarfjörður mit dem Kirkjufell

spitzen, bis zum Boden hinabreichenden Grat ist er einer der auffälligsten Berge des Landes.

Das am gleichnamigen Fjord liegende Dorf ist ein relativ junger, hauptsächlich nach dem Krieg entstandener Ort, der natürlich vom Fisch lebt. Hier sieht man die typischen Gerüste für Stockfisch und im Meer einige Aquakulturen für Lachse. Auch darf ein Schwimmbad nicht fehlen, außerdem stehen Campern ein Zeltgelände und Wintersportlern gute Pisten im Hinterland zur Verfügung.

Östlich wird der Fjord von einer Halbinsel abgeschlossen, um die eine holprige Piste herumführt. Auf ihr kann man sich dem markanten *Setberg* (380 m) nähern, der auch ein lohnendes Ziel für eine Klettertour wäre. Danach fährt man in weitem Bogen um den Fjord *Kolgrafafjörður* herum, dessen Namen (= ‚Kohlengräberberg') auf eine kurze Periode des Bergbaus hinweist. Den nächsten Fjord *(Hraunsfjörður)* überquert man auf einer Brücke, hinter der man in das Gebiet *Berserkjahraun* (s.o.) zurückgekehrt ist. Nun liegen nur noch 23 km bis **Stykkishólmur** bzw. 7 km bis zum Abzweig der **S 56** vor einem.

Die Westfjorde (ⓘ s. S. 211)

Überblick

Die Nordwesthalbinsel, meistens einfach als ‚Westfjorde' (= *Vestfirðir)* bezeichnet, stellt den geologisch ältesten Teil Islands dar. Vorwiegend aus Basalt aufgebaut, ohne die sonst so typischen Lavafelder, wird ihr Landschaftsbild von plateauartigen, z.T. steil in die Grönländische See abfallenden Bergen, von Gletschern und tiefen Fjorden bestimmt.

riesige Halbinsel

Mit gut **10.000 km²** ist die Halbinsel von enormer Dimension und umfasst alleine 12 % der Gesamtfläche Islands. Neben der majestätischen Natur mit ihrer subarktischen Vegetation sind die größten Vogelfelsen des Nordatlantik, die Fischgründe, die zu den ertragreichsten der Welt zählen, und dichte Robbenbestände die unbestrittenen Highlights der Region.

Im Gegensatz zur Größe der Fläche steht die **geringe Bevölkerung**, die nur rund 10.000 Menschen (= 4 % der Gesamtbevölkerung) ausmacht. Immer wieder wird man auf verlassene Farmen oder Dörfer stoßen. Mehr noch als sonstwo auf der Insel stellt sich deshalb an den Westfjorden das Gefühl der menschenleeren Weite und Wildnis ein, das mit ein Hauptgrund für deren Besuch sein kann. Dazu treten die genannten landschaftlichen Schönheiten und das reiche Vogelleben, die in der Summe dafür verantwortlich sind, dass die Westfjorde zusammen mit der Snæfellsnes-Halbinsel in den vergangenen Jahren stark vom Anstieg des Fremdenverkehrs profitiert haben. Besonders Naturliebhabern, ornithologisch Interessierten und Wanderern ohne große Komfortansprüchen kommt die Region entgegen. Zwar gibt es inzwischen eine auf Besucher abgestimmte **Infrastruktur**, die in Orten wie Bolungarvík, Holmavík und vor allem Ísafjörður komfortable Hotels oder Pensionen hat entstehen lassen, doch wird das Übernachtungsangebot weitgehend von Jugendherbergen und Gästefarmen bestimmt.

Redaktions-Tipps

- Vogelbeobachtung am Látrabjarg (S. 458)
- Auffahrt auf den Sandafell bei Þingeyri (S. 456)
- Minikreuzfahrt mit Fähre oder Schnellboot zu den Fjorden und Inseln bei Ísafjörður (S. 461f.)
- Besuch der Hauptstadt der Westfjorde (S. 452f.)
- Wanderung durch das Naturreservat Hornstrandir (S. 451)

Die **Straßenbedingungen** können nur zwischen Ísafjörður und Hólmavík bzw. Patreksfjörður als ‚gut' bezeichnet werden, vor allem wegen der in den letzten 10 Jahren fertiggestellten Tunnel- und Brückenprojekte. Oft aber herrschen noch ungeschotterte und schmale Pisten vor, die sich an den Fjorden entlangschlängeln. Die gesamte nördliche Landzunge *(Hornstrandir)* ist ebensowenig durch Straßen erschlossen wie das hochgelegene Inland der Halbinsel. Wer auf **Busse** angewiesen ist, kann von Reykjavík aus nur im Sommer die Westfjorde erreichen. Das Verkehrsnetz wird komplettiert durch regelmäßige **Flugverbindungen** nach Akureyri und Reykjavík sowie mehrere **Fährlinien**. Unter diesen ist die rund 70 km lange Überfahrt von der *Snæfellsnes* herüber am wichtigsten, während die Bootstouren und kleinen Fähren ab Ísafjörður fast nur touristische Bedeutung haben.

Landschaft am Ísafjarðardjúp

Die weiter unten beschriebene **Rundfahrt** um die Halbinsel schließt sich an den Routenverlauf des Ringstraßen-Kapitels an: sie beginnt im Norden, und zwar in **Brú** am Ende des *Hrútafjörður* (S. 395). Natürlich sind auch hier wieder andere Anfahrtswege möglich: z.B. über die Ringstraße von Süden kommend ab **Dalsmynni** über **Búðardalur**, von Stykkishólmur kommend ebenfalls über **Búðardalur** oder von Stykkishólmur mit der Fähre nach

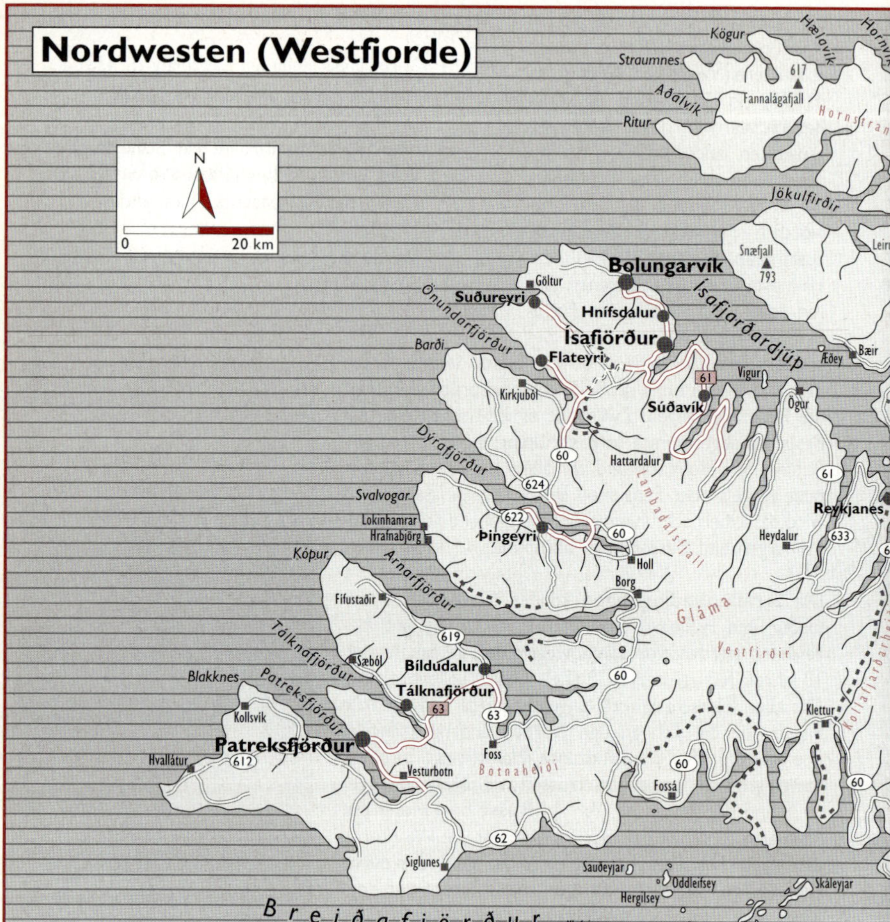

Brjánslækur. Wer einen dieser Anfahrtswege wählt, muss das Kapitel sozusagen ‚rückwärts' lesen.

Die Gesamtstrecke ist ab der Ringstraße und bis Búðardalur etwa 700 km lang; für sie sollte man wegen der Straßenverhältnisse mindestens 3 Tage einplanen. Wer zudem per Fähre und zu Fuß nach Hornstrandir gelangen oder weitere Wanderungen einlegen möchte, sollte sich mindestens zwei zusätzliche Tage an Zeit mitnehmen.

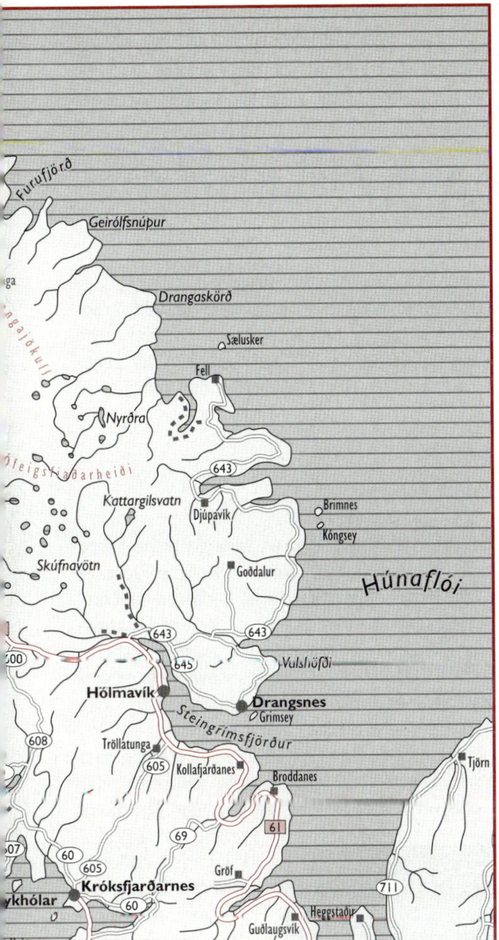

Von der Ringstraße nach Ísafjörður

Die Straße, die man von **Brú** am *Hrútafjörður* bis nach Ísafjörður benutzt, ist die **S 61**, die erst in den 1980ern komplettiert werden konnte und deshalb streckenweise eine zügige Fahrweise erlaubt. Zunächst geht es am westlichen Ufer des schmalen *Hrútafjörður* entlang, an der Siedlung **Borðeyri** (Tankstelle) vorbei und immer mit schönem Blick auf das jenseitige Ufer.

Kurz dahinter quert die **S 59** den Hals der Halbinsel: eine interessante Strecke für diejenigen, deren Ziel die *Snæfellsnes* ist. 25 km hinter Brú lohnt in **Prestbakki** ein Blick in die kleine Kirche mit ihrem Altarbild.

Start zur Rundfahrt

Nach weiteren 17 km hat man das Ende des Fjordes erreicht, nun geht es 19 km nach Westen am *Bitrufjörður* entlang. Dessen innere Bucht markiert die schmalste Stelle der Halbinsel: nur gut 10 km Luftlinie sind es bis zur Westseite!

Die **S 61** bleibt jedoch in Nähe der östlichen Küste, z.T. bis auf 260 m ansteigend und immer wieder herrliche Ausblicke freigebend. Erneut muss ein kleiner Fjord umfahren werden: der *Kollafjörður*, an dessen innerem Ende die kürzeste Straßenverbindung (**S 69**) zur Westseite hinüberführt, und an dessen nördlichem Ausgang die Kirche von **Kollafjarðarnes** einen Besuch lohnt. Kurz danach folgt die Straße dem südlichen Uferverlauf des *Steingrímsfjörður*, vorbei an Stränden mit sibirischem Treibholz, und bringt einen in weitem Bogen zum Fischerdorf Hólmavík, wo Sie knapp 120 km ab Brú zurückgelegt haben werden.

Hólmavík

Die um die Jahrhundertwende etablierte Siedlung lebt von der Fischerei (Fischfabrik, kleiner Hafen) und hat ihre besten Zeiten hinter sich. Wie so viele Orte der Region ist sie von der Landflucht betroffen und weist nurmehr knapp 400 Einwohner auf. Das reicht in der menschenleeren Gegend aber immer noch aus, um den Verwaltungssitz eines Bezirks zu stellen. Besucher finden hier ein kleines Hotel, einen Campingplatz, Laden, Bank und Post, gute Angelmöglichkeiten und sogar einen Flugplatz.

10 km hinter Holmavík ist das innere Ende des *Steingrimsfjörður* erreicht, der gleichzeitig den Beginn der langgestreckten nördlichen Halbinsel darstellt. Während sich hier die in den 1980er Jahren angelegte und komfortabel zu befahrende **S 61** nach Westen wendet (Richtung Ísafjörður; s.u.), haben Besucher mit genügend Zeit die Möglichkeit, einen Abstecher der Küste entlang in den Norden zu unternehmen.

Abstecher in den Norden / Besuch von Hornstrandir

Es ist eine teilweise abenteuerliche, aber bei gutem Wetter unvergessliche Fahrt, die Sie auf der **S 643** an der Ostküste entlang gut 100 km in nördliche Richtung unternehmen können. Wenn man die Küste überhaupt nicht verlassen möchte, hat man 9 km hinter dem Abzweig Gelegenheit, über die kleine Siedlung **Drangsnes** (Laden, Gästefarm) einen 27 km längeren Bogen zu schlagen, dann geht es weiter an der Minisiedlung **Laugarhóll** (Gästefarm, Zeltplatz, Schwimmbad) vorbei, an Steilhängen, Vogelklippen und Stränden mit Treibholz entlang, über Pässe mit phantastischer Aussicht und durch die unwirkliche Szenerie verlassener Ortschaften: hier fühlt man sich wirklich ‚am Ende der Welt'. Kaum vorstellbar, dass hier einst blühende Fischerdörfer am Segen des Heringsbooms teilhatten oder sich durch Haifischfang manche Krone verdienten. In der ‚tiefen Bucht' **Djúpavík** erinnert eine große, langsam verfallende Fischfabrik an die Vergangenheit, allein das hübsche Hotel scheint noch die Fahne der Zivilisation hochzuhalten.

Papageientaucher an den Vogelklippen von Hornstrandir

Djúpavík liegt am Ende des *Reykjarfjörður*, an dessen nördlichem Ufer man bis **Gjögur** (Leuchtturm; die Tankstelle ist geschlossen, es gibt eine sowie einen kleinen Laden in Norðurfjörður) auf dem 66. Breitengrad weiterfahren kann, anschließend rund 16 km weiter, bis am *Ingólfsfjörður* alle Wege enden. Kurz vorher, bei **Krossnes** am *Norðurfjörður*, sollte man im warmen Wasser des Schwimmbades Kräfte für die Rückfahrt sammeln.

Noch weiter nördlich befinden sich die Vogelklippen von **Hornstrandir**, eine der ganz großen Naturattraktionen im Nordatlantik. Allerdings ist das naturgeschützte Gebiet von keiner Straße erschlossen und nur zu Fuß oder mit dem Boot erreichbar. Wer dorthin möchte, kann dies im Sommer am besten von Ísafjörður aus tun, wo eine Personenfähre in der Saison gelegentlich Wanderer und Naturliebhaber zu den Anlegeplätzen Hornvík, Hesteyri und Aðalvík bringt. Ebenfalls im Sommer startet dort auch ein Schnellboot zu Sightseeingtrips nach Hornstrandir.

Wanderung

Der Leuchtturm von ***Latravík****, dessen Wächter der einzige menschliche Bewohner der Region ist, weist den Weg zu der tiefsten Steilküste, die über 530 m senkrecht zum Meer abfällt* (Kálfatindur). *Dreizehenmöwen, Eissturmvögel, Papageientaucher, Trottellummen und Tordalke bevölkern dieses Vogelparadies in Millionenzahl und verbreiten einen unbeschreiblichen Lärm. Nahe zu den Vogelklippen liegt der Geisterort* ***Hesteyri*** *mit einer Reihe verlassener Gehöfte und einer Kirche. Von hier aus ist eine herrliche Tour über Saumpfade zur Bucht* ***Aðalvík*** *oder nach* ***Hornvík*** *möglich. Lange Sandstrände mit Treibholz, saftige Wiesen mit guten Zeltmöglichkeiten, grandiose Ausblicke unweit des Polarkreises (Mitternachtssonne), Wasserfälle, eine unglaublich klare Luft und die vollständige Abwesenheit von Zivilisationsgeräuschen – all das macht Wanderungen in der Region zu einem unvergesslichen Erlebnis. Außer den riesigen Seevögel-Kolonien können Robben beobachtet werden, auf den Wanderungen durchs Hinterland u.a. auch Goldregenpfeifer, Regenbrachvogel, Krähenscharbe sowie mit viel Glück der Gerfalke.*

Vogelklippen und Geisterorte

Achtung: *Wanderer sollten sich an der Abfahrtsorten der Fähre (Ísafjörður, Bæir) genauestens über die Verhältnisse am Ziel und über die Modalitäten der Rückfahrt erkundigen. Eine gute Ausrüstung ist wegen der häufigen Wetterumschwünge unabdingbar, ebenso eine ausreichende Proviantierung.*

Wie erwähnt, bewegt sich die Hauptstraße (**S 61**) 10 km hinter Holmavík von der Ostküste fort und quert über 36 km den Fuß der nördlichen Halbinsel. Dabei geht es durch die menschenleere, von Mooren, Seen und Schneeflächen (auch im Sommer) bedeckte *Steingrímsfjarðarheiði*. Auf halbem Wege kann man über die Piste **643** nach Süden und weiter zur *Snæfellsnes* bzw. zurück zur Ringstraße gelangen, was jedoch nur Sinn gibt, wenn man keine Zeit für die folgenden Naturschönheiten der nächsten Tage hat.

Dem Flusslauf der *Laugadalsá* folgend ist auf der Hauptstrecke bald der *Ísafjörður* erreicht, der nicht mit der gleichnamigen Stadt verwechselt werden darf. Sobald man an der Küste angelangt ist, gibt es wieder einmal Gelegenheit zu einem **Abstecher**, nämlich über die **S 635 in den Norden**. Endpunkt der 40 km langen Stichstraße ist **Bæir** bzw. der Hof *Unaðsdalur*. Hier wie an der vorherigen Bucht *Kaldalón* kann man zu Wandertouren am Gletscherfluss *Mórilla* entlang und zum Gletscher *Drangajökull* starten. Von Bæir gibt es im Sommer zweimal wöchentlich eine Fährverbindung nach Ísafjörður und Hornstrandir, ebenso von dem 23 km vorher liegenden **Melgraseyri**.

Ab dem *Ísafjörður* liegt nun eine 175 km lange Strecke vor einem, die sich an den Uferlinien von nicht weniger als 7 Fjorden entlangschlängelt. Diese sind allesamt Seitenarme des breiten *Ísafjarðardjúp*, der abgekürzt auch als *Djúp* (= ‚Tiefe') bezeichnet wird. Verwirrend ist, dass der erste (östlichste) Arm *Ísafjörður* heißt, die gleichnamige Stadt jedoch am westlichsten Arm namens *Skutulsfjörður* liegt! Durch die tiefen Fjordarme werden die dazwischenliegenden Landzungen voneinander getrennt, die sich wie schmale Finger der *Ísafjarðardjúp* entgegenstrecken. Nur die erste dieser Halbinseln – **Reykjanes** – kann man an ihrem Fuß über die **S 61** durchqueren (12 km). Dadurch erspart man sich die 46 km lange Strecke der **S 633** am Ufer entlang, verpasst allerdings auch ein Thermalgebiet, das für Touristen u.a. wegen Tankstelle, Cafeteria und dem Edda-Hotel interessant sein könnte. Außerdem gibt es dort eine sehenswerte Kirche aus dem 19. Jh. und eine Schnellbootverbindung zur Stadt Ísafjörður.

am Ufer entlang zur Hauptstadt der Westfjorde

Jenseits der Reykjanes-Halbinsel fährt man am *Mjóifjörður* entlang, vom Fjordanfang (Tankstelle) bis zur Endspitze der Halbinsel *Ögurnes* rund 30 km. Immer wieder hat man dabei einen herrlichen Blick auf die jenseits der *Ísafjarðardjúp* gelegene Halbinsel mit der Eiskappe des *Drangajökull*. Unterwegs passiert man die kurze Stichstraße **S 632**, die nach links ins *Laugardalur* führt, in dem mehrere Lachstreppen zu sehen sind. Kurz danach ist bei **Ögur** (Gästefarm, Kirche) die Nordspitze erreicht, die erneut ein atemberaubendes Panorama bietet. Von hier verkehrt eine Fähre zur Stadt Ísafjörður und – an der nahen Insel **Æðey** vorbei – zum gegenüberliegenden Bæir.

Hinter Ögurnes geht es wieder nach Süden, diesmal am Ufer des 22 km langen *Skötufjörður* entlang, an dessen westlicher Seite 12 km nach Norden, wo sich am Ende der Halbinsel *Hvítanes* warme Quellen befinden. Am Scheitelpunkt eröffnet sich ein dramatisch schöner Blick geradeaus auf das Inselchen Vigur und nach Westen auf den 647 m hohen Berg *Hestur*, der fast ganz von Wasser umringt ist. Nachdem man den *Hestfjörður* umrundet hat (27 km), geht es am *Seyðisfjörður* weiter, vorbei an verlassenen Höfen, bis zur Spitze *Kambsnes*. Nun liegt nur noch der *Álftafjörður* vor einem, an dessen westlichem Ufer man eine ehemalige Walfangstation passiert sowie das erste Fischerdorf entlang der Strecke, **Súðavík** (250 Ew). 9 km später gelangt man zur Landzunge *Arnarnes* mit Leuchtturm, hinter der sich der *Skutulsfjörður* ins Land gräbt. An seinem jenseitigen Ufer sieht man bereits das 13 km entfernte Ísafjörður, die ‚Hauptstadt der Westfjorde'.

Ísafjörður

Das früher kurz *Eyri* genannte Städtchen verdankt seinen Aufstieg erstens der Aufhebung der Handelsbeschränkungen im Jahre 1787, nach der Ísafjörður zu einem der sechs größten Handelszentren Islands aufstieg. Und zweitens den außerordentlich ertragreichen Fischgründen, deren erfolgreiche Ausbeutung 1866 zur Verleihung der Stadtrechte führten. Nach einem Rückgang der Bevölkerung in den 1970–90er Jahren ist der 2.800-Einwohner-Ort inzwischen einer der weni-

Am Hafen von Ísafjörður

gen der Region, die nicht mehr von der Landflucht betroffen sind, sondern sogar ‚zulegen'.

Neben dem großen Fischereihafen und den fischverarbeitenden Betrieben hat sich sogar eine kleine High-Tech-Industrie angesiedelt, außerdem sind die Service-Einrichtungen für die umliegenden Gemeinden und der prosperierende Fremdenverkehr weitere Aktivposten, so dass der Ort zu Recht als ‚Hauptstadt der Westfjorde' bezeichnet werden kann.

Das Schifffahrtsmuseum

Für Touristen ist Ísafjörður als Startpunkt für Boots-, Auto- und Busausflüge oder Wanderungen in die majestätische Natur wichtig. Außerdem bietet es eine vorzügliche Infrastruktur mit Gästehäusern, Schlafsackunterkünften, Restaurants, Auto- und Fahrradverleihfirmen, Schwimmbad, Golfplatz, Flughafen und Wintersportgebieten (Ski-Resort). Und im See *Polurinn* darf man sogar kostenlos Forellen angeln. Aber auch der Ort selbst hat seine unbestreitbaren Reize. Eingebettet in eine schroff aufragende Gebirgswelt, breitet sich das ‚Zentrum' auf einer schmalen, weit in den Fjord vorgeschobenen Landzunge aus. Hier findet man zwischen Fischfabriken und Lagerschuppen noch einige gut erhaltene Gebäude aus der Vergangenheit, nämlich vier restaurierte Holzhäuser aus dem 18. Jh. In einem davon, der ‚Seemannsstube' *Sjómannastofan*, hat sich ein uriges Restaurant etabliert, ein anderes beherbergt das **Schifffahrtsmuseum**. Das 1744 errichtete Gebäude war ursprünglich eine Fischsalzerei, heute zeigt es Fischfang-Gerätschaften, nautische Instrumente und Dokumente aus der Stadtgeschichte.

Abstecher Bolungarvík

lohnender Abstecher

Eine gut ausgebaute, nur 11 km lange Stichstraße bringt einen von Ísafjörður zum nördlich gelegenen Städtchen Bolungarvík (1.200 Ew). Diese einmalig gelegene Ortschaft besitzt einen der ältesten Häfen des Landes und immer noch ist Fischerei die Lebensgrundlage von Bolungarvík. Der Ort bietet Besuchern u.a. Gästehaus, Schwimmbad, Campingplatz und einen Anbieter von Bootstrips in die Fjordwelt. Angler können ihr Glück im Meer sowie den Flüssen und Seen der

Die alten Fischerhäuser von Ósvör

Umgebung versuchen, während Wintersportlern Pisten und Loipen zur Verfügung stehen. Die beste Aussicht bietet das *Bolafjall*, auf den eine Autopiste hinaufführt. Und ein kulturelles Highlight schließlich ist die komplette Restaurierung der alten Landungsstege und Fischerkaten von *Ósvör*, unmittelbar vor der Stadt.

Ísafjörður – Patréksfjörður

Die nächste Etappe führt weit nach Westen und unterscheidet sich insofern von der vorherigen, als die Straße (ab jetzt **S 60**) nicht mehr den Fjordufern folgt, sondern die größeren Landzungen an ihrem Anfang quert, also ständig von Meeresspiegelniveau auf recht hohe Pässe und wieder herunter führt. Die ersten 3 km fährt man die schon bekannte Strecke bis zum Ende des *Skutulsfjörður* zurück, am Fuß des *Eyrarfjall* (724 m) mit seinen Skigebieten entlang. Dann geht es auf der **S 60** hinauf auf die *Breiðalsheiði*, wo nach 7 km ein Abstecher nach Suðureyri unternommen werden kann.

Abstecher Suðureyri

Die 14 km lange Stichstraße der **S 65** ist landschaftlich überaus reizvoll und wurde vor einigen Jahren durch einen Tunnel entschärft, der die Strecke auch im Winter befahrbar macht. Immer noch muss man zunächst den 518 m hohen Pass der *Botnsheiði* überqueren, dann geht es rapide hinab zum äußerst schmalen *Súgandafjörður*, an dessen innerem Ende Aquakulturen zu sehen sind. Am nordwestlichen Ausgang des Fjordes liegt das kleine Fischerdorf **Suðureyri** (320 Ew), das Besuchern außer seiner dramatisch schönen Umgebung ein Gästehaus sowie Tankstelle und Post zu bieten hat. Man kann von hier aus über den Küstensaumpfad durch dichte Buschvegetation zum Leuchtturm am *Kap Sauðanes* wandern. 4 km außerhalb befindet sich nahe dem Warmwasser-Bohrloch ein altertümliches, geothermal beheiztes Schwimmbad.

Abstecher Flateyri

Auf der Hauptstraße geht es nach der Passhöhe von 610 m und zwei Schutzhütten wieder steil bergab zum *Önundarfjörður*, an dessen nördlichem Ufer sich erneut ein Abstecher anbietet:

Das Ziel der gut ausgebauten, 7 km langen **S 64** ist das Dorf **Flateyri**, das natürlich in erster Linie von der Fischerei lebt. Nach dem Höhepunkt in den

INFO Katastrophenjahr 1995: Lawinen in den Westfjorden

Seit Beginn entsprechender Aufzeichnungen im Jahre 1118 starben mehr als 600 Isländer durch Lawinen. Aber noch nie waren die Zahl der Todesopfer so hoch und das Ausmaß der Verwüstung so stark wie bei jenen Lawinenunglücken, die 1995 zwei Dörfer in den abgelegenen Westfjorden heimsuchten. Das Jahr 1995 begann für die Siedlung **Súðavík** katastrophal, als sich zwei schlimme Lawinen Anfang Januar 1995 oberhalb des Dorfes lösten und die Ortschaft geradezu ausradierten. Rund 700 Einwohner verloren ihr Heim und 14 Menschen – acht davon waren Kinder – mussten ihr Leben lassen. Unmittelbar danach wurde eine Kommission eingesetzt mit dem Auftrag, die mögliche Gefährdung anderer Ortschaften zu ermitteln und Konzepte zu deren Schutz zu entwickeln.

Besonders gefährlich schien die Situation bei der Ortschaft **Flateyri** zu sein, wo Meteorologen im 20. Jahrhundert mehr als 30 Lawinen gezählt hatten. Als im Oktober des Jahres ein schwerer Sturm mit heftigen Schneeverwehungen die Westfjorde traf, waren in Flateyri die Bauarbeiten für Lawinenschutzmauern und andere Vorsorgemaßnahmen noch nicht abgeschlossen. Angesichts der Gefahr evakuierte man mehrere Wohnungen, als die Lawine jedoch an einer ganz anderen Stelle über die Ortschaft hereinbrach und mit einem Gewicht von 150.000 Tonnen 19 Häuser zerstörte und 45 Bewohner begrub. In einer dramatischen Aktion, bei der mehr als 600 Helfer und Spezialistenteams mit dem anhaltenden Sturm, Stromausfall, völliger Dunkelheit und Schneeverwehungen zu kämpfen hatten, konnten 25 Menschen gerettet werden – ein 11jähriges Mädchen erst nach 9 Stunden im Schnee!

Außer den 20 Toten waren bei dieser Tragödie Hunderte von begrabenen oder erfrorenen Tieren sowie ein Sachschaden in Höhe von mehreren Millionen Euro zu beklagen. Opfer gab es bei dem starken Sturm nicht nur durch Lawinen: ganz in der Nähe des Unglücksortes wurde von den orkanartigen Böen ein Bus von der Straße gefegt, wobei zwei Frauen ums Leben kamen und 30 andere Passagiere z.T. schwer verletzt wurden.

Der flache Önundarfjörður mit dem Berg Hestur (= ‚Pferd')

1960ern (Hering, Walfang) ging die Bevölkerungszahl jedoch stetig auf nunmehr 400 zurück. Trotzdem gibt es selbst in diesem kleinen Gemeinwesen Einrichtungen wie Flugplatz, Schwimmbad, Tankstelle mit Cafeteria, Campingplatz sowie ein nettes Heimatmuseum.

Am Abzweig überquert man den Fjord auf einem neu angelegten Damm, der das innere Ende des *Önundarfjörður* verlanden lässt. Am Bauernhof **Holt** und dem Abzweig zum traditionsreichen Kirchplatz **Kirkjuból** vorbei folgt auf der **S 60** wieder das Wechselspiel einer Berg- und Tal-Fahrt, und zwar hinauf auf den Pass der *Gemlufjallsheiði* (283 m) und hinab zum *Dýrafjörður*. Sobald man dessen Ufer erreicht hat, ist am Dorf **Mýrar** (interessante Kirche) ein weiterer Abstecher lohnend, evtl. auch wegen des Sommerhotels von Núpur.

Abstecher Sæból

Bei diesem Abstecher geht es über die **S 624** in 21 km bis zur äußersten Spitze der Landzunge bei **Sæból**. Unterwegs passiert man die Siedlung **Núpur**, in deren ehemaligem Schulgebäude ein Sommerhotel untergebracht ist. In der Nähe gibt es Eiderentenbauern, die das Sammeln von Eiderdaunen zu einem wieder rentabel gewordenen Wirtschaftszweig gemacht haben.

ehemalige Thingstätte

Nachdem die Hauptstraße ab dem Abzweig in 18 km den *Dýrafjörður* umrundet hat, gelangt man in den Hafenort **Þingeyri**, dessen Name auf eine alte Thingstätte hinweist. Überhaupt lassen sich am Fjord und auf der bisher zurückgelegten Strecke viele Lokalitäten mit Sagastoffen (insbesondere der *Gisli-Saga)* in Verbindung bringen. Im Ortsbild ist die reiche Vergangenheit allerdings nicht aufspürbar; stattdessen sieht man die typische Atmosphäre eines 400-Seelen-Fischerdorfes. An Einrichtungen sind u.a. Post, Bank, Tankstelle, Campingplatz und eine kleine *Icelandair*-Landebahn vorhanden. Bei gutem Wetter ist die Pistenfahrt auf das sofort hinter der Ortschaft ansteigende *Sandafell* (367 m) lohnend.

Von Þingeyri aus geht es auf der **S 60** wieder bergan, nämlich auf die *Hrafnseyraheiði*, wobei die Passhöhe 552 m beträgt (Schutzhütte). Nach 17 km hat man auf der anderen Seite den breiten *Arnarfjörður* erreicht, dessen innerem Arm *(Borgarfjörður)* man nach Osten folgt. Dabei passiert man nach 2 km die Farm **Hrafnseyri**, den Geburtsort des großen Freiheitshelden *Jón Sigurðsson* (1811–79). Eine Büste und ein kleines Museum erinnern an den bis heute verehrten Mann.

Man umrundet den *Borgarfjörður* und kommt nach einer Landzunge zum zweiten Fjordarm, der *Dynjandisvogur*. Da, wo die **S 60** scharf von der Küste nach links abbiegt, geht es auf einer schmalen Straße rechts in Richtung **Laugaból**. Es lohnt sich, auf dieser für wenige Augenblicke die Hauptstraße zu verlassen, weil man von ihr aus den wohl prächtigsten Wasserfall des Nordwestens besonders schön sieht. Die Rede ist vom **Fjallfoss**, in dem sich die *Dynjandisá* auf 30–60 m breiter Front und in mehreren weißschäumenden Kaskaden 100 m tief hinunterstürzt. Die **S 60** klettert nun auf die *Dynjandisheiði* hinauf, wo sich auf einer Passhöhe von ca. 500 m (Schutzhütte) eine phantastische Aussicht ergibt. 11 km danach kommt man zum Abzweig der **S 63**, die für die folgende Strecke bis Patreksfjörður maßgeblich ist.

Hinweis
Die S 60 biegt hier nach Süden ab und gelangt nach nur 8 km über den Helluskarð-Pass (468 m) an die Südküste unweit von Brjánslækur. Hier kann man also erheblich abkürzen, denn die vor einem liegende Route ist gut 220 km lang; allerdings würde man dann auch die Highlights des ‚Wilden Westens' verpassen.

Vom Abzweig aus bringt einen die **S 63** in 35 km zur nächsten Siedlung, wobei es zunächst am *Norðfjall* entlang zu den ‚südlichen Fjorden' *(Suðurfirðir)* geht, deren einzelne, kurze Arme man umfahren muss, dann – auf einer besseren Straße – am *Arnarfjörður* entlang. An seinem Ufer liegt der Hafenort **Bíludalur** (250 Ew), ein Zentrum der Verarbeitung von Tiefseegarnelen. Geschichte schrieb Bíludalur insofern, als 1898 hier zum erstenmal in Island ein Dampfschiff die Ruder- und Segelboote der Fischer ablöste. Besucher finden in dem Dorf u.a. ein Gästehaus, einen Zeltplatz, eine Cafeteria und ein Postamt. Wer zusätzliche Kilometer nicht scheut, kann außerdem über die Stichstraße **S 619** dem südlichen Fjordufer bis genau zum 24. Meridian folgen.

Die Hauptstraße hingegen schickt sich an, erneut einen pass zu überqueren: über die *Tunguheiði* (Schutzhütte) erreicht man nach 15 km den **Tálknafjörður**. Das gleichnamige Fischerdorf (360 Ew) liegt 3 km abseits der **S 63** und könnte wegen seiner ganz passablen touristischen Infrastruktur interessant sein (Gästehaus, Schlafsackunterkunft, Tankstelle, Campingplatz, Schwimmbad). Andererseits sind es von hier aus nur 13 km bis zum Ende der Etappe, dem am gleichnamigen Fjord gelegenen Patreksfjörður.

Patreksfjörður

Der mit rund 700 Einwohnern recht beachtliche Hafenort trägt seinen Namen nach dem irischen Nationalheiligen Patrick, ein Hinweis auf die ersten, irokeltischen Einwohner. Daneben hat er den (auch auf einigen Landkarten angegebenen) Zweitnamen *Vatneyri*. Hauptarbeitgeber sind Fischerei und entsprechende Verarbeitungsbetriebe. Zunehmend gewinnt aber auch der Fremdenverkehr an Bedeutung. Die Siedlung nimmt zwei kleine Halbinseln im Fjord ein und wird von hohen Gipfeln umrahmt.

Hafenort inmitten der Gebirgskulisse

Die grandiose Umgebung hat jedoch einen Nachteil: im Winter halten die Berge einen Monat lang (7.12.–5.1.) jeglichen Sonnenstrahl von Patreksfjörður fern. Besucher finden hier die Annehmlichkeiten eines modernen Gemeinwesens mit Kino, Post, Bank etc., am Hafen gibt es ein Schwimmbad und am Gemeindezentrum einen Zeltplatz.

Patréksfjörður – Búðardalur (– Stykkishólmur)

Die letzte Teilstrecke folgt im wesentlichen der tief eingebuchteten Südküste der Nordwesthalbinsel. Vorher jedoch ist der Abstecher zum westlichsten Punkt Europas ein unbedingtes ‚Muss', wenn man es schon einmal bis hierhin geschafft hat. Ab Patreksfjörður geht es zunächst nur ein 12 km langes Stück auf der **S 62** bis zum Ende des Fjordes entlang. Ab dort quert die Hauptroute auf einer Serpentinenstraße die *Kleifaheiði*, um nach 12 km die Südküste zu erreichen. Auch wer jetzt bis zum Látrabjarg weiterfährt, muss später zu dieser Stelle zurückkehren.

Abstecher zum Latrabjarg

Die schmale Straße, die Sie in den Westen bringt, ist die **S 612** und folgt zunächst noch dem Ufer des *Patreksfjörður*. Nach 9 km zweigt von ihr linkerhand die **S 614** ab; diese 10 km lange Pass-Strecke ist bei gutem Wetter als zusätzlicher Abstecher nur zu empfehlen, da man auf ihr zu den langgestreckten Sandstränden *Rauðasandur* an der Südküste gelangt, die einen bizarren Kontrast zu den dahinter aufragenden Vogelklippen abgeben.

Auf der **S 612** bleibt man an der Nordküste, durchquert ein phantastisches Dünengebiet *(Sandoddi)* und erreicht nach 17 km den Hof **Hnjótur**, der mit einem originellen **Heimatmuseum** aufwartet. Der 1999 gestorbene Privatmann *Egill Ólafsson* hat hier eine beachtliche Kollektion zusammengetragen. Am meisten fallen zwei Schiffe neben dem Museum ins Auge. Einmal handelt es sich um eine reichlich phantasievolle Nachbildung eines Wikingerschiffes, die 1974 anlässlich der 1.100-Jahr-Feier erstellt wurde, zum anderen um den Trawler *Mummi* aus dem Jahr 1935.

Gästehaus vor dem Látrabjarg

Während hinter Hnjótur die **S 615** noch 10 km weiter um die Halbinsel *Fagrihvammur* herumführt, verlässt unsere Straße die Küste und bringt einen in vielen Windungen durch das ‚Inland' dem Westkap näher. In der Mitte der Wegstrecke bietet der Kirchplatz **Breiðavík** mit seinem Gästehaus die nach Eigenwerbung ‚einsamste Unterkunft Islands'.

am westlichsten Punkt Europas

Rund 15 km hinter Breiðavík enden am Leuchtturm **Bjargtangar** alle Wege. An diesem Kap steht man am **westlichsten Punkt Europas** und ist weniger als 300 km von der grönländischen Ostküste entfernt. Ein solcher geographischer Rekord allein hätte die lange Anfahrt sicher nicht gelohnt, das eigentliche Highlight liegt denn auch nur wenige Wanderminuten entfernt. Gemeint ist der **Látrabjarg**, mit 14 km Länge und maximal 444 m Höhe weniger ein Vogelfelsen, als vielmehr ein regelrechtes Steilküsten-Massiv.

In, auf, über und vor den Klippen herrscht ein unbeschreibliches Gewimmel an startenden, landenden und auf Beutefang befindlichen Seevögeln. Die weltweit größte Kolonie an Tordalken ist hier beheimatet, daneben nisten aber auch Millionen von Papageientauchern, Eissturmvögeln, Dreizehenmöwen, Trottelummen, Dickschnabellummen, Kormoranen, Gryllteisten und anderen Seevögeln.

Wie auf den Westmännerinseln waren für die Bewohner dieser Region die Vögel und Vogeleier eine schmackhafte Bereicherung des Speiseplans, und wie dort versuchten Waagemutige, durch Seilschwingen in den hohen Klippen an die Eier heranzukommen.

Nach dem Abstecher in den äußersten Westen kehrt man auf der **S 612** wieder an die Wegkreuzung zurück und überquert auf der **S 62** die *Kleifaheiði* zur Südküste. Hier fährt man 30 km am Ufer des *Barðaströnd* entlang, immer mit schöner Sicht auf den *Breiðafjörður* und dessen Inselwelt. Unterwegs passiert man das Gehöft **Birkimelur** (Schlafsackplätze, Schwimmbad), 15 km danach erreicht man die kleine Siedlung **Brjánslækur**. Der Ort ist vor allem wegen der **Fähre** *M.S. Baldur* wichtig, die von hier in knapp 3 Stunden nach Stykkishólmur auf der Snaeffellsnes übersetzt (vgl. S. 440f.). Geologen ist Brjánslækur wegen der Vielzahl an **Versteinerungen** ein Begriff, die die ehemals dichte Vegetation der Insel dokumentieren. Vor allem die nur zu Fuß erreichbare und unter Naturschutz stehende Schlucht *Suturbrandsgil* ist eine solche Fundstätte.

Laub der Tertiärzeit – Fossilien bei Brjánslækur

Hinter Brjánslækur stößt am Sommerhotel die S 62 auf die von Norden kommende **S 60**, der man ab jetzt weiter in Richtung Osten folgt. Dabei muss man nun wieder, wie im Norden, eine Vielzahl von Fjorden umfahren (*Kjálkafjörður, Kerlingarfjörður, Skálmarfjörður, Kvigindisfjörður, Kollafjörður*) und kann nur zweimal über eine Passstrecke abkürzen. Davon bringt einen die letzte (340 m) zum *Þorskafjörður*, an dessen Ende nach Norden die Piste **F 66** abgeht; über sie kommt man (mit Geländewagen) nach 26 km zur **S 61**, der Verbindungsstraße von Holmavík nach Ísafjörður (s.o.). Die Hauptstraße umfährt das Fjordende mit aufgeforsteten Hainen und passiert nach 6 km (bzw. 121 km ab *Flokalundur*) das Hotel *Bjarkarlundur*, das von dem 509 m hohen, zuckerhutähnlichen Zwillingsberg *Vaðalfjöll* überragt wird.

markante Berge, breiter Fjord

Kurz danach geht rechts die **S 607** zu der vom Massiv des *Reykjanesfjall* (468 m) gebildeten Halbinsel ab, auf der nach 13 km der Kirchort **Reykhólar** mit Touristeninformation, Schwimmbad und Campingplatz aufwartet. Auf der recht guten Hauptstraße erreicht man den nächsten Fjord *Króksfjörður*, an dessen südlichem Ende man in **Vogaland** (Gästehaus, Tankstelle) erneut über die **S 605** auf die andere Seite der Halbinsel gelangen kann. Die kürzeste Strecke in dieser Richtung folgt ein wenig später, nämlich am inneren Ende des *Gilsfjörður*, wo links die 18 km lange **S 69** abzweigt und einen über die *Steinadalsheiði* (330 m) bringt. Hier hat man auch den ‚Hals' der Nordwesthalbinsel erreicht: nur 10 km Luftlinie sind es bis zum *Bitrufjörður*, an dem man vor einigen Tagen zu dieser Rundfahrt startete…

Auf der vorliegenden Route jedoch geht es ab dem Abzweig 14 km am Südufer des Fjordes entlang, bis bei **Saurbær** die **S 60** einen Knick nach links macht und die Halbinsel *Klofning* durch das *Svínadalur* quert (20 km). Wer viel Zeit hat, kann auch dem Küstenverlauf ganz um die Halbinsel herum folgen (**S 590**), eine Strecke von rund 80 km Länge, die schöne Ausblicke auf die unzähligen vorgelagerten Inseln bietet. Auf der Hauptstraße zweigt 17 km vor Búðardalur nach rechts eine kurze Stichstraße nach **Laugar** im *Sælingsdalur* ab, einem wegen seiner heißen Quellen schon in der Sagazeit bekanntem Ort. Die dortige Internatsschule stellt im Sommer Hotelzimmer zur Verfügung, außerdem beherbergt sie die kleine Sammlung des *Dalamanna*-Volksmuseums.

1 km hinter dem Abzweig trifft auch die Küstenstraße **S 590** (s.o.) auf die vorliegende Route. 16 km weiter, auf guter Straße am Ufer des breiten *Hvammsfjörður* entlang, hat man über die **S 60** in Búðardalur schließlich das Ende der Etappe erreicht.

Búðardalur (ⓘ s. S. 211)

Seitdem 1899 hier mit einem Handelsposten das erste Haus errichtet wurde, entwickelte sich der Ort nur sehr langsam und hat heute rund 250 Einwohner. Trotzdem ist er Verwaltungssitz des Distriktes *Dalasýsla*, der in isländischen Geschichtsbüchern häufiger genannt wird. Immerhin lebten hier der große *Snorri Sturluson*, ebenso der Gesetzessprecher *Sturla Þórðarson* (13. Jh.) und der Dichter *Jóhannes Kötlum* (20. Jh.). Der berühmteste Sohn des Ortes ist aber eindeutig der Amerika-Fahrer *Leif Eriksson*. Deswegen wurde hier 2000 die Tausendjahrfeier der Entdeckung Amerikas durch die Wikinger besonders aufwendig begangen. Z.B. startete in Búðardalur der Wikingerschiffs-Nachbau *Íslendingur* zu seiner Fahrt gen Westen, die schließlich in New York City endete.

legendenumwobene Region

Auch sonst sind der Ort und die Region Schauplatz vieler Sagas – besonders die *Laxdæla-Saga*, zu der in einem restaurierten Kaufmannshaus eine Ausstellung gezeigt wird. Ansonsten steht Besuchern eine bescheidene Infrastruktur mit Touristeninformation, Gästehaus, Campingplatz, Cafeteria, Post und Geschäften zur Verfügung.

Unmittelbar südlich von Búðardalur zweigt nach Osten die **S 59** ab, die das durch die Literatur bekannte (s.o.) und rund 30 km lange ‚Lachsflusstal' *(Laxárdalur)* zur Gänze durchquert und zum *Hrútafjörður* führt. Einige Kilometer weiter südlich kommt man auf der vorliegenden Strecke zum Abzweig der **S 586**, die am See *Haukadalsvatn* entlang das Haukadalur erschließt.

Der kurze Abstecher lohnt sich wegen des idyllischen Sees und des Freilichtmuseums **Eiríksstaðir**. Der Name deutet an, dass hier *Erik der Rote* mit seiner Frau *Þjóðhildur* lebte. Hier kam auch ihr Sohn *Leif* zur Welt, bevor die Familie nach Grönland aufbrach. Das Grassodenhaus ist eine im Jahre 2000 fertiggestellte Rekonstruktion eines wikingischen Hauses, nahebei befinden sich jene Ruinen, die archäologische Ausgrabungen zutage förderten und die als Heim Eriks identifiziert wurden. In den Sommermonaten sind Hof samt Museum geöffnet, dann empfangen ‚Wikinger' hier Gäste und demonstrieren alte Handwerksbräuche. Und Mitte Juli findet in Eiríksstaðir ein viel besuchtes Wikingerfestival statt.

rekonstruiertes Wikingerhaus

Eiríksstaðir, *Haukadalur, Tel.: 434-1410,* www.leif.is; *Juni-Ende Aug. tägl. 10–18 Uhr geöffnet, Eintritt.*

Wieder zurück auf der Hauptstraße, muss wenige Fahrminuten später die Entscheidung über die **Weiterfahrt** fallen: geht es in südliche Richtung weiter über die **S 60**, erreicht man nach 33 km die Ringstraße in **Dalsmynni** nahe dem *Hreðavatn*. Auf dieser Strecke passiert man nach wenigen Kilometern das Gehöft Kvennabrekka, der Heimat des berühmten *Árni Magnússon* (1663–1730; vgl. S. 39). Anschließend geht es auf eine Passhöhe von 400 m hinauf, danach recht steil wieder in das *Norðurdalur* hinab (S. 395).

Wendet man sich hingegen über die **S 57** nach Westen, bleibt man am Ufer des *Hvammsfjörður* und gelangt nach 63 km zum Abzweig nach **Stykkishólmur**. Unterwegs, nach 27 km, hat man nochmals die Möglichkeit, über die **S 55** nach Süden abzuzweigen. Auf dieser wunderschönen Strecke, vorbei an den Seen *Oddastaðavatn* und *Hlíðarvatn* sowie dem *Hnappadalur* mit seinen bizarren Vulkankratern, durchquert man die Snæfellsnes-Halbinsel an ihrem Anfang und erreicht nach 36 km schließlich die gut ausgebaute **S 54**, die einen nach **Borgarnes** bringt.

Zu den Inseln im Breiðafjörður

Überblick

Es ist nicht bekannt, wie viele Inseln es im *Breiðafjörður*, dieser großen Förde zwischen der *Snæfellsnes* und den Westfjorden, genau gibt. Nach einem lokalen Sprichwort sollen sie ‚unzählbar' sein, moderne Kartographen haben rund 2.700 ausgemacht. Diese amphibische Wunderwelt ist fast gänzlich Seevögeln, Fischen, Robben und Walen vorbehalten; allein die ‚flache Insel' Flatey ist bewohnt – und das auch nur im Sommer.

amphibische Wunderwelt

In früheren Zeiten, als man noch keine Angst vor der Isolation hatte, war die Bevölkerungsdichte auf dem Archipel weit größer, in den reichen Vogel- und Fischbeständen des breiten Fjordes fand man ausreichend Nahrung. So lebte z.B. auf dem Eiland *Öxney*, östlich von Stykkishólmur gelegen, lange Zeit Erik der Rote, bevor er nach Grönland aussiedelte und sein Sohn Leif Amerika entdeckte. Und Flatey hat durch sein Kloster einen wichtigen Einfluss auf die kulturelle Entwicklung des gesamten Landes gehabt.

Der heutige Besucher, sofern er nicht mit dem eigenen oder gecharterten Boot unterwegs ist, ist auf die Ausflugsfahrten ab Stykkishólmur bzw. Flatey oder auf die Fähre angewiesen, will er einen kleinen Eindruck von der Inselwelt bekommen. Nur einige der vielen Highlights im Breiðarfjörður sind die Basaltklippen von *Þórishólmur* mit reichem Vogelleben, das Robben-Eiland *Gassaker*, der alte

Inselchen im Breiðafjörður

Vulkankrater *Elliðaey*, *Steinaklettur* mit unzähligen Papageientauchern, *Skarði* mit einer Eiderentenzucht, *Dýpri-Seley* mit einer Kormoran-Kolonie, der einzelne Felsen *Miðleiðarsker* und *Dímonarklakkar*, die höchsten Klippen des Archipels, bekannt aus der Saga Eriks des Roten.

Autotouristen können mit der Fähre *Baldur* auf dem Weg von den Westfjorden zur Snæfellsnes (oder umgekehrt) nicht nur beträchtlich abkürzen, sondern en passant Hunderte von Eilanden des Archipels erleben. Ausdrücklich empfohlen sei die Möglichkeit, in Flatey auszusteigen, einen orientierenden Spaziergang oder eine kleine Sightseeing-Bootsfahrt zu unternehmen und mit der späteren Fähre die Reise fortzusetzen. Oder warum nicht im Gästehaus auf Flatey übernachten?

Besuch auf Flatey (ⓘ s. S. 211)

Insel mit Charme

Ein Besuch auf Flatey, der größten Insel im *Breiðafjörður* (tatsächlich gibt es mehrere Inseln gleichen Namens) ist für Naturfreunde und historisch Interessierte gleichermaßen lohnend. Die Restaurierungsarbeiten der letzten Jahre haben viel vom alten Charme des Dörfchens wiederhergestellt, das sich heutzutage mit einer schmucken und bunt angemalten Holzhaus-Architektur präsentiert – ein sonst in Island nicht oft anzutreffendes Erlebnis. Die meisten der unter Denkmalschutz stehenden Gebäude stammen aus dem 19. Jh., als die ‚flache Insel' als Post- und Handelsstation für den gesamten Westen von Bedeutung war. Schiffe aus Europa brachten die benötigten Waren, die hier gegen Fisch und Robbenhäute getauscht wurden. 800 Jahre vorher schon stellte das hier befindliche Kloster (von dem nichts mehr erhalten ist) einen kulturellen Mittelpunkt dar, der insbesondere die isländische Literatur beflügelt hat.

Besucher können entspannt durch den Ort spazieren und seine geruhsame Atmosphäre genießen, Eiderenten und andere Seevögel oder auftauchende Seehunde beobachten. Besonders schön sind die Sonnenuntergänge von Flatey. Sollte es die Zeit zulassen, darf man sich bei gutem Wetter einen Bootsausflug zu den vogelreichen Nachbarinseln nicht entgehen lassen.

Die größte Sehenswürdigkeit, die Flatey für immer einen Platz in der Weltliteratur sicherte, ist freilich nicht hier, sondern in Reykjavíks Arnamagnäischem Institut ausgestellt. Gemeint ist die *Flateyarbók,* das ‚Buch von Flatey', die größte erhaltene Pergamentschrift aus dem Mittelalter. Ihre mit Illustrationen und Kalligraphien herrlich ausgeschmückten Sagas berichten u.a. vom Leben der norwegischen Könige *Olav Tryggvason, Olav dem Heiligen* und *Håkon Håkonsson* sowie von der Entdeckung Amerikas. Für den 225 Pergamentseiten starken Codex mussten 113 Kälber ihr Leben lassen.

Szene aus dem Flateyarbók: Ermordung des Hlg. Olaf

Aufgeschrieben und bemalt wurde er um 1394 im Kloster Víðidalstunga bei Laugarbakki (vgl. S. 394) und geriet bald darauf nach Flatey, wo sich das Buch bis 1647 befand; dann wurde es dem Bischof von Skálholt geschenkt und neun Jahre später dem dänischen König. 1971 überführte man es feierlich aus der Königlichen Bibliothek in Kopenhagen nach Reykjavík. Stellvertretend für die literarische Tradition kann man sich auf Flatey immerhin die renovierte, älteste Bibliothek Islands anschauen, die mit 16 m^2 gleichzeitig auch dessen kleinste ist.

11. DIE WESTMÄNNERINSELN

(ⓘ s. S. 211)

Obwohl flächenmäßig unbedeutend, nehmen die Westmännerinseln aus verschiedenen Gründen eine Sonderstellung innerhalb Islands ein. Historisch interessant sind sie u.a. deswegen, weil sie vielleicht noch vor der Landnahmezeit besiedelt worden sind. Die bedeutende Fischerei und die Vogelkolonien, vor allem aber die spektakulären Vulkanausbrüche 1963–67 und 1973 haben den Namen des Archipels in aller Welt bekannt gemacht. Dies, zusammen mit einer faszinierenden Natur und einer guten Verkehrsanbindung zum ‚Festland' (Fähre, Flüge), sorgte für die stark ansteigende Popularität der Inseln bei ausländischen Touristen. Ein Großteil von ihnen erreicht Heimaey nach einem halbstündigen Flug ab Reykjavík und bleibt nur für einen Tag, andere besuchen als Kreuzfahrtgäste den Archipel kaum länger. Doch die Inseln bieten durchaus genug, um wenigstens eine Übernachtung hier einzuplanen. Dazu trägt auch der aufgeschlossene Charakter der Bevölkerung bei, die vom Wesenszug her optimistischer und lebenslustiger wirkt als die ‚Festlands-Isländer'.

Redaktions-Tipps

- Ausgedehnter Inselrundgang bzw. Sightseeing-Tour mit anschließender Besteigung des Vulkankraters Eldfell (S. 478)
- Bootstour um die Insel mit Besuch der Vogelfelsen, Grotten und der Möglichkeit zur Walbeobachtung (S. 478)
- Besuch der *Vulcano Show* (S. 474)
- Papageientaucheressen, z.B. im Restaurant *Lanterna*
- Schwimmen im modernen Hallenbad (S. 475)

Besiedelt und touristisch erschlossen ist von den Westmännerinseln allein die Insel Heimaey. In der gleichnamigen Kleinstadt sind alle Dienstleistungsangebote konzentriert. U.a. gibt es hier Banken, mehrere Imbissgaststätten und Restaurants, Tankstelle, Supermärkte, Krankenhaus und Apotheke.

Geologischer und historischer Überblick

Lage und Entstehung der Inseln

Der Archipel der Westmännerinseln liegt nördlich des 63. Breitengrades, 10–30 km vor der isländischen Südküste. Ihm gehören neben zahllosen Klippen **15 Inseln** an, worunter *Heimaey* mit 14,5 km^2 die bei weitem größte ist. Es folgt das erst 1963 entstandene Eiland *Surtsey* mit 2 ½ km^2, das gleichzeitig den **südlichsten Landesteil** Islands darstellt. An weiteren Inselchen sind erwähnenswert *Elliðaey* und *Bjarnarey* im Norden von *Heimaey*, *Suðurey* und *Hellisey* im Süden, sowie *Álfsey* im Südwesten. In der Klimatabelle weist der Archipel die ganzjährig mildesten **Temperaturen** des Landes auf, ist allerdings auch mit **Niederschlag** reich gesegnet und häufig von orkanartigen **Stürmen** betroffen.

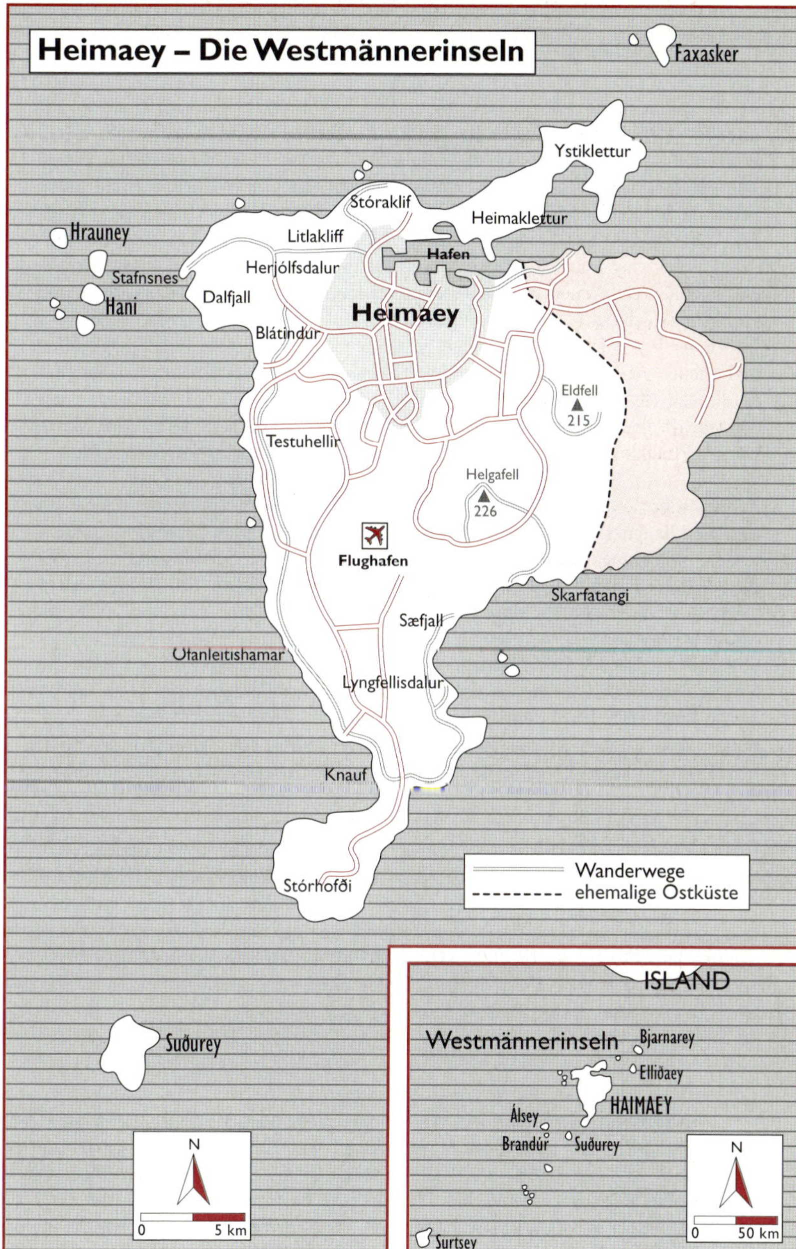
Heimaey – Die Westmännerinseln
Faxasker
Ystiklettur
Stóraklif
Heimaklettur
Hrauney
Litlakliff
Hafen
Herjólfsdalur
Stafnsnes
Hani
Dalfjall
Heimaey
Blátindur
Eldfell
215
Testuhellir
Helgafell
226
Flughafen
Skarfatangi
Sæfjall
Ofanleitishamar
Lyngfellisdalur
Knauf
Stórhofði
Wanderwege
ehemalige Ostküste
Suðurey
N
0
5 km
ISLAND
Westmännerinseln
Bjarnarey
Elliðaey
HAIMAEY
Álsey
Brandúr
Suðurey
N
0
50 km
Surtsey

INFO Surtsey – die Geburt einer Insel

Als am 14. November 1963 Seeleute, die ca. 20 km südwestlich von Heimaey auf Fischfang waren, aufsteigenden Rauch an einer Stelle bemerkten, die vorher 130 m Wassertiefe aufwies, war klar, dass ein unterseeischer Vulkanausbruch im Gange war. Nach dieser moderaten Einleitung wandelte sich das Erscheinungsbild kurze Zeit später in dramatischer Weise: bis zu 10 km Höhe erreichte die Säule von schwarzer Asche und weißem Dampf, begleitet von einem rotglühenden Kuchen, der brodelnd und zischend aus dem kalten Ozean aufstieg. Beobachtet von Fernsehzuschauern in aller Welt türmten sich immer neue Lavamassen zunächst 50, dann 100 m und schließlich noch höher auf. Drei Inseln wurden auf diese Weise geboren, wobei zwei jedoch in den folgenden Jahren den anstürmenden Naturkräften nicht standhielten und wieder versanken. Die dritte jedoch, benannt nach dem Feuerriesen Surt der nordischen Mythologie, erreichte innerhalb von 3 ½ Jahren (so lange dauerte der Ausbruch!) eine Größe von 2 ½ km² und eine Höhe von 169 m. Mit 1 km³ Masse war die Produktion viermal höher als beim Ausbruch auf Heimaey 10 Jahre später.

Bereits während der Eruptionen wurde das neue Eiland unter Naturschutz gestellt, da sich hier die einzigartige Gelegenheit bot, die Entstehung neuen Lebens zu beobachten. Denn mit einer Oberflächentemperatur von 1.000 °C bot Surtsey zunächst keiner Existenzform Raum. Das änderte sich in überraschend schnellem Prozess. Die ersten ‚Siedler' waren Bakterien, die man bereits 1964 in der Asche am Strand fand. Im Mai desselben Jahres erschienen zum erstenmal Fliegen und Möwen besuchten das ungewohnte Terrain. 1965 eroberte sich eine Pflanze (cakile arctica) als Pionier die Vulkaninsel. Und 1970 zog als erster Vogel bereits der Eissturmvogel seine Jungen in der Lava groß. Zu diesem Zeitpunkt hatten sich schon mehrere Fischarten den immer noch warmen Küstengewässern genähert, gefolgt von Seehunden und Robben. Bis 1987 fand man 25 verschiedene Pflanzenarten, die durch Meeresströmung, Wind oder Seevögel hierhin gelangten. Inzwischen brüten außer dem Eissturmvogel auch Mantelmöwen, Silbermöwen, Gryllteisten und Dreizehenmöwen ihre Eier aus. Für Tausende von Zugvögeln dient Surtsey als Rastplatz auf dem Weg von und nach Europa. Und wer sich der Insel nähert, bemerkt einen deutlichen Grünschleier, der sich immer mehr gegenüber dem Schwarz der erstarrten Lava durchsetzt.

Wegen ihres Wertes als Freiluft-Labor darf Surtsey nur von Wissenschaftlern besucht werden. Touristen haben aber die Möglichkeit, auf einem Rundflug oder einer Bootstour die Insel aus der Distanz zu betrachten.

Erdgeschichtlich sind die Westmännerinseln (wie das ganze Land) sehr jung und gehen auf unterseeische Eruptionen vor 200.000–100.000 Jahren zurück. Aber erst vor 10.000–5.000 Jahren tauchten die Eilande aus dem Meer auf, in einem ähnlichen Prozess wie 1963 Surtsey. Aus etwa 80 Kratern (davon 17 auf den Inseln selbst) wurde in dieser Zeit aus einer Tiefe von 10–30 km das Magma gefördert, dem der Archipel seine Entstehung verdankt.

Unter allen Inseln ist *Heimaey* die einzige, an deren Existenz eine lange Reihe von Eruptionen mitgewirkt haben. Durch die Lavaproduktion vor 6.000–5.000 Jahren entstanden mehrere getrennte Inselchen, deren Alter versteinerte Pflanzenreste (5.400 Jahre alt) dokumentieren. Durch einen späteren Ausbruch des *Helgafell* wurden diese miteinander verbunden. Den jüngsten Zuwachs erhielt *Heimaey* durch die *Eldfell*-Lava des Ausbruchs von 1973. Zehn Jahre vorher hatte sich der Archipel bereits weiter im Süden durch die Geburt von *Surtsey* erheblich vergrößert.

Der Ausbruch von 1973

Unter allen vulkanischen Aktivitäten Islands ist der Ausbruch auf Heimaey im Jahre **1973** wohl der bekannteste, vor allem, weil er sich in einem dichtbesiedelten Gebiet ereignete und die dramatische Rettungsaktion von den Augen der Weltöffentlichkeit mitverfolgt werden konnte. Dabei hatte man auf der Insel nichts Böses geahnt, als am Vorabend des **23. Januar** leichtere Erdstöße zu vernehmen waren. Um 2 Uhr morgens jedoch wurden die Bewohner durch einen hellen Feuerschein geweckt, dem ersten Vorboten der kurz darauf einsetzenden Eruption. Auf der östlichen Seite der Insel hatte sich eine **1.600 m lange Feuerspalte** geöffnet, aus der neben riesigen Mengen an Asche und Bimsstein allein in den ersten 12 Stunden mehr als **12 Mio t Lava** in die Luft geschleudert wurden.

Der Ausbruch von 1973

In Reykjavík reagierte man sofort und setzte alle Hebel in Bewegung, um die gesamte Inselbevölkerung zu **evakuieren**. Als Glücksfall erwies sich dabei der Sturm der vergangenen Tage, dessentwegen die gesamte Trawlerflotte nicht auslaufen konnte und noch im Hafen lag. Ruhig und diszipliniert verließen auf Schiffen, mit Helikoptern und Flugzeugen bereits am ersten Tag **5.300 Personen** ihre Heimat und machten einer Heerschar von Journalisten Platz, die die Naturkatastrophe hautnah erleben und den Rettungsbemühungen beiwohnen wollten. Zunächst wurden in einer Blitzaktion 14.000 Fenster und Türen mit Wellblech abgedichtet, damit der **Ascheregen** nicht in die Wohnräume eindringen konnte. Dieser erreichte in der ersten Woche die Dachhöhe der Gebäude und Fischfabriken, und mit Schaufeln und Bulldozern war man fieberhaft beschäftigt, die Dächer von der Aschen- und Geröll-Last zu befreien.

Vorher schon hatte man unter Mithilfe der amerikanischen Soldaten Mobiliar, Fahrzeuge und selbst Maschinen der Fischfabriken in Sicherheit gebracht. Bald stellte sich aber heraus, dass die größte Gefahr in jener **Wand aus glühender Lava** bestand, die sich über 160 m hoch mit 30 m pro Tag auf den Ort und seinen Lebensnerv, den Hafen, zuwälzte. Die Isländer waren nicht bereit, fatalistisch vor der Naturgewalt zu kapitulieren. Ein einheimischer Physiker machte den Vorschlag, die glühende Lava mit **Seewasser** abzukühlen, sie so zur Erstarrung zu bringen und als natürlichen Schutzwall gegen das nachfließende Material aufzubauen. Zunächst mit Feuerwehrschläuchen, dann mit stärkeren, von den Amerikanern gestellten Pumpen begann man das Experiment. Tatsächlich, kurz bevor der Lavastrom den Hafen völlig abgeschlossen hätte, bewirkten die 6–9 Millionen Tonnen aufgepumpten Seewassers den Stillstand und damit die Rettung der Gemeinde.

nach der Eruption

Insgesamt hatte der Ausbruch **5 Monate** angedauert und dabei **225 Mio m³ Lava** sowie **25 Mio m³ Asche** und **Bimsstein** gefördert. Im Zentrum der eruptiven Tätigkeit bildete sich ein **neuer Vulkanberg**, der *Eldfell* (= "Feuerberg"), der sich nun mit 221 m neben dem älteren Helgafell (226 m) erhebt. Außerdem wurde die **Inselfläche** Heimaeys um **2 ½ km² vergrößert**, vor allem zur östlichen Seite hin. Dort beträgt die Entfernung zur *Bjarnarey* (= "Bäreninsel") heute nur noch 1 km im Gegensatz zu 2 ½ km vor der Eruption. Am Hafen ist an der Farbe der Lava erkennbar, welche Stellen mit Wasser bepumpt worden sind. Durch die **Verengung der Hafeneinfahrt** von ursprünglich 800 m auf nunmehr 170 m Breite bekam dieser übrigens einen weit besseren Schutz vor Stürmen und gilt heute als einer der sichersten des Landes. Nicht nur das war eine der letztlich positiven Begleiterscheinungen des Ausbruchs. Auch die **Erdwärme** konnte anschließend für das Heizsystem genutzt werden. Zwar wird die Lava von Jahr zu Jahr kälter, doch haben Messungen auf dem Kraterrand des *Eldfell* ergeben, dass in einer Tiefe von 30–100 cm die Temperatur immerhin noch 700 °C beträgt; noch für viele Jahrzehnte wird das kostenlose Energiereservoire erhalten bleiben.

Am **26. Juni 1973** wurde der **Ausbruch** von Wissenschaftlern für **beendet** erklärt und man konnte mit aller Energie an den **Wiederaufbau** gehen. Die unter der Lava begrabenen Häuser waren nicht zu retten, andere konnten von den Aschemassen befreit werden, wobei Jugendliche aus allen Teile Europas **tatkräftige Hilfe** leisteten. Groß waren auch die finanziellen Zuwendungen, die man besonders aus Dänemark und Schweden erhielt. Durch sie war es möglich, dass bald schon die meisten (nicht alle!) Einwohner zurückkehrten und sich ihr neues, modernes Heimaey aufbauten.

Kurze Geschichte der Westmännerinseln

In mehrfacher Hinsicht ist die Geschichte des Archipels interessant – nicht nur wegen der erwähnten spektakulären vulkanischen Vorgänge der jüngeren Vergangenheit. Glaubt man den Erzählungen der *landnámabók*, waren es fünf **irische Sklaven**, die in den ersten Jahren der Landnahmezeit ihren Herren *Hjörleifur Hróðmarsson* in Südisland getötet und mit einigen Sklavinnen auf den unbewohnten Archipel geflohen waren. Der Blutsbruder des Ermordeten, kein geringerer als der erste Siedler *Ingólfur Arnarson*, setzte den Flüchtlingen nach und tötete sie. Dadurch entstand der Name „Inseln der Westmänner", weil die Kelten westlich von Norwegen wohnten. Eine andere Namenserklärung bieten **Siedlungsreste** auf Heimaey, die einige Archäologen ins **7.** oder **8. nachchristliche Jahrhundert** datieren, also deutlich vor der wikingischen Landnahme. Man muss also damit rechnen, dass eine ‚Vorhut' wohl aus Skandinavien kommend bereits hier lebte, als der Exodus norwegischer Siedler in den 870er Jahren einsetzte. Auch diese Menschen müssen für die Neuankömmlinge „Westmänner" gewesen sein. Allerdings ist uns darüber nichts in den Sagas überliefert, sondern stattdessen, dass sich erst im **10. Jh.** ein gewisser *Herjólfur Barðarson* mit Frau, Gesinde, Schafen und Pferden dauerhaft hier niederließ.

erste Siedler

Legendär ist der **Freiheitswillen** der Insulaner, die während des ganzen Mittelalters (und eigentlich bis heute) nicht mit den Isländern in einen Topf geworfen werden möchten. Trotzdem gingen sie natürlich den gemeinsamen Weg in die norwegische, dann dänische Herrschaft, jedoch immer ein wenig auf Distanz und zudem (wegen der von Anfang an betriebenen Fischerei) **wirtschaftlich erfolgreicher** als die Nachbarn im Norden. Von Schicksalsschlägen sind die *Vestmannaeyar* freilich nicht verschont geblieben. Nach Überfällen britischer Freibeuter im 16./17. Jahrhundert verursachten im Jahre **1627** die „türkischen" Piraten einen Schock, der noch lange nachwirkte. Drei Schiffe algerischer Sklavenjäger tauchten damals vor der Küste auf, die Besatzung ging an Land, tötete Dutzende der damals rund fünfhundertköpfigen Bevölkerung und entführte die Hälfte in die Sklaverei (242 Männer, Frauen und Kinder). Jahre später konnte die dänische Krone 37 der Opfer in Nordafrika freikaufen, davon sahen jedoch nur 13 ihre Heimat wieder. Die **‚Türkenüberfälle'** waren bis in die Neuzeit ein Synonym für das jederzeit drohende Unheil; auf Heimaey bleiben sie durch das Monument der nordafrikanischen Piraten und durch die 1630 zum Schutz vor weiteren Sklavenjägern errichtete *Skanzin* (= ‚Schanze') in Erinnerung.

Sklavenjäger im Norden

Auch die darauffolgende Zeit war von Schicksalsschlägen geprägt. Mehr als einmal suchten Epidemien die Bevölkerung heim und der Ausbruch der Lakispalte im Jahre 1783 vernichtete die reichen Fischbestände. Vielleicht hat man in jenen Tagen entdeckt, dass auch **Tang** essbar ist. An Küstenabschnitten, an denen Frischwasser ins Meer floss, sammelte man den solcherart von Salzwasser gereinigten Tang bei Ebbe ein, ließ ihn später an der Luft trocknen und presste ihn. Jeder Bauernhof besaß das Vorrecht zur ‚Ernte' an einem bestimmten Strandabschnitt. Die gesunde und eisenhaltige Nahrung wird heute noch im Südteil der Insel eingesammelt, kommt aber leider fast nie auf die Speisekarte der Restaurants.

Vom weiteren Verlauf der Geschichte gibt es keine von der allgemein-isländischen Entwicklung abweichenden Ereignisse zu berichten, abgesehen natürlich von den bereits genannten Vulkanausbrüchen und der enormen Kraftanstrengung des Wiederaufbaus. Hingewiesen sei jedoch auf einige alltägliche Schwierigkeiten, die man in dieser Art auf dem Festland nicht kannte. So z.B. das **Trinkwasserproblem**, das in Ermangelung nennenswerter Bäche oder Seen bis 1968 evident war; erst dann löste eine vom Festland durchs Meer verlegte Wasserleitung die alten Regenwasser-Tonnen ab. Auch mit dem **Heizen** hatte man seine Schwierigkeiten, die allerdings durch die vulkanische Tätigkeit behoben wurden. Heutzutage heizt die warme Lava in Röhren fließendes Kaltwasser so auf, dass es nicht nur in den Häusern mollig warm wird, sondern auch ein Schwimmbad davon profitiert.

Heute hat Heimaey, die einzige bewohnte Insel des Archipels, knapp 5.000 Einwohner, womit der Stand von vor dem 1973er-Ausbruch in etwa wieder erreicht ist. Da fast alle Inselbewohner im gleichnamigen Hauptort leben, ist dieser für isländische Verhältnisse eine recht große ‚Stadt'.

Fischerei: die wirtschaftliche Grundlage

Arbeitsplatz Fischtrawler

Immer schon besaßen die Westmännerinseln selbst für isländische Verhältnisse äußerst fischreiche Gewässer. Darum ist es kein Wunder, dass der Archipel, seitdem Fischfang ein Stützpfeiler der Landesökonomie wurde, im ganzen Land für seine guten Fangmöglichkeiten bekannt war und regelmäßig auch viele ‚Festland'-Isländer hierhin lockte. In kleinerem Maßstab hatten die Westmänner-Inseln daher für Island eine ähnliche Bedeutung wie die Lofoten für Norwegen. Im Großen und Ganzen hat sich daran nichts geändert: obwohl die Inselbevölkerung nur 2 % der Gesamtpopulation ausmacht, trägt sie doch mit ca. 15 % zum isländischen Fischexport bei!

Der traditionsreiche Fischereihafen von Heimaey, immer schon einer der größten des Landes, beherbergt eine ganze Flotte kleinerer Boote sowie Trawler von respektabler Größe; Kleinwerften und fischverarbeitende Betriebe bestimmen das Bild. Die angelandeten Fänge entsprechen in ihrer Zusammensetzung dem isländischen Durchschnitt, vorherrschend ist der Fang von Lodde und Kabeljau, insbesondere im Winter. Schellfisch, Seelachs, Rotbarsch, Steinbutt, Scholle, Steinbeißer und Seehase werden ganzjährig aus dem Wasser geholt, während im Herbst bevorzugt Jagd auf Hering gemacht und im Sommer Hummer angelandet wird.

Seevögel und ihre Bedeutung für die Inseln

Von den insgesamt 70 auf Island brütenden Vogelarten sind 30 auf den Westmännerinseln heimisch, darunter der **Schwarzschnabel-Sturmtaucher** sowie der **kleine** und **große Wellenläufer** fast ausschließlich hier. Das Erstaunliche sind die enorm großen Bestände verschiedener Arten: nirgendwo auf Island mit Ausnahme des Nordwestens gibt es Felsen mit einem solch lebhaften Vogelleben. Die Westmännerinseln – ein Paradies für Ornithologen also.

Die Seevögel hatten und haben auch ihre Bedeutung für die insulare Wirtschaft. Einige Arten konnte man essen und ihre Eier sammeln, in Ergänzung zum Fisch waren sie eine wohlschmeckende und nährstoffreiche Speise. Junger **Basstölpel** z.B., der auf den vorgelagerten Schären in der zweitgrößten Kolonie des Landes lebt, ist sowohl frisch eine Delikatesse als auch eingesalzen als Wintervorrat genießbar. Gleiches gilt für die **Trottellumme** und auch gesalzener oder geräucherter **Eissturmvogel** war auf der Speisekarte zu finden. Nach dem gesalzenen Essen (Vögel und Fisch) im Winter stellten gesammelte Seevögeleier im Frühling eine willkommene Abwechslung dar. Die Eier von Eissturmvögeln, **Tordalken** und **Gryllteisten** – alle größer als Hühnereier! – waren am beliebtesten. Um an die Eier der sog. ‚Schwarzvögel' (d.h. Tordalke und Gryllteiste), die in den steilen Klippenwänden nisten, heranzukommen, entwickelte sich das Seilschwingen zum ‚Nationalsport'. Dabei ließen sich selbst junge Insulaner in halsbrecherischer Höhe an Seilen von den Felsen hinab und schwangen sich anschließend seitwärts zu weiteren Nestern. Wegen vieler tödlicher Unfälle wurde der Sport immer wieder untersagt, setzte sich jedoch stets gegen alle Verbote als Mutprobe der Jungen durch. Beim Nationalfeiertag geben die Besten eine Demonstration ihres Könnens, während für Touristen, die diesen Sport ausprobieren möchten, in der Nähe des westlichen Hafenbeckens *(sprangan)* ein niedriges und ungefährliches Seil hängt.

Seevögel in Hülle und Fülle

Unter allen Seevögeln hat jedoch der **Papageientaucher** immer die größte Bedeutung für die Westmännerinseln besessen und ist zu einer Art ‚Nationalsymbol' des Archipels geworden (s. S. 472).

Inselrundfahrt/-rundgang Heimaey

Die Stadt Heimaey

Da sie nach dem Vulkanausbruch fast völlig neu aufgebaut werden musste, verfügt Heimaey nur über wenige bedeutsame Baudenkmäler. Trotzdem lohnt sich ein kleiner Rundgang und der Aufenthalt in dem Städtchen, das eine großzügige, aufgeräumte Atmosphäre ausstrahlt. Einem Fischereizentrum entsprechend ist der **Hafen (1)** mit seinen verschiedenen Becken immer einen Besuch wert. Hier kann man das Ein- und Auslaufen der Fähre *Herjólfur* (benannt nach dem ersten Siedler der Westmännerinseln) beobachten. Und Fotografen kommen beim bunten Bild der Trawlerflotte, von der manchmal bis zu 100 Schiffe im Hafen liegen, stets auf ihre Kosten. Zum Norden begrenzt wird der Hafen durch die bizarr aufragende Wand des *Heimaklettur*, der mit 283 m die höchste Erhebung des Archipels darstellt.

Ein merkwürdiges hölzernes Gebäude an der Hafeneinfahrt (auf jenem Land, das der Vulkanausbruch des Jahres 1973 schuf) wurde im Zusammenhang mit der Tausendjahrfeier zur Einführung des Christentums im Juli 2000 aufgeführt. Es handelt sich dabei um eine rekonstruierte **Stabkirche**, die die Stadt Heimaey als Geschenk aus Norwegen erhielt. Die Idee zum Kirchenbau war den Einwohnern von Heimaey zuerst im Jahre 1995 gekommen, worauf sie die norwegische Regierung um Unterstützung gebeten hatten. Die einzelnen Hölzer wurden in Norwegen geschlagen, per Hand nach Vorgaben von Experten des Historischen Museums in Oslo bearbeitet und von norwegischen Zimmerleuten im April 2000 auf Heimaey zusammengefügt.

Geschenk aus Norwegen

INFO Papageientaucher – die Clowns des Nordatlantik

Dem Papageientaucher (isl.: *lundi*, lat.: *fratercula arctica*) hat sein vielfarbiger Schnabel, die ‚geschminkten' Augen und das frackartige Gefieder den Beinamen eines ‚Clowns' eingebracht. Isländer bezeichnen ihn etwas klerikaler als ‚Probst' *(prófastur)*. Sicherlich gehört das kleine Tier zu den lustigsten und interessantesten der Nordmeere und er ist überall, wo er auftaucht (außer Island besonders auf den Lofoten, Shetlands und Färöern) ein begehrtes Fotoobjekt. Nirgendwo aber gibt es so viele Exemplare wie auf Island (ca. 10 Millionen) und hier wiederum nirgendwo so viele wie auf den Westmännerinseln (ca. 5 Millionen). Den Winter über verbringen die Tiere auf dem Wasser des Nordatlantik und kommen erst zur Brutzeit – Mitte Mai – an Land. Dort nisten sie bevorzugt in der obersten Region eines Vogelfelsens, wo sie in die Grasnarbe ein tiefes Loch graben (z.T. mehr als 1 m tief!), in das jedes Pärchen ein einziges Ei legt. Das mit viel Mühe gegrabene Nest wird von den Tieren jedes Jahr aufs Neue belegt. Im Flugverhalten wirken die Vögel durch ihren Körper plump und scheinen ihn nur durch hektisches Flügelschlagen in der Luft halten zu können. Um so eleganter präsentieren sie manchmal ihre gefangenen Fische dem Betrachter, wenn ein silberglänzender Hering neben dem anderen aus dem Schnabel hängt.

Interessant sind die Farbabweichungen, die man bei Papageientauchern recht häufig antrifft. Aufgrund dieser Nuancen genießen einige Tiere bei den Vogelfängern besondere Namen wie ‚Papageientaucher-König', ‚Prinz', ‚Kohlenjunge' usw. Ein Albino, also ein völlig weißes Tier, wird ‚Papageientaucher-Königin' genannt.

Für die Inselbevölkerung der Vestmannaeyar spielten und spielen die Tiere eine besondere Rolle. Mehr noch als Trottellumme und Eissturmvogel ist der Papageientaucher als Leckerbissen begehrt – ob frisch gebraten, gesalzen oder geräuchert. Die Federn wurden früher für das Bettzeug genutzt. Zum Fangen entwickelte man ein besonderes Instrument, das aus einem 2–3 m langen Stab besteht, an dessen Ende zwei kleinere Stäbe mit einem Netz dazwischen angebracht sind. Damit fängt man die Papageientaucher im Fluge, allerdings nie – so will es ein alter Brauch – wenn der Vogel Futter im Schnabel hat. Allen Anfeindungen zum Trotz beharren die Insulaner auf ihrer Vogelfang-Tradition und merken an, dass sich der Papageientaucher-Bestand über Jahrhunderte hinweg nicht verändert habe. In der Jagdsaison, die am ersten Juli beginnt und bis Mitte August dauert, werden jedes Jahr etwa 160.000 Tiere gefangen. In den letzten beiden Wochen der Fangsaison, wenn gleichzeitig die jungen Papageientaucher die Nester verlassen, spielt sich das größte Ereignis für die Kinder ab. Denn die von ihren Eltern nicht mehr gefütterten Jungtiere fliegen in der Nacht zu Tausenden auf die Lichter der Stadt zu und landen unsanft auf dem harten Asphalt. Ungeübt in der Kunst des Startens würden sie so ein leichter Raub der Katzen, doch die Kinder, die in diesen Tagen die ganze Nacht aufbleiben dürfen, sammeln die Vögel in kleinen Kästchen oder Kartons ein. Nachdem diese den Rest der Nacht im Kinderzimmer verbracht haben, wird ihnen am nächsten Morgen die Freiheit wiedergegeben.

Das Wappentier im Wikingerkostüm

Bei der Einweihung der Kirche war das norwegische Königspaar anwesend. Im Innern der Stabkirche gibt es eine Altartafel, die nach einem Original aus dem 14. Jh. mit historischen Werkzeugen geschnitzt worden war – der Nachbau eines Wikingerschiffes namens *Hvitserker* brachte sie nach Heimaey.

Deutlich profaner stellt sich der Ort zur Stadtseite hin dar, wo sich Kleinwerften und die **Fischfabrik** (Besichtigung möglich) befinden. Wer sich hier nicht westwärts in Richtung *Herjólfsdalur* orientiert bzw. auf die nördliche Landzunge oder östlich zum neuen Lavafeld wandern möchte, sollte gegenüber dem Fähranleger den *Skildingavegur* und in dessen Verlängerung den *Heiðarvegur* entlangspazieren. Wenige hundert Meter stadteinwärts lohnt dann linkerhand ein Besuch des **Aquariums** und **Naturkundemuseums (2)**. In dem eher kleinen Gebäude am Heiðarvegur ist seit 1964 ein interessantes Museum untergebracht. Die Fische, Seeanemonen und Schalentiere in den 12 Bassins sind von einheimischen Fischern

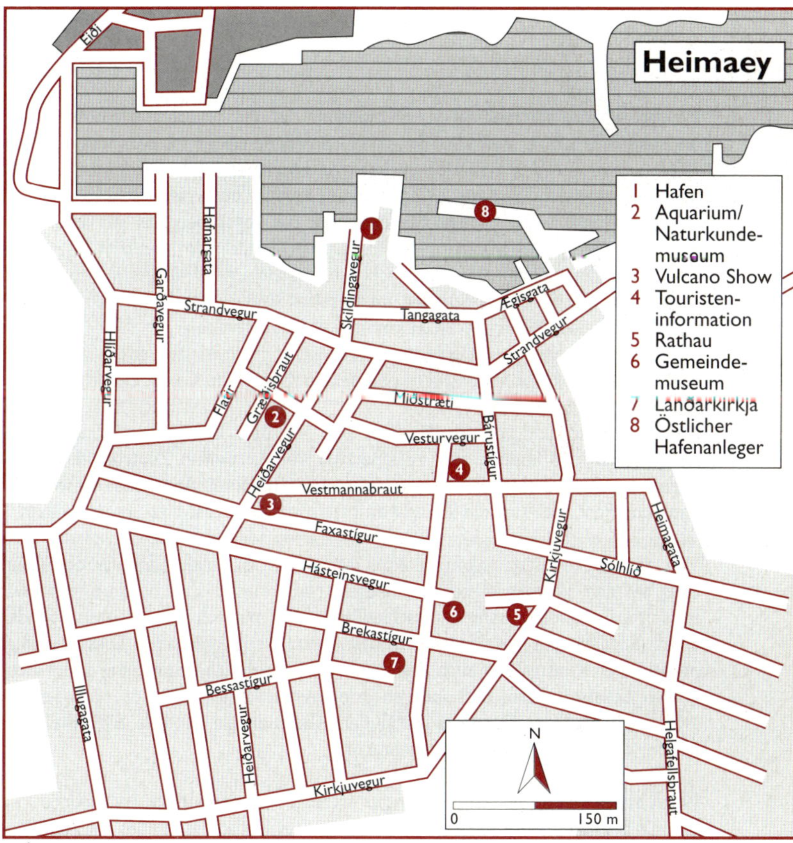

Blick auf Heimaey

gesammelt worden, sie repräsentieren einen Großteil der Meeresfauna rund um den Archipel. In einem zweiten Saal befindet sich die Ausstellung (ausgestopfter) Vögel. Achten Sie besonders auf die Tiere mit Farbabweichungen, insbesondere auf die völlig schwarze Trottellumme, das einzig bekannte Exemplar der Welt. Ebenfalls in diesem Saal sieht man ausgestopfte Fische und Krebse, darunter die seltenen *Luzifer* und *Seeteufel*, das sind Tiefseefische, die gewöhnlich in 1.000–2.000 m Wassertiefe heimisch sind. Ein dritter Raum beherbergt eine Steinsammlung.

Náttúrugripasafn/Aquarium, *Heiðarvegur 12, Tel.: 481-1997; 01.05.–15.09. tägl. geöffnet 11–17 Uhr, sonst Sa–So 15–17 Uhr, Eintritt*

Wenige Schritte dahinter, an der Einmündung der *Vestmannabraut*, kann man sich die sehr informative **Vulcano Show (3)** anschauen. Hier ist der Ausbruch von 1973 Gegenstand des mehrfach preisgekrönten Filmes *Days of Destruction*. Nicht nur die Katastrophe und der Wiederaufbau, sondern auch historische Bilder vom Alltag in Heimaey, die Papageientaucher-Jagd, das Vogelleben, das jährliche Inselfest u.v.m. werden anschaulich geschildert. Als ‚Zugabe' wird der Film *Beyond the limits* über die wundersame Geschichte des *Gunnlaugur Friðþórsson* gezeigt, der nach einem Schiffbruch 5 Stunden im eiskalten Wasser geschwommen ist (s.u.). Die Dauer beider Filme beträgt zusammen etwa 50 Minuten.

sehenswerter Film

The Volcano Show, *Heiðarvegur, Tel.: 481-1045; tägl. Vorstellung 15.30 Uhr, Juli und Aug. auch 21 Uhr mit englisch- und deutschsprachigem Guide, Eintritt.*

Auf dem Stradtrundgang wendet man sich nun über die breite *Vestmannabraut* nach Westen und kommt dort zu einer Art kommerziellem Zentrum des Städtchens mit Restaurants, Pensionen, dem einzigen Hotel, Apotheke, Geschäften, Bank und Postamt. Auch die **Touristeninformation (4)** ist hier untergebracht.

Wer an weiteren Besichtigungspunkten interessiert ist, sollte jedoch an der Kreuzung auf den *Skólavegur* rechts einbiegen. Nach kurzer Zeit passiert man zwei moderne Gebäude in sehr unterschiedlichem Stil, nämlich das **Rathaus (5)** der Stadt *(Ráðhús)* und das **Gemeindemuseum (6)** *(Byggðarsafn)*. Dieses verfügt neben einer Kunstgalerie auch über eine ganz ansehnliche Sammlung alter Fotografien, Schiffsmodellen und anderen Erinnerungsstücken, es ist *im Sommer tägl. 14–17 Uhr geöffnet*. Darunter ist in dem Gebäude die zentrale Bibliothek *(Bókasafn)* der Vestmannaeyar untergebracht.

Noch etwas weiter auf dem *Skólavegur* erreicht man die **Kirche** *Landarkirkja* **(7)**, die mit dem Baudatum 1776 als zweitälteste Steinkirche des Landes gilt. Auf einer Steinsäule 100 m vor ihrem Eingang erhebt sich das **Denkmal** für die ertrunkenen Fischer. Eindrucksvoll ist auch der große **Friedhof** auf der anderen Seite des *Kirkjuvegur,* von dessen hübschem Eingangsportal 1973 nur das obere Kreuz aus der Asche schaute.

Über den *Kirkjuvegur* geht es nun zurück zum Hafen, wobei man rechterhand den Komplex des **Inselkrankenhauses** passiert. Sofort anschließend sollte man nach rechts auf den Rand der Lava zugehen und ihm über die *Heimagata* wieder bis zum *Kirkjuvegur* folgen. An dieser Stelle haben die Insulaner ein vom Lavafluss regelrecht erdrücktes Haus als Erinnerung an die Katastrophe stehen gelassen. Über den *Kirkjuvegur* oder besser noch über *Vestmannabraut* und dann nach rechts über den *Bárustígur* kommt man zum Ausgangspunkt des Spazierganges zurück. Anschließend könnte man am **östlichen Hafenanleger (8)** zu einer Whalewatching-, Angel- oder Sightseeing-Bootstour um die Insel starten.

Überbleibsel der Katastrophe

Wer sich vorher oder nachher sportlich betätigen bzw. ausspannen möchte, dem sei der Besuch des modernen **Hallenschwimmbads** im Komplex des Sportzentrum *(Íðróttamiðstöð)* an der *Illugagata* empfohlen. Es wurde anstelle des zerstörten alten Freibades aus dänischen Spendengeldern errichtet und ist mit Sauna, 40 °C heißem Freibecken und mehreren Sporteinreichtungen ausgestattet. Westlich davon haben gleich drei **Fußballclubs** ihre Spielplätze friedlich nebeneinander angelegt. Und noch ein Stück weiter westlich, in der Nähe des Tales *Herjólfsdalur*, befindet sich der 18-Loch-**Golfplatz** der Insel. In dieser Gegend sieht man schon an der großzügigen Bebauung mit Einfamilienhäusern und Villen, dass es um die soziale Situation vieler Bürger nicht gerade schlecht bestellt sein kann!

Die Insel Heimaey

Mit 14,5 km^2 ist die Insel Heimaey überschaubar genug, dass man sie an einem Tag recht gut kennen lernen kann. Ein Mietwagen ist dazu nicht unbedingt erforderlich. Flugreisenden sei eine geführte Sightseeing-Tour mit dem Bus mit anschließender Bootstour empfohlen, die man am Nachmittag z.B. durch die Besteigung des Eldfell, einen Stadtspaziergang und/oder einem Besuch des Schwimmbades ergänzt. Wer sich zwei Tage Zeit nimmt, kann alle wichtigen Punkte bequem erwandern: die Entfernung vom Hafen bis zur Südspitze Stórhöfði beträgt nur 6 km.

Insel-erkundung

Die folgende Rundfahrt entspricht in etwa der Route, die von den Touristenbussen abgefahren wird. Vom Startpunkt in **Heimaey** geht es dabei zunächst zum westlichsten Hafenbecken *Friðahöfn*, wo sich ein schöner Blick auf die Stadt bietet. Beim Vulkanausbruch von 1973 gab es Pläne, an dieser Stelle einen Durchstich zum Ozean durchzuführen, falls der Lavafluss die alte Hafeneinfahrt blockieren sollte.

Wanderungen

*Wer gut zu Fuß ist, kann von hier aus einige Wanderungen unternehmen, die alle zu hochgelegenen Punkten mit vorzüglichen Panoramablicken führen. Eine Etappe führt nach **Há** oberhalb des Herjólfsdalur, dann über das **Dalfjall** bis zum Vogelfelsen von **Stafnsnes** im Nordwesten der Insel. Eine andere zur Nordküste mit der ‚kleinen' und ‚großen Klippe' (**litla klif** und **stóra klif**). Auch der höchste Berg des Archipels, der **Heimaklettur** (283 m) ist von bergwandergewöhnten Urlaubern durchaus besteigbar. Noch weiter im Osten kommt man zum **Ystiklettur**, wo die seltenen Schwarzschnabel-Sturmtaucher brüten. Einige der genannten Wanderwege sind auf ausgetretenen Pfaden möglich; wichtig ist, sich vorher in der Touristeninformation über die Begehbarkeit und Gefährlichkeit der jeweiligen Etappe zu erkundigen.*

‚lokaler Nationalfeiertag'

Dann geht es wieder zurück durch die modernen westlichen Stadtgebiete und, am Golfplatz und Campingplatz vorbei, zum Tal **Herjólfsdalur**. Das sich an eine steile Bergwand schmiegende Tal ist alljährlich im **August** Schauplatz des **Volksfestes** *Þjódhátið Vestmannæyja*, das inzwischen in ganz Island einen berühmt-berüchtigten Namen hat. Die Zahl der Teilnehmer übersteigt dann die der Gesamtbevölkerung Heimaeys bei weitem, und die Flugstrecke Reykjavík-Heimaey ist mit Dutzenden von Sonderflügen die meist frequentierte des Landes. Der Ursprung des Festes liegt in der Tatsache, dass 1874 bei der landesweiten Zusammenkunft in *Þingvellir* (anlässlich der 1.000-Jahr-Feier der Landnahme) die Insulaner durch einen Sturm das Festland nicht erreichen konnten. Sie installierten deshalb ihren eigenen Nationalfeiertag, der bis auf den heutigen Tag nicht nur fortbesteht, sondern in seiner Bedeutung vor allem für Jugendliche noch gestiegen ist. Im Verlauf von drei Tagen werden dabei Demonstrationen im Seilschwingen geliefert, um ein großes Feuer gibt es Musik und Tanz und der Alkohol fließt in Strömen. Touristen, die hier ein Folklore-Fest erwarten, sind fehl am Platz, wer jedoch in die deftige Atmosphäre eines sehr freizügigen Open-Air-Festivals eintauchen möchte, ist genau richtig.

Seinen Namen hat das Tal nach *Herjólfur Barðarson*, dem ersten Siedler der Westmännerinseln. Die häufig als die **Ruinen** seines Hofes bezeichneten Steinwälle datieren Archäologen heute jedoch in eine Zeit deutlich vor der wikingischen Landnahme. Vielleicht war also Herjólfsdalur der zuerst besiedelte Platz von ganz Island.

Wanderern ist es möglich, die ca. 6 km bis zur Südspitze Heimaeys vom Herjólfsdalur direkt am Strand entlang zurückzulegen. Busse und Pkw machen einen kleinen Umweg wieder durch das westliche Randgebiet der Stadt, dann am Flughafen vorbei und schließlich parallel zur Küste, die den Namen **Ofanleitishamar** trägt. Hier passiert man auch jenen steinigen Uferabschnitt, an dem sich im März 1984 eine unglaubliche Geschichte zutrug: 6 km vor der Küste kenterte in einem Sturm ein Fischerboot mit fünf Mann Besatzung. Während vier Seeleute sofort im eiskalten Wasser umkamen, gelang es dem 22jährigen *Gunnlaugur*

Friðþórsson, die Distanz zum Ufer von Heimaey in 5 Stunden schwimmend zurückzulegen. Dort konnte er in tiefschwarzer Nacht die scharfen Lavaklippen nicht bezwingen, schwamm ein weiteres Stück, erkletterte eine Felswand und schaffte es, obwohl er sich dabei die Füße aufgerissen und viel Blut verloren hatte, bis zur Ortschaft, wo er bewusstlos zusammenbrach, aber überlebte. Sein Schicksal erweckte das Interesse der Wissenschaft, da man in Seewasser nahe dem Gefrierpunkt bisher maximal 20 Minuten als überlebensfähig angesehen hatte. In einem Londoner Institut wurde *Gunnlaugur* auf Herz und Nieren überprüft und man fand heraus, dass die Fettschicht seiner Haut in ihrer Konsistenz Ähnlichkeit mit der einer Robbe aufwies…

Der Leuchtturm von Stórhöfði

Das auf einer Halbinsel gelegene **Stórhöfði** stellt den südlichsten Punkt Heimaeys dar. Der Weg bis zum hoch gelegenen **Leuchtturm** mit seiner meteorologischen Station ist im letzten Abschnitt nicht öffentlich, kann aber zu Fuß zurückgelegt werden. Von hier oben hat man eine herrliche Aussicht auf die vorgelagerten Inselchen und die Hauptinsel Heimaey bis zu ihren nördlichen Bergen. In dieser exponierten Lage pfeift der Wind besonders heftig, tatsächlich gilt die Station als die **windreichste Europas**. Auch in der Vergangenheit waren die Westmännerinseln stets von **Stürmen** besonders schlimm betroffen, vor allem natürlich die Fischer, die nicht mehr rechtzeitig den Weg zum schützenden Hafen zurückfanden.

sturmumtostes Kap

Vom 18. Jh. ist überliefert, dass in einem solchen Orkan an einem einzigen Tag 50 Seeleute auf dem Meer blieben – angesichts der damaligen Bevölkerung von 350 Seelen ein enorm hoher Tribut…

Während motorisierte Besucher von hier aus auf der gleichen Straße zurückfahren müssen, haben Wanderer Gelegenheit, die Gebiete der östlichen Bucht zu erkunden. **Litlihöfði, Stakkabót** und das **Sæfjall** lohnen den Besuch vor allem wegen ihres reichen Vogellebens.

Nachdem man den **Flughafen** passiert hat (eine sympathisch kleine, aber durchaus moderne Anlage mit Cafeteria und einem Oldtimer unter der Decke), geht es rund um den nordöstlich gelegenen und 226 m hohen Vulkan **Helgafell** (= ‚heiliger Berg'). Seinem Ausbruch vor rund 5.000 Jahren verdankt die Insel ihre Entstehung. Zu seinen Füßen sieht man einige Schafe, obwohl die Landwirtschaft nach dem Ausbruch von 1973 weitgehend aufgegeben worden ist.

Anschließend geht es an der Flanke des 221 m hohen **Eldfell** (= ‚Feuerberg') vorbei, an der man 1993 anlässlich des 20jährigen Jubiläums des Ausbruches ein weißes Kreuz aufstellte. Er ist das Zentrum jener eruptiven Tätigkeit, die die spektakulärste Zäsur in der jüngeren Inselgeschichte darstellt. Wegen der Asche, die immer wieder in die Stadt geweht wurde, versucht man zurzeit den Eldfell zu bewachsen.

Der ‚neue Vulkan' Eldfell

Hinweis

Eine Wanderung auf den Krater des Eldfell (genau wie zum Helgafell) ist recht einfach, doch macht das Gehen über Lockergestein und Sand einige Mühe. Vor allem an den Anhängen kann man nicht vorsichtig genug sein: Rutschgefahr! Von der Stadt aus benötigt man etwa 45 Minuten bis zum Gipfel, der eine phantastische Aussicht bietet.

Die letzte und vielleicht interessanteste Station ist das **Lava-Gebiet**, das 1973 als Neuland die Inselfläche erheblich vergrößerte. Vom Fahrweg aus hat man mehrfach Gelegenheit, den Blick auf das Städtchen Heimaey, die jenseitigen Berggipfel und die enge Hafeneinfahrt zu genießen. Eine sonderbare Idylle stellt jener **Garten** dar, den ein älteres Ehepaar 1988 in der wüstenhaften Umgebung anlegte. Auf dem warmen Untergrund wachsen nicht nur Rosen und andere Pflanzen, sondern auch Kartoffeln! Kurz vor der Rückkehr zum Hafen passiert man die Überreste des dänischen Forts **Skanzin** (= ‚Schanze'), das 1630 zum Schutz vor nordafrikanischen Sklavenjägern an der Hafeneinfahrt errichtet wurde; es ist eins der ersten isländischen Steingebäude überhaupt.

Mit dem Ausflugsboot um Heimaey

Inselumrundung

Genauso eindrucksvoll wie eine Wanderung oder die Busrundfahrt über die Insel ist eine **Umrundung** derselben mit dem **Boot**. Diese führt normalerweise im Uhrzeigersinn um Heimaey herum, wobei natürlich auf Wind- und Wetterverhältnisse Rücksicht genommen werden muss. Man kann jedoch immer mit Seegang rechnen und empfindliche Naturen sollten die Seekrankheit rechtzeitig vorher durch ein entsprechendes Mittel bekämpfen.

Der Vorteil einer solchen Seereise ist, dass man den steilen **Vogelfelsen** sehr nahekommt. Vor allem für die in den unteren Regionen angesiedelten Seevögel gibt es dabei vorzügliche Beobachtungsmöglichkeiten; daneben ist natürlich auch das Flugverhalten und der Beutefang der höher nistenden Vögel zu studieren. Die ersten Vogelfelsen passiert man noch in der Hafenausfahrt, dann die enge, nordwärts gerichtete Bucht, die lange Zeit Heimat des weltberühmten Orcas *Keiko* (s.u.) war.

Dann geht es an der bizarr und unwirklich wirkenden Küste des neuen Lavafeldfes entlang, hinter der in den Buchten von *Skarfatangi* und *Stakkabót* weitere

INFO Ein tierischer Filmstar

Die Naturkulisse der Bucht Klettsvík war von 1998 bis 2002 der fantastische Rahmen für ein weltweit beachtetes Experiment, nämlich die Auswilderung eines lange Zeit in Gefangenschaft gehaltenen Wales. Die Rede ist vom ‚Hollywood-Star' Keiko, dem Hauptdarsteller der ‚Free Willy'-Filme. Ende der 1970er Jahre war der Schwertwal als Jungtier vor der Küste Islands gefangen und Mitte der 1980er an einen Vergnügungspark in Mexiko verkauft worden. Aufgrund seiner Gelehrigkeit wurde der Wal für Hollywood interessant, wo er sich als Hauptdarsteller des Kinofilms ‚Free Willy' 1992 in die Herzen unzähliger Zuschauer in aller Welt schwamm.

Nach seiner Filmkarriere drohte der Orca in viel zu engen und zu warmen Bassins in Amerika einzugehen. Als dies den Fans bekannt wurde, kam es schnell zur Gründung einer Stiftung, die die Auswilderung des Wales betrieb – inspiriert auch durch die Handlung des Films, in dem ein Junge einem Wal zur Freiheit verhilft. Nach einer mehrere Millionen Dollar teuren Aktion wurde der Schwertwal 1998 per Flugzeug zunächst in ein Netzgehege der Bucht Klettsvík im Hafen von Heimaey gebracht, später die ganze Bucht für das Trainingsprogramm zur Auswilderung des Tieres abgesperrt.

Hollywoodstar Keiko

Da noch niemals der Versuch unternommen wurde, einen Wal nach jahrelanger Gefangenschaft wieder freizulassen, stieß das Experiment auf weltweite Beachtung. U.a. versuchten mehrere Spezialisten, alle Orcas vor der isländischen Küste zu erfassen und aufgrund der unterschiedlichen Rückenflossen-Form Keikos Verwandtschaft aufzuspüren – in der Hoffnung, der Wal könne sich einer solchen Herde anschließen.

Das Experiment machte jedoch nur langsam Fortschritte, z.B. fing Keiko erst nach einer langen Zeit der Weigerung selbst Fische und schuf damit die Grundlage, um im Ozean zu überleben. 2002 schließlich glaubten sich die Experten dem Ziel des Unternehmens, also der Auswilderung, nahe: erstmalig verließ Keiko die Westmänner-Inseln und schwamm selbständig für längere Zeit im Atlantik. Nach mehreren Wochen allerdings suchte er von sich aus vor der mittelnorwegischen Küste wieder Kontakt zu Menschen. Und Ende 2003 zeigte der Orca alle Anzeichen einer schweren Krankheit. Im Dezember schließlich wurde das knapp 10 m lange und 6 t schwere Tier in einem Fjord tot aufgefunden, gestorben an einer akuten Lungenentzündung. Damit ist auch fraglich, ob man das Experiment der Auswilderung als erfolgreich ansehen kann. Keiko jedenfalls, der nur 27 Jahre alt wurde (Orcas können durchaus ein Alter von 50–55 erreichen), blieb es anders als dem Filmhelden Willy verwehrt, die zweite Hälfte seiner Existenz in Freiheit verbringen!

Vogelkolonien beobachtet werden können. Besonders eindrucksvoll sind anschließend die Bestände an der Westseite des Südkaps *Stórhöfði*. An der langgestreckten Westflanke der Insel vorbei geht es zur Grotte *Teistuhellir*, in die das Boot bei günstigen Seeverhältnissen einfährt. In dieser Region sind auch die Chancen am größten, einen oder mehrere Schwertwale zu sichten. Die Insel-Nordseite ist durch Kliffs, Schären und Brandungsgrotten gegliedert.

Bevor es wieder in die Hafeneinfahrt geht, passiert man hier die Schäre *Faxasker*, wo nur wenige hundert Meter von Heimaey entfernt noch in den 1970er Jahren gekenterte Schiffer elend erfrieren und verhungern mussten: wegen eines tagelangen Sturmes und hoher See war eine Rettungsaktion nicht möglich. Eine kleine Schutzhütte soll heute ein ähnliches Desaster verhindern helfen. Bevor man wieder zum Ausgangspunkt zurückkehrt, bietet die Grotte *Kafhellir* unterhalb des Berges *Heimaklettur* einen letzten Höhepunkt – aufgrund ihrer vorzüglichen Akustik wird sie ‚Konzertgrotte' genannt.

Die Grotten von Heimaey

Eine **andere Bootstour** führt bei halbwegs akzeptablen Seeverhältnissen zur Vulkaninsel Surtsey, der man dabei recht nahekommt und sie umrundet, aber nicht betreten darf. Da diese Minikreuzfahrt rund 6 Stunden dauert, ist sie für Tagestouristen weniger empfehlenswert.

Wörterbuch

Essen & Trinken

Zum besseren Verständnis isländischer Speisekarten eine **kleine Auswahl** gastronomischer **Vokabeln**:

Fisch: *(fisk)***:**

ýsa	Schellfisch
þorskur	Kabeljau/Dorsch
lúða	Heilbutt
skarkoli	Scholle
skata	Rochen
síld	Hering
(villtur)lax	(Wild-) Lachs
eldislax	Zuchtlachs
silungur	Forelle
áll	Aal
kræklingur	Miesmuschel
humar	Hummer
rækja	Garnele
úthafsrækja	Tiefseegarnele
makrill	Makrele
hvalfisk	Walfisch

- Zubereitungsarten:

ný	frisch
nætursöltuð	leicht gesalzen
reykt	geräuchert
grafinn	gebeizt (mit Dill)
kæst	fermentiert

fiskibollur	Fischklopse
fiskibúðingur	Fischpudding
fiskfars	Fischteig
fiskhakk	Hackfisch
fiskborgarar	Fischburger
fiskpylsur	Fischwurst
hákarl	Haifisch
harðfiskur	Trockenfisch (Stockfisch)
selshreifar	Robbenflossen

Milchprodukte:

nýmjólk	Frischmilch
léttmjólk	fettarme Milch
rjómi	Sahne
ís	Eis
jógúrt	Joghurt
skyr	Skyr

Vögel/Geflügel:

rjúpa	Schneehuhn
lundi	Papageientaucher
svartfugl	Alke
villigæs	Wildgans
aligæs	Mastgans
villiönd	Wildente
kjúklingur	Hähnchen

Fleisch ***(kjöt)*****:**

lamb	Lamm	*svið*	gesengte Schafsköpfe
slátur	Schafswürste	*lifrarpylsa*	Lammleberwurst
hangikjöt	geräuchertes Lamm	*saltkjöt*	gesalzenes Lamm
sviðasulta	Schafskopfsülze	*bringukollar*	Lammbrust
hrútspungar	Widderhoden	*blóðmör*	Schafsblutwurst
London lamb	Lamm, leicht geräuchert	*kálf*	Kalb
svín	Schwein	*folald*	Fohlen
hreindýr	Ren	*naust*	Rind
læri	Keule	*hryggur*	Rücken
kótilettur	Koteletts	*frampartur*	Schulter
lundir	Filet	*steik*	Steak

gúllas	Gulasch	*rifjasteik*	Rippenbraten
pylsur	Würstchen/Hot dogs	*skinka*	Schinken
beikon	Speck	*sneið/snitsel*	Schnitzel
hamborgarar	Hamburger		

Obst:		**Gemüse:**	
ananas	Ananas	*baunir*	Erbsen
appelsína	Apfelsinen	*blómkál*	Blumenkohl
banani	Bananen	*gulraetur*	Möhren
bláber	Blaubeeren	*kartöflur*	Kartoffeln
epli	Äpfel	*spergill*	Spargel
ferskja	Pfirsiche	*spergillkál*	Broccoli
jarðber	Erdbeeren	*spínat*	Spinat
kirsuber	Kirschen	*súrkál*	Sauerkraut
pera	Birne		
vínber	Weintrauben		

Getränke:		**Eier/Eierspeisen:**	
vatn	Wasser	*hænuegg*	Hühnereier
mjólk	Milch	*svartfuglsegg*	Alkeneier
kaffi	Kaffee	*andaregg*	Enteneier
kakó	Kakao	*gæsaregg*	Gänseeier
te	Tee	*sodin egg*	gekochtes Ei
gosdrykkur	Limonade	*eggjahræra*	Rührei
safi	Saft	*speilegg*	Spiegelei
öl/bjór	Bier	*eggjakaka*	Omelette

Geographische Bezeichnungen

á	Fluss	*hvammur*	Talmulde
bakki	Ufer	*hver*	heiße Quelle
borg	Stadt	*höfði*	Bergrücken
botn	Boden	*höfn*	Hafen
brekka	Abhang	*jökull*	Gletscher
brú	Brücke	*kirkja*	Kirche
bær	Bauernhof	*kot*	kleiner Hof
dalur	Tal	*laug*	warme Quelle, Bad
drangi	Felsen	*lækur*	Bach
egg/eggjar	Grat	*mór, móar*	Heide
engi	Wiese	*mýri*	Moor
ey	Insel	*mörk*	Wald
eyri	flaches Flussufer	*nes*	Halbinsel, Landzunge
fell	Berg, Hügel	*núpur*	Bergspitze
fjall	Berg, Gebirge	*öræfi*	Wüste
fjörður	Fjord	*ós*	Mündung
fljót	Strom, Fluss	*reykur*	Dampf, Rauch
foss	Wasserfall	*sandur*	Sand-, Geröllfläche

garður	Garten, Hof	*sel*	Hütte
gerði	Zaun	*skagi*	Halbinsel
gígur	Krater	*skarð*	Pass
gil/gljúfur	Schlucht, Klamm	*skógur*	Wald
gjá	Spalte	*staður*	Ort, Siedlung
hagi	Wiese, Weide	*stapi*	freier Felsen
hamar	felsiger Steilhang	*strönd*	Strand
háls	Hügel	*stöð*	Station
heiði	Heide, Hochfläche	*sýsla*	Kreis
hellir	Höhle	*tangi*	Landzunge
hlíð	Hang	*tindur*	Zinne, Gipfel
hnjúkur	Gipfel	*tjörn*	Teich, See
hóll	Hügel	*tún*	Hofwiese
hólmur	Inselchen	*vatn*	Wasser, See
hóp	Strandsee	*vegur*	Weg
hraun	Lavafeld, Lava	*vík*	Bucht
hreppur	Gemeinde	*viti*	Krater, Hlle
hryggur	Bergrücken	*vogur*	Bucht
hús	Haus	*völlur*	Feld

Wochentage

sunnudagur	Sonntag	*fimmtudagur*	Donnerstag
mánudagur	Montag	*föstudagur*	Freitag
þriðjudagur	Dienstag	*laugardagur*	Samstag
miðvíkudagur	Mittwoch	*helgidagur*	Feiertag

Zahlen

0	*núll*	21	*tuttugu og einn*
1	*ein, eitt*	22	*tuttugu og tveir*
2	*tveir*	30	*þrjátíu*
3	*þrír*	40	*fjörutíu*
4	*fjórir*	50	*fimmtíu*
5	*fimm*	60	*sextíu*
6	*sex*	70	*sjötíu*
7	*sjö*	80	*áttatíu*
8	*átta*	90	*níutíu*
9	*níu*	100	*hundrað*
10	*tíu*	101	*hundrað og einn*
11	*ellefu*	111	*hundrað ellefu*
12	*tólf*	150	*hundrað fimmtíu*
13	*þrettán*	200	*tvö hundrað*
14	*fjórtán*	300	*þrír hundrað*
15	*fimmtán*	400	*fjögur hundrað*
16	*sextán*	500	*fimm hundrað*

17	*sautján*	1.000	*þúsund*
18	*átján*	2.000	*tvö þúsund*
19	*nítján*	3.000	*þrir þúsund*
20	*tuttugu*	1.000.000	*einn milljón*

Himmelsrichtungen

norður	Norden	*nyrðri*	nördlich
austur	Osten	*eystri*	östlich
suður	Süden	*syðri*	südlich
vestur	Westen	*vestri*	westlich

Touristisch interessante Einrichtungen

Auskunft	*upplýsningar*	Badeanstalt	*baðhús*
Bäcker	*bakari*	Ferien auf dem Bauernhof	*ferðaþjónusta*
Flugplatz	*flugvöllur*	Friseur	*hárskari*
Kino	*bíó*	Geschäft	*verslun*
Museum	*safn*	Pferdeverleih	*hestaleiga*
Reisebüro	*ferðaskriftstofa*	Restaurant	*veitingahús*
Schwimmbad	*sundlaug*	Theater	*leikhús*
Wäscherei	*þvottahús*		

Alltägliche Redewendungen und Waren

Guten Morgen	*góðan daginn*	Guten Tag	*góðan dag*
Guten Abend	*gott kvöld*	Gute Nacht	*góða nótt*
Auf Wiedersehen	*bless*	Entschuldigung	*afsakið*
Danke	*þakk*	Bitte	*gerið svo vel*
Ja	*já*	Nein	*nei*
Sprechen Sie Deutsch/Englisch?	*talið þér þýsku/ensku?*	Ich spreche kein Isländisch!	*ég tala ekki íslensku!*

Straßenverkehr

Auto/Reparatur:

Abschleppen	*draga*	Achse	*öksull*
Auto	*bíl*	Autowerkstatt	*bílaverkstæði*
Batterie	*rafgeymir*	Benzin	*bensín*
Bleifrei	*blýlaust*	Bremse	*hemill*
Erneuern	*skipta um*	Getriebe	*drifhjól*
Kontrollieren	*prófa*	Kupplung	*kúpling*
Motor	*vél*	Nachfüllen	*fylla*
Öl	*olía*	Stoßdämpfer	*höggdeyfir*

Tankstelle	*bensínstöð/bensínafgreiðsla*	Vergaser	*blöndungur*

Straßennamen:

braut	breite Straße	*gata*	Straße/Gasse
stræti	Straße	*vegur*	Weg

Verkehrszeichen:

aðalbraut	Vorfahrtstraße	*aðgangur bannaður*	Zutritt verboten
aðvörun	Warnung	*akiðhljóðlega*	Vorsichtig fahren!
bílastæði	Parkplatz	*blind hæd*	Sichtbehinderung
brekka	Gefälle	*brú*	Brücke/Bodenschwelle
einbreið brú	einspurige Brücke	*einstefnuakstur*	Einbahnstraße
hámarkshraði	Höchstgeschwindigkeit	*innkeyrsla*	Einfahrt
lögreglustöð/lögregla	Polizei	*malbik endar*	Asphaltbelag endet
stansið	Halt!	*til hægri*	nach rechts
til vinstri	nach links	*útkeyrsla*	Ausfahrt
varúð	Achtung!	*vegarlykkja*	Umleitung

Busverkehr

brotför	Abfahrt	*ferðaáætlun*	Fahrplan
fram og tilbaka	hin und zurück	*koma*	Ankunft
miði	Fahrschein	*rúta*	Überlandbus
stræto	Stadtbus	*umferðarmiðstöð*	Busbahnhof

Banken

Münzen	*smápeningar*	Wechselkurs	*gengi*
Geldwechsel	*peningaskipti*	Überweisung	*yfirfærsla*
Krone/n	*króna/krónur*	Quittung	*kvittun*

Gesundheit

Apotheke	*apótek*	Krankenhaus	*sjúkrahús*
Arzt	*læknir*	Zahnarzt	*tannlæknir*
Unfallstation	*slýsavarðstofa*	Krankenwagen	*sjúkrabifreið*
Lebensgefahr	*lífshætta*	Zahnschmerzen	*tannpínu*
Kopfschmerzen	*höfðuverk*	Bauchschmerzen	*magaverk*

Post

Ansichtskarte	*póstkort*	Brief	*bréf*
Briefmarke	*frímerki*	Paket	*böggull*
Auskunft	*upplýsingar*	Deutschland	*Þýskaland*

Österreich	*austurríki*	Schweiz	*Sviss*
Telefonbuch	*símaskrá*	Post	*póstur*
Briefkasten	*póstkassi*		

Telekommunikation / Internet

Telefax	*póstfax*	Telefon	*sími*
Telefongespräch	*símtal*	Ferngespräch	*langlínusamtal*
Auskunft	*upplýsingar*	Telefonbuch	*símaskrá*
Telegramm	*símskeyti*	Handy/Mobilphon	*gemsi/farsími*
Internet	*Netið*	Homepage (= ‚Vorseite')	*forsíða*
Surfen	*vafra/sörfa á netinu*	Schließen, Beenden	*loka*
Website	*vefsíða*	Computer (= ‚Zahlenhexe')	*tölva*
Ausdrucken	*prenta*	CD (= ‚Strahlenteller')	*geisladiskur*
World Wide Web (www)	*heimasíða*		

Unterkünfte

Unterkunft	*gisting*	Verpflegung	*veitingar*
Hotel	*hótel*	Restaurant	*veitingahús*
Sommerhotel	*sumarhótel*	Touristenmenü	*sumarréttir*
Gästehaus	*gistiheimili*	Frühstück	*morgunverður*
Jugendherberge	*farfuglaheimili*	Speiseraum	*matsalur*
Campingplatz	*tjaldstædi*	Kochgelegenheit	*eldunaraðstaða*
Hütte	*sæluhús*	Gepäck	*farangur*
Ferienhaus	*sumarhús*	Quittung	*kvittun*
Schlafsackplatz	*svefnpokapláss*	Herren	*karlar*
Zimmer	*herbergi*	Damen	*konur*
Einzelzimmer	*eins manns herbergi*	frei	*laust*
Doppelzimmer	*tveggja manna herbergi*	besetzt	*uppteikið*
Zimmer frei	*herbergi til leigu*	Was kostet das?	*hvað kostar þetta?*
geöffnet	*opnað*		
geschlossen	*lokað*	Wo ist ein Hotel?	*hvar er hótel?*
Wo ist das Badezimmer?	*hvar er salernið?*		
Ich hätte gerne ein Zimmer	*get ég leigt herbergi?*		
Können Sie uns zu unserem Hotel bringen?	*geturðu keyrt okkur á hótelið okkar?*		

Literatur (Auswahl)

Reiseführer/Landeskunde

• Sabine **Barth**, Island, DuMont-Verlag Köln 2008. Komprimierter, aber guter und übersichtlicher Reiseführer.

• Heinz **Barüske**, Island, Stuttgart 1991. Ein 272 Seiten starker Kunst- und Reiseführer aus dem Kohlhammer-Verlag, geschrieben von einem der besten Skandinavien-Kenner, besonders gut der kulturhistorische Teil.

• Klaus **Behr**, Island, Mai's Weltführer Nr. 42, Frankfurt/M. 2002. Gut recherchiertes Reisehandbuch mit 386 Seiten, sehr ausführlicher landeskundlicher und präziser reisepraktischer Teil.

• Sabine **Gorsemann**/Christian **Kaiser**, Richtig wandern Island, DuMont-Verlag Köln 2000. Wanderführer, der 38 Wanderungen und Spaziergänge entlang der Ringstraße vorstellt. Die Stärke des Buches sind präzise Routenbeschreibungen samt Unterkunftsnachweisen, daneben eine landeskundliche Einführung, ein knapper reisepraktischer Teil sowie aussagekräftige Bilder und Karten.

• James **Graham-Campbell (Hrsg.)**, Das Leben der Wikinger, Nikol-Verlag 2001. Sehr gut bebilderte und übersichtlich gestaltete Abhandlung verschiedenster Aspekte wikingischen Lebens, 223 Seiten.

• Walter **Hansen**, Asgard – Entdeckungsfahrt in die germanische Götterwelt Islands, Weltbild-Verlag Augsburg 1995. Der Versuch, mit Geländewagen, Zelt und Schlafsack den mythologischen Plätzen der ‚Edda' auf die Spur zu kommen – ziemlich spekulativ, aber spannend zu lesen.

• Ulf **Hoffmann**, W. **Kettler**, Island per Rad, Neuenhagen 2009. Guter Ratgeber für alle, die vorhaben, die Vulkaninsel auf dem Drahtesel zu erkunden.

• Johannes **Hünerfeld**, Mit dem Wohnmobil nach Island, Womo-Verlag 2005. Kurzweiliges Buch, das alle notwendigen Informationen für Wohnmobilfahrer präsentiert, aufgelockert durch kleine Geschichten und Anekdoten.

• Helge **Ingstad**, Die erste Entdeckung Amerikas, Berlin 1966. Gut zu lesender Bericht des norwegischen Archäologen, der im kanadischen L'Anse aux Meadows (Neufundland) die Überreste einer wikingischen Siedlung freilegte.

• Otto **Klee**, Islandpferde erleben und verstehen, Müller-Rüschlikon-Verlag 2001. Handbuch eines ausgewiesenen Experten für Island-Pferde, auch gut zur Vorbereitung eines Reiturlaubes auf der Insel geeignet.

• Magnus **Magnusson**, Die Wikinger. Geschichte und Legende, Artemis und Winkler 2007. Aktuelle und jüngste Forschungsergebnisse berücksichtigendes Buch von Magnus Magnusson, der nicht nur als profunder Kenner der Materie gilt, sondern sich auch als Isländer auf seine eigenen Vorfahren konzentriert, 380 Seiten.

• Christian **Prager**, Hans-Joachim **Zeigert**, Traum-Kreuzfahrten in den Hohen Norden, Reich-Verlag Luzern 2002. Gelungene und schön bebilderte Präsentation der interessanten Kreuzfahrt-Routen durch den Nordatlantik.

• Achim **Schnütgen**, Island – Vulkaninsel zwischen Europa und Amerika, DuMont Landschaftsführer Köln 2003. 367 Seiten starkes Buch, das sich vor allem an den vorinformierten geologisch Interessierten wendet. Daneben längere Artikel zur Kultur, Flora und Fauna und Geschichte sowie ausführliche Beschreibung einzelner Landschaften, als praktischer Reiseführer allerdings nicht geeignet.

- Rudolf **Simek**, Die Wikinger, Beck-Verlag München 2005. Auf 135 Seiten komprimierte Zusammenfassung des Themas, gut als Einführung für historisch Interessierte geeignet.
- Barbara und Jörg-Thomas **Titz**, Island, Färöer-Inseln, Reise-Know-How-Verlag Bielefeld 2008. Gut recherchierter Reiseführer (624 Seiten) für Individualtouristen, besonderes geeignet für Nutzer der Fähre von Dänemark über die Färöer-Inseln nach Island, etwas unübersichtlich im Aufbau.
- Wolfgang **Veit**, Polyglott on Tour: Island, Polyglott-Verlag 2009. Seit 1975 zum Thema erschienen, ist der ‚kleine Polyglott' auch in der aktualisierten Auflage ein verlässlicher Begleiter, der auf nur wenigen Seiten trotzdem eine Menge gut recherchierter Informationen zusammengetragen hat.

Belletristik

- Kristín Marja **Baldursdóttir**, Möwengelächter, Fischer-Verlag, Frankfurt/M. 2002. Wunderbarer und erfolgreich verfilmter Roman der 1949 geborenen Autorin, in dem eine junge Frau aus Amerika in ihr isländisches Heimatdorf zurückkehrt und dort für Aufregung, Hochzeiten und mysteriöse Todesfälle sorgt. Ebenfalls lesenswert: ‚Kühl graut der Morgen' (Fischer 2003).
- Stella **Blómkvist**, ‚Die Bronzestatue – Ein Island-Krimi', btb-Verlag 2003. Frech geschriebener Kriminalroman, der im politischen und Anwalts-Milieu der Hauptstadt spielt.
- Einar Mar **Guðmundsson**, Engel des Universums, 2000. Beeindruckendes Werk über einen Geisteskranken. Sein viel gelesenes Buch kann als gelungene literarische Darstellung gelten. Ebenfalls auf Deutsch erhältlich sind die witzig-melancholischen Familiengeschichten ‚Die Ritter der runden Treppe' (1999) und ‚Fußspuren am Himmel' (Btb-Verlag 2003), die vom seltsamen Paar Ólafur und Guðný handelt, das am Anfang des 20. Jh. mit seinen Kindern in einem Reykjavíker Kellerloch haust.
- Hallgrimur **Helgason**, 101 Reykjavík, Clett-Cotta-Verlag 2002. Tragikomische Geschichte über einen 33jährigen lebensuntüchtigen Sozialhilfeempfänger in Reykjavík, die als Vorlage für den gleichnamigen, international sehr erfolgreichen Film diente.
- Arnaldur **Indriðason**, Nordermoor, Lübbe-Verlag Bergisch-Gladbach 2003. In dem als ‚bester Kriminalroman Skandinaviens' ausgezeichneten Buch versucht der schwermütige Kommissar Erlendur einen Mord aufzuklären, dessen Motive im ‚Genlabor Island' versteckt sind. Der 2004 edierte Krimi ‚Todeshauch' wurde ebenfalls ausgezeichnet und machte Indriðason zu einem der erfolgreichsten aktuellen Autoren des Landes. Weitere Romane folgen, auch sind die Bücher bei Lübbe als Audio-CDs erhältlich.
- Ævar Örn **Jósepsson**, Blutberg, Btb 2009. Bei den Bauarbeiten zu dem höchst umstrittenen Staudamm im abgelegenen östlichen Hochland werden 7 Männer beim Absturz eines Felsüberhangs getötet. Wirklich ein Unfall? Jósepssons Buch ist für den skandinavischen Krimipreis nominiert.
- Einar **Kárason,** Die Teufelsinsel, Btb-Verlag 2003. Bekanntestes und erfolgreich verfilmtes Werk des angesehenen Schriftstellers, das in einer Reykjavíker Barackensiedlung kurz nach dem Krieg spielt und den radikalen Wandel der isländischen Gesellschaft schildert. Zusammen mit den Büchern ‚Die Goldinsel'

und ‚Das Gelobte Land' kann der Roman als Trilogie gelesen werden, dessen Thema das Schicksal dieser Barackensiedlung ist. Andere erfolgreiche und lesenswerte Bücher von Káráson sind ‚Törichter Männer Rat' (Btb 2000) und ‚Die isländische Mafia' (Btb-Verlag 2003).

• Halldór **Laxness**, Werkausgabe, Steidl-Verlag Göttingen. Sorgfältige und neu übersetzte Edition der Werke des Nobelpreisträgers (Taschenbücher), besonders empfehlenswert ‚Sein eigener Herr', ‚Atomstation' und besonders ‚Islandglocke'. Wer zum Snæfellsjökull fährt, sollte auch den Roman ‚Seelsorge am Gletscher' lesen, der nicht zufällig dort verfilmt wurde.

• Wolfgang **Müller**, Die Elfe im Schlafsack, Verbrecher-Verlag 2001. Der als Elfen-Experte bekannte Autor bietet in diesem interessanten Buch ein wildes Konglomerat über allerlei Gestalten der isländischen Mythologie und zitiert Äußerungen prominenter Isländer über ihr Verhältnis zu Elfen.

• Davíð **Oddsson**, Schöne Tage ohne Gudny, Steidl-Verlag 2001. Kein geringerer als der isländische Premierminister ist der Autor dieses kleinen Bandes, der auf 107 Seiten Kurzgeschichten aus der politischen und Alltagsszene ausbreitet. Der oft aufblitzende Sprachwitz offenbart, dass Oddson vor seiner politischen Karriere als Kabarettist und Komiker gearbeitet hat.

• Bodo von **Petersdorf (Hrsg.)**, Märchen der Völker: Island, Magnus-Verlag Essen. Aus alten und neueren Quellen nacherzählte isländische Märchen (366 Seiten), die sich gut als Reiselektüre eignen.

• Jón Kalman **Stefánsson**, Der Sommer hinter dem Hügel, Lübbe-Verlag 2001. Meisterhafte Erzählung über die schrägen Typen einer kleinen Landgemeinde und ihren skurrilen Alltag. Ebenfalls witzig bzw. tragikomisch zu lesen: die Fortsetzung ‚Das Licht auf den Bergen' (2003).

• Jón **Svensson**, Nonni und Manni, Freiburg 1990. Bekanntes und verfilmtes Buch des nach Laxness erfolgreichsten isländischen Schriftstellers, gut als Reiselektüre für Kinder geeignet. Vom gleichen Verfasser sind außerdem ‚Nonni auf Island', ‚Nonni – Erlebnisse eines jungen Isländers' und ‚Nonni in der Stadt am Meer' erschienen

• Sammlung **Thule**, Altnordische Dichtung und Prosa, Köln 1963–67 (zuerst 1911–30), umfassendste Sammlung der mittelalterlichen Saga-, Edda- und Skaldik-Literatur in 24 Bänden. Einzelne Saga-Texte und die Edda-Dichtung sind u.a. auch als **Reclam**-Bändchen erschienen.

• Der **Diederichs-Verlag** veröffentlicht ebenfalls ausgewählte Literaturstücke zum Thema, z.B. die ‚Grettis Saga' (1998) oder ‚Sagas aus Ostisland' (2000).

• Jules **Verne**, Reise zum Mittelpunkt der Erde. In diesem Literatur-Klassiker reist der Ich-Erzähler mit seinem Onkel von Hamburg über Kopenhagen nach Island, steigt durch den Vulkanschlot des Snæfellsjökull in die Erde ab und wird nach vielen Abenteuern durch eine Eruption des Stromboli im Mittelmeer wieder ausgespuckt. Interessant ist dabei auch die Schilderung der Strapazen, die im 19. Jh. das Reisen auf Island bedeutete.

Stichwortverzeichnis

Hinweis
Den Besonderheiten der isländischen Sprache entsprechend werden im Stichwortverzeichnis isländische Eigennamen (wie auch im Telefonbuch) nach dem Vornamen geordnet, ausländische nach dem Nachnamen. Um den Lesegewohnheiten des außerisländischen Publikums entgegenzukommen, werden die Buchstaben ð und Ð als d, der Buchstabe Þ als th und Diphthonge nach ihrer Stellung im deutschen Alphabet (z.B. æ/Æ als ä) behandelt.

Abbildungsverzeichnis

Umschlagklappe vorne (1x), S. 150, 268, 275, Umschlagklappe hinten (1x): Gerd Austrup
S. 61, 157: Matthias Fuchs
S. 147, 151, 155, 413: Isländ. Fremdenverkehrsamt
Umschlagklappe vorne (1x), S. 31, 60, 148, 450, 475: Eva-Maria Joeressen
Umschlagklappe hinten (1x): Karawane-Studienreisen Ludwigsburg
Umschlagklappe vorne (1x), S. 156, 180, 409, 412, 429: Steffen Kempter/Bärbel Pavell
Ansonsten alle Farb- und Schwarzweiß-Abbildungen von Ulrich Quack